교육공무직

2025

고시넷 교육청

교육공무직원
전 직종
필기시험 대비

최신
기출문제
수록

교육공무직원 직무능력검사

교육공무직원

직무능력검사 + 인성검사 + 면접

통합 기본서

gosinet
(주)고시넷

스마트폰에서 검색  **고시넷**

www.gosinet.co.kr

최고 강사진의
동영상 강의

수강생
만족도
1위

류준상 선생님

- 서울대학교 졸업
- 응용수리, 자료해석 대표강사
- 정답이 보이는 문제풀이 스킬 최다 보유
- 수포자도 만족하는 친절하고 상세한 설명

고시넷 취업강의
수강 인원
1위

김지영 선생님

- 성균관대학교 졸업
- 의사소통능력, 언어 영역 대표강사
- 빠른 지문 분석 능력을 길러 주는 강의
- 초단기 언어 영역 완성

공부의
神

양광현 선생님

- 서울대학교 졸업
- NCS 모듈형 대표강사
- 시험에 나올 문제만 콕콕 짚어주는 강의
- 중국 칭화대학교 의사소통 대회 우승
- 前 공신닷컴 멘토

PREFACE

정오표 및 학습 질의 안내

정오표 확인 방법

고시넷은 오류 없는 책을 만들기 위해 최선을 다합니다. 그러나 편집 과정에서 미처 잡지 못한 실수가 뒤늦게 나오는 경우가 있습니다. 고시넷은 이런 잘못을 바로잡기 위해 정오표를 실시간으로 제공합니다. 감사하는 마음으로 끝까지 책임을 다하겠습니다.

고시넷 홈페이지 접속 > 고시넷 출판-커뮤니티 > 정오표

www.gosinet.co.kr

모바일폰에서 QR코드로 실시간 정오표를 확인할 수 있습니다.

학습 질의 안내

학습과 교재선택 관련 문의를 받습니다. 적절한 교재선택에 관한 조언이나 고시넷 교재 학습 중 의문 사항은 아래 주소로 메일을 주시면 성실히 답변드리겠습니다.

이메일주소 **qna@gosinet.co.kr**

contents | 차례

02 문제해결

파트 4 공간지각력

01 시각적 사고

파트 5 이해력

01 대인관계상식

02 사회상식

파트 6 관찰탐구력

01 과학상식

파트 7 실전모의고사

파트 8 인성검사

파트 9 면접가이드

책 속의 책 정답과 해설

EXAMINATION GUIDE

구성과 활용

1

최근 시·도교육청 소양평가 기출유형 수록

언어논리력, 수리력, 문제해결력, 공간지각력, 이해력, 관찰탐구력 영역의 대표적인 기출유형을 반영한 권두부록을 수록하여 영역별 출제 경향성을 문제풀이 경험을 통해 자연스레 익힐 수 있도록 구성하였습니다.

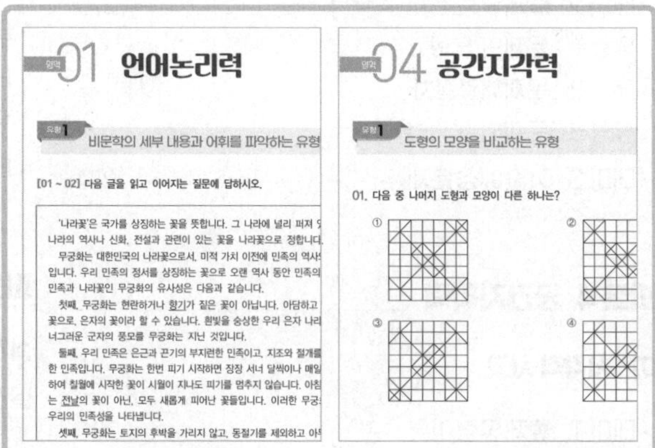

2

출제유형이론 완벽 대비

교육공무직원 소양평가에 대비하기 위해 문제해결에 필요한 이론을 영역별로 정리하고 빠짐없이 수록하여 효율적인 학습이 가능하도록 구성하였습니다.

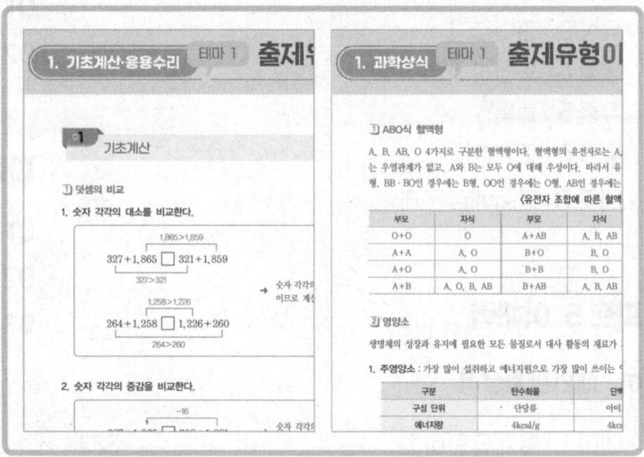

3

출제유형문제 & 기출예상문제로 모든 유형 학습

유형별 반복학습이 가능한 출제유형문제와 다양한 문제가 포함된 기출예상문제를 구성하여 효과적으로 학습할 수 있도록 하였습니다.

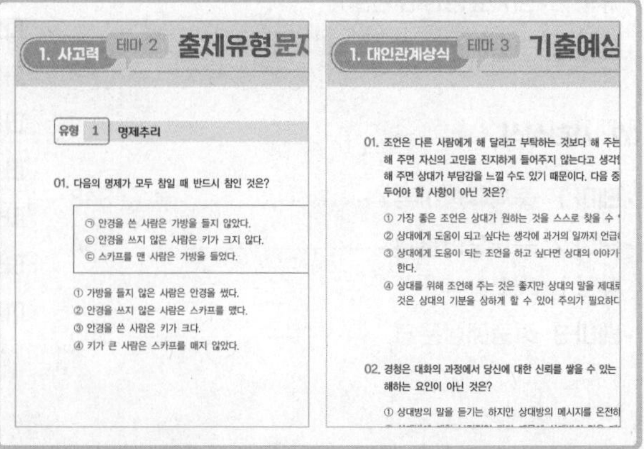

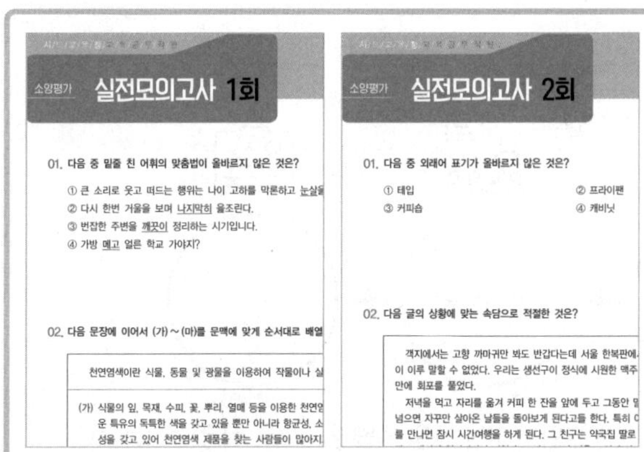

4

실전모의고사로 실전 연습 & 실력 UP!!

실제 기출문제를 분석하여 재구성한 실전모의고사 2회분과 OMR을 통해 완벽한 실전 준비가 가능하도록 구성하였습니다.

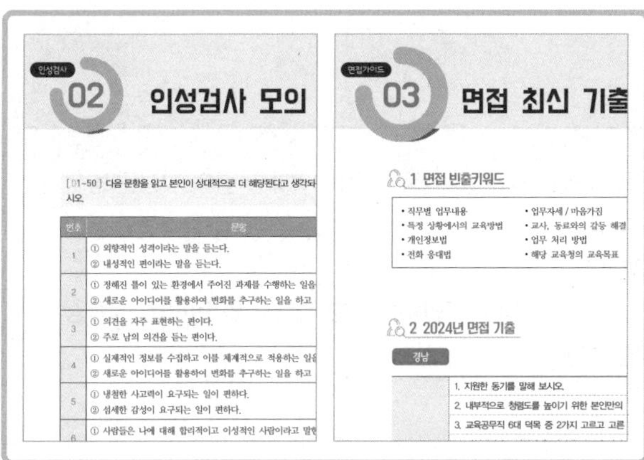

5

인성검사 & 면접으로 마무리까지 OK!!!

최근 채용 시험에서 점점 중시되고 있는 인성검사와 면접 질문들을 수록하여 마무리까지 완벽하게 대비할 수 있도록 하였습니다.

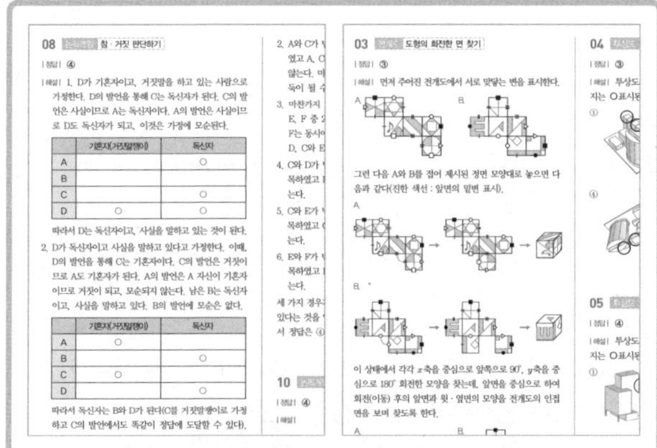

6

상세한 해설과 오답풀이가 수록된 정답과 해설

상세한 해설을 수록하였고 오답풀이 및 보충 사항들을 수록하여 문제풀이 과정에서의 학습 효과가 극대화될 수 있도록 구성하였습니다.

GUIDE

교육공무직원 채용안내

채용 절차

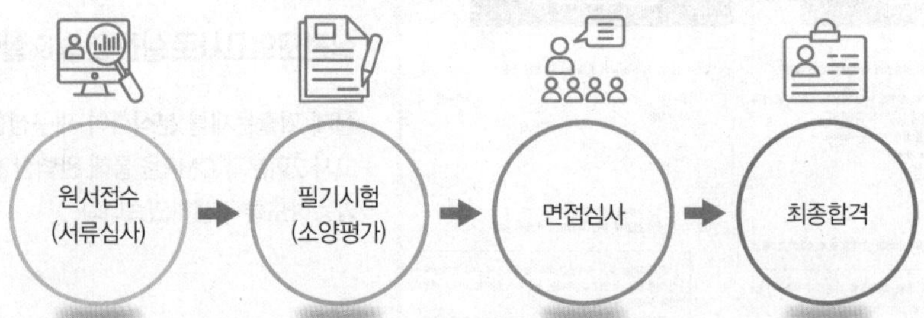

※ 교육공무직원은 각 시 · 도 교육감이 채용하는 공무원이 아닌 교육 지원 인력으로 채용 절차와 채용 시기는 각 시 · 도별, 직종별로 차이가 있다.

원서접수

- 접수기간 내에 응시원서를 작성하여 접수 장소에 직접 방문 또는 등기 우편, 이메일 등의 지정된 방식으로 제출한다.
- 다른 직종에 중복으로 지원할 수 없음에 유의한다.
- 공고에 따라 응시원서, 이력서, 자기소개서와 해당자의 경우 주민등록초본, 자격증 및 면허증, 경력증명서, 보훈청 취업지원대상자 증명서 등을 제출한다.

필기시험(소양평가) 방법

직무능력검사

- 일반적으로 45문항 또는 50문항이 45분 또는 50분 동안 주어진다.
- 6개 영역(언어논리력, 수리력, 문제해결력, 공간지각력, 이해력, 관찰탐구력) 중에서 출제된다.

인성검사

- 일반적으로 200문항이 40분 동안 주어진다.
- 응시자가 응답한 결과에 따라 성실성, 대인관계성, 이타성, 심리적 안정성으로 구분하여 점수를 산출하여 산출된 점수를 집단평균 중심의 표준편차 단위로 표준점수화하여 최종점수를 산정한다.

면접심사 방법

- 일반적으로 면접위원은 3인 1조로 편성된다.
- 필기시험 합격자에 한하여 면접심사에 응시할 수 있으며, 해당 직무수행에 필요한 능력 및 적격성 등을 일반적으로 다음의 5개 요소로 평정한다.

> ① 교육공무직원으로서의 기본자세
> ② 해당 직종에 대한 전문지식과 응용능력
> ③ 의사 표현의 정확성과 논리성
> ④ 업무 관련 창의성 및 발전가능성
> ⑤ 예의 · 품행 및 성실성

※ 공고별로 차이가 있으므로 해당 교육청의 공고 확인 필요

신분 및 처우

신분	일반적으로 무기계약직
정년	만 60세
근로시간	각 시 · 도별, 직종별 차이 있음.
수습기간	근로개시일로부터 3개월
보수	매년 교육공무직 처우개선 계획 등 관련 규정에 따름. ※ 단, 일부 직종의 보수는 사업부서 계획에 따름.
근로조건	「각 시 · 도 교육청 교육공무직원 채용 및 관리 조례」와 같은 조례 시행규칙, 「교육공무직원 관리 지침」 등에 따름.
근무지	채용예정지역 교육감(교육장)이 지정하는 기관(학교)
근무지 발령	합격 후 채용후보자명부(성적순)에 따라 근로계약 체결 및 발령

교육공무직원 채용안내

합격자 결정

※ 시 · 도교육청별 차이가 있으므로 해당 교육청의 공고 확인 필요
※ 가산특전 사항 또한 공고별로 상이함.
※ 합격자 공고 후 응시결격사유에 해당되거나, 자격요건, 가산특전 관련 사항 등 확인 결과 허위로 판명되는 경우 합격을 취소함.

소양평가(100점)	면접심사(100점)
인성검사 60(50)% + 직무능력검사 40(50)%	평정요소별 점수 또는 등급 부여

서류심사 및 소양평가

[서류심사]

- 일반적으로 평가항목의 총 득점이 높은 순으로 선발예정인원의 몇 배수를 합격자로 결정

[소양평가]

- 100점 만점 기준 총점 40점 이상인 득점자 중 고득점자 순으로 선발예정인원의 몇 배수를 합격자로 결정(동점자는 모두 합격 결정)

※ 합격자 결정 배수는 공고별 · 직종별로 상이함.

면접심사

- 필기시험 합격자에 한하여 면접시험 실시

[평정방법]

- 불합격 기준에 해당하지 아니하는 자 중에서 각 평정요소별 점수를 합산하여 평균으로 면접심사 점수 계산 또는 평정요소별 등급 기준을 적용하여 순위 결정에 반영
- 불합격 기준 : 면접위원 과반수가 평정요소 5개 중 2개 항목 이상을 '미흡(하)'으로 평정하였거나, 면접위원 과반수가 동일한 평정요소에 대하여 '미흡(하)'으로 평정한 경우

최종합격자 결정

- 서류전형, 소양평가, 면접시험 점수를 합산하여 고득점 순으로 합격자 결정(가산점수 포함)
- 동점자는 공고별 · 직종별 동점자 처리 기준의 순위에 따라 합격 처리
- 최종 합격자의 채용 포기, 합격 취소, 채용 결격 사유, 채용 후 즉시 퇴직 등의 사유로 결원이 발생한 경우 합격자 발표일로부터 정한 기간 이내에 최종 합격 차순위자 순으로 추가 합격자 결정

INFORMATION

교육공무직원 채용직렬

※ 업무 내용은 표에 명시된 업무 이외에 기관(학교)장이 지정한 업무를 포함한다.

※ 시 · 도교육청 및 교육지원청에 따라 채용직렬과 업무내용, 자격 요건에 차이가 있다.

직종명	업무내용	근무형태	자격 요건
늘봄(교무행정) 실무사(원)	• 늘봄학교 업무 전반(계획수립, 프로그램 운영 및 관리, 지출품의, 늘봄학교 공문 처리, 학생관리, 방과후학교 등)	상시 전일 근무	공고별 상이함.
돌봄전담사	• 학생 출결관리, 생활지도, 안전지도, 귀가지도, 돌봄교실 관리 • 연간 · 월간 · 주간 운영계획 작성, 프로그램 관리, 개인활동 관리 • 급 · 간식 준비 및 제공, 사후처리	교육과정, 돌봄교실 운영에 따름.	유초중등 교원자격증 또는 관련 자격증 소지자
영양사	• 학생 건강증진을 위한 영양 · 식생활 교육 및 상담 • 식단 작성, 식재료의 선정 및 검수, 위생 · 안전 · 작업관리 및 검식, 조리실 종사자의 지도 · 감독, 그 밖에 학교급식에 관한 사항	상시 전일 근무	영양사 면허증 소지자
조리사	• 급식품의 위생적 취급 및 조리 관리 • 급식시설 · 설비, 기구 및 기물의 세척, 소독 관리 • 영양(교)사의 지시사항 이행 및 업무 보조	방학 중 비근무	조리 분야 자격증 중 1개 이상 소지자 또는 조리사 면허증 소지자
조리원 (조리실무사)	• 급식품의 위생적인 조리 및 배식 • 급식실 내 · 외부 청소 및 소독 • 급식시설 · 설비, 기구 및 기물의 세척 · 소독	방학 중 비근무	제한 사항 없음.
특수교육 실무사(원)	• 교사의 지시에 따라 교수학습 활동, 방과후 활동, 신변처리, 급식, 교내외 활동, 등 · 하교 등 특수교육 대상자의 교육 및 학교 활동에 대한 전반적인 보조	방학 중 비근무	고등학교 졸업 또는 이와 같은 수준 이상의 학력이 인정되는 자
특수통합차량 보호탑승자	• 특수교육대상자의 통합 편의 지원 및 안전 관리	방학 중 비근무	제한 사항 없음.

교육공무직원 채용직렬

교무실무사(원)		• 교원의 교육전념 여건 조성 및 업무경감을 위한 교무행정 업무에 대한 전반적인 지원 • 기타 운영기관의 장이 분장하는 업무	상시 전일 근무	제한 사항 없음.
교육복지사 (교육복지조정자)		• 교육취약계층학생 발굴 · 지원 • 교육복지우선지원사업 관리 · 운영에 관한 사항 • 지역사회 연계 · 활용 등	상시 전일 근무	관련 학과 전공자 혹은 사회복지사, 청소년지도사, 평생교육사 자격증 중 1개 이상 소지자
사회복지사		• 사회복지 대상 학생 지원 지역사회 네트워크 구축 • 사회복지 대상 학생 프로그램 운영 및 사후관리 • 사회복지 기관 연계 및 추수 관리 지원 • 학생 상담 활동 업무 및 지원 • 관내 학교 사회복지 자문 및 연수(교육) 관련 업무	상시 전일 근무	사회복지사 2급 이상 또는 정신보건사회복지사 2급 이상 소지자
체험해설실무원		• 전시 · 체험해설 프로그램 진행 업무 • 전시체험물 유지보수 및 관리 업무	상시 전일 근무	과학 및 공학 관련 과목 전공의 전문학사 이상의 학력이 있다고 인정되는 자
전문 상담사	WEE 클래스	• 학생 · 학부모 등에 대한 각종 상담 업무, 단위학교 Wee프로젝트 관련 업무	상시 전일 근무	전문상담교사, 상담심리사, 전문상담사, 청소년상담사, 임상심리사, 정신보건임상심리사, 사회복지사 1급 자격증 중 1개 이상 소지자
	117 학교폭력 신고센터	• 학교폭력신고 상담 · 수사 · 지원 등의 통합서비스 관련 업무	상시 전일 근무 (교대근무)	전문상담교사, 청소년상담사, 전문상담사, 상담심리사 중 1개 이상 소지자
취업지원관		• 우수취업처 발굴 및 취업 지원 등 • 학습중심 현장실습 운영 관리 및 추수지도 등 • 취업상담 및 선취업 · 후학습 등 • 특성화고 마이스터고 포털(하이파이브) 관리 및 직업교육 관련 행정 처리 등	상시 전일 근무	직업상담사 2급 이상 및 자동차운전면허증 소지자로 경력요건 중 1가지 이상을 갖춘 자

임상심리사	• 학생정서 · 행동특성검사 및 상담 학생 심층 사정평가 및 추후관리 • 전문심리치료기관 및 민간경상이전사업 관련 지정 위촉 및 정산 업무 • 자살위기 고위험학생 상담 및 치료 • 자살 사후관리 대책 및 위기평가 계획 • 관내 학교 임상자문 및 연수(교육) 관련 업무	상시 전일근무	정신보건임상심리사 2급 이상, 임상심리사 2급 이상 중 1개 이상 소지자
사감 (기숙생활지도원)	• 기숙사 이용 학생 생활지도 및 안전 관리 • 기숙사 내외부 시설 물품 및 안전 관리 • 기숙사 외부인 출입 통제 및 야간 순찰 • 기숙사 내 안전 문제 등 사감일지 작성	방학 중 비근무	성별 제한
전담사서	• 학교근무 : 학교도서관 운영 전반에 관한 업무 등 – 학교도서관 예산 편성 등 운영 전반에 관한 업무 등 – 자료의 수집 · 정리 · 이용 등 – 학교도서관 활용 교수 · 학습지원 등 • 기관근무 : 학교도서관지원센터 운영 전반에 관한 업무 등 – 학교도서관 독서 관련 행사 운영 및 현장 지원 업무 등 – 학교도서관지원센터 예산 집행 및 북버스 운영 지원 등	상시 전일 근무	정사서 2급 이상, 준사서, 사서교사 2급 이상의 자격증 중 1개 이상 소지자
과학실무사	• 과학교육 기안 및 공문처리, 과학실험실 관리 및 안전점검, 과학실험재료 및 교구 준비, 과학수업 지원, 실험실 폐수 관리, 지출품의	상시 전일 근무	제한 사항 없음.
시설관리원	• 학교 시설물 유지보수 및 관리	상시 전일 근무	제한 사항 없음.

시·도교육청 교육공무직원 시험분석

시·도교육청별 소양평가 분석

지역	영역	문항 수/시간
경상북도교육청	언어논리력, 수리력, 문제해결력, 공간지각력	45문항/50분
경상남도교육청	언어논리력, 문제해결력, 공간지각력, 이해력, 관찰탐구력	45문항/50분
충청남도교육청	언어논리력, 수리력, 문제해결력, 공간지각력, 이해력	50문항/50분
부산광역시교육청	언어논리력, 수리력, 문제해결력, 공간지각력	45문항/50분
울산광역시교육청	언어논리력, 수리력, 문제해결력, 공간지각력, 관찰탐구력	45문항/50분
전라북도교육청	언어논리력, 수리력, 문제해결력, 공간지각력(조리실무사 : 관찰탐구력), 이해력	50문항/50분
대전광역시교육청	언어논리력, 수리력, 문제해결력	45문항/45분
세종특별자치시교육청	국어, 일반상식	50문항/80분
광주광역시교육청	국어, 일반상식	50문항/50분

※ 최근 채용공고 기준

출제영역 분석

[언어논리력] 유의어 · 반의어, 띄어쓰기, 맞춤법 등 문법 문제, 한자어나 사자성어 문제, 세부 내용을 이해하는 문제, 문단 배열 문제, 빈칸 찾기 등 독해 문제가 출제된다.

[수리력] 사칙연산, 방정식, 확률 등 다양한 계산 문제가 출제되며, 거리 · 속력 · 시간, 농도나 도형의 길이, 넓이 계산 등 공식 암기가 필요한 문제도 출제된다. 또한 도표를 이해하고 계산하는 자료해석 문제도 꾸준히 출제된다.

[문제해결력] 명제, 삼단논법, 참 · 거짓 문제, 논리게임 문제가 주로 출제된다. NCS 문제해결능력과 관련된 이론 문제가 출제되기도 한다.

[공간지각력] 종이접기, 전개도, 블록 결합 문제가 주로 출제되며, 도형의 개수를 세는 문제나 도형을 회전시키는 문제 등 다양한 유형의 도형 관련 문제가 출제된다.

[이해력] 주로 사회상식을 묻는 문제가 출제되며, 교육청별로 다양한 문제 유형이 출제되므로 그에 맞는 준비와 학습이 필요하다.

[관찰탐구력] 주로 과학상식을 묻는 문제가 출제되므로 자주 출제되는 과학 문제 유형을 파악하여 집중적인 학습이 필요하다.

2024년 **경상북도교육청** 소양평가

시험 프로세스

- 영역 : 언어논리력, 수리력, 문제해결력, 공간지각력
- 문항 수 : 45문항
- 시간 : 50분

기출 분석

언어논리력은 어휘, 어법 문제와 내용 일치, 중심 문장 찾기와 같은 독해 문제가 출제되었다. 수리력은 일의 양, 방정식을 활용한 나이 계산, 금액 계산과 같은 응용수리 문제와 도표 자료의 수치를 분석하는 자료해석 문제가 출제되었다. 문제해결력은 명제 추론과 조건 추론 문제가 다수 출제되었다. 공간지각력은 도형 모양 추리, 블록 개수 파악과 같은 도형 문제가 출제되었다.

언어논리력

- 유형 : 세부 내용 이해, 중심 내용 찾기, 어휘 뜻 이해

기출 키워드 ▸ 다의어, 의사표현, 늘봄

수리력

[응용수리]

- 유형 : 방정식, 일의 양

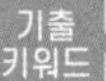

금액 계산, 나이 계산

[자료해석]

- 유형 : 표 빈칸 채우기, 표 수치 분석, 그래프 분석

문제해결력

- 유형 : 명제 추론, 진위 추론, 조건 추론

기출 키워드 ▸ 삼단논법, 범인 파악, 참·거짓, 조건 분석

공간지각력

- 유형 : 도형 변화 규칙 파악, 블록

기출 키워드 ▸ 블록 개수, 도형 변환

2024년 **경상남도교육청** 소양평가

시험 프로세스

- 영역 : 언어논리력, 문제해결력, 공간지각력, 이해력, 관찰탐구력
- 문항 수 : 45문항
- 시간 : 50분

기출 분석

언어논리력은 어휘 의미와 활용, 띄어쓰기, 독해 문제가 골고루 출제되었고, 문제해결력은 명제와 조건 추론, SWOT 분석 문제가 출제되었다. 공간지각력은 블록, 도형의 회전 등의 문제가 출제되었고, 이해력은 자료를 바탕으로 결과를 도출하는 문제가 주로 출제되었다. 관찰탐구력은 과학상식을 묻는 문제가 다수 출제되었다.

언어논리력

[어법 · 어휘]

- 유형 : 어휘 의미 파악, 어휘 활용, 띄어쓰기

기출 키워드 ▸ 고양, '-지'와 관련한 띄어쓰기, 부산하다, 가녀리다

[독해]

- 유형 : 내용 이해, 글쓴이의 관점 찾기, 반박하기

기출 키워드 ▸ 은행나무 가로수, 대학 축제, 전염병 관련 공문, 초등 축구클럽

문제해결력

- 유형 : 명제 추론, 조건 추론, SWOT 분석

공간지각력

- 유형 : 도형의 회전, 전개도, 조각 개수 세기, 펀치 문제

기출 키워드 ▸ 거울에 비친 도형, 도형의 회전, 정사각형 개수, 퍼즐, 종이 모양

이해력

- 유형 : 자료 이해, 문제해결법 찾기

기출 키워드 ▸ 동기 부여, 개별 상담, 권한 위임, 객관적 태도

관찰탐구력

- 유형 : 과학 상식(사례 찾기, 원리 및 이론 이해)

기출 키워드 ▸ 오목거울, 부피의 변동, 복사열, 알루미늄, 흡열 반응, 양력, 중력, 마찰력

2024년 **충청남도교육청** 소양평가

시험 프로세스

- 영역 : 언어논리력, 수리력, 문제해결력, 공간지각력, 이해력
- 문항 수 : 50문항
- 시간 : 50분

기출 분석

5개의 영역 중 문제해결력, 수리력의 출제 비중이 높았으며 문제해결력은 명제와 조건 추론이 출제되었다. 수리력은 표와 그래프를 해석하는 자료해석 문제가 다수 출제되었다. 언어논리력은 지문이 짧은 독해 문제가 출제되었고, 이해력은 직장 내 인간관계 관련 문제가 다수 출제되었다. 공간지각력은 생소한 유형의 도형 문제들이 다수 출제되었다.

언어논리력

- 유형 : 사자성어, 내용 이해 및 일치, 동일한 의미 파악, 작품의 서술 방식

기출 키워드 상황에 맞지 않게 고친 단어 찾기, 은유법, 에너지절약, 5G 의료기술, 캘리그라피의 의미

수리력

[응용수리]

- 유형 : 방정식, 최대공약수, 간격, 꼭짓점의 개수

상품의 가격 계산, 정사각형 둘레, 간격 계산, 직육면체 만나는 면

[자료해석]

- 유형 : 그래프, 표의 수치 해석

문제해결력

- 유형 : 삼단논법, 조건 추론, 진위 추론, 논리적 오류

동일한 논리적 오류, 날짜 추론, 개강 과목 추론, 순위 추론

공간지각력

- 유형 : 도형 찾기, 도형 결합, 전개도, 조각 맞추기

도형의 규칙, 회전한 도형의 모양, 꼭짓점의 개수, 결합해서 나올 수 없는 모양

이해력

- 유형 : 직장 내 인간관계, 직업윤리, 팀워크

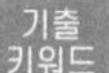
팀워크 저해 요인, 올바른 조직문화, 공감적 경청, 삼림보호 관련 직업

2024년 **부산광역시교육청** 소양평가

시험 프로세스

- 영역 : 언어논리력, 수리력, 문제해결력, 공간지각력
- 문항 수 : 45문항
- 시간 : 50분

기출 분석

언어논리력은 사자성어, 어법, 어휘, 높임말 문제와 내용 이해, 중심 내용 파악 등의 독해 문제가 출제되었다. 수리력은 거듭제곱, 할인율 계산과 같은 응용수리 문제와 자료해석 문제가 출제되었다. 문제해결력은 명제 및 진위 추론, 논리적 오류, 조건 추론 문제와 NCS 이론 확인 문제가 출제되었고, 공간지각력은 펀칭, 블록, 전개도, 퍼즐과 같은 도형 및 그림 추론 문제가 출제되었다.

언어논리력

[어법 · 어휘]

- 유형 : 사자성어, 높임말, 맞춤법, 어휘 뜻

기출 키워드 권토중래, -대/-데, 띠다/띄다, 달이다/다리다

[독해]

- 유형 : 세부 내용 이해, 중심 내용 파악

기출 키워드 식중독 예방 및 대처법, 간단한 걷기 운동, 전자책, 이해충돌방지법, 자아존중감

수리력

- 유형 : 응용수리, 자료해석

기출 키워드 바이러스 생성 개수, 질병률 그래프, 헬스장 할인율, CCTV 범죄율

문제해결력

- 유형 : 삼단논법, 진위 추론, 조건 추론, 논리적 오류, 문제해결 이론

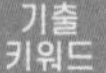
기출 키워드 참이 되는 요일, 조건에 맞는 팀 구성, 허수아비 공격의 오류, 팀워크와 멤버십, 직업의식

공간지각력

- 유형 : 펀칭, 블록, 도형 개수 파악, 퍼즐, 전개도 추론

기출 키워드 필요 없는 도형 찾기, 직육면체 개수, 투상도의 블록 개수

2023년 울산광역시교육청 소양평가

시험 프로세스

- 영역 : 언어논리력, 수리력, 문제해결력, 공간지각력, 관찰탐구력
- 문항 수 : 45문항
- 시간 : 50분

기출 분석

언어논리력은 어휘 추리, 세부 내용 이해, 시의 내용 이해 문제가 출제되었다. 수리력은 기초연산과 자료해석 문제가 출제되었는데, 자료해석의 경우 한 문제에 2~3개의 자료가 제시되었다. 문제해결력은 명제 추론, 길 찾기 문제가 출제되었다. 공간지각력은 전개도, 종이접기, 위치 파악 문제 등이 출제되었고, 관찰탐구력은 물리 위주의 과학 상식 문제가 출제되었다.

언어논리력

[어법 · 어휘]
- 유형 : 사자성어, 적절한 어휘 파악

[독해]
- 유형 : 중심 내용 파악, 제목 파악, 세부 내용 이해, 시의 내용 이해

기출 키워드 4차산업 인간형, 씨앗, 멈춤, 명상, 여행, 보고서, 수출 부진 원인, 신입사원 퇴사

수리력

[기초연산]
- 유형 : 비율 계산, 나이 계산, 금액 계산

기출 키워드 남학생의 비중, 평균 나이, 숙박비

[자료해석]
- 유형 : 그래프·표의 수치 해석하기, 그래프·표의 수치 계산하기

문제해결력

- 유형 : 명제 추론, 길 찾기

공간지각력

- 유형 : 입체도형 파악, 블록 개수, 종이접기, 도형의 규칙 파악, 위치 파악

관찰탐구력

- 유형 : 과학 상식(사례 찾기, 원리 및 이론 이해)

기출 키워드 액화, 마찰력, 등속운동, 열기구, 부력, 지진대, 분자 운동, 중력

2024년 **전라북도교육청** 소양평가

시험 프로세스

- 영역 : 언어논리력, 수리력, 문제해결력, 공간지각력(조리실무사 : 관찰탐구력), 이해력
- 문항 수 : 50문항
- 시간 : 50분

기출 분석

언어논리력은 어휘 문제와 다양한 유형의 독해 문제가 출제되었다. 수리력은 기초계산, 응용수리 문제와 자료해석 문제가 출제되었고, 특히 도표분석 문제가 다수 출제되었다. 문제해결력은 명제 추론 및 조건에 따른 추론 문제가 다수 출제되었다. 공간지각력은 평면 및 입체도형 추론, 주사위, 전개도, 블록 등의 도형 문제가 출제되었다. 이해력은 자료이해, 상황 판단 등 다양한 형태의 문제가 출제되었으며, 주로 직업윤리와 관련된 내용이 출제되었다.

언어논리력

[어휘]

- 유형 : 단어 관계 이해, 동음이의어 파악

기출 키워드 ▸ 삶과 죽음, 부모와 조부모

[독해]

- 유형 : 문장 삽입, 빈칸 추론, 내용 이해 및 추론

기출 키워드 ▸ 오감, 책 읽기, 오존층 파괴, 늘봄학교

수리력

[응용수리]

- 유형 : 단위 변환, 금액 계산, 도형 길이, 거리·속력·시간 활용

[자료해석]

- 유형 : 표 이해, 표의 수치 계산, 그래프 해석, 그래프 작성

문제해결력

- 유형 : 명제 판단, 조건에 따른 추론, 장소 선정

공간지각력

- 유형 : 전개도, 주사위, 블록 결합, 좌우대칭, 종이접기

이해력

- 유형 : 자료 이해, 상황 판단

기출 키워드 ▸ 직업윤리

2024년 **대전광역시교육청** 소양평가

시험 프로세스

- 영역 : 언어논리력, 수리력, 문제해결력
- 문항 수 : 45문항
- 시간 : 45분

기출 분석

언어논리력은 다의어, 사자성어와 같은 어휘 문제와 띄어쓰기, 주술 호응, 사이시옷과 같은 어법 문제, 속담 이해, 공지문과 같은 자료 이해 등의 독해 문제가 출제되었다. 또한, 경청 자세를 이해하는 문제도 출제되었다. 수리력은 통계, 금액 계산, 인원수 파악과 같은 응용수리 문제와 도표 분석 및 작성 문제가 출제되었다. 문제해결력은 명제 추론 문제와 좌석 배치, 순위 추론과 같은 조건 추론 문제, 자료 파악, 업무 예절 등 여러 유형의 추론 문제가 출제되었다.

언어논리력

[어법 · 어휘]
- 유형 : 어휘 의미 파악, 어휘 활용, 띄어쓰기, 중의적 표현, 주술 호응, 사이시옷

기출 키워드 비비다, 안하무인, 돋다, 희한하다, 눈, 저가

[독해]
- 유형 : 내용 이해, 경청 자세, 속담

기출 키워드 공감적 이해 수준, 강 건너 불구경, 서평, 인공지능 교육, 학부모 교육 프로그램 신청 안내, 치실 사용, 의사소통 태도, 가정통신문

수리력

[응용수리]
- 유형 : 통계, 기초연산

기출 키워드 학급당 평균 학생 수, 성과급, 월급, 가격 증감률, 인원수, 거리·속력·시간, 육아휴직 여성 확률, 일의 양

[자료해석]
- 유형 : 도표 분석, 도표 수치 계산

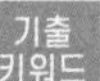
기출 키워드 청년 및 노인 평균 월 임금 변화, 공무직 근로자 남녀 비중, 늘봄학교 참여율, 남녀 커피 선호도

문제해결력

- 유형 : 명제 추론, 조건 추론, 자료 파악

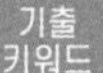
기출 키워드 삼단논법, 순위 추론, 3순위 후보자 선정, 요일별 직원 파견, 좌석 배치, 연수교육 자료

2024년 세종특별자치시교육청 소양평가

시험 프로세스

• 영역 : 국어, 일반상식
• 문항 수 : 50문항(영역별 25문항)
• 시간 : 80분

기출 분석

국어는 25문항으로 어휘 문제와 어법 문제, 문학 및 비문학 지문의 독해 문제 등의 고등학교 과정의 국어 문제가 출제되었다. 일반상식은 25문항으로 사회와 한국사가 출제되었다. 사회는 고등학교 1학년의 '통합사회' 범위 내에서 문제가 출제되었고, 한국사는 고등학교 과정의 한국사 전 범위에서 출제되었다.

국어

[어법 · 어휘]

• 유형 : 용언 활용, 표준 발음법, 띄어쓰기, 높임법, 어휘 의미

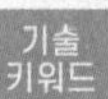

신라/칼날/실내화/천리/광한루/물난리 표준 발음법, O∨분∨만에, 'ㅡ' 탈락, 음료 나오셨습니다, 께죽거리다/파리하다/편협하다

[독해]

• 유형 : 비문학, 문학, 독서

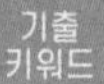

로봇과 일자리의 상관관계, 공손성의 원리, 이성적 설득 전략, 글쓰기의 목적 이해, 독서의 가치, 썸머타임, 「첫사랑(고재종)」, 「동짓달 기나긴 밤(황진이)」

일반상식

[사회]

전일론적 관점, 몽고메리 버스 보이콧, 지구 온난화, 태풍, 열대/한대/아메리카, 사막 지역 특징, 시간적·공간적 관점, 노르웨이 피오르드, 도시화, 예금, 수정 자본주의/신자유주의

[한국사]

신문왕의 업적, 사료의 백제 왕 순서(근초고왕/개로왕/성왕), 태조왕건, 고구려, 몽고풍, 무오사화/기묘사화/예송논쟁, 강화도 조약, 전태일, 4.13 폭거, 고문정치

2024년 광주광역시교육청 소양평가

시험 프로세스

- 영역 : 국어, 일반상식
- 문항 수 : 50문항(영역별 25문항)
- 시간 : 50분

기출 분석

국어는 25문항으로 어법과 어휘, 문학 독해, 비문학 독해 문제가 출제되었다. 일반상식은 25문항으로 사회와 한국사가 출제되었다. 사회는 국내외의, 법, 환경 등 다양한 분야의 상식을 확인하는 문제가 출제되었고, 한국사는 고등학교 수준의 국사 전 범위 내에서 골고루 문제가 출제되었다.

국어

[어법 · 어휘]

- 유형 : 맞춤법, 표준발음법, 높임법, 다의어

명사형 어미, 웬만해서/봬요/짝꿍, 구개음화, 뚫는(발음), 죽을 쑤다(규칙 활용), 귀가 밝으시다, [피읍](자음 발음법), 언어의 역사성, 사이시옷, 품사, 띄어쓰기, 방향(다의어)

[독해]

- 유형 : 문학, 비문학

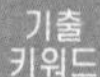

「동백꽃(김유정)」, 감기와 독감, 충고

일반상식

[사회]

디토 소비, 탄핵소추의결, LA 시차, 국제기구, 지진, 형사재판 참여자-피고, 출생률 감소, 주식과 예금, 주민소환제, 문화상대주의, 징역·벌금·자격 상실, 경공업-중화학-3저-IMF, 고용보험, 근로기준법

[한국사]

대동법, 제주 4·3사건-5.10총선-제헌헌법-정부수립, 광무개혁, 정약용 목민심서, 공민왕, 대가야 정복, 고려의 과거제도, 임술 농민 봉기

[시 · 도 교육청 교육공무직원 소양평가]

시 · 도 교육청 교육공무직원 소양평가

권두부록

최근 시 · 도 교육청 소양평가 기출유형

대표기출유형

- 언어논리력 비문학의 세부 내용과 어휘를 파악하는 유형 | 실용문의 세부 내용을 이해하는 유형 | 내용을 바탕으로 추론하는 유형 | 글의 구조나 관점을 분석하는 유형 | 문맥을 파악하여 글을 수정 · 보완하는 유형
- 수리력 사칙연산을 활용한 기초연산 유형 | 통계와 관련된 기초연산 유형 | 표, 그래프 해석 유형 | 표, 그래프를 바탕으로 결괏값을 계산하는 유형
- 문제해결력 명제의 진위와 논리성을 판단하는 유형 | 조건에 따라 논리적으로 추론하는 유형 | 자료와 조건을 바탕으로 합리적 선택을 하는 유형 | 자료를 이해하여 타당한 결과를 도출하는 유형 | 사례에 문제해결 이론을 적용하는 유형
- 공간지각력 도형의 모양을 비교하는 유형 | 평면도형의 모양을 추론하는 유형 | 입체도형의 모양을 추론하는 유형 | 도형의 개수를 파악하는 유형 | 전개도를 파악하는 유형 | 변화 순서에 따른 모양을 유추하는 유형
- 이해력 대인관계상의 적절한 태도를 이해하는 유형 | 리더의 요건과 리더십을 이해하는 유형
- 관찰탐구력 실생활에서 알아야 할 과학상식을 묻는 유형

영역 01 **언어논리력**

정답과 해설 2쪽

유형 1 비문학의 세부 내용과 어휘를 파악하는 유형

[01 ~ 02] 다음 글을 읽고 이어지는 질문에 답하시오.

'나라꽃'은 국가를 상징하는 꽃을 뜻합니다. 그 나라에 널리 퍼져 있고 그 민족이 좋아하며, 그 나라의 역사나 신화, 전설과 관련이 있는 꽃을 나라꽃으로 정합니다.

무궁화는 대한민국의 나라꽃으로서, 미적 가치 이전에 민족의 역사와 전통, 성품에 어울리는 꽃입니다. 우리 민족의 정서를 상징하는 꽃으로 오랜 역사 동안 민족의 사랑을 받아왔습니다. 우리 민족과 나라꽃인 무궁화의 유사성은 다음과 같습니다.

첫째, 무궁화는 현란하거나 향기가 짙은 꽃이 아닙니다. 아담하고 은은한 향기를 지닌 순결한 꽃으로, 은자의 꽃이라 할 수 있습니다. 흰빛을 숭상한 우리 은자 나라의 선인(先人)들의 겸허하며 너그러운 군자의 풍모를 무궁화는 지닌 것입니다.

둘째, 우리 민족은 은근과 끈기의 부지런한 민족이고, 지조와 절개를 생명보다 귀히 여기는 단아한 민족입니다. 무궁화는 한번 피기 시작하면 장장 서너 달씩이나 매일 끊임없이 피고 지기를 계속하여 칠월에 시작한 꽃이 시월이 지나도 피기를 멈추지 않습니다. 아침에 수없이 피어 있는 무궁화는 전날의 꽃이 아닌, 모두 새롭게 피어난 꽃들입니다. 이러한 무궁화는 은근과 끈기, 부지런한 우리의 민족성을 나타냅니다.

셋째, 무궁화는 토지의 후박을 가리지 않고, 동절기를 제외하고 아무 데에서도 잘 자라며, 정성 들여 가꾸지 않아도 벌레 때문에 마르는 법 없이 잘 번성합니다. 이는 숱하게 외침을 당하는 수난의 긴 역사 속에서도 살아남은 우리 민족의 역사를 말해 줍니다.

01. 윗글에 대한 설명으로 가장 적절한 것은?

① 무궁화가 우리 민족을 상징하게 된 유래에 관한 전설이 있다.
② 무궁화의 생태에서 우리 민족성과의 유사성을 찾아 설명하였다.
③ 무궁화의 구조는 우리 민족의 군자의 풍모와 연결지을 수 있다.
④ 무궁화가 우리의 나라꽃으로 지정된 이유는 향기, 개화와 낙화, 성장 환경과 관련이 있다.

02. 윗글의 밑줄 친 단어 중 고유어와 한자어가 결합된 합성어만을 골라 짝지은 것은?

① 은근, 끈기　② 전날, 은근　③ 향기, 끈기　④ 끈기, 전날

유형 2

실용문의 세부 내용을 이해하는 유형

03. **다음 중 ○○카드에서 새해에 출시한 패밀리카드 상품의 안내문을 잘못 이해한 사람은?**

〈연말 사은 패밀리카드 상품 안내〉

■ 패밀리카드 : 가족이 함께 써서 더욱 실속 있은 혜택

■ 이용가능 대상 : 회원 본인의 신용 기준으로 가족이 발급받아 이용할 수 있는 카드

■ 발급기준 : 만 19세 이상 대상

- 회원 본인의 배우자, 부모, 조부모, 증조부모 형제자매, 자녀, 사위, 며느리, 손자/녀, 손주사위, 손주며느리, 증손자/녀, 증손주사위, 증손주며느리
- 회원 본인의 배우자의 부모, 조부모, 증조부모, 형제자매

※ 가족 회원이 카드 이용대금 연체 등의 사유로 ○○카드가 정한 발급 기준 조건을 충족하지 못할 경우, 발급이 제한될 수 있습니다.

■ 연회비

- 본인 카드와 동일한 카드로 발급 시 연회비 면제(일부 카드 제외)
- 본인 카드와 다른 상품으로 발급 시 ○○카드 연회비 정책에 따라 카드 발급 첫 해에는 연회비 발생

■ 패밀리카드의 장점

- 회원 본인이 패밀리카드 이용한도 지정 가능
- 본인 카드 이용금액에 포함되어 포인트 적립
- 한 계좌로 결제를 통합 관리하게 되므로, 가계 지출 파악 및 합리적인 소비 가능
- 자녀에게 발급 시, 지출 내역 공유를 통해 계획적인 소비습관 형성 가능
- 부모님께 발급 시, 생활비 카드로 이용 가능

① A : 증손주사위와 증손주며느리까지도 포함되는구나. 그럼 나도 이제 스무 살이 넘었으니 내가 만든 카드를 가장 친한 친구 녀석도 사용할 수 있겠군.

② B : 내 카드와 동일한 카드로 발급하면 연회비를 면제받을 수도 있겠군.

③ C : 이용한도는 내가 직접 지정할 수 있구나.

④ D : 우리 가족이 함께 사용해도 결제 계좌는 하나로 통합 관리할 수 있네.

유형 3

내용을 바탕으로 추론하는 유형

04. 다음 (가), (나)의 내용에 공통적으로 부합하는 사자성어로 옳은 것은?

(가) 코로나19 팬데믹을 거치면서 전 세계에서 여성 창업이 급증하고 있다. 미국 시사잡지 뉴스위크는 팬데믹 기간에 여성, 특히 소수 인종 여성 창업이 크게 증가했다고 보도했다. 팬데믹 기간에 여성 창업이 급증한 이유 중 하나는 당시에 여성의 해고 비율이 남성에 비해 높았기 때문이라고 뉴스위크가 지적했다. 해고당한 여성들이 경력 관리와 수입원 확보를 목적으로 창업에 적극 뛰어들었다고 한다.

(나) 유럽연합(EU)이 2030년까지의 재생에너지 목표를 초과 달성할 것이라는 전망이 나왔다. 영국의 글로벌 에너지 싱크탱크 '엠버'는 "러시아의 우크라이나 침공으로 촉발된 에너지 위기에 대한 유럽연합의 대응은 에너지 녹색 전환을 가속화했다."라고 밝혔다. 러시아의 유럽에 대한 가스공급 축소, 국제 천연가스 가격 폭등 등 러시아-우크라이나 전쟁발 에너지 위기 상황이 오히려 유럽연합에서 재생에너지 확대 가속화의 계기로 작용했다는 것이다.

① 과유불급(過猶不及)　　② 건곤일척(乾坤一擲)

③ 전화위복(轉禍爲福)　　④ 절치부심(切齒腐心)

05. 다음은 도서정가제에 대한 설명이다. 빈칸 ㉠에 들어갈 내용으로 적절하지 않은 것은?

(가) 도서정가제란?

도서정가제는 「출판문화산업진흥법」 제22조에 의거하여 도서 발행자인 출판사가 책정한 도서 가격을 소매점의 판매가격, 즉 구매자(소비자)의 구매가격으로 고정하는 제도이다. 소형 출판사와 서점의 활성화, 독서 진흥과 소비자 보호를 위하여 정가의 총 15% 이내(단, 가격할인은 10% 이내에서만 가능)의 할인범위를 정하고 있다.

(나) 웹툰 · 웹소설의 도서정가제를 찬성하는 입장

- 도서 다양성 보장으로 달성되는 공익적 기능이 있다.
- 출판시장의 특수성으로 가격 할인 위주의 경쟁이 이뤄지지 않는 영화 · 음반 시장과 출판시장을 같이 취급할 수 없다.
- 도서정가제는 단순히 출판 업체의 이익을 위한 게 아니라 중소 출판사에 의한 다양한 서적 발간에 따라 형성되는 문화적 다양성을 위해 필요하다.
- 소비자 편의 감소를 단순히 가격만으로 평가할 수 없는 측면이 있다.

(다) 웹툰 · 웹소설의 도서정가제를 반대하는 입장

- (㉠)

① 음악 등 다른 예술작품에는 없는 가격 할인 규제를 도서에만 두는 건 차별적이다.

② 시장의 균형가격보다 높은 가격으로 유통되도록 도서가격을 제한하는 제도는 소비자 후생을 감소시킨다.

③ 웹소설, 웹툰의 경우에도 작가에 대한 최소 이윤을 보장하거나 다양한 작품을 시도할 수 있는 환경이 조성되어야 한다.

④ 도서정가제의 일률적인 할인 제한은 종이책과 출판 · 유통구조가 다른 웹소설 · 웹툰 작가의 직업의 자유를 침해한다.

유형 4 글의 구조나 관점을 분석하는 유형

06. 다음 ㉠ ~ ㉤의 논증 구조를 바르게 파악한 것은?

㉠ 동물은 생각을 할까? 2,000여 년 동안 서양의 사고를 지배해 온 이원론의 세계에서는 영혼이 결여된 동물을 인간보다 하등한 존재로 보았다.
㉡ 르네 데카르트는 심지어 '동물은 복잡한 기계'라는 동물기계론을 제시했다.
㉢ 찰스 다윈은 「인간의 유래」에서 동물에게도 인간과 같이 사유, 기억, 언어능력은 물론이고 심미적 감각까지도 있다고 주장했다.
㉣ 20세기 초 심리학자들은 동물의 관찰 가능한 행동만을 연구한다는 행동주의를 통해 이를 반박했다. 그 이후 동물들은 생체의학 연구와 약학 실험에 동원되고, 공장식으로 사육되며, 모피를 위해 희생됐다.
㉤ 그러나 제인 구달의 침팬지 연구 이후로 많은 과학자들을 통해 개가 1,022개 어휘를 사용하고, 나방이 한때 자신이 애벌레였음을 기억하고, 어치가 다른 어치들을 도둑 취급하고, 고래뿐만 아니라 소도 지역 사투리를 쓴다는 것이 밝혀졌다. 동물들도 느끼고 생각할 줄 안다는 것이다.

① ㉠ : 문제 제기의 형태로 논증의 결과를 이끌어 낸다.
② ㉡ : ㉠에 대한 반론이다.
③ ㉣ : ㉢에 대한 반박으로 새로운 관점을 제시하고 있다.
④ ㉤ : ㉢에 대한 반론으로 이 글의 주제문이다.

07. 다음 〈보기〉의 시에 대한 감상 중 관점이 나머지와 다른 하나는?

보기

절정

이육사

매운 계절(季節)의 채찍에 갈겨
마침내 북방(北方)으로 휩쓸려 오다

하늘도 그만 지쳐 끝난 고원(高原)
서릿발 칼날진 그 위에 서다

어데다 무릎을 꿇어야 하나
한 발 재겨 디딜 곳조차 없다

이러매 눈 감아 생각해 볼밖에
겨울은 강철로 된 무지갠가 보다

① 일제 강점기의 어두운 시대적 상황이 '매운 계절의 채찍', '겨울' 등에 반영되었습니다. 특히, 당시 일제의 무자비한 탄압이 얼마나 가혹했는지와 눈을 감을 수밖에 없는 절망적 상황 속에서도 희망을 잃지 않는 우리 민족의 강인함이 나타났습니다.

② 매운 계절과 겨울은 대개 시련과 고난의 시기를 의미하기에 어두운 시대 상황에 처한 화자의 처지가 안타깝게 느껴졌습니다. 대개 사람들은 절망적 상황과 대면하면 눈을 감고 포기하지만, 그렇지 않는 화자의 의지가 대단하게 느껴집니다. 저도 절망적 상황에 대한 굳건한 극복 의지를 닮고 싶습니다.

③ 항일 운동에 투신한 이육사의 생애와 경험으로 볼 때, 이 시는 가혹한 일제의 탄압에도 불구하고 굴복하지 않겠다는 그의 저항 의식이 나타나고 있습니다. 육사가 품은 민족애, 조국 독립에 대한 열망, 절망적 상황 속에서도 조국 광복에 대한 희망을 잃지 않는 그의 이상이 '강철로 된 무지개'로 표현되어 있습니다.

④ '채찍', '서릿발 칼날' 등의 시어로 자신의 의지와 상관없이 폭력과 탄압을 받는 시적 화자의 절망적 상황을 구조적으로 형상화하고 있습니다. 또 '북방'에서 '고원'으로 이어지는 점층 구조, 수평적 한계 상황과 수직적 한계 상황 등을 통해 4연은 극한 상황에 대한 극복 의지, 초극 의지를 형상화합니다.

유형 5

문맥을 파악하여 글을 수정 · 보완하는 유형

08. 다음 글의 밑줄 친 ㉠ ~ ㉣의 수정방안으로 적절하지 않은 것은?

'구를 전(轉), 재앙 화(禍), 할 위(爲), 복 복(福)'의 '전화위복'은 화(禍)가 바뀌어 복(福)이 된다는 뜻으로, 중국 전국시대 한 · 위 · 조 · 연 · 제 · 초 6국의 재상을 겸임했던 전략가 소진(蘇秦)이 한 말에서 ㉠ 유례했다고 한다. 소진은 "옛날에 일을 잘 처리했던 사람은 화를 바꾸어 복이 되게 했고, 실패한 것을 바꾸어 공이 되게 했다."라고 하였다. 이는 ㉡ 어떤 불행한 일일지라도 인간의 노력으로 행복으로 바꿀 수 있다는 의도의 말인데, 이게 후대에 알려졌다.

최근 글로벌 금융시장에 전화위복의 사건이 발생했다. 미국 실리콘밸리은행(SVB)이 파산해 장차 금융시장에 어떤 충격을 가져올지 불투명해지면서, 다음 주 예정된 미 연준(Fed)의 공개시장위원회(FOMC)가 빅스텝(0.5%p 인상)이 아니라 베이비스텝(0.25%p 인상)을 취할 것이라는 전망이 힘을 얻고 있는 것이다. 중앙은행의 완화적 통화정책이 금융시장에 호재로 작용하니 반길 수밖에 없다. ㉢ 본래 당초 빅스텝 전망이 지배적이었다. 결국 SVB 파산이라는 화가 베이비스텝이라는 복이 되는 것이다.

그러나 아직 끝난 게 아니다. SVB 사태가 예상 외로 찻잔 속 태풍에 그치는 정도라고 미 연준이 판단하면 빅스텝 가능성은 여전히 남아있다. 실제로 실리콘밸리은행(SVB) 사태는 미 재무부가 ㉣ 진화에 나서면서 긴장 국면으로 가고 있다.

① ㉠ : 맞춤법에 맞게 '유래했다고'로 수정한다.

② ㉡ : '어떤 불행한 일이라도 인간 노력으로 행복으로'로 간결하게 수정한다.

③ ㉢ : '본래'와 '당초'는 유의어로, 의미상 중복이므로 둘 중 하나만 사용한다.

④ ㉣ : 앞 내용을 고려하여 '긴장' 대신 '해소'나 '진정' 등의 단어로 수정한다.

09. 다음 글에 이어지는 문장 ㉠ ~ ㉣을 논리적 순서에 따라 배열한 것은?

우리의 인구 정책은 인구 부족에 대응하기 위해 지난 15년 동안 400조 원에 달하는 예산을 썼지만 실제 효과는 미미하다.

㉠ 따라서 근본적인 저출산 대책은 지역의 교육 환경을 획기적으로 개선하고 지역에서 기업들이 번성해 많은 일자리를 제공하는 일이다.
㉡ 재정 투입과 더불어 지역의 자생력을 키워 줄 수 있는 환경 조성이 무엇보다 시급하다.
㉢ 그중의 하나는 갈수록 심화되고 있는 인구의 수도권 쏠림 현상을 완화하는 일이다.
㉣ 인구를 늘리기 위해 국가 재정을 투입하는 것도 중요하지만 근본적인 문제가 무엇인지 생각해 보아야 한다.

① ㉡-㉣-㉠-㉢
② ㉡-㉣-㉢-㉠
③ ㉣-㉠-㉡-㉢
④ ㉣-㉡-㉢-㉠

영역 02 **수리력**

정답과 해설 4쪽

유형 1

사칙연산을 활용한 기초연산 유형

01. 옥순이네 집 앞에는 4432번, 4433번, 4435번 버스가 정차한다. 4432번은 12분, 4433번은 15분, 4435번은 18분 간격으로 정차하며 오전 7시에 동시 출발하였다. 오전 7시 동시 출발한 이후, 오후 5시까지 버스 3대가 동시에 출발하는 것은 총 몇 회인가? (단, 오전 7시 동시 출발은 횟수에 포함하지 않는다)

① 2회　② 3회
③ 5회　④ 6회

02. 원가가 800원인 아이스크림 가격에 20%의 이익을 더하여 판매하였더니 180개를 팔 수 있었다. 이후 이벤트로 정가에 10% 할인하여 기존보다 4배만큼 판매했을 때, 처음보다 얼마만큼의 이익을 더 얻을 수 있는가?

① 17,280원　② 17,900원
③ 18,340원　④ 18,720원

유형 2

통계와 관련된 기초연산 유형

03. A ~ F 6명이 수행평가 발표를 위한 발표 조와 순서를 정하고 있다. 발표 조는 1조와 2조로 각각 3명씩이며, 1조 3명의 발표가 차례대로 모두 끝난 다음 2조 3명이 차례대로 발표를 해야 한다. A와 B는 같은 조에 배정되어야 하며, 두 사람의 발표 순서도 서로 붙어 있어야 한다면 가능한 경우의 수는 모두 몇 가지인가?

① 120가지 ② 168가지
③ 180가지 ④ 192가지

04. 다음은 ○○기업에서 퇴직자 12명의 근속연수를 조사한 것이다. 퇴직예정자인 인사팀 소속 A 씨를 포함한 13명의 퇴직자들의 평균 근속연수가 10년이 되기 위해서는 A 씨가 최소 몇 년을 근무한 후 퇴직해야 하는가?

〈팀별 퇴직자 근속연수〉

팀명	퇴직자 근속연수			
인사팀	3년	5년	7년	10년
영업팀	15년	18년	6년	7년
재무팀	12년	8년	10년	16년
총인원	12명			

① 12년 ② 13년
③ 14년 ④ 15년

유형 3 표, 그래프 해석 유형

05. 다음은 20X2 ~ 20X5년 A ~ C 지역의 지방직 공무원 합격 인원의 전년 대비 증감률을 나타낸 표이다. 이에 대한 설명으로 옳은 것을 〈보기〉에서 모두 고르면?

〈연도별 지방직 공무원 합격 인원 증감률〉

(단위 : %)

구분	20X2년	20X3년	20X4년	20X5년
A 지역	3.2	2.5	1.2	−0.8
B 지역	2.7	1.4	−1.2	0.5
C 지역	1.6	0.2	−0.8	1.0

보기

ㄱ. C 지역의 지방직 공무원 합격 인원은 20X5년이 20X2년보다 많다.

ㄴ. 20X2년 A ~ C 지역 중 A 지역의 지방직 공무원 합격 인원이 제일 많다.

ㄷ. 20X1년 A ~ C 지역의 지방직 공무원 합격 인원이 같았다면 20X5년 지방직 공무원 합격 인원이 가장 많은 곳은 A 지역이다.

ㄹ. 20X2 ~ 20X5년 중 C 지역의 지방직 공무원 합격 인원이 가장 많았던 해는 20X2년이다.

① ㄱ, ㄷ ② ㄱ, ㄹ

③ ㄴ, ㄷ ④ ㄷ, ㄹ

유형 4

표, 그래프를 바탕으로 결괏값을 계산하는 유형

[06 ~ 07] 다음은 초중고교 사교육비 조사 결과이다. 이어지는 질문에 답하시오.

〈자료 1〉 초중고 학생 사교육비 총액

(단위 : 천억 원)

구분		전체			
			초등학교	중학교	고등학교
20X1년			ⓑ		
20X2년		ⓐ			
	전년 대비 증감률	10.3%	12.0%	10.0%	6.0%

〈자료 2〉 학교급별 사교육비 총액

(단위 : 조 원)

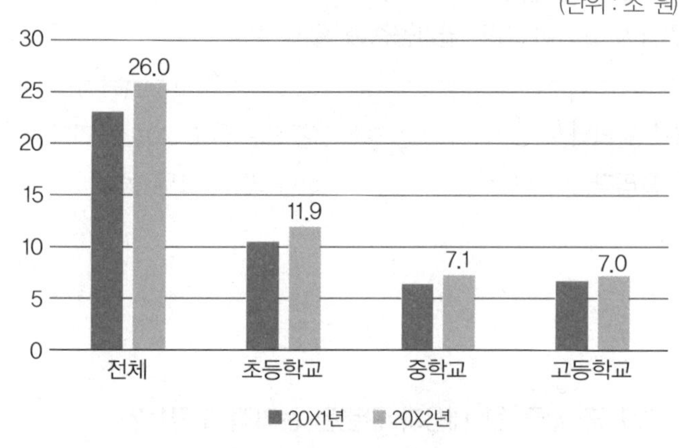

06. 다음 중 〈자료 1〉의 빈칸 ⓐ에 들어갈 수치로 옳은 것은?

① 26　　② 52　　③ 260　　④ 520

07. 〈자료 2〉를 바탕으로 할 때, 〈자료 1〉의 빈칸 ⓑ에 들어갈 값으로 옳은 것은? (단, 소수점 첫째 자리에서 반올림한다)

① 11　　② 106　　③ 133　　④ 1,063

영역 03 # 문제해결력

정답과 해설 5쪽

유형 1

명제의 진위와 논리성을 판단하는 유형

01. 다음 〈전제〉를 바탕으로 할 때 A, B에 대한 설명으로 옳은 것은?

전제

- 커피를 마시면 심혈관 건강에 도움이 된다.
- 심혈관 건강에 도움이 되면 칼슘 흡수가 잘 안된다.
- 골다공증에 좋으면 칼슘 흡수가 잘 된다.

A : 커피를 마시면 칼슘 흡수가 잘 안된다.
B : 심혈관 건강에 도움이 되면 골다공증에 좋지 않다.

① A는 옳고 B는 틀리다. ② B는 옳고 A는 틀리다.
③ A와 B 모두 틀리다. ④ A와 B 모두 옳다.

02. 다음 직원들의 대화 중 밑줄 친 내용과 관련된 논리적 오류는?

김 사원 : 아! 오늘 진상 고객 정말 많다.
박 사원 : 나도 봤어. 번호표 한참 지났는데 먼저 업무 처리해 달라고 소리치던 고객이지?
김 사원 : 맞아. 지금 생각해 보니 올 때마다 진상을 부린 것 같아.
박 사원 : <u>그 사람은 어디서든 진상을 부릴 것이 틀림없어.</u>

① 성급한 일반화의 오류 ② 흑백논리의 오류
③ 피장파장의 오류 ④ 무지에 호소하는 오류

유형 2 조건에 따라 논리적으로 추론하는 유형

03. 다음 조건을 참고할 때, 5명의 직급에 대한 설명으로 올바른 것은?

- A ~ E 5명은 각기 사원, 대리, 과장, 차장 중 어느 한 직급자이며, 이들 중 직급이 동일한 사람은 2명이다.
- C와 D는 대리와 과장이 아니다.
- B와 E는 차장과 사원이 아니다.
- A, B, C, D는 모두 직급이 다르다.
- B, C, D, E는 모두 직급이 다르다.

① C와 D는 직급이 동일하다.
② D가 차장이라면 C는 E와 직급이 동일하다.
③ E가 대리라면 A는 과장이다.
④ B가 과장이라면 대리가 2명이다.

04. 효정, 승희, 지호, 유빈, 아린, 미현 여섯 명이 좌석 배치가 다음과 같은 승합차를 타고 여행을 떠난다. 〈조건〉에 따라 좌석을 정할 때, 효정의 자리는?

조건

(창가) | 정면 | | | (창가)

정면		
운전석		조수석
좌석 1		좌석 2
좌석 3		좌석 4
좌석 5	좌석 6	좌석 7

(왼쪽: 창가, 오른쪽: 창가)

- 승희, 지호, 미현 세 사람만 승합차를 운전할 수 있다.
- 아린은 멀미가 심하여 맨 앞자리에 앉는다.
- 승희는 지호의 바로 뒷자리에 앉는다.
- 미현은 창가 바로 옆자리에 앉지 않는다.
- 유빈이 앉은 자리와 붙어 있는 자리는 모두 비어 있다.
- 효정의 바로 뒷자리는 비어 있다.

① 좌석 2
② 좌석 3
③ 좌석 4
④ 좌석 5

유형 3 자료와 조건을 바탕으로 합리적 선택을 하는 유형

05. ○○기업 마케팅팀에 근무하는 현 사원은 회식 장소를 정하라는 상사의 지시를 받았다. 다음을 고려하여 정한 회식 장소로 옳은 곳은?

현 사원은 자신을 제외한 팀원 5명의 요구를 모두 고려하여 회식 장소를 정해야 하며, 회식시간은 총 3시간이다.

〈팀원의 요구사항〉

팀원	요구사항
고 팀장	회사를 기준으로 5km 내에 위치한 곳
배 차장	해산물을 주로 활용하는 음식점은 제외할 것
정 과장	회식 당일에 룸 이용 예약이 가능한 음식점
나 대리	음식점 평점 4점 이상
도 주임	팀원들의 요구사항을 모두 반영한 곳

〈음식점 명단〉

음식점	거리(km)	이용 가능 시간	음식 종류	당일 예약 현황	음식점 평점
A	4.5	5시간	해물탕	6인 룸 가능	★★★★☆
B	3.5	3시간	양갈비	8인 룸 가능	★★★★★
C	5.5	3시간 30분	경양식	4인 룸 가능	★★★☆☆
D	4	3시간	치킨	룸 이용 불가	★★★★☆

① A ② B
③ C ④ D

유형 4

자료를 이해하여 타당한 결과를 도출하는 유형

06. W 교육청은 가장 우수한 직원 한 명을 선정하려고 한다. 다음 〈자료〉에 따를 때, A ~ D 중 우수 직원으로 뽑히는 사람은?

자료

• 다음 표는 각 영역별 직원들의 점수이며, 점수는 100점 만점이다.

구분	업무 성과도	근무 태도	봉사 활동
A	75점	85점	90점
B	65점	90점	80점
C	80점	90점	75점
D	75점	80점	100점

• 영역별 평가비중은 업무 성과도 40%, 근무 태도 30%, 봉사 활동 30%이다.
• 평가비중을 고려하여 영역별 점수를 구하고 합한 총점이 가장 높은 직원이 우수 직원으로 선정된다(단, 업무 성과도 점수가 70점 미만인 직원은 우수 직원으로 선정될 수 없다).

① A ② B
③ C ④ D

07. H는 체력 관리를 위해 퇴근 후 운동을 하고자 헬스장에 쿠폰제로 지난달 수강 등록을 하였다. 다음을 참고하여 H가 구매한 쿠폰을 최대한 많이 소진하려 할 때, 이번 달에 운동을 할 수 있는 날의 총수는?

- 운동 쿠폰은 총 10개이며 1회 운동 시 1개의 쿠폰이 소진된다.
- 매주 화요일은 H의 개인 일정으로 운동이 불가하다.
- 공휴일과 주말은 헬스장이 휴관하여 운동이 불가하다.
- 마지막 금요일은 H의 회사 팀 회식이 잡혀 있어 운동이 불가하다.
- 운동 첫 날은 무료 체험으로 쿠폰이 차감되지 않는다.
- H는 지난달 말일까지 총 4회의 운동을 하였다.
- H는 1회 운동을 하면 적어도 다음날 하루는 쉬고자 한다.
- 이번 달 셋째 주 목요일 전까지 최대한 쿠폰을 소진하고자 한다.

〈이번 달의 달력〉

일	월	화	수	목	금	토
		1	2	3	4	5
6	7	8	9	10	11	12
13	14	15	16(공휴일)	17	18	19
20	21	22	23	24	25	26
27	28	29	30			

① 4일　　② 5일

③ 6일　　④ 7일

유형 5 사례에 문제해결 이론을 적용하는 유형

08. 다음은 어느 기업의 조직문화 개선을 위한 글이다. 이 글에서 나타나지 않는 문제해결절차는?

> 지난 3년간 저희 회사는 채용 과정을 통해 신입사원 총 250명을 채용하였으나, 그중 154명이 퇴사하였습니다. 이는 저희 회사에 문제가 있다는 것을 의미할 것입니다. 따라서 우선 채용인원을 기존에서 절반으로 낮출 것입니다. 그리고 직원들을 존중하는 수평적인 조직문화로 만들고자 개편안을 시행하고 있습니다. 개편안의 시행 여부와 또 다른 문제점이 발견될 경우 게시판을 통해 말씀해 주시기 바랍니다. 또한 이 외에도 어떠한 방법들이 있을지 사내 직원들에게 설문을 실시할 예정입니다. 많은 참여와 의견 부탁드립니다.

① 문제 도출 ② 원인 분석
③ 해결안 개발 ④ 제출 및 평가

09. 다음 대화에서 생산부장이 적용한 문제해결방법은?

> ○○사의 생산부장은 자동차 생산라인이 갑자기 멈춘 상황에 대하여 생산부원 K와 다음과 같은 대화를 주고받았다.
>
> ---
>
> 생산부장 : 기계가 멈춘 이유가 무엇인가?
> K : 전력 과부하로 퓨즈가 끊어졌습니다.
> 생산부장 : 왜 전력 과부하가 발생했지?
> K : 기계작동 축의 베어링이 빡빡해졌기 때문입니다.
> 생산부장 : 그럼 베어링이 빡빡해진 원인은 무엇인가?
> K : 윤활유 펌프가 불완전하게 작동한 게 원인인 것 같습니다.
> 생산부장 : 윤활유 펌프는 왜 불완전하게 작동한 건가?
> K : 펌프 내에 먼지가 많이 쌓여 있었습니다.
> 생산부장 : 그렇다면 펌프 내의 필터가 문제였군. 당장 필터를 교체하도록 하게.

① 육색사고모자 기법 ② NM기법
③ 시네틱스 ④ 5Why 기법

영역 04 # 공간지각력

정답과 해설 7쪽

유형 1 도형의 모양을 비교하는 유형

01. 다음 중 나머지 도형과 모양이 다른 하나는?

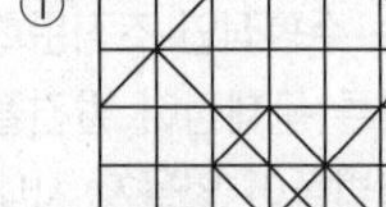
① 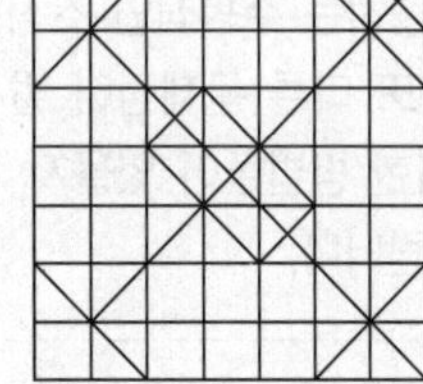
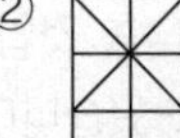
② 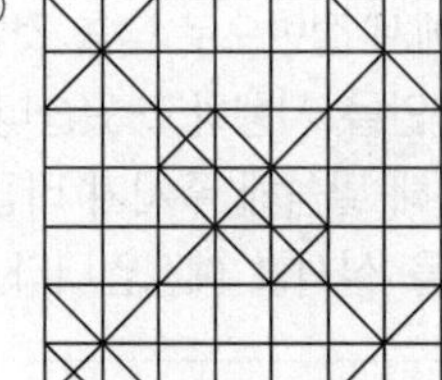

③ 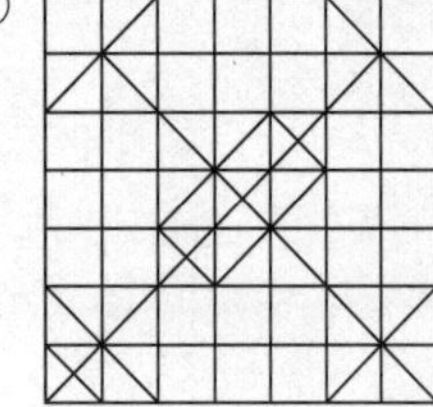

④ 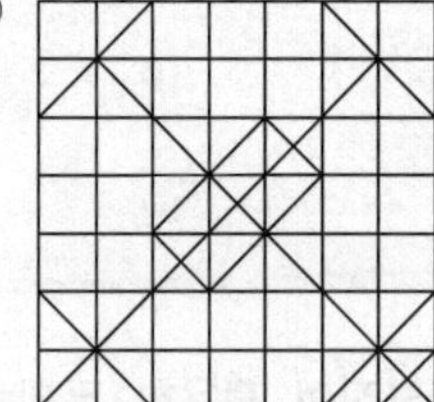

평면도형의 모양을 추론하는 유형

02. 다음 그림을 반시계 방향으로 90° 회전시킨 후 거울에 비추었을 때 나타날 수 있는 모습은?

① 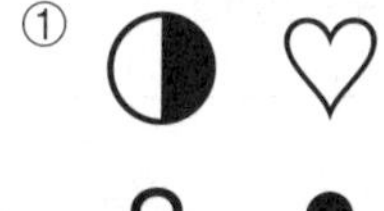 

②  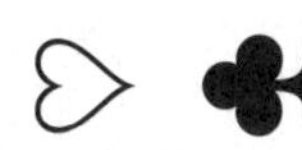

③  

④  

03. 다음 도형의 선을 따라 모두 자를 때 나타날 수 없는 모양은?

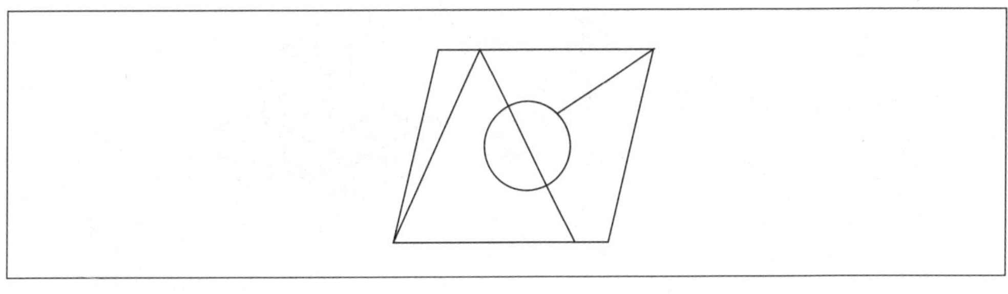

① 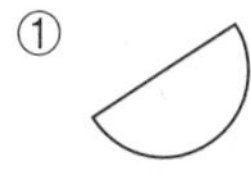

② 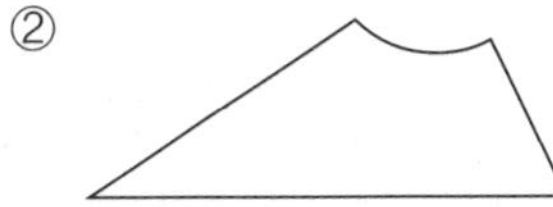

③ 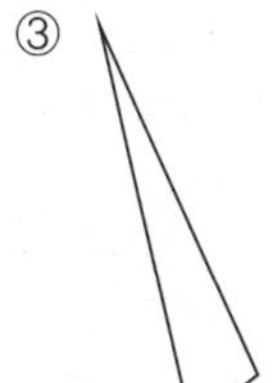

④ 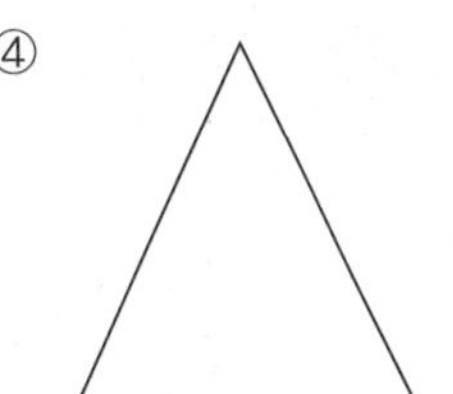

유형 3 입체도형의 모양을 추론하는 유형

04. 다음은 같은 크기와 모양의 블록을 쌓아 만든 입체도형을 앞에서 본 정면도, 위에서 본 평면도, 오른쪽에서 본 우측면도를 그린 것이다. 이에 해당하는 입체도형으로 알맞은 것은? (단, 화살표 방향은 정면을 의미한다)

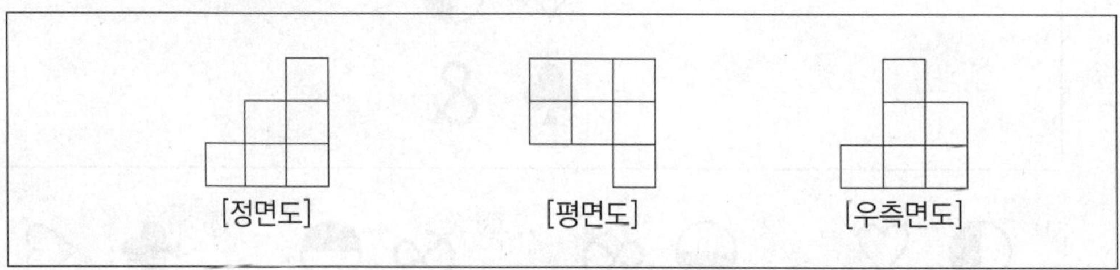

① 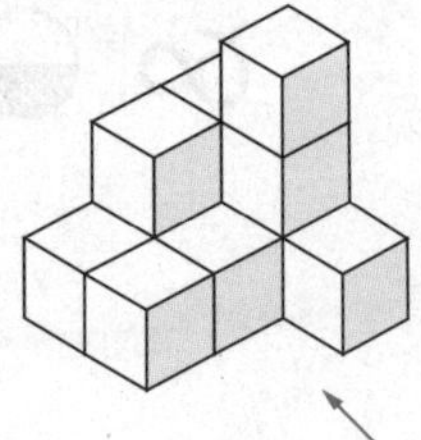

② 

③ 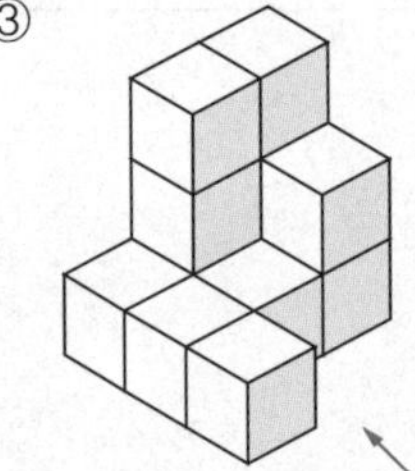

④ 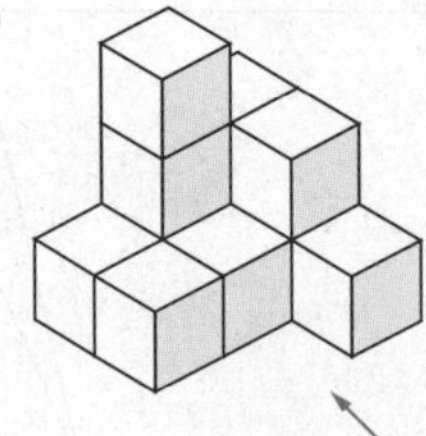

05. 왼쪽의 첫 번째 입체도형은 두 번째와 세 번째 입체도형 그리고 그 이외의 한 입체도형을 추가로 결합해 만든 것이다. 추가한 입체도형으로 옳은 것은?

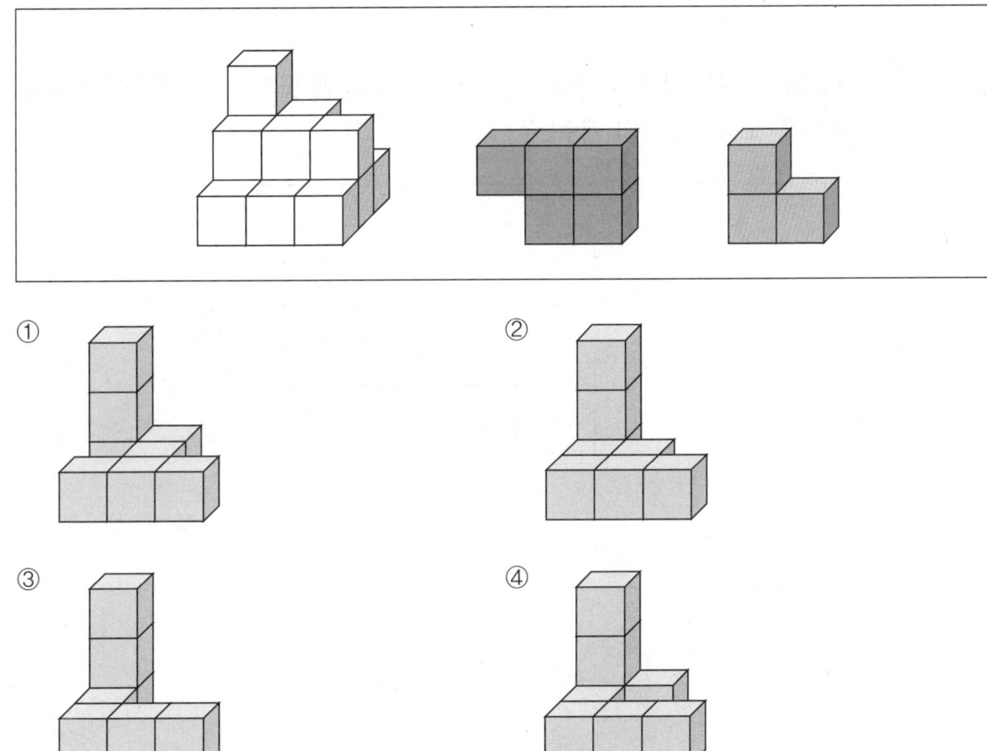

유형 4

도형의 개수를 파악하는 유형

06. 다음은 4×3칸에 블록을 쌓고 각 칸에 쌓인 블록의 개수를 맨 윗면에 적은 모습이다. 이를 정면에서 바라볼 때, 보이는 블록의 개수는?

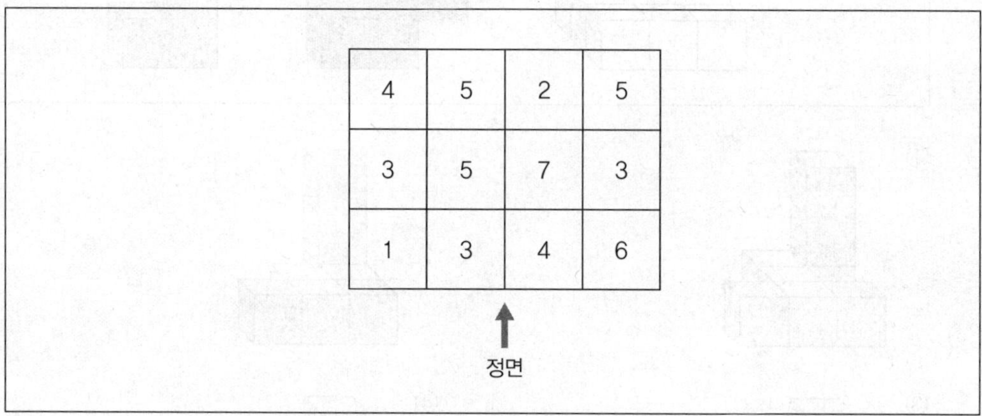

① 20개　② 21개
③ 22개　④ 23개

07. 다음 그림에서 찾을 수 있는 크고 작은 삼각형의 개수는?

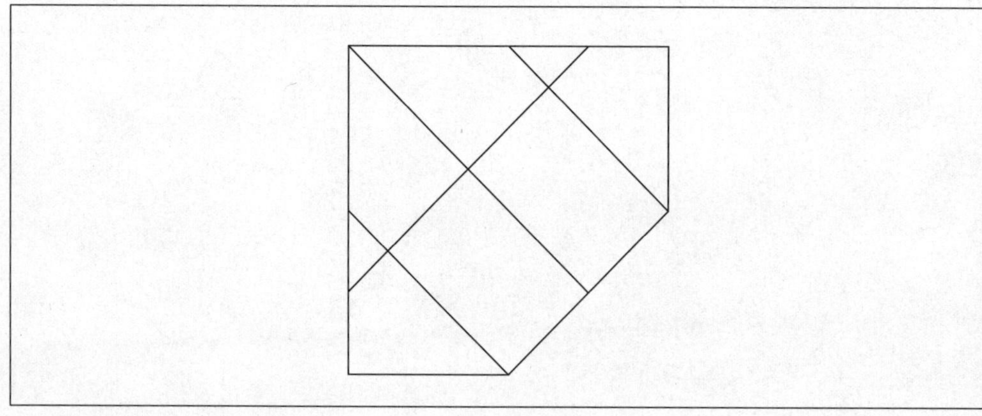

① 7개　② 8개
③ 9개　④ 10개

유형 5

전개도를 파악하는 유형

08. 다음 중 전개도를 접었을 때 모양이 다른 하나는?

①

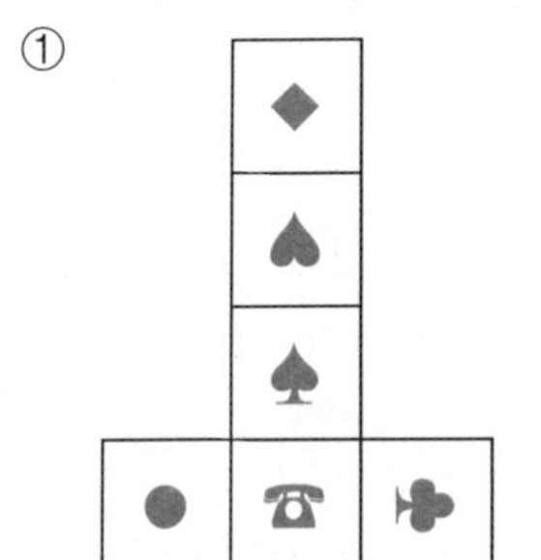

②

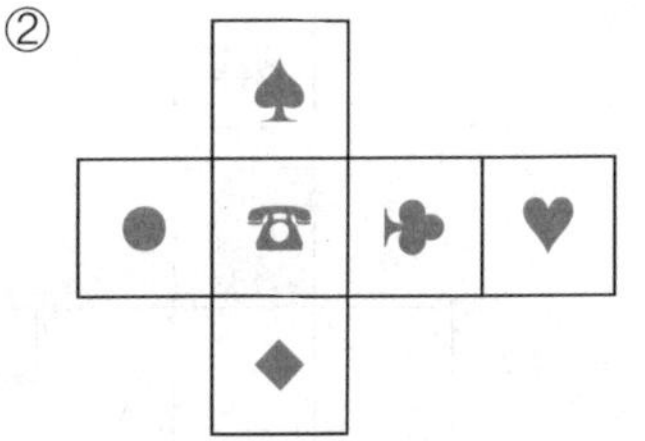

③

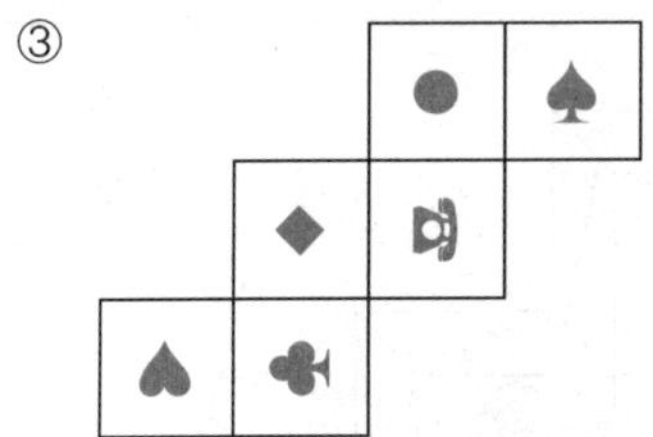

④

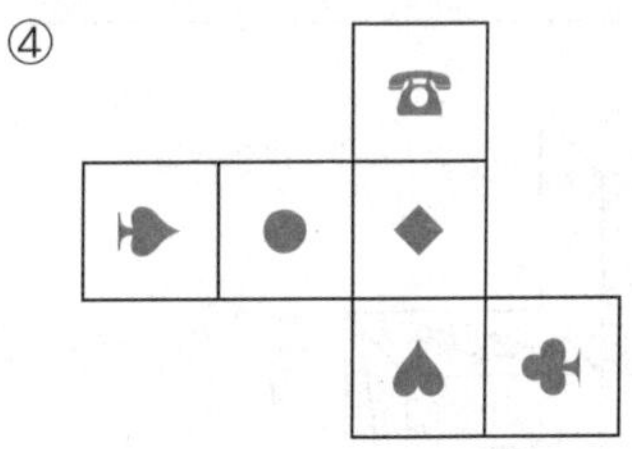

09. 다음 세 개의 전개도를 접어 만든 주사위들을 이어 붙였을 경우 나올 수 있는 모양은?

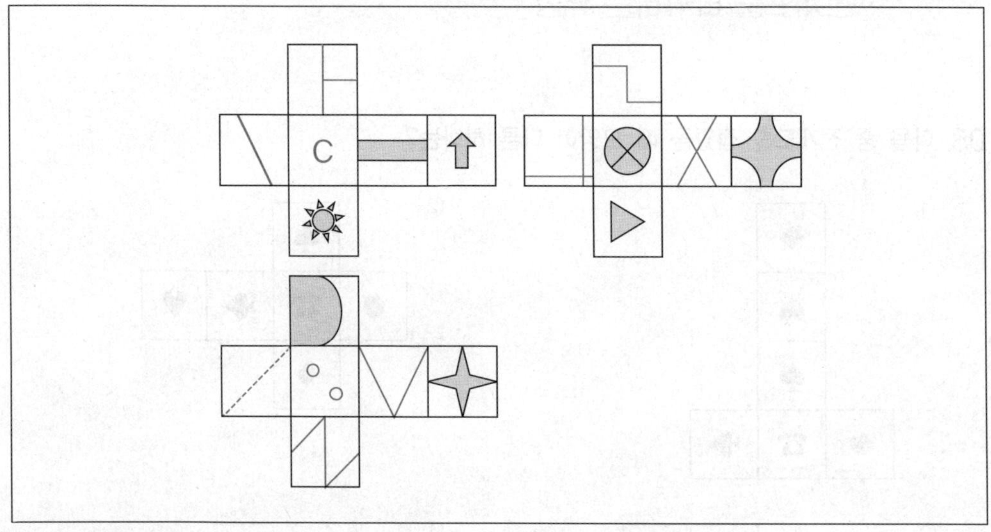

①

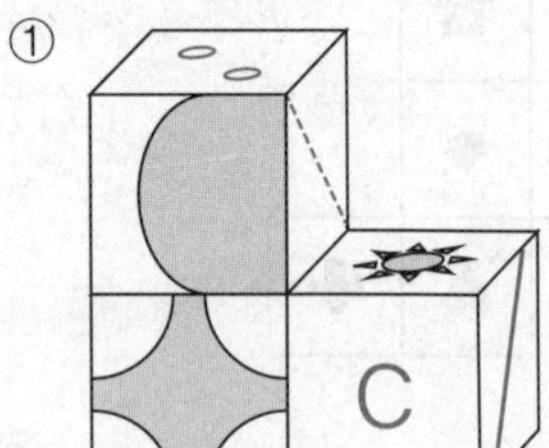

②

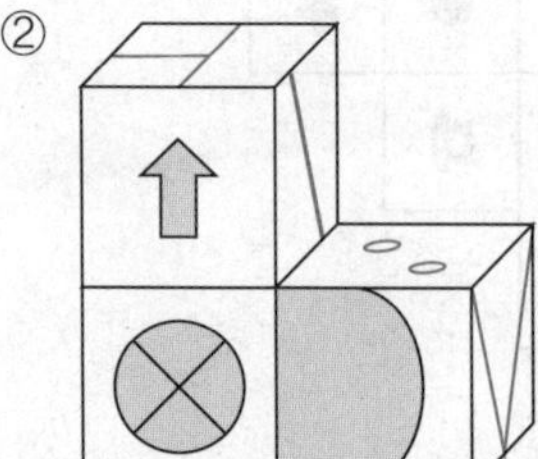

③

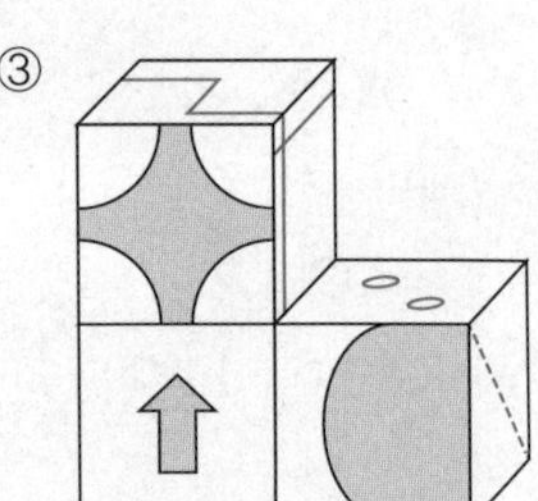

④

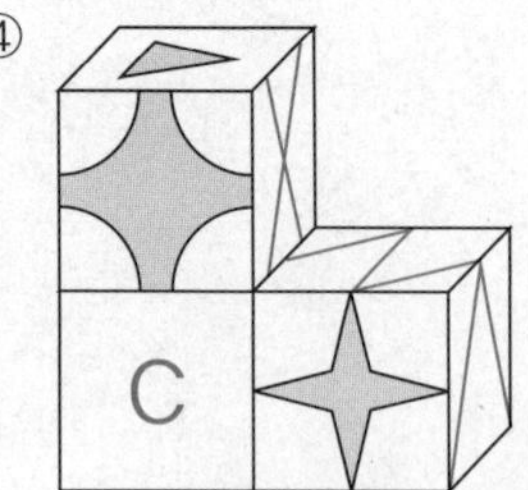

유형 6 변화 순서에 따른 모양을 유추하는 유형

10. 정사각형 모양의 종이를 다음과 같이 두 번 접은 후 표시된 부분을 오려 내었다. 종이를 펼쳤을 때 나오는 모양으로 옳은 것은?

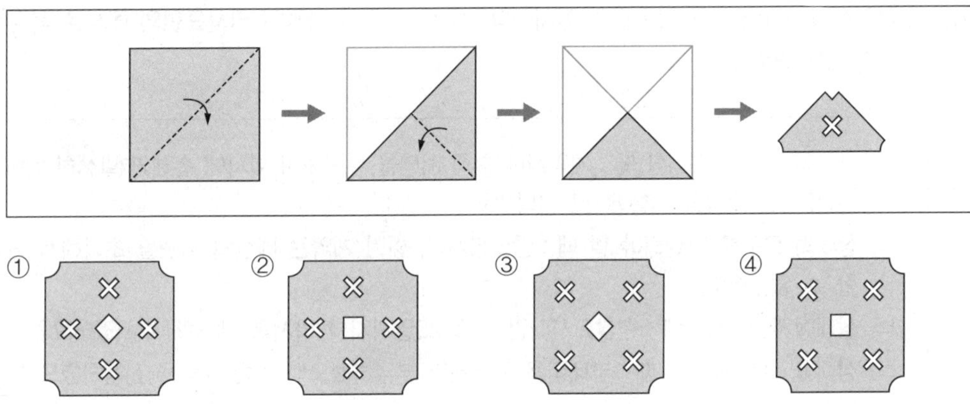

11. 다음 규칙을 참고할 때 '?'에 들어갈 그림으로 옳은 것은?

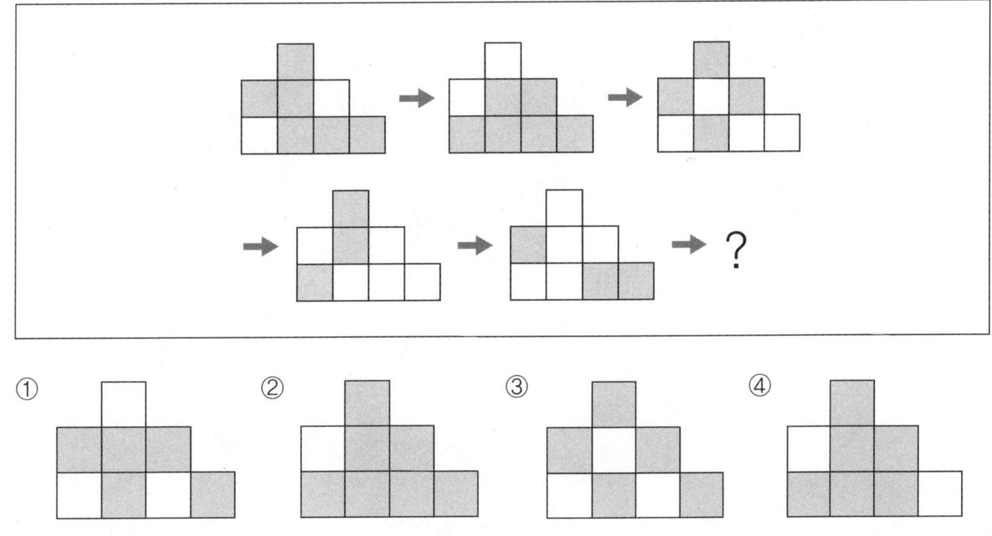

영역 05 이해력

정답과 해설 9쪽

유형 1 대인관계상의 적절한 태도를 이해하는 유형

01. 다음은 상황에 따른 의사표현법의 예시이다. ㄱ ~ ㅁ 중 효과적인 의사표현의 예시로 적절한 것을 모두 고르면?

ㄱ. 상대의 잘못을 지적할 때 : 계약서에 최종 서명을 누락하여 회사에 손해가 발생하였는데, 본인은 그 책임을 어떻게 질 겁니까?
ㄴ. 상대의 요구를 거절해야 할 때 : 안타깝지만, 이번 계약은 예산의 범위를 초과해서 진행할 수 없습니다.
ㄷ. 상대에게 부탁할 때 : 괜찮으시다면, 7월 25일까지 계약서를 제출해 주시겠어요?
ㄹ. 상대를 설득해야 할 때 : 부대비용은 저희가 부담하겠으니 이번 계약을 진행하였으면 합니다.
ㅁ. 상대에게 요구해야 할 때 : 계약서 원본은 우리기관 ○○부서 사무실에 직접 방문하여 제출해 주시는 것이 어떻겠습니까?

① ㄴ, ㄷ, ㄹ
② ㄱ, ㄷ, ㅁ
③ ㄱ, ㄴ, ㄹ, ㅁ
④ ㄴ, ㄷ, ㄹ, ㅁ

02. 다음 사례에 나타난 고객 불만을 근본적으로 해소할 수 있는 방법으로 적절한 것을 〈보기〉에서 모두 고르면?

> 오랜만에 만난 친구들과 점심을 먹기로 한 A는 날씨도 덥고 콩국수 하나는 기막히게 잘하는 집이 있다고 해서 그곳에 방문하기로 결정했다. 한창 바쁠 점심시간이라 음식점 앞에는 긴 줄이 늘어서 있었다. 어느 정도 기다릴 것이라 예상은 했지만 생각보다 더 기다린 후에야 A는 자리에 앉을 수 있었고, 이로 인해 진이 빠졌다.
>
> 겨우 콩국수 세 그릇을 주문한 A 일행은 잠시 후 직원 때문에 불쾌해졌다. 콩국수를 가져다주는 직원이 바쁘다는 이유로 국수를 던지듯 내려놓았고 결국 콩국물이 테이블에 쏟아졌기 때문이다. 게다가 김치를 담은 그릇도 막무가내로 내놓아 김치 국물까지 옷에 튀었다. 아무리 소문난 맛집이라고 해도 이건 아니다 싶어 매니저를 불러 불만을 토로하였다.

보기

ㄱ. 고객이 불평불만을 다 말할 때까지 묵묵히 들어준다.
ㄴ. 주문에서 음식 서빙에 이르기까지 빨리 진행하기 위해 음식을 담은 그릇을 준비해 둔다.
ㄷ. 국물이 있는 음식일수록 고객 옷에 튀지 않게 테이블 세팅을 미리 해놓는다.
ㄹ. 점심시간은 가장 바쁜 시간이니 손님끼리 합석을 할 수 있도록 하여 테이블 회전율을 높인다.

① ㄱ　　② ㄹ
③ ㄱ, ㄷ　　④ ㄴ, ㄷ, ㄹ

03. 다음 상황에서 신입사원 한 씨에게 샌드위치 화법으로 조언하고자 할 때, 표현방법으로 가장 적절한 것은?

> 신입사원 한 씨(26)는 휴대전화 벨이 울리며 상사의 이름이 뜨면 마음이 조급해진다. 평소에는 회사 업무가 아니라면 누군가와 전화를 주고받을 일이 별로 없다. 가족, 친구들과는 주로 메신저 앱이나 SNS로 이야기를 나눈다.
>
> 한 씨는 "업무 전화하는 법을 배운 적이 없는데, 입사하고 나니 상사부터 고객까지 전화로 응대하는 게 기본이었다"라며 "전화를 받는 게 두렵다는 걸 회사에 다니면서 느끼게 됐다"라고 말했다. "통화 연결음만 들어도 너무 긴장되고 전화 통화가 너무 불편해요. 거래처나 고객, 타 부서에서 걸려오는 전화 응대 어떻게 해야 하나요?"

① 업무 전화는 회사 일의 기본이고 어렵지도 않아요. 내일부터 제가 알려드릴 테니 저만 따라하세요. 누구나 할 수 있는 일이니까 잘하실 수 있죠?

② 평소에 별말이 없길래 문제가 없는 줄 알았어요. 그런데 업무 전화가 어렵다니요. 소심하신 만큼 더욱 전화 응대를 시켜야겠네요. 파이팅!

③ 전에 보니까 회사 생활을 열심히 하는 모습이 인상적이었어요. 그런데 전화 응대는 업무의 기본이기 때문에 그걸 불편해 하면 다른 업무에도 지장을 주어 옳지 않아요. 익숙해지면 되는 일이니 혼자서도 충분히 극복할 수 있어요.

④ 평소에 성실한 태도가 인상적이었어요. 그런 문제가 있다면 전화 상황을 녹음해서 자기 목소리를 들어보거나 핵심 내용을 요약하고 메모해 보는 것은 어때요?

유형 2 리더의 요건과 리더십을 이해하는 유형

04. 다음은 조직 내 중간관리자 대상의 리더십 향상 연수 내용이다. 이 글에서 강조하는 리더가 갖추어야 할 능력으로 가장 적절한 것은?

> 리더는 업무 상황과 문제점 등을 예견하여 이를 극복할 수 있는 사전조치를 마련하고 그 우선순위를 설정해야 한다. 또한, 이를 임직원들과 함께 추진하며 업무와 책임 한계를 명확히 설정해주는 것도 중요한 역할이다. 이를 평가하기 위해 글로벌 기업들은 업무부서의 설정과 명확한 역할 분담, 권한의 적절한 위임, 조직 개발 및 지속적 관리 능력 등을 확인한다.

① 문제해결능력 및 진취적 태도
② 리더십과 인간관계능력
③ 의사소통능력
④ 조직기획 및 관리능력

05. 강사인 H는 중간 간부를 대상으로 하는 기업 내 리더십 특강에서 다음과 같은 사례를 제시하며 리더의 역할을 강조하였다. H가 강조한 내용으로 가장 적절한 것은?

> ○○기업 영업팀 A 팀장은 B 사원에게 지난해의 판매 수치를 정리해 달라고 요청했다. B 사원은 정확하게 업무를 처리했지만, 눈에 띌 정도로 열의 없이 업무를 처리했다. A 팀장은 B 사원과 함께 판매 수치를 자세하게 살핀 후, B 사원에게 판매 향상에 도움이 될 만한 마케팅 계획을 수립하는 업무를 맡겼다. B 사원은 비로소 막중한 책임감을 느끼고 새로 맡은 프로젝트에 대해 책임감을 갖는 한편, 자신의 판단에 따라 효과적인 마케팅 계획을 제안하였다.

① 직무능력 향상
② 창의적인 문제해결
③ 적절한 직무 교육
④ 권한과 업무 위임

영역 06

관찰탐구력

정답과 해설 11쪽

유형 1 실생활에서 알아야 할 과학상식을 묻는 유형

01. 다음 〈보기〉의 현상들과 관련 있는 과학법칙은?

보기

- 따뜻한 물에 찌그러진 공을 넣으면 펴진다.
- 열기구 내부의 공기를 가열하면 밀도가 감소하여 부력으로 기구가 떠오른다.
- 여름철에는 겨울철에 비해 자동차 타이어에 공기를 적게 넣는다.

① 보일의 법칙 ② 샤를의 법칙
③ 아보가드로의 법칙 ④ 헨리의 법칙

02. 다음과 같이 마찰이 없는 빗면을 따라 공이 굴러가고 있을 때, 일정한 시간에 따른 공의 위치가 그림과 같았다. 이에 대한 설명으로 옳지 않은 것은?

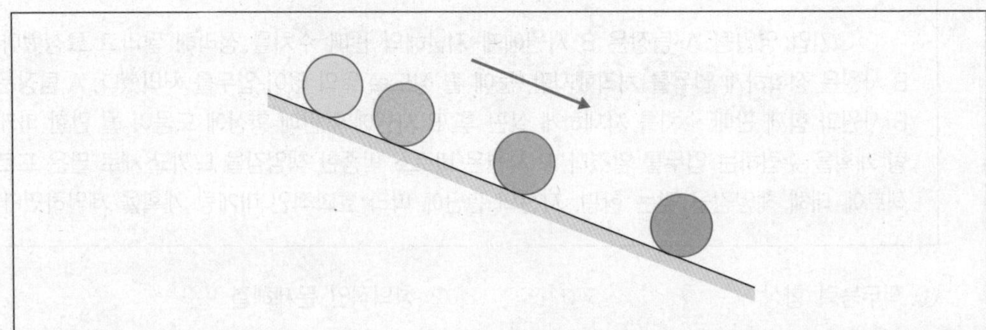

① 운동에너지가 증가하고 있다. ② 위치에너지가 감소하고 있다.
③ 공의 속력이 증가하고 있다. ④ 공의 알짜힘은 0이다.

03. 다음과 같은 물의 전기 분해 실험에서 +극과 −극에서 발생하는 물질이 바르게 짝지어진 것은?

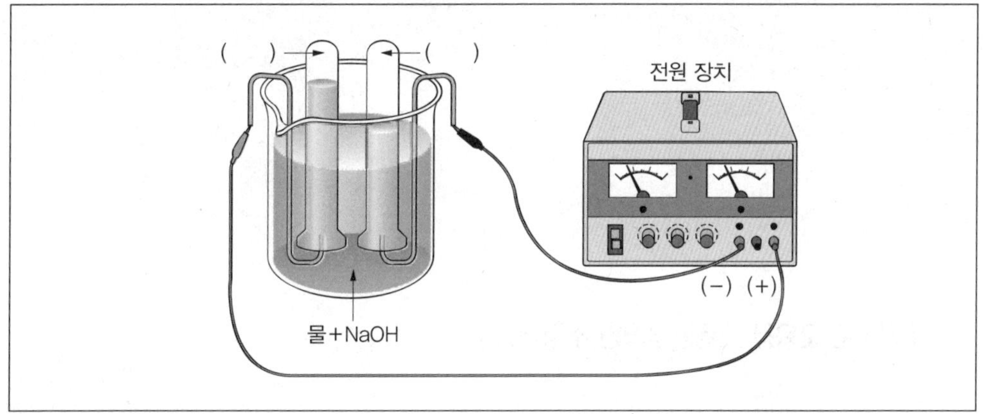

	+극	−극
①	수소	산소
②	수소	이산화탄소
③	산소	이산화탄소
④	산소	수소

[시 · 도 교육청 교육공무직원 소양평가]

유형별 출제비중

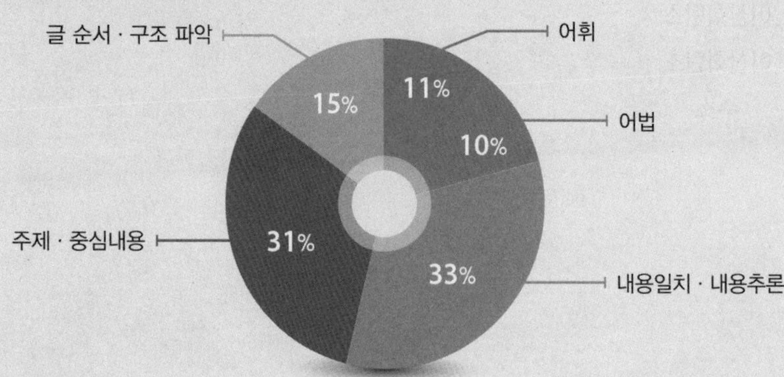

구조보기

- 어휘/문법 : 적절한 어휘를 올바른 어법에 맞게 사용하여 글을 작성, 수정하는 능력
  → 어휘 관계 파악, 단어 · 한자성어 의미 파악, 맞춤법 이해
- 독해 : 글을 읽고 그 내용을 이해하고 평가 · 보완할 수 있는 능력
  → 문서 정보 확인 및 이해, 목적과 상황에 맞는 문서 보완

시 · 도 교육청 교육공무직원 소양평가

파트 1

언어논리력

출제유형이론

01 어휘

1 어휘 관계

1. 유의 관계 : 의미가 같거나 비슷한 단어들의 의미 관계

특징	• 의미가 비슷하지만 똑같지 않다는 점에 유의한다. • 가리키는 대상의 범위가 다르거나 미묘한 느낌의 차이가 있어 서로 바꾸어 쓸 수 없다.
예시	곱다≒아름답다 / 말≒언사(言辭) / 기아≒기근, 돈독하다≒두텁다 등

2. 반의 관계 : 서로 반대의 뜻을 지닌 단어들의 의미 관계

특징	• 대상에 대한 막연한 의미를 대조적인 방법으로 명확하게 부각시켜 준다. • 반의 관계에 있는 두 단어는 서로 공통되는 의미 요소 중 오직 하나만 달라야 한다.
예시	간헐↔지속 / 경감↔가중 / 곰살궂다↔무뚝뚝하다 등

3. 상하 관계 : 두 단어 중 한쪽이 의미상 다른 쪽을 포함하거나 포함되는 의미 관계

특징	• 상위어와 하위어의 관계는 상대적이다. • 상위어는 일반적이고 포괄적인 의미를 가진다. • 하위어일수록 개별적이고 한정적인 의미를 지닌다.
예시	나무-소나무, 감나무, 사과나무 / 동물-코끼리, 판다, 토끼 등

4. 동음이의어 관계 : 단어의 소리가 같을 뿐 의미의 유사성은 없는 관계

특징	• 사전에 서로 독립된 별개의 단어로 취급된다. • 상황과 문맥에 따라 의미를 파악해야 한다.
예시	배(선박)-배(배수)-배(신체)-배(과일)

5. 다의 관계 : 의미적으로 유사성을 갖는 관계

특징	• 의미들 중에는 기본적인 '중심 의미'와 확장된 '주변 의미'가 있다. • 사전에서 하나의 단어로 취급한다.
예시	다리 1. 사람이나 동물의 몸통 아래 붙어 있는 신체의 부분. 서고 걷고 뛰는 일 따위를 맡아 한다. 예 다리에 쥐가 나다. 2. 물체의 아래쪽에 붙어서 그 물체를 받치거나 직접 땅에 닿지 아니하게 하거나 높이 있도록 버티어 놓은 부분 예 책상 다리 3. 안경의 테에 붙어서 귀에 걸게 된 부분 예 안경다리를 새것으로 교체했다. 4. 오징어나 문어 따위 동물의 머리에 여러 개 달려 있어, 헤엄을 치거나 먹이를 잡거나 촉각을 가지는 기관 예 그는 술안주로 오징어 다리를 씹었다. 눈 1. 빛의 자극을 받아 물체를 볼 수 있는 감각 기관. 척추동물의 경우 안구 · 시각 신경 따위로 되어 있어, 외계에서 들어온 빛은 각막 · 눈동자 · 수정체를 지나 유리체를 거쳐 망막에 이르는데, 그 사이에 굴광체(屈光體)에 의하여 굴절되어 망막에 상을 맺는다. 예 눈이 맑다. 2. 물체의 존재나 형상을 인식하는 눈의 능력. 눈으로 두 광점을 구별할 수 있는 능력으로, 광도나 그 밖의 조건이 동일할 때, 시각 세포의 분포 밀도가 클수록 시력이 좋다. 예 눈이 좋다. 3. 사물을 보고 판단하는 힘 예 그는 보는 눈이 정확하다. 4. 무엇을 보는 표정이나 태도 예 동경의 눈으로 바라보다. 5. 태풍에서 중심을 이루는 부분

6. 동위 관계 : 하나의 상위개념에 속하는 서로 대등한 하위 개념의 관계

특징	같은 범주에 속하는 단어를 의미한다.
예시	사자－호랑이, 기독교－불교, 바나나－코코넛, 첼로－바이올린 등

7. 인과관계

특징	두 단어가 서로 원인과 결과를 나타내는 관계이다.
예시	가을－단풍 등

8. 고유어와 한자어의 관계 : 같은 뜻을 나타내는 고유어와 한자어의 관계

특징	본디부터 있던 말에 새로 만들어진 말의 관계이다.
예시	곰살궂다－다정하다 등

9. 재료-결과물관계

특징	두 단어 중 한 단어는 재료에 해당하고 다른 하나는 재료로 만든 결과물인 관계이다.
예시	카카오-초콜릿, 무-단무지, 쌀-한과

10. 도구-용도관계

특징	두 단어 중 한 단어는 도구이고 다른 단어는 그 도구를 사용하는 용도에 해당하는 관계를 의미한다.
예시	붓-그림, 펜-글씨, 온도계-측정

11. 장치-동력원관계

특징	두 단어 중 한 단어는 장치이고 다른 단어는 그 장치를 사용할 수 있는 힘이 되는 관계를 말한다.
예시	자동차-휘발유

12. 제작-사용관계

특징	한 단어는 제품이나 서비스 등을 제작하는 전문가이고 한 단어는 전문가가 만든 것을 나타내며 나머지 하나는 이용하는 사람을 나타내는 관계이다.
예시	대장장이-가위-엿장수, 기술자-경운기-농부

13. 존칭관계

특징	존칭의 의미를 나타내는 말로 가리키는 대상의 범주는 같으나 성별에 따라 용어에 차이가 나는 단어의 관계를 뜻한다.
예시	영식-영애, 선친-현비, 가친-자친, 춘부장-자당

14. 순서관계

특징	위치나 시간의 흐름에 따라 이어지는 단어의 관계이다.
예시	봄-여름-가을-겨울, 할아버지-아버지-아들, 뿌리-줄기-잎

② 다의어 · 동음이의어

다의어는 두 가지 이상의 뜻을 가진 단어로 의미상 연관성은 있지만 두 의미가 분명히 다른 것을 말하며, 동음이의어는 소리는 같지만 뜻이 서로 다른 두 개 이상의 단어로 의미상 연관성이 없는 것을 말한다. 다의어는 하나의 낱말에 의미가 여러 개가 있으므로 중심의미와 주변의미로 나눌 수 있으며 사전에서 다의어는 한 표제어 아래 묶여있다. 반면 동음이의어는 소리는 같으나 다른 뜻을 지닌 낱말이므로 사전에도 각각 다른 표제어로 등재되어 있다.

긋다 기출	어떤 특정한 부분을 강조하거나 드러나게 하기 위하여 금이나 줄을 그리다. 예 바닥에 금을 긋다.
	성냥이나 끝이 뾰족한 물건을 평면에 댄 채로 어느 방향으로 약간 힘을 주어 움직이다. 예 짓궂은 친구 하나가 그의 뺨에 색연필을 그어 놓았다.
	물건값 따위를 바로 내지 않고 외상으로 처리하다. 예 외상값이 밀려서 이제 그을 곳도 없다.
	일의 경계나 한계 따위를 분명하게 짓다. 예 나는 무의식 속에서 그녀와 선을 긋고 있었다.
	시험 채점에서 빗금을 표시하여 답이 틀림을 나타내다. 예 틀린 답에는 줄을 그어 버려라.
나오다 기출	안에서 밖으로 오다. 예 어머니는 길에 나오셔서 나를 기다리셨다.
	처리나 결과로 이루어지거나 생기다. 예 맑은 날보다 흐린 날에 사진이 잘 나온다.
	어떤 곳을 벗어나다. 소속된 단체나 직장 따위에서 물러나다. 예 개인 사업을 하기 위해 회사에서 나왔습니다.
	어떠한 물건이 발견되다. 예 하루 종일 찾던 지갑이 책상 서랍에서 나왔다.
	감정 표현이나 생리 작용 따위가 나타나다. 예 자꾸 울음이 나와서 혼났다.
나타나다 기출	보이지 아니하던 어떤 대상의 모습이 드러나다. 예 다시 내게 나타나면 가만두지 않겠다.
	어떤 일의 결과나 징후가 겉으로 드러나다. 예 열심히 공부한 결과가 시험 성적에 나타나기 시작했다.
	생각이나 느낌 따위가 글, 그림, 음악 따위로 드러나다. 예 그의 주장은 이 글에 잘 나타나 있다.
	내면적인 심리 현상이 얼굴, 몸, 행동 따위로 드러나다. 예 그의 얼굴에는 굳은 의지가 나타나 있다.
	어떤 새로운 현상이나 사물이 발생하거나 생겨나다. 예 약을 먹었더니 효과가 나타나는 듯하다.

다루다 기출	일거리를 처리하다. 예 무역 업무를 다루다.
	어떤 물건을 사고파는 일을 하다. 예 중고품을 다루다.
	기계나 기구 따위를 사용하다. 예 악기를 다루다.
	가죽 따위를 매만져서 부드럽게 하다. 예 가죽을 다루다.
	어떤 물건이나 일거리 따위를 어떤 성격을 가진 대상 혹은 어떤 방법으로 취급하다. 예 그는 외과 수술을 전문으로 다룬다.
	사람이나 짐승 따위를 부리거나 상대하다. 예 코치는 여자아이를 남자아이처럼 다루었다.
	어떤 것을 소재나 대상으로 삼다. 예 모든 신문에서 남북 회담을 특집으로 다루고 있다.
만들다 기출	노력이나 기술 따위를 들여 목적하는 사물을 이루다. 예 음식을 만들다.
	책을 저술하거나 편찬하다. 예 학습지, 수험서를 만들다.
	새로운 상태를 이루어 내다. 예 새 분위기를 만들다.
	글이나 노래를 짓거나 문서 같은 것을 짜다. 예 노래를 만들다.
	규칙이나 법, 제도 따위를 정하다. 예 회칙을 만들다.
	기관이나 단체 따위를 결성하다. 예 동아리를 만들다.
	돈이나 일 따위를 마련하다. 예 여행 경비를 만들다.
	틈, 시간 따위를 짜내다. 예 짬을 만들다.
	허물이나 상처 따위를 생기게 하다. 예 얼굴에 상처를 만들다.
	말썽이나 일 따위를 일으키거나 꾸며 내다. 예 괜한 일을 만들어서 힘이 든다.
	영화나 드라마 따위를 제작하다. 예 그녀는 인간적인 드라마를 만드는 감독이다.
	무엇이 되게 하다. 예 이웃 나라를 속국으로 만들다.
	그렇게 되게 하다. 예 혈압을 올라가게 만들다.

단어	뜻 및 예문
맵다 기출	성미가 사납고 독하다. 예 어머니는 매운 시집살이를 하셨다.
	고추나 겨자와 같이 맛이 알알하다. 예 찌개가 맵다.
	날씨가 몹시 춥다. 예 겨울바람이 맵고 싸늘하게 불었다.
번지다 기출	액체가 묻어서 차차 넓게 젖어 퍼지다. 예 종이에 잉크가 번지다.
	병이나 불, 전쟁 따위가 차차 넓게 옮아가다. 예 전염병이 온 마을에 번지다.
	말이나 소리 따위가 널리 옮아 퍼지다. 예 나쁜 소문이 마을 곳곳에 번지다.
	빛, 기미, 냄새 따위가 바탕에서 차차 넓게 나타나거나 퍼지다. 예 엷은 웃음이 입가에 번지다.
	풍습, 풍조, 불만, 의구심 따위가 어떤 사회 전반에 차차 퍼지다. 예 사회 전반에 보신주의 풍조가 유행처럼 번지고 있다.
사람 기출	생각을 하고 언어를 사용하며 도구를 만들어 쓰고 사회를 이루어 사는 동물 ≒인간 예 사람은 만물의 영장이다.
	어떤 지역이나 시기에 태어나거나 살고 있거나 살았던 자 예 동양 사람
	일정한 자격이나 품격 등을 갖춘 이 ≒인간 / 인격에서 드러나는 됨됨이나 성질 예 사람을 기르다.
	상대편에게 자기 자신을 엄연한 인격체로서 가리키는 말 예 돈 좀 있다고 사람 무시하지 마라.
	친근한 상대편을 가리키거나 부를 때 사용하는 말 예 이 사람아, 이게 얼마 만인가?
	자기 외의 남을 막연하게 이르는 말 예 사람들이 뭐라 해도 할 수 없다.
	뛰어난 인재나 인물 예 이곳은 사람이 많이 난 고장이다.
	어떤 일을 시키거나 심부름을 할 일꾼이나 인원 예 그 일은 사람이 많이 필요하다.
풀다 기출	금지되거나 제한된 것을 할 수 있도록 터놓다. 예 구금을 풀다.
	모르거나 복잡한 문제 따위를 알아내거나 해결하다. 예 궁금증을 풀다.
	춥던 날씨가 누그러지다. 예 날씨가 풀렸다.
	사람을 동원하다. 예 사람을 풀어 수소문을 하다.
	묶이거나 감기거나 얽히거나 합쳐진 것 따위를 그렇지 아니한 상태로 되게 하다. 예 보따리를 풀다.

3 유의어

소리는 서로 다르지만 그 뜻이 비슷한 말을 가리킨다. 이러한 단어들을 유의 관계에 있다고 한다.

단어	뜻과 예문
돌파구 기출	부닥친 장애나 어려움 따위를 해결하는 실마리 예 그들은 서로 협력하여 사태 해결의 새 돌파구를 마련하였다.
타개하다 기출	매우 어렵거나 막힌 일을 잘 처리하여 해결의 길을 열다. 예 정부는 수출 부진을 타개하기 위해 새로운 경기 부양책을 내놓았다.
해결하다	제기된 문제를 해명하거나 얽힌 일을 잘 처리하다. 예 노조는 사장단과의 직접 협상으로 모든 것을 해결하겠다는 태도를 취하고 있다.
극복하다	악조건이나 고생 따위를 이겨 내다. 예 국민의 신뢰와 협조가 없이는 경제난의 극복이 어려울 것이다.
답파하다	험한 길이나 먼 길을 끝까지 걸어서 돌파하다. 예 그는 자신의 의지를 시험하기 위해 지리산 답파를 계획했다.
아우르다 기출	여럿을 모아 한 덩어리나 한 판이 되게 하다. 예 이번 문제는 시민들의 의견을 아울러서 해결하겠다는 것이 시장의 방침이다.
포괄하다	일정한 대상이나 현상 따위를 어떤 범위나 한계 안에 모두 끌어넣다. 예 구체적인 사례까지 모두 포괄하기 힘든 법조문의 특성을 파고들어 악용하는 사례가 있다.
망라하다	널리 받아들여 모두 포함하다. 예 그의 작품 역시 그의 사랑과 그의 정부들과 그의 아이들에 관한 이야기로 그의 생애를 망라한 하나의 자서전인 것이다.
일괄하다	개별적인 여러 가지 것을 한데 묶다. 예 그는 제시된 안건을 일괄하여 검토하고, 공통된 문제점을 찾아보았다.
불러일으키다 기출	어떤 마음, 행동, 상태를 일어나게 하다. 예 젊은이들에게 과학 기술에 대한 관심을 불러일으키다.
야기하다 기출	일이나 사건 따위를 끌어 일으키다. 예 오해를 야기하는 행동을 하다.
생각	사물을 헤아리고 판단하는 작용 예 좋은 글이란 글쓴이의 생각과 느낌이 효과적으로 표현·전달될 수 있는 글이다.
고찰 기출	어떤 것을 깊이 생각하고 연구함. 예 문화에 대한 고찰 없이 인간의 삶을 이해하는 것은 불가능하다.
거절	상대편의 요구, 제안, 선물, 부탁 따위를 받아들이지 않고 물리침. 예 친구의 부탁이라 거절도 못 했다.
고사 기출	제의나 권유 따위를 굳이 사양함. 예 수차례의 고사 끝에 결국에는 그 제의를 받아들이게 되었다.
사양	겸손하여 받지 아니하거나 응하지 아니함. 또는 남에게 양보함. 예 사양 말고 많이 드세요.
묵과	잘못을 알고도 모르는 체하고 그대로 넘김. 예 그들의 독재적인 행위를 이대로 묵과했다가는 앞으로 큰일이 날 것이다.
용인 기출	너그러운 마음으로 참고 용서함. 예 구시대의 악습을 용인할 수는 없다.

4 혼동하기 쉬운 단어

거치다	오가는 도중에 어디를 지나거나 들르다. 예 영월을 거쳐 왔다.
걷히다	'걷다('거두다'의 준말)'의 피동사 예 외상값이 잘 걷힌다.
걷잡다	한 방향으로 치우쳐 흘러가는 형세 따위를 붙들어 잡다. 예 걷잡을 수 없는 상태
겉잡다	겉으로 보고 대강 짐작하여 헤아리다. 예 겉잡아서 이틀 걸릴 일
다치다	부딪치거나 맞거나 하여 신체에 상처가 생기다. 예 부주의로 손을 다쳤다.
닫히다	열린 문짝, 뚜껑, 서랍 따위가 도로 제자리로 가 막히다. 예 문이 저절로 닫혔다.
닫치다	열린 문짝, 뚜껑, 서랍 따위를 꼭꼭 또는 세게 닫다. 예 문을 힘껏 닫쳤다.
-데	내가 직접 경험한 사실을 나중에 보고하듯이 말할 때 쓰이는 말 예 그가 그런 말을 하데.
-대	남에게 들은 어떤 사실을 상대방에게 옮겨 전하는 말. '-다고 해.'의 준말 예 그 남자가 그녀를 떠났대.
띠다	빛깔이나 색채 따위를 가지다. 예 그녀의 반지가 붉은색을 띠었다.
띄다	'뜨이다(1. 눈에 보이다)'의 준말 예 원고에 오탈자가 눈에 띈다.
-ㄹ는지	뒤 절이 나타내는 일과 상관이 있는 어떤 일의 실현 가능성에 대한 의문을 나타내는 연결 어미 예 비가 올는지 바람이 몹시 강하다.
-ㄹ런지	'-ㄹ는지'의 잘못.
바치다	신이나 웃어른에게 정중하게 드리다. 예 신에게 제물을 바쳤다.
받치다	물건의 밑이나 옆 따위에 다른 물체를 대다. 예 우산을 받치고 간다.
받히다	머리나 뿔 따위에 세차게 부딪히다. '받다'의 피동사. 예 쇠뿔에 받혔다.
밭치다	'밭다'를 강조하여 이르는 말. 예 술을 체에 밭친다.
부치다	편지나 물건 따위를 일정한 수단이나 방법을 써서 상대에게로 보내다. 예 편지를 부치다.
붙이다	맞닿아 떨어지지 않게 하다. '붙다'의 사동사. 예 우표를 붙인다. / 책상끼리 붙이자.
살찌다	몸에 살이 필요 이상으로 많아지다(동사). 예 그는 너무 살쪘다.
살지다	살이 많고 튼실하다(형용사). 예 살진 송아지

안치다	밥, 떡, 찌개 따위를 만들기 위하여 그 재료를 솥이나 냄비 따위에 넣고 불 위에 올리다. 예 밥을 안친다.
앉히다	사람이나 동물이 윗몸을 바로 한 상태에서 엉덩이에 몸무게를 실어 다른 물건이나 바닥에 몸을 올려놓게 하다. 예 윗자리에 앉힌다.
이따가	조금 지난 뒤에 예 이따가 오너라.
있다가	동사 '있-'에 연결 어미 '-다가'가 결합된 말 예 집에 있다가 무료해서 나왔다.
저리다	뼈마디나 몸의 일부가 오래 눌려서 피가 잘 통하지 못하여 감각이 둔하고 아리다. 예 다친 다리가 저린다.
절이다	푸성귀나 생선 따위를 소금기나 식초, 설탕 따위에 담가 간이 배어들게 하다. '절다'의 사동사. 예 김장 배추를 절인다.
(으)러(목적)	예 공부하러 간다.
(으)려(의도)	예 서울 가려 한다.
(으)로서(자격)	예 사람으로서 그럴 수는 없다.
(으)로써(수단)	예 닭으로써 꿩을 대신했다.

5 한자성어

- 苛斂誅求(가렴주구) : 세금 같은 것을 가혹하게 받고 국민을 못살게 구는 일
- 刻骨難忘(각골난망) : 은덕을 입은 고마움이 마음 깊이 새겨져 잊혀지지 아니함.
- 堅如金石(견여금석) : 굳기가 금이나 돌 같음.
- 見危致命(견위치명) : 나라의 위태로움을 보고 목숨을 버림.
- 叩盆之痛(고분지통) : 분을 두들긴 쓰라림이라는 말로, 아내가 죽은 슬픔을 말함.
- 姑息之計(고식지계) : 당장의 편안함만을 꾀하는 일시적인 방편
- 枯魚之肆(고어지사) : 목마른 고기의 어물전이라는 말로, 매우 곤궁한 처지를 비유한 말
- 孤掌難鳴(고장난명) : 손뼉도 마주쳐야 된다. 혼자서 할 수 없고 협력해야 일이 이루어짐.
- 高枕安眠(고침안면) : 베개를 높이 하여 편안히 잔다. 근심 없이 편히 지냄.
- 曲學阿世(곡학아세) : 학문을 왜곡하여 세속에 아부함.
- 膠漆之交(교칠지교) : 아교와 칠의 사귐이니 퍽 사이가 친하고 두터움. [=膠漆之心(교칠지심)]
- 救死不瞻(구사불첨) : 곤란이 극심하여 다른 일을 돌볼 겨를이 없음.
- 九十春光(구십춘광) : 노인의 마음이 청년같이 젊음.
- 樂生於憂(낙생어우) : 즐거움은 근심하는 가운데에서 생긴다는 말
- 卵上加卵(난상가란) : 알 위에 알을 포갠다. 정성이 지극하면 감천함.
- 內省不疚(내성불구) : 마음속에 조금도 부끄러울 것이 없음. 즉 마음이 결백함.
- 內憂外患(내우외환) : 나라 안팎의 근심 걱정

- 老當益壯(노당익장) : 사람은 늙을수록 더욱 기운을 내어야 하고 뜻을 굳게 해야 한다.
- 勞心焦思(노심초사) : 애를 써 속을 태움.
- 怒蠅拔劍(노승발검) : 파리 때문에 성질이 난다고 칼을 뽑아 듦. 작은 일을 갖고 수선스럽게 화내는 것을 비유한 말
- 綠衣使者(녹의사자) : 푸른 옷을 입은 사자라는 말로, 앵무새의 다른 명칭이다.
- 多岐亡羊(다기망양) : 여러 갈래의 길에서 양을 잃음. 학문의 길이 여러 갈래라 진리를 찾기 어려움.
- 丹脣皓齒(단순호치) : '붉은 입술과 하얀 이'란 뜻으로, 여자의 아름다운 얼굴을 이르는 말
- 堂狗風月(당구풍월) : 사당 개가 풍월을 읊음. 무식한 자도 유식한 자와 같이 있으면 다소 유식해진다는 말
- 螳螂拒轍(당랑거철) : 사마귀가 앞발을 들고 수레를 멈추려 했다는 데서 유래한 말로, 제 역량을 생각하지 않고 강한 상대나 되지 않을 일에 덤벼드는 무모한 행동거지를 비유한 말 [=螳螂之斧(당랑지부)]
- 螳螂在後(당랑재후) : 사마귀가 매미를 덮치려고 엿보는 데에만 정신이 팔려 자신이 참새에게 잡아먹힐 위험에 처해 있음을 몰랐다는 데서 유래한 말로, 눈앞의 이익에만 정신이 팔려 뒤에 닥친 위험을 알지 못함을 이르는 말
- 道不拾遺(도불습유) : 길에 물건이 떨어져 있어도 주워가지 않는다. 나라가 잘 다스려져 태평하고 풍부한 세상을 형용하는 말
- 倒行逆施(도행역시) : 거꾸로 행하고 거슬러 시행함. 곧 도리(道理)에 순종하지 않고 일을 행하며 상도(常道)를 벗어나서 일을 억지로 함.
- 讀書亡羊(독서망양) : 책을 읽다가 양을 잃어버림. 즉 다른 일에 정신이 팔림.
- 獨也靑靑(독야청청) : 홀로 푸르다는 말로, 홀로 높은 절개를 드러내고 있음을 의미함.
- 獨掌不鳴(독장불명) : 한 손바닥으로는 소리가 나지 않음. 혼자서는 일하기도 어렵고 둘이 협력하여야 함.
- 獨學孤陋(독학고루) : 혼자 공부한 사람은 견문이 좁아서 정도(正道)에 들어가기 어렵다는 말
- 麻中之蓬(마중지봉) : 삼 가운데 자라는 쑥. 좋은 환경의 감화를 받아 자연히 품행이 바르고 곧게 됨을 비유한 말
- 莫逆之交(막역지교) : 뜻이 서로 맞아 지내는 사이가 썩 가까운 벗
- 面從腹背(면종복배) : 앞에서는 순종하는 체하고, 돌아서는 딴 마음을 먹음.
- 明哲保身(명철보신) : 사리에 따라 나옴과 물러남을 어긋나지 않게 함. 요령 있게 처세를 잘하는 것
- 反哺之孝(반포지효) : 자식이 자라서 부모를 봉양함.
- 百家爭鳴(백가쟁명) : 여러 사람이 서로 자기주장을 내세우는 일
- 白骨難忘(백골난망) : 백골이 되더라도 잊기 어려움을 뜻하는 말로, 입은 은혜가 커 결코 잊지 않겠다는 의미의 말
- 百年之計(백년지계) : 백 년 동안의 계획. 즉 오랜 세월을 위한 계획
- 百里之才(백리지재) : 재능이 뛰어난 사람을 일컫는 말. 노숙이 방통을 유비에게 추천하면서 방통을 이에 비유하였음
- 病入膏肓(병입고황) : 몸 깊은 곳에 병이 듦. 침이 미치지 못하므로 병을 고칠 수 없다는 뜻
- 不知所云(부지소운) : 제갈량의 전출사표에 나오며, 무슨 말을 했는지 알 수가 없다는 뜻
- 附和雷同(부화뇌동) : 주관이 없이 남들의 언행을 덩달아 좇음.

- 四顧無親(사고무친) : 사방을 둘러보아도 친한 사람이 없음. 곧 의지할 사람이 없음.
- 舍己從人(사기종인) : 자기의 이전 행위를 버리고 타인의 선행을 본떠 행함.
- 四面楚歌(사면초가) : 사방이 다 적에게 싸여 도움이 없이 고립된 상황
- 事不如意(사불여의) : 일이 뜻대로 되지 않음.
- 捨生取義(사생취의) : 목숨을 버리고 의리를 좇음.
- 射石成虎(사석성호) : 돌을 범인 줄 알고 쏘았더니 화살이 꽂혔다는 말로, 성심을 다하면 아니 될 일도 이룰 수 있다는 뜻
- 傷弓之鳥(상궁지조) : 화살에 상처를 입은 새. 화살에 놀란 새는 구부러진 나무만 봐도 놀란다는 뜻
- 上山求魚(상산구어) : 산 위에서 물고기를 찾음. 당치 않은 데 가서 되지도 않는 것을 원한다는 말
- 上壽如水(상수여수) : 건강하게 오래 살려면 흐르는 물처럼 도리에 따라서 살아야 한다는 뜻
- 霜風高節(상풍고절) : 어떠한 난관이나 어려움에 처해도 결코 굽히지 않는 높은 절개
- 上下撐石(상하탱석) : 윗돌 빼서 아랫돌 괴기. 일이 몹시 꼬이는데 임시변통으로 견디어 나감을 이르는 말
- 生不如死(생불여사) : 삶이 죽음만 못 하다는 뜻으로, 아주 곤란한 처지에 있음을 말함.

⑥ 순우리말

- 가납사니 : 되잖은 소리로 자꾸 지껄이는 수다스러운 사람
- 가멸다 : 재산이 많고 살림이 넉넉하다.
- 가뭇없다 : (사라져서) 찾을 길이 없다.
- 가웃 : 되, 말, 자의 수를 셀 때 그 단위의 약 반에 해당하는 분량
- 가이없다 : 끝이 없다. 한이 없다.
- 가탈 : ① 일이 수월하게 되지 않도록 방해하는 일, ② 억지 트집을 잡아 까다롭게 구는 일
- 갈마들다 : 서로 번갈아 들다.
- 갈붙이다 : 남을 헐뜯어 이간 붙이다.
- 갈음하다 : 본디 것 대신에 다른 것으로 갈다.
- 갈피 : ① 일이나 물건의 부분과 부분이 구별되는 어름, ② 겹쳐졌거나 포개어진 물건의 한 장 한 장 사이
- 감바리 : 이익을 노리고 남보다 먼저 약삭빠르게 달라붙는 사람 유 감발저뀌
- 거레 : 까닭없이 어정거려 몹시 느리게 움직이는 것
- 거칫하다 : 여위고 기름기가 없어 모양이 거칠어 보이다.
- 결곡하다 : 얼굴의 생김새나 마음씨가 깨끗하게 야무져서 빈틈이 없다.
- 곁두리 : 농부나 일꾼들이 끼니 외에 참참이 먹는 음식 유 사이참, 샛밥
- 나래 : 논, 밭을 골라 반반하게 고르는 데 쓰는 농구(農具)
- 나우 : 좀 많게, 정도가 좀 낫게
- 난달 : 길이 여러 갈래로 통한 곳
- 날밤 : ① 부질없이 새우는 밤, ② 생밤[生栗]
- 날포 : 하루 남짓한 동안, '-포'는 '동안'을 나타내는 접미사

- 내박치다 : 힘차게 집어 내던지다.
- 너름새 : ① 말이나 일을 떠벌리어서 주선하는 솜씨, ② 판소리에서 광대의 연기 유 발림
- 노느다 : 물건을 여러 몫으로 나누다.
- 노가리 : 씨를 흩어 뿌리는 것
- 느껍다 : 어떤 느낌이 사무치게 일어나다.
- 느즈러지다 : 마음이 풀려 느릿해지다.
- 능갈치다 : 능청스럽게 잘 둘러대는 재주가 있다.
- 능을 두다 : 넉넉하게 여유를 두다.
- 다랍다 : ① 아니꼬울 만큼 잘고 인색하다. ② 때가 묻어 깨끗하지 못하다.
- 다락같다 : (물건 값이) 매우 비싸다.
- 대두리 : ① 큰 다툼, ② 일이 크게 벌어진 판
- 더끔더끔 : 그 위에 더하고 또 더하는 모양
- 더펄이 : 성미가 덥적덥적하고 활발한 사람을 홀하게 이르는 말
- 도린곁 : 사람이 별로 가지 않는 외진 곳
- 두럭 : 노름이나 놀이로 여러 사람이 모인 때, 여러 집들이 한데 모인 집단
- 두름 : 물고기 스무 마리를 열 마리씩 두 줄로 엮은 것을 단위로 이르는 말
- 먼지잼하다 : 비가 겨우 먼지나 날리지 않을 만큼 오다.
- 멍에 : 마소의 목에 얹어 수레나 쟁기를 끌게 하는 둥그렇게 구부러진 막대
- 메떨어지다 : (모양이나 몸짓이) 어울리지 아니하고 촌스럽다.
- 몰강스럽다 : 모지락스럽게 못할 짓을 예사로 할 만큼 억세거나 야비하다.
- 몽구리 : 바짝 깎은 머리
- 몽니 : 심술궂은 성질
- 몽따다 : 알고 있으면서 모른 체하다.
- 무꾸리 : 점치는 일, 무당이나 판수에게 길흉을 점치게 하는 일
- 발등걸이 : 남이 하려는 일을 먼저 앞질러서 하려는 행동
- 밭다 : 액체가 바짝 졸아서 말라붙다.
- 배내 : 일부 명사의 어근에 붙어 '배 안에 있을 때부터'의 뜻으로 쓰임.
- 부럼 : 정월 보름날에 까서 먹는 밤, 잣, 호두, 땅콩 따위를 이르는 말
- 비다듬다 : 곱게 매만져서 다듬다.
- 비대다 : 남의 이름을 빌어서 대다.
- 빈지 : 한 짝씩 떼었다 붙였다 하는 문 본 널빈지
- 빚물이 : 남이 진 빚을 대신으로 물어주는 일
- 사로자다 : 자는 둥 마는 둥하게 자다.
- 사로잠그다 : 자물쇠나 빗장 따위를 반쯤 걸다.
- 사북 : ① 접 부채 아랫머리, 또는 가위다리의 어긋 매겨지는 곳에 못과 같이 꽂아서 돌쩌귀처럼 쓰이는 물건, ② '가장 중요한 부분'의 비유

- 사붓 : 발을 가볍게 얼른 내디디는 모양
- 사위다 : 사그라져 재가 되다.
- 사위스럽다 : 어쩐지 불길하고 꺼림칙하다.
- 삯메기 : 농촌에서 끼니를 먹지 않고 품삯만 받고 하는 일
- 살피 : ① 두 땅의 경계선을 간단히 나타낸 표, ② 물건과 물건의 틈새나 그 사이를 구별지은 표
- 상길(上－) : 여럿 중에 제일 나은 품질
- 서리 : ① 떼를 지어서 주인 모르게 훔쳐다 먹는 장난, ② 무엇이 많이 모여 있는 무더기
- 설면하다 : ① 자주 못 만나서 좀 설다. ② (사귀는 사이가) 정답지 아니하다.
- 성금 : (말하거나 일을 한 것에 대한) 보람이나 효력
- 스스럽다 : (서로 사귀는 정분이) 그리 두텁지 않아 조심하는 마음이 있다.
- 슴베 : (칼, 괭이, 호미, 낫 따위의) 날의 한 끝이 자루 속에 들어간 부분
- 실터 : 집과 집 사이에 남은 기름하고 좁은 빈 터
- 아람 : 밤 등이 저절로 충분히 익은 상태
- 아리잠직하다 : 키가 작고 얌전하며, 어린 티가 있다.
- 아스러지다 : 작고 단단한 물체가 센 힘에 짓눌리어 부서지다.
- 아우르다 : 여럿으로 한 덩어리나 한 판을 이루다.
- 알심 : ① 은근히 실속 있게 동정하는 마음이나 정성, ② 보기보다 야무진 힘
- 애면글면 : 힘에 겨운 일을 이루려고 온 힘을 다하는 모양
- 애살스럽다 : 군색하고 애바른 데가 있다.
- 앵돌아지다 : ① 틀려서 홱 돌아가다. ② 마음이 노여워서 토라지다.
- 얄개 : 되바라지고 얄망궂은 언동
- 어귀차다 : 뜻이 굳고 하는 일이 여무지다. 작은말 아귀차다.
- 어름 : 두 물건이 맞닿은 자리
- 영절하다 : 말로는 그럴듯하다.
- 오달지다 : 야무지고 실속이 있다.
- 자리끼 : 잘 때 마시려고 머리맡에 준비해두는 물
- 자반뒤집기 : 몹시 아파서 엎치락뒤치락거리다.
- 자투리 : 팔거나 쓰거나 하다가 남은 피륙의 조각
- 잔득하다 : 몸가짐이 제법 차분하고 참을성이 있다. 큰말 진득하다.
- 잡도리 : (잘못되지 않도록) 엄중하게 단속함.
- 재우치다 : 빨리 하여 몰아치거나 재촉하다.
- 잼처 : 다시, 거듭, 되짚어
- 적바림 : (뒤에 들추어 보려고 글로) 간단히 적어두는 일, 또는 적어놓은 간단한 기록
- 제겨디디다 : 발 끝이나 발꿈치만 땅에 닿게 디디다.
- 종요롭다 : 몹시 긴요하다.
- 주적거리다 : 걸음발을 타는 어린아이가 제멋대로 걷다.

- 중절대다 : 수다스럽게 중얼거리다.
- 지돌이 : 험한 산길에서 바위 따위에 등을 대고 가까스로 돌아가게 된 곳 반 안돌이
- 지정거리다 : 곧장 더 나아가지 아니하고 한 자리에서 지체하다.
- 짜장 : 참, 과연, 정말로
- 책상물림 : 세상 물정에 어두운 사람
- 추다 : 남을 일부러 칭찬하다.
- 추스르다 : ① 물건을 가볍게 들썩이며 흔들다. ② 물건을 위로 추켜올리다.
- 츱츱하다 : 너절하고 염치가 없다.
- 치받이 : 비탈진 곳의 올라가게 된 방향 반 내리받이
- 치살리다 : 지나치게 추어주다.
- 토막말 : 긴 내용을 간추려 한마디로 표현하는 말, 아주 짤막한 말
- 투미하다 : 어리석고 둔하다.
- 트레바리 : 까닭 없이 남의 말에 반대하기를 좋아하는 성미, 또는 그런 성미를 가진 사람을 놀림조로 이르는 말
- 푸새 : 산과 들에 저절로 나서 자라는 풀
- 한둔 : 한데에서 밤을 지냄. 노숙
- 핫아비 : 아내가 있는 남자 반 홀아비
- 핫어미 : 남편이 있는 여자 반 홀어미
- 해거름 : 해가 질 무렵 준 해름
- 해사하다 : 얼굴이 희고 맑다.
- 해작이다 : 조금씩 들추거나 파서 헤치다.
- 헙헙하다 : ① 대범하고 활발하다. ② 가진 것을 함부로 써버리는 버릇이 있다. 반 조리차하다.
- 홉뜨다 : 눈알을 굴려 눈시울을 치뜨다.

02 어법

1 음운의 변동

한 형태소가 다른 형태소와 결합할 때에 그 환경에 따라 발음이 달라지는 현상

1. 음절의 끝소리 규칙 : 국어에서 음절의 끝소리로 발음될 수 있는 자음은 'ㄱ, ㄴ, ㄷ, ㄹ, ㅁ, ㅂ, ㅇ'의 일곱 소리뿐으로, 이 일곱 소리 밖의 자음이 음절 끝에 오면 그것은 이 일곱 자음 중의 하나로 바뀌게 되는 현상

- ㅍ → ㅂ / ㅅ, ㅆ, ㅈ, ㅊ, ㅌ, ㅎ → ㄷ / ㄲ, ㅋ → ㄱ

예 잎 → [입] / 옷 → [옫], 바깥 → [바깓], 히읗 → [히읃] / 부엌 → [부억]

표준어 규정 **표준발음법 : 제4장 받침의 발음**

제8항 받침소리로는 'ㄱ, ㄴ, ㄷ, ㄹ, ㅁ, ㅂ, ㅇ'의 7개 자음만 발음한다.
제9항 받침 'ㄲ, ㅋ', 'ㅅ, ㅆ, ㅈ, ㅊ, ㅌ', 'ㅍ'은 어말 또는 자음 앞에서 각각 대표음 [ㄱ, ㄷ, ㅂ]으로 발음한다.
제10항 겹받침 'ㄳ', 'ㄵ', 'ㄼ, ㄽ, ㄾ', 'ㅄ'은 어말 또는 자음 앞에서 각각 [ㄱ, ㄴ, ㄹ, ㅂ]으로 발음한다. 다만, '밟-'은 자음 앞에서 [밥]으로 발음하고, '넓-'은 '넓죽하다'와 '넓둥글다'의 경우에 [넙]으로 발음한다.
제11항 겹받침 'ㄺ, ㄻ, ㄿ'은 어말 또는 자음 앞에서 각각 [ㄱ, ㅁ, ㅂ]으로 발음한다. 다만, 용언의 어간 말음 'ㄺ'은 'ㄱ' 앞에서 [ㄹ]로 발음한다.

2. 동화

(1) **자음동화** : 음절 끝 자음이 그 뒤에 오는 자음과 만날 때, 어느 한쪽이 다른 쪽 자음을 닮아서 그와 비슷한 성질을 가진 자음이나 같은 소리로 바뀌기도 하고, 두 소리가 다 바뀌기도 하는 현상

① 파열음 'ㅂ, ㄷ, ㄱ'이 비음 'ㅁ, ㄴ' 앞에서 각각 'ㅁ, ㄴ, ㅇ'이 된다.

예 밥물 → [밤물]

② 비음 'ㅁ, ㅇ'과 유음 'ㄹ'이 만나면 'ㄹ'이 비음 'ㄴ'이 된다.

예 종로 → [종노]

③ 파열음 'ㅂ, ㄷ, ㄱ'과 유음 'ㄹ'이 만나면 'ㄹ'이 비음 'ㄴ'이 되고, 이렇게 변해서 된 'ㄴ'을 닮아서 파열음 'ㅂ, ㄷ, ㄱ'이 각각 비음 'ㅁ, ㄴ, ㅇ'이 된다.

예 섭리 → [섭니] → [섬니], 국립 → [국닙] → [궁닙]

④ 비음 'ㄴ'이 유음 'ㄹ' 앞에 오거나 뒤에 오면 'ㄴ'이 'ㄹ'로 변한다.

예 신라 → [실라]

⑤ 'ㅀ, ㄾ'과 같은 겹자음들도 뒤에 'ㄴ'이 오면 'ㄴ'이 'ㄹ'로 변한다.

예 앓+는 → [알른]

표준어 규정 **표준발음법 : 제5장 음의 동화**

제18항 받침 'ㄱ(ㄲ, ㅋ, ㄳ, ㄺ), ㄷ(ㅅ, ㅆ, ㅈ, ㅊ, ㅌ, ㅎ), ㅂ(ㅍ, ㄼ, ㄿ, ㅄ)'은 'ㄴ, ㅁ' 앞에서 [ㅇ, ㄴ, ㅁ]으로 발음한다.

제19항 받침 'ㅁ, ㅇ' 뒤에 연결되는 'ㄹ'은 [ㄴ]으로 발음한다.

제20항 'ㄴ'은 'ㄹ'의 앞이나 뒤에서 [ㄹ]로 발음한다.

제21항 위에서 지적한 이외의 자음 동화는 인정하지 않는다.

(2) 구개음화

① 끝소리가 'ㄷ, ㅌ'인 형태소가 모음 'ㅣ'나 반모음 'ㅑ, ㅕ, ㅛ, ㅠ'로 시작되는 형식 형태소와 만나면 'ㄷ, ㅌ'이 구개음인 'ㅈ, ㅊ'으로 변하는 현상으로 역행 동화에 해당한다.

예 굳+이 → [구디] → [구지], 밭+이 → [바티] → [바치]

② 'ㄷ' 뒤에 형식 형태소 '히'가 오면, 먼저 'ㄷ'과 'ㅎ'이 결합하여 'ㅌ'이 된 다음 'ㅌ'이 구개음화하여 'ㅊ'이 된다.

예 닫+히+어 → 닫혀 → [다텨] → [다쳐] → [다처]

표준어 규정 **표준발음법 : 제5장 음의 동화**

제17항 받침 'ㄷ, ㅌ(ㄾ)'이 조사나 접미사의 모음 'ㅣ'와 결합되는 경우에는, [ㅈ, ㅊ]으로 바꾸어서 뒤 음절 첫소리로 옮겨 발음한다.

[붙임] 'ㄷ' 뒤에 접미사 '히'가 결합되어 '티'를 이루는 것은 [치]로 발음한다.

3. 음운의 축약과 탈락

(1) **음운의 축약** : 두 개의 음운이 합쳐져 하나의 음운으로 줄어드는 현상

① 자음의 축약 : 'ㅂ, ㄷ, ㅈ, ㄱ'이 'ㅎ'과 만나면 'ㅍ, ㅌ, ㅊ, ㅋ'이 된다.

예 좋고 → [조코]

② 모음의 축약 : 두 개의 형태소가 서로 만날 때 앞뒤 형태소의 두 음절이 한 음절로 축약된다.

예 오+아서 → 와서, 뜨+이다 → 띄다

(2) **음운의 탈락** : 두 음운이 만나 한 음운이 사라져 소리가 나지 않는 현상

① 동음 탈락 예 가+아서 → 가서, 간난 → 가난, 목과 → 모과

② 'ㄹ' 탈락 예 바늘+질 → 바느질, 딸+님 → 따님

③ 'ㅡ' 탈락 예 뜨+어 → 떠, 쓰+어 → 써

④ 'ㅎ' 탈락 예 낳은[나은], 쌓이다[싸이다]

4. 사잇소리 현상

(1) 두 개의 형태소 또는 단어가 합쳐져서 합성 명사를 이룰 때, 앞말의 끝소리가 울림소리이고 뒷말의 첫소리가 안울림 예사소리일 경우 뒤의 예사소리가 된소리로 바뀌는 현상

예 초+불(촛불) → [초뿔] / 배+사공(뱃사공) → [배싸공] / 밤+길 → [밤낄]

(2) 앞말이 모음으로 끝나고 뒷말이 'ㅁ, ㄴ'으로 시작될 때 'ㄴ' 소리가 덧나는 현상

예 이+몸(잇몸) → [인몸], 코+날(콧날) → [콘날]

(3) 뒷말이 모음 'ㅣ, ㅑ, ㅕ, ㅛ, ㅠ' 등이 올 때 'ㄴ'이 첨가되거나 덧나는 현상

예 꽃+잎 → [꼰닙]

5. 된소리되기(경음화)

(1) 안울림소리 뒤에 안울림 예사소리가 오면 그 예사소리가 된소리로 발음되는 현상

예 입+고 → [입꼬], 젖+소 → [젇소] → [젇쏘]

(2) 끝소리가 'ㄴ, ㅁ'인 용언 어간에 예사소리로 시작되는 활용 어미가 이어지면 그 소리가 된소리로 발음되는 현상

예 넘+고 → [넘꼬], 넘+더라 → [넘떠라]

표준어 규정 **표준발음법 : 제5장 경음화**

제23항 받침 'ㄱ(ㄲ, ㅋ, ㄳ, ㄺ), ㄷ(ㅅ, ㅆ, ㅈ, ㅊ, ㅌ), ㅂ(ㅍ, ㄼ, ㄿ, ㅄ)' 뒤에 연결되는 'ㄱ, ㄷ, ㅂ, ㅅ, ㅈ'은 된소리로 발음한다.

제24항 어간 받침 'ㄴ(ㄵ), ㅁ(ㄻ)' 뒤에 결합되는 어미의 첫소리 'ㄱ, ㄷ, ㅅ, ㅈ'은 된소리로 발음한다. 다만, 피동, 사동의 접미사 '-기-'는 된소리로 발음하지 않는다.

제25항 어간 받침 'ㄼ, ㄾ' 뒤에 결합되는 어미의 첫소리 'ㄱ, ㄷ, ㅅ, ㅈ'은 된소리로 발음한다.

제26항 한자어에서 'ㄹ' 받침 뒤에 연결되는 'ㄷ, ㅅ, ㅈ'은 된소리로 발음한다. 다만, 같은 한자가 겹쳐진 단어의 경우에는 된소리로 발음하지 않는다.

제27항 관형사형 '-(으)ㄹ' 뒤에 연결되는 'ㄱ, ㄷ, ㅂ, ㅅ, ㅈ'은 된소리로 발음한다. 다만, 끊어서 말할 적에는 예사소리로 발음한다.

제28항 표기상으로는 사이시옷이 없더라도 관형격 기능을 지니는 사이시옷이 있어야 할(휴지가 성립되는) 합성어의 경우에는 뒤 단어의 첫소리 'ㄱ, ㄷ, ㅂ, ㅅ, ㅈ'을 된소리로 발음한다.

2 형태소

1. 개념 : 일정한 뜻(의미)을 가진 가장 작은 말의 단위

예 하늘이 맑다 → 하늘(명사)/이(조사)/맑-(형용사 어간)/-다(종결 어미)

2. 형태소의 종류

(1) 자립성의 유무에 따라 : 자립형태소(체언, 수식언, 독립언), 의존형태소(어간, 어미, 조사, 접사)

(2) 의미의 허실에 따라 : 실질형태소(자립형태소와 어간), 형식형태소(어미, 조사, 접사)

3 단어의 형성

1. 단일어와 복합어

(1) 단일어 : 하나의 어근으로 된 단어

예 산, 하늘, 맑다

(2) 복합어 : 합성어와 파생어

2. 파생어 : 어근의 앞이나 뒤에 파생 접사가 붙어서 만들어진 단어로 어근의 앞에 붙는 파생 접사가 접두사, 뒤에 붙는 것이 접미사이다.

(1) 접두사에 의한 파생어 : 뒤에 오는 어근의 뜻을 제한

예 군말, 짓밟다, 헛고생

(2) 접미사에 의한 파생어 : 어근의 뜻만 제한하는 것이 아니라 어근의 품사를 바꾸기도 함.

예 구경꾼, 걸음, 공부하다

3. 합성어 : 둘 이상의 어근이 결합하여 만들어진 단어이다.

(1) 유형에 따라 : 통사적 합성어(통사적 구성과 일치), 비통사적 합성어(통사적 구성과 불일치)

(2) 의미에 따라 : 병렬 합성어(대등 관계), 유속 합성어(주종 관계), 융합 합성어(제3의 뜻)

4 품사

1. 체언 : 주로 주어, 목적어, 보어가 되는 자리에 오는 부류의 단어들을 체언이라 하며, 이들은 조사와 결합할 수 있으며 일반적으로 형태의 변화가 없다.

(1) 명사 : 체언 중 가장 일반적인 부류로 구체적인 대상의 이름이다.

① 쓰이는 범위에 따라 : 고유 명사(인명, 지역명, 상호명 등), 보통 명사

② 자립성의 유무에 따라 : 자립 명사, 의존 명사(-대로 등)

(2) 대명사 : 어떤 대상의 이름을 대신하여 그것을 가리키는 말로, 사용하는 체언, 명사를 대신하는 말이다.

(3) 수사 : 수량이나 순서를 가리키는 말로, 수사에도 조사가 결합하므로 체언에 속한다.

① 양수사(수량 → 둘, 셋, 이, 삼)

② 서수사(순서 → 첫째, 둘째)

2. 관계언 : 주로 체언 뒤에 붙어 다양한 문법적 관계를 나타내거나 의미를 추가하는 의존 형태소를 조사라고 하는데, 앞말이 그 문장의 다른 말에 대해 가지는 관계를 나타내 주거나 앞말에 특별한 뜻을 더하여 준다.

(1) **격조사** : 앞에 오는 체언이 문장 안에서 일정한 자격을 가지도록 하여 주는 조사로 주격, 서술격, 목적격, 보격, 관형격, 부사격, 호격 조사가 있다.

(2) **접속 조사** : 두 단어를 같은 자격으로 이어 주는 구실을 하는 조사로 '와/과, 랑, 하고'가 있다.

(3) **보조사** : 격조사가 올 자리에 놓이거나 격조사와 결합되어 특별한 뜻을 더해 주는 조사이다.

3. 용언 : 문장의 주어를 서술하는 기능을 가진 말들을 용언이라 하며 동사와 형용사, 보조 용언이 있다.

(1) **동사** : 문장 주어의 어떤 움직임이나 작용을 나타내는 단어의 부류이다.

① 자동사 : 움직임이나 작용이 그 주어에만 그치기 때문에 목적어가 필요 없다.

② 타동사 : 움직임이 다른 대상에 미치므로 목적어가 필요하다.

(2) **형용사** : 문장 주어의 성질이나 상태를 나타내는 단어의 부류이다.

① 성상 형용사 : 성질이나 상태를 나타낸다.

예 고요하다, 달다, 예쁘다, 향기롭다

② 지시 형용사 : 지시성을 나타낸다.

예 이러하다, 그러하다, 저러하다

4. 수식언 : 다른 말을 수식하는 기능을 하며 관형사와 부사가 있다.

(1) **관형사** : 체언 앞에 놓여서 체언, 주로 명사를 꾸며 주는 단어로 조사와 결합할 수 없으며, 형태가 변화하지도 않는다. 성상 관형사와 지시 관형사, 수 관형사가 있다.

(2) **부사** : 용언이나 문장을 수식하는 것을 본래의 기능으로 하는 단어로 다른 부사를 수식하는 것이나 일부 체언 앞에 와서 그 체언에 특별한 뜻을 더하여 주는 것들도 부사이다.

5. 독립언 : 부름, 대답, 느낌 등을 나타내는 데 쓰이면서 다른 성분들에 비해 비교적 독립성이 있는 말을 감탄사라 한다. 이들은 형태가 변하지 않고 놓이는 위치가 비교적 자유로우며, 문장 속의 다른 성분에 얽매이지 않아 독립성이 있다.

5 한글맞춤법

1. 두음 법칙

[10항]
한자음 '녀, 뇨, 뉴, 니'가 단어 첫머리에 올 적에는 두음 법칙에 따라 '여, 요, 유, 이'로 적는다. 다만, 다음과 같은 의존 명사에는 '냐, 녀' 음을 인정한다. 예 년(年)
[붙임 1] 단어의 첫머리 이외의 경우에는 본음대로 적는다. 예 남녀, 당뇨
[붙임 2] 접두사처럼 쓰이는 한자가 붙어서 된 말이나 합성어에서 뒷말의 첫소리가 'ㄴ' 소리로 나더라도 두음 법칙에 따라 적는다. 예 신여성, 공염불

[11항]
한자음 '랴, 려, 례, 료, 류, 리'가 단어의 첫머리에 올 적에는 두음 법칙에 따라 '야, 여, 예, 요, 유, 이'로 적는다. 다만, 다음과 같은 의존 명사는 본음대로 적는다. 예 몇 리(里)냐?
[붙임 1] 단어의 첫머리 이외의 경우에는 본음대로 적는다. 다만, 모음이나 'ㄴ' 받침 뒤에 이어지는 '렬, 률'은 '열, 율'로 적는다. 예 규율, 비율, 선율
[붙임 2] 외자로 된 이름을 성에 붙여 쓸 경우에도 본음대로 적을 수 있다. 예 신립
[붙임 3] 준말에서 본음으로 소리 나는 것은 본음대로 적는다. 예 국련(국제 연합)
[붙임 4] 접두사처럼 쓰이는 한자가 붙어서 된 말이나 합성어에서 뒷말의 첫소리가 'ㄴ' 또는 'ㄹ' 소리로 나더라도 두음 법칙에 따라 적는다. 예 역이용, 연이율

[12항]
한자음 '라, 래, 로, 뢰, 루, 르'가 단어의 첫머리에 올 적에는 두음 법칙에 따라 '나, 내, 노, 뇌, 누, 느'로 적는다.
[붙임 1] 단어의 첫머리 이외의 경우에는 본음대로 적는다. 예 쾌락, 극락
[붙임 2] 접두사처럼 쓰이는 한자가 붙어서 된 단어는 뒷말을 두음 법칙에 따라 적는다.
예 상노인, 중노동, 비논리적

2. 접미사가 붙어서 된 말

[19항]
어간에 '-이'나 '-음/-ㅁ'이 붙어서 명사로 된 것과 '-이'나 '-히'가 붙어서 부사로 된 것은 그 어간의 원형을 밝히어 적는다. 예 길이, 깊이, 걸음, 묶음, 같이, 굳이, 밝히, 익히
다만, 어간에 '-이'나 '-음'이 붙어서 명사로 바뀐 것이라도 그 어간의 뜻과 멀어진 것은 원형을 밝히어 적지 아니한다. 예 굽도리, 코끼리, 거름, 노름
[붙임] 어간에 '-이'나 '-음' 이외의 모음으로 시작된 접미사가 붙어서 다른 품사로 바뀐 것은 그 어간의 원형을 밝히어 적지 아니한다. 예 귀머거리, 너머, 거뭇거뭇, 부터, 조차

[20항]
명사 뒤에 '-이'가 붙어서 된 말은 그 명사의 원형을 밝히어 적는다.
1. 부사로 된 것 : 곳곳이, 낱낱이, 몫몫이, 샅샅이
2. 명사로 된 것 : 곰배팔이, 바둑이, 삼발이
[붙임] '-이' 이외의 모음으로 시작된 접미사가 붙어서 된 말은 그 명사의 원형을 밝히어 적지 아니한다.
예 꼬락서니, 끄트머리, 모가치, 바가지

[21항]
명사나 혹은 용언의 어간 뒤에 자음으로 시작된 접미사가 붙어서 된 말은 그 명사나 어간의 원형을 밝히어 적는다. 예 값지다, 홑지다, 낚시, 늙정이
다만, 다음과 같은 말은 소리대로 적는다.
1. 겹받침의 끝소리가 드러나지 아니하는 것 : 할짝거리다, 널따랗다, 널찍하다
2. 어원이 분명하지 아니하거나 본뜻에서 멀어진 것 : 넙치, 올무, 납작하다

3. 합성어 및 접두사가 붙은 말

[27항]
둘 이상의 단어가 어울리거나 접두사가 붙어서 이루어진 말은 각각 그 원형을 밝히어 적는다.
예 국말이, 꺾꽂이, 꽃잎
[붙임 1] 어원은 분명하나 소리만 특이하게 변한 것은 변한 대로 적는다. 예 할아버지
[붙임 2] 어원이 분명하지 아니한 것은 원형을 밝히어 적지 아니한다. 예 골병, 며칠
[붙임 3] '이[齒, 虱]'가 합성어나 이에 준하는 말에서 '니' 또는 '리'로 소리 날 때에는 '니'로 적는다.
예 사랑니, 덧니, 어금니, 앞니

[28항 : 'ㄹ' 탈락]
끝소리가 'ㄹ'인 말과 딴 말이 어울릴 적에 'ㄹ' 소리가 나지 아니하는 것은 아니 나는 대로 적는다.
예 다달이, 따님, 바느질, 화살, 싸전, 우짖다

[29항]
끝소리가 'ㄹ'인 말과 딴 말이 어울릴 적에 'ㄹ' 소리가 'ㄷ' 소리로 나는 것은 'ㄷ'으로 적는다.
예 반짇고리, 사흗날, 섣부르다, 잗다랗다

[30항 : 사이시옷]
1. 순우리말로 된 합성어로서 앞말이 모음으로 끝난 경우
   (1) 뒷말의 첫소리가 된소리로 나는 것 : 못자리, 바닷가, 아랫집, 우렁잇속, 잇자국, 킷값
   (2) 뒷말의 첫소리 'ㄴ, ㅁ' 앞에서 'ㄴ' 소리가 덧나는 것 : 멧나물, 아랫니, 텃마당
   (3) 뒷말의 첫소리 모음 앞에서 'ㄴㄴ' 소리가 덧나는 것 : 두렛일, 뒷일, 베갯잇
2. 순우리말과 한자어로 된 합성어로서 앞말이 모음으로 끝난 경우
   (1) 뒷말의 첫소리가 된소리로 나는 것 : 귓병, 머릿방, 아랫방, 자릿세, 전셋집, 찻잔
   (2) 뒷말의 첫소리 'ㄴ, ㅁ' 앞에서 'ㄴ' 소리가 덧나는 것 : 곗날, 제삿날, 훗날, 툇마루
   (3) 뒷말의 첫소리 모음 앞에서 'ㄴㄴ' 소리가 덧나는 것 : 가욋일, 사삿일, 예삿일
3. 두 음절로 된 다음 한자어
   예 곳간(庫間), 셋방(貰房), 숫자(數字), 찻간(車間), 툇간(退間), 횟수(回數)

4. 준말

[39항]
어미 '-지' 뒤에 '않-'이 어울려 '-잖-'이 될 적과 '-하지' 뒤에 '않-'이 어울려 '-찮-'이 될 적에는 준 대로 적는다. 예 그렇잖은, 만만찮다, 적잖은, 변변찮다

[40항]
어간의 끝음절 '하'의 'ㅏ'가 줄고 'ㅎ'이 다음 음절의 첫소리와 어울려 거센소리로 될 적에는 거센소리로 적는다. 예 다정타, 흔타, 정결타, 간편케
[붙임 1] 'ㅎ'이 어간의 끝소리로 굳어진 것은 받침으로 적는다. 예 않다, 그렇지
[붙임 2] 어간의 끝음절 '하'가 아주 줄 적에는 준 대로 적는다. 예 거북지, 생각건대
[붙임 3] 다음과 같은 부사는 소리대로 적는다. 예 결단코, 결코, 아무튼, 요컨대

5. 띄어쓰기-단위를 나타내는 명사 및 열거하는 말 등

[43항]
단위를 나타내는 명사는 띄어 쓴다. 다만, 순서를 나타내는 경우나 숫자와 어울리어 쓰이는 경우에는 붙여 쓸 수 있다. 예 한 개, 차 한 대, 두시 삼십분 오초, 제일과, 육층

[44항]
수를 적을 때는 '만(萬)' 단위로 띄어 쓴다. 예 십이억 삼천사백오십육만 칠천팔백구십팔

[45항]
두 말을 이어 주거나 열거할 적에 쓰이는 다음의 말들은 띄어 쓴다.
예 국장 겸 과장, 열 내지 스물, 청군 대 백군

[46항]
단음절로 된 단어가 연이어 나타날 적에는 붙여 쓸 수 있다. 예 좀더 큰것, 이말 저말

6. 띄어쓰기-고유 명사 및 전문 용어

[48항]
성과 이름, 성과 호 등은 붙여 쓰고, 이에 덧붙는 호칭어, 관직명 등은 띄어 쓴다. 다만, 성과 이름, 성과 호를 분명히 구분할 필요가 있을 경우에는 띄어 쓸 수 있다.
예 충무공 이순신 장군, 남궁억/남궁 억

6 국어의 로마자 표기법

1. 표기 일람

[1항]
모음은 다음 각 호와 같이 적는다.

1. 단모음

ㅏ	ㅓ	ㅗ	ㅜ	ㅡ	ㅣ	ㅐ	ㅔ	ㅚ	ㅟ
a	eo	o	u	eu	i	ae	e	oe	wi

2. 이중모음

ㅑ	ㅕ	ㅛ	ㅠ	ㅒ	ㅖ	ㅘ	ㅙ	ㅝ	ㅞ	ㅢ
ya	yeo	yo	yu	yae	ye	wa	wae	wo	we	ui

[붙임 1] 'ㅢ'는 'ㅣ'로 소리 나더라도 ui로 적는다. 예 광희문 Gwanghuimun

[2항]
자음은 다음 각 호와 같이 적는다.

1. 파열음

ㄱ	ㄲ	ㅋ	ㄷ	ㄸ	ㅌ	ㅂ	ㅃ	ㅍ
g, k	kk	k	d, t	tt	t	b, p	pp	p

2. 파찰음 · 마찰음

ㅈ	ㅉ	ㅊ	ㅅ	ㅆ	ㅎ
j	jj	ch	s	ss	h

3. 비음 · 유음

ㄴ	ㅁ	ㅇ	ㄹ
n	m	ng	r, l

[붙임 1] 'ㄱ, ㄷ, ㅂ'은 모음 앞에서는 'g, d, b'로, 자음 앞이나 어말에서는 'k, t, p'로 적는다.
예 구미 Gumi, 합덕 Hapdeok, 한밭[한받] Hanbat

[붙임 2] 'ㄹ'은 모음 앞에서는 'r'로, 자음 앞이나 어말에서는 'l'로 적는다. 단, 'ㄹㄹ'은 'll'로 적는다.
예 칠곡 Chilgok, 대관령[대괄령] Daegwallyeong

2. 표기상의 유의점

[1항]
음운 변화가 일어날 때에는 변화의 결과에 따라 적는다. 다만, 체언에서 'ㄱ, ㄷ, ㅂ' 뒤에 'ㅎ'이 따를 때에는 'ㅎ'을 밝혀 적는다. 예 묵호(Mukho), 집현전(Jiphyeonjeon)
[붙임] 된소리되기는 표기에 반영하지 않는다.
예 압구정 Apgujeong, 낙성대 Nakseongdae, 합정 Hapjeong

[4항]
인명은 성과 이름의 순서로 띄어 쓴다. 이름은 붙여 쓰는 것을 원칙으로 하되 음절 사이에 붙임표(-)를 쓰는 것을 허용한다.
1. 이름에서 일어나는 음운 변화는 표기에 반영하지 않는다.
2. 성의 표기는 따로 정한다.

[5항]
'도, 시, 군, 구, 읍, 면, 리, 동'의 행정 구역 단위와 '가'는 각각 'do, si, gun, gu, eup, myeon, ri, dong, ga'로 적고, 그 앞에는 붙임표(-)를 넣는다. 붙임표(-) 앞뒤에서 일어나는 음운 변화는 표기에 반영하지 않는다.
예 충청북도 Chungcheongbuk-do, 종로 2가 Jongno 2(i)-ga
[붙임] '시, 군, 읍'의 행정 구역 단위는 생략할 수 있다. 예 청주시 Cheongju

7 외래어 표기법

1. 표기의 기본 원칙

제1항 외래어는 국어의 현용 24자모만으로 적는다.
제2항 외래어의 1음운은 원칙적으로 1기호로 적는다.
제3항 받침에는 'ㄱ, ㄴ, ㄹ, ㅁ, ㅂ, ㅅ, ㅇ'만을 쓴다.
제4항 파열음 표기에는 된소리를 쓰지 않는 것을 원칙으로 한다.
제5항 이미 굳어진 외래어는 관용을 존중하되 그 범위와 용례는 따로 정한다.

2. 외래어 표기 바로 알기

원어 표기	잘못된 표기	바른 표기
gossip	고십, 까십, 가쉽	가십
croquette	고로케, 크로케트	크로켓
gradation	그라데이션	그러데이션
gips	집스	깁스
narration	나레이션, 나래숀, 네레이션	내레이션
nonsense	넌센스, 넌쎈스	난센스

원어 표기	잘못된 표기	바른 표기
nonfiction	넌픽션	논픽션
dynamic	다이나믹, 다이내미크	다이내믹
début	데뷰, 디부트	데뷔
desktop	데스크탑	데스크톱
doughnut	도너스, 도우넛	도넛
rendez-vous	랑데뷰	랑데부
running	런닝	러닝
lemonade	레몬에이드	레모네이드
rainbow	레인보우	레인보
recreation	레크레이션	레크리에이션
report	레포트	리포트
rent-a-car	렌트카	렌터카
lobster	롭스터	로브스터, 랍스터
remote control	리모콘	리모컨
ringer	닝겔, 링게르, 링겔	링거
mania	매니아	마니아
mail	매일, 맬	메일
melon	메론	멜론
message	메세지	메시지
mechanism	매커니즘, 메카니즘	메커니즘
membership	멤버쉽	멤버십
mineral	미네럴, 미너럴	미네랄
body lotion	바디로션, 보디로숀, 바디로숀	보디로션
badge	뱃지, 뺏지	배지
balance	발란스, 배런스	밸런스
bonnet	보네트, 보넷, 본네트, 본넷	보닛
bourgeois	부르조아, 부르지아	부르주아
buffet	부펫, 부페	뷔페
sofa	쇼파	소파
shrimp	쉬림프	슈림프
snack	스넥	스낵

원어 표기	잘못된 표기	바른 표기
stainless	스텐리스, 스텐레스	스테인리스
straw	스트로우	스트로
spuit	스포이드, 스푸이트	스포이트
sponge	스폰지	스펀지
sprinkler	스프링쿨러	스프링클러
stamina	스태미너	스태미나
staff	스탭	스태프
Singapore	싱가폴	싱가포르
Arab Emirates	아랍 에미레이트	아랍 에미리트
outlet	아울렛	아웃렛
eye shadow	아이섀도우	아이섀도
accessory	악세사리, 액세사리, 악세서리	액세서리
accelerator	악셀, 악셀레이트	액셀러레이터
allergie	알레지, 알러지	알레르기
encore	앵코르, 앙콜, 앵콜	앙코르
ad lib	애드립, 에드립	애드리브
application	어플리케이션	애플리케이션
accent	액센트	악센트
air conditioner	에어콘	에어컨, 에어컨디셔너
endorphin	엔돌핀	엔도르핀
yellow	옐로우	옐로
ambulance	엠뷸런스, 엠블란스, 엠블런스	앰뷸런스
offside	오프싸이드, 옵사이드	오프사이드
oxford	옥스포드	옥스퍼드
workshop	워크샾	워크숍
window	윈도우	윈도
jumper	잠퍼	점퍼, 잠바
junior	쥬니어	주니어
chart	챠트	차트
chocolate	초코렛	초콜릿
chimpanzee	킴팬지	침팬지

원어 표기	잘못된 표기	바른 표기
color	칼라, 콜로르	컬러
carol	캐롤, 카럴, 카롤	캐럴
coordinator	커디네이터	코디네이터
coffee shop	커피샵	커피숍
cunning	컨닝	커닝
contest	컨테스트	콘테스트
column	칼름, 콜럼	칼럼
container	콘테이너	컨테이너
control	콘트롤	컨트롤
collection	콜렉션, 콜렉티온, 컬렉티온	컬렉션
concours	콩쿨, 콩쿠르스	콩쿠르
coup d'État	쿠테타	쿠데타
crystal	크리스탈	크리스털
Christian	크리스찬, 크리스티언	크리스천
klaxon	크락션, 크랙슨, 클락션	클랙슨
panel	패날, 판넬	패널
fanfare	빵빠르, 팽파르	팡파르
presentation	프리젠테이션	프레젠테이션
flute	플룻, 플륫, 프루트	플루트
highlight	하일라이트	하이라이트
foundation	화운데이션	파운데이션
file	화일	파일

8 표준화 대상 전문용어

유형	예시
어려운 한자용어	자동제세동기(自動除細動器 : 자동심장충격기)
	황천(荒天 : 거친 날씨, 거친 바다)
낯선 외래 전문용어	팬데믹(pandemic : 감염병 세계적 유행)
	GIS(Geographic Information System : 지리 정보 시스템, 지리 정보 체계)
하나의 개념이 여러 용어로 사용되는 경우	탄탈럼 / 탄탈룸 / 탄탈륨 ※ 산업통상자원부 기술표준원에서 국가 표준으로 제시한 '분석화약용어(원소 이름)'에 따라 '탄탈럼'이 표준 용어임.
	AED / 자동제세동기 / 심장세동제거기 / 자동심장충격기
하나의 용어가 여러 개념으로 사용되는 경우	AI : 조류 인플루엔자(수의), 인공지능(정보 · 통신), 인공 수정(의학)
	PM : 맞춤 약물(약학), 프로젝트 관리자(정보 · 통신), 다발성 근염(의료), 미세먼지(기상)
어법에 맞지 않는 전문 용어	햇치(hatch) ※ 외래어 표기법에 따라 '해치'로 써야 함.
	최대값 ※ 한글 맞춤법에 따라 '최댓값'으로 써야 함.

▶ 정답과 해설 12쪽

테마 2 출제유형문제

유형 1 어법

01. 다음 중 어법에 맞지 않는 문장은?

① 어릴 적 겪었던 일들이 지금까지도 나를 괴롭히고 있다.
② 나뭇잎 한 개를 물에 띄워 보았다.
③ 그럼 다음 주 수요일에 뵈요.
④ 할지 말지 고민하고 있다면 해야 한다.

02. 다음 중 띄어쓰기가 올바르지 않은 것은?

① 몇 번 정도 해보니까 알겠다.
② 과수원에는 사과, 귤, 배 들이 있다.
③ 나는 아무래도 포기하는 게 좋을거 같다.
④ 보란 듯이 성공해서 부모님의 은혜에 보답하겠다.

03. 다음 중 외래어 표기법에 맞게 표기한 것은?

① union－유니온
② siren－사이렌
③ mechanism－메카니즘
④ clinic－크리닉

04. 다음 문장에 대한 설명으로 적절하지 않은 것은?

> 일기 예보를 듣고 아침에 널었던 빨래를 얼른 걷었다.

① 주절과 종속절의 주어가 동일하다.
② 생략된 문장 성분이 있다.
③ 용언을 수식하는 절은 없다.
④ 안은 문장과 이어진 문장 중 하나만 사용되었다.

05. 다음 글은 시제에 대한 설명이다. 〈보기〉의 밑줄 친 부분의 시제를 바르게 설명한 것은?

> 시제(時制)란 화자가 발화시를 기준으로 삼아 앞뒤의 시간을 구분하는 문법 범주이다. 발화시와 사건시가 일치하면 현재, 사건시가 발화시에 선행하면 과거, 발화시가 사건시에 선행하면 미래라고 한다. 발화시란 화자가 문장을 발화한 시간을 뜻하고, 사건시란 문장에 드러난 사건이 발생한 시간을 뜻한다.
> 그런데 시제에는 절대시제와 상대시제도 있다. 절대시제는 발화시를 기준으로 삼아 결정되는 시제이고, 상대시제는 주절의 사건시를 기준으로 결정되는 시제를 말한다.

보기

> 나는 아까 도서관에서 책을 <u>읽는</u> 철수를 보았다.

① 절대시제와 상대시제 모두 현재이다.
② 절대시제와 상대시제 모두 과거이다.
③ 절대시제로는 현재, 상대시제로는 과거이다.
④ 절대시제로는 과거, 상대시제로는 현재이다.

유형 2 단어의미 / 사자성어

06. 다음 문장의 빈칸에 들어갈 단어로 적절한 것은?

> ○○기업은 입주민 민원을 위해 「승강기 품질 안전 실무 매뉴얼」을 (　　)하였다.

① 수리　　② 출시
③ 보도　　④ 발간

07. 다음 제시된 문장의 빈칸에 들어갈 수 없는 단어는?

> • 그 스님은 궁극적인 진리를 (　　)하신 분이다.
> • 생활한복은 현대인이 편리하게 생활할 수 있도록 (　　)하여 만들어졌다.
> • 집안이 (　　)하여 아르바이트로 학비를 충당하고 있다.
> • 나는 (　　)을/를 이겨내고 이 분야 최고의 인물이 될 것이다.

① 개간(開墾)　　② 고안(考案)
③ 개안(開眼)　　④ 간고(艱苦)

08. 다음 단어의 의미로 적절한 것은?

> 찐덥다

① 끊으려 해도 끊어지지 않는다.　　② 야무지고 실속이 있다.
③ 꼭 붙어서 떨어지지 않는다.　　④ 마음에 흐뭇하고 반갑다.

09. 다음 뜻에 가장 부합하는 사자성어는?

> 길흉화복(吉凶禍福)을 예측할 수 없는 인생

① 남가일몽(南柯一夢)
② 가담항설(街談巷說)
③ 곡학아세(曲學阿世)
④ 새옹지마(塞翁之馬)

10. 다음 글의 내용에 맞게 빈칸에 들어갈 사자성어는?

> 한때 바둑계에서 전 세계적으로 위명을 떨쳤던 이창호 기사는 포석보다 마무리, 즉 끝내기부터 통달했다. 그의 바둑은 화려하지 않고 싸움에 능하지 않았다. 그렇지만 세계적인 기사들을 번번이 무너뜨렸다. 끝내기에서 압도했기 때문이다. 진정한 고수는 마무리의 의미를 깨친 자일 것이다. 진정 고수가 되고자 한다면 "(   )이/가 되지 마라.", "유종의 미를 거두라."라는 말을 깊이 새기면서 마무리의 진정한 의미를 가슴에 새겨야 할 것이다.

① 계란유골(鷄卵有骨)
② 오비이락(烏飛梨落)
③ 유유상종(類類相從)
④ 용두사미(龍頭蛇尾)

11. 다음 글에서 알 수 있는 사자성어는?

> 호랑이는 모든 짐승을 찾아 잡아먹습니다. 한번은 여우를 붙들었는데 여우가 호랑이를 보고 이렇게 말했습니다. "그대는 감히 나를 잡아먹지 못하리라. 옥황상제께서는 나를 백수(百獸)의 어른으로 만들었다. 만일 그대가 나를 잡아먹으면 이것은 하늘을 거역하는 것이 된다. 만일 내 말이 믿어지지 않거든, 내가 그대를 위해 앞장서서 갈 터이니 그대는 내 뒤를 따라오며 보라. 모든 짐승들이 나를 보고 감히 달아나지 않는 놈이 있는가를." 그러자 호랑이는 과연 그렇겠다 싶어 여우를 앞세우고 같이 가게 되었습니다. 모든 짐승들은 그들을 보기가 무섭게 달아났습니다. 호랑이는 자기가 무서워서 달아난 줄을 모르고 정말 여우가 무서워서 달아나는 줄로 알았습니다.

① 호가호위(狐假虎威)
② 호시탐탐(虎視眈眈)
③ 호각지세(互角之勢)
④ 호사유피(虎死留皮)

유형 3 단어관계

[12 ~ 13] 다음 중 두 단어의 상관관계가 나머지와 다른 하나를 고르시오.

12. ① 콜라 : 사이다 ② 육군 : 해군
③ 용해 : 용액 ④ 돼지 : 양

13. ① 기우 : 노파심 ② 교환 : 환불
③ 탐닉 : 몰입 ④ 보조개 : 볼우물

14. 두 쌍의 단어관계가 같아지도록 A, B에 들어갈 단어를 고르면?

임금 : (A) = (B) : 백아파금

	A	B		A	B
①	서하지통	부모	②	천붕지통	친구
③	할반지통	아내	④	고분지통	친구

15. 다음 두 쌍의 단어관계가 같아지도록 빈칸에 들어갈 단어를 고르면?

고의 : 과실 = 좌천 : ( )

① 파견(保守) ② 보수(保守)
③ 천적(遷謫) ④ 영전(遷謫)

16. 다음 중 단어의 관계가 ㉠ : ㉡과 다른 것은?

> 구도의 필요에 따라 좌우와 상하의 거리 조정, 허와 실의 보완, ㉠ 성김과 ㉡ 빽빽함의 변화 표현 등이 자유로워졌다.

① 곱다 : 거칠다　　② 무르다 : 야무지다
③ 넉넉하다 : 푼푼하다　　④ 느슨하다 : 팽팽하다

17. 다음 중 단어의 관계가 ㉠ : ㉡과 가장 유사한 것은?

> 로열 콘세르트헤보, 베를린 필하모니, 빈 필하모니와 같은 명가 오케스트라는 개인, 팀, 리더가 한데 어우러져 장인정신을 발휘함으로써 100년 이상 최고의 정상을 지켜올 수 있었는데, 그 비결은 연주자들에게 있다. ㉠ 연주자 개개인은 전문성이 높을 뿐 아니라 품격 높은 연주로 ㉡ 청중을 감동시키기 위해 최선을 다하고 있다. 악기를 다루는 전문적 기량뿐만 아니라 악보에 대한 통찰력을 바탕으로 최고의 연주 실력을 발휘하는 것이다.

① 아군 : 적군　　② 교수 : 학생
③ 소설가 : 시인　　④ 럼주 : 사탕수수

18. 둘째 줄에 있는 단어들이 가진 공통된 속성을 파악하여 빈칸에 들어갈 알맞은 단어를 고르면?

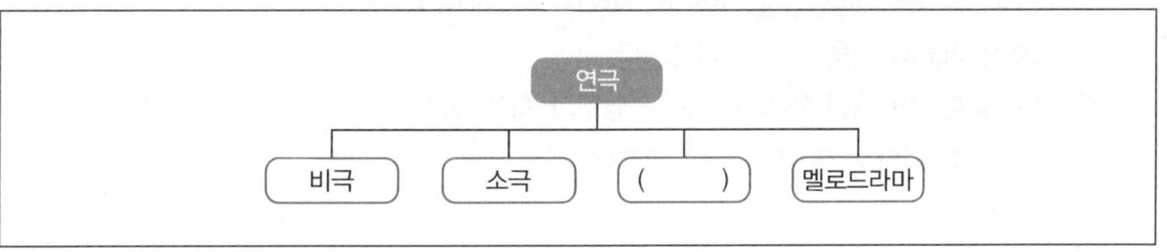

① 뮤지컬　　② 희극
③ 팬터마임　　④ 현대극

유형 4 유의어 / 다의어 / 반의어

19. 다음 중 밑줄 친 단어의 의미가 아래 제시한 단어와 유사한 것은?

선양

① 선생님은 우리들의 학습 의욕을 고취시킬 수 있는 방법을 고민하셨다.
② 신제품이 출시되면 적절한 마케팅으로 선전해야 한다.
③ 관중들의 큰 함성 덕분에 선수들의 사기가 고무되었다.
④ 엄마의 지나친 독려가 오히려 부담스러웠지만 무사히 시험을 마쳤다.

[20 ~ 21] 다음 밑줄 친 단어와 같은 의미로 단어를 사용한 것을 고르시오.

20.

새로 출근한 직장 동료와 처음으로 인사를 나누었다.

① 친구와 술 한잔 나누면서 이런저런 고민들을 털어놓았다.
② 소외된 이웃과 따뜻한 정을 나눕시다.
③ 나는 결혼하면 어떤 역경이 닥쳐도 남편과 함께 어려움을 나누며 살 것이다.
④ 우리는 피를 나눈 형제만큼이나 가깝다.

21.

그는 장롱에 자개를 <u>놓았다</u>.

① 비단에 <u>놓은</u> 무늬들이 내 눈에 들어왔다.

② 어르신 그런 말 마시고 하루빨리 병줄을 <u>놓으</u>셔야죠.

③ 이제야 한시름 <u>놓고</u> 이제 쉴 수 있게 되었다.

④ 30년간 해 온 일을 <u>놓고</u> 이제 새 출발하렵니다.

22. 다음 밑줄 친 단어의 반의어로 적절한 것은?

윤결은 역적을 비호한 안명세의 <u>곡필(曲筆)</u>을 '사건에 따라 정직하게 쓴 것이다'라며 공공연히 애석하다는 말을 발설하였으니, 그 죄가 명세와 다름이 없는데…

① 자필(自筆)　　② 대서(代書)

③ 직필(直筆)　　④ 육필(肉筆)

[23 ~ 24] 다음 중 나머지 단어의 의미를 모두 포괄할 수 있는 것을 고르시오.

23. ① 지지하다　　② 없애다

③ 펴다　　④ 밀다

24. ① 누리다　　② 앓다

③ 빌리다　　④ 얻다

▶ 정답과 해설 16쪽

기출예상문제

01. 다음 문장의 띄어쓰기를 수정 표시했을 때 잘못된 것은?

① 이아이는착하디착한나의동생이야.→ 이∨아이는∨착하디∨착한∨나의∨동생이야.
② 수학은하면할수록더어려워지는것같아.→ 수학은∨하면∨할수록∨더∨어려워지는∨것∨같아.
③ 세영은학원에다닌지사흘만에그만두었다.→ 세영은∨학원에∨다닌∨지∨사흘∨만에∨그만두었다.
④ 구름낀하늘을보면마음이우울해진다. → 구름∨낀∨하늘을∨보면∨마음이∨우울해진다.

02. 다음 ㉠～㉣ 중 어법에 어긋난 문장의 개수는?

> ㉠ 고객님, 주문하신 음료 나오셨습니다.
> ㉡ 선생님, 넥타이가 참 멋있으시네요.
> ㉢ 요금은 총 5천 원이세요.
> ㉣ 사장님께서는 눈이 참 크시다.

① 0개 ② 1개
③ 2개 ④ 3개

03. 다음 밑줄 친 ㉠～㉣ 중 맞춤법이 바르지 않은 것은?

> 부산은 수산물의 ㉠<u>집산지로써</u> 여러 가지 제철 수산물이 대거 모였다가 판매되는 국제적인 무역항이다. 그래서인지 각종 생선은 ㉡<u>살코기</u>가 부드럽고, 싱싱하다. A 가게는 이곳 시장에서 구입한 생선을 가져가면 회로 뜨거나 ㉢<u>조려서</u> 요리를 해 준다. 그리고 주인 아주머니가 직접 담근 맛깔스러운 ㉣<u>깍두기</u>는 생선의 감칠맛을 더 돋우어 준다.

① ㉠ ② ㉡
③ ㉢ ④ ㉣

04. 다음 글에 나온 규칙이 바르게 적용된 것을 〈보기〉에서 모두 고르면?

> 음절의 끝소리 규칙은 받침으로 발음되는 자음이 'ㄱ, ㄴ, ㄷ, ㄹ, ㅁ, ㅂ, ㅇ'의 일곱 가지만 가능하다는 것으로, 이외의 자음들이 음절 끝에 오게 되면 이들 중 하나로 바뀌는 규칙이다. 즉, '잎'은 [입]으로 'ㅍ'이 'ㅂ'으로 발음된다. 이는 겹받침인 경우에도 적용되는데 두 자음 중 하나가 대표음으로 발음된다. 또 받침 뒤에 모음으로 시작되는 조사, 어미, 접사가 오면 받침이 온전히 발음되지만 '웃어른'의 '어른'처럼 실질적인 뜻을 지닌 모음으로 된 말이 오면 음절의 끝소리 규칙을 적용한 후 다음 음절의 첫소리로 발음하여 [우더른]이 된다.

보기

㉠ '히읗'은 [히읃]으로 발음된다.
㉡ '빗으로'는 [빋으로]로 발음된다.
㉢ '부엌'은 [부얻]으로 발음된다.
㉣ '웃옷'은 [우돋]으로 발음된다.

① ㉠, ㉢
② ㉠, ㉣
③ ㉡, ㉢
④ ㉡, ㉣

05. 다음 중 복수 외래어 표기법으로 옳지 않은 것은?

① Jumper : 점퍼, 잠바
② Corduroy : 코듀로이, 코르덴
③ Baton : 바톤, 바통
④ Shirt : 셔츠, 샤쓰

06. 다음 중 어휘와 의미의 연결이 바르지 않은 것은?

① 시가[시가] : 시와 노래 / 시가[시까] : 일정한 시기의 물건값
② 고기배 : 고기잡이 배 / 고깃배 : 고기의 배
③ 고가[고가] : 오래된 집 / 고가[고까] : 비싼 가격
④ 가름 : 쪼개거나 나누어 따로따로 되게 함. / 갈음 : 다른 것으로 바꾸어 대신 함.

07. 다음 단어의 뜻으로 옳은 것은?

> 경질(更迭)

① 등급이나 계급 따위가 낮아짐.
② 낮은 관직이나 지위로 떨어지거나 외직으로 전근됨.
③ 권리 따위를 남에게 넘겨주거나 또는 넘겨받음.
④ 어떤 직위에 있는 사람을 다른 사람으로 바꿈.

08. 다음 글의 밑줄 친 부분과 바꿔 쓸 수 있는 말은?

> 비행기 날개의 작동 방식에 대해 우리가 알고 있는 지식은 다니엘 베르누이가 연구하여 얻은 것이다. 베르누이는 유체의 속도가 증가할 때 압력이 감소한다는 사실을 알아냈다. 크리스마스 트리에 다는 장식볼 두 개를 이용하여 이를 쉽게 확인해 볼 수 있다. 두 개의 장식볼을 1cm 정도 떨어뜨려 놓고 바람을 이 사이로 통과시키면 장식볼은 가까워져서 서로 맞닿을 것이다. 이는 장식볼의 곡선을 그리는 표면 위로 흐르는 공기의 속도가 올라가서 압력이 줄어들기 때문으로, 장식볼들 주변의 나머지 공기는 보통 압력에 있기 때문에 장식볼들은 서로 <u>붙으려고</u> 하는 것이다.

① 접선(接線)하려고
② 접착(接着)하려고
③ 접촉(接觸)하려고
④ 접합(接合)하려고

09. 다음 문장의 빈칸에 들어갈 단어로 가장 적절한 것은?

> 무더운 날씨로 냉방 수요가 (　　)하면서 전기요금 누진제를 둘러싼 논란이 커지고 있다.

① 격감
② 감축
③ 급증
④ 향상

[10 ~ 11] 제시된 단어관계를 파악하여 빈칸에 들어갈 가장 적절한 단어를 고르시오.

10.

치밀－세밀의 관계는 전부－(　　)의 관계와 같다.

① 개체　② 전체
③ 일부　④ 부분

11.

계산기－계산의 관계는 피아노－(　　)의 관계와 같다.

① 건반　② 악기
③ 기타　④ 연주

[12 ~ 13] 다음 두 단어 간의 관계가 나머지와 다르거나 잘못된 것을 고르시오.

12. ① 청설모 : 도토리　② 코끼리 : 모기
③ 강아지 : 벼룩　④ 사람 : 회충

13. ① 대장장이－가위－엿장수　② 기술자－경운기－농부
③ 레스토랑－스테이크－고객　④ 프로그래머－게임－프로게이머

14. 다음 대화 내용과 관련이 없는 한자성어는?

> A : 지난여름에 휴가 다녀왔어? 난 강원도에 있는 계곡에 갔었는데 주변 경치가 너무 좋았어.
> B : 아, 나는 여름에 일이 많아서 못 갔어. 대신 다음 달에 일주일 간 휴가를 낼 생각이야. 같은 팀에서 친하게 지내는 동료가 있거든. 그 친구랑 며칠 간 여행을 다녀오려고 해. 작년에 입사했는데 나랑 동갑이고 취미도 잘 맞아서 올해 많이 친해졌어.
> A : 그렇구나. 그럼 언제 나도 소개시켜줘. 다음에 한번 같이 만나서 차라도 마시자.
> B : 그래. 회사에서 마음 터놓을 수 있는 친구가 생겨서 정말 좋아. 다음에 시간 잡아서 연락할게.

① 호형호제(呼兄呼弟)　② 표리부동(表裏不同)
③ 간담상조(肝膽相照)　④ 막역지간(莫逆之間)

[15 ~ 16] 다음 밑줄 친 단어 중 제시된 단어와 유의어 관계인 것을 고르시오.

15.

결지(決志)

① 대화를 듣다보니 <u>결기</u>가 나서 자리를 박차고 나왔다.
② 지난번 경기의 설욕을 위해 <u>결사</u>적으로 싸웠다.
③ 네트워크 통신 장치에 <u>결손</u>이 생겼다.
④ 계속된 실패로 힘들었지만 친구 덕분에 <u>결의</u>를 다질 수 있었다.

16.

청렴(淸廉)

① 집의 인테리어를 고풍스럽게 꾸며 분위기가 <u>고상</u>해졌다.
② 그분의 죽음은 우리에게 <u>숭고</u>한 교훈들을 남겨주었다.
③ 그 영화는 변두리 소시민의 삶을 <u>소박</u>하게 그려내었다.
④ 그는 부드러우면서도 <u>강직</u>한 면을 동시에 지니고 있었다.

17. 다음 글에 밑줄 친 단어의 관계와 가장 유사한 것은?

> 한 나라의 경기가 어려워지면 개인적으로나 사회적으로 모두 좋을 것이 없으므로 시급한 대책(對策)이 필요하다. 경기가 다시 좋아지게 되면 실업자 수는 줄어들게 되지만 경기 회복이 지연될 경우는 사회적으로 별도의 방책(方策)을 수립해야 한다.

① 방해(妨害)－훼방(毁謗)

② 소년(少年)－소녀(少女)

③ 소등(消燈)－점등(點燈)

④ 절기(節氣)－춘분(春分)

[18 ~ 19] 다음 밑줄 친 단어 중 제시된 단어와 반의어 관계인 것을 고르시오.

18.

> 꺼림하다

① 사회 발전에 저해되는 이기주의적 사고가 팽배해 있다.

② 용의자의 진술에 미심쩍은 부분이 많아 추가 조사에 착수하였다.

③ 오랜만에 7시간 이상 잤더니 몸이 개운하다.

④ 그녀는 갑작스럽게 닥친 자신의 불행에 동정하고 있었다.

19.

> 이울다

① 그 친구는 최근 가세가 기울면서 어려움을 겪고 있는 것 같더라.

② 셰프는 기억을 되살려 그 식당의 요리를 재현했다.

③ 고향에서 천만리나 떨어진 남의 땅에서 추석을 맞으니 마음이 울적하다.

④ 여름으로 접어들면서 공원의 나무들이 번성하게 자랐다.

20. 다음 중 밑줄 친 단어의 의미와 가장 유사한 것은?

그는 생판 남인 아이를 데려다 <u>거두고</u> 닦달질해 제 식구로 만들었다고 한다.

① 수습(收拾)하고　　② 양육(養育)하고
③ 훈육(訓育)하고　　④ 교육(教育)하고

21. 다음 문장의 밑줄 친 부분과 가장 유사한 의미로 단어를 사용한 것은?

그는 핸드폰을 보며 사무실을 <u>나왔다</u>.

① 내일이면 실험결과가 <u>나올</u> 것이다.
② 잔디에서 빨리 <u>나와라</u>.
③ 하루 종일 찾던 서류가 다른 가방에서 <u>나왔다</u>.
④ 상대가 비협조적인 태도로 <u>나와도</u> 당황하지 마라.

22. 제시된 단어의 사전적 의미를 참고할 때, 다음 중 그 의미가 다르게 쓰인 것은?

싸다 동 「1」 물건을 안에 넣고 보이지 않게 씌워 가리거나 둘러 말다. 「2」 어떤 물체의 주위를 가리거나 막다. 「3」 어떤 물건을 다른 곳으로 옮기기 좋게 상자나 가방 등에 넣거나 종이나 천, 끈 등을 이용해서 꾸리다.

① 엄마는 아기를 포대기로 <u>싸서</u> 업고 가게 밖으로 나갔다.
② 철 지난 옷을 보자기에 <u>쌌다</u>.
③ 공연을 보기 위해 모인 사람들은 공연장을 <u>싸고</u> 둘러섰다.
④ 친구에게 줄 선물을 포장지로 예쁘게 <u>쌌다</u>.

23. 다음 글에서 밑줄 친 단어의 한자표기로 알맞은 것은?

> 끊임없이 파이를 키워야만 쳇바퀴의 회전력을 유지할 수 있는 자본주의의 숙명은 속칭 혁신이라는 이름의 '신상'을 재생산해야 한다. 그 특유의 왕성한 생산력 때문에 종종 자신들이 심혈을 기울여 만들었던 기존 제품에 대한 철저한 부정을 감내해야만 한다. 이전에 생산된 제품은 이러한 점이 문제가 있었기 때문에 이러이러한 점이 개선되었다는 정도로는 안 된다. 완전히 새로운 개념의 제품을 내놓았다며 혁명 수준의 혁신을 강조해야 한다. 물질문명의 발달이라는 측면에선 당연히 지향점이 분명한 발전적 방향이다. 지극히 생산적이며 건설적이기까지 하다. 그러나 가만히 생각해 보면 지독해 보이기까지 한 자기부정의 메커니즘이 그 자리의 중심을 차지하고 있다.

① 不正　② 不定
③ 否定　④ 不淨

24. 다음 밑줄 친 ㉠~㉣의 사전적 의미로 옳지 않은 것은?

> 민원이란 시민이 행정기관을 통해 필요한 사항을 요청하는 것이다. 사법소송보다 신청요건이 간단하고 비용이 들지 않으면서도 불필요하거나 부당한 행정 처리에 대해 항의할 수 있다. 행정기관 역시 시민의 민원을 통해 잘못된 제도나 ㉠관행(慣行) 등을 확인하고 개선할 수 있다. 우리나라는 민원 접수를 위해 1994년 국민고충위원회를 설치한 바 있다. 국민고충처리위원회는 행정기관의 위법(違法)하거나 부당한 처분이나 잘못된 정책, 제도 등으로 인한 불편사항을 받아 처리하는 기관으로 2008년에 폐지되었다. 이후 ㉡소관(所管) 업무는 국민고충처리위원회가 담당하고 있다.
>
> 서울시에서는 2016년도부터 민원처리보상제를 시행하고 있다. 이에 따라 공무원의 ㉢착오나 과실(過失)로 시간적, 경제적 불이익을 받은 시민은 해당 공무원의 사과와 함께 교통비 차원의 보상금을 받을 수 있다. 보상금은 1만 원에서 최대 10만 원으로 책정되었다. 공무원의 단순 과실로 인한 ㉣보상(補償)은 사실관계 확인 후 문화상품권으로 즉시 지급하며, 보상기준이 명확하지 않을 때에는 서울시 민원보상심의위원회를 열어 보상을 결정하고 있다.

① ㉠ : 오래 전부터 관례가 되어 내려오는 일
② ㉡ : 주되고 중요함.
③ ㉢ : 착각을 하여 잘못함.
④ ㉣ : 남에게 끼친 손해를 갚음.

출제유형이론

01 독해

1 독해의 유형

1. 사실적 독해

(1) 개념 : 글을 구성하는 단어, 문장, 문단의 내용을 정확히 이해하거나 글에 나타난 개념이나 문자 그대로를 이해하는 것을 목적으로 하는 독해

(2) 유형

① 중심내용 파악

② 내용의 일치 여부 확인

③ 어휘 의미, 개념 이해

④ 글의 구조 및 전개 방식에 대한 이해

(3) 해결 전략

① 문제 해결에 필요한 정보가 글에 명시되어 있으므로 핵심어를 찾아 표시해가며 정확하게 읽는 연습이 필요함.

② 단락을 도식화하여 글의 구조를 파악하는 연습을 하고 각 문단에서 중심내용과 뒷받침 내용을 구분하며 읽도록 함.

2. 추론적 독해

(1) 개념 : 글에서 생략된 내용을 추론하거나 필자의 숨겨진 의도, 목적 등을 추론하는 독해. 독자는 자신의 지식과 경험, 문맥, 글에 나타난 표지 등을 이용하여 생략된 내용을 추론하여 의미를 구성함.

(2) 유형

① 글에 나타난 필자의 의도 파악하기

② 생략된 정보 추론하기

③ 빈칸 채우기

④ 숨겨진 주제 파악하기

(3) 해결 전략 : 생략된 내용을 추론할 때에는 빈칸 앞과 뒤의 문장에 주목하고, 필자의 의도를 파악할 때에는 문맥에 유의하여 글 전체의 분위기와 논조를 파악함.

3. 비판적 독해

(1) **개념** : 글의 사실적인 이해와 추론적인 이해를 넘어서 글의 내용에 대해 판단하여 읽는 것으로 글에 나타난 주제, 글의 구성, 자료의 정확성과 적절성 등을 비판하며 읽는 독해

(2) **유형**

① 글의 논리상 오류 찾기

② 글의 주제와 관련이 없는 소재 찾기

③ 글의 목적에 맞는 구성 방법인지 판단하기

④ 글에 나타난 필자의 생각이 바람직한지 판단하기

(3) **해결 전략** : 글의 논리상 오류가 무엇인지 파악하고 글의 주제와 관련되지 않은 내용이 글에 제시되지 않았는지 판단 · 평가함.

2 글의 전개 방식

1. 비교

둘 이상의 사물이나 현상 등을 견주어 공통점이나 유사점을 설명하는 방법

예 영화는 스크린이라는 공간 위에 시간적으로 흐르는 예술이며, 연극은 무대라는 공간 위에 시간적으로 흐르는 예술이다.

2. 대조

둘 이상의 사물이나 현상 등을 견주어 상대되는 성질이나 차이점을 설명하는 방법

예 고려는 숭불정책을 지향한 데 비해 조선은 억불정책을 취하였다.

3. 분류

작은 것(부분, 종개념)들을 일정한 기준에 따라 큰 것(전체, 유개념)으로 묶는 방법

예 서정시, 서사시, 극시는 시의 내용을 기준으로 나눈 것이다.

4. 분석

하나의 대상이나 관념을 그 구성 요소나 부분들로 나누어 설명하는 방법

예 물고기는 머리, 몸통, 꼬리, 지느러미 등으로 되어 있다.

5. 정의

시간의 흐름과 관련이 없는 정태적 전개방식으로 어떤 대상의 본질이나 속성을 설명할 때 쓰이는 전개방식. '종차+유개념'의 구조를 지니는 논리적 정의와 추상적이거나 매우 복잡한 개념을 정의할 때 쓰이는 확장적 정의가 있음.

6. 유추

생소한 개념이나 복잡한 주제를 보다 친숙하고 단순한 것과 비교하여 설명하는 방법. 서로 다른 범주에 속하는 사물 간의 유사성을 드러내어 간접적으로 설명하는 방법이기 때문에 유추에 의해 진술된 내용은 사실성이 떨어질 가능성이 있음.

7. 논증

** 명제 : 사고 내용 및 판단을 단적으로 진술한 주제문, 완결된 평서형 문장 형식

(1) **사실 명제** : 진실성과 신빙성에 근거하여 존재의 진위를 판별할 수 있는 명제

예 '홍길동전'은 김만중이 지은 한문 소설이다.

(2) **정책 명제** : 타당성에 근거하여 어떤 대상에 대한 의견을 내세운 명제

예 농촌 경제를 위하여 농축산물의 수입은 억제되어야 한다.

(3) **가치 명제** : 공정성에 근거하여 주관적 가치 판단을 내린 명제

예 인간의 본성은 선하다.

(4) **논거** : 명제를 뒷받침하는 논리적 근거, 즉 주장의 타당함을 밝히기 위해 선택된 자료

① 사실 논거 : 객관적 사실로써 증명될 수 있는 논거로 객관적 지식이나 역사적 사실, 통계적 정보 등이 해당된다.

② 소견 논거 : 권위자의 말을 인용하거나 일반적인 여론을 근거로 삼는 논거

8. 묘사

묘사란 대상을 그림 그리듯이 글로써 생생하게 표현해내는 진술방식

(1) **객관적(과학적, 설명적) 묘사** : 대상의 세부적 사실을 객관적으로 표현하는 진술방식으로, 정확하고 사실적인 정보 전달이 목적

(2) **주관적(인상적, 문학적) 묘사** : 글쓴이의 대상에 대한 주관적인 인상이나 느낌을 그려내는 것으로, 상징적인 언어를 사용하며 주로 문학 작품에 많이 쓰임

9. 서사

행동이나 상태가 진행되는 움직임을 시간의 경과에 따라 표현하는 진술방식으로 '무엇이 발생하였는가?'에 관한 질문에 답하는 것

10. 과정

어떤 특정한 목표나 결말을 가져오게 하는 일련의 행동, 변화, 기능, 단계, 작용 등에 초점을 두고 글을 전개하는 방법

11. 인과

어떤 결과를 가져오게 한 원인 또는 그 원인에 의해 결과적으로 초래된 현상에 초점을 두고 글을 전개하는 방법

02 글의 유형

1. 논설문

(1) 정의 : 문제에 대한 자신의 주장이나 의견을 논리정연하게 펼쳐서 정당성을 증명하거나 자기가 원하는 방향으로 독자의 생각이나 태도를 변화시키기 위해 쓰는 글이다.

(2) 요건 : 명제의 명료성과 공정성, 논거의 확실성, 추론의 논리성, 용어의 정확성

(3) 논설문의 유형

유형 구분	설득적 논설문	논증적 논설문
목적	상대편을 글쓴이의 의견에 공감하도록 유도	글쓴이의 사고, 의견을 정확한 근거로 증명
방법	지적인 면과 감정적인 부분에 호소	지적인 면과 논리적인 부분에 호소
언어 사용	지시적인 언어를 주로 사용하지만 때로는 함축적 언어도 사용	지시적인 언어만 사용
주제	정책 명제	가치 명제, 사실 명제
용례	신문의 사설, 칼럼	학술 논문

(4) 독해 요령

① 사용된 어휘가 지시적 의미임을 파악하며 주관적인 해석이 생기지 않도록 한다.
② 주장 부분과 증명 부분을 구분하여 필자가 주장하는 바를 올바로 파악해야 한다.
③ 필자의 견해에 오류가 없는지를 살피는 비판적인 자세가 필요하다.
④ 지시어, 접속어 사용에 유의하여 필자의 논리 전개의 흐름을 올바로 파악한다.
⑤ 필자의 주장, 반대 의견을 구분하여 이해하도록 한다.
⑥ 논리적 사고를 통해 읽음으로써 필자의 주장한 바를 이해하고 나아가 비판적 자세를 통해 자기의 의견을 세울 수 있어야 한다.

2. 설명문

(1) 정의 : 어떤 사물이나 사실을 쉽게 일러주는 진술 방식으로 독자의 이해를 돕는다.

(2) 요건

① 논리성 : 내용이 정확하고 명료해야 한다.
② 객관성 : 주관적인 의견이나 주장이 배제된 보편적인 내용이어야 한다.
③ 평이성 : 문장이나 용어가 쉬워야 한다.
④ 정확성 : 함축적 의미의 언어를 배제하고 지시적 의미의 언어로 기술해야 한다.

(3) **독해 요령** : 추상적 진술과 구체적 진술을 구분해 가면서 주요 단락과 보조 단락을 나누고 배경 지식을 적극적으로 활용하며 단락의 통일성과 일관성을 확인한다. 또한 글의 설명 방법과 전개 순서를 파악하며 읽는다.

3. 기사문

(1) **정의** : 생활 주변에서 일어나는 사건을 발생 순서에 따라 객관적으로 쓰는 글로 육하원칙에 입각하여 작성한다.

(2) **특징** : 객관성, 신속성, 간결성, 보도성, 정확성

(3) **형식**

① 표제 : 내용을 요약하여 몇 글자로 표현한 것이다.

② 전문 : 표제 다음에 나오는 한 문단 정도로 쓰인 부분으로 본문의 내용을 육하원칙에 의해 간략하게 요약한 것이다.

③ 본문 : 기사 내용을 구체적으로 서술한 부분이다.

④ 해설 : 보충 사항 등을 본문 뒤에 덧붙이는 것으로 생략 가능하다.

(4) **독해 요령** : 사실의 객관적 전달에 주관적 해설이 첨부되므로 사실과 의견을 구분하여 읽어야 하며 비판적이고 주체적인 태도로 정보를 선별하는 것이 필요하다. 평소에 신문 기사를 읽고 그 정보를 실생활에서 재조직하여 활용하는 자세가 필요하다.

4. 보고문

(1) **정의** : 조사 · 연구 등의 과정이나 결과를 보고하기 위하여 쓰는 글이다.

(2) **특징** : 객관성, 체계성, 정확성, 논리성

(3) **작성 요령** : 독자를 정확히 파악, 본래 목적과 범위에서 벗어나지 않도록 하며 조사한 시간과 장소를 정확히 밝히고 조사자와 보고 연 · 월 · 일을 분명히 밝힌다.

5. 공문서

(1) **정의** : 행정 기관에서 공무원이 작성한 문서로 행정상의 일반적인 문서이다.

(2) **작성 요령** : 간단명료하게 작성하되 연 · 월 · 일을 꼭 밝혀야 하며 중복되는 내용이나 복잡한 부분이 없어야 한다.

(3) **기능**

① 의사 전달의 기능 : 조직체의 의사를 내부나 외부로 전달해 준다.

② 의사 보존의 기능 : 업무 처리 결과의 증거 자료로서 문서가 필요할 때나 업무 처리의 결과를 일정 기간 보존할 필요가 있을 때 활용한다.

③ 자료 제공의 기능 : 문서 처리가 완료되어 보존된 문서는 필요할 때 언제든지 다시 활용되어 행정 활동을 촉진한다.

03 다양한 분야의 글

1. 인문

(1) 정의 : 인간의 조건에 관해 탐구하는 학문. 자연 과학과 사회 과학이 경험적인 접근을 주로 사용하는 것과는 달리 분석적이고 비판적이며 사변적인 방법을 폭넓게 사용한다. 인문학의 분야로는 철학과 문학, 역사학, 고고학, 언어학, 종교학, 여성학, 미학, 예술, 음악, 신학 등이 있다.

(2) 출제분야

역사	시대에 따른 사회의 변화 양상을 밝히거나 특정한 분야의 변화양상을 중심으로 기술되는 경우가 있음. 또한 역사를 보는 관점이나 가치관, 역사 기술의 방법 등을 내용으로 하는 경우도 있음.
철학	인생관이나 세계관을 묻는 문제가 많음. 인간의 기본이 되는 건전한 도덕성과 올바른 가치관의 함양을 통한 인간됨을 목표로 함.
종교 및 기타	종교, 전통, 사상 등 다양한 종류의 지문이 출제됨. 생소한 내용의 지문이 출제되더라도 연구의 대상이 무엇인지 명확히 파악하면 쉽게 접근할 수 있으며, 추상적 개념이나 어려운 용어의 객관적인 뜻에 얽매이지 말고 문맥을 통해 이해해야 함.

2. 사회

(1) 정의 : 일정한 경계가 설정된 영토에서 종교 · 가치관 · 규범 · 언어 · 문화 등을 상호 공유하고 특정한 제도와 조직을 형성하여 질서를 유지하는 인간집단에 관한 글이다.

(2) 출제 분야

정치	정치학의 지식을 이용함으로써 정치 체계를 이해함. 다양한 정치 이론과 사상, 정치 제도, 정당 집단 및 여론의 역할, 국제 정치의 움직임 등에 관심을 갖고 이에 대한 비판적인 인식을 길러야 함.
경제	재화와 용역을 생산, 분배, 소비하는 활동 및 그와 직접 관련되는 질서와 행위의 총체로서 우리 생활에 매우 큰 영향을 미치는 사회 활동. 경제 교육의 중요성이 대두되고 있는 시점에서 출제 빈도도 높으므로 이론적인 것만이 아닌 실생활과 결부된 경제 지식이 요구됨.
문화	문화 일반에 관한 설명과 더불어 영화, 연극, 음악, 미술 등 문화의 구체적인 분야에 대한 이해, 전통문화와 외래문화, 혹은 대중문화와의 관계에 대한 논의 등이 폭넓게 다루어지고 있음.
국제 / 여성	국제적인 사건이나 변동의 추세를 평소에 잘 파악해 두고 거시적인 안목으로 접근해야 함. 사회에서 여성의 지위나 역할 등에 대한 이해와 글쓴이의 견해 파악이 중요함.

3. 과학 · 기술

(1) 정의 : 과학이란 자연에서 보편적 진리나 법칙의 발견을 목적으로 하는 체계적 지식을 의미한다. 생물학이나 수학과 관련된 지문들이 주로 출제되고, 과학사의 중요한 이론이나 가설 등에 대한 설명이 출제된다. 경우에 따라 현재 사회적 문제가 되고 있는 과학적 현상에 대한 지문도 출제될 수 있다.

(2) 출제 분야

천체 · 물리	우주 및 일반 물리 현상에 관한 설명이나 천문 연구의 역사 등의 내용. 그리고 우리나라 역사에 나타난 천문 연구에 대한 글들도 많이 제시되고 있음. 천체/물리 제재는 기초 이론에 대한 설명 위주의 글이 주로 제시되며, 낯선 개념을 접하게 되므로 지문의 내용을 파악하는 문제가 주로 출제됨.
생물 · 화학	생물학은 생물의 구조와 기능을, 화학은 물질의 화학 현상과 그 법칙성을 실험 관찰에 의하여 밝혀내는 학문. 최근 유전자 연구가 활발히 진행됨에 따라 윤리 의식과 그에 관한 시사적 내용이 다루어질 가능성이 크며, 실생활과 관련하여 기초 과학의 이론도 충분히 검토해야 함.
컴퓨터	계산, 데이터 처리, 언어나 영상 정보 처리 등에 광범위하게 이용되고 있으므로 컴퓨터를 활용한 다른 분야와의 관계를 다룬 통합형 지문이 출제될 수 있음에 주의를 기울여야 함.
환경	일상생활에 직접 영향을 미치는 환경오염 문제를 비롯해 생태계 파괴나 지구 환경 문제 등을 내용으로 함. 환경 관련 지문은 주로 문제 현상에 대한 설명을 통해 경각심을 불러일으키고자 하는 의도나 환경 문제의 회복을 위한 여러 대책에 관한 설명이 위주가 되므로 제시된 글의 정보를 정확하게 파악하는 것이 중요함.
과학사	과학 분야 전반에 걸친 내용들을 다루는 지문으로 주로 가설이나 과학적 현상의 기원, 과학 이론 등 과학적 현상이나 이론에 대한 설명을 위주로 한 지문이 많음.

4. 예술

(1) 정의 : 원래 기술(技術)과 같은 의미를 지닌 어휘로서 어떤 물건을 제작하는 기술능력을 가리킨다. 예술(藝術)이라는 한자에서 '예(藝)'에는 '심는다(種, 樹)'는 의미가 있으며, 그것은 '기능(機能), 기술(技術)'을 의미한다. 예술 제재는 일반적 예술론을 다루는 원론적 성격이 강한 글과 구체적인 예술 갈래나 작품 또는 인물에 대한 비평이나 해석을 다룬 각론적이고 실제적인 성격의 글이 번갈아 출제된다.

(2) 출제 분야

음악	전통적으로 미술과 더불어 예술 지문 중 비교적 비중이 큰 영역. 현대 생활과 연관된 음악의 역할은 물론 동 · 서양의 음악, 한국 전통 음악에 대한 관심도 필요함.
미술 · 건축	건축, 조각, 회화 및 여러 시각적 요소들을 포함한 다양한 장르와 기법이 있음을 염두에 두고 관심을 둘 필요가 있음. 미술은 시대정신의 표현이며, 인간의 개인적 · 집단적 행위를 반영하고 있음을 상기해야 함.
연극 · 영화	사회의 변화를 민감하게 반영하며, 대중과의 공감을 유도한다는 측면에 관심을 갖고 매체의 특징을 살펴보는 작업이 중요함.

스포츠 · 무용	스포츠나 무용 모두 원시시대에는 종교의식이나 무속 행사의 형태로 존재하다가 점차 전문적이고 세부적인 분야로 나뉘게 됨. 따라서 다양한 예술 분야의 원시적 형태와 그에 포함된 의식은 물론 보다 세련된 형태로 발전된 예술 분야들의 전문성 및 현대적 의미와 가치에 대해 고찰해볼 필요가 있음.
미학	근래에는 미적 현상의 해명에 사회학적 방법을 적용시키거나 언어분석 방법을 미학에 적용하는 등 다채로운 연구 분야가 개척되고 있으므로 고정된 시각이 아니라 현대의 다양한 관점에서 미를 해석하고 적용할 수 있어야 함.

▶ 정답과 해설 19쪽

출제유형문제

유형 1 개요 · 보고서 / 직무해결

01. 다음 개요에 따라 빈칸에 들어갈 제목으로 적절한 것은?

> 제목 : ________________________________
>
> Ⅰ. 서론 : 초등학교 체육교육의 중요성
>
> Ⅱ. 본론
>
> 1. 우리나라 초등학교 체육교육의 문제점
>
> 1) 교사의 체육에 대한 낮은 의식 수준과 무사안일주의식 수업 관리
>
> 2) 기능 전수 위주의 획일적인 체육수업
>
> 3) 체육관, 수영장 및 체육 기구 등 시설의 부족
>
> 2. 방안
>
> 1) 체육교사의 의식 및 행동 개선
>
> 2) 체육교과서 개선 및 다양한 평가 기준을 통한 창의적 교육 확립
>
> 3) 체육시설의 확충
>
> Ⅲ. 결론 : 초등학생의 전반적인 성장과 발달에 공헌할 수 있는 체육교육의 확립

① 우리나라 초등학교 체육교육의 실태

② 우리나라 초등학교 교육의 문제점과 대책

③ 우리나라 초등학교 체육교육의 문제점 및 해결방안

④ 올바른 신체적 성장을 촉진할 수 있는 체육교육 방안

02. 다음은 '지역 축제의 문제점과 발전 방안'에 관한 개요이다. 개요를 수정하기 위한 방안으로 바르지 않은 것은?

주제 : 지역 축제의 문제점과 발전 방안

Ⅰ. 지역 축제의 실태
가. 지역 축제에 대한 관광객의 외면
나. 지역 축제에 대한 지역 주민의 무관심

Ⅱ. 지역 축제의 문제점
가. 지역마다 유사한 내용의 축제
나. 관광객을 위한 편의 시설 낙후
다. 행사 전문 인력의 부족
라. 인근 지자체 협조 유도
마. 지역 축제 시기 집중에 따른 참가 인원의 감소

Ⅲ. 지역 축제 발전을 위한 방안
가. 지역적 특성을 보여줄 수 있는 프로그램 개발
나. 관광객을 위한 제반 편의 시설 개선
다. 원활한 축제 진행을 위한 자원 봉사자 모집
라. 지자체 간 협의를 통한 축제 시기의 분산

Ⅳ. 결론 : 지역 축제가 가진 한계 극복

① 'Ⅱ-라. 인근 지자체 협조 유도'는 상위 항목과 어울리지 않으므로 삭제한다.

② 'Ⅲ-다. 원활한 축제 진행을 위한 자원 봉사자 모집'은 'Ⅱ-다'와 연계하여 '지역 축제에 필요한 전문 인력 양성'으로 수정한다.

③ 'Ⅳ.결론 : 지역 축제가 가진 한계 극복'은 주제와 부합하도록 '내실 있는 지역 축제로의 변모 노력 촉구'로 수정한다.

④ 'Ⅱ-가. 지역마다 유사한 내용의 축제'는 'Ⅲ-가'를 고려하여 '관광객 유치를 위한 과다 홍보'로 수정한다.

03. 김수진 사원이 외부 거래처에 보낼 메일을 검토한 H 과장이 다음과 같이 피드백을 하였다. 이에 근거하여 메일을 수정하려 할 때, 옳지 않은 것은?

발신인	운영팀 김수진 사원
발신일	20X8-12-30 (월) 오전 10:38:57
수신인	(주)○○사
제목	[전화 매너 / 직장예절 교육 프로그램] PPT 자료 요청

안녕하세요. 김경식 대리님.

날씨가 제법 쌀쌀해졌는데 건강 잘 챙기고 계신가요?

갑작스러운 기온 변화로 요즘 저희 사무실에도 감기 환자가 속출하여 업무에 지장이 많습니다. 최근 일주일 동안 조퇴자에, 결근자까지 늘어나는 바람에 남아 있는 사람들의 고생이 이만저만이 아닙니다. 대리님의 사무실 분위기는 괜찮기를 바랍니다.

제가 이렇게 메일을 쓰는 이유는 이번에 진행하시는 직장예절 교육 프로그램 PPT 자료 때문입니다. 번거로우시겠지만 그 자료를 파일로 첨부하여 메일로 보내 주십시오. 오늘 퇴근 전까지 보내 주시면 감사하겠습니다.

추운 날씨에 감기 조심하세요.

감사합니다.

마케팅팀 김수진

H 과장 : 우선 업무 관련 메일인 만큼 보내는 사람이 누구인지 소속과 이름을 밝히고, 메일 제목은 메일의 요점에 맞게 작성하면 됩니다. 그리고 메일 내용에는 작성한 목적을 먼저 밝히고 가능하면 핵심 내용만을 담는 게 좋습니다. 또한 메일을 보내기 전에 문맥과 맞춤법 다시 확인하는 거 잊지 마시고, 참조도 적절히 활용하도록 하세요.

① 제목을 통해 메일의 목적과 내용을 알 수 있으므로 수정할 필요가 없다.

② 메일을 보내기 전에 검토하였을 때 문맥과 맞춤법에 따라 수정할 내용은 없다.

③ 핵심 내용을 먼저 작성하고 그 외의 내용은 뒤에 나열한다.

④ 메일 상단의 "안녕하세요. 김경식 대리님." 다음에 "□□기관 운영팀 사원 김수진입니다."를 추가한다.

04. 다음 회의 개최 계획서에 대한 설명으로 적절하지 않은 것은?

〈3차 소위원회 개최계획〉

20X9년도 ○○연구용역 심의 2차 소위원회에서 확정된 소형과제(수의계약) 4건에 대한 연구용역 수행기관을 선정하고, 20X9년도 ○○연구용역 기본계획을 보고하기 위하여 ○○연구용역 심의 3차 소위원회를 개최하고자 합니다.

- 일시 : 20X9. 5. 18. (금) 10:00 ~ 14:00
- 장소 : 소회의실
- 참석대상 : 11명
  - 위원장 : A 부장
  - 외부위원 : B 교수, C 교수, □□기관 국장 등 3명
  - 내부위원 : D 단장 등 5명
  - 간사 : E 과장
  - 서기 : F 팀장
- 회의안건 : 2건(보고 1, 심의 1)
  1. 연구용역 기본계획(보고안건)
  2. 소형과제 연구용역 수의계약 수행기관 선정(심의안건)

  ※ 선정기준(대상기관)
  - 사례개발 관련 전공이 있는 교수 등이 속한 기관
  - 20X8년도 △△사례개발에 참여한 교수 등이 속한 기관(이하 생략)

① 회의안건의 종류를 구분하여 제시하였다.

② 회의 참석대상을 구체적으로 명시했다.

③ 회의목적을 구체적으로 제시하지 못했다.

④ 회의장소를 구체적으로 제시하지 못했다.

유형 2 추론

05. 다음 글의 전제로 적절한 것은?

19세기 중반 화학자 분젠은 버너 불꽃의 색을 제거한 개선된 버너를 고안함으로써 물질의 불꽃색을 더 잘 구별할 수 있도록 하였다. 하지만 두 종류 이상의 금속이 섞인 물질의 불꽃은 색깔이 겹쳐 분간이 어려웠다. 이에 물리학자 키르히호프는 프리즘을 통한 분석을 제안했고 둘은 협력하여 불꽃의 색을 분리시키는 분광 분석법을 창안했다.

그들은 불꽃 반응에서 나오는 빛을 프리즘에 통과시켜 띠 모양으로 분산시킨 후 망원경을 통해 이를 들여다보는 방식으로 실험을 진행하였다. 이 방법을 통해 그들은 알칼리 금속과 알칼리 토금속의 스펙트럼을 체계적으로 조사하여 그것들을 함유한 화합물들을 찾아내었다. 이 과정에서 그들은 특정한 금속의 스펙트럼에서 띄엄띄엄 떨어진 밝은 선의 위치는 그 금속이 홑원소로 존재하든 다른 원소와 결합하여 존재하든 불꽃의 온도와 상관없이 항상 같다는 결론에 도달하였다. 이 방법의 유효성은 그들이 새로운 금속 원소인 세슘과 루비듐을 발견함으로써 입증되었다.

① 물질은 고유한 불꽃색을 가지고 있어 불꽃색을 통해 물질을 구별할 수 있다.
② 전통적인 분석 화학의 방법에 의존하면 정확하게 화합물의 원소를 판별해 낼 수 있다.
③ 19세기 중반 과학계에서는 불꽃 반응과 관련된 실험이 성행하고 있었다.
④ 분광 분석법의 창안은 과학사에 길이 남을 업적이다.

06. 다음 글을 읽고 추론한 내용으로 적절하지 않은 것은?

> 커피에서 카페인 성분을 없애고 커피의 맛과 향을 그대로 즐길 수 있는 커피를 디카페인 커피라고 한다. 카페인에 민감한 사람들도 흔히 즐길 수 있어 디카페인 커피의 소비량이 날로 증가하고 있다.
>
> 하지만 디카페인 커피라고 해서 카페인이 전혀 없는 것은 아니다. 디카페인 커피로 분류되는 국제기준은 대략 97% 이상의 카페인이 추출된 커피이다. 따라서 디카페인 커피 한잔에는 보통 10mg 이하의 카페인이 함유되어 있다.
>
> 수많은 화학 물질이 함유된 커피 원두에서 카페인만 추출해 내는 작업은 쉬운 일이 아니다. 카페인을 제거하는 방법에는 물을 이용하는 방법, 용매를 이용하는 방법, 초임계 이산화탄소 추출을 이용하는 방법 등 다양한 방법이 있다. 이 중에서 물을 이용하는 방법은 스위스에서 1930년대에 개발된 것으로, 안전하고 열에 의한 원두의 손상이 상대적으로 적기 때문에 널리 쓰이고 있다. 물을 이용하여 카페인을 제거하는 방식은 커피 원두를 용매에 직접 닿게 하는 대신 물에 닿게 하여 카페인을 제거하는 것인데 이는 카페인이 물에 잘 녹는 성질을 이용한 것이다. 커피 원두를 뜨거운 물에 넣어 두면 카페인과 같은 여러 가지 성분들이 추출되는데 이 추출된 용액을 활성탄소로 가득 채운 관에 통과시켜 카페인만을 분리한다. 이 용액에 새 커피 원두를 담그면 카페인만 녹아 나오게 된다. 이러한 과정을 거친 원두를 말리고 볶으면 카페인이 없는 커피 원두가 된다.
>
> 커피가 건강에 미치는 영향에 대해서는 수많은 연구와 논란이 있지만 이미 커피는 많은 사람들의 기호 식품이 되었다. 개인의 특성에 맞게 카페인의 강하고 약한 정도를 적절히 조절하여 섭취한다면 많은 연구 결과에서처럼 다이어트나 노화 방지, 집중력 향상 등의 효과를 볼 수 있을 것이다.

① 카페인에 민감한 사람들도 커피를 마시고 싶다면 디카페인 커피를 마시면 된다.

② 용매를 이용하여 카페인을 제거하는 방법은 물을 이용하는 것보다 원두의 손상도가 크다.

③ 활성탄소는 커피 원두에 있는 여러 가지 성분들 중에서 카페인만을 분리해 낸다.

④ 커피 원두를 물에 담가 두는 시간에 따라 커피의 맛과 향이 결정된다.

07. 다음 글을 읽고 추론한 내용으로 적절한 것은?

CCTV는 특정 장소에 카메라를 설치한 후 유선이나 무선 네트워크를 통해 특정 수신자에게 화상을 전송하는 시스템으로 산업용, 교통제어용 등 다양한 용도로 사용 중이다. 범죄 예방 및 감소 수단으로 주목받으면서 그 수가 급증하고 있으나 실효성에 대해서는 찬반 의견이 나뉜다. 먼저 CCTV 비관론자들은 범죄자들이 CCTV 설치 지역에서 CCTV가 없는 곳으로 이동하는 범죄전이효과가 나타난다고 본다. 범죄자들은 어떤 난관이 있어도 범죄를 저지르므로 CCTV가 범죄 예방 효과를 내지 못하며 오히려 일반 국민이 감시받게 되어 기본권 침해가 발생한다는 것이다. 또한 CCTV 관련 비용은 지자체가 부담하고 관리는 경찰이 맡는 상황에서 CCTV 설치 장소로 지자체는 주민 밀집 지역을, 경찰은 범죄 다발 지역을 선호하는 문제가 발생한다. 지자체별 예산 규모에 따라 CCTV가 편중되게 설치되면 범죄전이효과가 극대화할 수도 있다. 반면 CCTV 낙관론자들은 CCTV가 범죄 억제에 효과가 있다고 본다. CCTV가 잘 정비된 영국에서 CCTV의 범죄 감소 효과를 주장하는 연구 결과가 꾸준히 나오고 있다. 우리나라에서도 2002년 강남구 논현동 주택가에 처음으로 5대의 CCTV를 설치 및 운영한 이후 1년간 해당 지역 내 범죄가 36.5%나 감소했다고 발표했다. 또한 이익확산이론에 따르면 어느 한 지역의 방범 체계가 견고하면 잠재적 범죄자들이 다른 지역에도 CCTV가 설치되어 있을 것으로 생각하여 범행을 단념한다고 본다.

① CCTV 비관론자는 2002년 논현동에서 감소한 만큼 타 지역 범죄가 늘었다고 생각할 것이다.
② 이익확산이론은 한 지역의 CCTV 위치와 수량을 잘 아는 잠재적 범죄자에게는 적용되지 않는다.
③ 경찰은 범죄 다발 지역보다 안전한 지역에 CCTV를 설치해 방범을 강화할 것이다.
④ 방송사 카메라가 방송용 몰래카메라 콘텐츠를 찍는다면 그때부터 CCTV로서 지위를 가진다.

유형 3 주제 및 중심내용

08. 다음 글의 주제로 적절한 것은?

자신의 소통 스타일이 궁금하다면 자신이 하는 말에 '다'로 끝나는 말이 많은지 '까'로 끝나는 말이 많은지를 확인해 보는 것이 도움이 된다. '다'가 많다면 주로 닫힌 소통을 하고 있는 것이다. 상대방을 향한 내 이야기가 잔소리라는 저항의 벽을 넘기 원한다면 '까'로 끝나는 문장을 써 주는 것이 효과적이다. 닫힌 문장이 아닌 열린 질문으로 소통하라는 것이다. '공부 열심히 해라'는 닫힌 문장이다. '공부 열심히 하니?'는 질문이긴 한데 닫힌 질문이다. '네, 아니요'로 답이 떨어지기 때문이다. '요즘 공부하는 거 어때?'가 열린 질문이다. 마찬가지로 '여보, 술 줄인다면서 어제 또 술을 먹은 것 아니에요?'는 닫힌 질문이다. '여보, 술을 잘 줄이지 못하는 이유가 무엇일까요?'가 열린 질문이다.

열린 질문은 일방적 지시가 아닌 상대방 의견을 묻는 구조이므로 저항이 적게 생긴다. 그래서 마음이 열리게 된다. 술을 끊지 못하는 이유를 묻는 질문에 '술을 끊으려 해도 스트레스를 받으니 쉽지 않아'라고 답하게 되고 술 대신 스트레스를 풀 방법을 찾는 것이 중요하다는 결론에 이르게 된다. 이 결론은 대화를 통해 얻은 내 생각이고 내 결정이기 때문에 거부감 없이 받아들이게 된다.

열린 질문에 익숙하지 않은 이유는 빨리 변화시키고 싶은 조급함과 불안감 때문이다. 그러나 긍정적인 변화를 위한 소통에는 인내와 기다림이 필요하다.

열린 질문, 어떻게 생각하는가?

① 열린 질문은 원활한 소통에 도움이 된다.
② 열린 질문과 닫힌 질문은 각각의 장단점이 있다.
③ 소통 스타일은 매우 다양하다.
④ 적당한 음주는 친분 형성에 긍정적인 영향을 끼친다.

09. 다음 (가)~(라) 문단의 중심내용으로 적절하지 않은 것은?

(가) 지구온난화의 가장 큰 피해국인 투발루에 거주하는 루사마 알라미띵가 목사가 지구온난화의 위험성을 호소하기 위해 대한민국을 찾았다. 그는 전국 여러 도시를 방문하여 강연회와 간담회를 진행하였다.

(나) 지구온난화로 인해 빗물로만 생활이 가능했던 투발루에서는 가뭄으로 생활용수 부족 현상이 발생하고 있다고 한다. 해수를 담수화해서 먹고, 대형 탱크에 물을 저장하는 새로운 생활 방식을 만들고 있지만 이것으로는 매우 부족하다고 한다. 결국 지금은 물마저 사 먹어야 한다고 루사마 목사는 허탈한 감정을 토로했다. 또한 해수면 상승으로 투발루인들이 매일 아침 주식으로 먹는 '플루아트'라는 식물이 죽고 있어 그들의 식생활마저 바뀌었다고 한다.

(다) 이뿐만 아니라 자연환경의 측면에서도 피해가 발생하고 있다고 한다. 지구온난화로 인해 높아진 해수 온도와 해수면은 산호초와 야자나무가 서식하지 못하게 하였고, 더 이상 넓은 모래시장도 볼 수 없게 되었다고 말한다.

(라) 투발루 주민들은 지구온난화로 인한 피해를 온몸으로 감당하면서도 자신들의 생활 패턴을 바꿔 가면서까지 그곳에서 계속 살기를 원한다고 한다. 정부 또한 망그로나무 식재 등을 통해 해변 침식을 막는 등 국가를 지키기 위한 지속적인 노력을 하고 있다고 한다. 루사마 목사의 방문은 지구온난화에 대처하는 우리의 모습을 되돌아보게 한다. 이제는 적극적으로 생활 방식을 바꾸고 지구온난화를 걱정해야 할 때이다. 지금처럼 편리한 생활 방식만을 고집하다 보면 제2, 제3의 투발루가 발생할 것이며, 우리나라도 결국 그렇게 되고 말 것이다.

① (가) 루사마 목사가 지구온난화 위험성을 호소하기 위해 대한민국을 찾았다.
② (나) 지구온난화로 인한 가뭄이 투발루 주민들의 식생활 변화를 초래했다.
③ (다) 지구온난화의 피해는 자연환경의 측면에서도 발생하고 있다.
④ (라) 지구온난화에 대처하기 위해 편리함만을 고집하던 생활방식을 바꾸어야 한다.

10. 다음 중 (가), (나)의 중심내용과 관련이 없는 속담은?

(가) 광고는 소비자에게 정보를 전달하고, 반복적으로 상품 또는 브랜드를 노출시킴으로써 친근감과 신뢰도를 높이는 역할을 한다. 따라서 기업을 경영함에 있어 판촉을 위한 올바른 광고는 반드시 필요한 요소가 된다. 하지만 과대광고, 허위선전 등으로 선량한 소비자들을 현혹하는 일회성 경영 전략은 지양되어야 한다. 이와 같은 행위는 당장 눈앞의 이익을 목적으로 하는 경우가 많다. 갈택이어(竭澤而漁)라는 고사성어는 연못을 모두 말리고 고기를 잡는다는 뜻으로, 당장의 이익만 추구하여 수단과 방법을 가리지 않을 경우 곧 미래에 닥칠 재앙을 피할 수 없음을 뜻한다. 이처럼 중용을 잃은 과욕 경영은 한순간 기업의 이미지를 하락시키고, 소비자 스스로 등을 돌리는 결과를 초래할 수 있다.

(나) 조선 시대 도공(陶工) 우명옥은 방탕한 생활로 재물을 모두 탕진한 후 잘못을 뉘우치고 스승에게 돌아와 계영배(戒盈杯)라는 술잔을 만들었다. 가득 채움을 경계하는 잔이라는 의미를 지닌 이 술잔은 구멍을 뚫어 술이 일정하게 차면 저절로 새어 나가도록 고안된 것으로, 잔의 7할 정도만 채워야 온전하게 술을 마실 수 있어 절주배(節酒杯)라고도 불린다. 우명옥이 만든 계영배는 훗날 거상 임상옥에게 전해졌는데, 그는 이를 항상 옆에 두고 끝없이 솟구치는 과욕을 다스림으로써 후대에 이름을 남긴 청부(淸富)로 성공할 수 있었다고 한다.

① 말 타면 경마 잡히고 싶다.

② 욕심은 부엉이 같다.

③ 자기 배부르면 남의 배고픈 줄 모른다.

④ 토끼 둘을 잡으려다가 하나도 못 잡는다.

유형 4 세부내용 파악

11. 다음을 읽고 본문의 내용과 일치하지 않는 것은?

서비스업은 어떠한 직종보다 고객과 가장 가까이에서 만나는 자리이며, 고객과의 관계는 매출과 직결된다. 따라서 기업은 서비스직 근로자들에게 더욱 친절한 태도로 손님에게 응대할 것을 요구하였고, 이로 인해 서비스는 치열한 경쟁 분야가 되었다. 그리고 이러한 조직의 기대가 규범화되면서 서비스직 근로자들은 이른바 '감정노동'을 수행하게 된다.

자신의 감정을 숨기고 항상 웃음을 보여야 하는 감정노동자는 속마음과 겉으로 드러내는 표정이 달라 자기가 낯설게 느껴지는 탈인격화(Depersonalization) 증상을 겪기도 한다. 서비스직 종사자는 자신의 능력이 부족해 다른 사람의 비위를 맞추는 일을 한다는 식의 자기비하를 하는 경우가 많고, 자존감 역시 낮은 편이다. 또한, 심한 경우 소화불량 · 불면증 · 과민성 대장증후군과 같은 심인성 질환을 앓기도 한다. 한 기관에서 최근에 실시한 '직무 스트레스와 우울증 관련성에 대한 연구' 결과를 보면 우리나라 직장인 가운데 직무 스트레스와 연관된 우울증 환자가 15.2%에 달하는 것으로 밝혀졌다.

우리나라 경제가 급격히 성장하면서 주요 산업이 제조 · 생산업에서 서비스업으로 빠르게 전환이 이루어졌다. 이 과정에서 서비스 산업 종사자는 계속 증가해 왔으며 앞으로도 늘어날 것이다. 하지만 서비스 직종에 종사하는 근로자에 대한 사회적인 인식이나 제도적인 정비는 소홀하다. 당사자라고 할 수 있는 기업들 역시 만족도 조사라는 서비스 평가 제도를 통해 더 친절한 서비스를 강조하여 감정노동의 노동 강도를 더욱 높이려들 뿐, 그들의 스트레스에는 관심이 없다.

① 사회 전반적으로 감정노동에 대한 관심이 부족하다.

② 극심한 직무 스트레스는 신체적인 질병의 원인이 될 수 있다.

③ 감정노동자의 약 15%가 직무 스트레스로 인한 우울증을 겪고 있다.

④ 속마음과 다른 표정으로 응대하여 스스로가 낯선 탈인격화 증상을 겪기도 한다.

12. ㉠ ~ ㉤을 사실을 전달하는 진술과 의견을 전달하는 진술로 구분할 때, 사실 진술을 모두 고른 것은?

> ㉠ 중세시기에 간질이나 정신이상을 치료하기 위한 뇌수술을 했다는 기록이 있다. 하지만 ㉡ 뇌에 이상이 있는 사람에게 뇌수술을 하였다는 것은 우연의 일치로 봐야 할 것 같다. 당시에는 이발사들이 수술하는 방법을 배우는 경우가 많았는데, 그 이유는 다음의 두 가지였다. 첫째, 그들이 면도용 칼을 잘 다룰 수 있다는 것이고 둘째, 의사들의 상당수가 흑사병으로 사망했기 때문이다. ㉢ 집시 이발사라고도 불리던 이들은 한 도시에 며칠씩 머무르며 환자들을 치료하였다. 그들은 환자들이 머리에 '미치는 돌'이 있어서 이상 행동을 하는 것이라고 보고 ㉣ 그 돌을 제거하면 병이 치료될 것이라고 믿었다. ㉤ 뇌에 대한 연구가 많이 진행된 현재의 관점에서 보면 참 어처구니없는 일이다. 이런 관점에서 현재 우리가 하고 있는 여러 가지도 먼 훗날 후손들이 보기에는 어떻게 보일지 알 수 없는 일이다.

① ㉠, ㉡, ㉢　　② ㉠, ㉢, ㉣　　③ ㉡, ㉢, ㉣　　④ ㉢, ㉣, ㉤

13. 다음 글의 내용과 일치하는 것은?

> 인간은 누구나 건전하고 생산적인 사회에서 타인과 함께 평화롭게 살아가길 원한다. 하지만 도덕적이고 문명화된 사회를 가능하게 하는 기본적인 사회 원리를 수용할 경우에만 인간은 생산적인 사회에서 평화롭게 살 수 있다. 기본적인 사회 원리를 수용한다면, 개인의 권리는 침해당하지 않는다. 인간의 본성에 의해 요구되는 인간 생존의 기본 조건, 즉 생각의 자유와 자신의 이성적 판단에 따라 행동할 수 있는 자유가 인정되지 않는다면, 개인의 권리는 침해당한다.
>
> 또한 물리적인 힘의 사용이 허용되는 경우 또한 개인의 권리는 침해당한다. 어떤 사람이 다른 사람의 삶을 빼앗거나 그 사람의 의지에 반하는 것을 강요하기 위해서는 물리적 수단을 사용할 수밖에 없기 때문이다. 이성적인 수단인 토론이나 설득을 사용하여 다른 사람의 의견이나 행동에 영향을 미친다면, 개인의 권리는 침해당하지 않는다.
>
> 인간이 생산적인 사회에서 평화롭게 사는 것은 매우 중요하다. 왜냐하면 인간이 생산적인 사회에서 평화롭게 살 수 있을 경우에만 인간은 사회로부터 지식 교환의 가치를 얻을 수 있기 때문이다.

① 인간이 사회로부터 지식 교환의 가치를 얻을 수 없다면 그 사회는 생산적인 사회가 아니다.
② 모든 사람들이 생산적인 사회에서 평화롭게 살기를 원하는 것은 아니다.
③ 개인의 권리가 침해되는 사건은 물리적 수단의 용인과 전혀 관련이 없다.
④ 타인의 의지에 반하는 행동을 요청할 때에는 토론과 설득만이 이성적인 수단이다.

유형 5 반론 / 평가 / 수정

14. 다음 글에 대한 수정사항으로 적절하지 않은 것은?

> 최근 개인의 정서적 고통이나 심리적인 장애가 개인과 가정을 ㉠ 넘어 사회적인 문제로 대두되면서 우울증, 불안장애 등 심리적인 질병을 담당하는 상담심리사의 사회적 수요가 급증하고 있다. 일반적으로 상담심리사라고 하면 단순히 상담을 통한 치료법만을 연상하기 쉬우나 자세히 살펴보면 환자의 상태나 요건, 주변 환경 등에 따라 치료 방법에 큰 차이가 존재한다. 실제로 각 분야별로 자격증이 따로 존재할 정도로 분야가 세분화되어 있다. ㉡ 이와 같은 치료 과정에서 활용되는 치료법은 그 매개체에 따라 예술치료와 놀이치료, 독서치료 등으로 나눌 수 있다. 기본적으로 상담심리사는 표준화된 심리검사와 상담을 통해 내담자의 심리상태를 ㉢ 다층적으로 분석하고, 이를 토대로 다양한 치료방법을 대입해 내담자가 겪고 있는 문제점을 치료하는 직업을 말한다. ㉣ 예술을 이용한 치료 방법 중 미술치료는 그림 혹은 디자인 등의 미술 활동을 통해 마음의 질병을 가지고 있는 사람들이 심리적인 안정과 치유를 얻도록 하는 방법이다. 미술치료와 함께 예술치료에 포함되는 음악치료는 단순히 음악을 감상하는 것뿐만 아니라 직접 노래를 부르거나 악기를 연주하는 등의 활동을 통해 심리 상태의 긍정적인 변화를 도모한다. ㉤ 놀이치료와 반대로 주로 성인을 대상으로 행해지는 독서치료는 책을 통해 심리적인 안정감을 얻고 나아가 거기서 감정과 생각을 상담자와 공유함으로써 내담자의 심리를 진단하고 치료하는 것을 말한다. ㉥ 주로 미취학 어린이를 대상으로 불안, 긴장감 같은 부정적인 감정을 놀이를 통해 발산할 수 있도록 돕는 놀이치료는 최근 유아기 아동의 특수 치료법으로 각광받고 있다. 이처럼 치료 방법에 따라 다양하게 나뉘는 심리상담은 건강한 가정을 이루는 데 도움을 줄 뿐만 아니라 심리적으로 불안정한 사춘기의 청소년들을 위한 상담이나 지도에 활용되기도 하고 범죄 심리 분야에도 적용이 가능하다.

① ㉠ '넘어'를 '너머'로 수정한다.

② ㉡ 문장을 ㉣의 위치로 이동시킨다.

③ ㉢ '다층적으로'를 '심층적으로'로 수정한다.

④ ㉤ 문장과 ㉥ 문장의 위치를 서로 바꾼다.

15. 다음 글의 논지를 반박하는 근거는?

지구 곳곳에서 심각한 기후 변화가 나타나고 있고 그 원인이 인간의 활동에 있다는 주장은 일견 과학적인 것처럼 들리지만 따지고 보면 진실과는 거리가 먼, 다분히 정치적인 프로파간다에 불과하다. "자동차는 세워 두고 지하철과 천연가스 버스 같은 대중교통을 이용합시다."와 같은 기후 변화와 사실상 무관한 슬로건에 상당수의 시민이 귀를 기울이도록 만든 것은 환경주의자들의 성과였지만 그 성과는 사회 전체의 차원에서 볼 때 가슴 아파해야 할 낭비의 이면에 불과하다.

희망컨대 이제는 진실을 직시하고 현명해져야 한다. 기후 변화가 일어나는 이유는 인간이 발생시키는 온실가스 때문이 아니라 태양의 활동 때문이라고 보는 것이 합리적이다. 태양 표면의 폭발이나 흑점의 변화는 지구의 기후 변화에 막대한 영향을 미친다. 결과적으로 태양의 활동이 활발해지면 지구의 기온이 올라가고 태양의 활동이 상대적으로 약해지면 기온이 내려간다. 환경주의자들이 말하는 온난화의 주범은 사실 자동차가 배출하는 가스를 비롯한 온실가스가 아니라 태양이다. 태양 활동의 거시적 주기에 따라 지구 대기의 온도는 올라가다가 다시 낮아지게 될 것이다.

대기화학자 브림블컴은 런던의 대기 오염 상황을 16세기 말까지 추적해 올라가서 20세기까지 그 거시적 변화의 추이를 연구했는데 그 결과 매연의 양과 아황산가스농도가 모두 19세기 말까지 빠르게 증가했다가 그 이후 아주 빠르게 감소하여 1990년대에는 16세기 말보다도 낮은 수준에 도달했음이 밝혀졌다. 반면에 브림블컴이 연구 대상으로 삼은 수백 년 동안 지구의 평균 기온은 지속적으로 상승해왔다. 두 변수의 이런 독립적인 행태는 인간이 기후에 미치는 영향이 거의 없다는 것을 보여 준다.

① 지구의 온도가 상승하면서 인도의 벵골 호랑이와 중국의 판다 개체 수가 줄어들어 멸종 위기에 처해 있다.

② 1,500cc 자동차가 5분 동안 공회전을 하면 90g의 이산화탄소가 공기 중에 배출되고, 12km를 달릴 수 있는 정도의 연료가 소모된다.

③ 친환경 에너지타운, 생태마을 등을 조성하는 일이 실질적으로 미세먼지를 줄이는 데에 실효성이 있는지는 여전히 의문이다.

④ 최근 수십 년간 전 세계가 대기오염을 줄이기 위한 캠페인의 일환으로 숲을 조성한 결과, 지구의 평균 기온 상승률이 어느 정도 완만해졌다.

결무부록 언어논리력 수리력 문제해결력 공간지각력 이해력 관찰탐구력 실전모의고사 인성검사 면접가이드

유형 6 글의 구조 파악 / 문장 · 문단 배열

16. 다음 글에 대한 설명으로 옳지 않은 것은?

(가) 우리가 계승해야 할 민족 문화의 전통으로 여겨지는 것들이 연암의 예에서 알 수 있는 바와 같이, 과거의 인습을 타파하고 새로운 것을 창조하려는 노력의 결정이었다는 것은 지극히 중대한 사실이다.

(나) 세종대왕의 훈민정음 창제 과정에서 이 점은 뚜렷이 나타나고 있다. 만일, 세종이 고루한 보수주의적 유학자들에게 한글 창제의 뜻을 굽혔던들, 우리 민족 문화의 최대 걸작품이 햇빛을 못 보고 말았을 것이 아니겠는가?

(다) 원효의 불교 신앙이 또한 그러하다. 원효는 당시의 유행인 서학(당나라 유학)을 하지 않았다. 그의 '화엄경소'가 중국 화엄종의 제3조 현수가 지은 '화엄경탐현기'의 본이 되었다. 원효는 여러 종파의 분립이라는 불교계의 인습에 항거하고, 여러 종파의 교리를 통일하여 해동종을 열었다. 그뿐만 아니라, 모든 승려들이 귀족 중심의 불교로 만족할 때에 스스로 마을과 마을을 돌아다니며 배움 없는 사람들에게 전도하기를 꺼리지 않은, 민중 불교의 창시자였다. 이러한 원효의 정신은 우리가 이어받아야 할 귀중한 재산이 아닐까?

(라) 겸재 정선이나 단원 김홍도, 혹은 혜원 신윤복의 그림에서도 이런 정신을 찾을 수 있다. 이들은 화보 모방주의의 인습에 반기를 들고, 우리나라의 정취가 넘치는 자연을 묘사하였다. 더욱이 그들은 산수화나 인물화에 말라붙은 조선 시대의 화풍에 항거하여, '밭 가는 농부', '대장간 풍경', '서당의 모습', '씨름하는 광경', '그네 뛰는 아낙네' 등 현실 생활에서 제재를 취한 풍속화를 대담하게 그렸다. 이것은 당시에는 혁명과도 같은 일이었다. 그러나 오늘날에는 이들의 그림이 민족 문화의 훌륭한 유산으로 생각되고 있다.

(마) 요컨대, 우리 민족 문화의 전통은 부단한 창조 활동 속에서 이어져 온 것이다. 따라서, 우리가 계승해야 할 민족 문화의 전통은 형상화된 물건에서 받는 것도 있지만, 한편 창조적 정신 그 자체에도 있는 것이다.

① (가) 단락과 (나), (다), (라) 단락은 종속 관계의 단락이다.
② (가) 단락은 부연 단락으로 이 글의 주제인 전통의 계승적 측면을 강조하고 있다.
③ (나), (다), (라) 단락은 예증 단락으로 주지를 뒷받침하는 근거 단락이다.
④ (마) 단락은 글 전체의 결론을 나타내고 있다.

17. 다음 (가) ~ (마)를 문맥상 순서에 맞게 배열한 것은?

(가) 문화를 이루는 인간 생활의 거의 모든 측면은 서로 관련을 맺고 있기 때문이다.
(나) 20세기 인류학자들은 이러한 사실에 주목하여 문화 현상을 바라보았다.
(다) 그러나 이 입장은 20세기에 들어서면서 어떤 문화도 부분만으로는 총체를 파악할 수 없다는 비판을 받게 되었다.
(라) 19세기 일부 인류학자들은 결혼이나 가족 등 문화의 일부에 주목하여 문화 현상을 이해하고자 하였다.
(마) 그들은 모든 문화가 '야만 → 미개 → 문명'이라는 단계적 순서로 발전한다고 설명하였다.

① (라)－(가)－(다)－(나)－(마)　　② (라)－(나)－(가)－(다)－(마)
③ (라)－(다)－(나)－(마)－(가)　　④ (라)－(마)－(다)－(가)－(나)

18. (가) ~ (라)를 논리적 순서에 맞게 배열한 것은?

(가) 이에 정부는 1984년 선분양제도를 도입했다. 선분양제도는 주택이 완공되기 전에 이를 입주자에게 분양하고 입주자가 납부한 계약금, 중도금을 통해 주택가격의 80% 정도를 완공 이전에 납부하도록 하여 건설비용을 충당하는 제도를 말한다. 건설사의 금융비용의 절감 등을 통해 주택건설자금을 확보하기 용이하기에 활발한 주택공급을 할 수 있게 되었다.
(나) 1980년대 산업화 · 도시화가 심화되면서 주택난은 사회적으로 가장 큰 문제였다. 이를 해결하기 위해 정부는 주택건설 계획을 추진했다. 하지만 당시 건설사의 자체 자금력으로는 주택공급확대를 꿈도 꿀 수 없었다.
(다) 따라서 정부는 1993년 주택분양보증업을 전담하는 주택사업공제조합(현 주택도시보증공사)을 세웠다. 주택분양보증은 건설사가 부도 · 파산 등으로 분양계약을 이행할 수 없는 경우 납부한 계약금과 중도금의 환급을 책임지는 것으로 계약자의 분양 대금을 보호하고 주택사업자들이 건설자금을 원활히 조달하도록 돕는 역할을 한다.
(라) 그러나 이 제도는 건설회사의 도산이나 부도로 입주자가 위험에 노출될 가능성이 높으며, 완공 이전에 주택가격의 80%를 납부해야 하는 부담을 안게 된다. 또한 완성된 주택이 아닌 모델하우스를 보고 사전에 구입함으로 실제 완공된 주택과의 괴리가 발생하는 문제점이 생겼다.

① (가)－(나)－(라)－(다)　　② (나)－(가)－(다)－(라)
③ (나)－(가)－(라)－(다)　　④ (나)－(다)－(가)－(라)

▶ 정답과 해설 23쪽

2. 독해 테마 3 기출예상문제

[01 ~ 02] 다음 글을 읽고 이어지는 질문에 답하시오.

한국어 사용자들은 사람을 만날 때 대화에 앞서 상대를 높여야 하는지 낮춰도 되는지 먼저 고민한다. 언어가 그걸 요구한다. 한 문장을 말할 때마다 그렇게 상대와 자신의 지위를 확인한다. 상대방은 나에게 반말과 존댓말을 마음대로 쓸 수 있지만 나는 상대방에게 존댓말밖에 쓰지 못할 때 나는 금방 무력해진다. 순종적인 자세가 되고 만다. 그럴 때 존댓말은 어떤 내용을 제대로 실어 나르지 못한다. 세상을 바꿀 수도 있을 도전적인 아이디어들이 그렇게 한 사람의 머리 안에 갇혀 사라진다.

이 언어의 문제를 해결하지 못하면 상호 존중 문화를 만들 수 없고, 그 문화가 없으면 시민사회도, 민주주의도 이룰 수 없다고 믿는다. 이 적폐가 끊이지 않고 유전병처럼 후대로 이어질 것 같아 두렵다.

내가 제안하는 해결책은 가족이나 친구가 아닌 모든 성인, 예를 들면 점원에게, 후배에게, 부하 직원에게 존댓말을 쓰자는 것이다. 언어가 바뀌면 몸가짐도 바뀐다. 사회적 약자는 존댓말을 듣는 동안에는 자기 앞에 최소한의 존엄을 지키는 방어선이 있다고 느낀다. 그 선을 넘는 폭력의 언어를 공적인 장소에서 몰아내자는 것이다. 고객이 반말을 하는 순간 콜센터 상담사들이 바로 전화를 끊을 수 있게 하자는 것이다.

그리고 반말은 가족과 친구끼리, 쌍방향으로 쓰는 언어로 그 영역을 축소하자는 것이다. '직장 후배지만, 정말 가족이나 친구처럼 친한 관계'라면 상대가 나에게 반말을 쓰는 것도 괜찮은지 스스로 물어보자. 상대가 입원했을 때 병원비를 내줄 수 있는지도 따져 보자. 그럴 수 없다면 존댓말을 쓰자.

나는 몇 년 전부터 새로 알게 되는 사람에게는 무조건 존댓말을 쓰려 한다. 그럼에도 불구하고 앞서 말했듯이 상대의 나이는 여전히 살피게 된다. 반말을 쓰던 지인에게 갑자기 존댓말을 쓰는 것도 영 쑥스러워 하지 못한다. 존댓말과 반말이라는 감옥의 죄수라서 그렇다. 그러나 다음 세대를 위해 창살 몇 개 정도는 부러뜨리고 싶다. 다음 세대는 벽을 부수고, 다음다음 세대는 문을 열고, 그렇게 ㉠새 시대를 꿈꾸고 싶다.

01. 제시된 글의 내용 및 글쓴이의 의도를 바르게 이해하지 못한 사람은?

① 아름 : 한국어는 상대와 자신의 지위를 확인할 수 있는 언어이군.
② 다운 : 상대에게 반말을 하면 그 사람이 입원했을 때 병원비를 내줘야 한다는 내용이네.
③ 우리 : 상호 간의 존댓말은 존중받는다는 느낌을 줄 수 있군.
④ 나라 : 몇몇 고객에게 반말을 듣는 콜센터 상담사들은 무력감을 느낄 수 있겠어.

02. 다음 중 밑줄 친 ㉠의 의미로 적절한 것을 모두 고르면?

> (가) 자신의 생각을 제대로 말하는 시대
> (나) 도전적인 아이디어를 창출하는 시대
> (다) 상호 존중하는 시대
> (라) 직장 동료를 가족처럼 친근하게 대하는 시대

① (가) ② (가), (다)
③ (가), (나), (다) ④ (가), (나), (라)

03. 다음 글에 대한 설명으로 옳지 않은 것은?

북쪽에서 내려온 도리아인에게 미케네 문명이 붕괴된 뒤 그리스 본토에는 서너 부족으로 이루어진 소왕국이 여기저기 나타났으며, 현실적인 생활 단위는 개별 가족으로 구성된 촌락 공동체였다. 그리스의 지형 때문에 각 자치공동체는 바다나 산맥에 따라 이웃과 단절되어 각 섬과 계곡, 평야에 각자 독자적인 취락을 이루었다. 정치는 왕정이었으나 임금의 권력은 미약하였으며 토지 소유에서도 미케네와 달리 공유지와 이에 따른 공동체적 규제가 없고, 촌락공동체의 구성원은 저마다 분배지를 소유하여 경제적 독립성이 강했다.

도리아인이 남하하여 혼란이 일어난 데다, 다른 나라의 위협에서 스스로를 지키기 위하여 여러 촌락이 지리적 · 군사적으로 중심이 되는 곳에 모여들어 도시가 형성되었고, 그 도시를 중심으로 주변의 촌락들이 하나의 독립된 주권국가인 폴리스를 형성하였다는 집주설이 일반적으로 널리 통하고 있다. 대체로 그 시기는 호메로스 시대가 끝나는 기원전 800년을 전후한 시기로 보고 있다. 그러나 예외도 많다. 그렇기는 하나 여러 촌락의 중심지로의 집주로 폴리스가 성립한 게 전형이라 하겠으며, 따라서 이를 도시 국가라고 불러도 무방하다.

폴리스의 중심이 되는 도시는 대체로 해안으로부터 멀지 않은 평지에 위치하였으며, 도시는 폴리스의 정치, 군사 및 종교의 중심이었다. 도시 안에는 그 도시의 수호신을 모신 신전이 세워진 아크로폴리스가 있었으며, 그 주변에 있는 아고라는 시장인 동시에 정치를 포함한 모든 공공 활동이 이루어지는 장소이자 사교의 장이기도 하였다.

폴리스가 성립할 당시 중심 도시로 모여든 사람들은 주로 귀족과 수공업자 또는 상인들이었으며, 농민은 촌락에 머물렀고 귀족들도 그 근거지를 농촌에 그대로 두고 있었다. 그렇기 때문에 폴리스 성립 이전의 공동체적인 성격이 파괴되는 일이 없이 도시 전체가 하나의 시민 공동체를 형성하게 되었다. 그러나 수많은 노예와 여러 대에 걸쳐 거주하고 있는 자유인과 외국인은 완전한 의미의 시민은 아니었고, 오직 폴리스를 형성하는 데 참여한 부족의 성원 내지 그 후손만이 완전한 시민이었다. 즉 폴리스는 종교적 · 경제적 유대로 결합하고 법에 따라 규제되며, 완전한 독립성과 주권을 가진 시민 공동체로 볼 수 있다.

① 그리스의 각 자치공동체가 이웃과 단절되어 독자적인 취락을 이룬 것은 지형 때문이다.
② 그리스는 미케네 문명과 달리 공유지와 공동체적 규제가 존재하지 않았다.
③ 폴리스가 형성되는 데 중심이 된 도시들은 군사적인 목적으로 형성되었다.
④ 폴리스의 중심이 되는 도시는 농업적 이유로 해안으로부터 먼 평지에 위치하였다.

04. 다음 글의 서술 방식에 대한 설명으로 옳은 것은?

> 춘향전에서 이도령과 변학도는 아주 대조적인 사람들이다. 흥부와 놀부가 대조적인 것도 물론이다. 한 사람은 하나부터 열까지가 다 좋고, 다른 사람은 모든 면에서 나쁘다. 적어도 이 이야기에 담긴 '권선징악'이라는 의도가 사람들을 그렇게 믿게 만든다.
>
> 소설만 그런 것이 아니다. 우리의 의식 속에는 은연중 이처럼 모든 사람을 좋은 사람과 나쁜 사람 두 갈래로 나누는 버릇이 있다. 그래서인지 흔히 사건을 다루는 신문 보도에는 모든 사람이 경찰 아니면 도둑놈인 것으로 단정한다. 죄를 지은 사람에 관한 보도를 보면 마치 그 사람이 죄의 화신이고, 그 사람의 이력이 죄만으로 점철되었고, 그 사람의 인격에 바른 사람으로서의 흔적이 하나도 없는 것으로 착각하게 된다.
>
> 이처럼 우리는 부분만을 보고 전체를 판단하곤 한다. 부분만을 제시하면서도 보는 이가 그것을 전체라고 잘못 믿게 만들 뿐만 아니라, '말했다'를 '으스댔다', '우겼다', '푸념했다', '넋두리했다', '뇌까렸다', '잡아뗐다', '말해서 빈축을 사고 있다' 같은 주관적 서술로 감정을 부추겨서 상대방으로 하여금 이성적인 사실 판단이 아닌 감정적인 심리 반응으로 얘기를 들을 수밖에 없도록 만든다.
>
> 세상에서 가장 결백해 보이는 사람일망정 남이 알지 못하는 결함이 있을 수 있고, 남들에게 가장 못된 사람으로 낙인찍힌 사람일망정 결백한 사람에게조차 찾지 못한 아름다운 인간성이 있을지도 모른다.

① 설의법을 적절히 활용하여 내용을 강조하고 있다.

② 열거법을 통해 말하고자 하는 바를 강조하고 있다.

③ 인용을 통해 주장을 뒷받침하고 있다.

④ 두 대상을 비교하여 자세히 설명하고 있다.

[05 ~ 06] 다음 글을 읽고 이어지는 질문에 답하시오.

ABO식 혈액형을 발견한 사람은 란트슈타이너(Karl Landsteiner, 1868 ~ 1943)이다. 오스트리아에서 출생하여 빈 대학에서 의학을 공부한 그는 20세기 혈액학 발전에 지대한 공헌을 했다. 그는 1900년에 서로 다른 사람들에게서 채취한 혈액을 혼합하던 중 혈구가 서로 엉켜서 작은 덩어리가 생기는 것을 처음 발견하였다. 이 현상에 집중하기 시작한 그는 1901년에 혈액이 응집되는 성질을 이용하여 사람의 혈액형을 셋으로 분류할 수 있다는 사실을 발표했다. 이듬해 데카스텔로와 스톨라가 하나의 혈액형을 더 제시함으로써 4가지 종류의 사람 혈액형이 확립되었다. 1910년에는 등게론과 히르즈펠트가 혈액형이 유전된다는 사실을 알아낸 것이 오늘날 ABO식 혈액형에 대한 기초지식을 완성한 유래가 된다. 이때부터 혈액형 연구가 활발해지면서 혈액형과 혈액의 특성 규명, 수혈요법의 발전, 친자 확인을 위한 응용 등 여러 분야에 널리 이용되기 시작하였다.

혈액형을 구분하는 방법 중 ABO식 다음으로 유명한 것은 Rh식 혈액형이다. 란트슈타이너는 1940년에 ABO식 외에 다른 혈액형 관련인자인 Rh 인자를 발견하였다. 서양인들은 전 인구의 약 15%가 Rh－형 피를 지니지만 동양인들은 약 0.5%만이 Rh－형 피를 지닌다. 이외에도 혈액에서 일어나는 응집반응을 기준으로 혈액형을 구분하는 방법은 여러 가지가 있는데 이는 혈액 내 세포나 내용물 중에 항원 역할을 하여 면역반응을 일으키는 물질이 많이 존재하기 때문이다. ABO식만큼 흔히 쓰이는 것은 아니지만 MN식 또는 MNSs식 혈액형, P식 혈액형, 루테란식, 켈식, 더피식, 키드식, 디에고식 등 다양한 혈액형 구분방법이 알려져 있다.

수십 년 전만 해도 혈액형은 절대로 바뀌지 않는다고 알려져 있었는데 이제 그것은 진리가 아니다. 왜냐하면 혈액형은 바뀔 수 있기 때문이다. 물론 자연적으로 바뀔 수 있다는 것은 아니다. 혈액형을 결정하는 항원을 제거할 경우 아무 피나 수혈할 수 있으므로 결과적으로 혈액형이 바뀐 것처럼 보일 수 있다는 뜻이다.

온몸을 돌아다니는 피 속에는 항원이 어느 곳에든 존재할 텐데 이를 모두 제거하는 일이 가능할까? 항원 제거에 의해 혈액형이 바뀔 수 있다는 이론은 1982년에 골드스타인 등에 의해 제기되었고, 실제로 2007년 프랑스와 덴마크의 학자들과 미국의 생명과학업체 자임퀘스트가 공동연구를 통해 세균에서 A형과 B형 항원 제거 기능을 지닌 효소를 찾아냈다고 발표했다. 이 연구진은 'Elizathethkingia meningosepticum'이라는 세균에서 A 항원을 제거하는 효소를, 'Bacteroides fragilis'라는 세균에서 B 항원을 제거하는 효소를 발견함으로써 이를 이용하면 혈액형을 O형으로 바꿀 수 있을 것이라는 연구결과를 얻었다. 즉 혈액형을 바꾸는 기술이 개발된 셈이다. 아무리 과학적으로 검증되었다 하더라도 '진리'란 그 시대의 진리일 뿐이며, (　　　㉠　　　).

05. 제시된 글을 바탕으로 혈액형에 대하여 이해한 내용으로 옳지 않은 것은?

① 2007년 혈액의 항원을 임의로 제거하는 효소가 발견되었다.
② 혈액형은 유전과 관계가 있어 친자 확인 등 여러 분야에서 응용되고 있다.
③ ABO식이나 Rh식 외에도 혈액 내 세포나 내용물의 응집반응을 기준으로 혈액형을 구분하는 방법이 여러 가지 있다.
④ Elizathethkingia meningosepticum의 효소를 이용하면 O형에서 A형으로 바뀔 수 있다.

06. 제시된 글의 ㉠에 들어갈 말로 가장 적절한 것은?

① 과학적으로 검증할 수 없는 진리도 있다는 점을 되새겨 준다.
② 인간이 진리 앞에 겸손해져야 한다는 점을 되새겨 준다.
③ 과학도 검증을 거치기 전까지는 맹신하면 안 된다는 점을 되새겨 준다.
④ 시간이 지나 시대가 바뀌면 진리도 바뀔 수 있다는 점을 되새겨 준다.

07. 다음 글의 주제로 적절한 것은?

제2차 세계대전 중, 태평양의 한 전투에서 일본군은 미군 흑인 병사들에게 자신들은 유색인과 전쟁할 의도가 없으니 투항하라고 선전하였다. 이 선전물을 본 백인 장교들은 그것이 흑인 병사들에게 미칠 영향을 우려하여 급하게 부대를 철수시켰다. 사회학자인 데이비슨은 이 사례로부터 아이디어를 얻어서 대중 매체가 수용자에게 미치는 영향과 관련한 '제3자 효과(Third-person Effect)' 이론을 발표하였다.

이 이론의 핵심은 사람들이 대중 매체의 영향력을 차별적으로 인식한다는 데에 있다. 사람들은 수용자의 의견과 행동에 미치는 대중 매체의 영향력이 자신보다 다른 사람들에게서 더 크게 나타나리라고 믿는 경향이 있다는 것이다. 예를 들어 선거 때 어떤 후보에게 탈세 의혹이 있다는 신문 보도를 보았다고 하자. 그때 사람들은 후보를 선택하는 데에 자신보다 다른 독자들이 더 크게 영향을 받을 것이라고 여긴다. 이러한 현상을 데이비슨은 '제3자 효과'라고 하였다.

① 제3자 효과의 의의 및 현대적 재조명
② 제3자 효과 이론의 등장 배경 및 개념 정의
③ 유해한 대중 매체가 수용자에게 미치는 영향력
④ 제3자 효과를 이용한 대중 매체 규제의 필요성

08. 다음 글을 읽고 보고서 작성법에 대해 이해한 내용으로 옳은 것은?

> 첫 번째, 반드시 상사가 원하는 결론을 낼 필요는 없지만 상사가 궁금해 하는 점에 대해 놓치면 안 된다. 상사가 보고서 작성을 지시하는 이유는 자신이 업무에 대해 모르고 있는 부분, 놓치고 있는 부분을 발견하기 위해서이다. 따라서 상사가 알고 싶은 부분을 정확히 짚어주는 보고서가 성공적이다.
>
> 두 번째, 보고를 받는 사람이 결론을 확실하게 알 수 있도록 작성해야 한다. 보고서에서 결론은 앞에 올 수도, 뒤에 올 수도 있다. 중요한 것은 결론을 정확히 인지할 수 있도록 구별해서 써야 한다는 것이다.
>
> 세 번째, 조사 자료와 자신의 생각을 합치지 말고 분리해서 작성해야 한다. 자료와 의견을 분리하지 않고 표현하게 되면 보고를 받는 사람은 혼돈을 겪게 된다. 따라서 자료는 자료대로, 의견은 의견대로 명확하게 분리를 하는 것이 중요하다.
>
> 네 번째, 반드시 첫 장에 할 말을 다 담아야 한다. 보고서는 1장이 될 수도, 100장이 될 수도 있다. 하지만 일단 보고서를 받게 된다면 첫 장을 먼저 본다. 그리고 바쁜 결정권자들은 첫 장에서 흥미를 잃게 되면 뒷부분은 정독을 포기하는 경우가 많다. 따라서 핵심 사항은 반드시 첫 장에 담도록 한다.
>
> 다섯 번째, 두리뭉실한 표현은 피하고 확실하게 표현해야 한다. 보고서를 받은 상사로부터 "그래서 하자는 거야, 말자는 거야?"와 같은 반응이 나온다면, 두리뭉실한 표현 때문일 것이다. 따라서 보고서를 작성할 때는 확실한 표현을 사용하는 것이 좋다.
>
> 마지막으로, 보고서의 의미와 정보가 축소, 왜곡되도록 줄이지 않아야 한다. 보고서와 문장은 짧을수록 좋지만 의미와 정보의 전달이 약해지는 지경까지 줄이는 것은 적절하지 않다. 이를 위해서는 꾸준한 연습과 조율이 필요하다.

① 보고서는 짧을수록 좋으므로 최대한 간략하게 쓰는 것이 중요하다.
② 적절한 보고서의 양은 부서별로 그 길이가 다르다.
③ 자료와 의견을 적절히 섞어 주관과 객관의 경계를 없앤다면 보다 타당한 보고서가 된다.
④ 결론의 위치는 무방하지만 보고 받는 사람이 결론을 명확하게 알도록 적어야 한다.

09. 다음 글과 관련된 사례로 옳지 않은 것은?

> 이솝 우화 '개미와 베짱이'에는 겨울을 대비해 열심히 음식을 모으는 개미와 놀기만을 좋아해 노래만 부르며 아무런 준비를 하지 않는 베짱이가 등장한다. 이를 통해 우화에서는 베짱이의 게으름을 비난하고 있지만 최근 교육, 마케팅, 홍보 등 여러 분야에서는 베짱이와 같이 재미와 놀이를 좋아하는 인간의 본능을 긍정적인 방향으로 활용하는 '게임화' 전략을 자주 찾아볼 수 있다. 게임화란 게임이 아닌 분야에 재미 · 보상 · 경쟁 등 게임적 요소를 접목하는 것으로, 설계자는 이를 통해 자신이 의도한 메시지를 자연스럽게 전달하며 목적을 달성한다. 이 전략에서는 보상을 받을수록 성과가 높아지는 인간의 보상 심리와 다른 사람과의 대결에서 승리하려는 욕구인 경쟁 심리를 이용한다.
>
> 게임화의 대표적인 예로 우리나라 지식 공유 사이트의 회원 등급 체계를 이야기할 수 있다. 질문자에게 답변이 채택될 때마다 포인트를 부여하고 채택 답변 수에 따른 등급 체계를 둠으로써 사용자가 더 높은 등급을 얻기 위해 양질의 답변을 제공하도록 하는 것이다. 이는 '포인트'라는 보상을 받으며 남들보다 높은 등급을 차지하고자 하는 사람들의 경쟁 심리를 이용한 경우라 할 수 있다.
>
> 2014년 유행했던 아이스 버킷 챌린지(Ice Bucket Challenge)는 게임적 요소에 감성적 요소를 접목한 성공적인 게임화 사례로 손꼽힌다. 이 캠페인은 미국에서 루게릭병에 대한 관심을 불러일으키고 기부금을 모으기 위해 시작된 것으로, 얼음물이 든 양동이를 뒤집어 쓴 후 다음 참가자로 지인 세 명을 지목하여 그들이 얼음물을 뒤집어쓰는 것과 루게릭병 단체에 100달러를 기부하는 것 중 선택하게 하는 방식으로 진행되었다. 아이스 버킷 챌린지 영상은 SNS를 통해 빠르게 확산되었으며, 많은 사람들은 얼음물을 뒤집어쓰는 행위에 재미를 느끼며 캠페인에 참여하였다. 이를 통해 기부에 무지했던 사람도 자연스럽게 루게릭병에 관심을 갖고 기부에 동참하게 되는 효과가 나타났다.

① 게임 산업이 발달함에 따라 게임을 직업으로 삼는 프로게이머가 증가하고 있다.

② 미국의 인기 커피전문점인 A 카페는 음료 구매 시 별 스탬프를 부여하여 무료 음료를 제공하는 쿠폰 이벤트를 시행한다.

③ B 의과 대학에서는 의료 시뮬레이션 실습을 통해 학생의 단계별 달성도를 평가한다.

④ C 음악 예능 프로그램은 관객이 가면으로 얼굴을 가린 두 가수의 노래를 듣고 즉석에서 투표하여 승자를 선택한다.

[10 ~ 11] 다음 연설문을 읽고 이어지는 질문에 답하시오.

> 저는 오늘 시대와 시민의 요구 앞에 엄중한 소명의식과 책임감을 갖고 이 자리에 섰습니다. ○○시민의 삶을 책임지는 시장으로서 대승적 차원에서 힘겨운 결단을 하였습니다.
>
> 우리 아이들 무상교육을 위해, ○○시가 지방채를 발행하겠습니다. 올 한 해 ○○시의 자치구가 부담해야 할 몫까지도 ○○시가 책임지겠습니다. 단, 무상교육을 위한 지방채 발행은 올해가 처음이자 마지막이 돼야만 합니다. 더이상 이렇게 지방 재정을 뿌리째 흔드는 극단적인 선택을 할 수는 없습니다. 이 결정은 올 여름을 뜨겁게 달군 무상교육 논쟁 속에서 과연 ○○시의 주인인 시민 여러분을 위한 길이 무엇인지, 오로지 시민 여러분만 기준으로 놓고 고민하고, 또 고민한 결과입니다. 우리 사회는 그 누구도 부정할 수 없고, 그 누구도 거스를 수 없는 보편적 복지의 길로 나아가고 있습니다.
>
> – 중략 –
>
> 무상교육은 대한민국이 복지국가로 나아가는 중요한 시험대가 될 것입니다. 무상교육은 우리의 공동체가, 우리 사회가 나아가야 할 비전과 방향, 원칙과 철학의 문제입니다. 그 핵심은 바로 지속가능성입니다. ○○시가 어렵고 힘든 결단을 내렸습니다. 이것은 오로지 시민을 위한 판단이고 무상교육을 지속적으로 이어가기 위한 절박한 선택입니다.
>
> – 중략 –
>
> 지속 가능한 원칙과 기준을 마련하지 않으면, 무상교육의 위기는 앞으로도 계속 되풀이 될 것입니다. 부디 지금부터라도, 중앙정부와 국회가 결자해지의 자세로 이 문제를 해결하길 바랍니다. 중앙정부와 국회가 국민을 위한 현명한 판단을 한다면, ○○시는 전력을 다해 그 길을 함께 하겠습니다. 우리 아이들의 희망과 미래를 위해 이제 정부와 국회가 답해주시기를 간절히 바랍니다.
>
> 감사합니다.

10. 위 연설의 목적으로 가장 적절한 것은?

① 새롭게 발견된 사실에 대한 정보를 제공하기 위함이다.

② 자신이 알고 있는 사실을 다른 사람에게 알리기 위함이다.

③ 새로운 정책을 알리고 이에 대한 동의를 구하고 설득하기 위함이다.

④ 중요한 지식을 설명하고 이를 듣는 사람들과 공유하기 위함이다.

11. 제시된 글과 같은 연설을 준비할 때 연사가 고려할 사항으로 가장 적절한 것은?

① 근거의 구체성과 정확성
② 농담으로 말할 내용의 적합성
③ 자신의 경험 사례의 적합성
④ 추상적인 용어 사용의 효율성

12. 다음 중 자동차 생산을 중심으로 하는 M 그룹의 대응방안에 대한 추론으로 옳지 않은 것은?

> 지난 달 일본에 대한 소재 · 부품 부문 의존도는 상반기 '역대 최저'를 기록할 정도로 완화되었지만 개선 추세를 보이던 무역수지는 엔저의 여파로 다시 악화되었다. 산업통상자원부에 따르면 지난 상반기 우리나라의 소재 · 부품 대일 수입 의존도는 21.0%로 역대 최저수준을 기록했다. 반면 최근 몇 년간 개선 추세를 보였던 대일 무역수지는 수출 급감 현상이 나타나며 급격하게 고꾸라졌다.
>
> 우리나라의 일본 무역의존도는 중국, 아세안 등 신흥국을 대상으로 한 무역 확대 기조에 밀려 갈수록 줄어들고 있다. 최근 3년간 우리나라의 지역별 교역비중을 보면 일본은 10.3%에서 9.7%로 줄어든 반면, 아세안 국가들과의 비중은 10.9%에서 12.3%로 크게 늘어나, 우리나라 주요 교역대상국으로 중국, 미국, 아세안, 유럽연합 다음에 일본을 얘기할 정도로 일본의 비중이 상당히 줄었다. 그러나 아직도 일본에서 수입하는 소재 · 부품은 디스플레이와 자동차 등 우리 주력 수출 상품에 필요한 핵심 품목이다. 전문가들은 소재 부문 의존도를 더 낮추려면 상당한 시간과 자본이 필요할 것으로 보고 있다. 탄소섬유, 리튬전지 등 핵심 소재는 고도의 기술을 요구하는 만큼 선진국과 5~10년 격차가 존재하는 데다, 핵심 IT소재는 일본 기업이 독식하고 있기 때문이다. 산업부의 한 관계자는 "부품 분야는 과거와 비교해 상당히 많이 성장했다"며 "다만 소재 부문은 원천기술이어서 좀 더 시간이 걸릴 것으로 보인다."고 말했다.

① 선진 기술을 보유한 일본의 소재 · 부품 기업과의 글로벌 연구 협력을 통해 지속적으로 R&D 역량을 강화한다.

② 기술연구소를 설립하여 자동차 부품의 선행기술과 핵심 설계기술을 연구 · 개발하고, 전문교육기관을 통해 전문 인력을 양성한다.

③ 일본이 핵심 기술을 독식하고 있는 소재 부문보다 빠른 시일 내에 성과를 낼 수 있는 부품 부문의 개발에 집중 투자하여 장기적인 대일 무역수지 흑자를 달성한다.

④ 그룹 내 철강사에 대한 장기적인 대규모의 투자 계획을 수립하여 조강생산능력을 확충하고, 자동차용 강종의 집중적인 개발을 통해 자동차 소재에 특화된 제철소를 완성한다.

13. 다음 글에서 밑줄 친 '어려움'을 초래하는 전제들을 〈보기〉에서 모두 고른 것은?

> 당신이 베토벤의 5번 교향곡 〈운명〉이라는 음악 작품을 듣고 있다고 상상해보자. 이때 '음악 작품'이란 어떤 대상을 가리키는 걸까? 베토벤이 남긴 자필악보일까? 하지만 미술 작품과 달리 악보에서는 적어도 미학적으로 감상할 만한 것이 별로 없다. 그렇다고 연주나 그 연주의 녹음을 음악 작품이라고 부르기도 어렵다. 연주는 그 자체가 작품이라기보다는 작품에 접근하기 위한 하나의 수단이라고 여겨지기 때문이다. 따라서 음악 작품은 구체적 악보나 공연 이상의 무엇, 즉 그것들로부터 독립적이면서 그것들을 결정하고 지배하는 추상적인 대상이라는 생각이 자연스럽다. 연주들에 공통되는 어떤 구조, 즉 소리 구조가 추상적인 존재자로 있는 것이다. 베토벤의 〈운명〉의 서두 부분을 머릿속에 떠올려 보자. 구체적인 물리적 특성이 결여된 머릿속의 음악도 여전히 교향곡 〈운명〉이다. 또 원래의 악기에 의한 것과 전혀 다른 물리적 특성을 보이는 신디사이저 연주도 동일한 작품으로 인정된다. 그렇다면 이 모두를 동일한 작품으로 생각하게 하는 대상은 추상적인 무엇이어야 하지 않겠는가? 따라서 이 입장은 의외로 직관적이다. 내 눈앞에 있는 책상의 경우에는 그것이 무엇인지 확인하기 위해 구체적인 책상 이상의 무엇을 필요로 하지는 않지만 음악 작품이 무엇인지 설명하기 위해서는 악보와 특정 공연만으로는 분명히 무언가 빠진 것이 있는 것처럼 보이기 때문이다. 따라서 책상의 이데아와 같은 추상적 대상이 존재한다고 믿지 않는 사람들도 음악 작품이 시작도 끝도 없이 영원불변한 추상적 존재라는 생각에는 동의해야 할 것 같다. 하지만 음악 작품이 작곡에 의해 창조된다는 사실 또한 부인할 수 없다. 이 점을 고려하면 음악 작품이 추상적 대상이라는 주장은 더 이상 직관적으로 받아들일 수 없게 된다. 이는 음악 작품이 무엇인가를 이해하는 일의 <u>어려움</u>을 잘 드러내 준다.

보기

㉠ 음악 작품은 창조된다.
㉡ 추상적 존재자들도 창조될 수 있다.
㉢ 음악 작품은 추상적인 존재자로 있다.
㉣ 추상적 존재자는 시작도 끝도 없이 영원불변하다.

① ㉠, ㉡　　② ㉢, ㉣
③ ㉠, ㉡, ㉢　　④ ㉠, ㉢, ㉣

14. 밑줄 친 ㉠～㉤ 중 성격이 같은 소재로만 묶인 것은?

> 한때 미국 A 기업과 함께 ㉠사진 필름 시장에서 우위를 점하던 B 기업은 디지털 카메라의 등장으로 최대 위기를 맞았다. 필름의 수요가 급감하면서 시장 변화에 맞설 새로운 아이디어가 필요했다. 이에 B 기업은 전혀 연관성이 없을 것 같은 화장품을 대안으로 내놓았다. 얼핏 보면 엉뚱한 사업 확장 같지만 사실 이는 내부 역량인 필름 제조 기술을 십분 활용한 아이디어였다. 사진 필름의 주원료는 콜라겐이고 B 기업은 콜라겐 변성 방지 기술과 나노 관련 기술을 가지고 있었던 것이다. 콜라겐은 피부의 주성분이기도 하므로 B 기업은 자사의 기술을 노화방지에 응용할 수 있었다. 그 결과 ㉡노화방지 화장품은 매출의 상당 부분을 차지할 만큼 성공을 거두게 되었다. 그 후 B 기업은 제약에도 두각을 나타냈다. 필름 개발 과정에서 얻은 화학 합성 물질 데이터베이스와 노하우를 활용하여 독감 치료제인 ㉢'C 약품' 등을 만들어 냈다. C 약품은 이후 에볼라 치료에도 특효를 보이며 미 당국이 승인한 최초의 에볼라 치료제로 주목받았다. 그 밖에도 의료 화상정보 네트워크 시스템이나 전자 내시경 등 고성능 렌즈가 필요한 의료기기의 개발에 박차를 가했다. 이렇게 발굴한 사업은 다소 생소한 감이 있었지만 기존의 주력 사업과 밀접한 연관성을 갖고 있었기 때문에 경쟁력을 발휘할 수 있었다.
>
> 포스트잇, 스카치테이프 등 사무용품으로 우리에게 유명한 D 기업이 있다. 이 회사의 시초는 광산업이었으며 ㉣사금 채굴을 주로 했다. 그러나 채굴에 실패를 겪으면서 사포와 연마석을 만드는 제조사로 전환하게 되었다. 뛰어난 유연성과 금속 연마력을 지닌 방수 샌드페이퍼와 자동차 도색용 마스킹 테이프는 그 자체로도 주력 상품이 되었다. D 기업은 이에 안주하지 않고 당시 꽤 혁신적인 제품이었던 셀로판지의 단점을 보완할 테이프를 연구하였다. 셀로판지는 열 부근에서는 말리고, 기계 코팅 시에는 찢어지며, 평평하게 부착되지 않는 등의 문제가 있었기 때문이다. 얇고 투명한 셀로판에 접착제를 붙이는 수많은 실험을 한 결과, 마침내 D 기업의 대표 상품으로도 유명한 '스카치테이프'가 출시될 수 있었다. 그 후 접착제에 대한 연구를 바탕으로 그 유명한 ㉤포스트잇이 개발됐다. 이러한 과정을 통해 광산회사에서 시작한 D 기업은 점진적인 사업다각화 전략을 통해 지금의 거대 기업으로 성장할 수 있었다.

① ㉠, ㉡, ㉢　　② ㉠, ㉢, ㉣

③ ㉡, ㉢, ㉣　　④ ㉡, ㉢, ㉤

15. 다음 글의 흐름에 맞게 문단의 순서를 배열한 것은?

(가) 나전칠기에서 가장 많은 부분을 차지하는 검은 색은 옻칠에 의한 것이다. 옻은 옻나무에 흠집을 냈을 때 흘러나온 수액으로, 목재를 보호하고 광택을 내는 데 사용한다. 옻은 일반적으로 6월에서 11월까지 채취하는데 이 기간 중에서도 특히 7월 중순에서 8월 하순의 것을 최상으로 친다. 이렇게 최상의 옻을 준비하면, 먼저 백골에 옻칠을 한다. 이때 백골은 뼈대를 만들어 놓고 아직 옻칠하지 않은 나무 자체를 가리킨다.

(나) 이를 백골에 붙인 다음, 종이 본은 떼어 내고 옻칠을 추가한다. 남아 있는 칠을 긁어내고 인두로 마름질한 후 초벌 광, 중벌 광, 마감 광을 낸다. 그리고 가장 마지막으로 자개의 등 위에 고래를 바르는 평탈 기법을 하는데, 이는 자개 높이와 칠면을 같게 하려는 목적이다. 이처럼 나전칠기는 완성하기까지 칠하고, 건조하고 연마하기를 8개월에서 1년 동안 반복해야 한다. 나전칠기의 아름다움과 화려함 뒤에 장인의 정성이 숨어 있다는 사실을 잊지 말아야 한다.

(다) 나전칠기는 옻칠한 가구의 표면에 야광패(夜光貝)나 전복 조개 등의 껍데기를 여러 가지 문양으로 감입하여 장식한 칠기를 말한다. 나전칠기를 만드는 기법은 중국 주대(周代)와 당대(唐代)에 성행하였고, 그것이 한국과 일본에 전해진 것으로 보인다. 한국은 초기에는 주로 백색의 야광패를 사용하였으나 후기에는 청록 빛깔을 띤 복잡한 색상의 전복 조개의 껍데기를 많이 사용하였다.

(라) 이제 자개를 놓는 일만 남았다. 자개를 만들기 위해서는 조개껍데기를 숫돌로 얇게 갈아서 줄로 썰고 무늬에 맞게 끊음질을 해야 한다. 그리고 고래를 바른 상태에서 밑그림에 따라 자개에 구멍을 뚫고, 실톱으로 무늬를 오린 후 종이 본에 붙인다. 문양을 내기 위해 자개를 잘라내는 방법은 주름질과 이음질, 끊음질이 있는데 끊음질이 가장 많이 사용된다.

(마) 이후 황토와 옻칠을 혼합하여 나무의 눈메(나무 무늬)를 메워주고, 표면이 반질거리도록 연마한다. 그다음, 나무의 수축 변화를 막기 위해 옻칠과 찹쌀풀을 혼합시켜 삼베와 한지를 바르고, 그 위에 흑칠을 한다. 흑칠한 백골에 고래[토분(土粉)과 옻칠을 혼합한 것]로 다시 한번 눈메를 메워 매끄럽게 만들면, 나전칠기의 검은 부분이 완성된다.

① (가) – (다) – (마) – (나) – (라)
② (가) – (마) – (다) – (라) – (나)
③ (다) – (가) – (나) – (마) – (라)
④ (다) – (가) – (마) – (라) – (나)

16. 다음 글의 제목으로 적절한 것은?

> 저탄소 녹색성장은 생산과 소비라는 두 가지 기본 요소로 구성되는 경제계에서 자원과 자연을 포함하는 광의의 경제관을 전제로 경제활동 및 환경 문제를 해결하겠다는 인식의 대전환을 요구하고 있다. 경제관은 자연환경 및 자원이 유한하다는 인식을 기초로 하고 있지만, 실제 경제활동은 자연환경이 자정역량에 의해서 항상 깨끗할 것이고 자원은 무한히 공급될 수 있다는 인식하에 이루어지고 있다. 그 결과 지구의 성장은 환경 문제로 둔화될 것이라는 주장이 확산되고 있을 뿐만 아니라 환경오염은 인류의 삶을 위협할 정도로 악화되고 있으며, 자원, 특히 에너지 자원 부족현상은 가속화되고 있다. 이 같은 환경오염 문제를 해결하고, 특히 성장의 동력으로 활용하기 위해서는 경제계와 환경계가 상호 영향을 주고 있는 불가분의 관계에 있다는 사실을 인식해야 할 것이다. 그리고 환경계까지 포함하는 광의의 시장이 형성되어야 한다.
>
> 그 이유는 첫째, 환경이 경제에 영향을 미치고 있기 때문이다. 환경은 생산과 소비활동에 필요한 자원과 에너지를 공급하는 동시에 경제활동을 일부 제약하기도 한다. 둘째, 환경은 경제활동의 결과로 발생된 잔여물을 일정한도 내에서 흡수하여 정화하는 역할을 수행하고 있다. 셋째, 환경은 자연경관, 깨끗한 공기와 물 등을 통해 사람들에게 직접적인 만족을 제공하고 있다. 한편 생산자, 소비자, 정부 등 모든 경제 주체는 경제활동의 결과로서 필연적으로 발생하는 잔여물을 환경계로 방출하고 있다. 이처럼 환경과 경제는 서로 영향을 주고받으면서 양자 간에 순환하는 구조를 갖고 있다. 따라서 경제활동에 공급되는 자연자원은 가급적 효율적으로 사용되어야 하고 배출되는 잔여물의 재생 또는 재활용 기능을 강화한 자원순환형 경제 구조를 요구해야 한다.

① 저탄소 녹색성장의 배경
② 자연의 위대한 재활용 기능
③ 환경과 경제의 중요성
④ 자원순환형 경제의 필요성

17. 다음 글을 읽고 이해한 내용으로 적절하지 않은 것은?

> 가족은 경제적으로 협동하는 사회적 단위이자 정서적 욕구를 충족하는 곳이다. 그러나 구성원들 간의 이런 끈끈함은 외부 세계에 대한 배타성을 강화시키고 사적 이익만을 추구하게 하여 이타성과 공공선을 추구하는 공동체의 원리와 대립하게 한다.
>
> 그동안 우리 사회는 경제적으로 급성장하였지만 불균등한 분배 구조로 계층 간의 차이가 지속적으로 확대되었고, 그 차이는 다음 세대로 전승되어 사회적 불평등 구조가 재생산되고 있다. 이러한 사회적 불평등 재생산 구조는 한국 특유의 배타적 가족주의와 결합되면서 온갖 사회 모순을 확대시켜 왔다. 기업의 족벌 경영 체제, 부동산 투기, 사치성 소비 성향, 고액 과외 등의 부정적 현상들은 개개인들이 자기 가족의 안락과 번영을 위해 헌신한 행위로 정당화되어 결과적으로 가족 집단의 공동 이익이 다른 가족들의 경제적 빈곤을 악화시키는 반공동체적 행위를 강화시켜 왔다.
>
> 이와 같이 가족 내에서 형성된 배타성이 전체 사회의 공동체적 언어를 파괴할 뿐만 아니라 가족 생활 자체도 점차 공동체적 성격을 상실해 간다면, 가족은 더 이상 전체 사회에 유익한 일차 집단이 될 수 없다. 그럼에도 불구하고 가족에 대한 비판을 금기시하고 신성화하는 이데올로기를 고집한다면 우리 사회가 직면한 문제들을 해결하기는 더욱 어려워질 것이다.

① 배타적 가족주의는 한국 특유의 현상이다.
② 가족 공동체는 사회의 일차 집단이다.
③ 가족의 이익추구는 사회적 공동체의 원리와 대립한다.
④ 가족주의를 사회의 구조적 불평등 문제와 연결시키고 있다.

18. 다음 글을 읽고 나눈 대화의 내용으로 적절하지 않은 것은?

> 사람들은 흔히 개인이 소유한 것에 대한 독점적인 권리를 인정하는 것이 당연하다고 생각한다. 각 개인은 타고난 지적 능력, 육체적인 힘, 성격이나 외모, 상속받은 유산 등을 가지고 있다. 그러나 이와 같은 자연적인 자산을 개인이 소유하게 된 것은 우연적이다. 이 자산을 개인이 소유하게 된 것에 대한 정당한 근거나 필연적인 이유가 존재하지 않는다. 자신의 노력을 통해서 획득한 것이 아니라는 말이다. 더구나 물려받은 부나 재산은 애당초 공동체의 사회적인 협력이나 협동으로 획득된 것이다. 다시 말해, 대대로 상속된 재산이라 하더라도 그것은 사회적 환경과 시스템 속에서 형성되고 그 가치를 인정받게 된 것이다. 따라서 그와 같은 재산에 대한 권리는 극히 제한적이거나 아예 없다고도 말할 수 있다. 개인은 자신이 속한 사회의 물적 · 제도적 토대를 바탕으로, 자신의 자연적 자산을 활용하여 각종 부를 창출할 수 있다. 이 부는 공동체의 공동 자산으로 간주해야 한다. 그렇기 때문에 각 개인이 소유한 부를 오직 자신의 행복 증진만을 위하여 사용해서는 안 된다. 이 부는 공동체 구성원 전체의 이익 증대를 위해 사용되어야 한다. 따라서 개인이 일군 것처럼 보이는 재산이라고 하더라도 국가가 나서서 과세를 통해 거둬들여 재분배해야 한다. 결국, 개인의 재산에 대한 정치공동체의 개입은 도둑질이나 강탈이 아니라 사회적 혜택과 부담을 공정하게 분배하는 국가 본연의 임무이다.

① 영지 : 개인 소유의 재산에 관한 독점적 권리의 인정은 옳지 않아.

② 미르 : 노력을 통해 번 재산은 상속받은 유산보다 그 가치와 권리가 인정돼.

③ 유영 : 개인의 자산은 공동체를 위해 쓰여야 하며, 자신만을 위해 사용해서는 안 돼.

④ 지수 : 개인의 자산에 대해 국가가 과세하여 재분배하는 것은 당연해.

19. 다음 글에 나타난 저자의 견해와 일치하지 않는 것은?

우리는 식인 풍습의 긍정적인 형태들(그 기원이 신비적이거나 주술적인, 또는 종교적인 것들이 대부분 여기에 포함됨)을 고찰해 볼 필요가 있다. 식인종은 조상의 신체 일부분이나 적의 시체의 살점을 먹음으로써 죽은 자의 덕을 획득하려 하거나 또는 그들의 힘을 중화시키고자 한다. 이러한 의식은 종종 매우 비밀스럽게 거행된다. 식인종들은 인간의 살점을 다른 음식물과 섞어 먹거나 가루로 만든 유기물 약간과 함께 먹는다. 오늘날 식인 풍습의 요소가 보다 공개적으로 인정받고는 있으나, 그러한 풍습은 여전히 비도덕적이라는 이유로 비난 받기도 한다. 하지만 식인종들의 풍습은 시체가 물리적으로 파괴되면 육체적 부활이 위태로워진다는 생각에서 비롯된 것이거나, 또는 영혼과 육체의 연결과 여기에 따르는 육체와 영혼의 이원론에 대한 확신에서 비롯된 것이라는 점을 인정해야만 한다. 이러한 확신들은 의식적인 식인 풍습의 의미로 시행되고 있는 행위에 나타나는 것과 동일한 성격을 지닌다. 그러므로 우리는 어느 편이 더 나은 것이라고 말할 수 있는 어떠한 정당한 이유도 지니고 있지 못하다. 뿐만 아니라 우리는 죽음의 신성시함을 무시한다는 이유에서 식인종을 비난하지만, 어찌 보면 식인종들의 풍습은 우리가 해부학실습을 용인하고 있다는 사실과 별반 다를 것이 없다. 따라서 만약 우리와 다른 사회에서 살아온 관찰자가 우리를 연구하게 된다면 우리에게는 자연스러운 어떤 풍습이, 그에게는 우리가 비문명적이라고 여기는 식인 풍습과 비슷한 것으로 간주될 수 있다는 점을 인식해야만 한다.

① 각 사회는 나름대로의 합리성에 의한 문화를 갖는다.
② 하나의 기준으로 특정 문화의 옳고 그름을 판단할 수 없다.
③ 문화의 열등함과 우등함을 구분하는 것은 부적절한 일이다.
④ 도덕적 규범은 관습에 기초하는 절대 불변의 보편타당한 원리이다.

20. 다음 글의 중심내용으로 적절한 것은?

> 화이트(H. White)는 19세기의 역사 관련 저작들에서 역사가 어떤 방식으로 서술되어 있는지를 연구했다. 그는 특히 이야기식 서술에 주목했는데 이것은 역사적 사건의 경과 과정이 의미를 지닐 수 있도록 서술하는 양식이다. 그는 역사적 서술의 타당성이 문학적 장르 내지는 예술적인 문체에 의해 결정된다고 보았다. 이러한 주장에 따르면 역사적 서술의 타당성은 결코 논증에 의해 결정되지 않는다. 왜냐하면 논증은 지나간 사태에 대한 모사인 역사적 진술의 옳고 그름을 사태 자체에 놓여 있는 기준에 의거해서 따지기 때문이다.
>
> 이야기식 서술을 통해 사건들은 서로 관련되면서 무정형적 역사의 흐름으로부터 벗어난다. 이를 통해 역사의 흐름은 발단 · 중간 · 결말로 인위적으로 구분되어 인식 가능한 전개 과정의 형태로 제시된다. 문학 이론적으로 이야기하자면 사건 경과에 부여되는 질서는 구성(plot)이며, 이야기식 서술을 만드는 방식은 구성화(employment)이다. 이러한 방식을 통해 사건은 원래 가지고 있지 않던 발단 · 중간 · 결말이라는 성격을 부여받는다. 또 사건들은 일종의 전형에 따라 정돈되는데 이러한 전형은 역사가의 문화적인 환경에 의해 미리 규정되어 있거나 경우에 따라서는 로맨스 · 희극 · 비극 · 풍자극과 같은 문학적 양식에 기초하고 있다.
>
> 따라서 이야기식 서술은 역사적 사건의 경과 과정에 특정한 문학적 형식을 부여할 뿐만 아니라 의미도 함께 부여한다. 우리는 이야기식 서술을 통해서야 비로소 이러한 역사적 사건의 경과 과정을 인식할 수 있게 된다는 말이다. 사건들 사이에서 만들어지는 관계는 사건들 자체에 내재하는 것이 아니다. 그것은 사건에 대해 사고하는 역사가의 머릿속에만 존재한다.

① 역사가는 역사적 사건을 객관적으로 서술하여야 한다.

② 역사적 서술의 타당성은 논증에 의해 결정된다.

③ 역사가가 속한 문화적인 환경은 역사와 문학의 기술 내용을 결정짓는다.

④ 이야기식 역사 서술은 문학적 서술 방식을 통하여 역사적 사건의 경과 과정에 의미를 부여한다.

21. 다음 글에 대한 반박으로 적절하지 않은 진술은?

> 경제적 불의는 더 이상 방치할 수 없는 상태에 이르렀다. 도시 빈민가의 빈곤은 최소한의 인간적 삶조차 원칙적으로 박탈하고 있으며, 경제력을 독점하고 있는 소수 계층은 각계에 영향력을 행사하여 대다수 국민들의 의사에 반하는 결정들을 관철시키고 있다. 만연한 사치와 향락은 근면과 저축의욕을 감퇴시키고 손쉬운 투기와 불로소득은 기업들의 창의력과 투자 의욕을 감소시킴으로써 경제 성장의 토대가 와해되고 있다. 부익부 빈익빈의 극심한 양극화는 국민 간의 균열을 심화시킴으로써 사회 안정 기반이 동요되고 있으며 공공연한 비윤리적 축적은 공동체의 기본 규범인 윤리 전반을 문란하게 하여 우리와 우리 자손들의 소중한 삶의 터전인 이 땅을 약육강식의 살벌한 세상으로 만들고 있다.
>
> 부동산 투기, 정경유착, 불로소득과 탈세를 공인하는 차명계좌의 허용, 극심한 소득차, 불공정한 노사관계, 농촌과 중소기업의 피폐 및 이 모든 것들의 결과인 부와 소득의 불공정한 분배, 그리고 재벌로의 경제적 집중, 사치와 향락, 환경 오염 등 이 사회에 범람하고 있는 경제적 불의를 척결하고 경제정의를 실천함은 이 시대 우리 사회의 역사적 과제이다.
>
> 이런 실천 없이는 경제 성장도 산업 평화도 민주복지사회의 건설도 한갓 꿈에 불과하다. 이중에서도 부동산 문제의 해결은 가장 시급한 우리의 당면 과제이다. 인위적으로 생산될 수 없는 귀중한 국토는 국민들의 복지 증진을 위하여 생산과 생활에만 사용되어야 함에도 불구하고 소수의 재산 증식 수단으로 악용되고 있다. 토지 소유의 극심한 편중과 투기화, 그로 인한 지가의 폭등은 국민생활의 근거인 주택의 원활한 공급을 곤란하게 하고 있을 뿐만 아니라 물가 폭등 및 노사 분규의 격화, 거대한 투기 소득의 발생 등을 초래함으로써 현재 이 사회가 당면하고 있는 대부분의 경제적 · 사회적 불안과 부정의의 가장 중요한 원인으로 작용하고 있다.
>
> 정부 정책에 대한 국민들의 자유로운 선택권이 보장되며 경제적으로 시장 경제의 효율성과 역동성을 살리면서 깨끗하고 유능한 정부의 적절한 개입으로 분배의 편중, 독과점 및 공해 등 시장 경제의 결함을 해결하는 민주복지사회를 실현하여야 한다. 그리고 이것이 자유와 평등, 정의와 평화의 공동체로서 우리가 지향할 목표이다.

① 뚜렷하고 구체적인 정책을 제시하지 않고 해결책을 에둘러 말하고 있다.
② 경제 · 사회적 불안과 부정의의 가장 큰 원인이 부동산 문제라고만은 할 수 없다.
③ 경제력을 독점하고 있는 소수 계층이 경제적 불의를 일으키고 있다.
④ 수많은 경제적 불의 문제들은 나라가 발전하고 성장하는 데에 필수불가결한 단계이다.

22. 다음 글을 읽고 내용을 바르게 이해하지 못한 것은?

> 건축물에서의 피난 관련 사항은 건축허가 요건을 이루는 중요한 규정이다. 일반적으로 피난은 건축물의 화재 상황을 염두에 두고 검토되기 때문에 건축법에서는 대피 관련 규정의 상당 부분을 화재 상황으로 상정하고 있고, 방화규정과 피난규정을 엄격히 구분하지 않는다.
>
> 건축물에서의 피난요건을 규정하는 방식은 크게 두 가지로 사양방식과 성능방식이 있다. 사양방식이란 건축 상황을 일반화시켜 놓고 피난시설의 개수, 치수, 면적, 위치 등을 구체적으로 규정하는 방식을 말한다. 반면 성능방식이란 건축물의 특수한 상황에서 법으로 규정된 사양을 맞출 수는 없으나 시뮬레이션을 통해 사람들이 안전하게 대피할 수 있음을 입증하는 방식이다. 우리나라의 건축법은 전적으로 사양방식을 채택하고 있으나, 해외에서는 사양방식을 기본으로 하되 필요에 따라 일부 층이나 특정 공간에서 성능방식을 채택할 수 있도록 규정하고 있다.
>
> 피난이란 건축물 내에서 안전한 곳까지 막힘없이 안전하게 도달하는 것을 의미한다. 피난 관련 규정은 규모 면에 있어서 고층 건축물을 구분하여 관리하고 있다. 또한 피난의 개념에 관한 규정은 건축물 내부에서 대피통로, 건축물 내에서 밖으로 탈출하기 위한 출구, 건축물 출구에서 안전한 장소까지 이동하거나 화재 진압에 필요한 통로와 관련하여 크게 세 가지로 구분하고 있다.

① 피난이란 건축물 내에서 안전한 곳까지 막힘없이 안전하게 도달하는 것을 의미한다.

② 우리나라는 일반적으로 건축 상황을 일반화시킨 뒤 피난시설의 개수, 치수, 면적, 위치 등을 구체적으로 규정하는 방식을 채택하고 있다.

③ 30층 이상의 높이를 가진 건축물에는 성능방식을, 그 외 기타규모의 건축물에는 사양방식을 적용하는 것이 옳다.

④ 해외에서는 일부 층이나 특정 공간에서 필요에 따라 건축적 특수 상황에서 시뮬레이션을 통해 사람들이 안전하게 대피할 수 있음을 입증하는 방법을 채택하기도 한다.

23. 다음 글의 짜임으로 적절한 것은?

> 글의 구조적 특징(特徵)들은 이야기를 이해하고 기억하는 데에도 영향을 주게 된다. 이야기의 구조는 상위 구조와 하위 구조들로 이루어지는데 상위 구조에 속한 요소들, 즉 주제, 배경, 인물 등의 중요한 골자는 더 잘 기억되고 더 오래 기억된다. 우리가 옛날에 읽었거나 들은 심청전을 기억해 보면, 심청이 효녀라는 점, 뺑덕어멈의 품성이 좋지 못하다는 점을 이를 뒷받침해 주는 하나하나의 구체적인 행동보다 더 잘 기억하고 있음을 알게 된다.

① 전제 – 주지 – 예시
② 주지 – 부연 – 예시
③ 전제 – 종합 – 첨가
④ 주지 – 상술 – 첨가

24. 다음 (가)～(마)를 글의 흐름에 맞게 순서대로 나열한 것은?

> (가) 본질은 어떤 사물의 불변하는 측면 혹은 그 사물을 다른 사물과 구별시켜 주는 특성을 의미하는데, 본질주의자는 이러한 사물 본연의 핵심적인 측면을 중시한다.
> (나) 예를 들어 책상의 본질적 기능이 책을 놓고 보는 것이라면, 책상에서 밥을 먹는 것은 비본질적 행위이고 이러한 비본질적 행위는 잘못된 것이라고 본다.
> (다) 책상 자체가 원래 '책을 놓고 보는 것'이라는 본질을 미리 갖고 있었던 것이 아니라, 인간이 책상에서 책을 보거나 글을 쓰면서, 즉 책상에 대해 인간이 경험적으로 행동을 해 보고 난 후에 책상의 본질을 그렇게 규정한 것이라 할 수 있다.
> (라) '본질이란 무엇인가'라는 질문은 서양 철학의 핵심적 질문이다. 탈레스가 세계의 본질을 '물'이라고 이야기했을 때부터 서양 철학은 거의 모든 것들에 대해 불변하는 측면과 그렇지 않은 측면을 탐구하기 시작했다.
> (마) 그런데 본질주의자들이 강조하는 사물의 본질이란 사실 사후적으로 구성된 것이라 할 수 있다.

① (가) – (나) – (마) – (다) – (라)
② (가) – (라) – (마) – (나) – (다)
③ (라) – (가) – (나) – (마) – (다)
④ (라) – (가) – (다) – (마) – (나)

25. 다음의 (가) ~ (마)를 글의 흐름에 맞게 순서대로 나열한 것은?

(가) 사유방식, 생활, 학습, 언어, 행위, 노동, 예절, 도덕 등에서 드러나는 개인의 습관은 한 사람의 소양을 드러내며 그가 세상을 살아가는 방식에 영향을 미친다. 또한 습관은 우리의 선택과 외부적 환경으로부터 영향을 받는 정도를 결정하며, 나아가 우리의 인생 그리고 타인과 사회를 바라보는 관점에도 영향을 미친다.

(나) 습관의 최상위 형식은 사고방식으로 이것은 이성과 철학의 영향을 크게 받는다. 예를 들어 마르크스는 모든 문제를 두 가지의 대립된 모순으로 인식하는 경향이 있으며, 아인슈타인은 가장 간단한 사실에서 시작하여 엄밀한 추론을 통해 가장 심오한 결론에 도달한다.

(다) 습관의 힘은 실로 거대한 것으로 성공의 필수불가결한 요소이며, 가치를 따질 수 없이 귀중한 인생의 재화이자 자본이다. 좋은 습관을 기르는 것은 한 사람의 인생에 무한한 이익을 가져다주며 평범한 삶에서 특별한 삶으로 넘어가는 데에 가장 중요한 관건이 된다.

(라) 습관의 사전적 의미는 '장기간에 걸쳐 양성되어 단기에 고치기 어려운 행위, 경향 혹은 사회적 풍습'이다. 습관은 인간의 행위를 연구하는 많은 학자들이 오랫동안 관심을 가져온 분야로 간단히 말해 일종의 안정적인 행위의 특징을 말한다.

(마) 습관의 형식에는 여러 가지가 있는데 '무조건적 반사'를 가장 기본적인 습관이라고 할 수 있다. 그보다 상위 단계의 습관으로는 언어와 동작의 습관을 들 수 있다. 일반적으로 우리가 '습관'이라고 부르는 것도 이러한 것들이다. 일부 학자들은 남녀 간에도 습관의 차이가 있다고 주장한다. 예를 들어 남자들은 집에 도착하기 전에 미리 호주머니에서 열쇠를 꺼내는 한편, 여자들은 문 앞에 도달한 다음에 가방에서 열쇠를 꺼낸다는 것이다.

① (다)－(가)－(나)－(마)－(라)
② (다)－(라)－(나)－(마)－(가)
③ (라)－(가)－(마)－(나)－(다)
④ (라)－(마)－(가)－(다)－(나)

[시 · 도 교육청 교육공무직원 소양평가]

유형별 출제비중

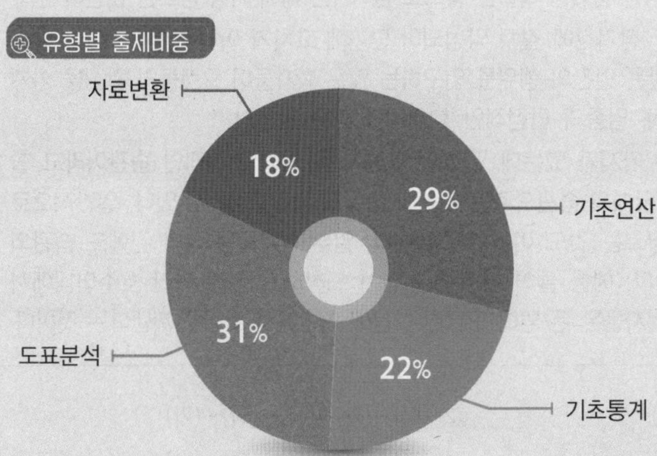

구조보기

- 기초계산 · 응용수리 : 기초적인 사칙연산과 계산을 하고, 기초 수준의 백분율, 평균, 확률과 같은 통계 처리를 하는 능력
  → 적절한 연산 또는 통계 기법 선택, 연산 또는 통계 기법에 따른 연산 수행, 수행 결과에 대한 평가
- 자료해석 : 도표(그림, 표, 그래프 등)가 갖는 의미를 해석하고 도표를 작성하는 능력
  → 도표에 제시된 정보 파악 및 해석, 도표 제시방법 선택 및 작성, 평가

시 · 도 교육청 교육공무직원 소양평가

파트 2

수리력

출제유형이론

01 기초계산

1 덧셈의 비교

1. 숫자 각각의 대소를 비교한다.

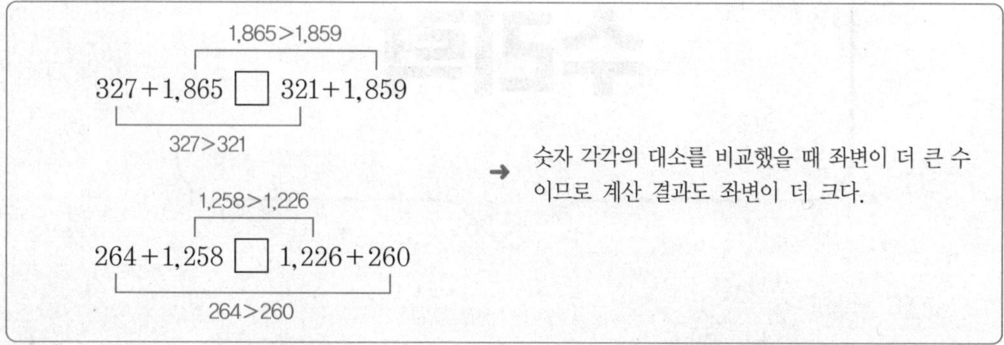

2. 숫자 각각의 증감을 비교한다.

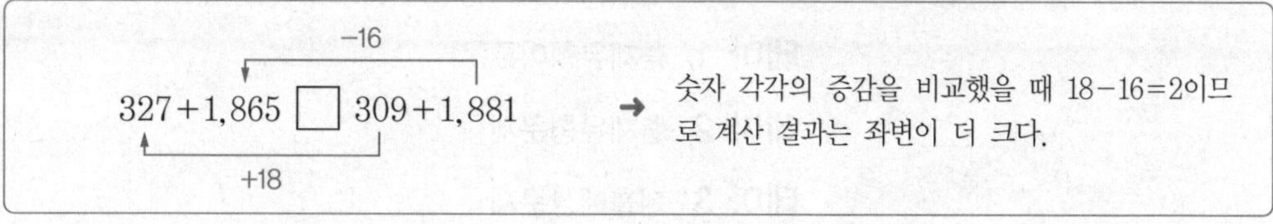

2 뺄셈의 비교

1. 빼어지는 수와 빼는 수의 증감을 파악한다.

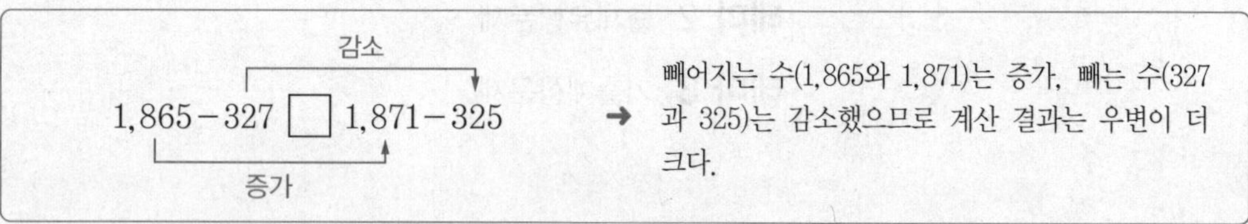

2. 숫자 각각의 증감을 비교한다.

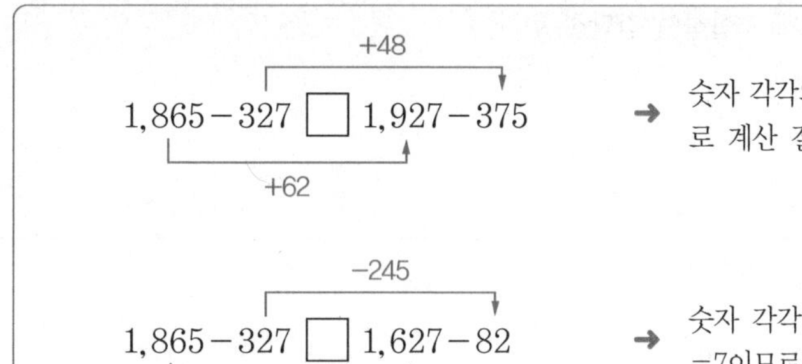

➜ 숫자 각각의 증감을 비교했을 때 62−48=14이므로 계산 결과는 우변이 더 크다.

➜ 숫자 각각의 증감을 비교했을 때 −238−(−245)=7이므로 계산 결과는 우변이 더 크다.

③ 곱셈의 비교

1. 숫자 각각의 대소를 비교한다.

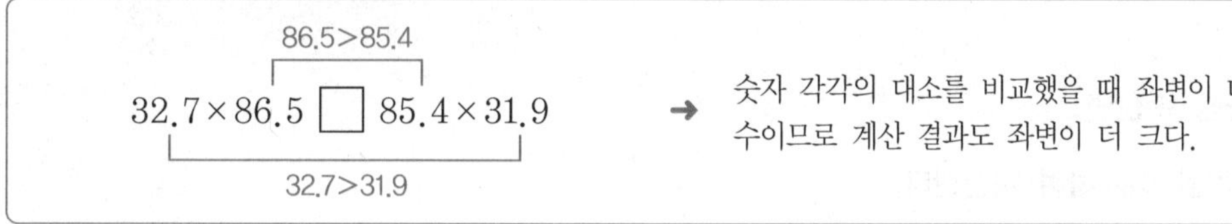

➜ 숫자 각각의 대소를 비교했을 때 좌변이 더 큰 수이므로 계산 결과도 좌변이 더 크다.

2. 비교하기 쉽게 숫자를 조정한다.

300×0.1 □ $1,400 \times 0.02$

$5 \times 300 \times 0.1$ □ $1,400 \times 0.02 \times 5$

$1,500 \times 0.1$ □ $1,400 \times 0.1$

1,500>1,400

➜ 숫자를 조정한 후, 숫자 각각의 대소를 비교했을 때 좌변이 더 큰 수이므로 계산 결과도 좌변이 더 크다.

3. 숫자 각각의 증가율을 비교한다.

5% 증가

300×103 □ 315×100

3% 증가

➜ 숫자 각각의 증가율을 비교했을 때 5%>3%이므로 계산 결과는 우변이 더 크다.

4. 곱셈 속산법

(1) %의 계산 : 10%, 5%, 1%를 유효하게 조합하여 간단히 한다.

- 10%는 끝 수 1자릿수를 제한 수
- 1%는 끝 수 2자릿수를 제한 수
- 5%는 10%의 절반

예 230,640의 15%는 다음과 같이 구할 수 있다.
230,640의 10%는 23,064
230,640의 5%는 10%의 절반이므로 11,532
따라서 230,640의 15%는 23,064+11,532=34,596

(2) 배수의 계산

- 25배는 100배를 4로 나눈다.
- 125배는 1,000배를 8로 나눈다.
- 75배는 300배를 4로 나눈다.

4 나눗셈 속산법

1. 근사치를 이용하여 계산한다.

2. 나눗셈의 성질에 착안하여 곱셈으로 다시 계산한다.

3. 공약수로 두 수를 나눠 숫자의 크기를 줄여 계산한다.

4. 나눗수에 가까운 숫자로 나누어 보정하면서 계산한다.

예 ▸54,027÷162
↓ 두 수의 공약수인 9로 나눔
6,003÷18
↓ 두 수의 공약수인 9로 나눔
667÷2=333.5

▸421÷1.25
125×8=1,000이므로 $1.25=\frac{10}{8}$이다.
따라서 $421\div1.25=421\div\frac{10}{8}=421\times\frac{8}{10}=336.8$

▸116,900÷350
↓ 두 수에 2를 곱함
233,800÷700
↓ 두 수를 100으로 나눔
2,338÷7=334

5 분수의 비교

1. 곱셈을 사용

$\frac{b}{a}$와 $\frac{d}{c}$의 비교(단, $a, b, c, d > 0$)　　$bc > ad$이면 $\frac{b}{a} > \frac{d}{c}$

2. 어림셈과 곱셈을 사용

$\frac{47}{140}$과 $\frac{88}{265}$의 비교 → $\frac{47}{140}$은 $\frac{1}{3}$보다 크고 $\frac{88}{265}$은 $\frac{1}{3}$보다 작으므로 $\frac{47}{140} > \frac{88}{265}$

3. 분모와 분자의 배율을 비교

$\frac{351}{127}$과 $\frac{3,429}{1,301}$의 비교

3,429는 351의 10배보다 작고 1,301은 127의 10배보다 크므로 $\frac{351}{127} > \frac{3,429}{1,301}$

4. 분모와 분자의 차이를 파악

$\frac{b}{a}$와 $\frac{b+d}{a+c}$의 비교(단, $a, b, c, d > 0$)

$\frac{b}{a} > \frac{d}{c}$이면 $\frac{b}{a} > \frac{b+d}{a+c}$　　$\frac{b}{a} < \frac{d}{c}$이면 $\frac{b}{a} < \frac{b+d}{a+c}$

6 단위환산

단위	단위환산		
길이	• 1cm=10mm • 1in=2.54cm	• 1m=100cm • 1mile=1,609.344m	• 1km=1,000m
넓이	• $1cm^2=100mm^2$	• $1m^2=10,000cm^2$	• $1km^2=1,000,000m^2$
부피	• $1cm^3=1,000mm^3$	• $1m^3=1,000,000cm^3$	• $1km^3=1,000,000,000m^3$
들이	• $1m\ell=1cm^3$	• $1d\ell=100cm^3=100m\ell$	• $1\ell=1,000cm^3=10d\ell$
무게	• 1kg=1,000g	• 1t=1,000kg=1,000,000g	• 1근=600g
시간	• 1분=60초	• 1시간=60분=3,600초	
할푼리	• 1푼=0.1할	• 1리=0.01할	• 1모=0.001할
데이터 양	• 1KB=1,024B • 1TB=1,024GB	• 1MB=1,024KB • 1PB=1,024TB	• 1GB=1,024MB • 1EB=1,024PB

02 응용수리

1 거리 · 속력 · 시간

1. 공식

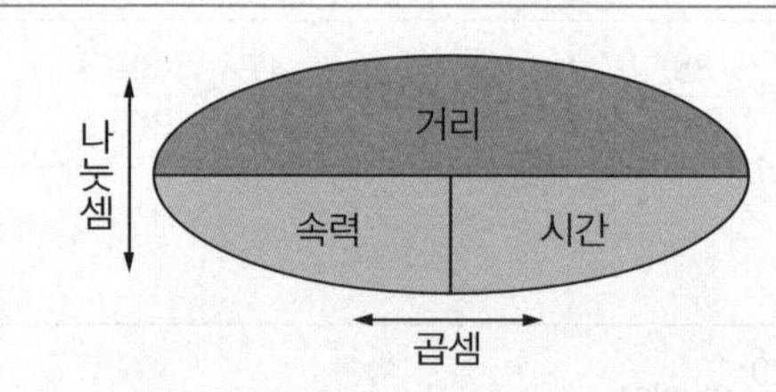

- 거리=속력×시간
- 속력$=\frac{\text{거리}}{\text{시간}}$
- 시간$=\frac{\text{거리}}{\text{속력}}$

2. 풀이 방법

거리, 속력, 시간 중 무엇을 구하는 것인지를 파악하여 공식을 적용하고 방정식을 세운다.

- 단위 변환에 주의한다.
- 1km=1,000m
- 1m$=\frac{1}{1,000}$km
- 1시간=60분
- 1분$=\frac{1}{60}$시간

2 농도

1. 공식

$$\text{농도(\%)}=\frac{\text{용질(소금)의 질량}}{\text{용액(소금물)의 질량}}\times100=\frac{\text{용질의 질량}}{\text{용매의 질량+용질의 질량}}\times100$$

2. 풀이 방법

두 소금물 A, B를 하나로 섞었을 때 ➜

(1) (A+B) 소금의 양=A 소금의 양+B 소금의 양

(2) (A+B) 소금물의 양=A 소금물의 양+B 소금물의 양

(3) (A+B) 농도$=\frac{\text{(A+B) 소금의 양}}{\text{(A+B) 소금물의 양}}\times100$

3 일의 양

1. 공식

• 일률 $= \frac{일량}{시간}$ • 일량 = 시간 × 일률 • 시간 $= \frac{일량}{일률}$

2. 풀이 방법

(1) 전체 일을 1로 둔다.

(2) 단위시간당 일의 양을 분수로 나타낸다.

4 약 · 배수

1. **공약수** : 두 정수의 공통 약수가 되는 정수, 즉 두 정수가 모두 나누어떨어지는 정수를 말한다.

2. **최대공약수** : 공약수 중에서 가장 큰 수로, 공약수는 그 최대공약수의 약수이다.

3. **서로소** : 공약수가 1뿐인 두 자연수이다.

4. **공배수** : 두 정수의 공통 배수가 되는 정수를 말한다.

5. **최소공배수** : 공배수 중에서 가장 작은 수로, 공배수는 그 최소공배수의 배수이다.

6. 최대공약수와 최소공배수의 관계

$G\underline{)\ A\ \ B}$
$\quad a\ \ b$

두 자연수 A, B의 최대공약수가 G이고 최소공배수가 L일 때 ➜ $A=a\times G$, $B=b\times G$(a, b는 서로소)라 하면 $L=a\times b\times G$가 성립한다.

7. 약수의 개수

자연수 n이 $p_1^{e_1}p_2^{e_2}\cdots p_k^{e_k}$로 소인수분해될 때, n의 약수의 개수는 $(e_1+1)(e_2+1)\cdots(e_k+1)$개이다.

5 경우의 수

1. **합의 법칙** : 두 사건 A, B가 동시에 일어나지 않을 때, 사건 A, B가 일어날 경우의 수를 각각 m, n이라고 하면, 사건 A 또는 B가 일어날 경우의 수는 $m+n$가지이다.

2. **곱의 법칙** : 사건 A, B가 일어날 경우의 수를 각각 m, n이라고 하면, 사건 A, B가 동시에 일어날 경우의 수는 $m\times n$가지이다.

3. 순열

서로 다른 n개에서 중복을 허용하지 않고 r개를 골라 순서를 고려해 나열하는 경우의 수 ➜

예 $_{n}P_{r}=n(n-1)(n-2)\cdots(n-r+1)$
$=\dfrac{n!}{(n-r)!}$ (단, $r \le n$)

4. 조합

서로 다른 n개에서 순서를 고려하지 않고 r개를 택하는 경우의 수 ➜

예 $_{n}C_{r}=\dfrac{n(n-1)(n-2)\cdots(n-r+1)}{r!}$
$=\dfrac{n!}{r!(n-r)!}$ (단, $r \le n$)

5. 중복순열

서로 다른 n개에서 중복을 허용하여 r개를 골라 순서를 고려해 나열하는 경우의 수 ➜

예 $_{n}\Pi_{r}=n^{r}$

6. 중복조합

서로 다른 n개에서 순서를 고려하지 않고 중복을 허용하여 r개를 택하는 경우의 수 ➜

예 $_{n}H_{r}={}_{n+r-1}C_{r}$

7. 같은 것이 있는 순열

n개 중에 같은 것이 각각 p개, q개, r개일 때, n개의 원소를 모두 택하여 만든 순열의 수 ➜

예 $\dfrac{n!}{p!q!r!}$ (단, $p+q+r=n$)

8. 원순열

서로 다른 n개를 원형으로 배열하는 경우의 수 ➜

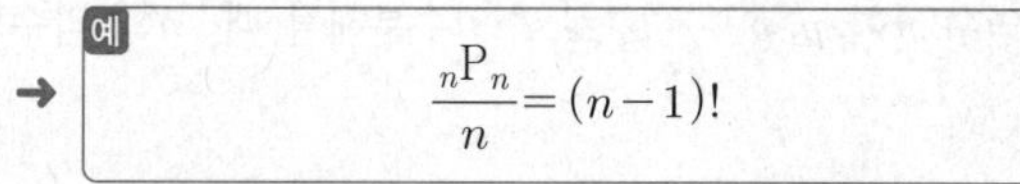

예 $\dfrac{_{n}P_{n}}{n}=(n-1)!$

6 확률

1. 일어날 수 있는 모든 경우의 수를 n가지, 사건 A가 일어날 경우의 수를 a가지라고 하면 사건 A가 일어날 확률 $P=\dfrac{a}{n}$, 사건 A가 일어나지 않을 확률 $P'=1-P$이다.

2. **두 사건 A, B가 배반사건(동시에 일어나지 않을 때)일 경우** $P(A\cup B)=P(A)+P(B)$

3. 두 사건 A, B가 독립(두 사건이 서로 영향을 주지 않을 때)일 경우 $P(A \cap B) = P(A)P(B)$

4. 조건부확률 : 확률이 0이 아닌 두 사건 A, B에 대하여 사건 A가 일어났다고 가정할 때, 사건 B가 일어날 확률 $P(B|A) = \frac{P(A \cap B)}{P(A)}$ (단, $P(A) > 0$)

7 기초 통계

종류	내용
백분율	• 전체의 수량을 100으로 하여, 나타내려는 수량이 그중 몇이 되는가를 가리키는 수 • 기호는 %(퍼센트)이며, $\frac{1}{100}$이 1%에 해당된다. • 오래전부터 실용계산의 기준으로 널리 사용되고 있으며, 원그래프 등을 이용하면 이해하기 쉽다.
범위	• 관찰값의 흩어진 정도를 나타내는 도구로서 최곳값과 최젓값을 가지고 파악하며, 최곳값에서 최젓값을 뺀 값에 1을 더한 값을 의미한다. • 계산이 용이한 장점이 있으나 극단적인 끝 값에 의해 좌우되는 단점이 있다.
평균	• 관찰값 전부에 대한 정보를 담고 있어 대상집단의 성격을 함축적으로 나타낼 수 있는 값이다. • 자료에 대해 일종의 무게중심으로 볼 수 있다. • 모든 자료의 자료값을 합한 후 자료값의 개수로 나눈 값을 의미한다. $평균 = \frac{자료의\ 총합}{자료의\ 총\ 개수}$ • 평균의 종류 – 산술평균 : 전체 관찰값을 모두 더한 후 관찰값의 개수로 나눈 값 – 가중평균 : 각 관찰값에 자료의 상대적 중요도(가중치)를 곱하여 모두 더한 값을 가중치의 합계로 나눈 값
분산	• 자료의 퍼져있는 정도를 구체적인 수치로 알려주는 도구이다. • 각 관찰값과 평균값의 차이의 제곱을 모두 합한 값을 개체의 수로 나눈 값을 의미한다. $분산 = \frac{(편차)^2의\ 총합}{변량의\ 개수}$
표준편차	• 분산값의 제곱근 값을 의미한다(표준편차 = $\sqrt{분산}$). • 평균으로부터 얼마나 떨어져 있는가를 나타내는 개념으로, 평균편차의 개념과 개념적으로는 동일하다. • 표준편차가 크면 자료들이 넓게 퍼져있고 이질성이 큰 것을 의미하며, 작으면 자료들이 집중하여 있고 동질성이 큰 것을 의미한다.

8 다섯숫자요약

평균과 표준편차만으로는 원 자료의 전체적인 형태를 파악하기 어렵기 때문에 최솟값, 하위 25% 값(Q_1, 제1사분위수), 중앙값(Q_2), 상위 25% 값(Q_3, 제3사분위수), 최댓값 등을 활용하며, 이를 다섯숫자요약이라고 부른다.

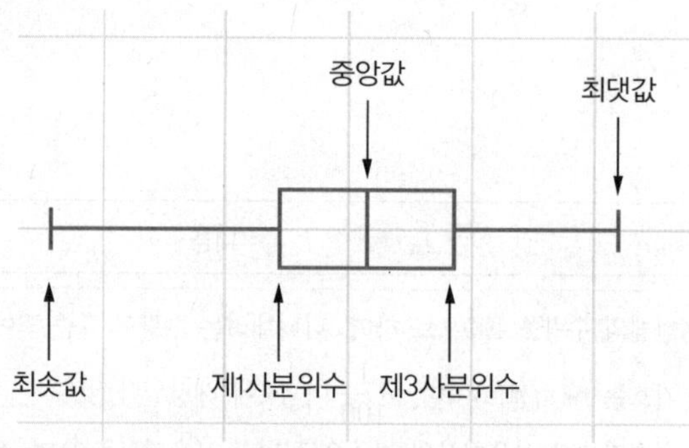

1. **최솟값** : 원 자료 중 값의 크기가 가장 작은 값이다.

2. **최댓값** : 원 자료 중 값의 크기가 가장 큰 값이다.

3. **중앙값** : 관찰값을 최솟값부터 최댓값까지 크기 순으로 배열하였을 때 순서상 중앙에 위치하는 값으로 평균값과는 다르다. 관찰값 중 어느 하나가 너무 크거나 작을 때 자료의 특성을 잘 나타낸다.

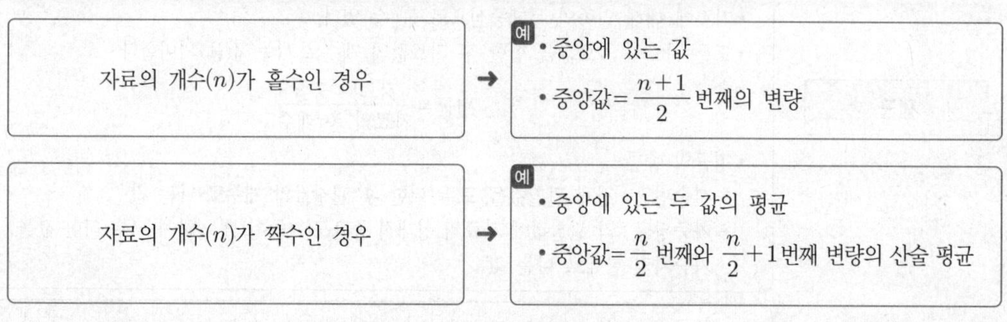

4. **하위 25% 값과 상위 25% 값** : 원 자료를 크기순으로 배열하여 4등분한 값을 의미한다. 백분위수의 관점에서 제25백분위수, 제75백분위수로 표기할 수도 있다.

9 도수분포표

1. 도수분포표 : 자료를 몇 개의 계급으로 나누고, 각 계급에 속하는 도수를 조사하여 나타낸 표이다.

몸무게(kg)	계급값	도수
30 이상 ~ 35 미만	32.5	3
35 ~ 40	37.5	5
40 ~ 45	42.5	9
45 ~ 50	47.5	13
50 ~ 55	52.5	7
55 ~ 60	57.5	3

- 변량 : 자료를 수량으로 나타낸 것
- 계급 : 변량을 일정한 간격으로 나눈 구간
- 계급의 크기 : 구간의 너비
- 계급값 : 계급을 대표하는 값으로 계급의 중앙값
- 도수 : 각 계급에 속하는 자료의 개수

2. 도수분포표에서의 평균, 분산, 표준편차

- $\text{평균} = \dfrac{\{(\text{계급값}) \times (\text{도수})\}\text{의 총합}}{(\text{도수})\text{의 총합}}$
- $\text{분산} = \dfrac{\{(\text{편차})^2 \times (\text{도수})\}\text{의 총합}}{(\text{도수})\text{의 총합}}$
- $\text{표준편차} = \sqrt{\text{분산}} = \sqrt{\dfrac{\{(\text{편차})^2 \times (\text{도수})\}\text{의 총합}}{(\text{도수})\text{의 총합}}}$

3. 상대도수

(1) 도수분포표에서 도수의 총합에 대한 각 계급의 도수의 비율이다.
(2) 상대도수의 총합은 반드시 1이다.

➜ $\text{계급의 상대도수} = \dfrac{\text{각 계급의 도수}}{\text{도수의 총합}}$

4. 누적도수

(1) 도수분포표에서 처음 계급의 도수부터 어느 계급의 도수까지 차례로 더한 도수의 합이다.
- 각 계급의 누적도수=앞 계급까지의 누적도수+그 계급의 도수

(2) 처음 계급의 누적도수는 그 계급의 도수와 같다.

(3) 마지막 계급의 누적도수는 도수의 총합과 같다.

10 손익계산

1. 공식

- 정가 = 원가 $\times \left(1 + \frac{\text{이익률}}{100}\right)$
- 정가 = 원가 + 이익
- 할인율(%) = $\frac{\text{정가} - \text{할인가(판매가)}}{\text{정가}} \times 100$
- 할인가 = 정가 $\times \left(1 - \frac{\text{할인율}}{100}\right)$ = 정가 − 할인액
- 이익 = 원가 $\times \frac{\text{이익률}}{100}$

2. 풀이 방법

(1) 정가가 원가보다 a원 비싸다. → 정가=원가+a

(2) 정가가 원가보다 b% 비싸다. → 정가=원가$\times \left(1 + \frac{b}{100}\right)$

(3) 판매가가 정가보다 c원 싸다. → 판매가=정가−c

(4) 판매가가 정가보다 d% 싸다. → 판매가=정가$\times \left(1 - \frac{d}{100}\right)$

11 원리합계

1. 정기예금

(1) 단리 : 원금에 대해서만 이자를 붙이는 방식이다.

$$S = A(1 + rn)$$

**S : 원리합계, A : 원금, r : 연이율, n : 기간(년)

→

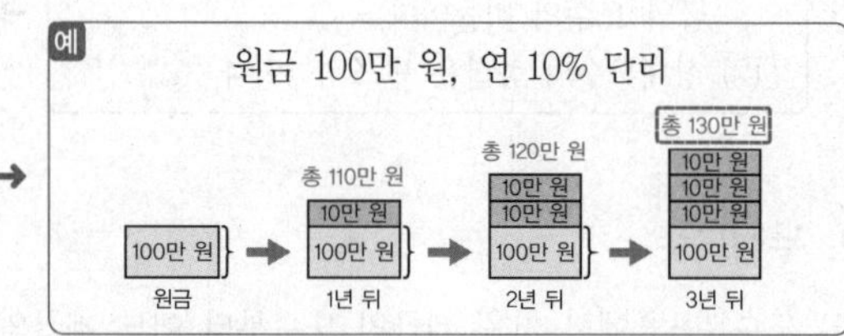

(2) 복리 : 원금뿐만 아니라 원금에서 생기는 이자에도 이자를 붙이는 방식이다.

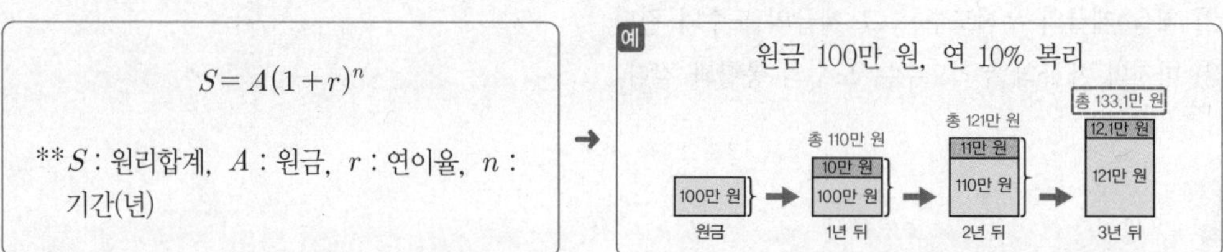

$$S = A(1 + r)^n$$

**S : 원리합계, A : 원금, r : 연이율, n : 기간(년)

→

2. 정기적금

(1) 기수불 : 각 단위기간의 첫날에 적립하는 방식으로, 마지막에 적립한 예금도 단위기간 동안의 이자가 발생한다.

예
• 단리 : $S=An+A\times r\times\frac{n(n+1)}{2}$
• 복리 : $S=\frac{A(1+r)\{(1+r)^n-1\}}{r}$

➜ ※ S : 원리합계, A : 원금, r : 연이율, n : 기간(년)

(2) 기말불 : 각 단위기간의 마지막 날에 적립하는 방식으로 마지막에 적립한 예금은 이자가 발생하지 않는다.

예
• 단리 : $S=An+A\times r\times\frac{n(n-1)}{2}$
• 복리 : $S=\frac{A\{(1+r)^n-1\}}{r}$

➜ ※ S : 원리합계, A : 원금, r : 연이율, n : 기간(년)

3. 72의 법칙

이자율을 복리로 적용할 때 투자한 돈이 2배가 되는 시간을 계산하는 방법이다.

원금이 2배가 되기까지 걸리는 시간(년) $=\frac{72}{\text{이자율(\%)}}$

12 간격

1. 직선상에 심는 경우

구분	양쪽 끝에도 심는 경우	양쪽 끝에는 심지 않는 경우	한쪽 끝에만 심는 경우
필요한 나무 수	$\frac{\text{직선 길이}}{\text{간격 길이}}+1=$간격의 수$+1$	$\frac{\text{직선 길이}}{\text{간격 길이}}-1=$간격의 수$-1$	$\frac{\text{직선 길이}}{\text{간격 길이}}=$간격의 수
직선 길이	간격 길이×(나무 수−1)	간격 길이×(나무 수+1)	간격 길이×나무 수

2. 원 둘레상에 심는 경우

(1) 공식

• 필요한 나무 수 : $\frac{\text{둘레 길이}}{\text{간격 길이}}=$간격의 수

• 둘레 길이 : 간격 길이×나무 수

(2) 원형에 나무를 심을 때 특징

간격의 수와 나무의 수가 같다. ➜

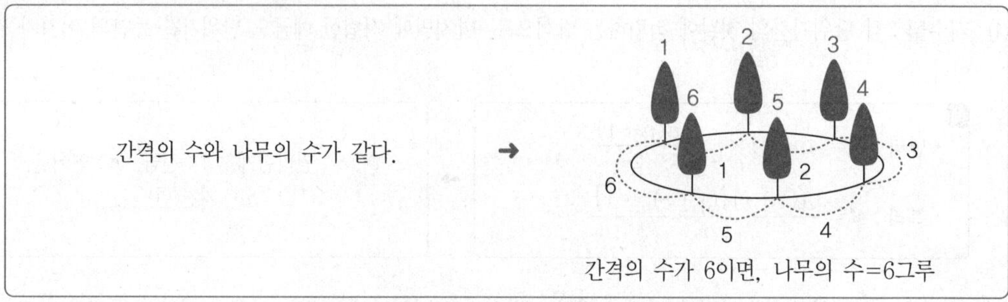

간격의 수가 6이면, 나무의 수=6그루

(3) 풀이 순서

① 일직선상에 심는 경우인지 원형상에 심는 경우인지 구분한다.

② 공식을 적용하여 풀이한다.

13 나이 · 시계각도

1. 나이

(1) x년이 흐른 뒤에는 모든 사람이 x살씩 나이를 먹는다.

(2) 시간이 흘러도 객체 간의 나이 차이는 동일하다.

2. 시침의 각도

예

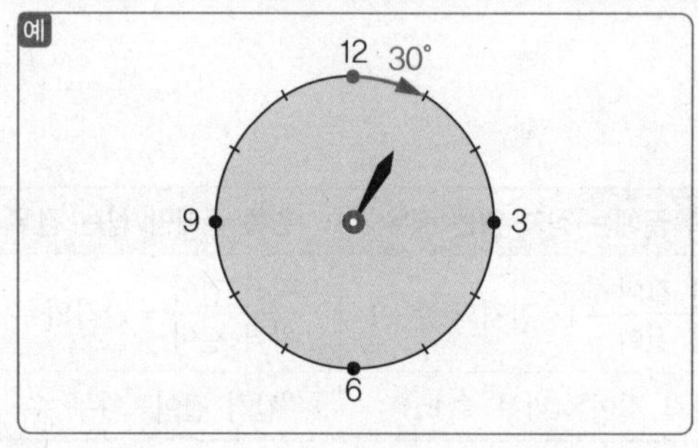

➜

- 12시간 동안 회전한 각도 : 360°
- 1시간 동안 회전한 각도 : 360°÷12=30°
- 1분 동안 회전한 각도 : 30°÷60=0.5°

  ↳ X시 Y분일 때 시침의 각도 : $30°X+0.5°Y$

3. 분침의 각도

예

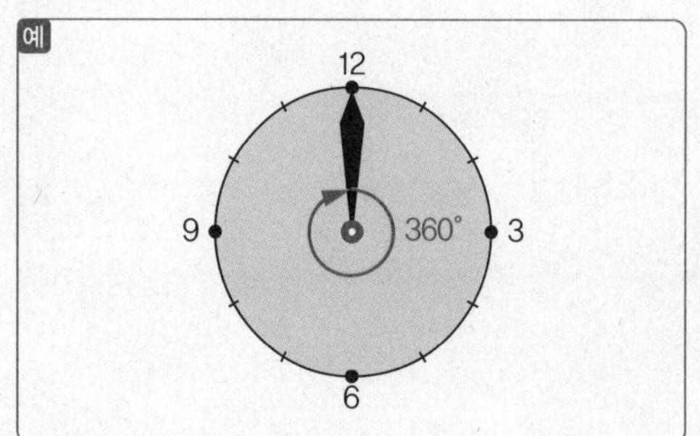

➜

- 1시간 동안 회전한 각도 : 360°
- 1분 동안 회전한 각도 : 360°÷60=6°

  ↳ X시 Y분일 때 분침의 각도 : $6°Y$

4. 시침과 분침이 이루는 각도

예		
X시 Y분일 때 시침과 분침이 이루는 각도	➜	$\|(30°X+0.5°Y)-6°Y\|=\|30°X-5.5°Y\|$ (단, 각도 A가 180°보다 클 경우 360°$-A$를 한다)

14 곱셈공식

- $(a\pm b)^2=a^2\pm 2ab+b^2$
- $(a+b)(a-b)=a^2-b^2$
- $(a\pm b)^3=a^3\pm 3a^2b+3ab^2\pm b^3$
- $(x+a)(x+b)=x^2+(a+b)x+ab$
- $(ax+b)(cx+d)=acx^2+(ad+bc)x+bd$
- $(a\pm b)^2=(a\mp b)^2\pm 4ab$
- $(a+b+c)^2=a^2+b^2+c^2+2ab+2bc+2ca$
- $(a\pm b)(a^2\mp ab+b^2)=a^3\pm b^3$
- $a^2+b^2=(a\pm b)^2\mp 2ab$
- $a^2+\frac{1}{a^2}=\left(a\pm\frac{1}{a}\right)^2\mp 2$(단, $a\neq 0$)

15 집합

1. **집합** : 주어진 조건에 의하여 그 대상을 명확하게 구분할 수 있는 모임이다.

2. **부분집합** : 두 집합 A, B에 대하여 집합 A의 모든 원소가 집합 B에 속할 때, 집합 A는 집합 B의 부분집합(A⊂B)이라 한다.

3. 집합의 포함 관계에 대한 성질

임의의 집합 A, B, C에 대하여
- ∅⊂A, A⊂A
- A⊂B이고 B⊂A이면 A=B
- A⊂B이고 B⊂C이면 A⊂C

4. 합집합, 교집합, 여집합, 차집합

합집합	교집합
$A \cup B = \{x \mid x \in A \text{ 또는 } x \in B\}$	$A \cap B = \{x \mid x \in A\text{이고 } x \in B\}$
A, B	A, B

여집합	차집합
$A^c = \{x \mid x \in U\text{이고 } x \notin A\}$	$A - B = \{x \mid x \in A\text{이고 } x \notin B\}$
U, A	A, B

5. 집합의 연산법칙

• 교환법칙	$A \cup B = B \cup A$, $A \cap B = B \cap A$
• 결합법칙	$(A \cup B) \cup C = A \cup (B \cup C)$, $(A \cap B) \cap C = A \cap (B \cap C)$
• 분배법칙	$A \cup (B \cap C) = (A \cup B) \cap (A \cup C)$, $A \cap (B \cup C) = (A \cap B) \cup (A \cap C)$
• 드모르간의 법칙	$(A \cup B)^c = A^c \cap B^c$, $(A \cap B)^c = A^c \cup B^c$
• 차집합의 성질	$A - B = A \cap B^c$
• 여집합의 성질	$A \cup A^c = U$, $A \cap A^c = \varnothing$

16 지수와 로그법칙

1. 지수법칙

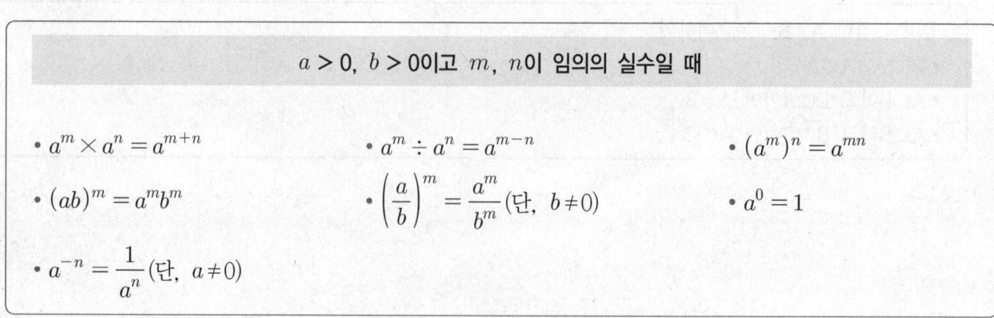

$a > 0$, $b > 0$이고 m, n이 임의의 실수일 때

- $a^m \times a^n = a^{m+n}$
- $a^m \div a^n = a^{m-n}$
- $(a^m)^n = a^{mn}$
- $(ab)^m = a^m b^m$
- $\left(\frac{a}{b}\right)^m = \frac{a^m}{b^m}$ (단, $b \neq 0$)
- $a^0 = 1$
- $a^{-n} = \frac{1}{a^n}$ (단, $a \neq 0$)

2. 로그법칙

• 로그의 정의 : $b=a^x \Leftrightarrow \log_a b=x$(단, $a>0,\ a\neq 1,\ b>0$)

$a>0,\ a\neq 1,\ x>0,\ y>0$일 때		
• $\log_a xy=\log_a x+\log_a y$	• $\log_a \frac{x}{y}=\log_a x-\log_a y$	• $\log_a x^p=p\log_a x$
• $\log_a \sqrt[p]{x}=\frac{\log_a x}{p}$	• $\log_a x=\frac{\log_b x}{\log_b a}$(단, $b>0,\ b\neq 1$)	

17 제곱근

1. 제곱근

어떤 수 x를 제곱하여 a가 되었을 때, x를 a의 제곱근이라 한다.

예 $x^2=a \Leftrightarrow x=\pm\sqrt{a}$(단, $a\geq 0$)

2. 제곱근의 연산

$a>0,\ b>0$일 때		
• $m\sqrt{a}+n\sqrt{a}=(m+n)\sqrt{a}$	• $m\sqrt{a}-n\sqrt{a}=(m-n)\sqrt{a}$	
• $\sqrt{a}\sqrt{b}=\sqrt{ab}$	• $\sqrt{a^2b}=a\sqrt{b}$	• $\frac{\sqrt{a}}{\sqrt{b}}=\sqrt{\frac{a}{b}}$

3. 분모의 유리화 : 분수의 분모가 근호를 포함한 무리수일 때 분모, 분자에 0이 아닌 같은 수를 곱하여 분모를 유리수로 고치는 것이다.

$a>0,\ b>0$일 때

• $\frac{a}{\sqrt{b}}=\frac{a\sqrt{b}}{\sqrt{b}\sqrt{b}}=\frac{a\sqrt{b}}{b}$

• $\frac{\sqrt{a}}{\sqrt{b}}=\frac{\sqrt{a}\sqrt{b}}{\sqrt{b}\sqrt{b}}=\frac{\sqrt{ab}}{b}$

• $\frac{1}{\sqrt{a}+\sqrt{b}}=\frac{\sqrt{a}-\sqrt{b}}{(\sqrt{a}+\sqrt{b})(\sqrt{a}-\sqrt{b})}=\frac{\sqrt{a}-\sqrt{b}}{a-b}$(단, $a\neq b$)

• $\frac{1}{\sqrt{a}-\sqrt{b}}=\frac{\sqrt{a}+\sqrt{b}}{(\sqrt{a}-\sqrt{b})(\sqrt{a}+\sqrt{b})}=\frac{\sqrt{a}+\sqrt{b}}{a-b}$(단, $a\neq b$)

18 방정식

1. 등식($A = B$)의 성질

(1) 양변에 같은 수 m을 더해도 등식은 성립한다. $A+m=B+m$

(2) 양변에 같은 수 m을 빼도 등식은 성립한다. $A-m=B-m$

(3) 양변에 같은 수 m을 곱해도 등식은 성립한다. $A\times m=B\times m$

(4) 양변에 0이 아닌 같은 수 m을 나누어도 등식은 성립한다. $A\div m=B\div m$(단, $m\neq 0$)

2. 이차방정식의 근의 공식

$ax^2+bx+c=0$일 때(단, $a\neq 0$) $x=\dfrac{-b\pm\sqrt{b^2-4ac}}{2a}$

3. 이차방정식의 근과 계수와의 관계 공식

- $ax^2+bx+c=0$(단, $a\neq 0$)의 두 근이 α, β일 때 ➜ $\alpha+\beta=-\dfrac{b}{a}$ $\alpha\beta=\dfrac{c}{a}$
- $x=\alpha$, $x=\beta$를 두 근으로 하는 이차방정식 ➜ $a(x-\alpha)(x-\beta)=0$

4. 연립일차방정식의 풀이 방법

(1) 계수가 소수인 경우 : 양변에 10, 100, …을 곱하여 계수가 모두 정수가 되도록 한다.

(2) 계수가 분수인 경우 : 양변에 분모의 최소공배수를 곱하여 계수가 모두 정수가 되도록 한다.

(3) 괄호가 있는 경우 : 괄호를 풀고 동류항을 간단히 한다.

(4) $A=B=C$의 꼴인 경우 : ($A=B$, $A=C$), ($B=A$, $B=C$), ($C=A$, $C=B$)의 3가지 중 어느 하나를 택하여 푼다.

5. 이차방정식의 풀이 방법

(1) $AB=0$의 성질을 이용한 풀이

$AB=0$이면 $A=0$ 또는 $B=0$ ➜ $(x-a)(x-b)=0$이면 $x=a$ 또는 $x=b$

(2) 인수분해를 이용한 풀이

주어진 방정식을 (일차식)×(일차식)=0의 꼴로 인수분해 하여 푼다.

$$ax^2+bx+c=0 \xrightarrow[\text{인수분해}]{} a(x-p)(x-q)=0 \longrightarrow x=p \text{ 또는 } x=q$$

(3) 제곱근을 이용한 풀이

- $x^2=a$(단, $a \geq 0$)이면 $x=\pm\sqrt{a}$
- $ax^2=b\left(\text{단, } \dfrac{b}{a} \geq 0\right)$이면 $x=\pm\sqrt{\dfrac{b}{a}}$
- $(x-a)^2=b$(단, $b \geq 0$)이면 $x-a=\pm\sqrt{b}$에서 $x=a\pm\sqrt{b}$

(4) 완전제곱식을 이용한 풀이

이차방정식 $ax^2+bx+c=0$(단, $a\neq0$)의 해는 다음과 같이 고쳐서 구할 수 있다.

- $a=1$일 때, $x^2+bx+c=0$ → $(x+p)^2=q$의 꼴로 변형
- $a\neq1$일 때, $ax^2+bx+c=0$ → $x^2+\dfrac{b}{a}x+\dfrac{c}{a}=0$
  $(x+p)^2=q$의 꼴로 변형

19 부등식

1. 성질

- $a<b$일 때, $a+c<b+c$, $a-c<b-c$
- $a<b$, $c>0$일 때, $ac<bc$, $\dfrac{a}{c}<\dfrac{b}{c}$
- $a<b$, $c<0$일 때, $ac>bc$, $\dfrac{a}{c}>\dfrac{b}{c}$

2. 일차부등식의 풀이 순서

(1) 미지수 x를 포함한 항은 좌변으로, 상수항은 우변으로 이항한다.

(2) $ax>b$, $ax<b$, $ax\geq b$, $ax\leq b$의 꼴로 정리한다(단, $a\neq0$).

(3) 양변을 x의 계수 a로 나눈다.

20 비와 비율

1. 비 : 두 수의 양을 기호 ':'을 사용하여 나타내는 것

비례식에서 외항의 곱과 내항의 곱은 항상 같다. ➜ $A:B=C:D$일 때, $A\times D=B\times C$

2. 비율 : 비교하는 양이 원래의 양(기준량)의 얼마만큼에 해당하는지를 나타낸 것

- 비율$=\dfrac{\text{비교하는 양}}{\text{기준량}}$
- 비교하는 양=비율×기준량
- 기준량=비교하는 양÷비율

소수	분수	백분율	할푼리
0.1	$\dfrac{1}{10}$	10%	1할
0.01	$\dfrac{1}{100}$	1%	1푼
0.25	$\dfrac{25}{100}=\dfrac{1}{4}$	25%	2할 5푼
0.375	$\dfrac{375}{1,000}=\dfrac{3}{8}$	37.5%	3할 7푼 5리

※ 백분율(%) : 기준량이 100일 때의 비율

※ 할푼리 : 비율을 소수로 나타내었을 때 소수 첫째 자리, 소수 둘째 자리, 소수 셋째 자리를 이르는 말

21 도형

1. 둘레

원의 둘레(원주)	부채꼴의 둘레
r $l=2\pi r$	r, x $l=2\pi r\times\dfrac{x}{360}+2r$

2. 사각형의 넓이

정사각형의 넓이	직사각형의 넓이	마름모의 넓이
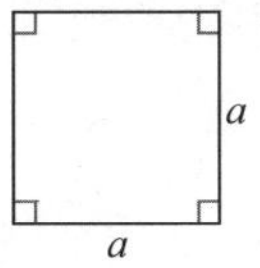 $S=a^2$	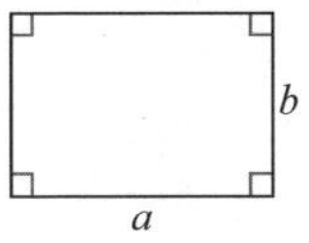 $S=ab$	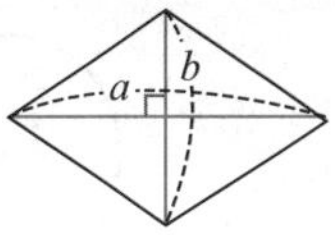 $S=\frac{1}{2}ab$
사다리꼴의 넓이	**평행사변형의 넓이**	
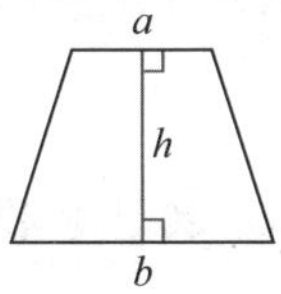 $S=\frac{1}{2}(a+b)h$	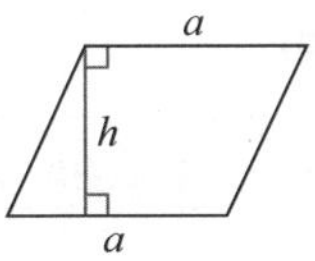 $S=ah$	

3. 삼각형의 넓이

삼각형의 넓이	정삼각형의 넓이
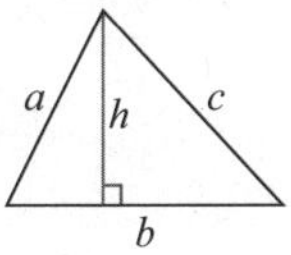 $S=\frac{1}{2}bh$	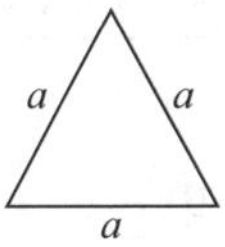 $S=\frac{\sqrt{3}}{4}a^2$
직각삼각형의 넓이	**이등변삼각형의 넓이**
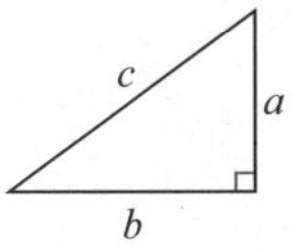 $S=\frac{1}{2}ab$	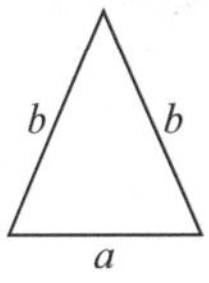 $S=\frac{a}{4}\sqrt{4b^2-a^2}$

4. 원과 부채꼴의 넓이

원의 넓이	부채꼴의 넓이
$S=\pi r^2$	$S=\frac{1}{2}r^2\theta=\frac{1}{2}rl$ (θ는 중심각(라디안))

5. 특수한 직각삼각형의 세 변의 길이의 비

직각이등변삼각형	세 각의 크기가 30°, 60°, 90°인 삼각형
$\overline{AB}:\overline{BC}:\overline{AC}$ $=1:1:\sqrt{2}$	$\overline{AB}:\overline{BC}:\overline{AC}$ $=1:\sqrt{3}:2$

6. 피타고라스의 정리

직각삼각형에서 직각을 끼고 있는 두 변의 길이의 제곱을 합하면 빗변의 길이의 제곱과 같다.

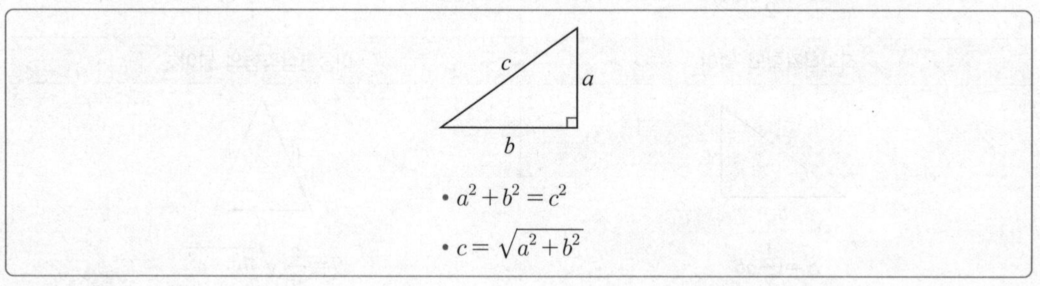

- $a^2+b^2=c^2$
- $c=\sqrt{a^2+b^2}$

7. 입체도형의 겉넓이와 부피

구	원기둥
$S=4\pi r^2$ $V=\frac{4}{3}\pi r^3$	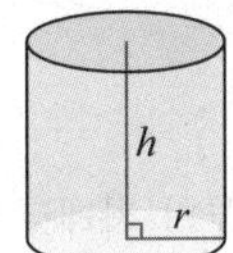 $S=2\pi rh+2\pi r^2$ $V=\pi r^2 h$
원뿔	**정육면체**
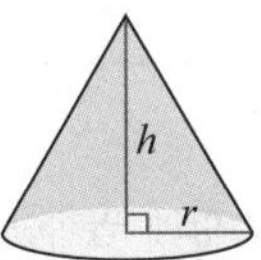 $S=\pi r\sqrt{r^2+h^2}+\pi r^2$ $V=\frac{1}{3}\pi r^2 h$	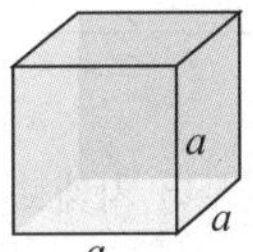 $S=6a^2$ $V=a^3$
직육면체	**정사면체**
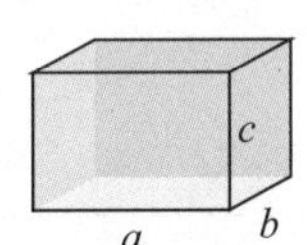 $S=2(ab+bc+ca)$ $V=abc$	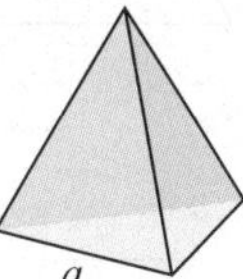 $S=\sqrt{3}a^2$ $V=\frac{\sqrt{2}}{12}a^3$

정사각뿔

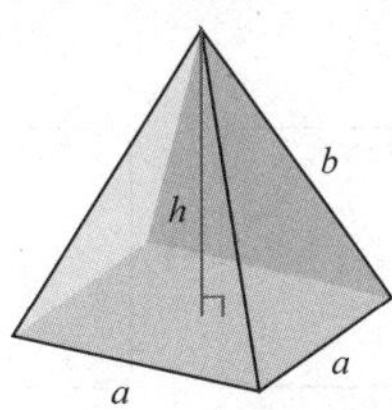

$$S=a\sqrt{4b^2-a^2}+a^2=a\sqrt{a^2+4h^2}+a^2$$

$$V=\frac{1}{3}a^2h=\frac{1}{3}a^2\sqrt{b^2-\frac{a^2}{2}}$$

03 수열

1 수열

1. **등차수열** : 첫째항부터 차례로 일정한 수를 더하여 만들어지는 수열. 각 항에 더하는 일정한 수, 즉 뒤의 항에서 앞의 항을 뺀 수를 등차수열의 공차라고 한다.

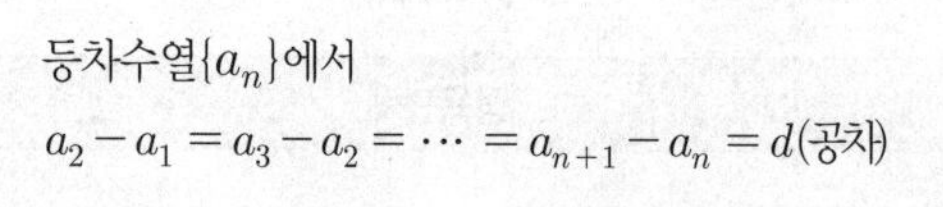

등차수열$\{a_n\}$에서
$a_2 - a_1 = a_3 - a_2 = \cdots = a_{n+1} - a_n = d$(공차)

➜

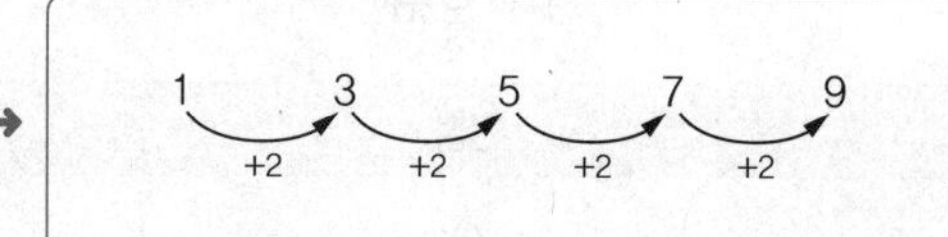

2. **등비수열** : 첫째항부터 차례로 일정한 수를 곱하여 만들어지는 수열. 각 항에 곱하는 일정한 수, 즉 뒤의 항을 앞의 항으로 나눈 수를 등비수열의 공비라고 한다.

등비수열$\{a_n\}$에서
$\frac{a_2}{a_1} = \frac{a_3}{a_2} = \cdots = \frac{a_{n+1}}{a_n} = r$(공비)

➜

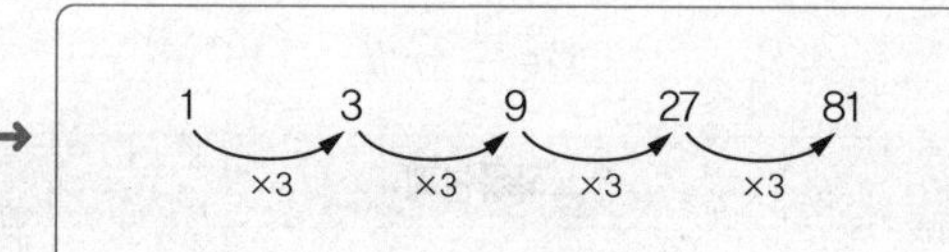

3. **등차계차수열**

앞의 항과의 차가 등차를 이루는 수열 ➜

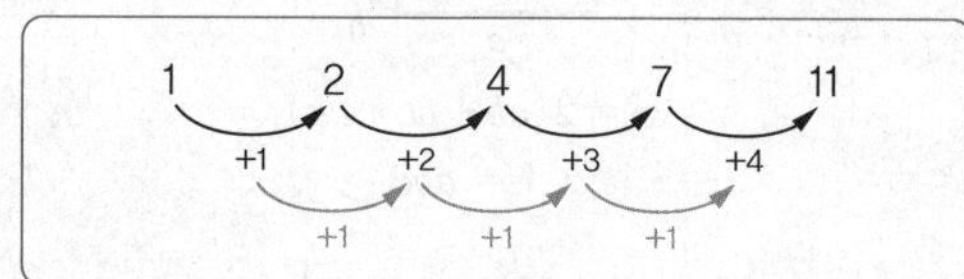

4. **등비계차수열**

앞의 항과의 차가 등비를 이루는 수열 ➜

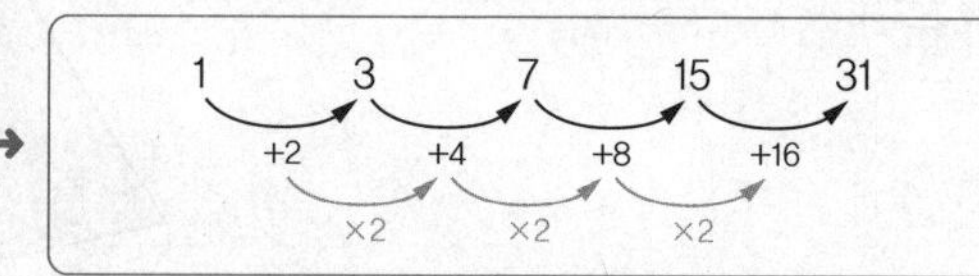

5. **피보나치수열**

앞의 두 항의 합이 그 다음 항이 되는 수열 ➜ 1, 1, 2, 3, 5, 8, 13, 21, 34, ⋯

2 문자 수열

1. 일반 자음

ㄱ	ㄴ	ㄷ	ㄹ	ㅁ	ㅂ	ㅅ
1	2	3	4	5	6	7
ㅇ	ㅈ	ㅊ	ㅋ	ㅌ	ㅍ	ㅎ
8	9	10	11	12	13	14

2. 쌍자음이 포함된 자음(사전에 실리는 순서)

ㄱ	ㄲ	ㄴ	ㄷ	ㄸ	ㄹ	ㅁ	ㅂ	ㅃ	ㅅ
1	2	3	4	5	6	7	8	9	10
ㅆ	ㅇ	ㅈ	ㅉ	ㅊ	ㅋ	ㅌ	ㅍ	ㅎ	
11	12	13	14	15	16	17	18	19	

3. 일반 모음

ㅏ	ㅑ	ㅓ	ㅕ	ㅗ	ㅛ	ㅜ	ㅠ	ㅡ	ㅣ
1	2	3	4	5	6	7	8	9	10

4. 이중모음이 포함된 모음 순서(사전에 실리는 순서)

ㅏ	ㅐ	ㅑ	ㅒ	ㅓ	ㅔ	ㅕ
1	2	3	4	5	6	7
ㅖ	ㅗ	ㅘ	ㅙ	ㅚ	ㅛ	ㅜ
8	9	10	11	12	13	14
ㅝ	ㅞ	ㅟ	ㅠ	ㅡ	ㅢ	ㅣ
15	16	17	18	19	20	21

5. 알파벳

A	B	C	D	E	F	G	H	I
1	2	3	4	5	6	7	8	9
J	K	L	M	N	O	P	Q	R
10	11	12	13	14	15	16	17	18
S	T	U	V	W	X	Y	Z	
19	20	21	22	23	24	25	26	

▶ 정답과 해설 27쪽

출제유형문제

유형 1 사칙연산

01. □에 들어갈 올바른 수는?

$$17 - \square \times 4.4 = 1.6$$

① 2.5 ② 2.7
③ 3.3 ④ 3.5

02. 다음 중 계산했을 때 가장 큰 수가 나오는 식은?

① 183+277−25 ② 235+289−36
③ 839−421+53 ④ 752−509+194

03. 다음의 계량단위로 계산했을 때, '?'에 들어갈 값은?

1.7t+6,500g=(?)kg

① 170.65 ② 176.5
③ 1,706.5 ④ 1,765

04. A, B, C의 대소를 바르게 비교한 것은?

$$A=\left(\frac{189}{21}+2.8\right)\times 10$$
$$B=(11^2+18)-4^2$$
$$C=(15-32+1)^2\div 2$$

① B > A > C ② B > C > A
③ C > A > B ④ C > B > A

05. 다음 기호의 일정한 규칙에 따라 '?'에 들어갈 알맞은 숫자를 구하면?

34 ◎ 90 = 1204
85 ◎ 77 = 1512
54 ◎ 15 = 609
48 ◎ 39 = (?)

① 717 ② 772
③ 1217 ④ 1272

06. 다음에 주어진 ㉠, ㉡을 통해 연산기호의 새로운 법칙을 찾은 후 ㉢의 식에 적용할 때, '?'에 들어갈 숫자는?

㉠ $34\div(7-3)=13$ ㉡ $28-(15\div 10)=140$ ㉢ $(25-4)\div 75=(\ ?\ )$

① 19 ② 22
③ 25 ④ 28

유형 2 거리 · 속력 · 시간

07. ○○기업의 사내 체육대회에서 깃발을 먼저 뽑는 한 명이 우승하는 게임을 하였다. 다음 그림은 둘레의 길이가 400m인 원형 운동장에서 참가자 A, B, C, D, E가 출발하는 위치를 나타낸 것이다. A, B, C, D, E가 동시에 출발하여 1초에 각각 5m, 6m, 8m, 4m, 7m의 일정한 속력으로 운동장 중앙에 위치한 깃발을 향해 달려갈 때, 깃발을 1등으로 뽑은 사람과 5등으로 뽑은 사람을 바르게 나열한 것은?

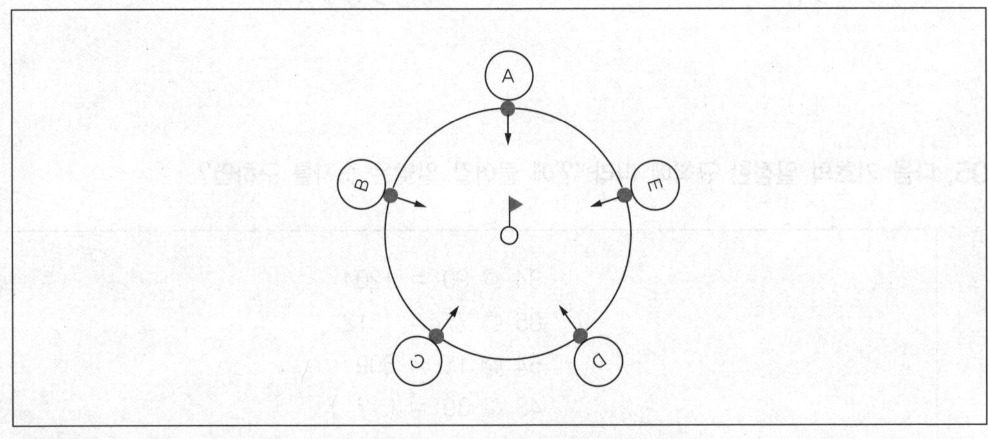

	1등	5등		1등	5등
①	A	B	②	A	C
③	C	D	④	C	E

08. 회사에서 핵심역량 향상을 위한 세미나 진행을 위해 직원들을 A 팀, B 팀으로 나누어 출장지로 이동하려고 한다. A 팀이 탑승한 버스는 오전 9시 30분에 출발해 70km/h의 속도로 달리고, B 팀이 탑승한 버스는 A 팀보다 30분 뒤에 출발하여 80km/h의 속도로 달린다. 두 버스가 동시에 출장지에 도착한다면 도착 시간은 언제인가?

① 오후 12시
② 오전 12시 30분
③ 오후 1시
④ 오후 1시 30분

09. A와 B는 서로 마주 본 상태에서 40km 떨어져 있다. A가 B에게 프레젠테이션 자료를 전달하러 가는데, A는 50km/h로 달리는 버스를 타고 가고 B는 15분 뒤에 출발해 16km/h로 걸어간다. B가 출발한 후 두 사람이 만나는 데까지 걸리는 시간은?

① 21분
② 23분
③ 25분
④ 27분

10. 어떤 기차가 800m 길이의 터널로 들어가 마지막 칸까지 모두 통과하는 데 36초가 걸렸다. 이 기차의 총 길이가 100m라면 이 기차의 속력은?

① 60km/h
② 70km/h
③ 80km/h
④ 90km/h

유형 3 농도 / 일의 양 / 평균

11. 8%의 소금물에 12%의 소금물을 섞은 다음 물 200g을 더 넣었더니 7%의 소금물 600g이 되었다. 이때 첨가된 12%의 소금물의 양은?

① 150g
② 200g
③ 250g
④ 350g

12. 10%의 소금물 250g과 8%의 소금물 200g을 섞은 후 소금을 추가로 더 넣었더니 12%의 소금물이 되었다. 이때 추가로 넣은 소금의 양은? (단, 소수점 아래 첫째 자리에서 반올림한다)

① 13g
② 15g
③ 16g
④ 17g

13. 유정이가 하면 A일, 세영이가 하면 B일이 걸리는 일이 있다. 유정이와 세영이가 함께 일을 시작하였으나 중간에 세영이가 일을 그만두었고, 일이 모두 끝나기까지 15일이 걸렸다. 세영이가 일을 하지 않은 날은 며칠인가?

① $15-\frac{A(B-15)}{A}$일
② $15-\frac{B(A-15)}{A}$일
③ $15-\frac{B-15}{AB}$일
④ $15-\frac{AB-15B}{AB}$일

14. A～E 다섯 명의 영어시험 평균 점수는 72점이다. A, B의 평균 점수가 65점, C, D의 평균 점수가 75점이라고 할 때 E의 점수는 몇 점인가?

① 70점 ② 75점
③ 80점 ④ 85점

15. A 그룹 30명, B 그룹 50명, C 그룹 20명이 영어시험을 봤다. 평균 점수는 B 그룹이 A 그룹보다 25점 높았고, C 그룹이 A 그룹의 3배로 나왔다. A 그룹의 영어시험 점수 총합이 600점일 때 A, B, C 세 그룹의 전체 평균 점수는 몇 점인가?

① 40.5점 ② 41점
③ 41.5점 ④ 42점

16. ○○기관 민원팀 직원 20명에 대한 고객 평가의 결과가 다음과 같을 때, 친절 영역의 평균 점수는 몇 점인가?

(단위 : 명)

친절 영역 ＼ 전문성 영역	100점	90점	80점	70점
100점	Ⓐ	2	Ⓑ	1
90점	1	3	2	1
80점	0	2	3	0
70점	1	0	0	1

① 83.5점 ② 85.5점
③ 88.5점 ④ 89점

유형 4 원가·정가

17. 어떤 상품의 원가에 40%의 이익을 붙여 정가로 팔다가, 세일 기간을 맞이하여 정가의 15%를 할인하여 팔았더니 2,660원의 이익을 보았다. 이 상품을 정가에 판다면 이익은 얼마인가?

① 5,000원 ② 5,300원
③ 5,600원 ④ 6,000원

18. L사는 어떤 상품의 원가에 20%의 이익을 붙여 판매하고 있는데, 경쟁사에서 신제품을 출시한다는 소식을 접하고 다음 분기에는 현재 가격에서 10% 할인해 판매하기로 결정하였다. 할인된 가격이 129,600원이라면 원가는 얼마인가?

① 118,000원 ② 120,000원
③ 122,000원 ④ 124,000원

19. 재인이는 인터넷 쇼핑몰에서 가습기와 서랍장을 하나씩 구매하여 총 183,520원을 지불하였다. 이때 가습기는 정가의 15%를, 서랍장은 정가의 25%를 할인받아 평균 20%의 할인을 받고 구매한 것이라면, 가습기의 정가는 얼마인가?

① 89,500원 ② 92,100원
③ 106,300원 ④ 114,700원

유형 5 경우의 수 / 확률

20. 1부터 9까지의 자연수가 적힌 9장의 카드가 있다. A는 숫자 2, 5, 9가 적힌 카드를, B는 숫자 1, 7, 8이 적힌 카드를, C는 숫자 3, 4, 6이 적힌 카드를 각각 가지고 있다. A, B, C 세 사람이 동시에 카드를 한 장씩 꺼낼 때, A가 뽑은 카드의 숫자가 가장 큰 수가 되는 경우의 수는?

① 8가지 ② 9가지
③ 10가지 ④ 11가지

21. 다음 그림의 A에서 B까지 가는 최단경로는 몇 가지인가?

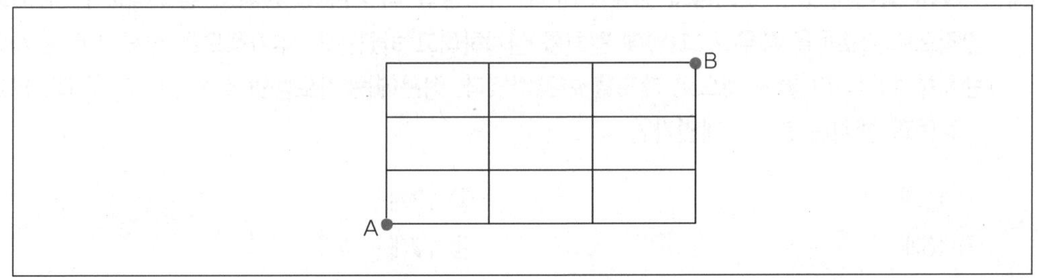

① 18가지 ② 19가지
③ 20가지 ④ 21가지

22. A 팀과 B 팀이 축구경기를 하고 있다. A 팀이 골을 넣을 확률이 70%, B 팀이 골을 넣을 확률이 40%일 때, 이 두 팀이 승부차기까지 갈 확률은? (단, 골 득실차로 인해 두 골을 먼저 넣는 팀이 이기는 것으로 한다)

① 0.45 ② 0.46
③ 0.47 ④ 0.48

유형 6 간격 / 나이 / 약 · 배수

23. 지름이 400m인 원형 공원의 둘레에 벚나무를 7m 간격으로 심으려고 한다. 공원 입구의 원형 폭이 3m이고 입구 양옆부터 심는다고 할 때 몇 그루의 벚나무가 필요한가? (단, π=3.14로 계산한다)

① 178그루　② 179그루
③ 180그루　④ 181그루

24. 1.8km 떨어져 있는 가로등과 정문 사이에 가로등을 더 세우고 벤치도 놓으려고 한다. 300m 간격으로 가로등을 세우고 그 옆에 벤치를 설치하려고 하였는데, 추가적으로 전체 가로등 사이에 벤치를 1개씩 더 놓는 것으로 계획을 변경하였다. 정문에는 가로등만 설치한다고 할 때, 필요한 가로등과 벤치는 총 몇 개인가?

① 11개　② 13개
③ 15개　④ 17개

25. 현재 아버지의 나이가 36세이고 아들의 나이는 8세이다. 아버지의 나이가 아들 나이의 3배가 되는 것은 몇 년 후인가?

① 3년 후　② 4년 후
③ 5년 후　④ 6년 후

26. 진희에게는 47세의 남편과 2명의 아이가 있다. 진희의 나이는 44세, 아이들 나이는 각각 12세, 9세라 할 때, 부모 연령의 합계가 자녀 연령 합계의 3배가 되는 것은 몇 년 후인가?

① 6년 후 ② 7년 후
③ 8년 후 ④ 9년 후

27. 세로의 길이가 120cm, 가로의 길이가 90cm인 벽에 남는 부분 없이 정사각형 모양의 타일을 붙이려고 한다. 타일 개수를 가장 적게 사용하려고 할 때, 붙일 수 있는 타일 한 변의 길이는?

① 15cm ② 20cm
③ 25cm ④ 30cm

28. 두 대의 버스가 7시에 동시에 출발하고 한 대의 버스는 15분, 다른 한 대의 버스는 20분마다 다시 출발할 때, 다음으로 동시에 출발하게 되는 시간은?

① 8시 ② 8시 30분
③ 9시 ④ 9시 30분

유형 7 부등식 / 방정식

29. 연속하는 세 짝수의 합이 87 미만일 때 이 세 수의 합의 최댓값은?

① 80　　② 82
③ 84　　④ 86

30. 미영이는 색종이를 200장 가지고 있고, 윤아는 120장 가지고 있다. 미영이는 매일 24장의 색종이를 사고 윤아는 매일 32장의 색종이를 산다고 할 때 윤아의 색종이가 미영이의 색종이보다 많아지는 것은 며칠 후인가?

① 10일　　② 11일
③ 12일　　④ 13일

31. 명수는 시간당 최대 25페이지의 책을 읽을 수 있다. 명수가 250페이지인 책을 X시간 동안 읽었을 때 Y페이지가 남았다고 한다. 다음 중 X와 Y의 관계식으로 가장 적절한 것은? (단, X는 10보다 작다)

① $250-Y<\frac{25}{X}$　　② $250+25X\leq Y$
③ $250-Y\leq 25X$　　④ $250+Y\geq 25X$

32. 가로와 세로의 길이가 각각 10cm, 14cm인 직사각형이 있다. 이 직사각형의 가로와 세로를 똑같은 길이만큼 늘려 새로운 직사각형을 만들었더니 넓이가 기존보다 80% 증가하였다. 새로운 직사각형의 가로 길이는 몇 cm인가?

① 12cm ② 14cm
③ 16cm ④ 18cm

33. 아파트를 3일에 걸쳐 분양한 결과, 첫째 날에는 전체 분양 가구 수의 $\frac{1}{5}$, 둘째 날에는 전체 분양 가구 수의 $\frac{1}{12}$, 셋째 날에는 전체 분양 가구 수의 $\frac{1}{4}$이 분양되어 현재 분양 가능한 아파트는 560가구이다. 준비되었던 전체 분양 가구 수는 얼마인가?

① 1,200가구 ② 1,600가구
③ 1,800가구 ④ 2,000가구

34. 장교 한 명과 병사 두 명이 한 분대가 되어 훈련을 떠났다. 두 병사가 출발하자마자 식량 가방을 분실하는 바람에 장교는 자신의 식량을 모두가 똑같은 양을 가질 수 있도록 배분하였다. 8일 동안 훈련을 한 후 세 명의 남은 식량을 세어보니 분실 직후 한 사람에게 배분한 양과 같았다. 장교가 처음 가지고 있던 식량은 모두 며칠 치인가?

① 24일 치 ② 36일 치
③ 38일 치 ④ 42일 치

유형 8 도형계산

35. 어느 마을에 반지름이 $r$km인 호수가 있고, 그 호수의 반지름과 동일한 폭의 산책로가 호수 전체를 둘러싸고 있다. 산책로 둘레의 길이는 얼마인가?

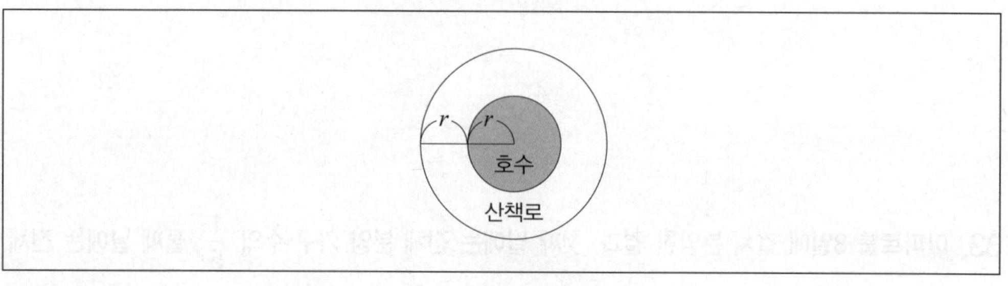

① $3\pi r$km ② $5\pi r$km
③ $6\pi r$km ④ $7\pi r$km

36. 다음 그림과 같이 넓이가 각각 9m², 16m², 25m²인 세 개의 정사각형 모양의 정원을 이어 붙여 하나의 정원으로 만들려고 한다. 합쳐진 이 정원의 둘레는 몇 m인가?

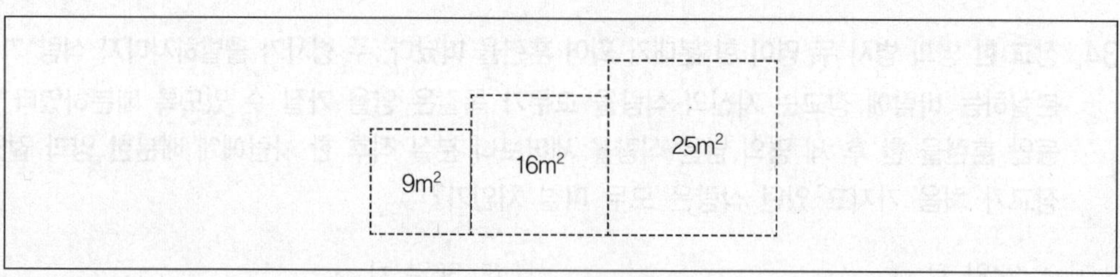

① 34m ② 36m
③ 38m ④ 40m

37. 다음 상자 안에 색칠되어 있는 부분의 면적은 전체 면적의 얼마를 차지하는가? (단, 그림 속 모든 사각형은 A를 합쳐서 만들 수 있다)

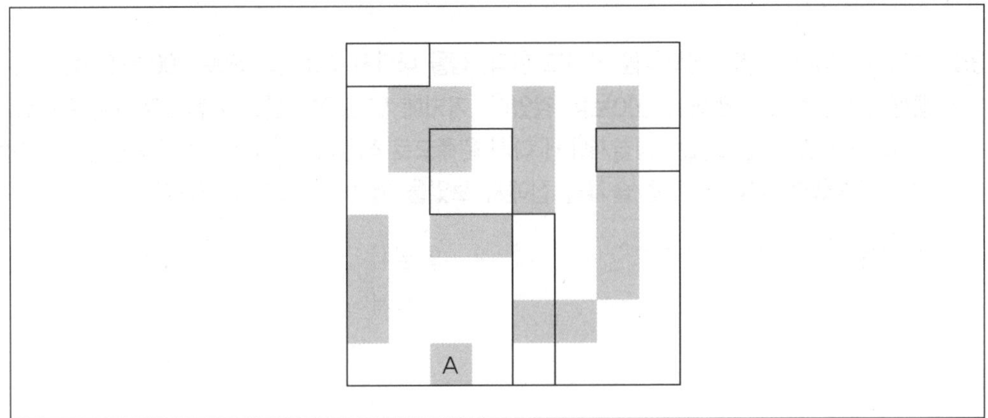

① $\frac{2}{5}$ ② $\frac{2}{3}$

③ $\frac{3}{8}$ ④ $\frac{5}{16}$

38. A 씨는 막대 아이스크림을 만들기 위해 아이스크림 틀을 구매했다. 다음 그림과 같이 아이스크림 틀은 높이가 8cm이고 밑면의 가로, 세로의 길이가 각각 $3\sqrt{3}$cm, 3cm인 직육면체이다. 막대를 어느 방향에서 넣고, 어느 정도까지 넣는지와 상관없이 최소한 손잡이가 2cm는 남는 막대를 구매하려고 한다. 구매할 막대는 최소 몇 cm이어야 하는가?

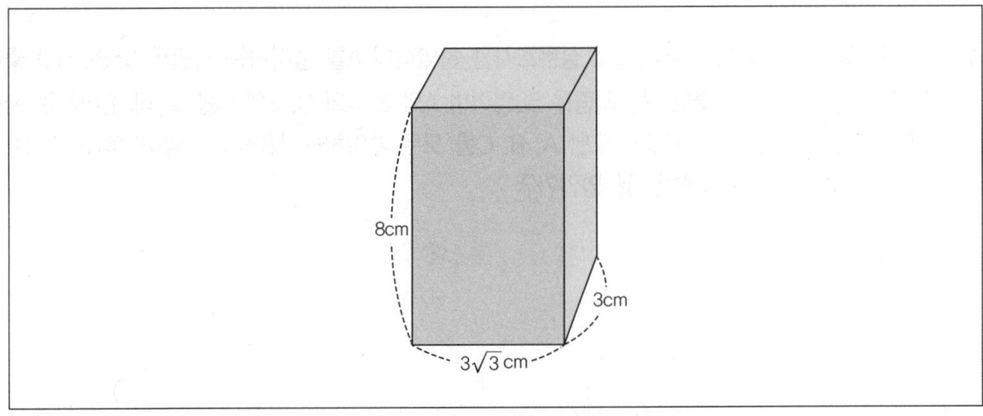

① 10cm ② 11cm

③ 12cm ④ 13cm

유형 9 기타(진로와 방향 / 물체의 흐름과 비율 / 기타)

39. 슬기는 할머니 집까지 심부름을 가려고 한다. 집을 나와서 바로 동쪽으로 300보를 걸은 후, 우체통에서 오른쪽으로 꺾어서 200보를 걸었다. 거기에 있는 편의점을 기점으로 오른쪽으로 꺾어 600걸음을 걸은 곳에 있는 경찰서에서 다시 왼쪽으로 꺾었다. 그리고 100걸음을 걷자 할머니의 집에 도착했다. 할머니 집은 슬기의 집에서 보았을 때 어느 방향에 있는가?

① 남동 ② 남서
③ 북동 ④ 북서

40. 16으로 나누었을 때 나머지가 10이 되는 자연수가 있다. 이 수를 8로 나누었을 때 나머지는 몇인가?

① 1 ② 2
③ 5 ④ 7

41. G 회사의 직원 100명을 대상으로 설문조사를 하였더니 A를 좋아하는 사람은 55명, B를 좋아하는 사람은 54명, C를 좋아하는 사람은 58명이며 A와 B, A와 C, B와 C를 둘 다 좋아하는 사람은 각각 27명, 30명, 31명이었다. 또한 A, B, C를 모두 좋아하는 사람이 16명이었다면 A, B, C를 모두 좋아하지 않는 사람은 몇 명인가?

① 5명 ② 7명
③ 9명 ④ 11명

42. 영화는 30분 전에 시작했고, 현재 시각은 2시 15분이다. 이 영화의 상영시간이 1시간 55분일 경우, 영화가 끝나는 시각에 시침과 분침 사이의 각도 중 크기가 작은 각은 몇 도인가?

① 115˚ ② 120˚
③ 125˚ ④ 130˚

43. 다음은 어느 전시회가 열리는 미술관의 전시실을 지나는 사람의 흐름에 대한 그림이다. A, B, C, D는 전시실에 방문하는 인원수, x, y, z는 다음 장소를 화살표 방향으로 이동하는 인원수의 비율을 나타낸다. D를 나타내는 올바른 식은 무엇인가?

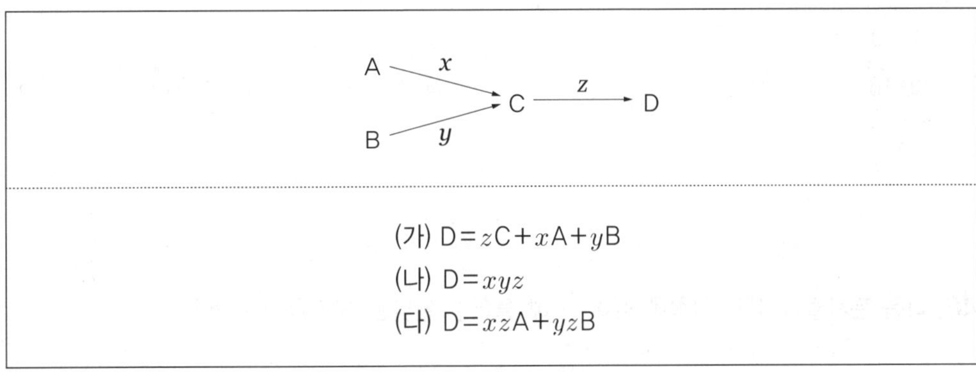

(가) D$=z$C$+x$A$+y$B
(나) D$=xyz$
(다) D$=xz$A$+yz$B

① (가) ② (다)
③ (가), (다) ④ (나), (다)

유형 10 수열

[44 ~ 45] 다음 숫자들의 배열 규칙을 찾아 '?'에 들어갈 알맞은 숫자를 고르시오.

44.

−2 0 3 8 15 26 (?)

① 37 ② 39
③ 41 ④ 43

45.

−2 2 0 2 2 4 6 10 (?)

① 14 ② 15
③ 16 ④ 17

46. 다음 문자들의 배열 규칙을 찾아 '?'에 들어갈 알맞은 문자를 고르면?

G K O S W A (?)

① C ② D
③ E ④ F

47. 〈보기〉에서 ㉠, ㉡, ㉢에 해당하는 알파벳을 순서대로 나열한 것은?

보기

- C와 E의 관계는 D와 ㉠의 관계와 같다.
- F와 I의 관계는 W와 ㉡의 관계와 같다.
- T와 X의 관계는 B와 ㉢의 관계와 같다.

① F, Z, F
② F, C, F
③ E, Z, E
④ E, C, Z

48. 다음은 일정한 규칙에 따라 나열한 것이다. (a), (b)에 들어갈 숫자나 문자를 순서대로 바르게 나열한 것은?

3	7	11	(a)
C	G	K	(b)

① 15, O
② 15, H
③ 16, P
④ 16, R

49. 다음은 일정한 규칙에 따라 나열한 것이다. '?'에 들어갈 알맞은 숫자는?

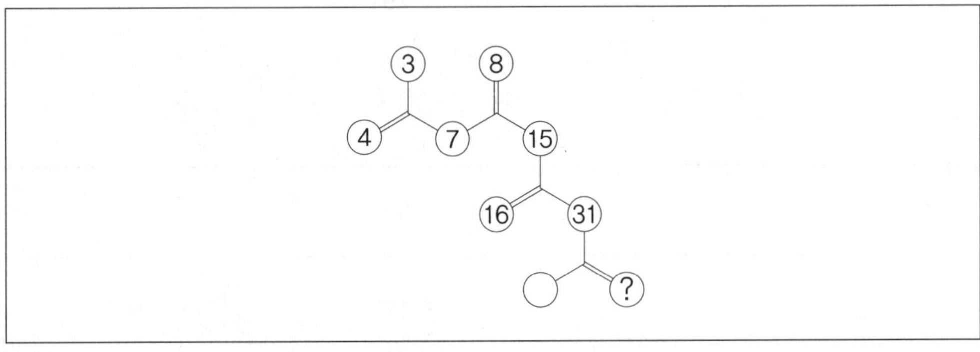

① 32
② 40
③ 54
④ 63

▶ 정답과 해설 36쪽

테마 3 기출예상문제

01. □에 들어갈 연산기호로 알맞은 것은?

5.3□4.7+1.6=2.2

① +
② −
③ ×
④ ÷

[02 ~ 03] 〈보기〉의 규칙에 따라 제시된 수식의 값을 구하시오.

보기

A*B=AB−A+B

A◎B=AB+A+B

02.

(5*6)◎(3*2)

① 36
② 87
③ 191
④ 291

03.

(4◎1)*5◎2

① 179
② 125
③ 43
④ 21

04. 다음 수식을 계산했을 때 가장 큰 수가 나오는 것은?

① 225+31−56
② 268+47−26
③ 294+15−39
④ 277+29−61

05. 다음 수식을 계산했을 때 가장 작은 수가 나오는 것은?

① 236.47+389.25
② 493.18+132.55
③ 919.19−293.35
④ 841.62−215.79

06. 다음 중 x의 값이 다른 하나는?

① 가로, 세로, 높이의 길이가 각각 7cm, 10cm, 8cm인 직육면체의 부피는 10$x$cm^{3}이다.
② 몸무게가 60kg인 김 대리보다 4kg 가벼운 김 과장의 몸무게는 $x$kg이다.
③ 직원 24명에게 망고를 2개씩 나눠 줬을 때 남은 망고가 8개라면, 나눠 주기 전 망고는 x개다.
④ 한 개에 1,200원인 빵을 4개 사고 만 원을 지불했을 때, 거스름돈은 100x원이다.

07. 어린이 공원 내부를 가로지르는 보도의 길이는 280m이고 이 보도 양쪽에 7m 간격으로 은행나무를 심고자 한다. 보도의 시작지점과 끝나는 지점에도 나무를 심는다면 은행나무는 몇 그루가 필요한가?

① 65그루 ② 82그루
③ 85그루 ④ 100그루

08. 학급당 학생 수가 50명씩 총 3개 학급으로 구성된 S 중학교의 1학년 입학시험 결과를 살펴보니 1학년 전체 평균 점수는 108점, 1반의 평균 점수는 116점이었다. 만약 2반의 평균 점수가 1학년 전체의 평균 점수보다 3점이 낮았다면 3반의 평균 점수는?

① 97점 ② 100점
③ 103점 ④ 106점

09. E 매장에서는 원가가 4,000원인 화장품에 25%의 이윤을 추가한 금액을 정가로 정하여 판매하다가 연말 이벤트로 400원의 이익만 남기고 소비자에게 판매하였다. 이는 정가의 몇 %를 할인한 것인가?

① 6% ② 8%
③ 10% ④ 12%

10. 피자 가게에서 아르바이트를 하는 직원이 부가세를 15%로 잘못 알고 피자를 18,400원에 판매하였다. 부가세를 10%로 계산하여 다시 책정한 피자 가격은? (단, 판매 가격에는 부가세가 포함된다)

① 16,600원　　② 16,800원
③ 17,600원　　④ 17,800원

11. 6명의 사원이 회의를 위해 원탁에 앉으려 한다. 6명 중 2명은 통역 때문에 나란히 앉아야 할 때, 원탁에 앉을 수 있는 경우는 몇 가지인가?

① 16가지　　② 24가지
③ 36가지　　④ 48가지

12. ○○기업의 직원 55명 중 야구를 좋아하는 직원은 33명이고, 축구를 좋아하는 직원은 21명이다. 야구와 축구를 모두 좋아하지 않는 직원이 11명일 때, 야구와 축구를 모두 좋아하는 직원은 몇 명인가?

① 8명　　② 9명
③ 10명　　④ 11명

13. 3년 전 이모의 나이는 3년 전 이모와 이모부 나이 합의 $\frac{3}{7}$이다. 지금부터 5년 후 수현이의 나이는 이모부 나이의 $\frac{1}{2}$이 되고, 세 명의 나이 합은 128이 된다고 할 때, 이모부의 현재 나이는?

① 39세 ② 41세
③ 48세 ④ 51세

14. 대학로의 어느 소극장에서 연극 포스터 인쇄를 주문하려고 한다. 100장을 인쇄하는 데 20,000원이고 100장의 초과분에 대해서는 1장당 120원이 청구된다. 포스터 1장당 인쇄비가 150원 이하가 되도록 하려면 최소한 몇 장 인쇄를 맡겨야 하는가?

① 267장 ② 268장
③ 269장 ④ 270장

15. S 공장 전체 직원 중 50%는 안경을 썼고 남자 직원 중 40%는 안경을 썼다. 남자가 여자보다 안경을 쓴 직원이 5명 더 많고 전체 직원 수가 150명이라면, S 공장의 남자 직원은 모두 몇 명인가?

① 75명 ② 100명
③ 125명 ④ 130명

16. ○○기관은 임용시험에서 320명의 합격자를 선발하기로 하였다. 이 중 행정직렬은 200명을 선발하고, 기술직렬은 35명을 선발한다. 전체 응시자 수는 6,400명이고 행정직렬에는 5,200명, 행정직렬과 기술직렬을 제외한 나머지 직렬에는 710명이 지원하였을 때, 기술직렬의 경쟁률은 얼마인가?

① 12 : 1
② 13 : 1
③ 14 : 1
④ 15 : 1

17. 다음과 같은 길에서 어떤 사람이 A에서 출발하여 C로 가려고 할 때, B를 거쳐서 갈 확률은? (단, 최단경로로 이동한다)

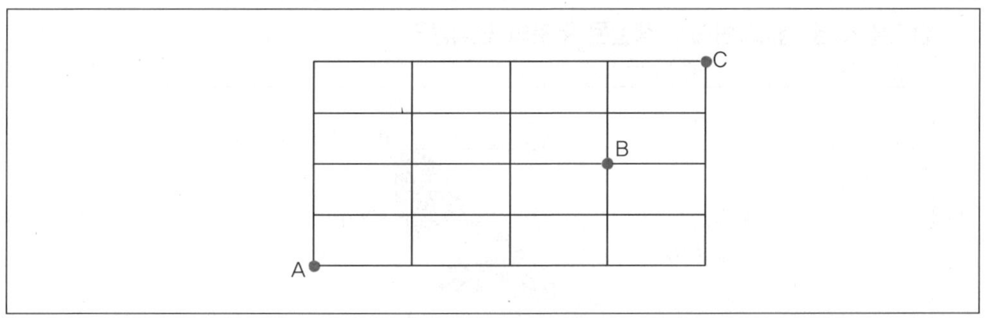

① $\frac{1}{7}$
② $\frac{3}{7}$
③ $\frac{5}{7}$
④ $\frac{9}{14}$

결두부록
언어논리력
수리력
문제해결력
공간지각력
이해력
관찰탐구력
실전모의고사
인성검사
면접가이드

18. 다음은 (주)AA 전자 전략기획팀 팀원 간의 대화 내용이다. 세 명이 같이 프로젝트 ABC－1206을 마무리하는 데 소요되는 시간은? (단, 시너지효과는 고려하지 않는다)

> 김 팀장 : 프로젝트 ABC－1206을 최대한 빨리 처리해야 되는데, 시간이 얼마나 걸릴 것 같나요?
> 안 대리 : 저 혼자 하면 6시간 걸릴 것 같습니다.
> 장 과장 : 저 혼자 하면 4시간이면 될 것 같습니다.
> 김 팀장 : 내가 혼자 하면 3시간이면 될 것 같은데, 지금부터 우리 셋이 다 같이 해요.

① 45분 ② 60분
③ 80분 ④ 120분

19. 한 변의 길이가 10cm인 정사각형 ABCD에서 $\overline{BC}$를 지름으로 하는 반원과 $\overline{CD}$를 지름으로 하는 반원을 그릴 때, 그림에서 색칠된 부분의 면적은?

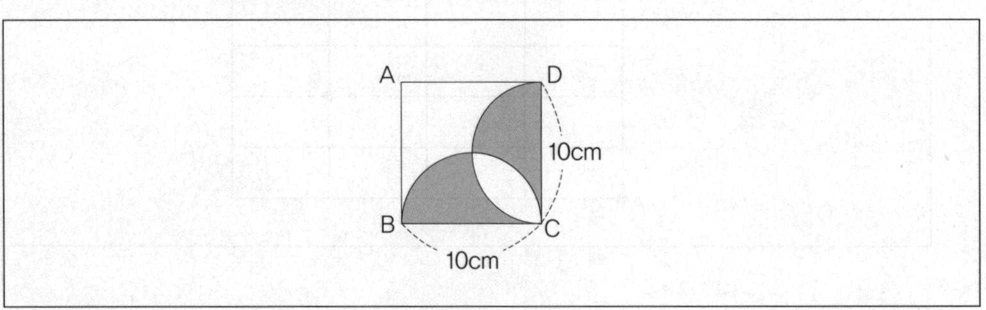

① $40cm^2$ ② $45cm^2$
③ $50cm^2$ ④ $55cm^2$

20. 삼각형이 밑변과 평행한 두 선에 의해 같은 높이로 삼등분되어 있다. 삼각형의 높이가 h이고 밑변의 길이가 다음과 같다면, 색칠된 영역의 넓이는?

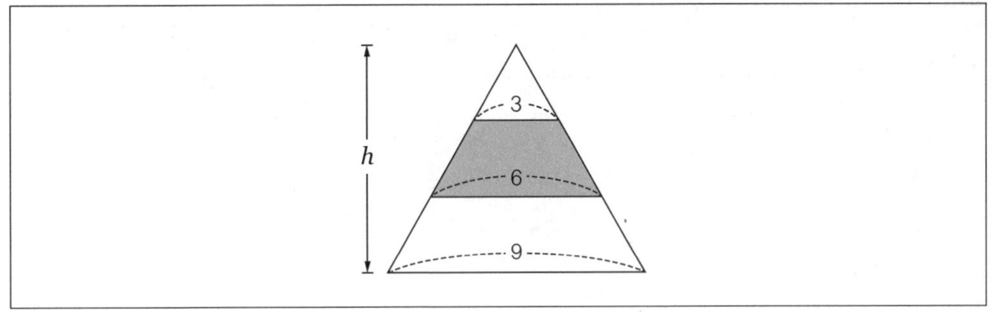

① $0.5h$　② $1h$
③ $1.5h$　④ $2h$

21. 어느 동아리 학생 10명의 봉사 활동 시간을 조사하여 나타낸 도수분포표가 다음과 같다. 봉사 활동 시간의 평균이 16시간일 때 분산을 a라 한다면, $10a$의 값은?

봉사 활동 시간(시간)	도수(명)
11이상 ~ 13미만	1
13 ~ 15	1
15 ~ 17	5
17 ~ 19	3
합계	10

① 20　② 24
③ 28　④ 32

[22 ~ 23] 다음 숫자들의 배열 규칙을 찾아 '?'에 들어갈 숫자를 고르시오.

22.

1 4 2 9 4 16 8 (?)

① 9 ② 12
③ 25 ④ 32

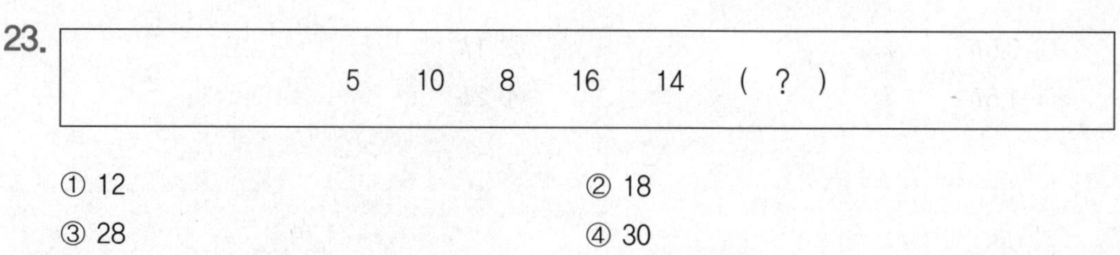

23.

5 10 8 16 14 (?)

① 12 ② 18
③ 28 ④ 30

[24 ~ 26] 다음 문자들의 배열 규칙을 찾아 '?'에 들어갈 문자를 고르시오.

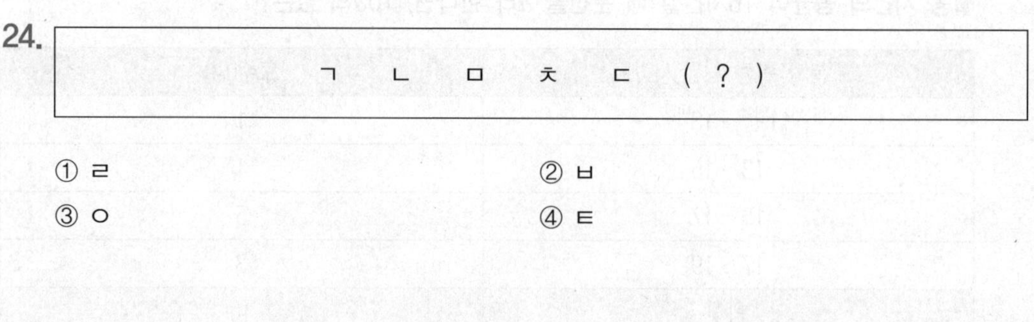

24.

ㄱ ㄴ ㅁ ㅊ ㄷ (?)

① ㄹ ② ㅂ
③ ㅇ ④ ㅌ

25.

F L N B (?)

① D ② G
③ J ④ M

26.

DA　EB　FC　GD　(?)

① CI　② HE
③ JQ　④ MW

[27 ~ 28] 다음 숫자들의 배열규칙을 찾아 '?'에 들어갈 숫자를 고르시오.

27.

4　?　6　34　10　18

① 66　② 67
③ 68　④ 69

28.

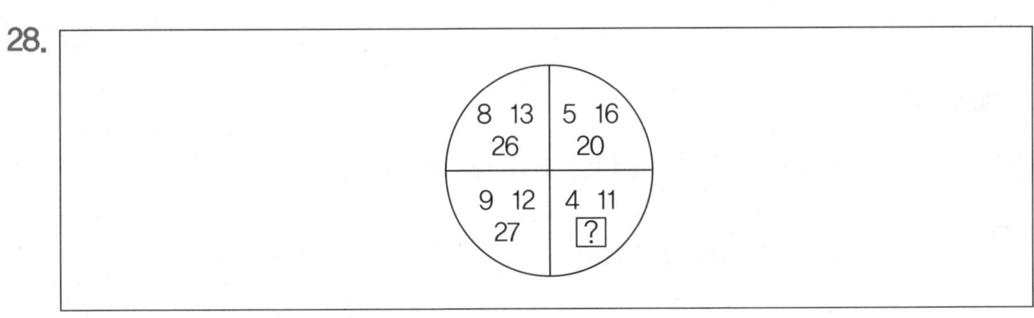

① 11　② 13
③ 15　④ 17

출제유형이론

01 자료해석이란

1 자료해석의 특징과 대처법

- 자료해석에서 요구하는 것은 주어진 자료만으로 논리적으로 도출해 낼 수 있는 사항을 올바르게 판단하는 능력이다. 선택지의 내용이 상식적으로는 옳다고 여겨지는 경우에도 자료를 통해 논리적으로 이끌어 낼 수 없다면 정답이라고 할 수 없다.
- 비율, 증가율, 지수 등을 올바르게 이해해야 한다.
- 계산 테크닉을 익혀서 쓸데없는 계산을 하지 않도록 한다. 또한 간단한 계산은 암산으로 끝낼 수 있도록 훈련하는 것이 좋다.
- 선택지를 검토할 때에는 옳고 그름의 판단이 쉬운 것부터 순서대로 확인한다.
- 자료의 단위, 각주 등을 놓치지 않도록 주의한다.

2 변동률(증감률)

1. 공식

- 변동률 또는 증감률(%) $= \dfrac{\text{비교시점 수치} - \text{기준시점 수치}}{\text{기준시점 수치}} \times 100$
- 기준시점 수치를 X, 비교시점 수치를 Y, 변동률(증감률)을 g%라 하면

$$g = \frac{Y-X}{X} \times 100 \qquad Y-X = \frac{g}{100} \times X \qquad Y = \left(1 + \frac{g}{100}\right)X$$

2. 계산 방법

값이 a에서 b로 변화하였을 때 $\dfrac{b-a}{a} \times 100$ 또는 $\left(\dfrac{b}{a} - 1\right) \times 100$으로 계산한다.

예

값이 256에서 312로 변화하였을 때 증감률은 $\dfrac{312-256}{256} \times 100 \fallingdotseq 22(\%)$이다.

다른 방법도 있다. 312는 256의 약 1.22배인데 이는 256을 1로 설정할 때 312는 약 1.22라는 의미이다. 따라서 0.22가 늘어났으므로 증감률은 22%임을 알 수 있다.

3 변동률과 변동량의 관계

변동률이 크다고 해서 변동량(증가량, 변화량, 증감량)이 많은 것은 아니다.

> 예 A의 연봉은 1억 원에서 2억 원으로, B의 연봉은 2,000만 원에서 8,000만 원으로 인상되었다. A의 연봉증가액은 1억 원이고 B의 연봉증가액은 6,000만 원이며, A의 연봉증가율은 $\frac{2-1}{1}\times 100=100(\%)$이고, B의 연봉증가율은 $\frac{8,000-2,000}{2,000}\times 100=300(\%)$이다. 따라서 연봉증가액은 A가 B보다 많지만, 연봉증가율은 A가 B보다 작다.

4 증가율과 구성비의 관계

전체량을 A, 부분량을 B라고 하면 부분량의 구성비는 $\frac{B}{A}$이다. 만약 어느 기간에 전체량이 a, 부분량이 b 증가했다고 하면 증가 후의 구성비는 $\frac{B(1+b)}{A(1+a)}$이다(단, a, b는 증가율이다). 여기서 $a>b$이면 $\frac{B}{A}>\frac{B(1+b)}{A(1+a)}$, $a<b$이면 $\frac{B}{A}<\frac{B(1+b)}{A(1+a)}$가 된다.

> • 전체량의 증가율 > 부분량의 증가율 ⇨ 구성비 감소
> • 전체량의 증가율 < 부분량의 증가율 ⇨ 구성비 증가

5 지수

- 지수란 구체적인 숫자 자체의 크기보다는 시간의 흐름에 따라 수량이나 가격 등 해당 수치가 어떻게 변화되었는지를 쉽게 파악할 수 있도록 만든 것으로 통상 비교의 기준이 되는 시점(기준시점)을 100으로 하여 산출한다.
- 기준 데이터를 X, 비교 데이터를 Y라 하면, 지수$=\frac{Y}{X}\times 100$
- 데이터 1의 실수를 X, 데이터 2의 실수를 Y, 데이터 1의 지수를 k, 데이터 2의 지수를 g라 하면 다음과 같은 비례식이 성립한다. $X:Y=k:g$
- 비례식에서 외항의 곱과 내항의 곱은 같으므로 $Xg=Yk$이다. 따라서 $Y=\frac{g}{k}\times X$, $X=\frac{k}{g}\times Y$

6 퍼센트(%)와 퍼센트포인트(%p)

퍼센트는 백분비라고도 하는데 전체의 수량을 100으로 하여 해당 수량이 그중 몇이 되는가를 가리키는 수로 나타낸다. 퍼센트포인트는 이러한 퍼센트 간의 차이를 표현한 것으로 실업률이나 이자율 등의 변화가 여기에 해당된다.

예 실업률이 작년 3%에서 올해 6%로 상승하였다.
→ 실업률이 작년에 비해 100% 상승 또는 3%p 상승했다.

여기서 퍼센트는 '$\frac{\text{현재 실업률}-\text{기존 실업률}}{\text{기존 실업률}}\times 100$'을 하여 '100'으로 산출됐고,

퍼센트포인트는 퍼센트의 차이이므로 6−3을 해서 '3'이란 수치가 나온 것이다.

7 가중평균

- 중요도나 영향도에 해당하는 각각의 가중치를 곱하여 구한 평균값을 가중평균이라 한다.
- 주어진 값 x_1, x_2, ⋯, x_n에 대한 가중치가 각각 w_1, w_2, ⋯, w_n이라 하면

$$\text{가중평균}=\frac{x_1w_1+x_2w_2+\cdots+x_nw_n}{w_1+w_2+\cdots+w_n}$$

8 단위당 양

1. 자동차 천 대당 교통사고 발생건수, 단위면적당 인구수 등과 같이 정해진 단위량에 대한 상대치이다. 따라서 기준이 되는 단위량에 대응하는 실수(위의 예에서는 자동차 대수, 면적)가 주어져 있지 않으면 단위당 양에만 기초해서 실수 그 자체(위의 예에서는 교통사고 발생건수, 인구수)를 비교하는 것은 불가능하다.

2. 계산 방법

- X, Y를 바탕으로 X당 Y를 구하는 경우 → $(X\text{당 }Y)=\frac{Y}{X}$
- X당 Y, X를 바탕으로 Y를 구하는 경우 → $Y=X\times(X\text{당 }Y)$
- X당 Y, Y를 바탕으로 X를 구하는 경우 → $X=Y\div(X\text{당 }Y)$

02 그래프의 종류

꺾은선 그래프	막대 그래프
• 시계열 변화를 표시하는 데 적합한 그래프 • 세로축에 양, 가로축에 시계열을 표시한다. 예 〈월별 고객불만 건수〉 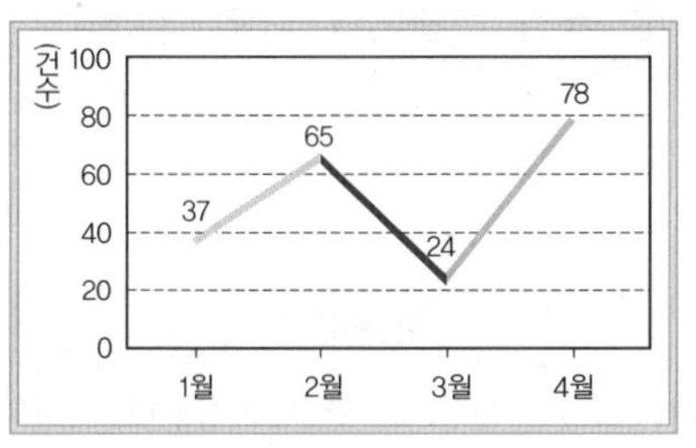 	• 비교하고자 하는 수량을 막대의 길이로 나타냄으로써 각 수량 간의 대소 비교가 가능한 그래프 • 가로축에 시계열을 표시할 경우 꺾은선 그래프와 동일한 효과를 가진다. 예 〈지방 중소병원 고객의 주거지역 분포〉 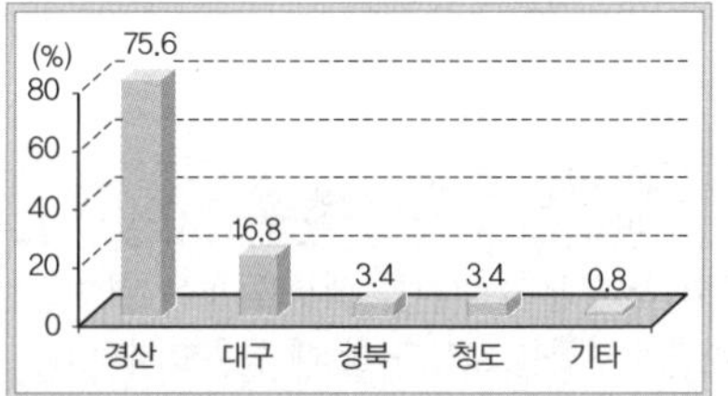
히스토그램	**원 그래프**
• 도수분포를 나타내는 그래프 • 막대 사이에 간격이 없다. 예 〈볼링 동호회 회원들의 볼링 점수〉 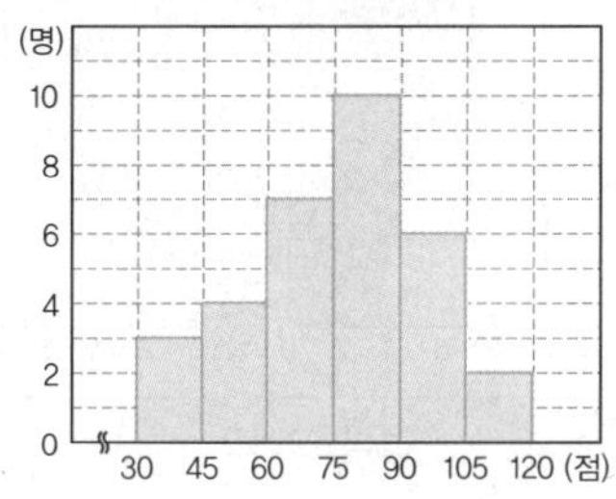 	• 원을 분할하여 내역이나 내용의 구성비를 작성하는 그래프 • 전체에 대한 구성비를 표현할 때 적합하다. • 각 항목의 구성비에 따라 중심각이 정해지고 중심각 360°가 100%에 대응한다. $\text{구성비(\%)} = \frac{\text{중심각}}{360°} \times 100$ 예 〈비용 지출내역〉 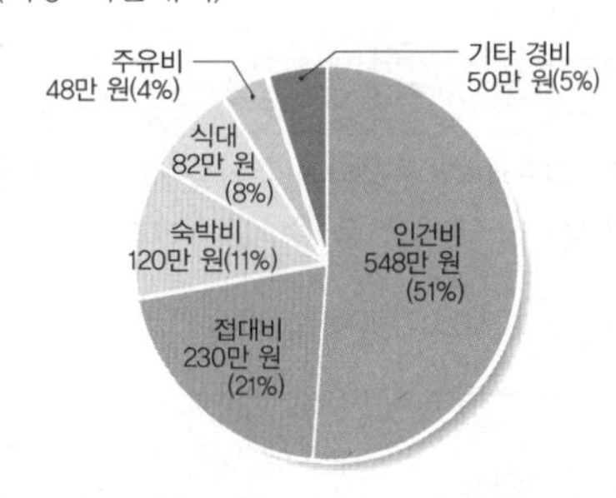

레이더차트(방사형 그래프, 거미줄 그래프)	띠 그래프
• 항목의 수만큼 레이더 형상으로 축을 뻗어 값을 선으로 연결함으로써 합계나 비율의 차이를 비교하는 그래프	• 각 요소의 구성비를 띠 모양으로 나타낸 그래프 • 막대 전체를 100%로 두고 각 항목의 구성비에 따라 막대의 내용을 구별하여 구성비를 시각적으로 표현한다.

예 〈식품 A, B의 영양성분〉

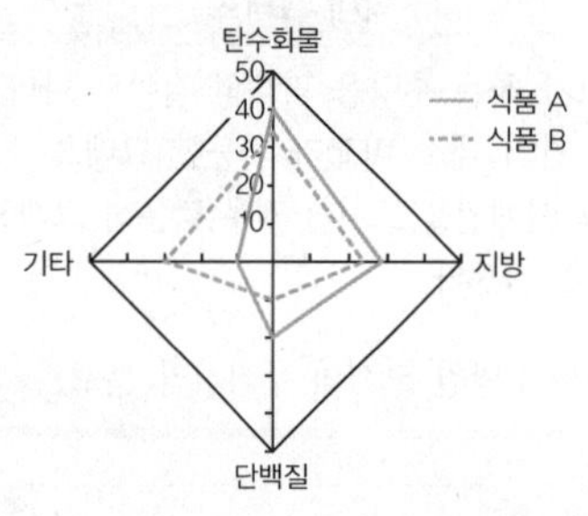

예 〈건설시장의 부문별 시장규모 구성비〉

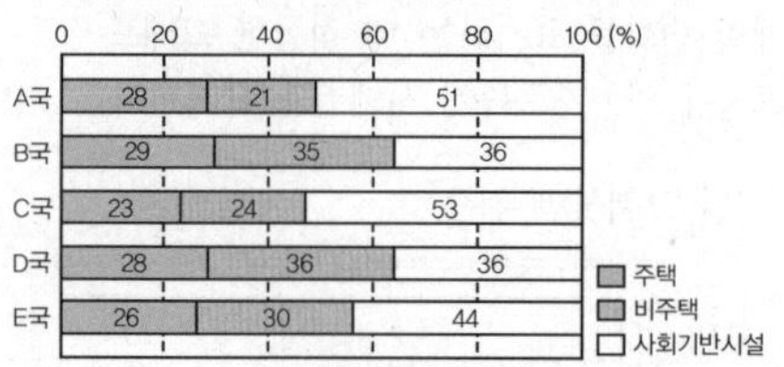

층별 그래프	피라미드도
• 합계와 각 부분의 크기를 백분율 또는 실수로 나타내고 시간적 변화를 보고자 할 때 활용할 수 있는 그래프	• 두 개의 그룹을 대상으로 할 때 사용되며, 하나의 항목에 대한 히스토그램을 좌우에 나누어 표시한다.

예 〈상품별 매출액 추이〉

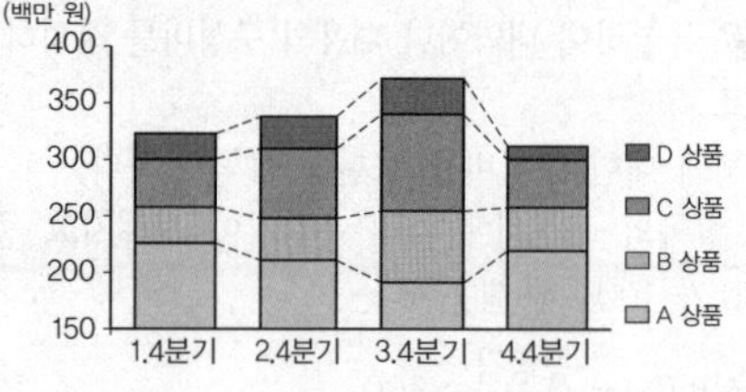

예 〈2030년 인구피라미드〉

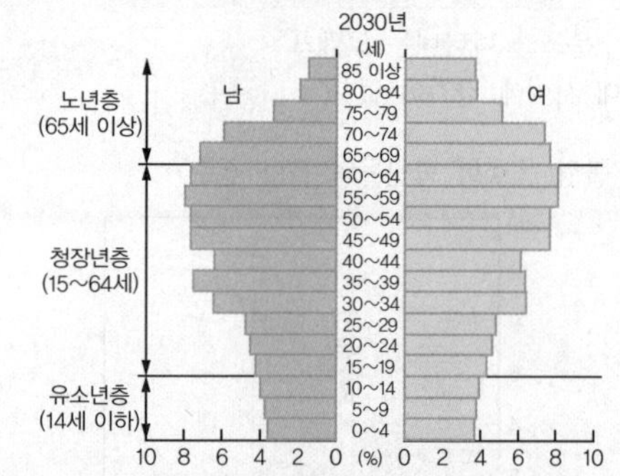

영역 그래프	그림 그래프
• 데이터의 총량과 그 구성비의 추이를 층으로 나타내고 층 폭의 변화로 경향을 볼 수 있는 그래프	• 수를 그림으로 나타내 한눈에 보이도록 만든 그래프

예 〈범죄유형별 시간대별 발생 비율〉

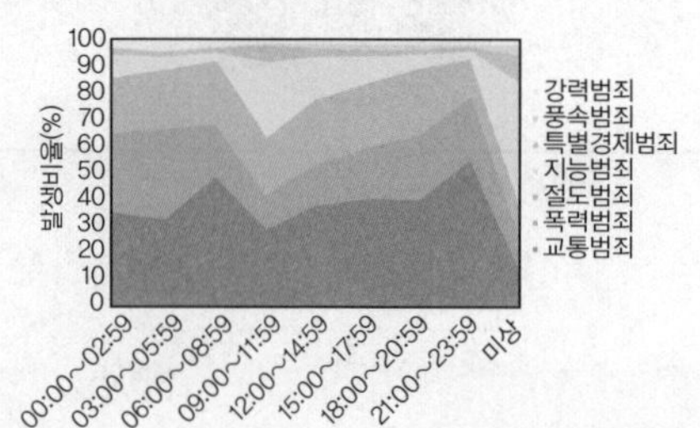

예 〈성남시 인구수〉

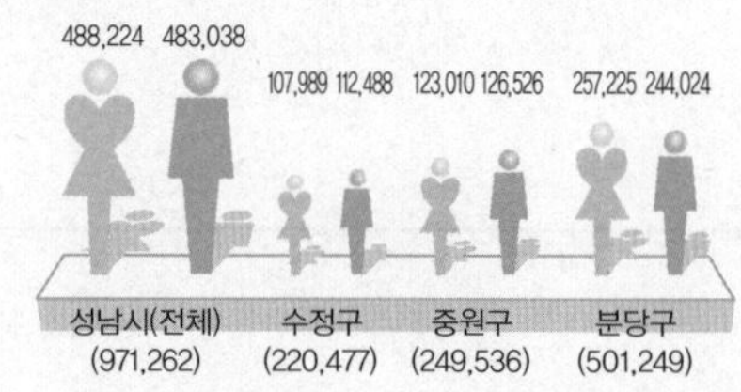

산점도(상관도)	물방울차트
• 2개의 연속형 변수 간의 관계를 보기 위하여 직교좌표의 평면에 관측점을 찍어 만든 그래프 • 두 변수의 관계를 시각적으로 검토할 때 유용하다. 예 〈A 중학교 학생들의 키와 몸무게〉 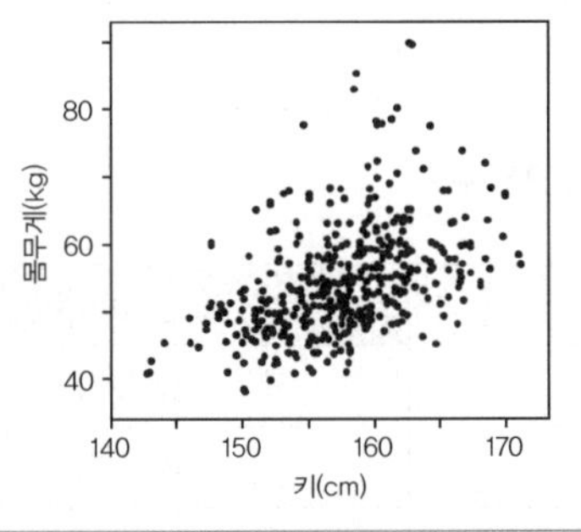	• 원(물방울)의 크기로 데이터의 대소를 비교하는 그래프 예 〈은행별 총자산, 당기순이익, 총자산 이익률〉 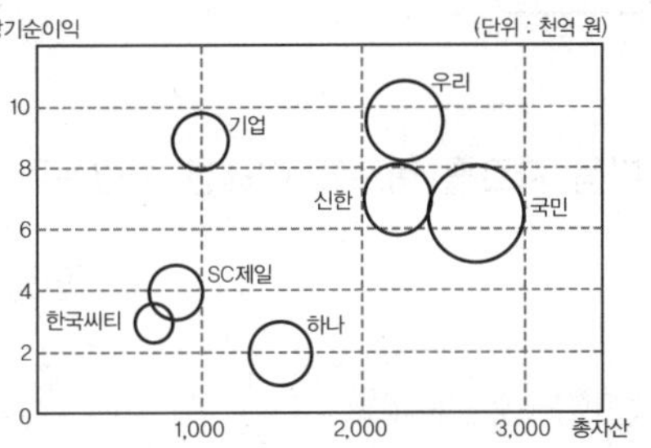
상자그림	삼각도표(삼각좌표)
• 다섯숫자요약(중앙값, 제1사분위수, 제3사분위수, 최댓값, 최솟값)을 시각적으로 표현한 그림 • 이상점이 포함되어 있는지를 쉽게 판단할 수 있다. 예 〈국어, 영어, 수학 성적〉 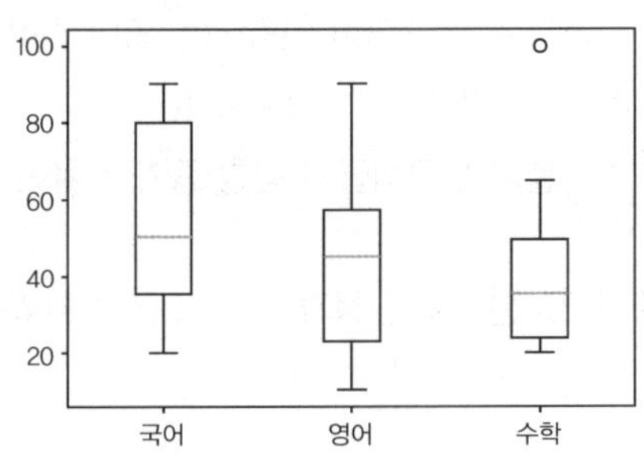	• 3가지 항목의 전체에 대한 구성비를 정삼각형 내부에 점으로 표현한 그래프 • 자료를 세 가지 요소로 분류 가능할 때 사용한다. 예 〈'의료', '연금', '기타 복지'가 사회보험 비용 전체에서 차지하는 비율〉 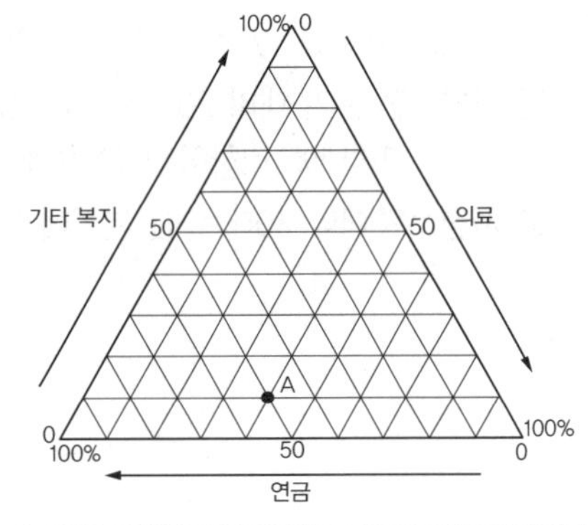

▶ 정답과 해설 41쪽

출제유형문제

유형 1 자료이해

01. 다음 자료를 바르게 이해한 사람은?

〈연령별 구직급여 신청자 수〉

(단위 : 명)

구분	20X9년 2/4분기	20X9년 3/4분기
20대 이하	38,597	37,549
30대	51,589	49,613
40대	47,181	47,005
50대	48,787	49,770
60대 이상	32,513	35,423
전체	218,667	219,360

① 최 사원 : 유일하게 전 분기 대비 20X9년 3/4분기 신청자 수가 증가한 연령대는 60대 이상이네.

② 이 사원 : 20X9년 2/4분기 신청자 중 30대의 수가 많은 것은 이직 때문이야.

③ 박 사원 : 전 분기 대비 20X9년 3/4분기 60대 이상 고령자의 구직급여 신청 증가 비율이 다른 연령대에 비하여 가장 높게 나타났네.

④ 윤 사원 : 20대나 30대는 전 분기에 비하여 20X9년 3/4분기의 신청자 수가 조금씩 늘었구나.

02. 다음 자료에 대한 설명으로 옳지 않은 것을 〈보기〉에서 모두 고르면? (단, 괄호는 전년 대비 증감률을 의미한다)

〈국적별 입국자 수 현황〉

(단위 : 명)

구분		20X7년	20X8년	20X9년
아시아주		1,034,009	1,122,374(8.5%)	1,256,875(12%)
	일본	201,489	188,420(−6.5%)	178,735(−5.1%)
	중국	517,031	618,083(19.5%)	705,844(14.2%)
미국		67,928	70,891(4.4%)	80,489(13.5%)
캐나다		13,103	14,541(11%)	15,617(7.4%)

보기

㉠ 20X9년 입국자 수의 전년 대비 증가율이 가장 큰 국가는 미국이다.
㉡ 일본과 중국 입국자 수를 합하면 제시된 기간 동안 매년 아시아주의 50% 이상을 차지한다.
㉢ 중국인 입국자 수는 20X9년 이후에도 증가할 것이다.
㉣ 매년 입국자 수가 꾸준히 늘어난 국가는 1곳이다.

① ㉡　　② ㉡, ㉢
③ ㉢, ㉣　　④ ㉠, ㉢, ㉣

03. 다음은 보이스피싱 피해신고 건수 및 금액에 대한 자료이다. 이에 대한 설명으로 옳은 것은?

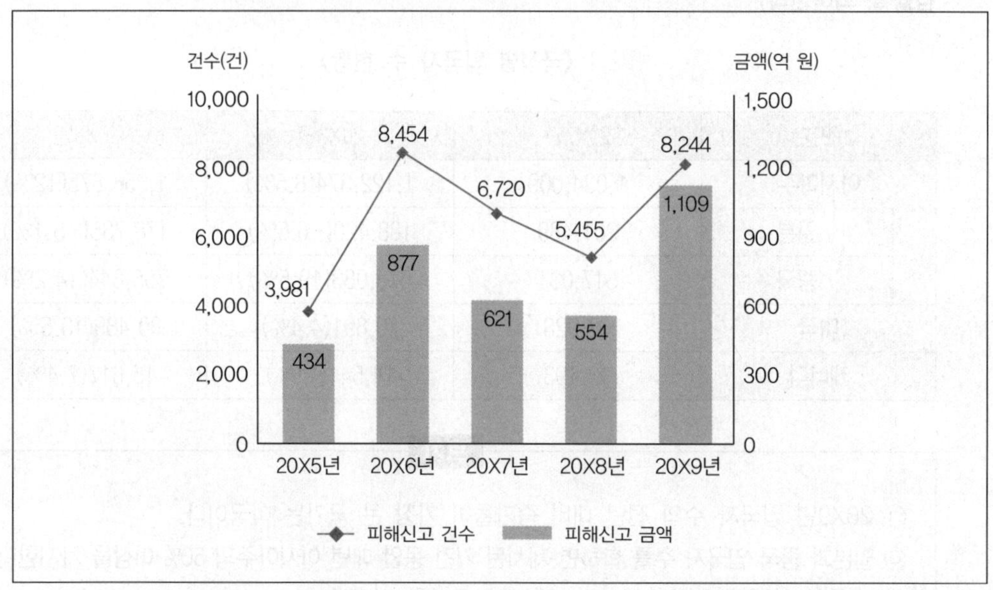

① 20X9년 보이스피싱 피해신고 금액은 20X5년에 비해 약 2.3배 증가하였다.

② 보이스피싱 피해신고 건수 및 금액이 가장 많았던 해와 가장 적었던 해는 같다.

③ 20X5 ~ 20X9년 보이스피싱 피해신고 금액의 평균은 700억 원에 미치지 못한다.

④ 전년 대비 20X9년 보이스피싱 피해신고 건수의 증가율은 50% 이상이다.

유형 2 자료계산

04. 다음 자료에서 20X9년 65세 이상 인구가 100만 명이라면 생산 가능 인구는 몇 명인가? (단, 천의 자리에서 반올림한다)

〈부양 인구비〉

구분	20X5년	20X6년	20X7년	20X8년	20X9년
부양인구비(%)	39.1	36.8	36.3	36.2	37.1
소년부양인구비(%)	26.6	22	18.8	18.2	18.5
노년부양인구비(%)	12.5	14.8	17.5	18	18.6

※ 생산 가능 인구 : 15 ~ 64세 인구

※ 노년부양인구비(%) = $\frac{\text{65세 이상 인구}}{\text{생산 가능 인구}} \times 100$

※ 소년부양인구비(%) = $\frac{\text{15세 미만 인구}}{\text{생산 가능 인구}} \times 100$

※ 부양인구비(%) = $\frac{\text{15세 미만 인구} + \text{65세 이상 인구}}{\text{생산 가능 인구}} \times 100$

= 소년부양인구비 + 노년부양인구비

① 536만 명　② 538만 명

③ 540만 명　④ 542만 명

05. 다음은 H사의 2022년과 2023년 3월 승용차 판매량을 정리한 것이다. 전년 동월 대비 2023년 3월의 전체 승용차 판매량의 증감률은 얼마인가?

〈H사 승용차 판매량〉

(단위 : 대)

구분	2022년 3월	2023년 3월
SUV	10,757	7,738
소형상용차	10,991	10,636
대형상용차	2,532	2,264

① −12%　② −13%

③ −14%　④ −15%

06. 다음은 보험회사의 자산현황 추이를 나타낸 그래프이다. 2022년의 생명보험 자산은 2020년 생명보험 자산의 몇 배인가? (단, 소수점 아래 셋째 자리에서 반올림한다)

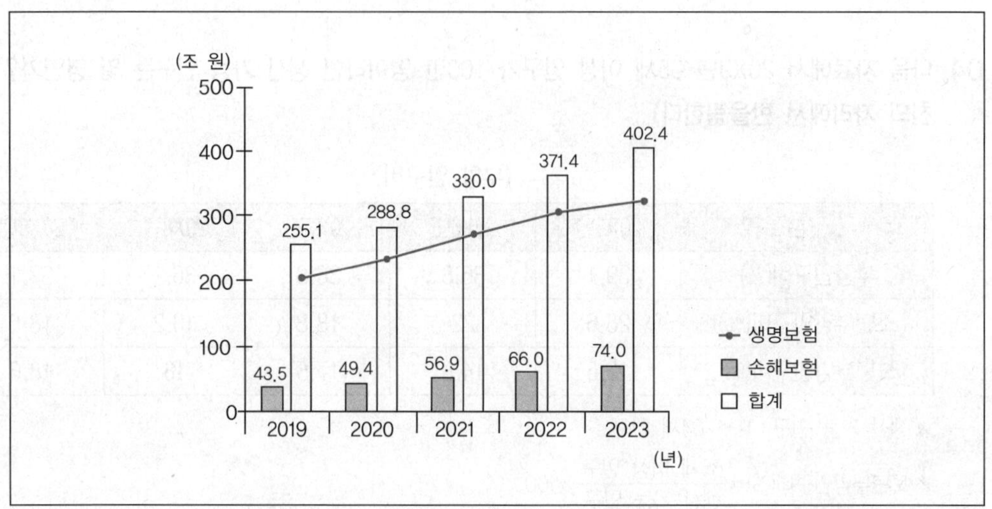

① 약 0.95배
② 약 1.19배
③ 약 1.23배
④ 약 1.28배

유형 3 자료변환

07. 다음 표를 보고 인구 1만 명당 범죄 발생 건수의 증감률을 그래프로 그린다면, 그 모양에 가장 가까운 것은? (단, 가로축을 연도, 세로축을 증감률로 한다)

〈경찰관 수와 범죄 발생 건수의 변화〉

구분	20X1년	20X2년	20X3년	20X4년
인구 10만 명당 경찰관 수(명)	206	205	210	217
인구 1만 명당 범죄 발생 건수(건)	200	208	211	211

①
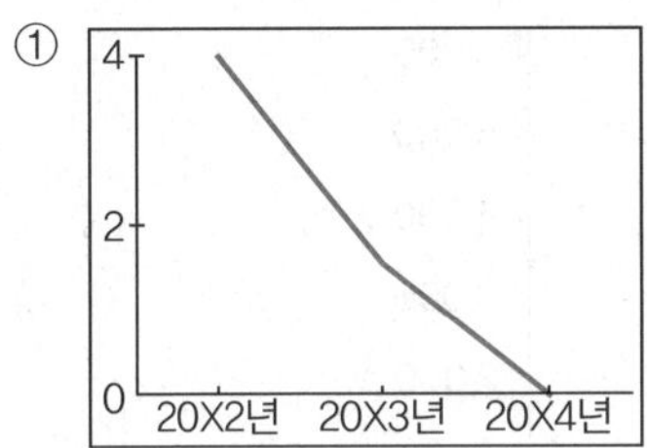

②
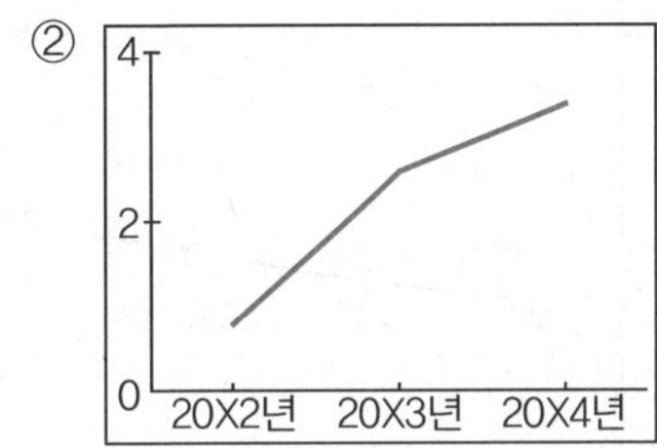

③
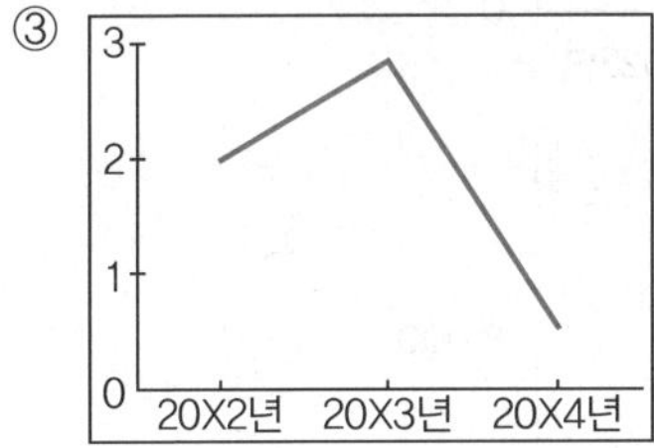

④
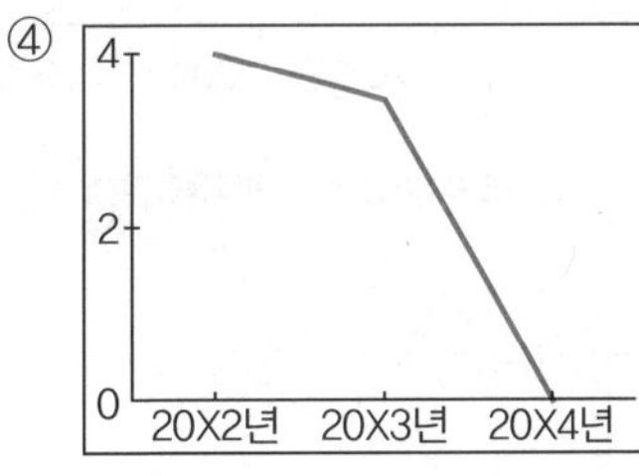

08. A 사원은 팀장으로부터 다음 자료를 그래프로 바꿔 작성할 것을 지시받았다. A 사원이 작성해야 할 그래프로 가장 옳은 것은?

〈65세 이상 인구 의료 진료비 현황〉

구분	2018년	2019년	2020년	2021년	2022년	2023년
65세 이상 인구 (천 명)	5,468	5,740	6,005	6,223	6,445	6,806
65세 이상 진료비 (억 원)	164,494	180,852	199,687	222,361	252,692	283,247

①

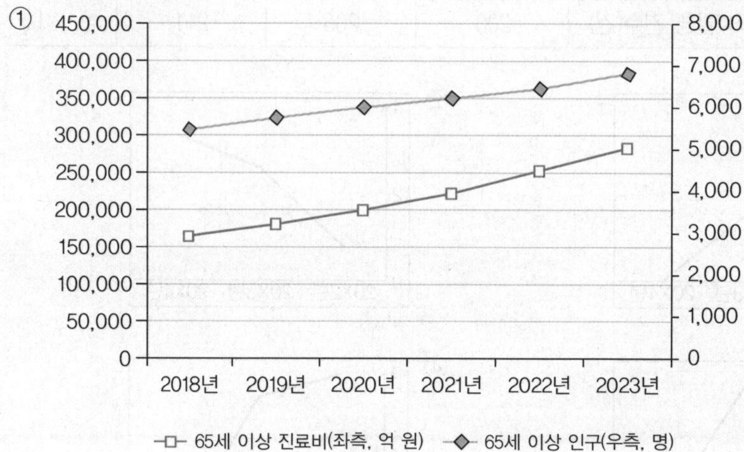

②

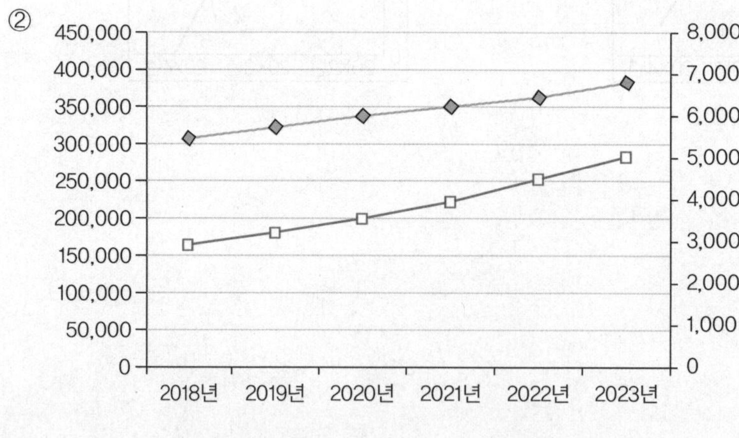

③

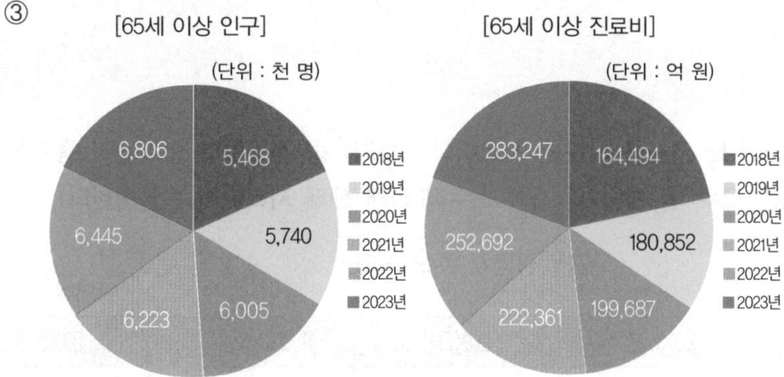
[65세 이상 인구]
(단위 : 천 명)
6,806
5,468
6,445
5,740
6,223
6,005
2018년
2019년
2020년
2021년
2022년
2023년
[65세 이상 진료비]
(단위 : 억 원)
283,247
164,494
252,692
180,852
222,361
199,687
2018년
2019년
2020년
2021년
2022년
2023년

④

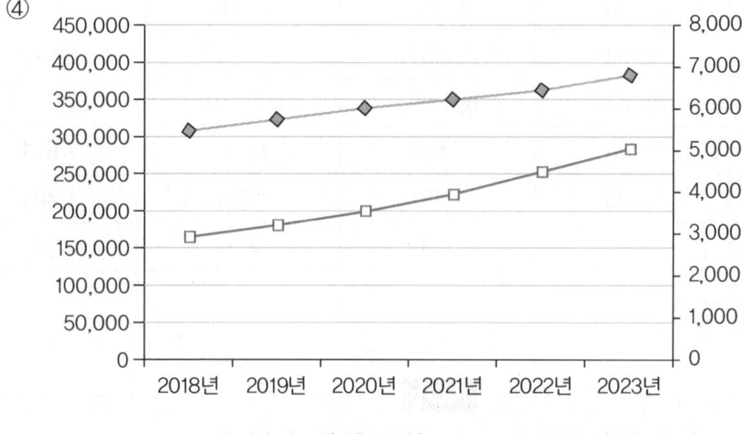
450,000
400,000
350,000
300,000
250,000
200,000
150,000
100,000
50,000
0
8,000
7,000
6,000
5,000
4,000
3,000
2,000
1,000
0
2018년
2019년
2020년
2021년
2022년
2023년
65세 이상 진료비(좌측, 억 원)
65세 이상 인구(우측, 천 명)

▶ 정답과 해설 43쪽

기출예상문제

01. 다음은 Y 광역시의 주요 지표를 나타낸 자료이다. 〈보기〉 중 전년보다 범죄율이 증가한 해에 함께 증가한 항목은 모두 몇 개인가? (단, 소수점 아래 셋째 자리에서 반올림한다)

〈Y 광역시 주요 지표〉

(단위 : 명, 건, %)

구분	20X6년	20X7년	20X8년	20X9년
인구수	1,135,494	1,147,256	1,156,480	1,166,377
범죄 발생 건수	36,847	37,066	40,847	40,908
흡연 인구수	279,524	267,311	267,147	262,434
음주 인구수	666,535	694,090	696,201	695,828
혼인 건수	7,768	7,887	7,998	7,674
출산율	1.493	1.481	1.391	1.404
조이혼율	2.1	2.3	2.3	2.4

※ 범죄율(%) = $\frac{\text{범죄 발생 건수}}{\text{인구수}} \times 100$

보기

㉠ 흡연 인구수　　㉡ 음주 인구수　　㉢ 혼인 건수

㉣ 출산율　　㉤ 조이혼율

① 1개　　② 2개

③ 3개　　④ 4개

02. 다음 그래프를 보고 추론한 내용으로 적절하지 않은 것은?

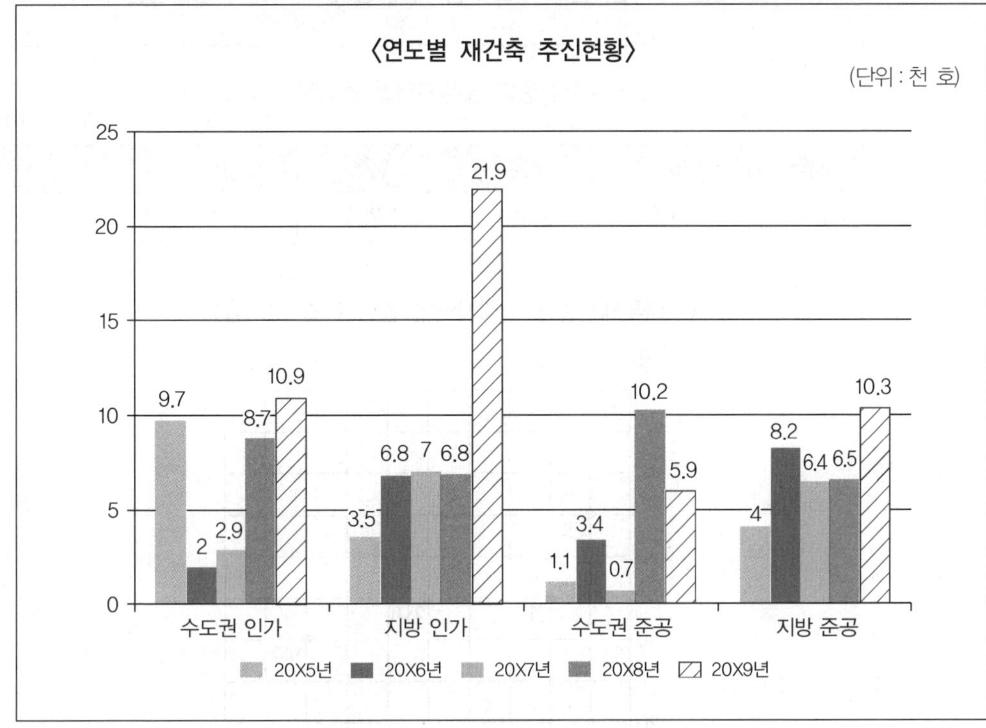

① 20X5 ~ 20X9년 동안 수도권의 연평균 재건축 인가 호수는 준공 호수보다 많다.

② 수도권이 지방보다 더 많은 재건축 인가/준공 호수를 보인 해는 각각 2개씩이다.

③ 20X9년 지방의 재건축 준공 호수는 전년 대비 50% 이상 증가하였다.

④ 지방의 재건축 준공 호수와 연도별 증감 추이가 동일한 항목은 없다.

03. 다음은 소나무재선충병 발생지역에 관한 자료이다. 제주의 고사한 소나무 수는 거제의 고사한 소나무 수의 약 몇 배인가? (단, 필요시 소수점 아래 둘째 자리에서 반올림한다)

〈소나무재선충병 발생지역별 소나무 수〉

(단위 : 천 그루)

발생지역	거제	경주	제주	청도	포항
소나무 수	1,590	2,981	1,201	279	2,312

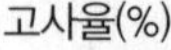

〈소나무재선충병 발생지역별 감염률 및 고사율〉

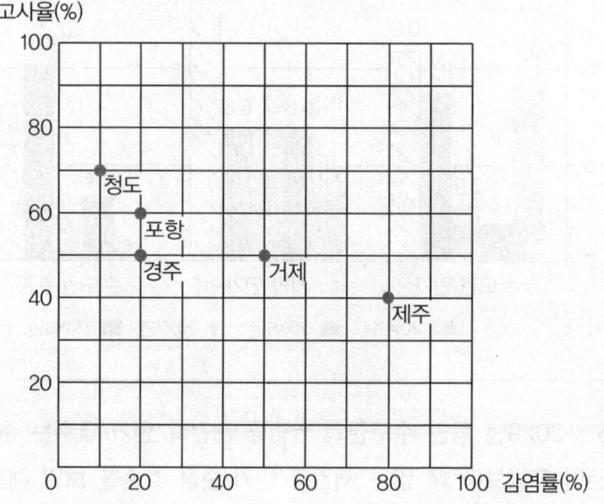

※ 감염률(%) = $\frac{\text{발생지역의 감염된 소나무 수}}{\text{발생지역의 소나무 수}} \times 100$

※ 고사율(%) = $\frac{\text{발생지역의 고사한 소나무 수}}{\text{발생지역의 감염된 소나무 수}} \times 100$

① 0.5배
② 1.0배
③ 1.5배
④ 2.0배

04. 다음 중 20XX년도 학교급별 인원에 대한 자료를 파악한 내용으로 적절한 것은?

〈자료 1〉 조사항목에 따른 학교급별 해당 비율

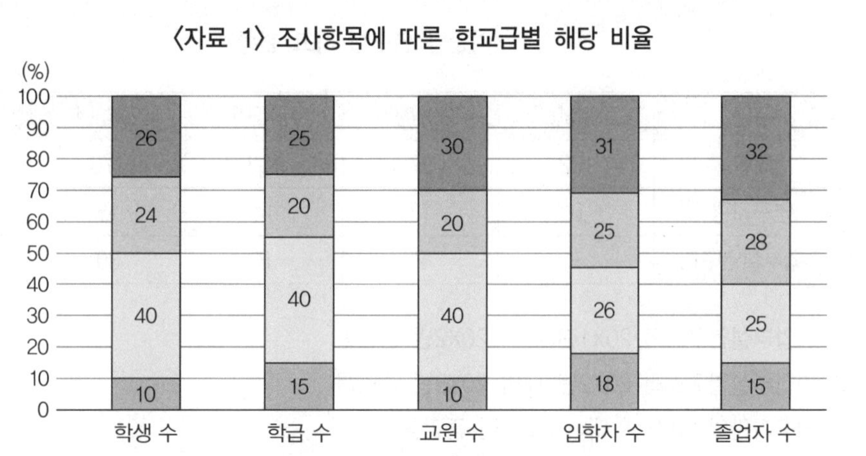

〈자료 2〉 조사항목별 유치원 · 초등학교 · 중학교 · 고등학교 합계 현황

(단위 : 만 개, 만 명)

구분	학생 수	학급 수	교원 수	입학자 수	졸업자 수
합계	6,600	250	460	1,730	1,830

① 초등학교 학급당 학생 수는 25명이다.

② 교원 1명당 학생 수는 고등학교가 가장 많다.

③ 모든 조사항목에서 초등학교의 비율이 가장 높다.

④ 중학교 졸업자 수는 중학교 입학자 수보다 많다.

05. 아래 자료는 기관별 연구실 사고 현황에 관한 자료이다. 다음 중 연구실 사고 증감률이 가장 큰 것은?

〈기관별 연구실 사고 현황〉

(단위 : 건)

구분	20X0년	20X1년	20X2년	20X3년	20X4년
대학	102	97	153	170	212
연구기관	6	13	14	15	38
기업부설연구소	-	2	8	30	17

① 기업부설연구소의 20X1년 대비 20X2년 증감률

② 기업부설연구소의 20X2년 대비 20X3년 증감률

③ 연구기관의 20X3년 대비 20X4년 증감률

④ 대학의 20X1년 대비 20X2년 증감률

06. 다음은 도시 인구 이동에 대한 통계자료이다. 이에 대한 설명으로 적절하지 않은 것은?

〈행정구역별 인구 변화〉

(단위 : 명)

행정구역별	총전입	총전출	순이동	시도 간 전입	시도 간 전출
서울특별시	122,292	126,224	−3,932	39,940	43,872
부산광역시	36,788	38,688	−1,900	8,802	10,702
대구광역시	27,178	28,145	−967	7,017	7,984
인천광역시	36,022	38,934	−2,912	11,130	14,042
광주광역시	18,435	18,889	−454	5,303	5,757
대전광역시	18,653	19,547	−894	6,076	6,970
울산광역시	10,630	11,695	−1,065	3,112	4,177
세종특별자치시	4,598	4,780	−182	2,998	3,180

① 서울특별시의 총전입자 수는 부산, 대구, 인천, 광주의 총전입자 수를 더한 값보다 크다.

② 부산광역시의 시도 간 전입자 수와 서울특별시의 시도 간 전입자 수는 약 4.5배 차이가 난다.

③ 표에 제시된 모든 행정구역의 순이동자 수는 12,306명이다.

④ 표에 제시된 광역시 중 순이동이 두 번째로 적은 도시는 대구광역시이다.

07. 다음 자료에 대한 분석으로 적절하지 않은 것은?

〈우리나라 주요 도시의 도로면 주거지역 소음 크기〉

(단위 : dB)

구분		20X3년	20X4년	20X5년	20X6년	20X7년	20X8년	20X9년
서울	낮	69	69	68	68	68	68	68
	밤	66	65	65	64	65	65	65
부산	낮	68	68	68	67	67	67	67
	밤	63	63	63	63	63	62	62
대구	낮	68	68	69	68	67	67	68
	밤	62	63	64	64	63	62	63
광주	낮	65	66	63	63	64	64	63
	밤	60	60	59	58	59	59	58
대전	낮	62	62	63	62	62	61	61
	밤	56	56	56	56	56	55	55

※ 소음환경기준은 낮 65dB, 밤 55dB이다.

① 조사 기간 동안 밤 시간대 소음측정치가 가장 높은 도시는 서울이다.
② 조사 기간 동안 낮 시간대의 소음환경기준을 충족시키고 있는 도시는 대전뿐이다.
③ 조사 기간 동안 광주에서 낮과 밤 소음측정치의 차이가 가장 큰 해는 20X4년이다.
④ 조사 기간 동안 대구의 밤 평균 소음측정치는 대전의 낮 평균 소음측정치보다 낮다.

08. 다음 자료에 대한 설명으로 적절하지 않은 것은?

〈영농 형태별 농가소득 현황〉

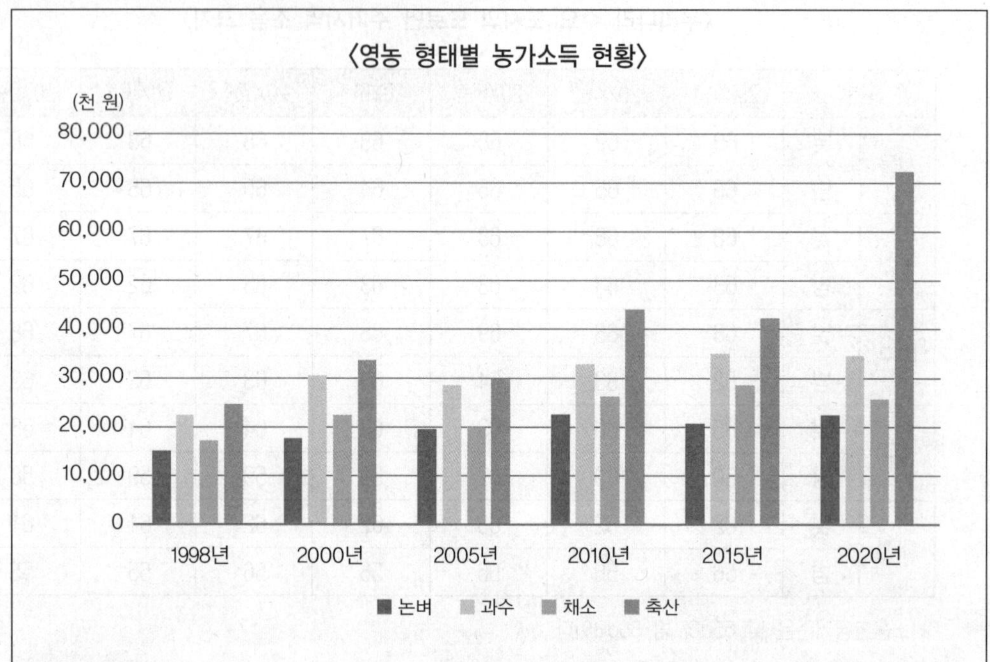

(단위 : 천 원)

구분	1998년	2000년	2005년	2010년	2015년	2020년
논벼	15,074	17,702	19,598	22,648	20,628	22,500
과수	22,508	30,506	28,609	32,810	34,991	34,662
채소	17,305	22,411	19,950	26,314	28,625	25,718
축산	24,628	33,683	29,816	44,061	42,179	72,338

① 조사 시점마다 논벼농가는 과수, 채소, 축산농가에 비해 항상 소득이 낮았다.

② 조사 시점마다 채소농가는 과수농가보다 항상 소득이 낮았다.

③ 농가소득의 변화값이 가장 큰 영농 형태는 축산농가이다.

④ 논벼, 과수, 채소, 축산농가의 소득을 모두 합한 값이 두 번째로 큰 해는 2010년이다.

09. 다음 회계감리 결과(위반 또는 종결) 현황에 대한 표의 내용과 일치하지 않는 그래프는?

(단위 : 건)

구분		표본감리	협의감리	위탁감리	합계
20X5년	감리	204	28	13	245
	위반	16	26	12	54
20X6년	감리	222	30	16	268
	위반	43	26	16	85
20X7년	감리	99	20	18	137
	위반	29	19	18	66
20X8년	감리	79	33	15	127
	위반	19	32	15	66
20X9년	감리	49	16	33	98
	위반	10	14	28	52

① 20X5년 회계감리 결과 비율

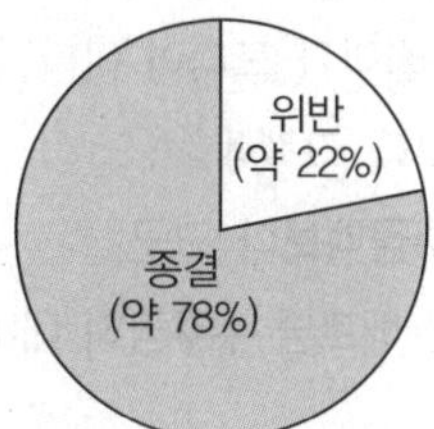

② 20X6년 표본감리 결과 비율

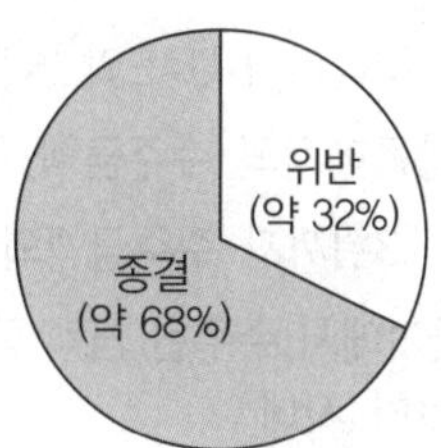

③ 20X7년 회계감리 종류별 비율

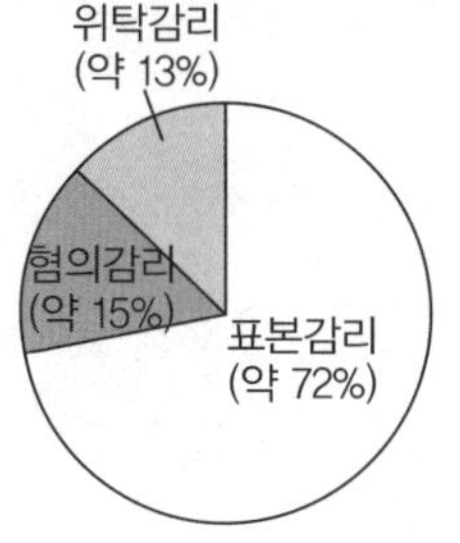

④ 20X9년 회계감리 위반 종류별 비율

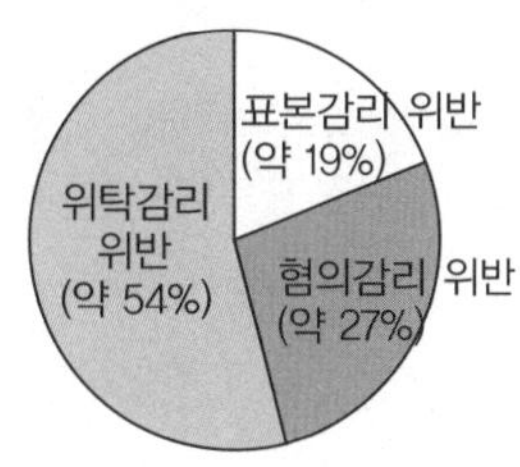

10. 다음 우리나라의 20X9년 해외건설수주통계를 나타낸 자료에 대해 바르게 이해하고 있는 사람은 누구인가?

순위별	국가명	기간금액(천 $)	순위별	국가명	기간금액(천 $)
합계	106개 국가	32,115,664	11	인도네시아	877,417
1	UAE	5,336,562	12	나이지리아	818,389
2	베트남	4,403,520	13	호주	811,995
3	러시아	3,141,264	14	필리핀	771,608
4	싱가포르	2,583,997	15	브라질	470,379
5	사우디	2,405,312	16	이라크	445,547
6	태국	1,971,389	17	카자흐스탄	312,065
7	중국	1,312,590	18	파키스탄	239,659
8	홍콩	1,064,795	19	카타르	236,533
9	말레이시아	943,426	20	캄보디아	233,192
10	인도	895,317	기타	86개 국가	2,840,708

① 정수 : 과거에 우리나라가 UAE의 원전수주에 많은 노력을 쏟은 결과가 드디어 나타난 것이지.

② 소수 : 미국과 홍콩에서의 수주금액 합이 중국에서의 수주금액보다 크겠네.

③ 연수 : 9위부터 13위까지 수주금액의 합은 2위인 베트남의 수주금액보다 크군.

④ 리수 : 106개 국가에서 수주한 금액 중 러시아가 차지하는 비중은 베트남 수주금액 대비 이라크의 비중보다 작네.

11. ○○교육청에 근무하는 A 주무관은 다음과 같은 자료를 바탕으로 중 · 고등학생에 대한 학교 정책을 마련하려고 한다. 자료에 대한 설명으로 적절하지 않은 것을 〈보기〉에서 모두 고르면?

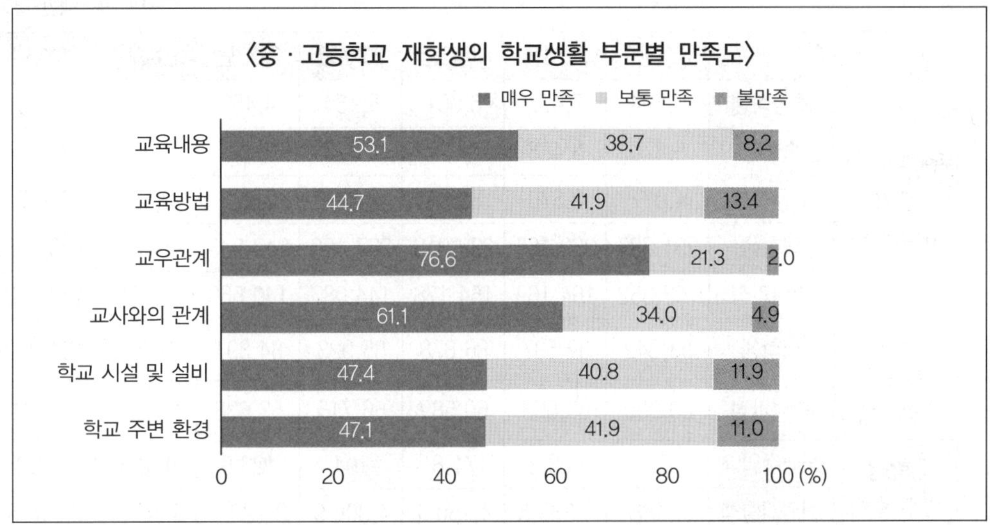

보기

㉠ 학교생활 부문별로는 교우관계에 대한 '매우 만족'이 76.6%로 가장 높았다.

㉡ 중 · 고등학생들은 학교 시설이나 학교 주변 환경에 대해서 매우 불만족스럽다는 반응을 나타냈다.

㉢ 교육방법에 대한 만족도가 다른 부문에 비하여 가장 낮게 나타났다.

㉣ 학교 주변 환경에 있어서 불만족스럽다는 반응은 11%로, 학교 주변 환경에 대해 매우 만족하고 있음을 알 수 있다.

① ㉠, ㉡　　② ㉠, ㉢

③ ㉡, ㉢　　④ ㉡, ㉣

[12 ~ 13] 다음은 최근 우리나라의 유학생 현황에 대한 자료이다. 이어지는 질문에 답하시오.

(단위 : 명, 백만 달러)

구분		20X3년	20X4년	20X5년	20X6년	20X7년	20X8년	20X9년
우리나라의 해외 유학생 수	초등학생	8,794	7,477	6,061	5,154	4,455	4,271	3,796
	중학생	5,870	5,468	4,977	4,377	3,729	3,226	2,700
	고등학생	4,077	3,570	3,302	2,843	2,723	2,432	2,247
	대학생	251,887	262,465	239,213	227,126	219,543	214,696	223,908
	학위과정	152,852	164,169	154,178	144,087	140,560	158,415	133,178
국내 외국인 유학생 수	대학생	83,842	89,537	86,878	85,923	84,891	91,332	104,262
	학위과정	60,000	63,653	60,589	56,715	53,636	55,739	63,104
유학 및 연수 수지	국내수입액	37.4	128.3	71.8	104	123.9	122.6	122.7
	해외지출액	4,488	4,389.5	4,150.4	4,306.9	3,722.1	3,741.9	3,518.5

12. 20X9년 우리나라 대학생의 해외 유학생 수는 전년 대비 얼마나 증가했는가? (단, 소수점 아래 첫째 자리에서 반올림한다)

① 3% ② 4%
③ 5% ④ 6%

13. 우리나라의 유학 및 연수 수지가 가장 심한 적자를 기록한 해는 언제인가?

① 20X3년 ② 20X4년
③ 20X5년 ④ 20X6년

[14 ~ 16] 다음은 A 시에서 202X년에 발생한 월별 교통사고 발생건수 비율을 나타낸 자료이다. 이어지는 질문에 답하시오(단, A 시의 202X년 전체 교통사고 발생건수는 총 256,000건이고 음주 교통사고 발생건수는 총 25,000건이다).

〈A 시의 202X년도 월별 교통사고 발생건수 비율〉

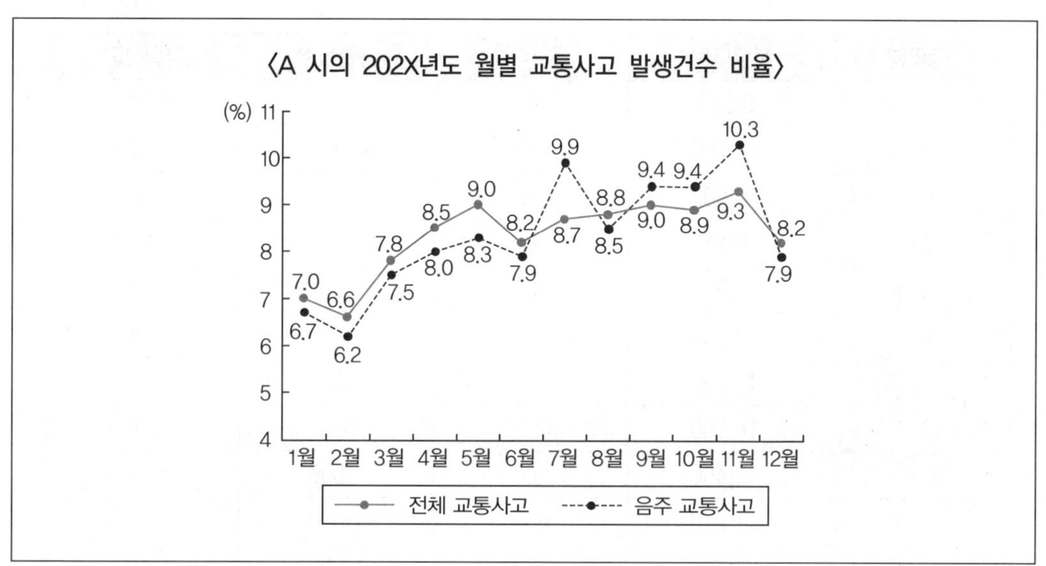

14. 전체 교통사고 발생건수 비율이 가장 낮은 달의 음주 교통사고를 제외한 교통사고 발생건수는 몇 건인가?

① 15,346건
② 15,589건
③ 16,256건
④ 16,752건

15. 전월 대비 음주 교통사고 발생건수 비율이 가장 많이 증가한 달의 전체 교통사고 발생건수는 몇 건인가?

① 21,458건
② 22,272건
③ 23,808건
④ 24,658건

16. 11월의 전체 교통사고 발생건수와 5월의 음주 교통사고 발생건수 차이는 몇 건인가?

① 19,373건
② 19,633건
③ 21,733건
④ 21,953건

[17 ~ 18] 다음 자료를 보고 이어지는 질문에 답하시오.

〈20X9년 6월 27일 종목별 채권대차거래 현황〉

(단위 : 억 원)

종목명	전일잔량	금일거래	금일상환	금일잔량
04-3	9,330	0	0	9,330
04-6	27,730	419	㉠	27,507
05-4	35,592	822	0	36,414
06-5	8,200	0	0	8,200
08-5	17,360	0	0	17,360
10-3	20,900	0	0	20,900
11-7	11,680	480	750	11,410
12-2	18,160	3,200	500	20,860
12-3	19,400	200	1,600	18,000
12-4	11,870	600	1,000	11,470
12-6	30,610	2,700	1,300	32,010
13-1	26,370	2,500	800	28,070
13-2	33,870	2,250	1,200	34,920
13-3	11,080	900	300	11,680
기타	68,042	1,350	3,530	65,862
합계	350,194	15,421	㉡	353,993

17. 다음 중 ㉠, ㉡에 들어갈 숫자를 바르게 연결한 것은?

	㉠	㉡		㉠	㉡
①	0	10,980	②	196	11,176
③	642	11,622	④	466	11,980

18. 전일잔량에 비해 금일잔량이 가장 크게 증가한 종목은?

① 12-2　　② 12-6

③ 13-1　　④ 13-2

[19 ~ 20] 다음은 공공부문 일자리 관련 자료이다. 이어지는 질문에 답하시오.

〈공공부문 섹터별 일자리 형태〉

(단위 : 만 개)

구분		일자리	지속 일자리	신규채용 일자리	기업생성	기업 내 신규 · 대체
공공부문		236.6	204.0	32.6	0.1	32.5
일반정부		201.3	173.7	27.6	0.1	27.5
	중앙정부	75.5	67.0	8.5	0.0	8.5
	지방정부	123.1	104.3	18.8	0.1	18.7
	사회보장기금	2.7	2.4	0.3	0.0	0.3
공기업		35.3	30.3	5.0	0.0	5.0
	비금융공기업	32.7	27.9	4.8	0.0	4.8
	금융공기업	2.6	2.4	0.2	0.0	0.2

19. 다음 중 위 자료를 올바르게 이해한 설명은?

① 신규채용 일자리 개수는 공기업이 중앙정부보다 많다.

② 사회보장기금과 금융공기업의 전체 일자리 개수의 차이는 1만 개이다.

③ 일반정부에서 지속 일자리와 신규채용 일자리의 차이가 가장 많이 나는 곳은 중앙정부이다.

④ 공기업의 신규채용 일자리 대비 지속 일자리의 배율은 금융/비금융 분야에서 모두 5배 이상이다.

20. 위 자료에서 신규채용 일자리 중 일반정부의 일자리 비중과 공기업의 일자리 비중을 올바르게 나타낸 것은? (단, 소수점 아래 둘째 자리에서 반올림한다)

① 81.8%, 18.2%

② 82.3%, 17.7%

③ 83.5%, 16.5%

④ 84.7%, 15.3%

[21 ~ 22] 다음은 연령별 저축률에 대한 자료이다. 이어지는 질문에 답하시오.

〈연령별 저축률〉

구분	2017년		2019년		2021년		2023년	
	저축 중인 인원(명)	저축률 (%)	저축 중인 인원(명)	저축률 (%)	저축 중인 인원(명)	저축률 (%)	저축 중인 인원(명)	저축률 (%)
30대 이하	63	72.8	68	68.2	117	81.1	99	69.9
40대	271	60.5	277	61.4	184	70.3	210	65.4
50대	440	59.2	538	54.9	383	58.6	383	54.4
60대	469	47.6	538	53.5	536	41.0	542	39.9
70대 이상	582	27.7	562	37.0	768	24.7	754	21.9

21. 다음 중 위 자료에 대해 바르게 설명한 것은?

① 70대 이상의 저축률은 꾸준히 감소하고 있다.

② 위 표에서 30대 이하와 40대의 연령별 저축률은 동일한 증감추이를 보이고 있다.

③ 위 표에서 30대 이하와 50대의 연령별 저축률은 반대의 증감추이를 보이고 있다.

④ 2017년과 2023년에 저축하고 있다고 응답한 인원수가 가장 큰 폭으로 변화한 연령층은 70대 이상이다.

22. 다음 중 위의 자료에서 저축률의 증감추이가 같은 연령층끼리 짝지은 것은?

① 40대, 50대　　② 40대, 60대

③ 60대, 70대 이상　　④ 30대 이하, 70대 이상

23. 다음은 2017 ~ 2023년 △△시의 19세 이하 연령대별 도서관 이용자 수를 나타내는 그래프이다. 이에 대한 설명으로 옳은 것은?

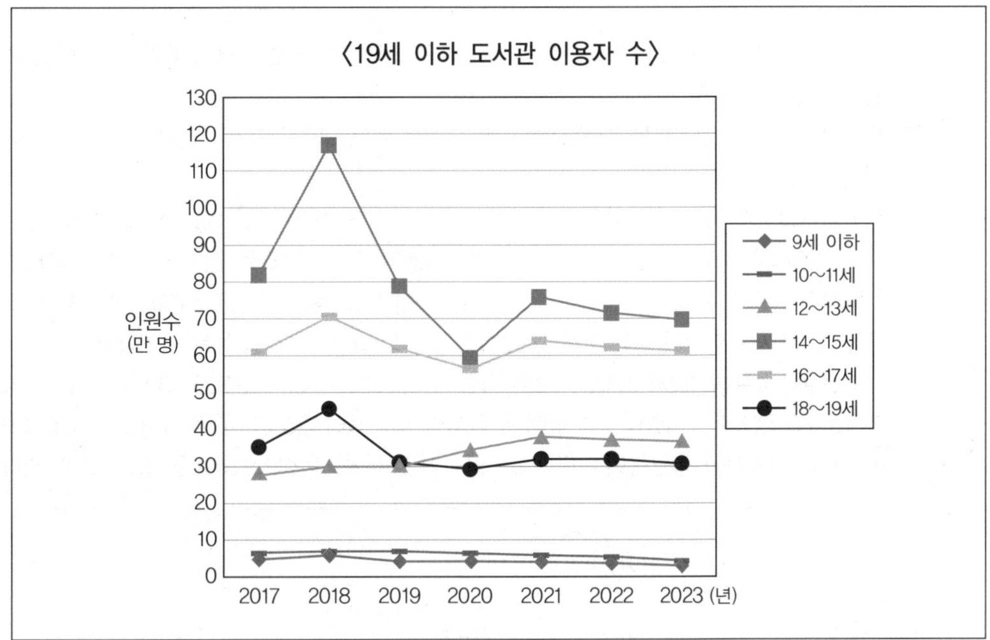

① 2017 ~ 2023년 중 19세 이하의 도서관 이용자 수가 가장 많았던 해의 이용자 수는 220만 명 이상이었다.

② 2017 ~ 2023년 중 19세 이하 도서관 이용자 수가 가장 적은 해는 2023년이다.

③ 2017 ~ 2023년 동안의 연령대별 도서관 이용자 수를 보면 매년 15세의 도서관 이용자 수가 가장 많다.

④ △△시의 2024년 19세 이하 도서관 이용자 수는 전년보다 감소할 것이다.

24. 다음은 1인 가구의 주거환경 만족/불만족 실태를 조사한 자료이다. 이를 토대로 작성한 그래프 중 자료의 내용과 일치하지 않는 것은?

> 1. 우리나라 1인 가구 비율은 1985년 6.7%에서 2015년 27.2%로 급격히 증가하였으며 2025년에는 31.9%가 될 것으로 예측된다.
> 2. 1인 가구의 위험 요소로는 '대중교통 이용', '늦은 귀가', '만취 귀가', '집이 비어 있는 시간'의 순으로 비중이 높았다.
> 3. 1인 가구의 52.1%가 단독주택에 거주하고 있으며 이어 아파트(27.6%), 다세대 주택(8.3%), 주택 이외의 거처(8.0%)의 순이었다. 이는 원룸이 단독주택으로 분류되기 때문이다.
> 4. 주택환경 만족도는 재난 · 재해(산사태, 홍수, 지진 피해 등) 안전성(52.1%), 주택 방범상태(27.6%), 화재로부터의 안전성(화재예방, 전기시설, 화재대피시설 유무)(8.3%)의 순이었다.
> 5. 1인 가구가 주택환경에서 가장 만족하는 부분은 이웃과의 유대감(89.8%), 대기오염도(84.5%), 청결도(83.3%)의 순이었다. 그 밖에 문화시설 접근용이성(56.7%), 주차시설 이용편리성(67.4%), 의료시설 접근용이성(69.2%), 공공기관 접근용이성(69.9%) 등으로 조사되었다.

①

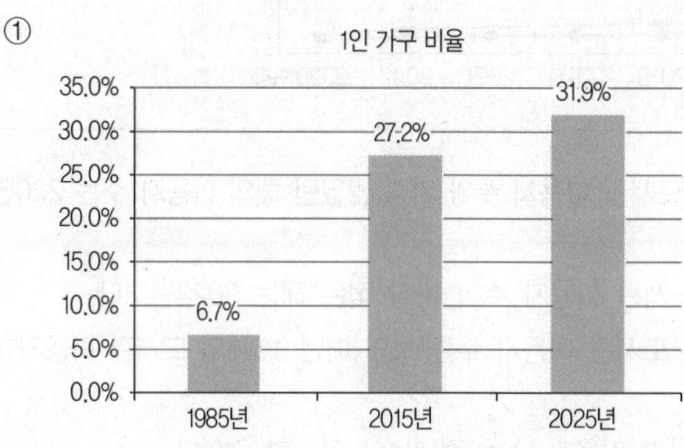

②

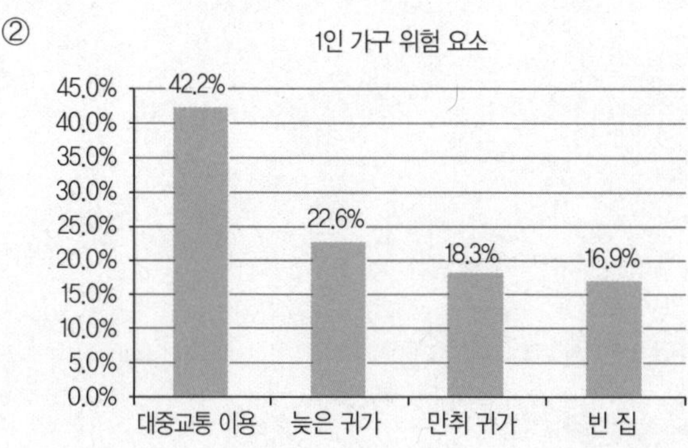

③

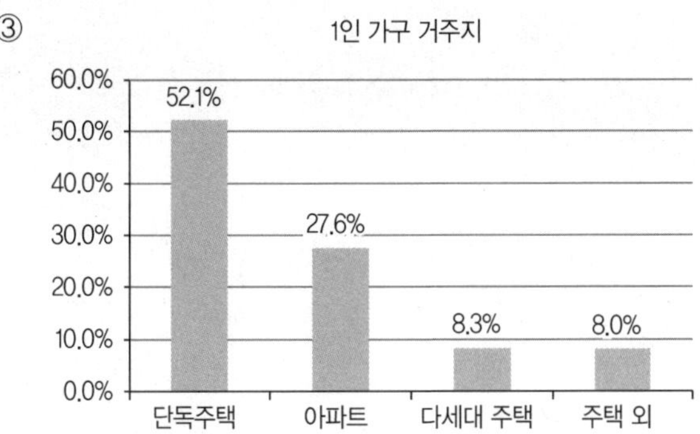
1인 가구 거주지
60.0%
50.0%
40.0%
30.0%
20.0%
10.0%
0.0%
52.1%
27.6%
8.3%
8.0%
단독주택
아파트
다세대 주택
주택 외

④

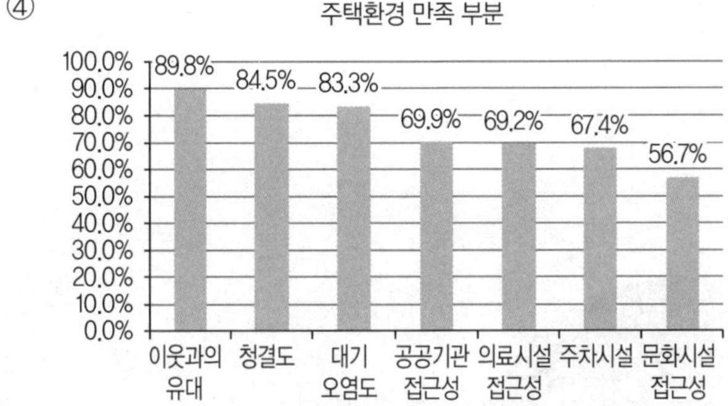
주택환경 만족 부분
100.0%
90.0%
80.0%
70.0%
60.0%
50.0%
40.0%
30.0%
20.0%
10.0%
0.0%
89.8%
84.5%
83.3%
69.9%
69.2%
67.4%
56.7%
이웃과의 유대
청결도
대기 오염도
공공기관 접근성
의료시설 접근성
주차시설
문화시설 접근성

[시 · 도 교육청 **교육공무직원** 소양평가]

유형별 출제비중

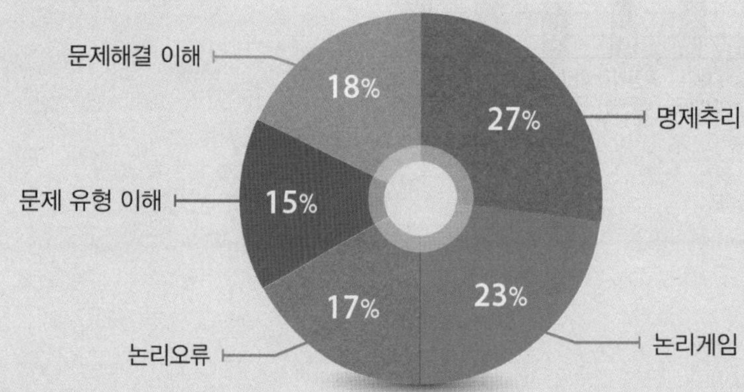

구조보기

- 사고력 : 문제를 인식하고 해결함에 있어 창의적, 논리적, 비판적으로 사고하는 능력
  → 명제와 조건을 바탕으로 추리, 논리적 오류 판단
- 문제해결 : 문제의 특성을 파악하여 대안을 제시 및 적용하고 피드백하는 능력
  → 문제해결절차 이해, 단계에 맞는 계획과 수행 방법 평가

시 · 도 교육청 교육공무직원 소양평가

파트 3

문제해결력

01 언어추리

1 명제

1. **명제** : 'P이면 Q이다(P → Q)'라고 나타내는 문장을 명제라 부르며 P는 가정, Q는 결론이다.

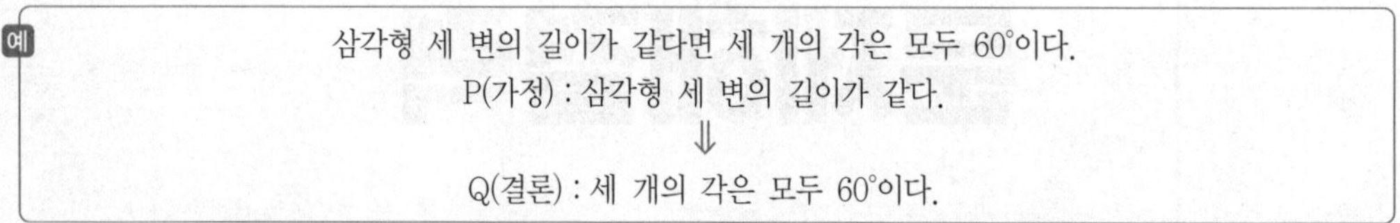

(1) **명제의 역** : 원 명제의 가정과 결론을 바꾼 명제 'Q이면 P이다'를 말한다(Q → P).

예 세 개의 각이 모두 60°이면 삼각형 세 변의 길이는 같다.

(2) **명제의 이** : 원 명제의 가정과 결론을 둘 다 부정한 명제 'P가 아니면 Q가 아니다'를 말한다(~P → ~Q).

예 삼각형 세 변의 길이가 같지 않다면 세 개의 각은 모두 60°가 아니다.

(3) **명제의 대우** : 원 명제의 역의 이, 즉 'Q가 아니면 P가 아니다'를 말한다(~Q → ~P).

예 세 개의 각이 모두 60°가 아니면 삼각형 세 변의 길이는 같지 않다.

(4) **역 · 이 · 대우의 관계** : 원 명제가 옳을(참) 때 그 역과 이도 반드시 옳다고 할 수 없으나, 그 대우는 반드시 참이다. 즉, 원 명제와 대우의 진위는 반드시 일치한다.

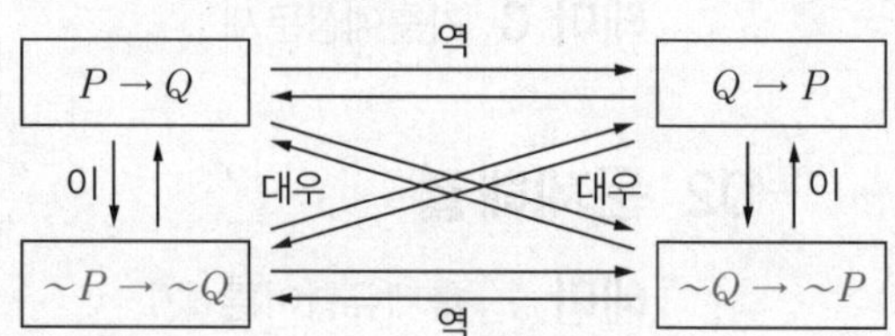

2. 삼단논법

(1) 두 개의 명제를 전제로 하여 하나의 새로운 명제를 도출해 내는 것을 말한다.

예

[명제 1] P이면 Q이다(P → Q).
[명제 2] Q이면 R이다(Q → R).
⇓
P이면 R이다(P → R).

(2) 여기서 'P → Q'가 참이고 'Q → R'이 참일 경우, 'P → R' 또한 참이다.

예

테니스를 좋아하는 사람은 축구를 좋아한다.
축구를 좋아하는 사람은 야구를 싫어한다.
⇓
테니스를 좋아하는 사람은 야구를 싫어한다.

2 논증

1. 연역추론

전제에서 시작하여 논리적인 주장을 통해 특정 결론에 도달한다.

➜

예

사람은 음식을 먹어야 살 수 있다.
나는 사람이다.
나는 음식을 먹어야 살 수 있다.

2. 귀납추론

관찰이나 경험에서 시작하여 일반적인 결론에 도달한다.

➜

예

소크라테스는 죽었다. 플라톤도 죽었다.
아리스토텔레스도 죽었다.
이들은 모두 사람이다.
그러므로 모든 사람은 죽는다.

③ 참 · 거짓[진위]

1. 의미 : 여러 인물의 발언 중에서 거짓을 말하는 사람과 진실을 말하는 사람이 있는 문제이다. 이런 문제를 해결하는 기본 원리는 참인 진술과 거짓인 진술 사이에 모순이 발생한다는 점이다.

2. 직접 추론 : 제시된 조건에 따른 경우의 수를 하나씩 고려하면서 다른 진술과의 모순 여부를 확인하여 참 · 거짓을 판단한다.

(1) 가정을 통해 모순을 고려하는 방법

① 한 명이 거짓을 말하거나 진실을 말하고 있다고 가정한다.
② 가정에 따라 조건을 적용하고 정리한다.
③ 모순이 없는지 확인한다.

예 네 사람 중에서 진실을 말하는 사람이 3명, 거짓을 말하는 사람이 1명 있다고 할 때, 네 명 중 한 사람이 거짓말을 하고 있다고 가정한다. 그리고 네 가지 경우를 하나씩 검토하면서 다른 진술과 제시된 조건과의 모순 여부를 확인하여 거짓을 말한 사람을 찾는다. 거짓을 말한 사람이 확정되면 나머지는 진실을 말한 것이므로 다시 모순이 없는지 확인한 후 이를 근거로 하여 문제에서 요구하는 사항을 추론할 수 있다.

(2) 그룹으로 나누어 고려하는 방법

① 진술에 따라 그룹으로 나누어 가정한다.
② 나눈 가정에 따라 조건을 반영하여 정리한다.
③ 모순이 없는지 확인한다.

A의 발언 중에 'B는 거짓말을 하고 있다'라는 것이 있다.	A와 B는 다른 그룹
A의 발언과 B의 발언 내용이 대립한다.	
A의 발언 중에 'B는 옳다'라는 것이 있다.	A와 B는 같은 그룹
A의 발언과 B의 발언 내용이 일치한다.	

※ 모든 조건의 경우를 고려하는 것도 방법이지만 그룹을 나누어 분석하는 것이 더 효율적일 때 사용하는 방법이다.

- 거짓을 말하는 한 명을 찾는 문제에서 진술하는 사람 A ~ E 중 A, B, C가 A에 대해 말하고 있고 D에 대해 D, E가 말하고 있다면 적어도 A, B, C 중 두 사람은 정직한 사람이므로 A와 B, B와 C, C와 A를 각각 정직한 사람이라고 가정하고 분석하여 다른 진술의 모순을 살핀다.

4 자리 추론과 순위 변동

1. 자리 추론

(1) 기준이 되는 사람을 찾아 고정한 후 위치관계를 파악한다.

(2) 다른 사람과의 위치관계 정보가 가장 많은 사람을 주목한다.

(3) 정면에 앉은 사람들의 자리를 고정한다.

(4) 떨어져 있는 것들의 위치관계를 먼저 정한다.

(5) 좌우의 위치에 주의한다.

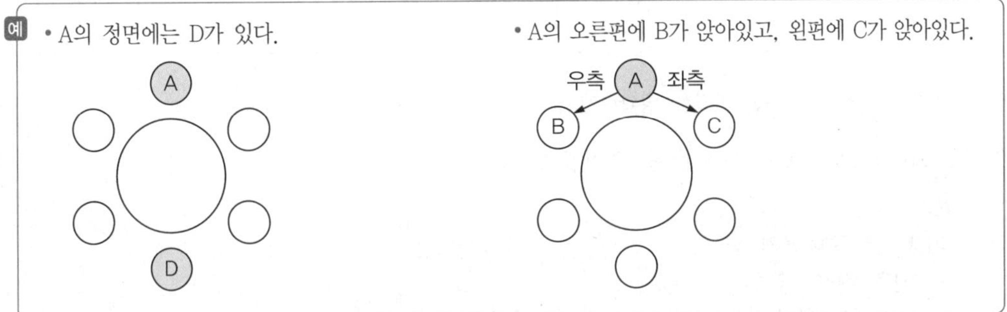

2. 순위 변동

마라톤과 같은 경기에서 경기 도중의 순서와 최종 순위로 답을 추론하는 문제이다.

(1) 가장 많은 조건이 주어진 것을 고정한 후 분석한다.

(2) '어느 지점을 먼저 통과했다' 등으로 순위를 확실하게 알 수 있는 경우에는 부등호를 사용한다.
예 A는 B보다 먼저 신호를 통과했다. A > B

(3) 순위를 알 수 없는 부분은 □, ○ 등을 사용하여 사이 수를 표시한다.
예 B와 D 사이에는 2대가 통과하고 있다. B○○D, D○○B

(4) 생각할 수 있는 경우의 수를 전부 정리한다.
예 A의 양옆에는 B와 D가 있다. BAD, DAB

(5) 'B와 C 사이에 2명이 있다', 'B와 C는 붙어 있지 않다' 등 떨어져 있는 조건에 주목하여 추론한다. 선택지에 있는 값을 넣어 보면 더 쉽게 찾을 수 있다.

5 기간 · 방향 · 시간 추론

1. 기간 추론 : 회사 재직 기간이나 취임 순서 또는 잡지의 발행 기간 등에 관한 문제이다.

(1) 선분도는 다음과 같이 시간 순으로 나타내며 대입하였을 때 이해하기 쉽다.

예 부장은 20X7년 4월에 A 부서에서 B 부서로 이동하였고 과장은 20X5년 4월에 C 부서에서 D 부서로 이동하였다.

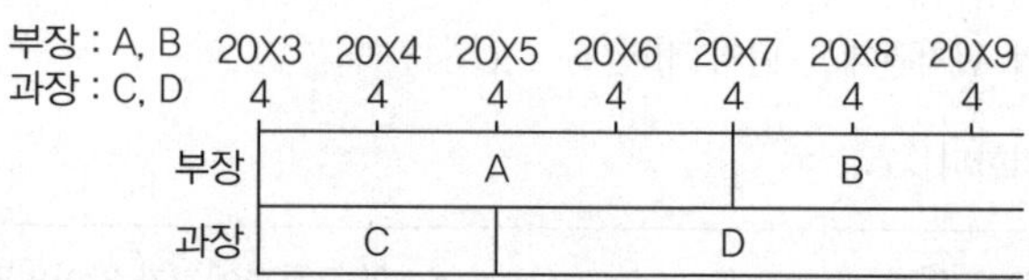

(2) 조건에서 재직과 이동한 기간을 명확하게 알아본다.

(3) 'OO와 함께 OO년 근무했다'라는 조건에 주의한다.

TIP

기간 추론 문제 풀기

- 조건을 선분도 등으로 표시한다.
- 조건을 잘 이해하고 정리하며 선분도에 표시할 부분을 표시해 나간다.
- 위의 결과를 분석하여 답을 찾는다.

2. 방향 추론 : 건물과 건물, 인물과 건물 간의 위치 관계를 이해하는 문제이다.

(1) 8방위를 기본으로 하여 방향의 기준을 찾는다.

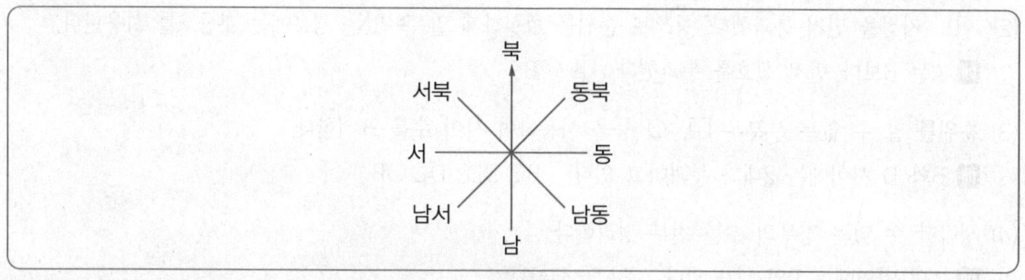

(2) 제시된 조건을 그림으로 정리한다.

예 학교는 A의 집의 동쪽에 있다.

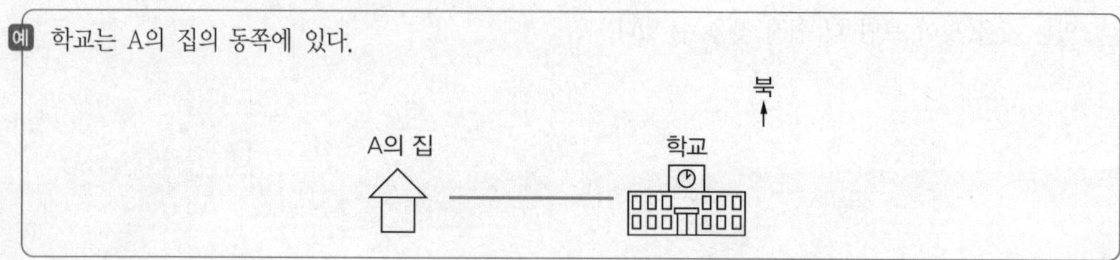

TIP

방향 추론 문제 풀기

- 조건에 맞춰 방위와 거리의 관계를 그림으로 표시한다. 이때, 조건에서 여러 패턴의 그림을 그리는 경우도 많다.
- 정리한 조건에 따라 확인할 수 있는 것부터 표시한다.

3. **시간 추론** : 도착한 순서나 작업시간을 계산할 때, 각각의 시계에 오차가 있을 경우의 시간을 추론하는 문제이다.

(1) 각 시계별 시간을 도식화하여 정리하면 파악하기 쉽다.

예
- A의 시계가 정확한 시간을 표시하고 있다고 가정한다.
- A의 도착시각은 A의 시계로는 10시 10분, B의 시계로는 10시 8분, C의 시계로는 10시 13분이다.
- B의 도착시각은 B의 시계로는 10시 5분이다.
- C의 도착시각은 C의 시계로는 10시 4분이다.

구분	A 도착	B 도착	C 도착	오차
A의 시계	10:10			±0
B의 시계	10:08	10:05		−2
C의 시계	10:13		10:04	+3

(2) 기준으로 설정한 시간과 차이를 다음과 같이 명확하게 표기한다.

예 B 시계가 A 시계보다 x분 빠르면 $-x$분, 느리면 $+x$분이 된다.

TIP

시간 추론 문제 풀기

- 각자의 시계와 시간의 관계를 표로 만든다.
- 기준으로 삼을 시계를 정하고 각각의 오차를 파악한다.
- 조건을 보고 표에 표시할 부분을 표시해 나간다.

02 논리오류

1 형식적 오류

추리 과정에서 따라야 할 논리적 규칙을 준수하지 않아 생기는 오류

1. 타당한 논증형식

(1) **순환논증의 오류(선결문제 요구의 오류)** : 증명해야 할 논제를 전제로 삼거나 증명되지 않은 전제에서 결론을 도출함으로써 전제와 결론이 순환적으로 서로의 논거가 될 때의 오류이다.

예 그의 말은 곧 진리이다. 왜냐하면 그가 지은 책에 그렇게 적혀 있기 때문이다.

(2) **자가당착의 오류(비정합성의 오류)** : 모순이 내포된 전제를 바탕으로 결론을 도출해 내는 오류이다.

예 무엇이든 녹이는 물질이 존재합니다. 그것은 지금 이 호리병 안에 있습니다.

2. 부당한 논증형식

(1) **선언지 긍정의 오류** : 배타성이 없는 두 개념 외에는 다른 가능성이 없을 것으로 생각하여 생긴 오류이다.

예 인간은 폭력적인 종족이거나 자만적인 종족이다. 인간은 폭력적인 종족이다. 그러므로 인간은 자만적인 종족이 아니다.

(2) **전건 부정의 오류** : 전건을 부정하여 후건 부정을 타당한 결론으로 도출해 내는 오류이다.

예 바람이 부는 곳에는(전건) 잎이 있다(후건).
그 숲에서는 바람이 불지 않았다(전건 부정). 그러므로 그 숲에는 잎이 없다(후건 부정).

(3) **후건 긍정의 오류** : 후건을 긍정하여 전건 긍정을 타당한 결론으로 도출해 내는 오류이다.

예 눈이 오면(전건) 신발이 젖는다(후건).
신발이 젖었다(후건 긍정). 그러므로 눈이 왔다(전건 긍정).

(4) **매개념 부주연의 오류** : 매개역할을 하는 중개념의 외연이 한 번도 주연이 되지 않았을 때 결론을 내는 허위의 오류이다.

예 1은 숫자이고 2도 숫자이므로 1은 2다.

2 비형식적 오류

논리적 규칙은 준수하였지만 논증의 전개과정에서 생기는 오류

1. 심리적 오류

(1) **공포(협박)에 호소하는 오류** : 공포나 위협, 힘 등을 동원하여 자신의 주장을 받아들이게 하는 오류이다.

예 제 뜻에 따르지 않는다면 앞으로 발생하는 모든 일의 책임은 당신에게 있음을 분명히 알아두십시오.

(2) **대중(여론)에 호소하는 오류** : 많은 사람의 선호나 인기를 이용하여 자신의 주장을 정당화하려는 오류이다.

예 대다수가 이 의견에 찬성하므로 이 의견은 옳은 주장이다.

(3) **동정(연민)에 호소하는 오류** : 연민이나 동정에 호소하여 자신의 주장을 받아들이게 하는 오류이다.

예 재판관님, 피고가 구속되면 그 자식들을 돌볼 사람이 없습니다. 재판관님의 선처를 부탁드립니다.

(4) **부적합한 권위에 호소하는 오류** : 논지와 직접적인 관련이 없는 권위(자)를 근거로 내세워 자기주장에 정당성을 부여하는 오류이다.

예 환자에게 수혈을 하는 것은 환자 자신에게 좋지 않아. 경전에 그렇게 쓰여 있어.

(5) **원천 봉쇄의 오류(우물에 독 뿌리기)** : 자신의 주장에 반론 가능성이 있는 요소를 나쁜 것으로 단정함으로써 상대방의 반론을 원천적으로 봉쇄하는 오류이다.

예 나의 주장에 대하여 이의를 제기하는 사람이 있습니까? 공산주의자라면 몰라도 그렇지 않으면 나의 주장에 반대하지 않겠지요.

(6) **인신공격의 오류** : 주장하는 논리와는 관계없이 상대방의 인품, 과거의 행적 등을 트집 잡아 인격을 손상하면서 주장이 틀렸다고 비판하는 오류이다.

예 넌 내 의견에 반박만 하고 있는데, 넌 이만한 의견이라도 낼 실력이 되니?

(7) **정황에 호소하는 오류** : 주장하는 사람이 처한 개인적인 정황 등을 근거로 하여 자신의 주장에 타당성을 부여하거나 다른 사람의 주장을 비판하는 오류이다.

예 아이를 낳아보지도 않은 사람이 주장하는 육아 정책은 절대 신뢰할 수 없습니다.

(8) **역공격의 오류(피장파장의 오류)** : 비판받은 내용이 상대방에게도 동일하게 적용될 수 있음을 근거로 비판을 모면하고자 할 때 발생하는 오류이다.

예 나한테 과소비한다고 지적하는 너는 평소에 얼마나 검소했다고?

(9) **사적 관계에 호소하는 오류** : 정 때문에 논지를 받아들이게 하는 오류이다.

예 넌 나하고 제일 친한 친구잖아. 네가 날 도와주지 않으면 누굴 믿고 이 세상을 살아가라는 거니?

2. 자료적 오류

(1) **무지에 호소하는 오류** : 증명할 수 없거나 반대되는 증거가 없음을 근거로 자신의 주장이 옳다고 정당화하려는 오류이다.

예 진품이 아니라는 증거가 없기 때문에 이 도자기는 진품으로 봐야 해.

(2) **발생학적 오류** : 어떤 대상의 기원이 갖는 특성을 그 대상도 그대로 지니고 있다고 추리할 때 발생하는 오류이다.

예 은우의 아버지가 공부를 잘했으니 은우도 틀림없이 공부를 잘할 거다.

(3) **성급한 일반화의 오류** : 부적합한 사례나 제한된 정보를 근거로 주장을 일반화할 때 생기는 오류이다.

예 그녀는 이틀 동안 술을 마신 걸로 보아 알코올 중독자임이 틀림없다.

(4) **우연의 오류** : 일반적인 사실이나 법칙을 예외적인 상황에도 적용하여 발생하는 오류이다.

예 모든 사람은 표현의 자유를 가지고 있다. 그러므로 판사는 법정에서 자신의 주관적 의견을 표현해도 된다.

(5) **원인 오판의 오류(잘못된 인과관계의 오류)** : 한 사건이 다른 사건보다 먼저 발생했다고 해서 전자가 후자의 원인이라고 잘못 추론할 때 범하는 오류이다.

예 어젯밤에 돼지꿈을 꾸고 복권에 당첨되었습니다.

(6) **의도 확대의 오류** : 의도하지 않은 결과에 대해 의도가 있다고 판단하여 생기는 오류이다.

예 난간에 기대면 추락의 위험이 있다고 적혀 있다. 그러므로 이 난간에 기댄 사람은 모두 추락하고 싶은 것이다.

(7) **복합 질문의 오류** : 한 번에 둘 이상의 질문을 하여 답변자가 어떠한 대답을 하더라도 질문자의 생각대로 끌려가 한 개의 질문에는 긍정하게 되는 오류이다.

예 어제 당신이 때린 사람이 두 사람이지요? / 아니오. / 음, 그러니까 당신은 어제 사람들을 때렸다는 것을 인정하는군요.

(8) **분할의 오류** : 전체가 참인 것을 부분에 대해서도 참이라고 단정하여 발생하는 오류이다.

예 스페인은 남아공 월드컵의 우승국이므로 스페인의 축구선수는 모두 훌륭하다.

(9) **합성의 오류** : 부분이 참인 것을 전체에 대해서도 참이라고 단정하여 발생하는 오류이다.

예 성능이 좋은 부품들로 만든 컴퓨터이므로 이 컴퓨터는 아주 좋다.

(10) **허수아비 공격의 오류** : 상대방의 주장을 반박하기 쉬운 다른 논점(허수아비)으로 변형, 왜곡하여 비약된 반론을 하는 오류이다.

예 방사능 피폭으로 인간은 각종 암과 기형아 출산 등의 큰 피해를 입었다. 그러므로 이 지역에 원자력 발전소를 세우는 것에 반대하는 바이다.

(11) **흑백 논리의 오류** : 모든 문제를 양극단으로만 구분하여 추론할 때 생기는 오류이다.

예 민주주의자가 아니라면 모두 공산주의자이다.

(12) **논점 일탈의 오류** : 어떤 논점에 대하여 주장하는 사람이 그 논점에서 빗나가 다른 방향으로 주장하는 경우에 범하는 오류이다.

예 너희들 왜 먹을 것을 가지고 싸우니? 빨리 들어가서 공부나 해!

(13) **잘못된 유추의 오류(기계적 유비 추리)** : 서로 다른 사물의 우연적이며 비본질적인 속성을 비교하여 결론을 이끌어 냄으로써 생기는 오류이다.

예 컴퓨터와 사람은 비슷한 점이 많아. 그렇기 때문에 틀림없이 컴퓨터도 사람처럼 감정을 지녔을 거야.

(14) **오도된 생생함의 오류** : 직접 대면한 개인에게 전해 들은 지나치게 인상적인 정보에 쏠려 합리적 귀납을 거부할 때 나타나는 오류이다.

예 거시적 경제 지표만 좋으면 뭐해, 주위 사람들은 다 경제적으로 힘들다는데...

(15) **공통원인 무시의 오류** : 여러 원인 중 하나가 원인의 전부라고 오해하여 발생하는 오류

예 영화 〈알라딘〉이 흥행한 이유는 4D 영화이기 때문이다.

③ 언어적 오류

1. **강조의 오류** : 문장의 어떤 부분을 부당하게 강조함으로써 범하는 오류이다.

예 친구를 헐뜯으면 안 되느니라. / 그럼 친구 아닌 다른 사람은 헐뜯어도 되겠죠?

2. **애매어의 오류** : 둘 이상의 의미가 있는 다의어나 애매한 말의 의미를 혼동하여 생기는 오류이다.

예 꼬리가 길면 결국 잡힌다. 원숭이는 꼬리가 길다. 그러므로 원숭이는 결국 잡힌다.

3. **애매문의 오류** : 구나 문장의 구조가 애매하여 발생하는 오류이다.

예 아내는 나보다 고양이를 더 좋아해(아내가 고양이를 좋아하는 정도가 내가 고양이를 좋아하는 정도보다 크다는 의미일 수도 있고, 아내가 나를 좋아하는 정도보다 고양이를 좋아하는 정도가 더 크다는 의미일 수도 있다).

4. **은밀한 재정의의 오류** : 어떤 용어의 사전적 의미에 자의적 의미를 덧붙여 사용함으로써 발생하는 오류이다.

예 그런 완벽한 남자의 청혼을 거절하다니 제정신이니? 정신 병원에 한번 가 보자.

5. **범주의 오류** : 단어의 범주를 잘못 인식한 데서 생기는 오류이다.

예 아버지, 저는 과학자가 되기보다는 물리학자가 되고 싶습니다(물리학자가 과학자의 하나라는 점에서 보면 단어의 범주를 잘못 인식하고 있다).

▶ 정답과 해설 48쪽

테마 2 출제유형문제

유형 1 명제추리

01. 다음의 명제가 모두 참일 때 반드시 참인 것은?

> ㉠ 안경을 쓴 사람은 가방을 들지 않았다.
> ㉡ 안경을 쓰지 않은 사람은 키가 크지 않다.
> ㉢ 스카프를 맨 사람은 가방을 들었다.

① 가방을 들지 않은 사람은 안경을 썼다.
② 안경을 쓰지 않은 사람은 스카프를 맸다.
③ 안경을 쓴 사람은 키가 크다.
④ 키가 큰 사람은 스카프를 매지 않았다.

02. 다음 밑줄 친 부분에 들어갈 내용으로 적절한 것은?

> • 의류를 판매하지 않으면 핸드백을 팔 수 있다.
> • 핸드백을 팔 경우에는 구두를 판매할 수 없다.
> • ____________________
> • 그러므로 의류를 판매하려고 한다.

① 핸드백을 팔기로 했다.
② 구두를 팔지 않고 핸드백을 판매한다.
③ 구두를 판매하기로 했다.
④ 의류를 팔면 핸드백을 판매하지 않는다.

03. 다음 중 A와 B에서 도출되는 결론으로 옳지 않은 것은?

> A : 달리기를 좋아하는 사람은 날씬하거나 야채를 좋아한다.
> B : 건강관리를 못하는 사람은 야채를 좋아하지 않으며 날씬하지 않다.

① 건강관리를 못하는 사람은 달리기를 좋아하지 않는다.

② 날씬한 사람은 건강관리를 잘한다.

③ 날씬하지 않은 사람이 모두 달리기를 싫어한다는 것은 아니다.

④ 달리기를 좋아하는 사람 중에서도 건강관리를 못하는 사람이 있다.

04. 다음 명제를 읽고 〈결론〉에 대한 설명으로 옳은 것은?

> • 학생들은 모두 이과 또는 문과에 간다.
> • 소설책 읽는 것을 좋아하는 학생은 국어 시험 성적이 높다.
> • 이과에 간 학생은 국어 시험 성적이 낮다.
> • 문과에 간 학생은 수다 떠는 것을 좋아한다.
> • 수다 떠는 것을 좋아하지 않는 학생은 소설책 읽는 것을 좋아하지 않는다.

결론

> (가) 수다 떠는 것을 좋아하지 않는 학생은 이과에 간다.
> (나) 문과에 간 학생은 소설책 읽는 것을 좋아한다.
> (다) 국어 시험 성적이 높은 학생은 수다 떠는 것을 좋아한다.

① (가)만 항상 옳다.

② (나)만 항상 옳다.

③ (가), (다) 모두 항상 옳다.

④ (나), (다) 모두 항상 옳다.

유형 2 논리게임

05. 다음을 읽고 〈보기〉 중 항상 참인 것을 모두 고르면?

H사에 다니고 있는 사원 A가 하는 말은 모두 거짓이고, 사원 B가 하는 말은 모두 진실이다. 어느 날 H사에 A와 B의 후임으로 신입사원 C, D가 들어왔는데 둘 중 한 명이 하는 말은 모두 거짓이고 나머지 한 명이 하는 말은 모두 진실이다. 사원 B는 "신입사원 중 여자 사원이 한 명 이상 있고, 여자 사원만 진실을 말한다."라고 말했다.

보기

㉠ 신입사원 C가 하는 말은 모두 거짓이다.
㉡ 신입사원 D가 하는 말은 모두 진실이다.
㉢ 사원 A가 "신입사원 D는 남자"라고 말했다면, D가 하는 말은 모두 거짓이다.
㉣ 신입사원 C가 하는 말이 모두 거짓이라면, D는 여자이다.

① ㉢
② ㉣
③ ㉠, ㉡
④ ㉡, ㉣

06. 여학생이 1 ~ 5번까지 순서대로 앉아 있고 여학생 사이에 남학생 A ~ E가 앉기로 하였다. 다음 조건에 따라 자리 배치를 할 때, 3번 여학생의 옆자리에 앉은 남학생은? (단, 남학생이 가장 왼쪽에 있다)

- A는 짝수 번호 옆에 앉아야 한다.
- B는 짝수 번호 옆에 앉을 수 없다.
- C는 4의 옆에 앉을 수 없다.
- E는 반드시 1 옆에 앉아야 한다.

① A, B 또는 C, D
② C, A 또는 C, D
③ C, A 또는 C, E
④ C, B 또는 A, D

07. 모두가 퇴근한 후 A～E 중 누군가가 최 부장 자리에 감사의 선물을 올려두었다. 다음 날 최 부장이 5명의 사원에게 누가 선물을 둔 것인지 물었더니 다음과 같은 대답을 들었다. A～E 중 한 명만 진실을 말한다면, 최 부장 책상에 선물을 놓고 간 사람은 누구인가? (단, 선물을 놓고 간 사람은 한 명이다)

- A 사원 : 나는 선물을 놓고 갔다.
- B 사원 : C 사원이 선물을 놓고 갔다.
- C 사원 : E 사원은 선물을 놓고 가지 않았다.
- D 사원 : 나는 선물을 놓고 가지 않았고, A 사원은 진실을 말하고 있다.
- E 사원 : B 사원과 C 사원 중 선물을 놓고 간 사람이 있다.

① A 사원　② C 사원
③ D 사원　④ E 사원

08. 최 사원은 졸업하는 후배 12명에게 다음과 같이 장미꽃 한 송이씩을 전달하였다. 〈보기〉 중 옳은 것을 모두 고르면?

- 꽃은 붉은색, 노란색, 하얀색, 하늘색 4종류로 각각 한 송이 이상이 있고 총 12송이이다.
- 하얀 장미를 받은 사람은 노란 장미를 받은 사람보다 적다.
- 붉은 장미를 받은 사람은 하얀 장미를 받은 사람보다 적다.
- 하늘색 장미는 붉은 장미보다 많고, 하얀 장미보다는 적다.

보기

㉠ 노란 장미를 받은 사람은 5명 이상이다.
㉡ 붉은 장미를 받은 사람이 1명이면, 하얀 장미를 받은 사람은 4명이다.
㉢ 노란 장미를 받은 사람이 6명이라면, 하늘색 장미를 받은 사람은 2명이다.

① ㉠　② ㉡
③ ㉢　④ ㉠, ㉢

09. 카페 원탁에 A ~ F 6명이 같은 간격으로 앉아 커피, 홍차, 콜라 중 하나를 각각 주문하였다. 좌석과 주문한 음료 상태가 다음과 같을 때, 항상 옳은 것은?

> (가) A의 좌석에서 한 칸 건너 앉은 E는 콜라를 주문하였다.
> (나) B의 맞은편에 앉은 사람은 D이다.
> (다) C의 양 옆에 앉은 사람은 모두 커피를 주문하였다.

① A는 커피를 주문했다.
② B는 A 옆에 앉지 않았다.
③ E의 양 옆은 D와 F였다.
④ F는 홍차를 주문했다.

10. ○○기업에 다니는 A와 B는 회사 구내식당에서 점심을 먹고 계단 오르기 게임을 했다. 다음 내용을 토대로 할 때, 〈보기〉에서 항상 옳은 것은?

> • A와 B는 10번째 계단에서 가위바위보 게임을 시작했다.
> • 가위바위보를 하여 이기는 사람은 3계단을 오르고, 진 사람은 1계단을 내려가기로 하였다.
> • A와 B는 가위바위보를 10번 하였고, 비기는 경우는 없었다.

보기

> 가. A가 가위바위보에서 3번 졌다면 B보다 16계단 위에 있을 것이다.
> 나. B가 가위바위보에서 6번 이겼다면 A보다 8계단 위에 있을 것이다.
> 다. B가 가위바위보에서 10번 모두 이겼다면 30번째 계단에 올라가 있을 것이다.

① 가 ② 나
③ 다 ④ 가, 나

유형 3 논리오류

[11 ~ 12] 다음 중 논리적 오류가 없는 문장을 고르시오.

11. ① 자동차에 아기가 타고 있으므로 안전운전을 해야 한다.

② 공룡이 존재하지 않았다는 것을 증명할 수 없으므로 공룡은 분명히 존재했다.

③ 염화나트륨(NaCl)의 독성이 강한 이유는 염소(Cl)와 나트륨(Na)이 강한 독성을 가지고 있기 때문이다.

④ 물을 많이 마셨더니 피부가 촉촉해졌다.

12. ① 모든 강아지는 동물이다. 모든 고양이는 동물이다. 그러므로 모든 강아지는 고양이다.

② 비가 많이 오면 길이 미끄럽다. 지금 길이 미끄럽다. 그러므로 비가 많이 왔다.

③ 한국여대 학생들은 모두 여성이다. 한국여대 학생들은 사치스럽다. 그러므로 모든 여성은 사치스럽다.

④ 영수는 대학생 아니면 고등학생이다. 그런데 영수는 대학생이 아니다. 그러므로 영수는 고등학생이다.

기출예상문제

▶ 정답과 해설 51쪽

01. 다음의 명제들이 참일 때 항상 옳은 것은?

- 국어 수업을 듣는 학생은 A 선생님의 수업을 좋아한다.
- B 선생님의 수업을 좋아하는 학생은 과학 수업을 듣지 않는다.
- 영어 수업을 듣는 학생은 국어 수업도 듣는다.
- B 선생님의 수업을 좋아하지 않는 학생은 A 선생님의 수업도 좋아하지 않는다.

① 국어 수업을 듣는 학생은 영어 수업을 듣는다.
② 과학 수업을 듣는 학생은 국어 수업을 듣지 않는다.
③ 과학 수업을 듣지 않는 학생은 A 선생님의 수업을 좋아한다.
④ A 선생님의 수업을 좋아하지 않는 학생은 영어 수업을 듣는다.

02. 다음 명제를 통해 추론할 수 있는 결론은?

- 성공한 모든 사업가는 존경받는다.
- 합리적인 어떤 사업가는 존경받지 못한다.

① 합리적이지 않은 모든 사업가는 성공한다.
② 합리적인 어떤 사업가는 성공하지 못한다.
③ 합리적인 모든 사업가는 존경받는다.
④ 성공한 모든 사업가는 합리적이다.

03. 다음 명제들이 모두 참이고, 모든 사람이 피자 또는 리소토를 먹었다고 할 때 반드시 참인 것은?

> • 피자를 먹은 사람은 모두 샐러드를 먹었다.
> • 리소토를 먹은 사람은 스파게티를 먹지 않았다.
> • 피자를 먹은 사람은 김밥을 먹지 않았다.
> • 리소토를 먹은 사람은 피자를 먹지 않았다.

① 샐러드를 먹은 사람은 모두 피자를 먹었다.
② 스파게티를 먹지 않은 사람은 리소토를 먹은 사람이다.
③ 김밥을 먹지 않은 사람은 피자를 먹은 사람이다.
④ 샐러드를 먹지 않은 사람은 피자를 먹지 않은 사람이다.

04. 다음 밑줄 친 부분에 들어갈 내용으로 알맞은 것은?

> • 어떤 작가는 모방을 잘한다.
> • 어떤 기자는 모방을 잘한다.
> • 모든 기자는 실천을 잘한다.
> • 그러므로 ____________________

① 모든 기자는 모방을 못한다.
② 모든 작가는 실천을 못한다.
③ 모든 작가는 모방을 잘한다.
④ 어떤 기자는 모방과 실천을 모두 잘한다.

05. (가)와 (나)의 명제를 통해 (다)가 성립한다고 할 때, (나)에 들어갈 내용으로 옳은 것은?

> (가) 그녀가 카페라테를 좋아한다면 커피도 좋아하고 우유도 좋아할 것이다.
> (나) ______________________________
> (다) 그녀가 커피나 우유 중 어느 한 쪽을 싫어한다면 그녀는 녹차와 홍차를 좋아할 것이다.

① 그녀가 카페라테를 좋아한다면, 그녀는 녹차도 싫어하고 홍차도 싫어할 것이다.
② 그녀가 녹차도 좋아하고 홍차도 좋아한다면, 그녀는 카페라테를 좋아할 것이다.
③ 그녀가 녹차도 싫어하고 홍차도 싫어한다면, 그녀는 카페라테를 좋아할 것이다.
④ 그녀가 녹차를 싫어하거나 홍차를 싫어한다면, 그녀는 카페라테를 좋아할 것이다.

06. 다음 명제를 토대로 추론할 수 있는 것은?

> (가) 나무를 좋아하는 사람은 새를 좋아한다.
> (나) 하늘을 좋아하는 사람은 꽃을 좋아하며 숲을 좋아한다.
> (다) 숲을 좋아하는 사람은 나무를 좋아한다.

① 숲을 좋아하는 사람은 꽃을 좋아한다.
② 꽃을 좋아하는 사람은 자연을 좋아한다.
③ 새를 좋아하는 사람은 하늘을 좋아한다.
④ 하늘을 좋아하는 사람은 새를 좋아한다.

07. A, B, C, D, E는 업무 파악을 위해 5개 지점을 모두 방문하기로 했다. 지점 방문 순서와 내용이 다음과 같을 때, 항상 참인 것은?

- 대전점, 대구점, 광주점, 부산점, 원주점의 총 5개 지점이 있다.
- 5명은 모든 지점을 한 번씩 방문해야 하며, 한 곳에 두 명 이상이 동시에 방문할 수 없다.
- A는 가장 먼저 부산점을 방문했고, 그다음 대구점을 방문했다.
- B는 첫 번째 방문 지점을 제외하고는 항상 A가 직전에 방문한 지점에 갔다.
- 대전점에 가장 먼저 방문한 사람은 E이고, 두 번째로 방문한 사람은 D이다.
- E는 광주점 방문 후 대구점에 갔고, A는 원주점에 가장 마지막으로 방문했다.
- D는 E 바로 다음 순서로 대구점에 갔다.
- C가 네 번째로 방문한 장소는 원주점이 아니었다.

① A가 네 번째로 방문한 곳은 대전점이다.
② B가 첫 번째로 방문한 곳은 광주점이다.
③ C가 네 번째로 방문한 곳은 원주점이다.
④ D가 세 번째로 방문한 곳은 부산점이다.

08. A ~ D 4명 중 2명이 독신자, 2명이 기혼자이다. 기혼자 2명은 모두 거짓말을 하고, 독신자 2명은 모두 사실을 말하고 있다. 독신자는 누구인가?

- A : 나도 D도 독신이다.
- B : 나는 결혼하지 않았다.
- C : A는 결혼하지 않았다.
- D : C는 결혼했다.

① A, B　② A, C
③ A, D　④ B, D

09. A, B, C, D, E, F의 6명 중 2명이 사진기를 한 대씩 훔쳤다. 이들의 심문 과정이 다음과 같을 때 올바른 설명은?

> • A : 도둑은 D와 E이다.
> • B : 도둑은 C와 F이다.
> • C : 도둑은 D와 F이다.
> • D : 도둑은 A와 E이다.
> • E : 도둑은 B와 C이다.
>
> F를 심문하려 할 때 그는 없었다. 때문에 그가 무슨 진술을 할지는 알지 못한다. 이들 중 4명은 한 명의 도둑만 정확히 지목하였다. 그리고 나머지 한 명은 완전한 거짓말을 하였다.

① 두 명의 범인은 A와 D이다.
② 두 명의 범인은 A, B, C 중에 있다.
③ 두 명의 범인은 B와 C이다.
④ 두 명의 범인은 C, D, E, F 중에 있다.

10. 아래의 그림과 같은 도로에서 검은 점 표시 부분에 A ~ F 6명이 서 있다. 6명이 다음과 같이 말했을 때, 6명의 위치 관계로 올바른 것은?

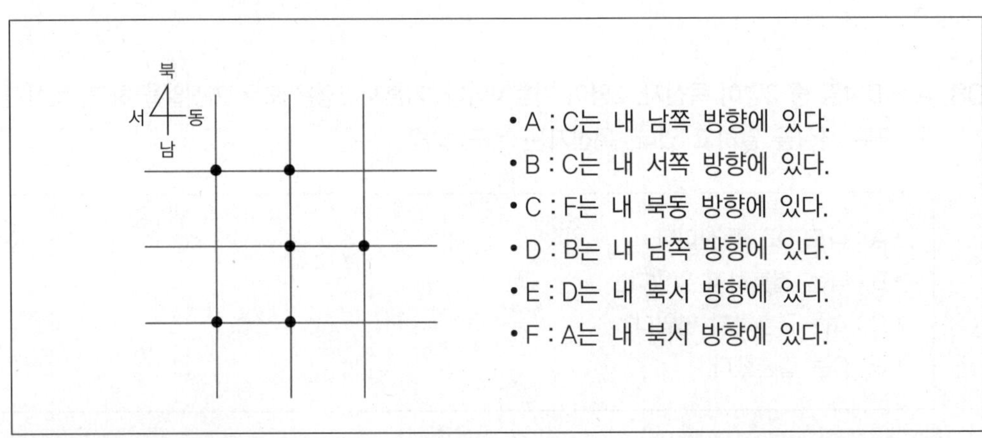

① A는 B의 동쪽 방향에 있다.
② B는 E의 북동 방향에 있다.
③ D는 C의 북서 방향에 있다.
④ E는 F의 동쪽 방향에 있다.

11. 재열, 해수, 동민, 수광, 영진, 소녀, 강우가 매점 앞에 일렬로 줄을 서 있다. 자리 배치가 다음 〈조건〉을 따른다고 할 때, 다음 중 반드시 참인 것은?

조건

- 정 가운데에는 동민이가 서 있다.
- 강우와 수광이는 앞뒤로 서 있지 않다.
- 수광이는 맨 앞이나 맨 뒤에 서 있다.
- 재열이와 해수는 바로 앞뒤로 서 있다.
- 소녀의 뒤로 두 번째 사람은 영진이다.

① 소녀의 위치는 반드시 맨 앞이다.
② 해수가 동민이의 바로 뒤에 서거나 재열이가 동민이의 바로 앞에 선다.
③ 강우의 위치는 항상 소녀의 앞이다.
④ 수광이가 맨 앞에 서면 영진이는 맨 뒤에 선다.

12. 이 부장, 박 과장, 김 대리가 외근을 나가기 위해 내려간 지하 주차장에는 두 기둥 사이에 A, B, C 세 차량이 나란히 일렬로 주차되어 있다. 다음 〈조건〉에 따를 때 항상 참인 것은?

조건

- 차를 정면에서 바라볼 때 A는 오른쪽 기둥 옆에 주차되어 있다.
- 김 대리의 차는 박 과장의 차보다 왼쪽에 주차되어 있다.
- B는 김 대리의 차이다.
- 가장 왼쪽에 주차되어 있는 차는 이 부장의 차가 아니다.

① A는 이 부장의 차이다.
② C는 박 과장의 차이다.
③ 왼쪽 기둥 옆에 있는 것은 김 대리의 차이다.
④ 박 과장의 차는 가장 오른쪽에 주차되어 있다.

13. A, B, C, D, E는 다음 조건에 따라 주번 한 명, 보조 두 명으로 총 세 명이 한 조를 이루어 하루씩 일하려고 한다. 오늘이 2월 10일이라면 5월 10일 주번은 누구인가?

- 한번 주번을 한 사람은 다섯 명이 모두 한 번씩 주번을 할 때까지 다시 주번을 할 수 없다.
- 어제 보조였던 사람은 오늘 주번이나 주번 보조를 할 수 없다.
- B와 E는 연속으로 주번을 할 수 없다.
- 오늘 주번은 A, 보조는 B, C이며, 2월의 마지막 날은 28일이다.

① A　　② B

③ C　　④ E

14. 다음 중 〈상황〉의 A가 범하고 있는 논리적 오류의 유형이 나타나는 것은?

상황

학교수업 끝날 무렵 교문 밖. 학부모 A, B 두 사람이 아동을 기다리며 대화 중이다.

A : 댁의 딸 소정이의 새 남자 친구인 승호는 내 남동생 민기의 어린 시절 모습과 닮았어요.
B : 어머! 그런가요?
A : 네, 생김새나 마음 씀씀이는 물론 유머 감각까지 아주 비슷해요. 그런데 민기는 여자 아이들한테 아주 짓궂게 굴어서 여자애들이 싫어했죠. 그래서 드리는 말씀인데요, 소정이와 승호는 오래 사귀지 못할 것 같네요.

① 여성이 사회적 활동을 왕성하게 하기 위해서는 남성의 협조가 반드시 필요하다. 남자가 집안일을 돕지 않으면 여성이 사회적 활동을 할 수 없기 때문이다.

② 시계가 빨리 간다고 좋은 시계가 아니야. 마찬가지로 남들보다 부지런하게 한 발 앞서 산다고 좋은 것은 아니야.

③ 모든 꿈은 정신현상이다. 인생은 꿈이다. 인생이란 정신현상에 불과하다.

④ 귀신이 실제로 있다고 주장할 수 있어? 귀신이 있다는 걸 증명한 사람이 아무도 없잖아. 그러니까 귀신은 세상에 없어.

15. 다음 주장에 나타난 논증 방식으로 적절한 것은?

- 정교한 기계에는 그것을 제작한 제작자가 있다.
- 인간의 몸은 그 어떤 기계와 비교가 안 될 정도로 정교하다.
- 따라서 인간의 몸을 정교하게 만든 창조자가 있을 것이다.

① 연역적 논증
② 유비 추리 논증
③ 원인 결과
④ 순환 논증

16. 다음 글과 가장 유사한 논리적 오류가 나타나는 것은?

신은 존재한다. 왜냐하면 성경에 그렇게 기록되어 있기 때문이다.

① 현지는 영어를 잘하거나 수학을 잘한다. 현지는 수학을 잘한다. 따라서 현지는 영어를 잘하지 못한다.
② 이번에 발생한 경제 문제를 해결하기 위해 우리는 아인슈타인의 의견을 받아들여야 한다. 왜냐하면 그는 노벨상 수상자이기 때문이다.
③ 된장이 오래될수록 맛이 깊어지는 것처럼 인간관계도 오래될수록 깊어진다.
④ 선생님은 거짓말을 하지 않기 때문에 선생님의 말은 모두 사실이다.

17. 다음 상황을 바탕으로 〈보기〉에서 올바른 추론을 모두 고른 것은?

- 신입사원 선발 시 어학능력, 필기시험, 학점, 전공적합성을 상, 중, 하로 평가하여 지원자 A ~ D 네 명 중 평점의 합이 높은 사람부터 2명을 선발하기로 한다.
- 업무 전달의 실수로 인사 담당자에게 지원자 D의 평가 결과가 알려지지 않았다.
- 지원자 D는 각 평가 항목에서 상, 중, 하의 평점을 모두 받았다.

지원자	어학능력	필기시험	학점	전공적합성
지원자 A	중	상	중	중
지원자 B	상	중	상	상
지원자 C	하	하	상	상
지원자 D(누락)	?	?	?	?

※ 상 : 3점, 중 : 2점, 하 : 1점

보기

㉠ 지원자 A와 지원자 B는 반드시 선발된다.
㉡ 동점자가 없다.
㉢ 지원자 D의 평점은 지원자 B의 선발에 영향을 주지 않는다.

① ㉠ ② ㉡
③ ㉢ ④ ㉡, ㉢

18. A ~ C 3명이 다음 그림에 표시된 각각의 미로 입구로 들어가서 같은 출구로 나왔다. 그 과정에 대해서 A와 C 두 사람은 〈보기〉와 같이 말했다. A ~ C 3명은 미로에 동시에 들어가 같은 속도로 걸었지만 출구에 도착한 것은 B, A, C 순이었다. 모퉁이를 돌아간 횟수는 A와 C가 3회, B가 2회였을 때, 가 ~ 마 중 세 명이 모두 지나간 지점은?

보기

- A : 내가 T자로 길을 좌회전했을 때, B가 전방의 사거리를 가로지르는 것이 보였다.
- C : 전방으로 향하는 A와 사거리에서 엇갈렸지만 나도 A도 그 모퉁이를 돌 것 없이 그대로 걸어갔다.

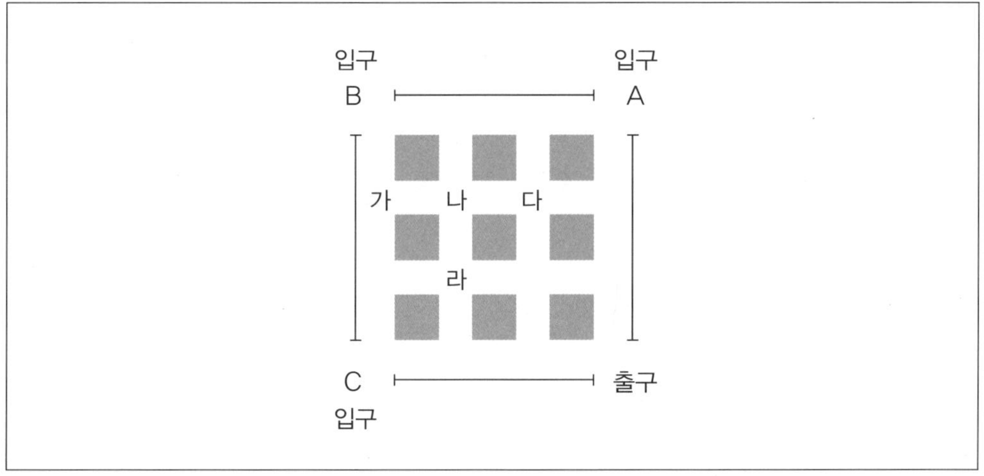

① 가 ② 나

③ 다 ④ 라

출제유형이론

1 문제의 의미

1. 원활한 업무 수행을 위해 해결되어야 하는 질문이나 논의 대상, 해결하기를 원하지만 해결방법을 모르는 상태나 얻고자 하는 방안이 있지만 방안을 얻는 과정을 알지 못하는 상태를 말한다. 문제의 근본 원인이 되는 사항으로, 문제해결의 핵심사항인 문제점과는 다르다.
2. 문제는 조직에서 있어야 할 모습, 바람직한 상태, 기대되는 결과인 '목표'와 현재의 모습, 예상되는 상태, 예기치 못한 결과인 '현상'과의 차이를 말한다.

2 문제의 유형

1. 기능에 따른 문제 유형에는 제조 문제, 판매 문제, 자금 문제, 인사 문제, 경리 문제, 기술상 문제 등이 있다.
2. 해결방법에 따른 문제 유형에는 논리적 문제, 창의적 문제 등이 있다.
3. 시간에 따른 문제 유형에는 과거 문제, 현재 문제, 미래 문제 등이 있다.

4. 업무수행과정 중 발생한 문제

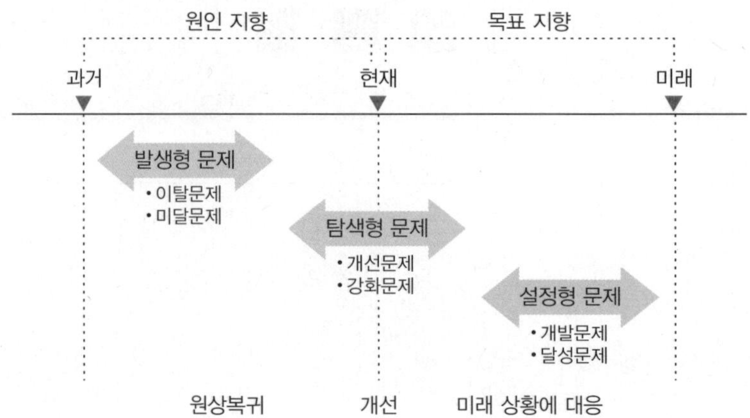

(1) 발생형 문제(보이는 문제) : 눈앞에 보이는 문제이다.

① 이미 발생하여 걱정하고 해결해야 하는 문제이다.

② 원상복귀가 필요하며 기준을 일탈해서 발생하는 일탈형 문제와 기준에 미달하여 생기는 미달형 문제로 나누어진다.

③ 문제 원인이 내재되어 원인지향적 문제라고도 한다.

④ 기존의 패턴을 유지한다.

⑤ 기계 고장, M/S 저하 등이 이에 해당한다.

(2) 탐색형 문제(찾는 문제) : 눈에 보이지 않는 문제이다.

① 현 상황을 개선하거나 효율을 높이기 위한 문제이다.

② 방치하면 후에 손실이 따르고 해결할 수 없는 문제로 나타나게 된다.

③ 잠재문제, 예측문제, 발견문제로 구분된다.

잠재문제	• 잠재되어 인식하지 못하다가 결국 확대되어 해결이 어려운 문제 • 존재하지만 숨어 있어서 조사 및 분석을 통해 찾아야 하는 문제
예측문제	• 현재는 문제가 아니지만 계속해서 현재 상태로 진행할 경우를 가정하고 앞으로 일어날 수 있는 문제
발견문제	• 현재는 문제가 발견되지 않았지만 유사한 타 기업 또는 선진 기업의 업무 방식 등의 정보를 얻어 보다 나은 제도나 기술 등을 발견하여 개선 및 향상할 수 있는 문제

④ 상부 경영층의 전략적 관점을 요구한다.

⑤ 신규 사업 진출, 시장 개방 등이 이에 해당한다.

(3) 설정형 문제(미래 문제) : 미래에 대응하는 경영 전략 문제이다.

① '앞으로 어떻게 할 것인가'에 대한 문제이다.

② 기존과 관계없이 미래지향적인 새 과제와 목표를 설정함에 따라 발생하는 문제로 목표 지향적 문제라고도 한다.

③ 다양하고 창조적인 노력이 요구되어 창조적 문제라고도 한다.

④ 의식적으로 만들어진 문제이다.

⑤ 품질 개선 활동, 업무 생산성 제고 등이 이에 해당한다.

3 문제해결절차

문제해결 5단계 : 목표와 현상을 분석하고 그 분석 결과를 토대로 문제를 도출하여 최적의 해결책을 찾아 실행 및 평가하는 활동을 할 수 있으며 그 절차는 다음과 같다.

1단계 문제 인식	• 문제를 파악해 우선순위를 정하고 목표를 명확히 하는 단계 • WHAT?을 결정함.
2단계 문제 도출	• 문제를 분석하여 해결점을 명확히 하는 단계 • 인과 관계 및 구조를 파악함.
3단계 원인 분석	• 핵심 문제 분석을 통해 근본 원인을 도출하는 단계 • Issue 분석 → Data 분석 → 원인 파악
4단계 해결안 개발	• 근본 원인을 해결할 수 있는 최적의 해결 방안을 수립하는 단계
5단계 실행 및 평가	• 장애가 되는 문제의 원인을 제거하는 단계 • 실행 계획을 실제 상황에 맞게 적용함.

4 문제 인식

선정문제에 대한 목표를 명확히 하는 절차를 거치며 환경 분석, 주요 과제 도출, 과제 선정의 절차를 통해 수행된다.

절차	환경 분석	주요 과제 도출	과제 선정
내용	Business System상 거시 환경 분석	분석 자료를 토대로 성과에 미치는 영향, 의미를 검토하여 주요 과제 도출	후보 과제를 도출하고 효과 및 실행가능성 측면에서 평가하여 과제 선정

1. 환경 분석

(1) 3C 분석 : 환경을 구성하고 있는 요소인 자사(Company), 경쟁사(Competitor), 고객(Customer)을 3C라고 하며 3C 분석을 통해 환경 분석을 수행할 수 있다. 3C 분석의 고객 분석에서는 "고객은 자사의 상품 · 서비스에 만족하고 있는지"를, 자사 분석에서는 "자사가 세운 달성 목표와 현상 간에 차이가 없는지"를, 경쟁사 분석에서는 "경쟁 기업의 우수한 점과 자사의 현상과 차이가 없는지"에 대한 질문을 통해서 환경을 분석하게 된다.

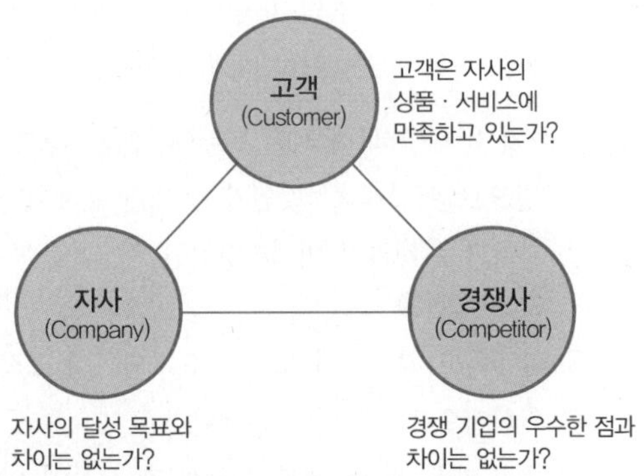

(2) SWOT 분석 : 문제해결방안을 개발하는 방법으로 내부 요인과 외부 요인 2개의 축으로 구성된다. 내부 요인은 자사 내부 환경을 강점과 약점으로, 외부 요인은 외부의 환경을 기회와 위협으로 구분하여 분석한다. 내 · 외부 요인에 대한 분석이 끝난 후 매트릭스가 겹치는 SO, WO, ST, WT에 해당되는 최종 분석을 실시하게 된다.

		내부 환경 요인	
		강점 (Strength)	약점 (Weakness)
외부 환경 요인	기회 (Opportunity)	SO 내부 강점과 외부 기회를 극대화	WO 외부 기회를 이용하여 내부 약점을 강점으로 전환
	위협 (Threat)	ST 외부 위협을 최소화하기 위해 내부 강점을 극대화	WT 내부 약점과 외부 위협을 최소화

(3) 외부환경요인 분석과 내부환경요인 분석

① 외부환경요인 분석

㉠ 자신을 제외한 모든 정보를 기술한다.

㉡ 언론매체, 개인 정보망 등을 통하여 입수한 상식적인 세상의 변화 내용을 시작으로 당사자에게 미치는 영향을 순서대로 점차 구체화한다.

㉢ 인과관계가 있는 경우 화살표로 연결한다.

㉣ 동일한 데이터라도 자신에게 긍정적으로 전개되면 기회로, 부정적으로 전개되면 위협으로 나눈다.

㉤ SCEPTIC 체크리스트

• Social(사회)	• Technology(기술)
• Competition(경쟁)	• information(정보)
• Economic(경제)	• Client(고객)
• Politic(정치)	

② 내부환경요인 분석

㉠ 경쟁자와 비교하여 나의 강점과 약점을 분석한다.

㉡ 강점과 약점의 내용을 보유하거나 동원 가능하거나 활용 가능한 자원(resources)이 해당한다.

㉢ MMMITI 체크리스트를 활용할 수 있지만 반드시 적용할 필요는 없다.

• Man(사람)	• Information(정보)
• Material(물자)	• Time(시간)
• Money(돈)	• Image(이미지)

(4) 4P 분석

제품, 가격, 유통, 판매촉진을 효과적으로 구성 및 조합함으로써 소비자 욕구를 충족시키고 이익, 매출, 명성 등에서 기업의 목표달성을 위한 마케팅 효과를 극대화하고자 할 때 사용된다.

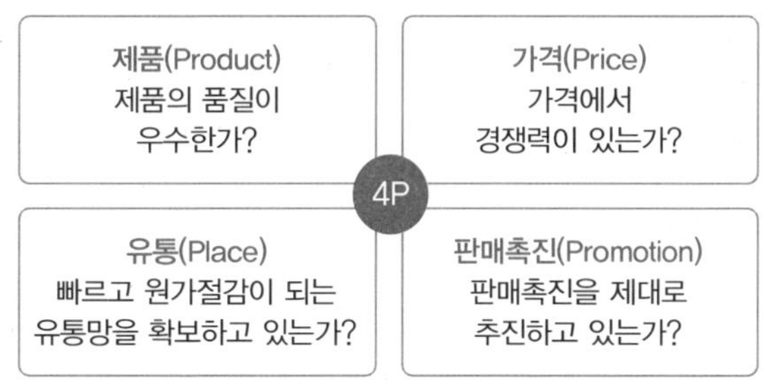

2. 주요 과제 도출

(1) 환경 분석을 통해 현상을 파악한 후 분석결과를 검토하여 주요 과제를 도출해야 한다.

(2) 다양한 과제 후보안을 도출해내는 일이 선행되어야 한다.

(3) 제안을 작성할 때는 과제안 간의 수준은 동일한지, 표현은 구체적인지, 주어진 기간 내에 해결 가능한지를 확인해야 한다.

3. 과제 선정

(1) 과제안 중 효과 및 실행 가능성 측면을 평가하여 우선순위를 부여한 후 가장 우선순위가 높은 안을 선정한다.

(2) 과제의 목적, 목표, 자원현황 등을 종합적으로 고려하여 평가하며, 기준은 다음과 같다.

4. 브레인스토밍(Brain Storming) 활용

창의적 사고 중 알렉스 오즈번이 고안한 기법으로 가장 흔하게 사용된다. 집단 효과를 살려 아이디어의 연쇄반응을 통해 자유로운 아이디어를 내는 방법이다.

(1) 4대 원칙

비판 엄금 (Support)	비판은 커뮤니케이션의 폐쇄와 연결되므로 아이디어를 내는 동안에는 비판하거나 평가하지 않는다.
자유분방 (Silly)	자유롭게 발언하며 터무니없는 말을 해서는 안 된다는 생각은 배제해야 한다.
질보다 양 (Speed)	많은 아이디어가 있을 때 유용한 아이디어가 있을 가능성이 커지므로 양이 질을 낳는다는 생각으로 진행한다.
결합과 개선 (Synergy)	타인의 아이디어에 자극되면 보다 좋은 아이디어가 떠오를 수 있으며 여러 아이디어의 조합으로 또 다른 아이디어가 도출될 수 있다.

(2) 특징 및 유의사항

① 명확한 주제 : 논의하고자 하는 주제가 구체적이고 명확할수록 많은 아이디어가 도출될 수 있다.

② 효율적인 자리 배치 : 구성원들이 서로 얼굴을 볼 수 있도록 사각형이나 타원형으로 책상을 배치해야 한다.

③ 리더 선출 : 직급 및 근무 경력에 관계없이 분위기를 잘 조성하는 사람을 선출한다. 리더는 사전에 주제를 분석하여 다양한 아이디어가 나올 수 있도록 방법을 연구한다.

④ 구성원 모집 : 5 ~ 8명으로 구성된 다양한 분야의 사람들을 참석시키고 주제에 대한 전문가는 절반 이하로 포함한다.

⑤ 발언 기록 : 발언하는 모든 내용은 요약해서 잘 기록함으로써 구조화할 수 있어야 한다.

⑥ 아이디어에 대한 비판 금지 : 비판은 활발한 아이디어 도출을 저해하므로 엉뚱한 발언이라도 비판은 하지 않는다.

(3) 장단점

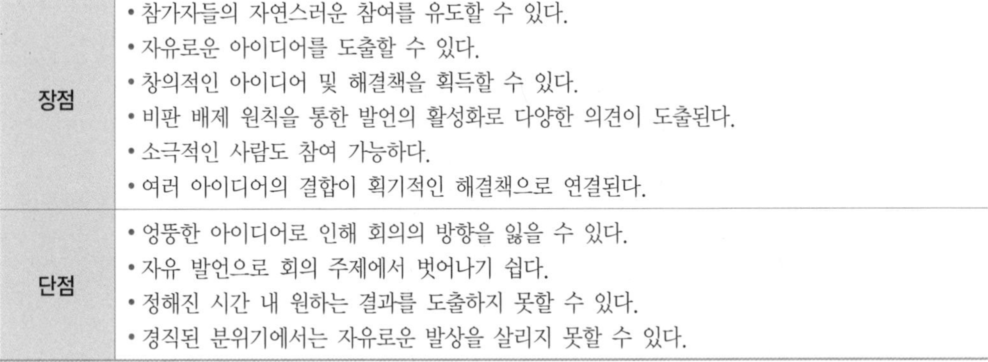

구분	내용
장점	• 참가자들의 자연스러운 참여를 유도할 수 있다. • 자유로운 아이디어를 도출할 수 있다. • 창의적인 아이디어 및 해결책을 획득할 수 있다. • 비판 배제 원칙을 통한 발언의 활성화로 다양한 의견이 도출된다. • 소극적인 사람도 참여 가능하다. • 여러 아이디어의 결합이 획기적인 해결책으로 연결된다.
단점	• 엉뚱한 아이디어로 인해 회의의 방향을 잃을 수 있다. • 자유 발언으로 회의 주제에서 벗어나기 쉽다. • 정해진 시간 내 원하는 결과를 도출하지 못할 수 있다. • 경직된 분위기에서는 자유로운 발상을 살리지 못할 수 있다.

▶ 정답과 해설 56쪽

테마 2 출제유형문제

유형 1 문제의 유형

01. 업무수행 중 문제가 발생했을 때, 문제의 유형을 구분하는 능력이 필요하다. 다음 중 '장래에 어떻게 할 것인가' 하는 설정형 문제에 해당하는 설명은?

① 아직 발생하지 않은 미래의 경영전략 문제로서 목표지향적 문제이다.
② 방치할 경우 큰 손실이 따르거나 해결할 수 없는 문제로 나타나게 된다.
③ 현재 직면하여 해결하기 위해 고민하는 문제이다.
④ 원인지향적 문제이다.

02. 업무를 수행함에 있어서 답을 요구하는 질문이나 의논하여 해결해야 되는 '문제'는 창의적 문제와 분석적 문제로 구분할 수 있다. 이에 대한 설명으로 적절하지 않은 것은?

① 창의적 문제는 현재의 문제점이나 미래의 문제로 예견될 것에 대한 문제 탐구로 문제 자체가 명확하지만, 분석적 문제는 현재 문제가 없더라도 보다 나은 방법을 얻기 위한 문제 탐구로 문제 자체가 명확하지 않다.
② 창의적 문제는 창의력에 의한 많은 아이디어의 작성을 통해 해결하지만, 분석적 문제는 분석, 논리, 귀납과 같은 논리적 방법을 통해 해결한다.
③ 창의적 문제는 해답의 수가 많으며 많은 답 가운데 보다 나은 것을 선택할 수 있지만, 분석적 문제는 답의 수가 적으며 한정되어 있다.
④ 창의적 문제는 주관적, 직관적, 감각적, 정성적, 개별적, 특수적 특징을 갖지만, 분석적 문제는 객관적, 논리적, 정량적, 이성적, 일반적, 공통적이라는 특징을 갖는다.

유형 2 문제해결절차

03. 다음은 일반적인 문제해결의 절차이다. 빈칸에 들어갈 단계의 개념으로 적절한 것은?

〈문제해결의 절차〉

문제 인식 → 문제 도출 → (　　　　) → 해결안 개발 → 실행 및 평가

① 파악한 핵심 문제에 대한 분석을 통해 근본 원인을 도출하는 단계

② 문제로부터 도출된 근본 원인을 효과적으로 해결할 수 있는 최적의 해결 방안을 수립하는 단계

③ 선정된 최우선 순위의 문제를 분석하여 구체적으로 해결해야 할 것이 무엇인가를 명확히 하는 단계

④ 여러 가지 문제가 있을 경우 각 문제를 해결했을 때 얻을 수 있는 이익을 가늠하여 문제들의 우선순위를 정하는 단계

04. 다음 중 밑줄 친 부분은 문제해결 단계 중 어디에 해당하는가?

○○기업에 다니는 김성실 씨는 오늘 30분이나 지각을 하였다. 어제 저녁까지 동네에서 친구들을 만나 과음을 한 탓에 알람소리를 듣지 못한 것이다. 늦게 일어난 만큼 최대한 빠르게 준비하면서 택시를 탔지만 길마저 막혀 지각을 면치 못하였다. 결국 김성실 씨는 시말서 작성 및 탕비실 정리 1주일을 맡게 되었으며, 다시는 <u>다음 날이 출근 날이라면 과음하지 않겠다</u>고 다짐하였다.

① 문제 인식　　② 문제 도출

③ 원인 분석　　④ 해결안 개발

유형 3 문제해결 기법

05. M 식품 마케팅팀에서 일하는 이수정 대리는 자사와 식품 시장에 대한 이해도를 높이기 위해 SWOT 분석을 실시하였다. 다음의 분석 결과에 따른 ST 전략으로 적절한 것은?

구분	내용
강점(Strength)	• 생산 · 가공 · 유통 시스템 구축 • 높은 브랜드 인지도 • 산 · 학 연계를 통한 우수한 인적자원 확보
약점(Weakness)	• 경쟁업체보다 상대적으로 비싼 제품 가격 • 식재료에 대한 높은 해외 의존도 • 제품 확대를 위한 신제품 다수 개발로 홍보비용 증가
기회(Opportunity)	• 1인 가구 증가로 인한 가정간편식(HMR) 시장 성장 • K-food에 대한 세계적 관심 증가 • 웰빙 및 건강식품에 대한 수요 증가
위협(Threat)	• 이상기후에 따른 해외 식재료 가격 상승 • 식품 안전에 대한 소비자 신뢰도 저하 • 동종 업체 간 경쟁 심화

① 신제품을 출시할 경우, 제품 홍보비용 대신 해외 식재료를 확보하도록 한다.

② K-food에 대한 세계적 관심이 증가하고 있으므로 M 식품의 높은 브랜드 인지도를 이용해 해외 이전 계획을 수립한다.

③ 가격이 높은 만큼 건강에 좋은 성분의 식재료가 제품에 많이 포함되어 있다는 점을 강조하는 홍보 전략을 수립한다.

④ M 식품이 관리하는 생산 · 가공 · 유통 시스템의 전 과정을 투명하게 공개하여 자사 식품 안전도에 대한 소비자의 신뢰도를 상승시킨다.

06. 다음 글에서 설명하고 있는 창의적 사고기법은?

> 윌리엄 고든이 천재와 대발명가들을 대상으로 연구한 결과 그들의 공통적인 사고방식이 '유추'라는 것을 발견하고, 이를 기반으로 '관련이 없는 요소들의 결합'의 의미를 지닌 기법을 창안해 냈다. 이 기법은 유추를 통해 친숙한 것을 생소한 것으로, 생소한 것을 친숙한 것으로 볼 수 있게 함으로써 새로운 시각을 갖기 어려운 상황에서 창의적인 사고를 도와주고 문제 해결을 모색하도록 하는 기법이다. 이때 사용되는 유추는 직접 유추, 의인 유추, 상징적 유추, 환상적 유추가 있다.

① PMI 기법
② 연꽃 기법
③ 육색사고모자 기법
④ 시네틱스(Synetics) 기법

07. 다음은 발산적 사고의 하나인 '강제결합법'에 대한 설명이다. 이를 참고할 때, 강제결합법의 사례로 적절하지 않은 것은?

> 강제결합법(Forced Connection Method)은 서로 관계가 없는 둘 이상의 대상을 강제로 연결시켜 아이디어를 창출하는 방식이다. 조금 인위적인 방법이기는 하지만 지식과 경험이 부족할 때나 아이디어가 더 이상 생성되지 않을 때 유용하게 사용할 수 있다. 강제연결법은 두 대상의 관계성이 낮을 때 효과가 더 크게 나타날 수 있다. 두 대상은 머리에 떠오르는 대상으로 해도 되지만, 관계성이 낮아야 하기 때문에, 예를 들어 단어카드를 무작위로 뽑아서 나온 단어들을 연결하는 방법을 사용할 수 있다. 그 방법은 다음과 같다.
>
> 1. 몇 백 개의 단어 카드를 만든다.
> 2. 상자에 넣고 잘 섞는다.
> 3. 2 ~ 3개의 단어 카드를 뽑는다.
> 4. 해당 단어가 암시하는 아이디어를 결합한다.

① 휴대폰의 특성을 시계에 접목해 전화와 카메라, 알람 기능 등을 갖춘 스마트워치를 개발하였다.
② 기존 플라스틱 컵의 재질을 끊임없이 대체해 보는 과정을 통해 종이컵이 개발되었다.
③ 음성, 사전, LCD 등의 단어를 결합하여 음성지원 전자번역기를 개발하였다.
④ 구름과 가방이라는 키워드로 구름처럼 가벼우면서 튼튼한 가방을 개발하였다.

▶ 정답과 해설 58쪽

기출예상문제

01. 직장 생활을 하며 겪을 수 있는 (가)～(라)의 사례들 중 동일한 문제 유형으로 구분될 수 있는 사례를 바르게 고른 것은?

> (가) 영업팀에서는 수익성 저하가 우려되어 연일 잔업을 하며 방안을 찾기 위해 회의를 지속하고 있다.
> (나) 회사의 워크아웃으로 인해 관리자급 인원이 대거 이직을 하고 있어 중간 관리자층 인원 부족이라는 심각한 인사상의 문제가 대두될 것으로 보인다.
> (다) 다음 주 사옥 이전을 위해 따로 모아 둔 서류보관 박스가 폐기물로 오인되어 버려졌다.
> (라) 홍보팀은 신제품 홍보를 위한 효과적인 행사 프로그램을 선정해야 한다.

① (가), (나)
② (가), (다)
③ (나), (다)
④ (다), (라)

02. 다음은 문제해결절차의 5단계에 대한 설명이다. 적절하지 않은 것은?

> 1단계 문제 인식 : "이건 아니야."
> 2단계 문제 도출 : "이것이 문제였어."
> 3단계 원인 분석 : "여기서 문제가 생겨났군."
> 4단계 해결안 개발 : "이렇게 하면 해결될 거야."
> 5단계 실행 및 평가 : "이제 같은 일이 발생하지 않아."

① 문제 인식은 여러 가지 문제 중 가장 우선시할 문제를 선정하는 일이다.
② 문제 도출은 해결 과제가 무엇인지 도출하는 일이다.
③ 원인 분석은 문제 발생의 근본 원인을 분석하는 단계이다.
④ 해결안 개발은 이상적인 해결 방안을 수립하는 단계이다.

03. 창의적 사고를 개발하는 방법 중 발산적 사고를 일으키는 대표적 기법으로, 해결방안을 생각할 때 판단이나 비판을 중지하고 자유롭게 머릿속에 떠오르는 아이디어를 얻어내는 방법은?

① 체크리스트 ② 소프트 어프로치

③ 브레인스토밍 ④ 아이스브레이크

04. 문제해결의 5단계 중 다음 밑줄 친 ㉠과 ㉡에 해당하는 내용을 바르게 나열한 것은?

〈안내 사항〉

저희 은행에서는 대출 요청자에 대한 신용등급을 확인하여 정해진 기준보다 낮은 신용등급을 보유하고 계신 고객에 대해서는 원칙적으로 대출을 금하고 있습니다.

지난달 1일부터 새롭게 시행된 신용등급 관리규정에 의거, 대출 요청 고객들에 대한 심사기준을 새롭게 조정하여 대출을 진행해 드리고 있습니다.

지난달 초, 대출 기준을 충족함에도 불구하고 요청이 일괄 누락된 건이 발생한 것은 ㉠ 바뀐 규정이 곧바로 업무에 반영되지 못하여 벌어진 사안으로, 동 문제에 따라 대출 심사가 진행되지 못하여 불이익을 당하신 고객들께는 ㉡ 별도 연락을 취하여 대출 가능 사실을 통보해 드리고 있으며, 향후 당행을 재차 방문하시어 통지해 드린 접수번호를 말씀해 주시면 신속한 대출이 진행될 수 있도록 만전을 다할 예정입니다.

	㉠	㉡
①	원인 분석	해결안 개발
②	문제 도출	해결안 개발
③	문제 인식	문제 도출
④	원인 분석	실행 및 평가

05. A 기업 고객만족실 이 사원은 현상을 놓고 그 원인과 근본원인을 찾아가는 순서로 보고서를 작성하려고 한다. 다음 ㉠ ~ ㉢을 '현상－원인－근본원인'의 순서대로 나열한 것은?

> ㉠ A 기업 고객만족실 직원들은 고객이 방문하면 눈을 마주치고 웃는 얼굴로 인사한다.
> ㉡ A 기업에 대한 고객들의 서비스 만족도가 상승했다.
> ㉢ A 기업 고객만족실 직원들은 매주 금요일 2시간씩 서비스 교육을 받고 있다.

① ㉠－㉡－㉢
② ㉠－㉢－㉡
③ ㉡－㉠－㉢
④ ㉡－㉢－㉠

06. 다음에서 설명하는 문제해결의 기법으로 적절한 것은?

> • 어떤 그룹이나 집단이 의사결정을 잘 하도록 도와주는 일
> • 깊이 있는 의사소통을 통해 서로의 문제점을 이해하고 공감함으로써 창조적 문제해결을 도모하는 것
> • 지시자와 통제자로서의 카리스마보다 부하의 잠재 역량을 이끌어 내어 그들을 육성하는 서번트(고용인) 리더십에 대한 강조
> • 토론에서의 합의를 도출하기 위해 팀원들의 적극적인 참여를 유도할 수 있는 진행자

① 코칭(Coaching)
② 퍼실리테이션(Facilitation)
③ 브레인스토밍(Brain Storming)
④ 육색사고모자 기법

07. 다음의 SWOT 분석 내용을 보고 수립한 전략으로 적절한 것은?

강점	약점
• 국민안전처 신설 등 자연재해 저감을 위한 정부의 적극적 의지 • IT 기반 산업의 기술 수준 우수	• 지하수의 영향에 의한 지반구조물의 안전에 관한 연구는 전무한 상태 • 국내 지하수 관리 관련 기업이 영세함. • 국내 지하수 관리 및 토사계측기술 미흡
기회	**위협**
• 지하수 관리를 위한 센서관리 및 네트워크 기술분야는 고부가가치 창출 가능 • 대심도 지하 공간의 개발이 활발하게 추진 • 국내 지중환경에 부합하는 조사/탐사 필요성 및 인식도 향상	• 기후변화 등으로 수문환경이 수시로 변화하여 지반의 미세한 불안전성이 과거보다 증가 • 일본의 조사/탐사 기술 및 장비는 기술경쟁력에서 우위 • 미국, 일본 등 선진국들은 체계적인 지반 · 지하 대응방안 보유

① SO 전략－국내 지중환경에 부합하는 지하수 관리 및 토사계측 전문인력 양성

② ST 전략－우수한 장비와 IT기술을 바탕으로 센서 및 네트워크 기술의 해외진출 추진

③ WO 전략－정부의 적극적인 R&D를 통한 조사/탐사 장비 기술격차 축소

④ WT 전략－해외 기업의 시장잠식에 대비한 국내 지하수 관리 산업보호육성

[시 · 도 교육청 교육공무직원 소양평가]

유형별 출제비중

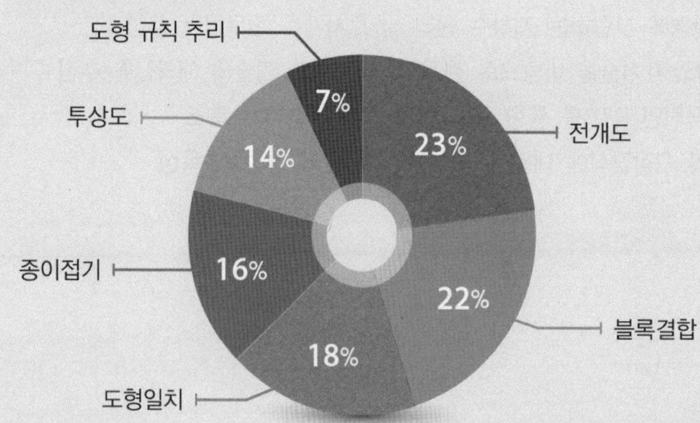

구조보기

- 시각적 사고 : 평면도형과 입체도형의 회전, 자르기, 결합하기 등의 변형에 따른 모양 변화를 추론하고, 형태를 파악하는 능력

  → 평면도형의 접기 · 결합 · 회전, 입체도형의 결합 · 회전, 도형의 모양 추론, 도형의 개수 파악

시 · 도 교육청 교육공무직원 소양평가

파트 4

공간지각력

01 종이접기

① 종이를 점선에 따라 접고 색칠한 부분을 잘라내어, 펼쳤을 때 모양 구하기

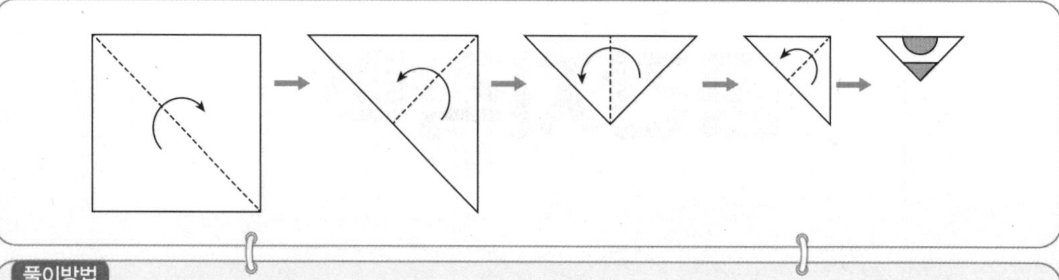

풀이방법

위와 같은 패턴의 문제는 제일 마지막 그림이 처음 종이의 어느 위치에 해당하는지를 보는 것으로 간단히 풀 수 있다.

종이를 펼치면서 접은 부분을 표시하면 오른쪽과 같다.	
1.	1.
2.	2.

3. 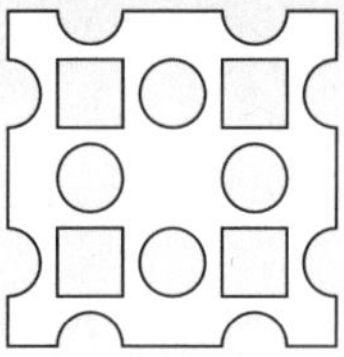	3. 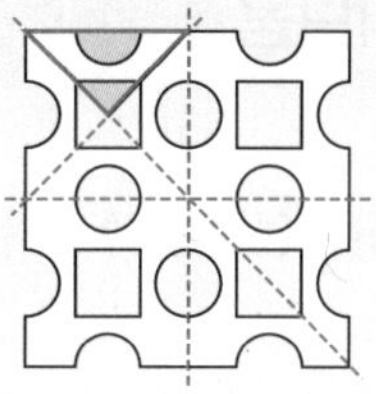
4. 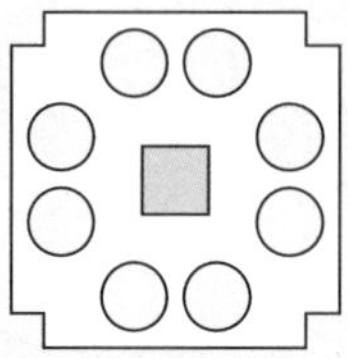	4. 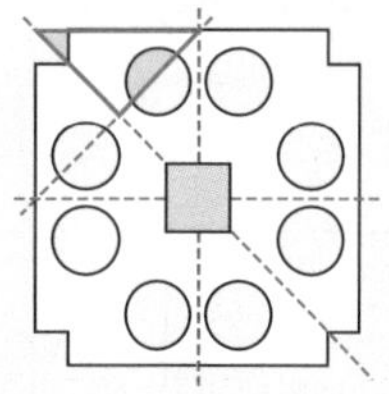
5. 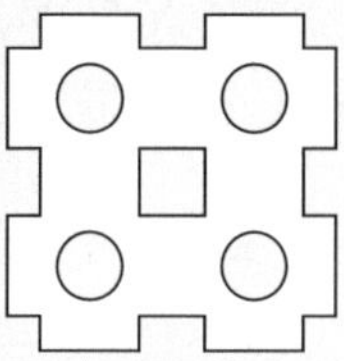	5. 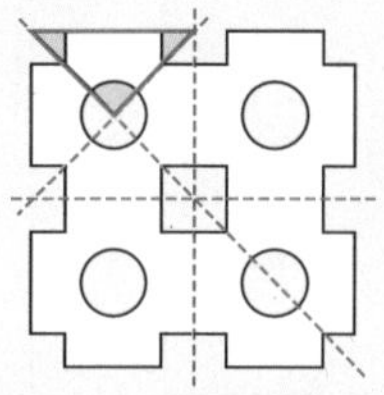

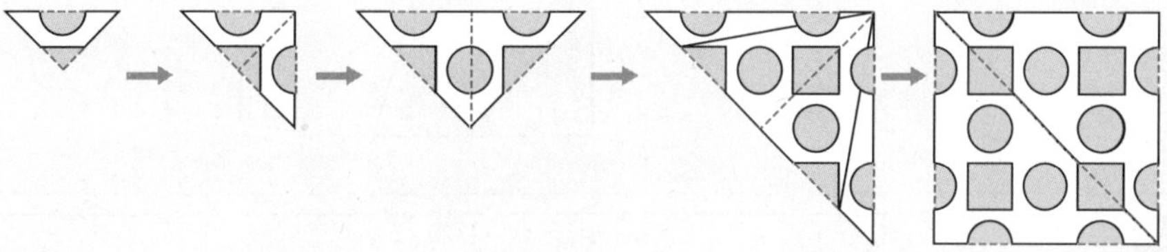

위의 그림처럼 보조선을 그리면서 잘려나간 부분이 일치하는지를 파악한다. 이와 같은 방법으로 답을 찾으면 3번임을 알 수 있다.

01 시각적 사고

02 조각모음

1 주어진 도형을 완성할 수 있는 조각 고르기

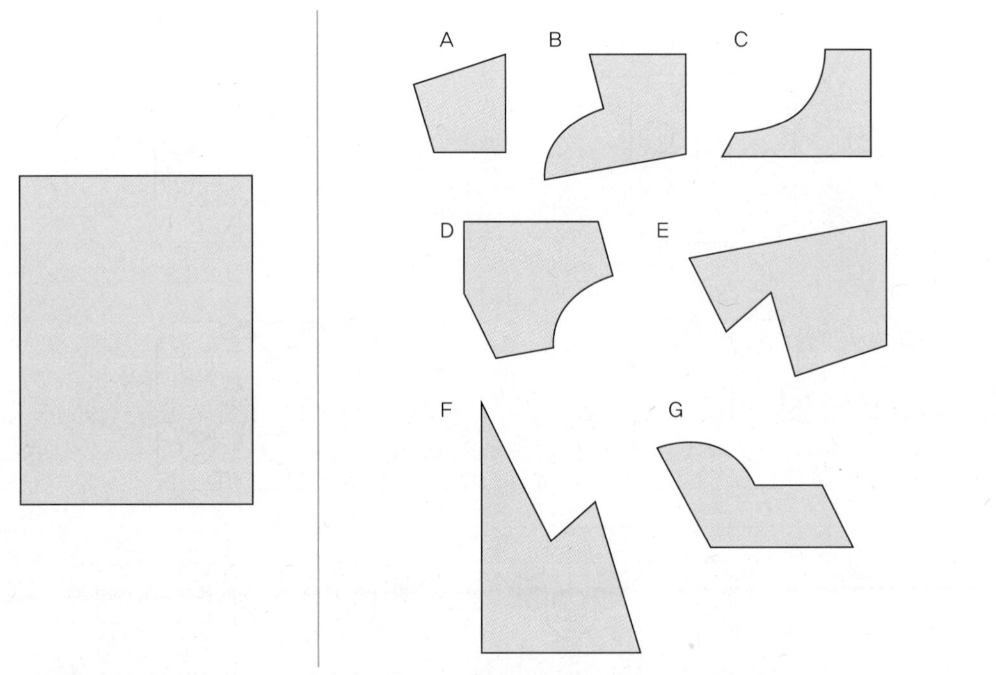

A B C D E F G

풀이방법

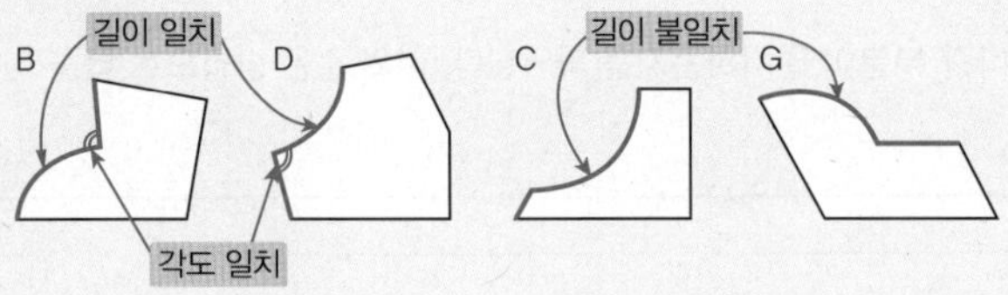

길이 일치 B D
길이 불일치 C G
각도 일치

D B E F A

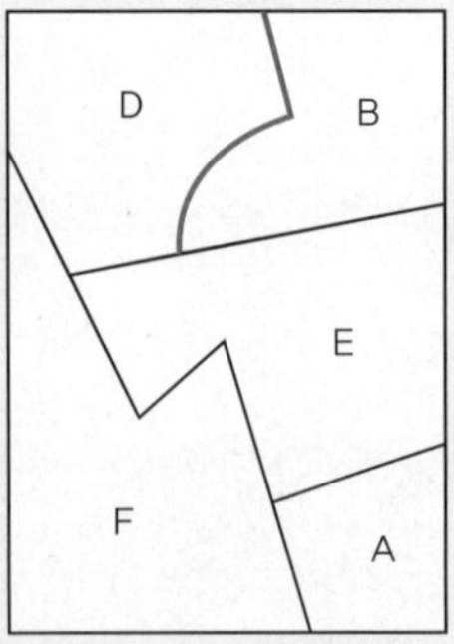

직사각형을 만들 때 필요한 도형을 찾는 유형의 문제는 특징을 빨리 알아차리는 것이 중요하다. 7개의 도형 중 곡선을 포함한 B, C, D, G에 주목한다. 곡선 부분의 길이나 그 주변의 형태로 보았을 때, B와 D는 곡선 부분이 일치한다. 하지만 남은 C와 G는 곡선 부분의 길이가 일치하지 않는다.

03 궤적

1 궤적을 통해 회전시킨 도형 구하기

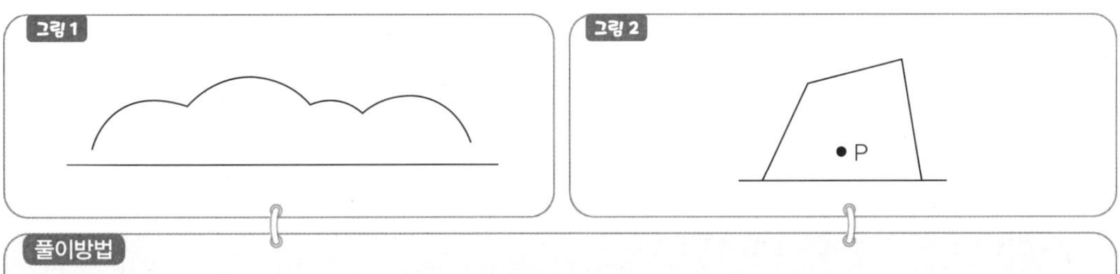

풀이방법

그림 1 처럼 미끄러지지 않게 도형을 1회전 시켰을 때의 궤적모양을 통해 회전시킨 도형을 찾는 유형의 문제는 회전의 중심, 외각, 반지름에 주목하는 것이 핵심이다. 하나씩 순서대로 앞으로 나아가며 정확하게 도형이 미끄러지는 과정을 부채꼴 모양을 활용하여 그리면 그림 2 와 같은 도형이 된다.

04 전개도

1 전개도 구하기

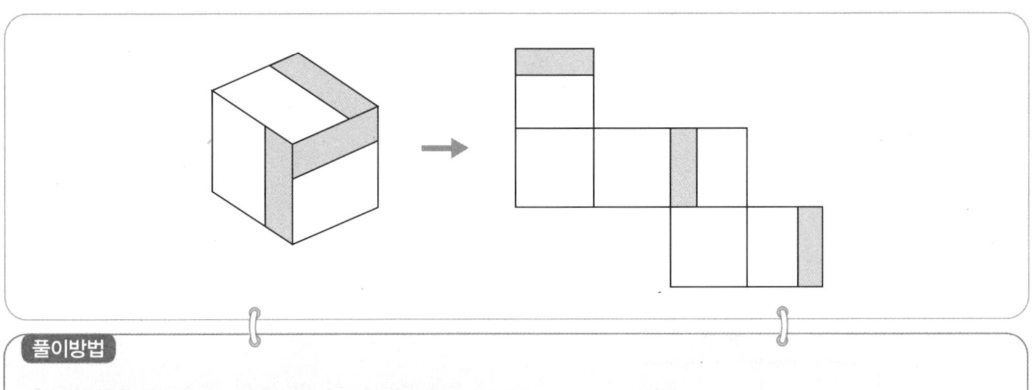

풀이방법

정육면체의 전개도를 고르는 유형의 문제는 특징이 되는 면을 찾아서 푼다.

1. 정육면체의 전개도

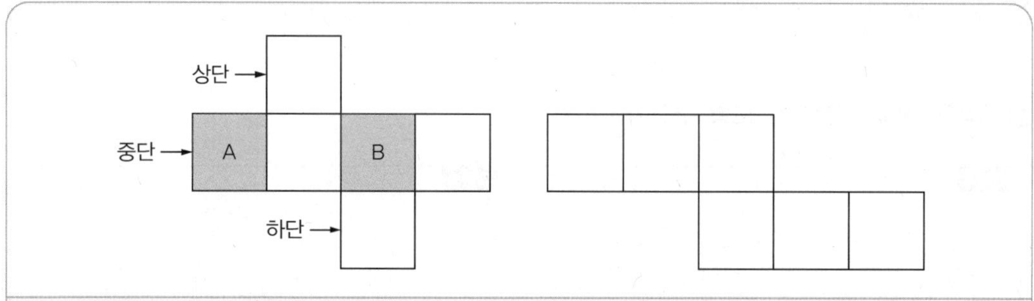

정육면체의 전개도는 총 11종류의 모양이 존재한다. 하지만 대개 상단 1면, 중단 4면, 하단 1면의 구조가 되면 정육면체의 전개도가 성립한다고 암기하면 된다.
조립했을 때 서로 마주 보는 면, 그림의 A와 B는 한 면을 가운데에 끼운 위치관계가 된다.

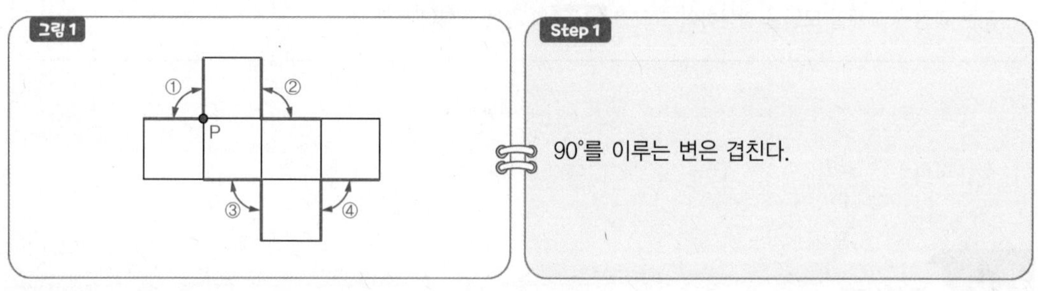

Step 1

90˚를 이루는 변은 겹친다.

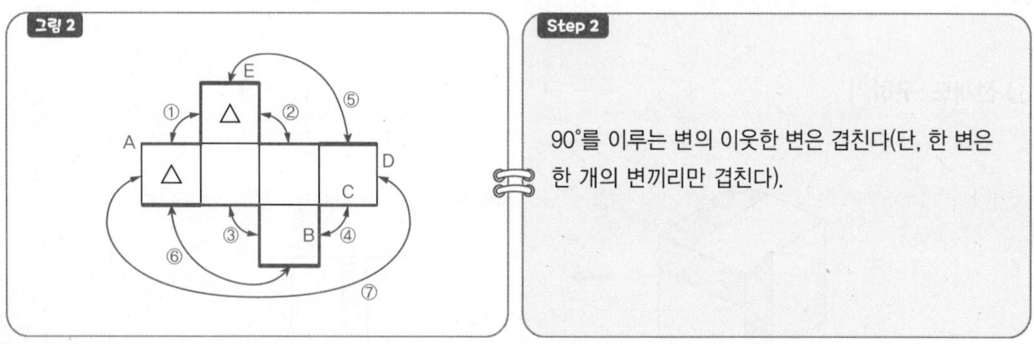

Step 2

90˚를 이루는 변의 이웃한 변은 겹친다(단, 한 변은 한 개의 변끼리만 겹친다).

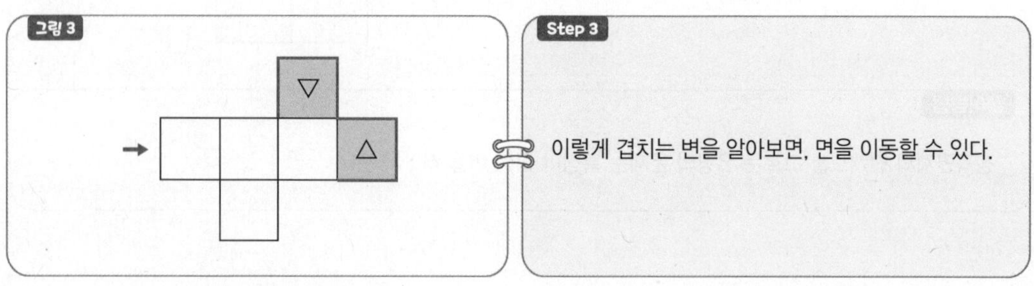

Step 3

이렇게 겹치는 변을 알아보면, 면을 이동할 수 있다.

2. 정팔면체의 전개도

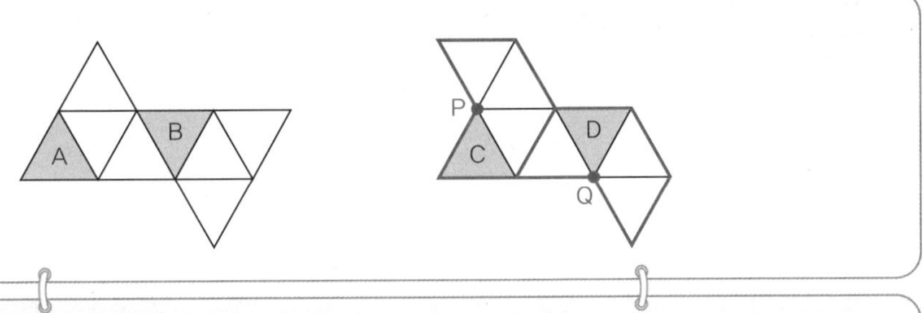

풀이방법

정팔면체의 전개도는 그림 1 과 같다. 상단 1면, 중단 6면(△과 ▽을 번갈아 배열), 하단 1면이 되거나, 오른쪽처럼 한 꼭짓점(P, Q) 주변에 4장의 정삼각형이 모이는 그림이 되면 정팔면체의 전개도이다. 조립했을 때 서로 마주 보는 면은 A와 B, C와 D이다.

그림 2

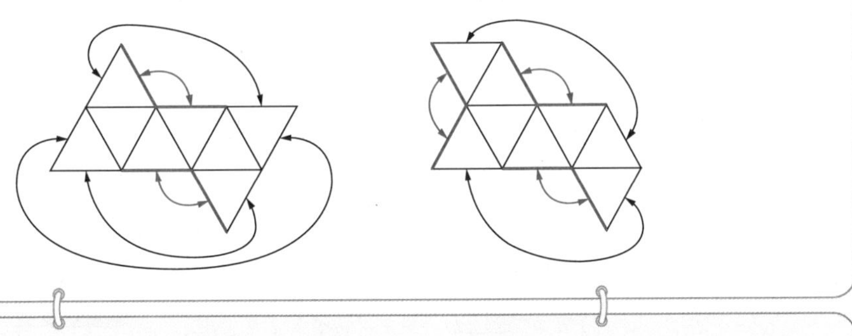

풀이방법

조립했을 때 겹치는 면은 처음에 120°를 이루는 변(그림 2 의 색선으로 이어진 변)이며, 이어서 그 이웃한 변이 겹친다. 정육면체와 마찬가지로 면을 이동시켜 전개도를 변형할 수 있다.

3. 정다면체의 전개도

Step 1 최소의 각을 이루는 변은 겹친다.

Step 2 최소의 각을 이루는 변과 이웃한 변은 겹친다.

(1) 정사면체

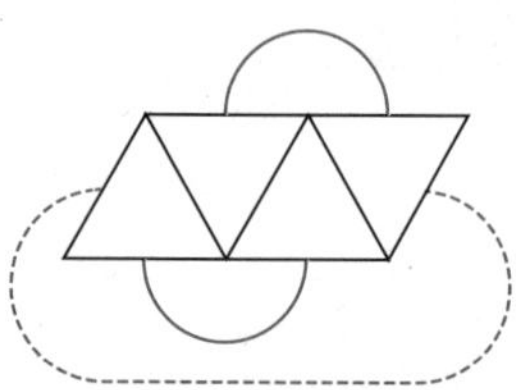

풀이방법

정사면체의 전개도는 두 가지뿐이다. 평행 관계에 위치한 면은 없다.

(2) 정십이면체

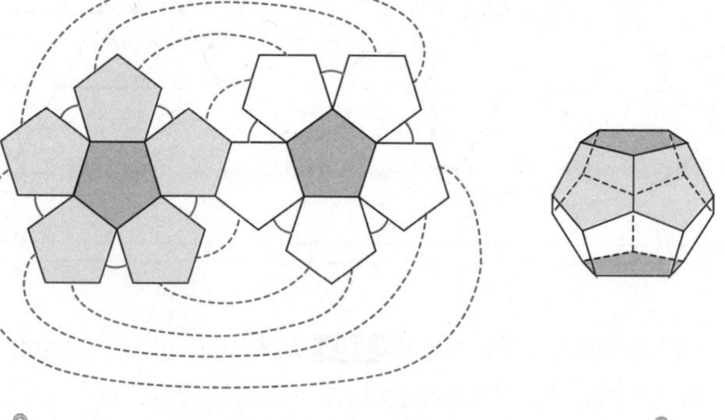

풀이방법

1개의 면을 5개의 면이 감싸며, 꽃이 핀 듯한 그림 두 개로 구성되어 있다. 각각 오른쪽 입체도형의 위쪽과 아래쪽의 절반에 해당한다.

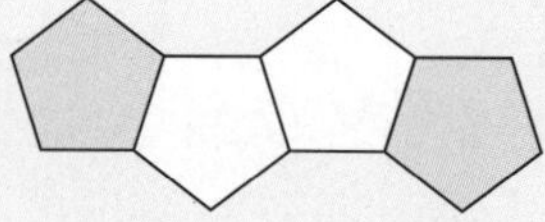

서로 마주 보는 면(평행한 면)의 위치는 정오각형을 똑바로 세운 것과 뒤집은 것을 교대로 4개 배열했을 때, 양 끝의 두 면이다.

(3) 정이십면체

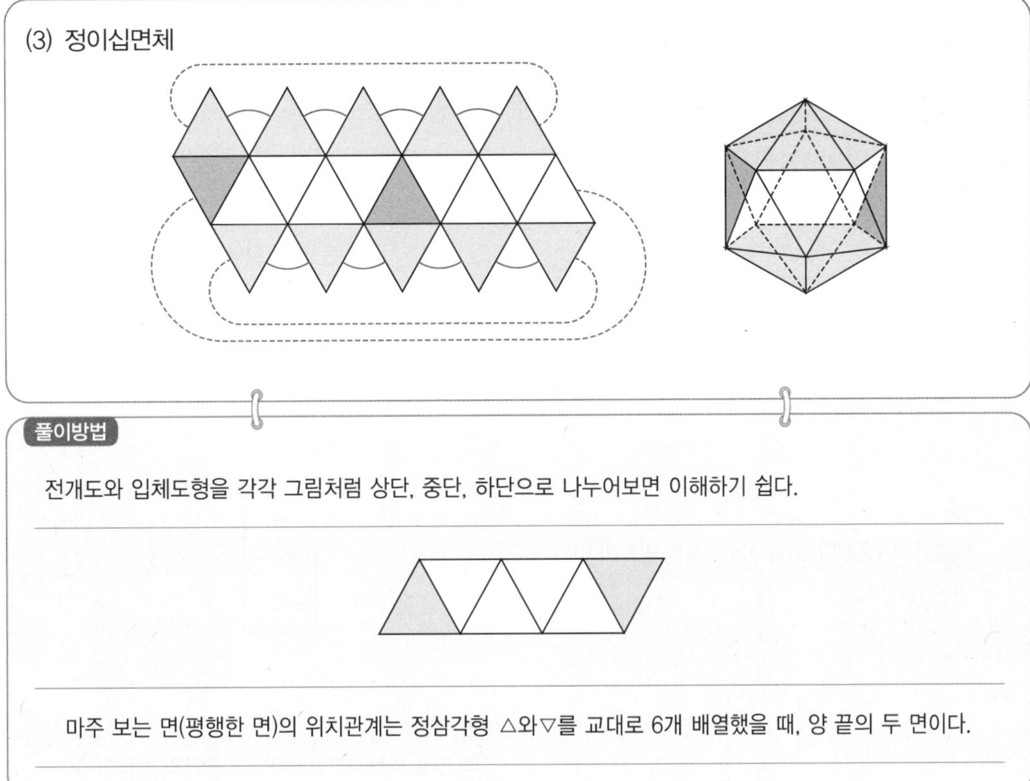

풀이방법

전개도와 입체도형을 각각 그림처럼 상단, 중단, 하단으로 나누어보면 이해하기 쉽다.

마주 보는 면(평행한 면)의 위치관계는 정삼각형 △와▽를 교대로 6개 배열했을 때, 양 끝의 두 면이다.

2 전개도를 접었을 때의 입체도형 구하기

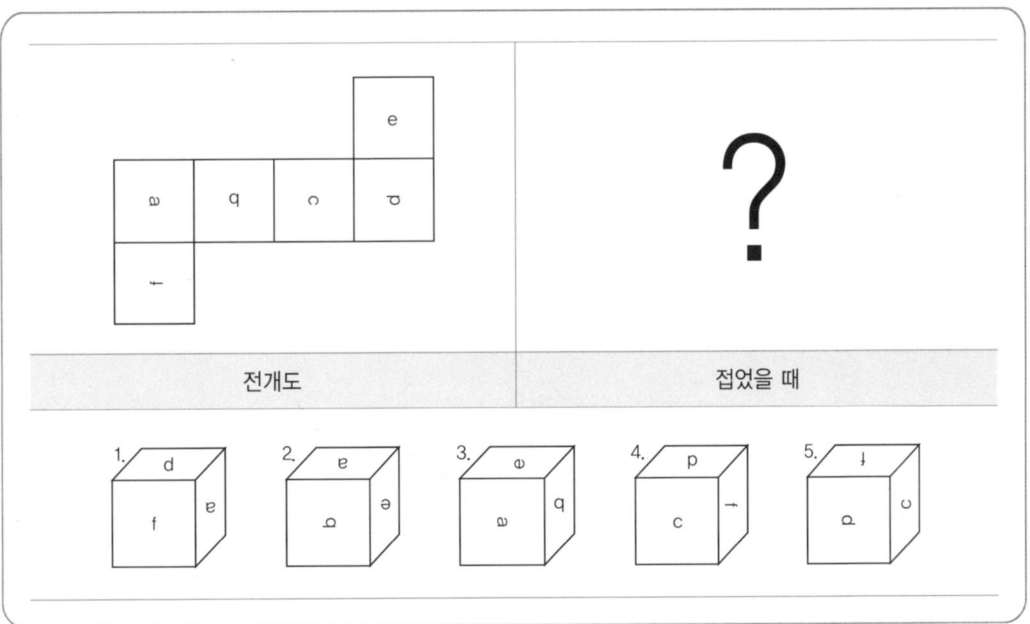

풀이방법

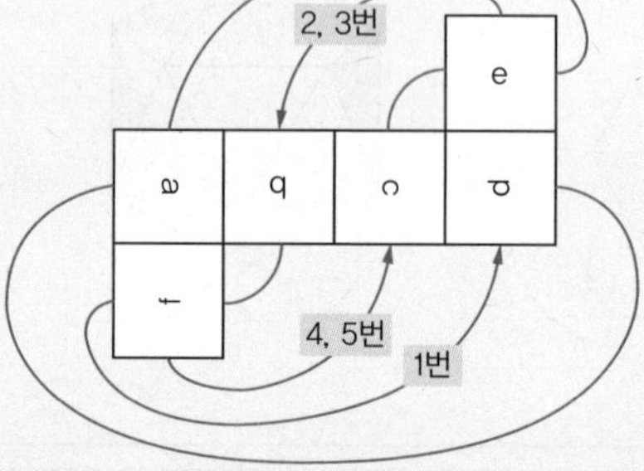

2, 3번 4, 5번 1번	겹치는 면을 알아본다.
1번 f의 면을 이동시키면 f와 d의 문자의 방향이 일치하지 않는다.	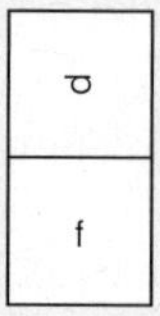
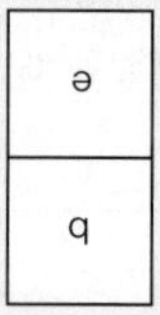	2번, 3번 e의 면을 이동시키면 b와 e의 문자의 방향이 일치하지 않는다.
4번, 5번 f의 면을 이동시키면 c, d, f의 문자의 방향이 4번은 일치하지 않지만 5번은 일치한다.	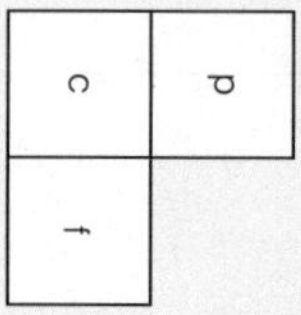
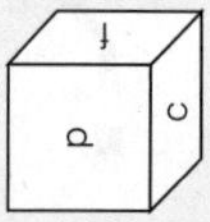	왼쪽과 같은 입체도형이 완성된다.

05 투상도

1 투상도를 통해 입체도형 추측하기

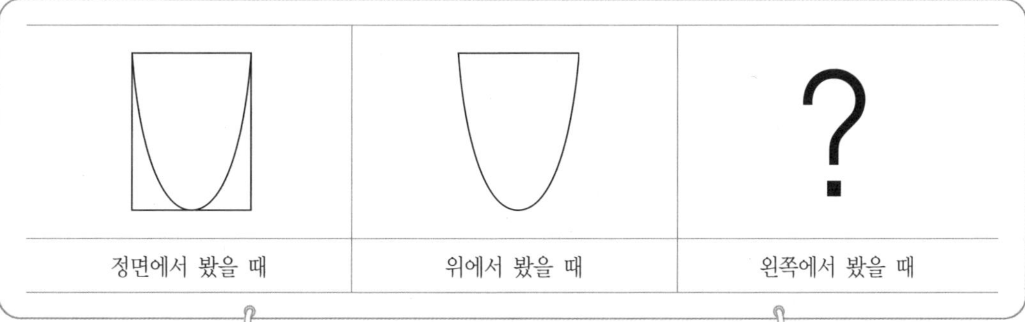

풀이방법

2차원 도면에서 3차원 입체도형을 추측할 수 있어야 한다. 보이지 않는 부분을 이미지화하는 것이 중요하다.

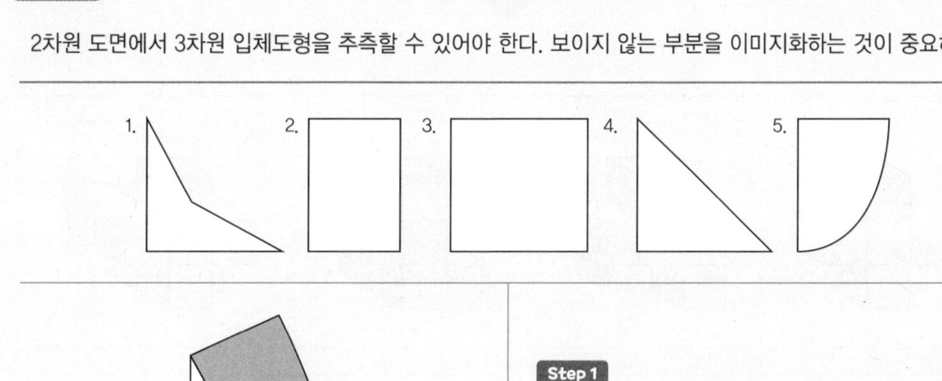

Step 1

투상도를 통해 입체도형을 생각한다. 왼쪽과 같은 입체도형을 생각할 수 있다.

Step 2

선택지를 소거한다.

1번의 경우 정면도와 평면도는 왼쪽과 같이 된다.

2번, 3번의 경우 정면도, 평면도는 왼쪽과 같이 된다.

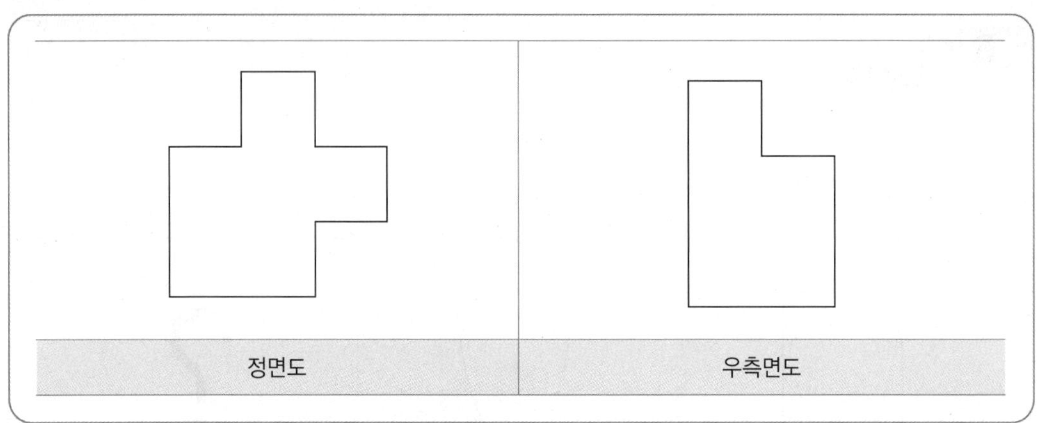
정면도
우측면도

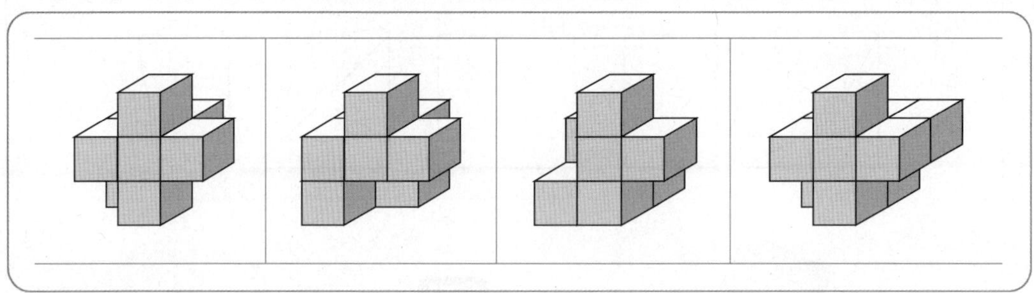

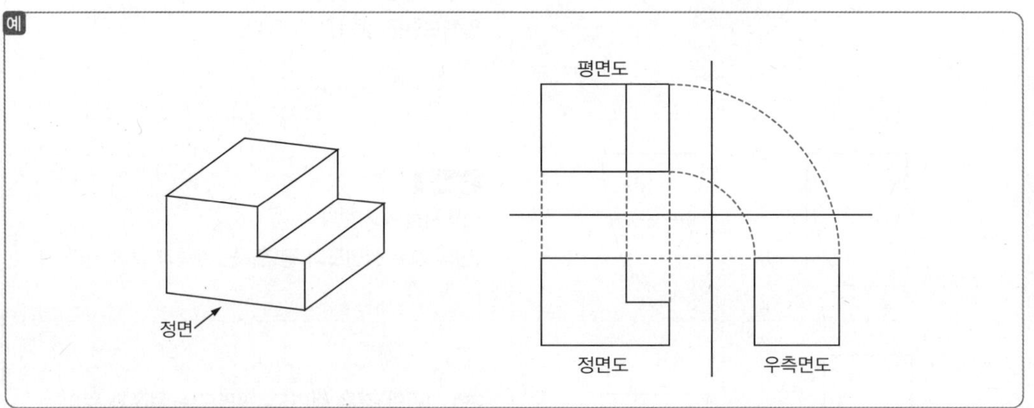
예
정면
평면도
정면도
우측면도

② 절단면 그리기

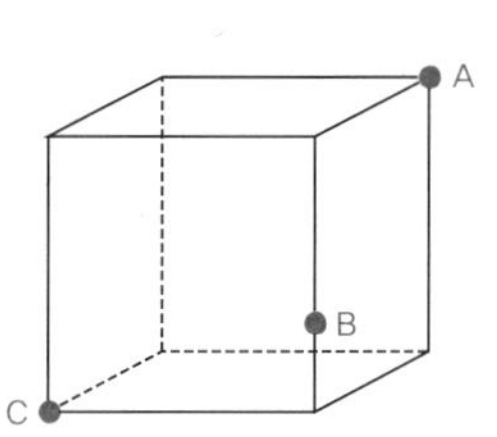	정육면체를 A, B, C 세 점을 통과하여 절단한다.
Step 1 동일 면 위의 두 점은 그대로 잇는다.	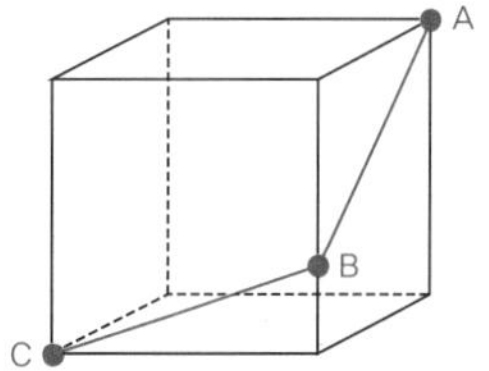
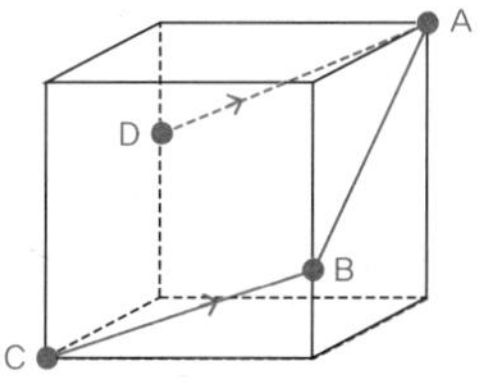	절단선은 같은 면 위에만 들어갈 수 있다(A와 C는 같은 면 위에 있지 않기 때문에, 직접 이을 수 없다).
Step 2 평행한 면에 들어가는 절단선은 평행이 되도록 잇는다.	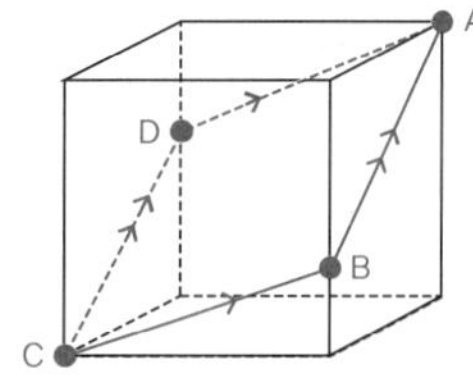

3 투상도를 통해 최소한의 정육면체의 개수 구하기

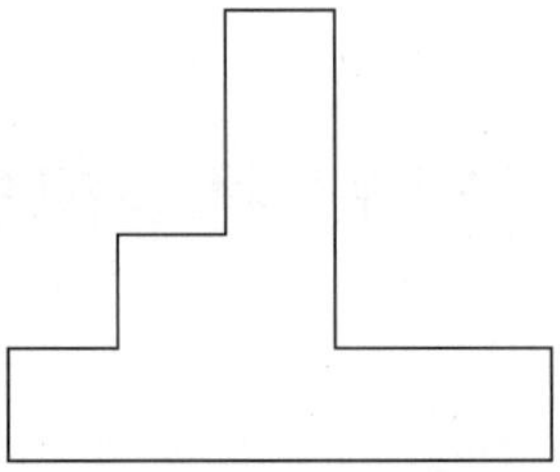

정면도	우측면도

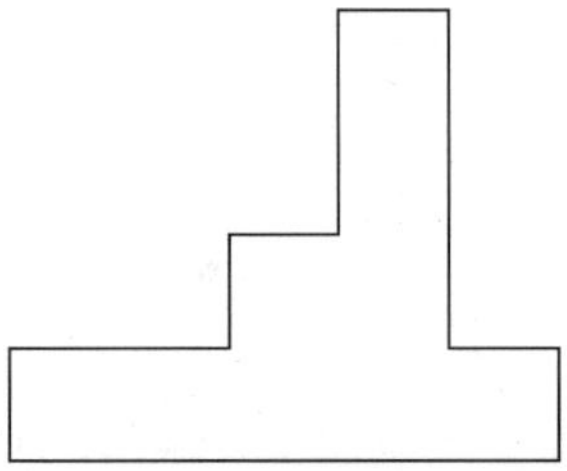

풀이방법

1	2	3	4	5	우측면
1	1	1	1	1	1단 ①
1	2	4	1	1	4단 ②
1	2	2	1	1	2단 ③
1	1	1	1	1	1단 ④
1	1	1	1	1	1단 ⑤
1단	2단	4단	1단	1단	정면

Step 1
정육면체를 최대한 쌓으면 왼쪽 표 안의 숫자가 된다. 3－②가 교차하는 곳에서만 4단이다.

Step 2
2단인 곳은 정면에서도 측면에서도 보이는 2－③이 교차하는 곳이다.

Step 3
정면에서도 측면에서도 1단이 되는 곳을 고른다. 다른 1단인 곳은 정육면체가 없어도 괜찮기 때문에, 4+2+1+1+1=9개이다.

06 도형 개수

1 정사각형의 개수

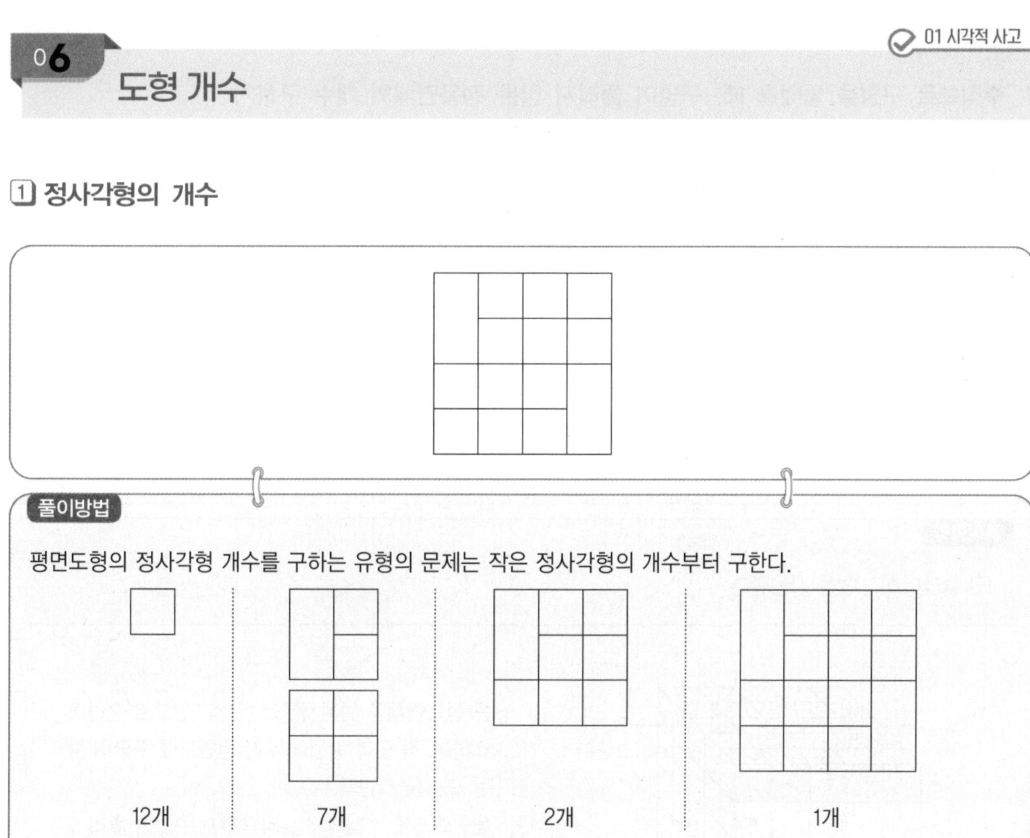

풀이방법

평면도형의 정사각형 개수를 구하는 유형의 문제는 작은 정사각형의 개수부터 구한다.

총 22개임을 알 수 있다.

2 정육면체의 개수

1. 수직으로 구멍을 뚫었을 때, 구멍이 뚫리지 않은 정육면체의 개수 구하기

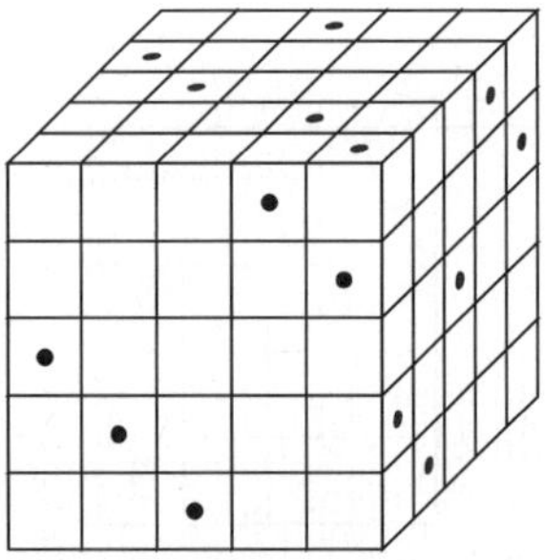

풀이방법

1단 슬라이스 방법을 사용한다.

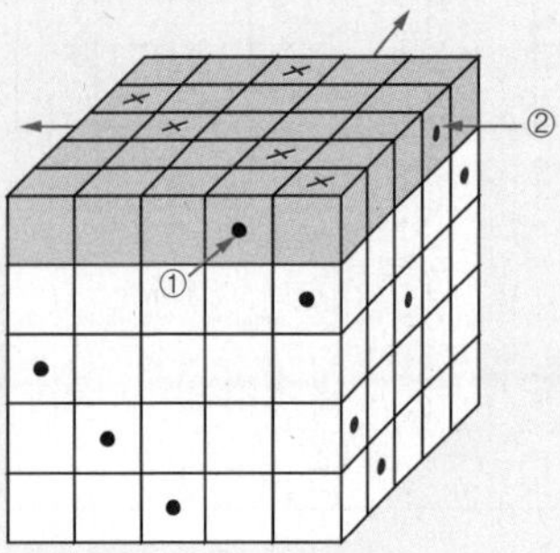

큰 정육면체를 위에서부터 1단씩 5단으로 슬라이스하여, 각 단마다 위에서 본 평면도에 구멍이 뚫린 모습을 그린다.

윗면의 5개의 점에서는 바닥까지 구멍이 뚫려 5단 모두 구멍이 생기기 때문에, 모든 평면도에 X자를 적어 넣는다.

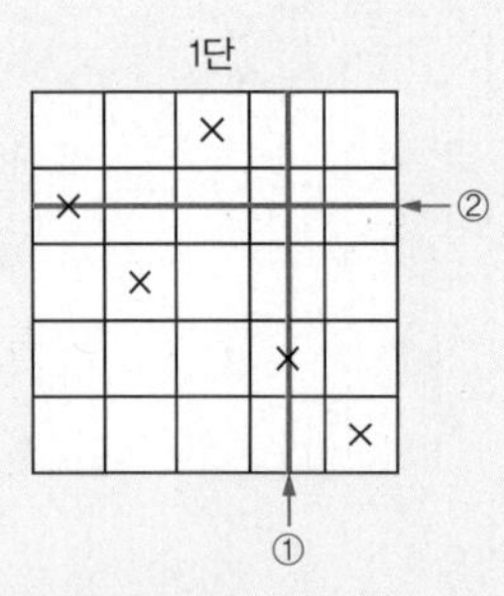

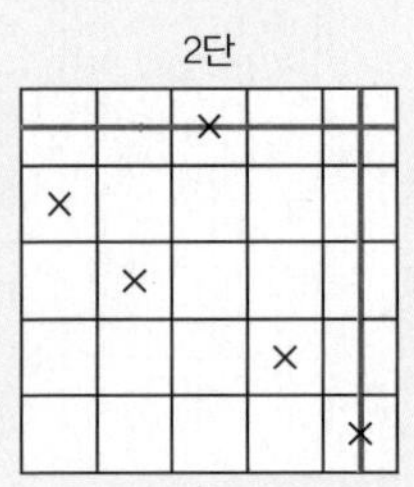

3단	4단
5단	각 단에 구멍이 뚫린 작은 정육면체의 개수를 확인하면, 모든 단에 각 12개의 구멍이 뚫려있으며, 남은 13개가 구멍이 뚫리지 않은 정육면체임을 알 수 있다. 따라서 13(개)×5(단)=65(개)이다.

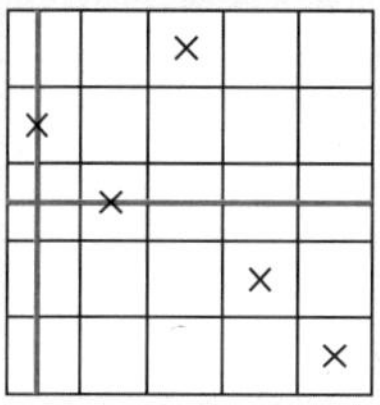

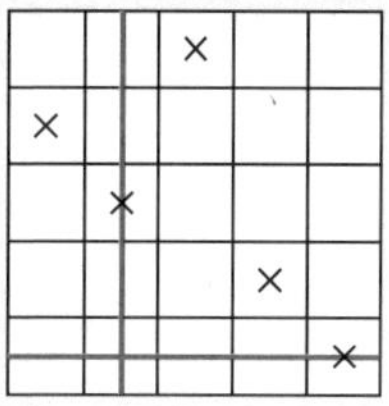

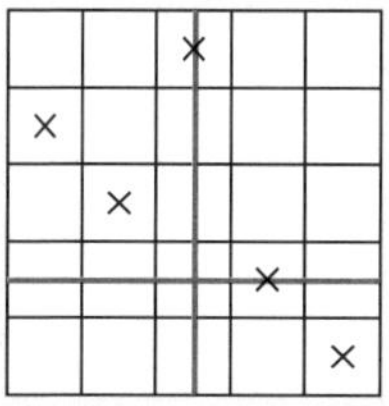

2. 작은 색깔 정육면체가 정육면체의 한 면에서 반대편까지 일직선으로 배열되어 있을 때, 흰 정육면체의 개수 구하기

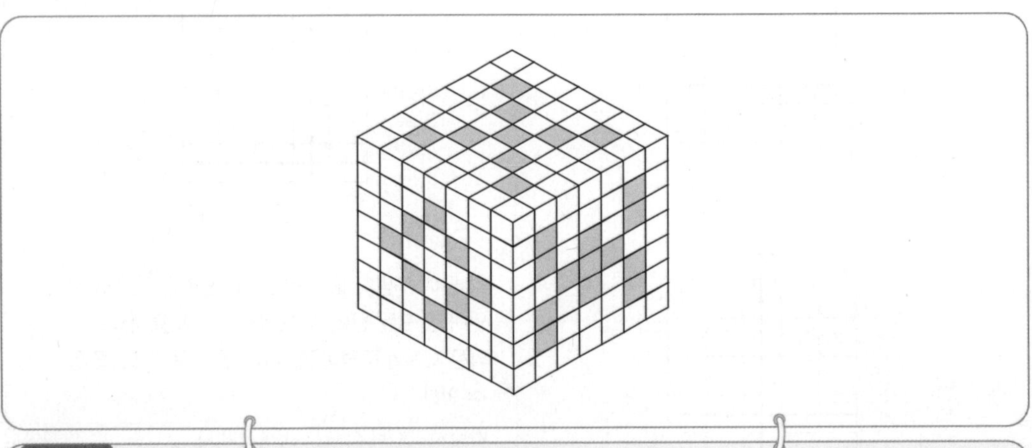

풀이방법

1. 색깔 정육면체가 더 세기 쉬우므로 전체에서 색깔 정육면체의 수만큼 뺀다.
2. 정육면체는 대칭 구조로 뒤집어도 똑같은 모양이기 때문에, 1단과 7단, 2단과 6단, 3단과 5단은 같다. 1단의 작은 색깔 정육면체는 눈에 보이는 9개뿐(7단도 마찬가지)이므로 굳이 평면도를 그리지 않아도 된다.

2단

3단

4단

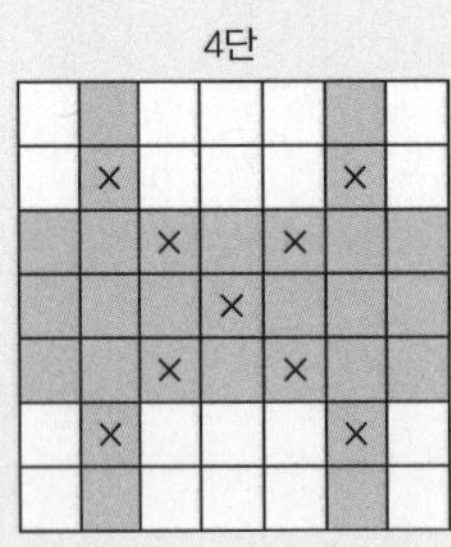

색깔 정육면체 개수는 9+23+29+29+29+23+9=151(개)이므로 흰 정육면체의 개수는 343−151=192(개)이다.

07 도형의 성격

1 정다면체의 의미와 특징

1. **정다면체** : 모든 면이 같은 정다각형으로 되어 있으며 각 꼭짓점에 모이는 면의 수가 모두 같은 다면체를 의미한다.

2. **특징** : 모든 꼭짓점, 변, 면이 같은 조건으로 구성되어 있으므로 한 꼭짓점에 적용되는 사항은 다른 모든 꼭짓점에도 똑같이 적용된다.

2 정다면체의 종류

1. 정사면체

그림

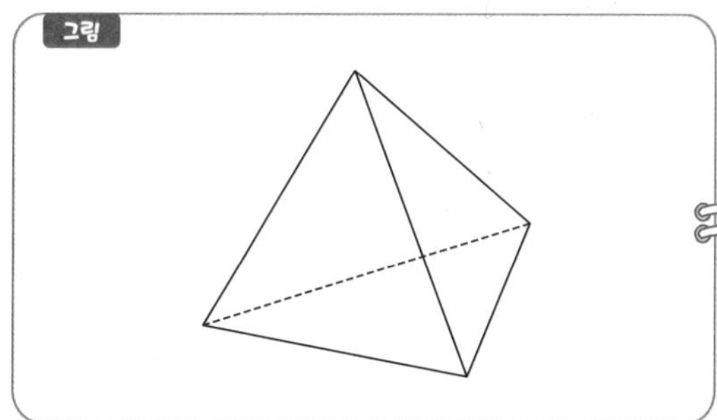

- 면의 형태 : 정삼각형
- 한 꼭짓점에 모이는 면의 수 : 3
- 면의 수 : 4
- 변의 수 : 6
- 꼭짓점의 수 : 4

2. 정육면체

그림

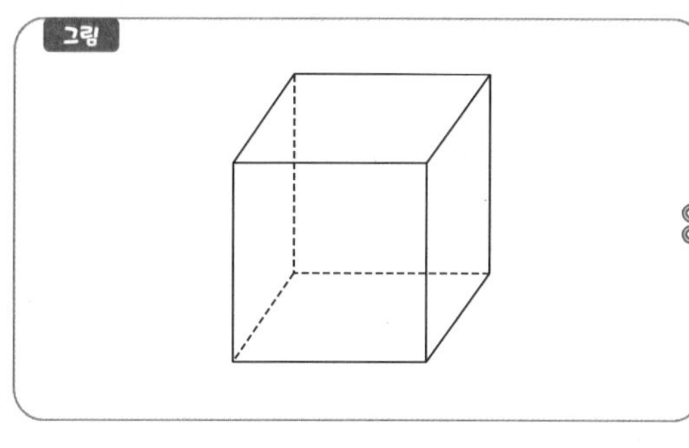

- 면의 형태 : 정사각형
- 한 꼭짓점에 모이는 면의 수 : 3
- 면의 수 : 6
- 변의 수 : 12
- 꼭짓점 수 : 8

3. 정팔면체

그림

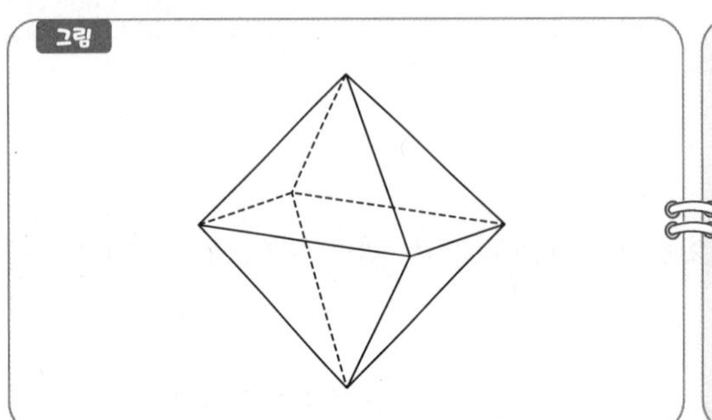

- 면의 형태 : 정삼각형
- 한 꼭짓점에 모이는 면의 수 : 4
- 면의 수 : 8
- 변의 수 : 12
- 꼭짓점 수 : 6

4. 정십이면체

그림

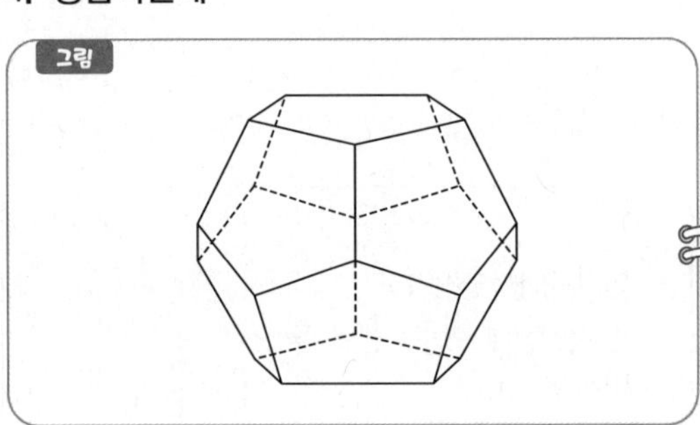

- 면의 형태 : 정오각형
- 한 꼭짓점에 모이는 면의 수 : 3
- 면의 수 : 12
- 변의 수 : 30
- 꼭짓점 수 : 20

5. 정이십면체

그림

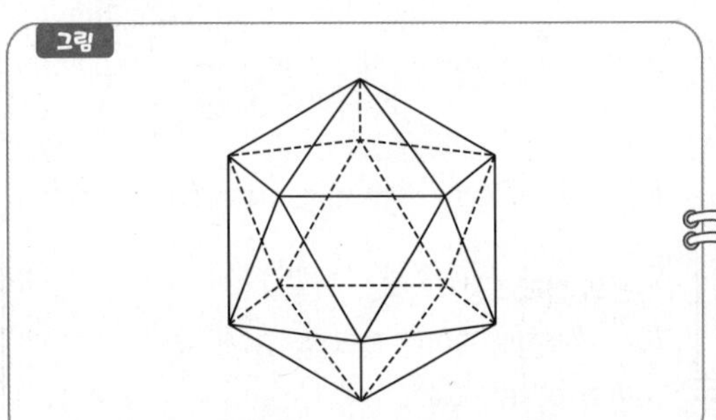

- 면의 형태 : 정삼각형
- 한 꼭짓점에 모이는 면의 수 : 5
- 면의 수 : 20
- 변의 수 : 30
- 꼭짓점 수 : 12

08 도형추리

1 해결방안

1. 도형의 규칙성을 찾아 이어지는 도형의 모양을 고르는 문제이다.
2. 도형에서 발견되는 움직임을 파악하여 정리한 조건으로 시뮬레이션을 해보고 도형을 도출한다.

2 규칙성의 종류

1. 선의 수가 상단은 1 → 2 → 3 → 2 → 1로, 하단은 3 → 2 → 1 → 2 → 3으로 변화한다.

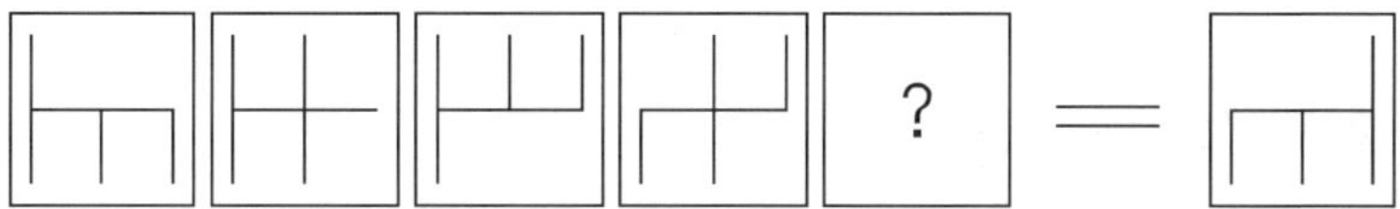

2. 화살표가 45도씩 시계 방향으로 회전하고, ○의 색이 번갈아 가면서 바뀐다.

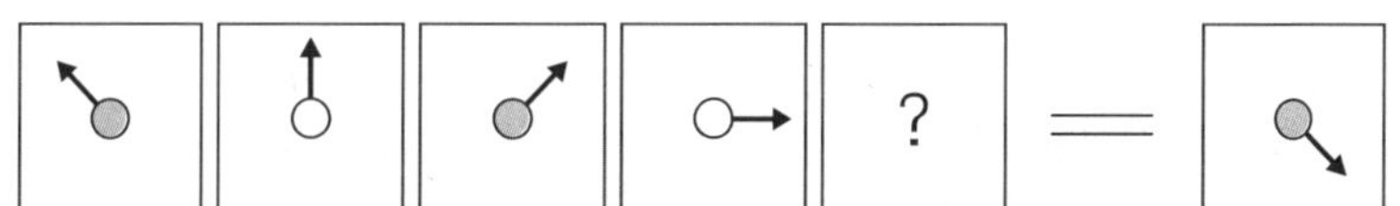

3. 색칠된 부분이 왼쪽부터 첫 번째, 두 번째로 이동하고 네 번째 이후 왼쪽으로 돌아온다.

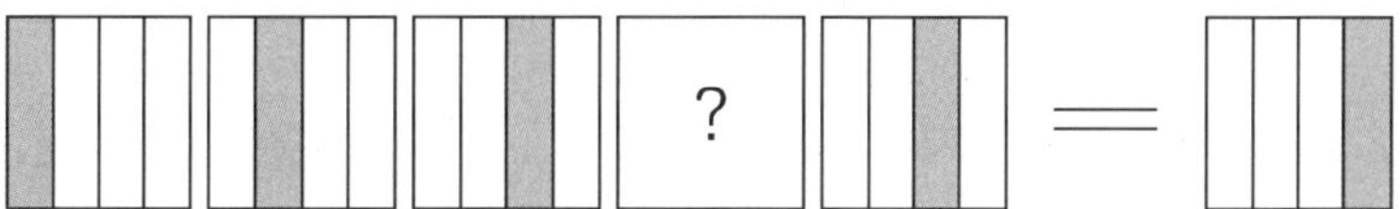

4. 가운데 세로선이 위, 아래로 이동을 반복하고, ●가 반시계 방향으로 회전한다.

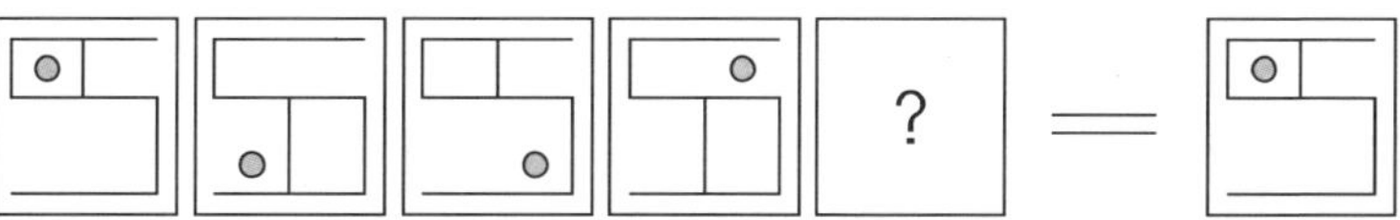

5. ☆이 반시계 방향으로 90도씩 회전하고 꼭짓점의 색은 번갈아 가면서 바뀐다.

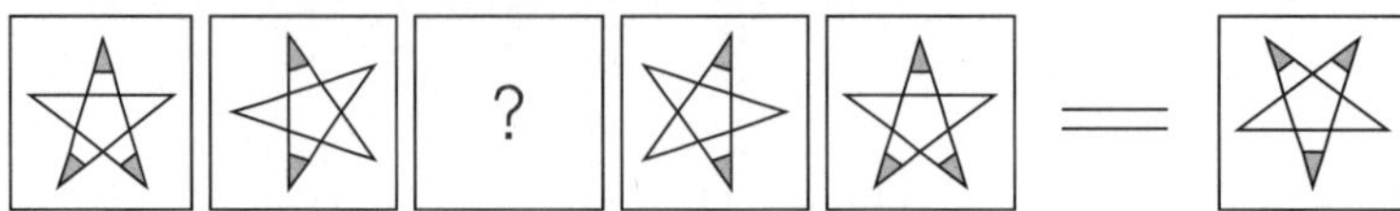

6. ▷가 오른쪽과 왼쪽 방향으로 2회씩, 색 또한 2회씩 번갈아 나타난다. 답을 찾을 때 예상할 수 있는 변화로부터 선택지에 있는 것을 고른다.

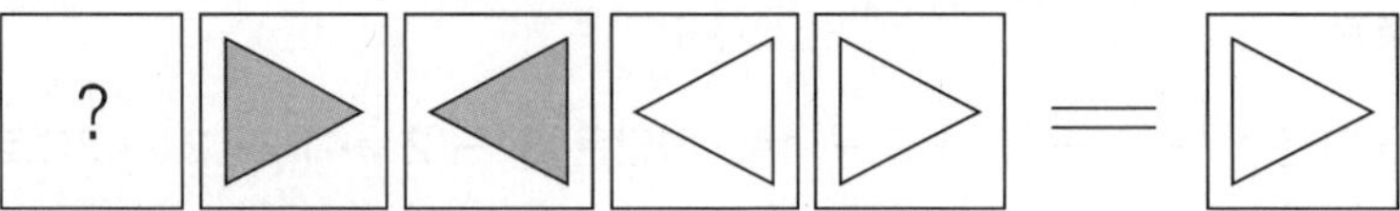

7. 4시간 후와 2시간 전 순서로 반복된다.

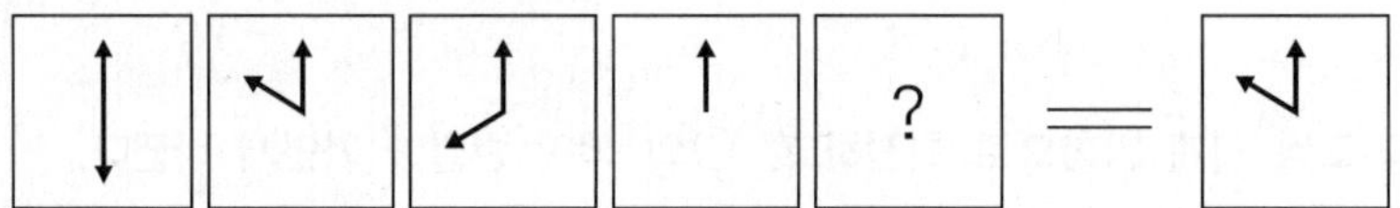

8. □는 반시계 방향으로 회전하고, ○는 색이 번갈아 가면서 바뀐다.

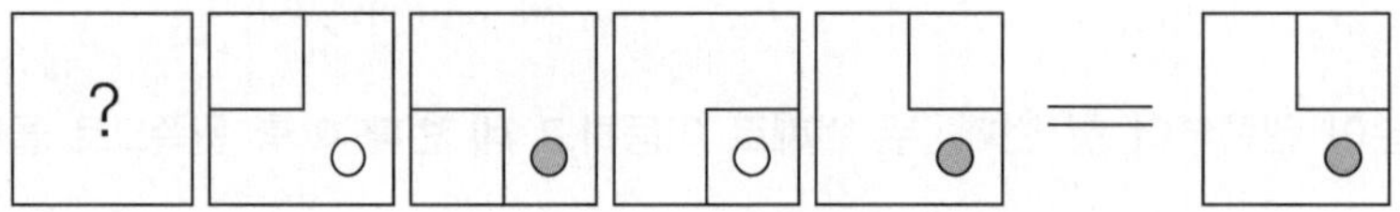

9. 같은 도형 2개가 모이면 다음 상자에서 1개가 된다. □가 1개인 것으로 유추할 수 있다.

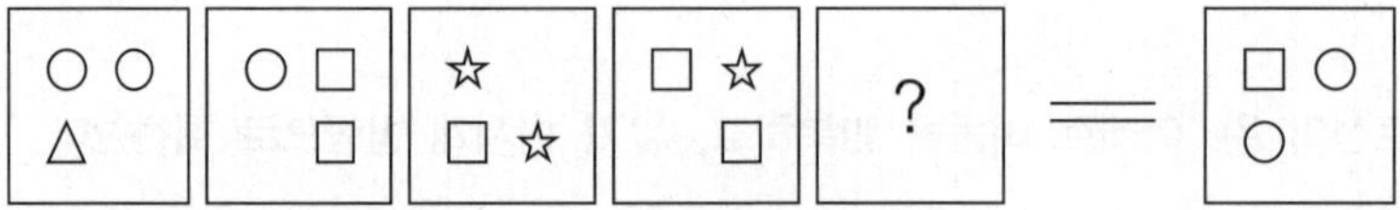

10. △는 반시계 방향으로, 직사각형은 시계 방향으로 회전한다. 번갈아 가면서 색이 바뀐다.

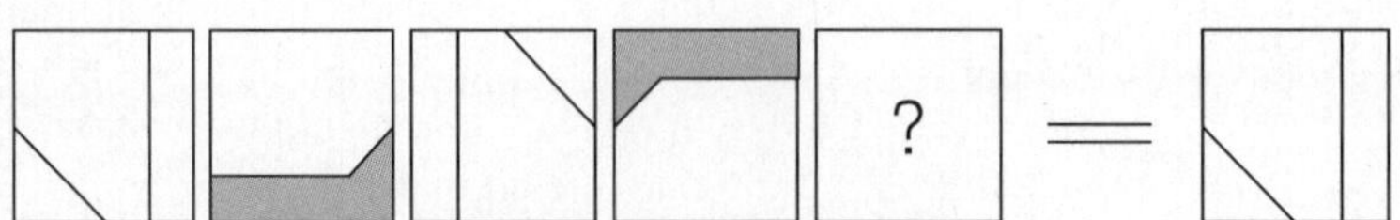

11. 같은 도형 3개가 모인 도형은 다음 상자에서 없어진다. 그러므로 □를 포함하지 않는 것을 유추할 수 있다. 도형의 색이나 형태에 헷갈리지 않도록 한다.

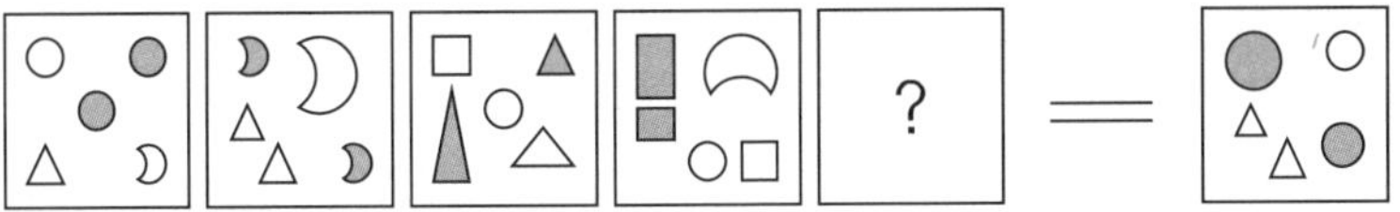

12. 홀수 번째 도형에 ┌ 를 제외한 선의 개수 변화를 주목한다. 선의 개수는 2 → 1 → 0으로 줄어든다.

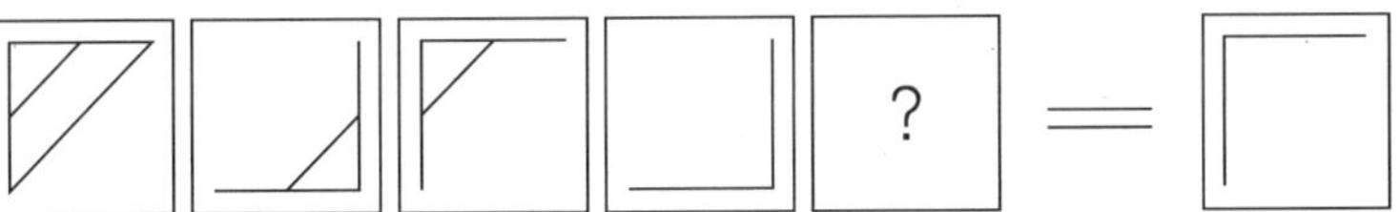

13. 반원이 반시계 방향으로 홀수 번째 상자에서는 45도 회전을 하고, 짝수 번째 상자에서는 90도 회전을 한다.

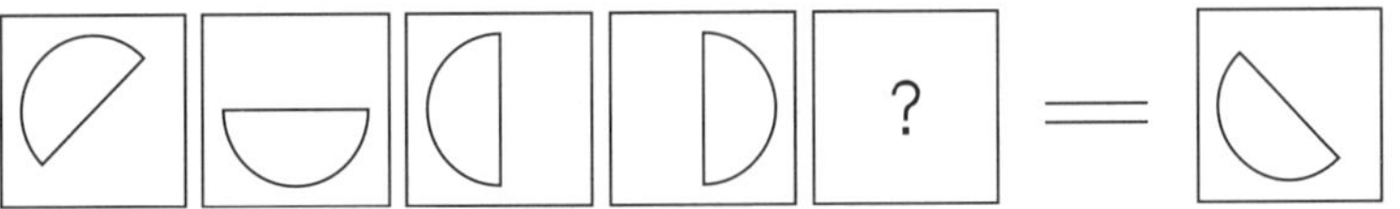

14. □가 오른쪽 위 → 왼쪽 아래 → 오른쪽 아래 → 왼쪽 위로 색이 번갈아 가면서 바뀐다. 이러한 경우 다섯 번째부터 처음으로 돌아온다고 유추할 수 있다.

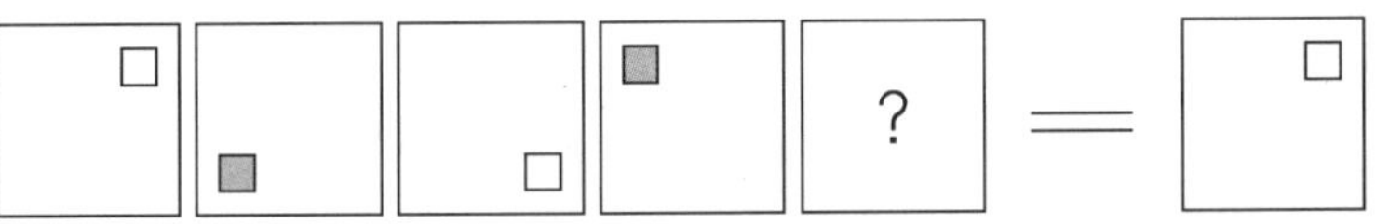

15. ●가 시계 방향으로 회전하고 선은 90도씩 회전한다.

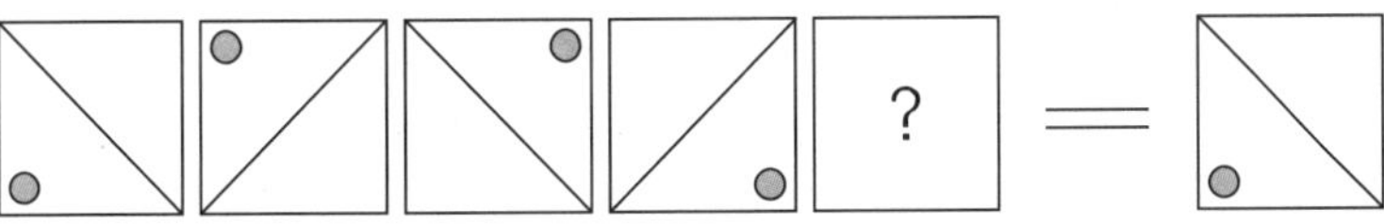

출제유형문제

▶ 정답과 해설 59쪽

유형 1 전개도

01. 다음 펼쳐진 전개도를 접어 완성했을 때 나올 수 없는 주사위는?

① 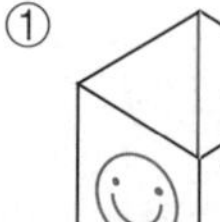 

②  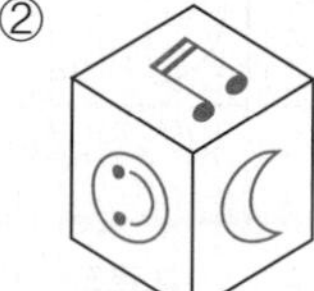

③  

④ 

02. 다음 전개도를 접었을 때 모양이 다른 하나는?

①

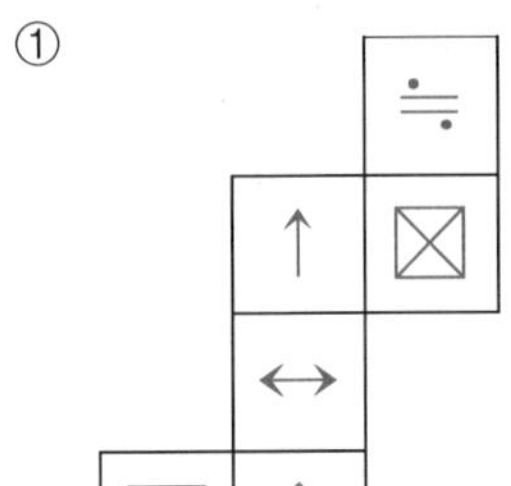

②

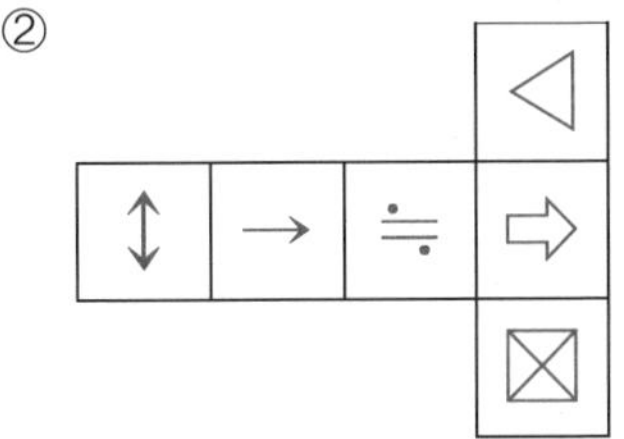

③

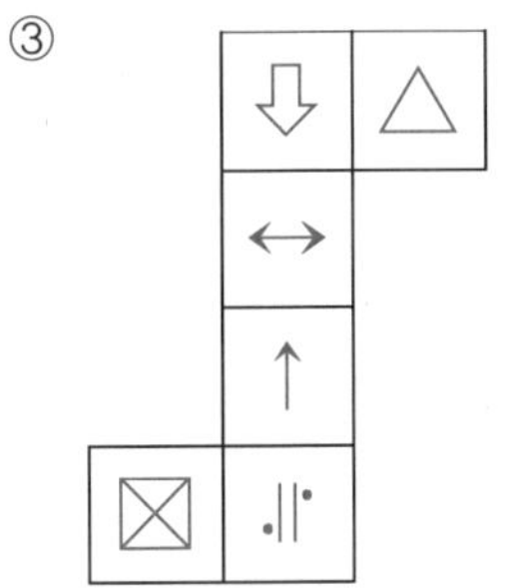

④

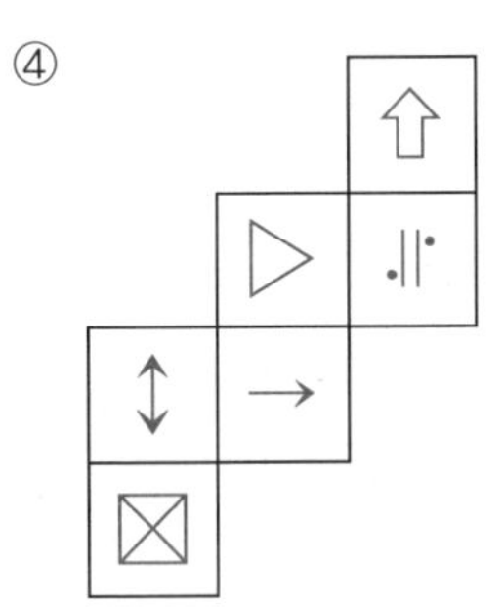

03. 다음 전개도를 접어 A는 x축으로 90°, B는 y축으로 180° 회전시킨 후 A, B 순으로 나란히 결합하게 하여 맞닿아 있는 모양을 위에서 내려다보았을 때 알맞은 것은?

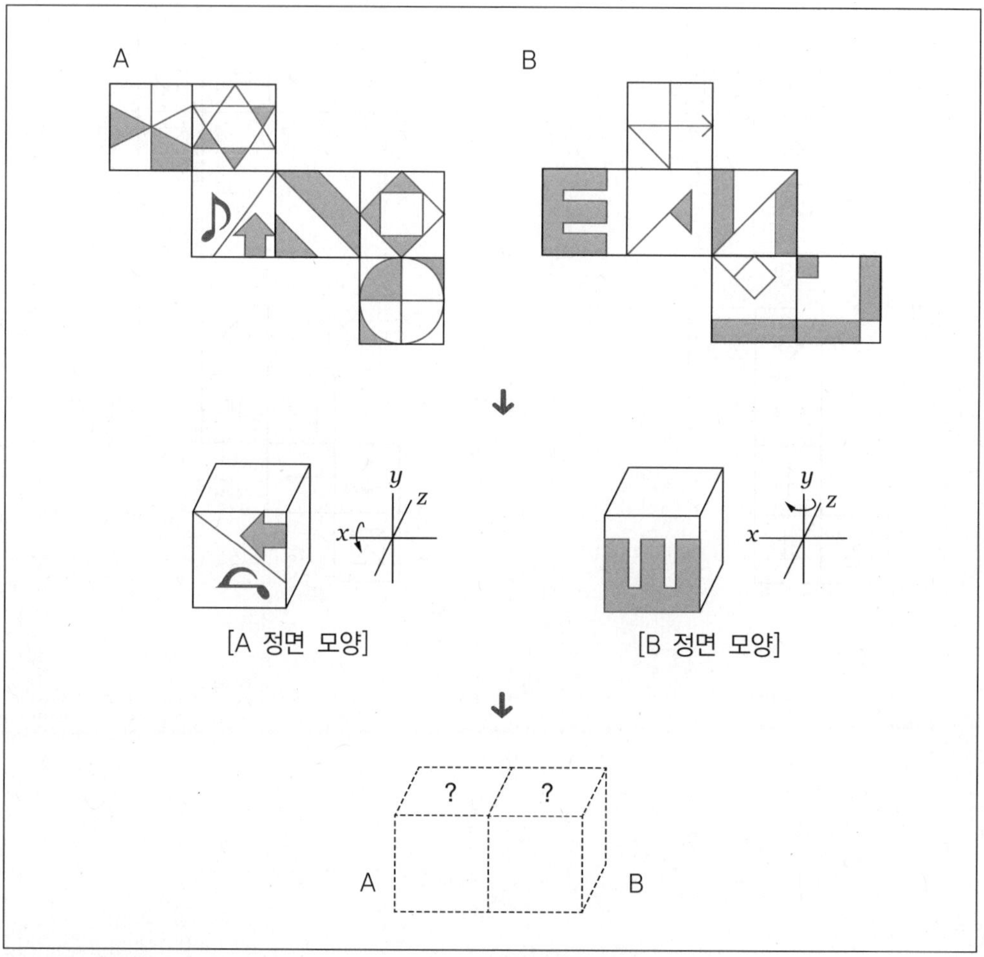

①

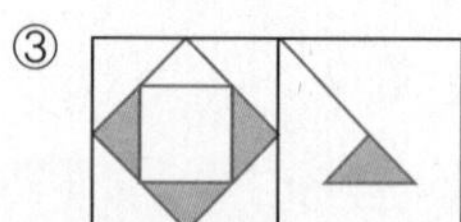

②

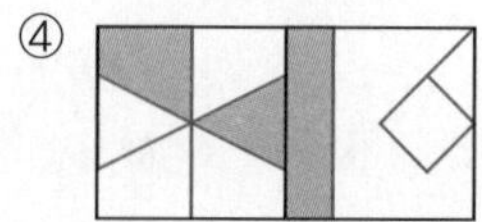

③

④

유형 2 투상도

[04 ~ 05] 다음의 투상도를 보고 이에 해당하는 입체도형을 고르시오.

04.

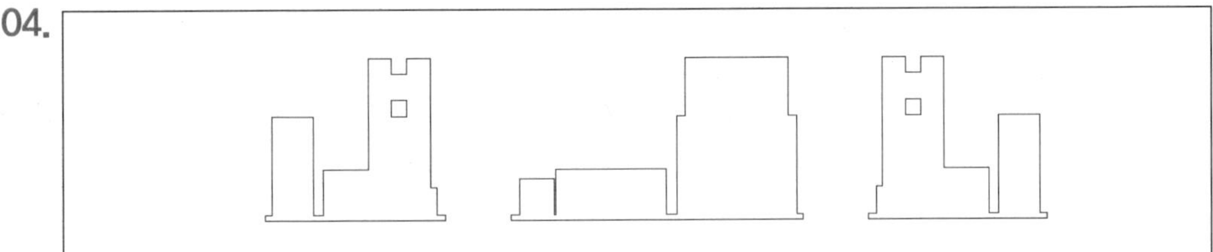

①

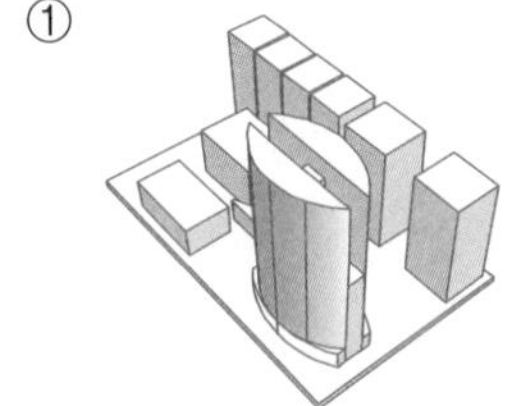

②

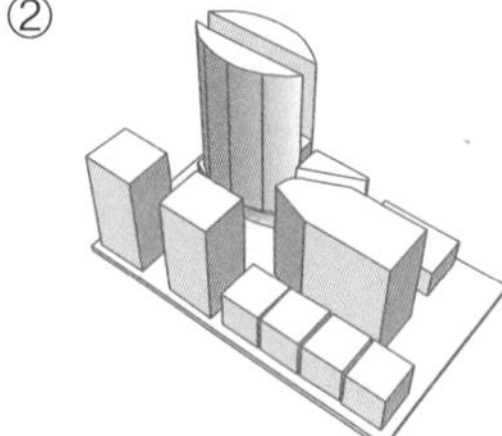

③

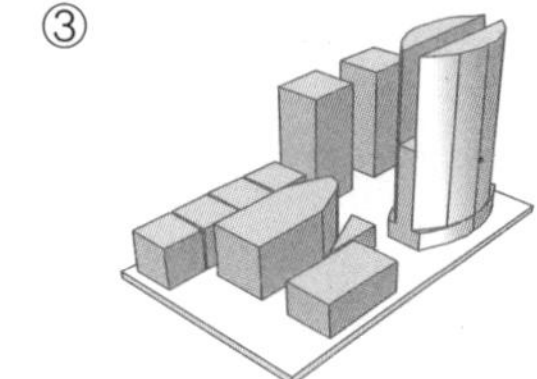

④

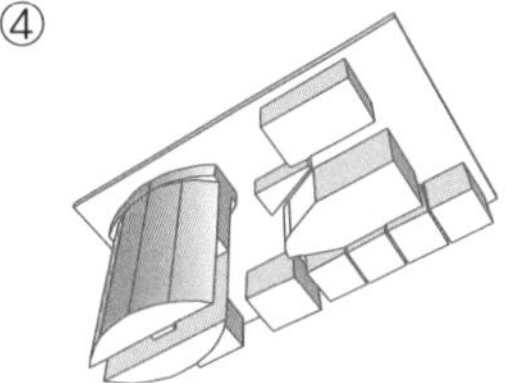

05.

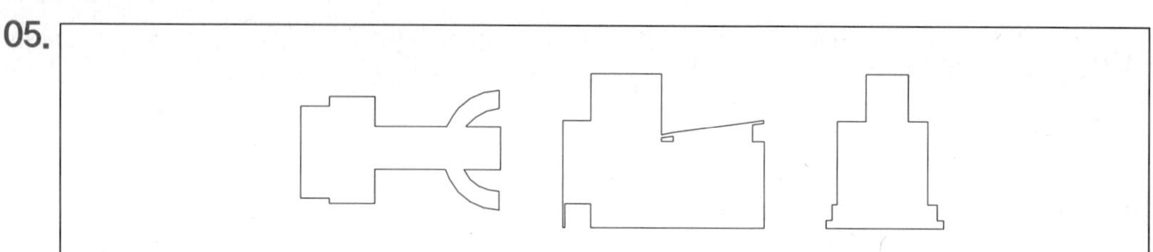

①

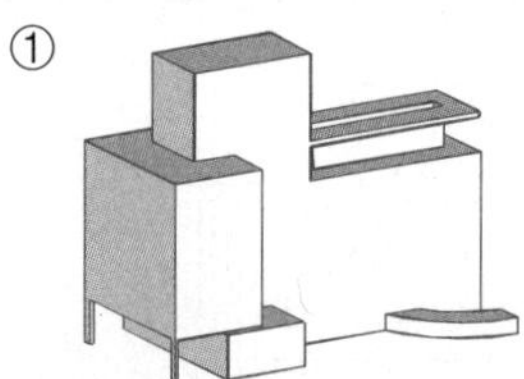

②

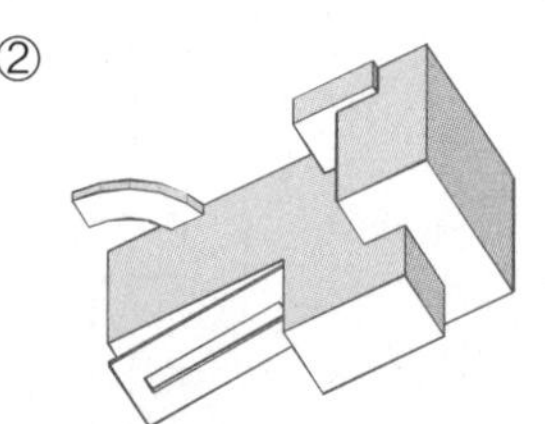

③

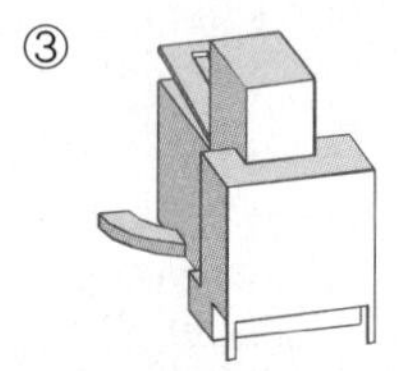

④

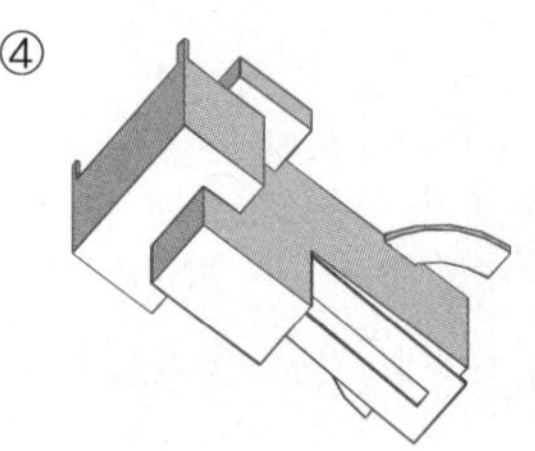

06. 다음은 같은 크기의 블록을 쌓아 만든 입체도형을 가지고 앞에서 본 정면도, 위에서 본 평면도, 오른쪽에서 본 우측면도를 그린 것이다. 이에 해당하는 입체도형은? (단, 화살표 방향은 정면을 의미한다)

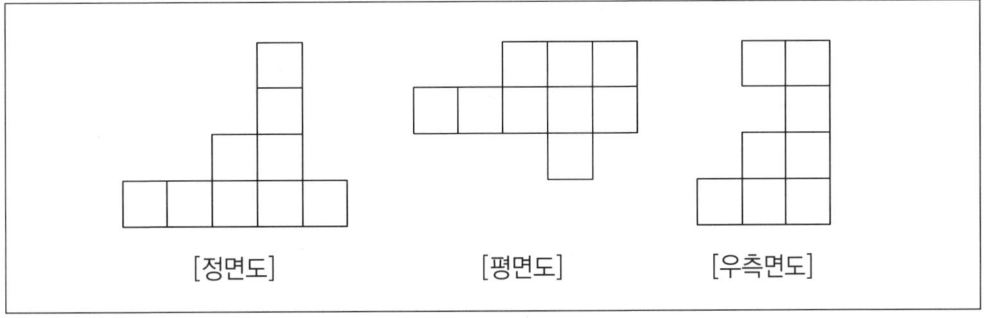

①
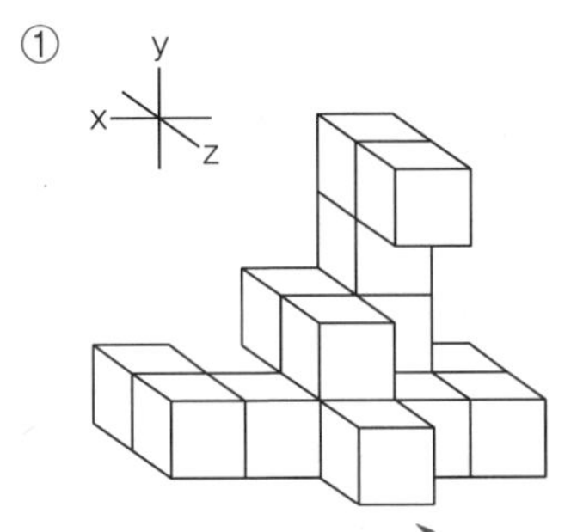

②
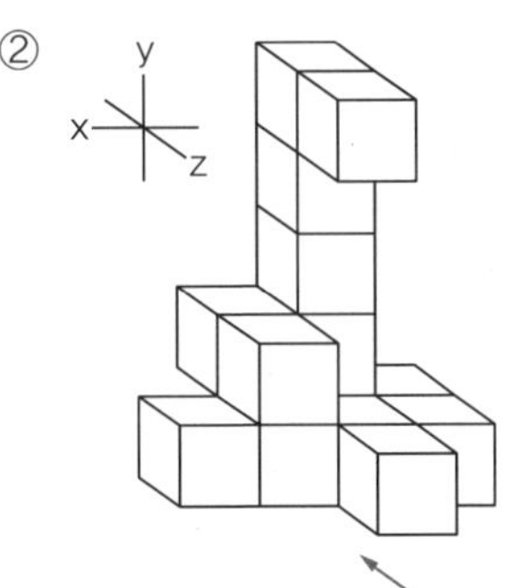

③
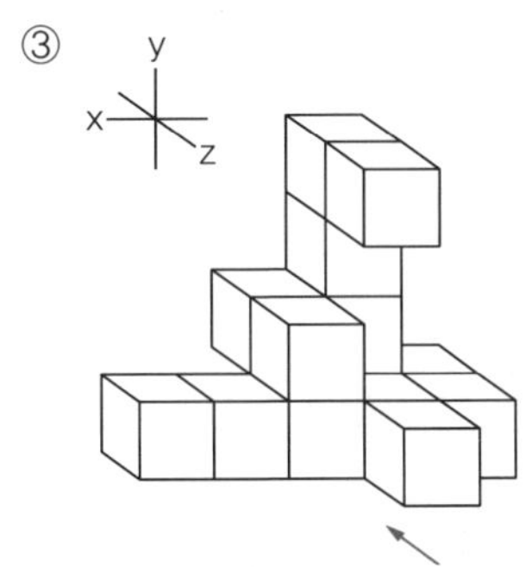

④
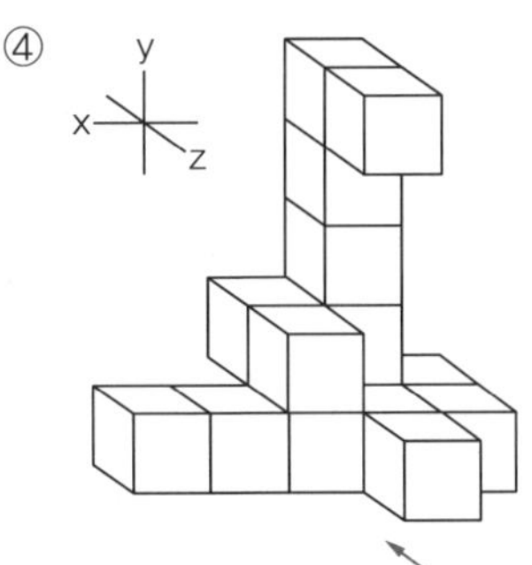

유형 3 종이접기

07. 다음 중 화살표 방향으로 종이를 접은 후 마지막 그림과 같이 펀치로 구멍을 뚫고 다시 펼쳤을 때의 모양은?

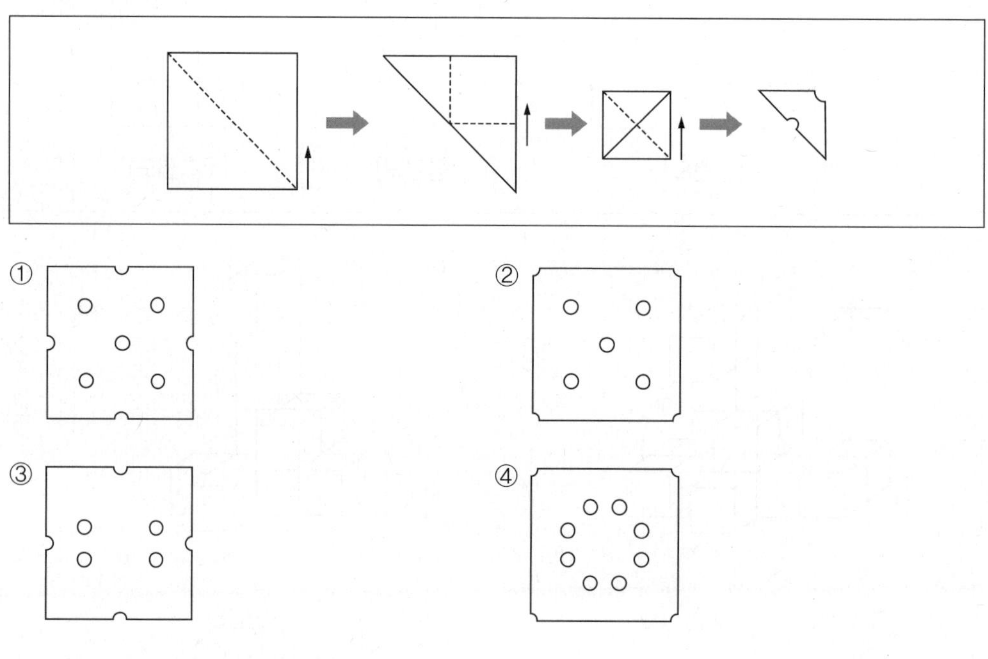

08. 다음 그림과 같이 화살표 방향으로 종이를 접은 후 마지막 색칠된 부분을 자르고 다시 펼쳤을 때의 모양은?

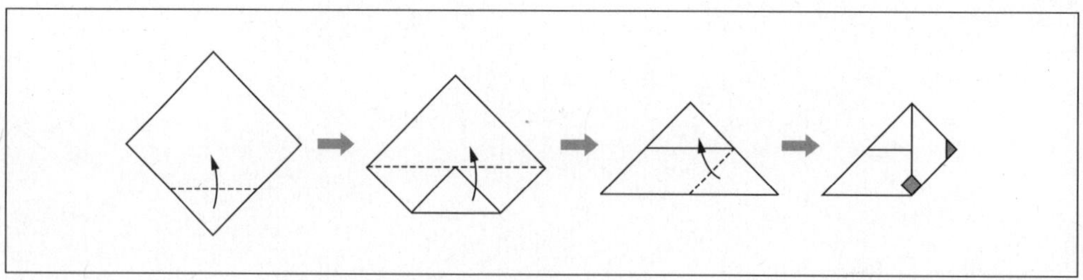

① 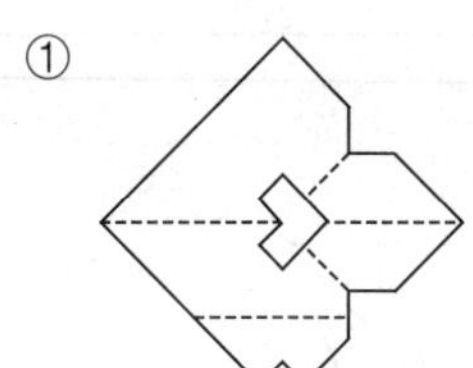

② 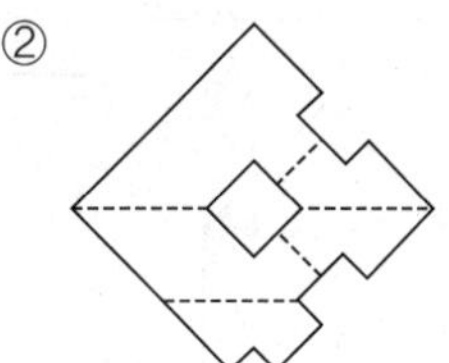

③ 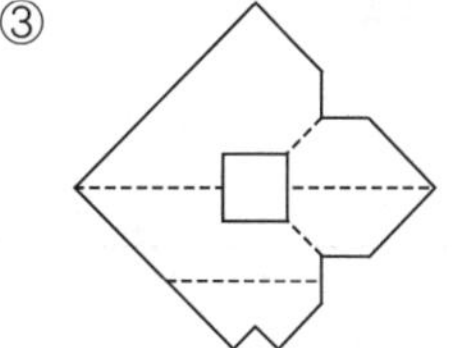

④ 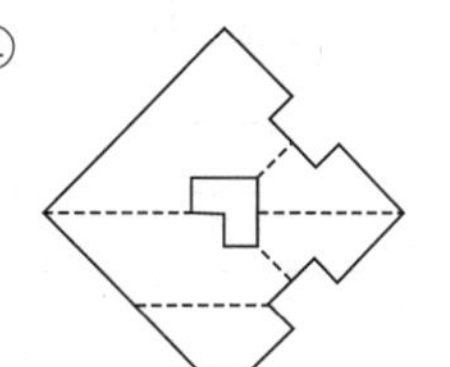

[09 ~ 10] 다음과 같이 접은 후 뒤에서 본 모양으로 알맞은 것을 고르시오.

09.

---------- 안으로 접기 —·—·—·— 밖으로 접기

① 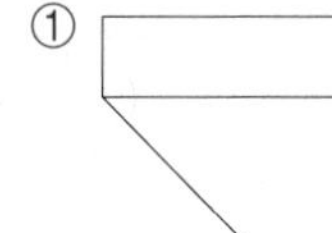

② 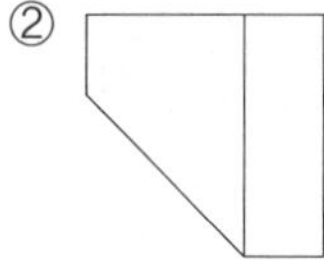

③ 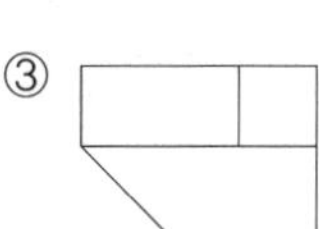

④ 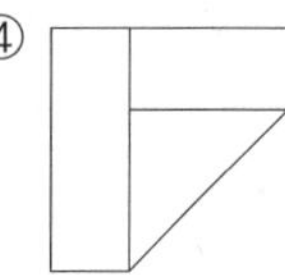

10.

① 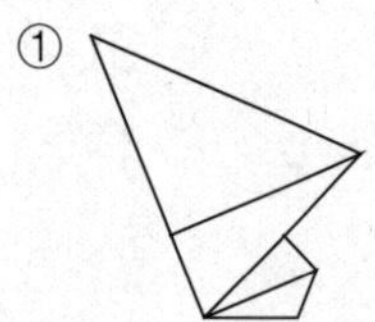

② 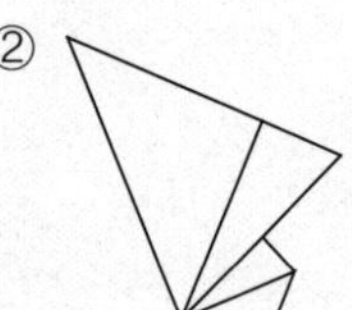

③ 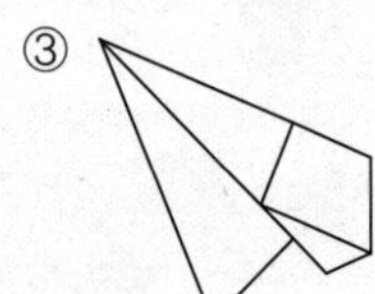

④ 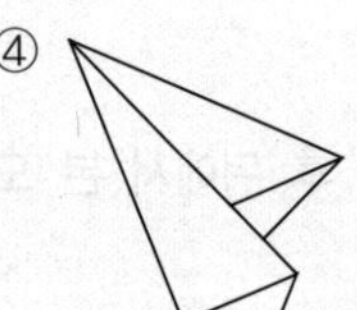

유형 4 도형과 조각의 일치

11. 다음 입체도형과 일치하는 도형은?

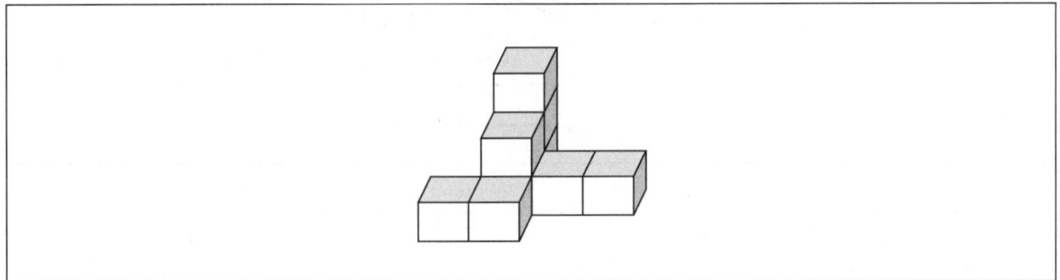

①
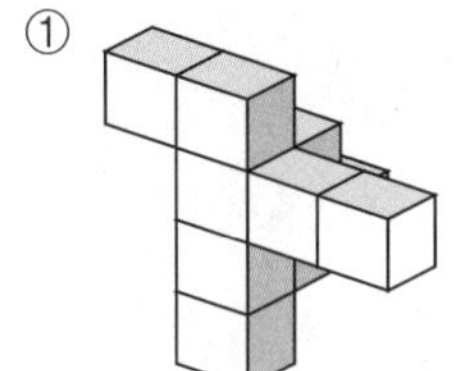

②
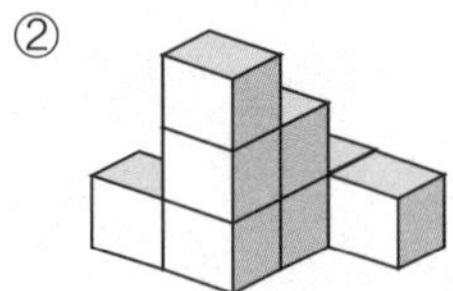

③
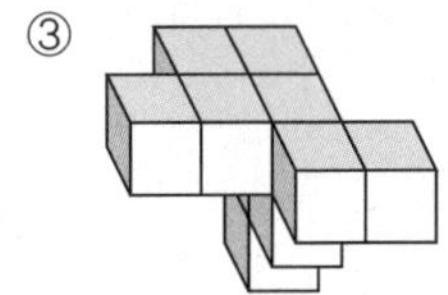

④
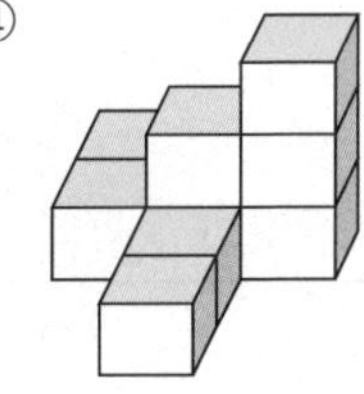

[12 ~ 13] 다음 주어진 도형 조각을 재배치하여 만들 수 있는 것을 고르시오.

12.

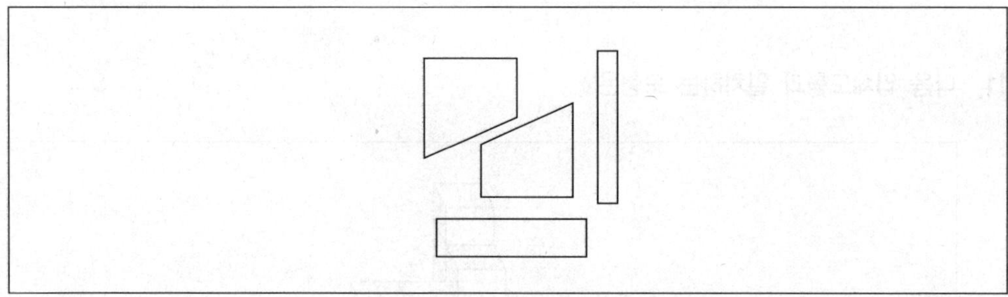

①

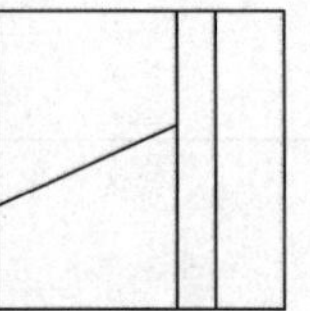

②

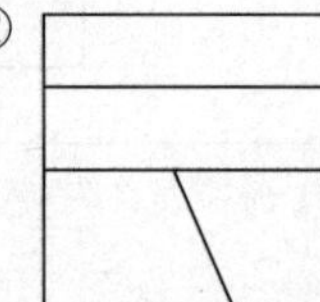

③

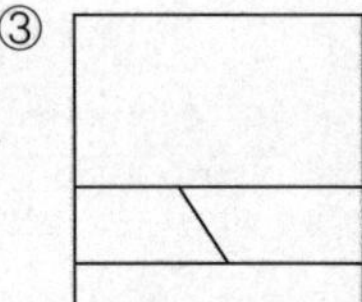

④

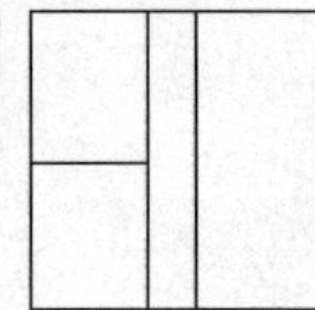

13.

①

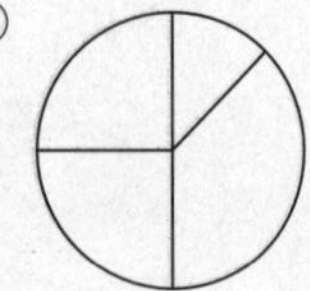

②

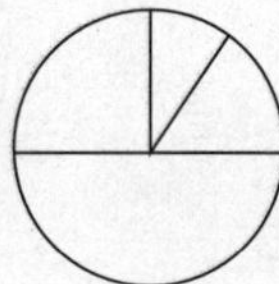

③

④

유형 5 블록

14. 다음 두 블록을 합쳤을 때 나올 수 없는 형태는? (단, 회전은 자유롭다)

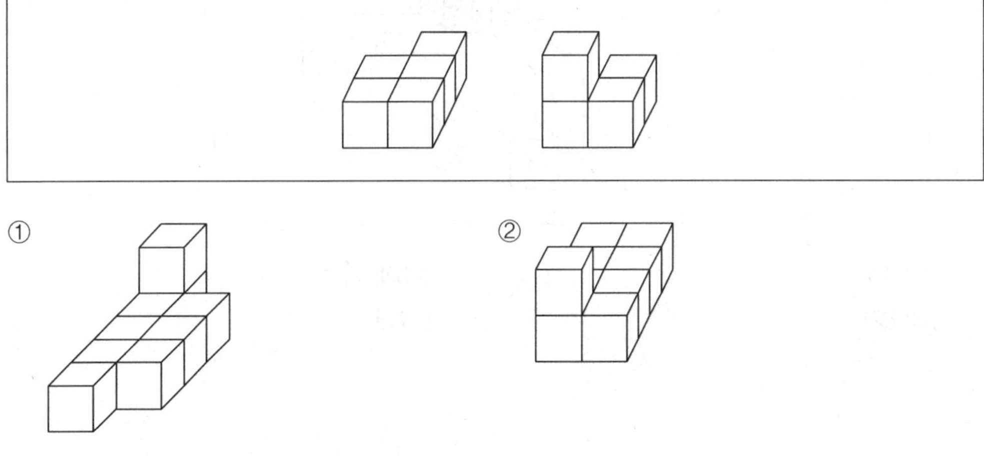

① ②

③ ④

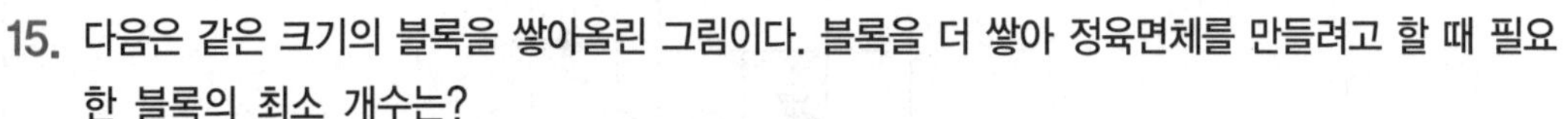

15. 다음은 같은 크기의 블록을 쌓아올린 그림이다. 블록을 더 쌓아 정육면체를 만들려고 할 때 필요한 블록의 최소 개수는?

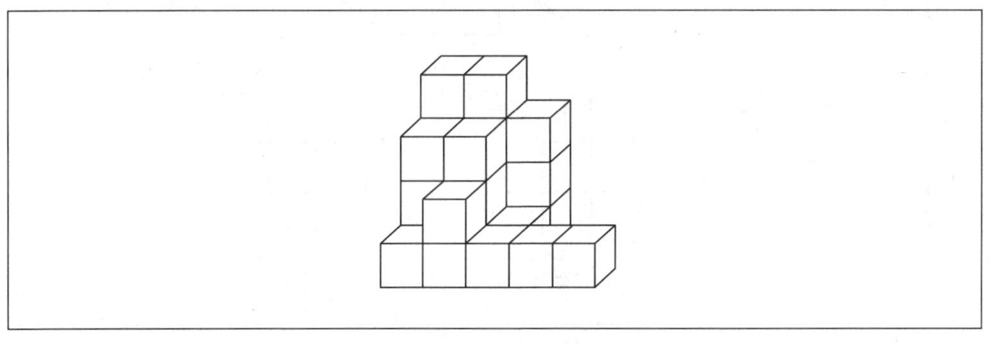

① 101개 ② 103개

③ 105개 ④ 107개

16. 다음은 같은 크기의 블록을 쌓은 것이다. 색칠된 블록에 직접 접촉하고 있는 블록의 수는 모두 몇 개인가?

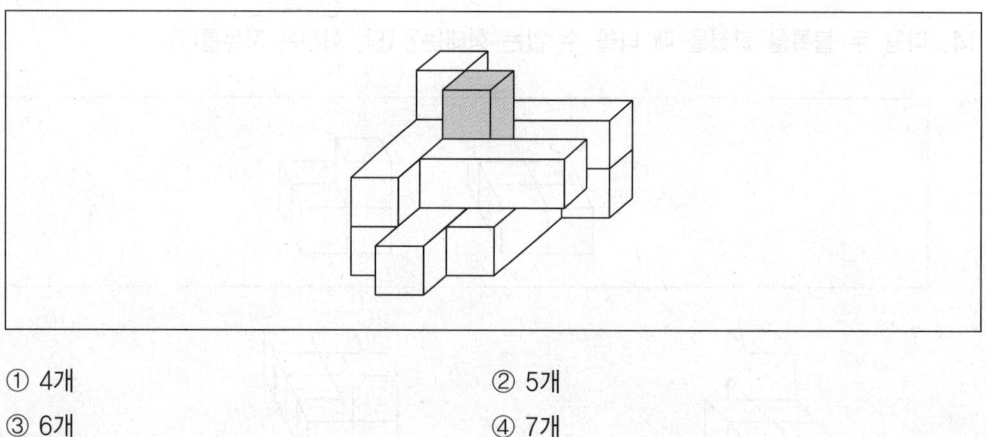

① 4개
② 5개
③ 6개
④ 7개

17. 같은 크기의 작은 정육면체 27개를 빈틈없이 쌓아 다음과 같은 큰 정육면체를 하나 만들었다. 그러고 나서 작은 정육면체 몇 개를 빼낸 후, a와 b의 화살표 방향에서 보았을 때 평면도는 각각 [그림 1]과 [그림 2]와 같았다. 이때 남아 있는 정육면체 도형의 개수로 가능한 최솟값은?

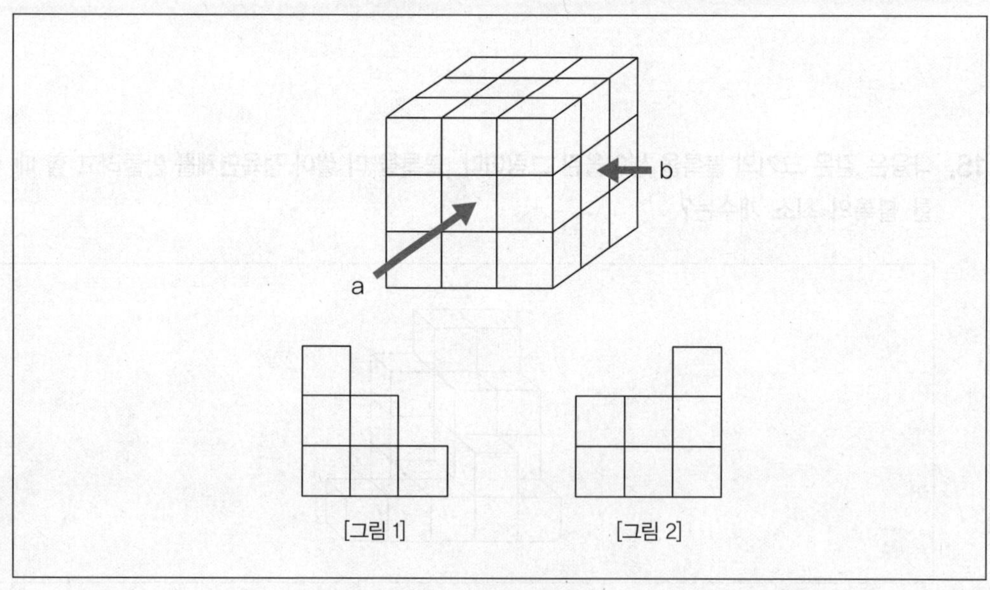

① 8개
② 11개
③ 13개
④ 16개

유형 6 도형추리

18. 다음 도형의 규칙에 따라 '?'에 들어갈 도형은?

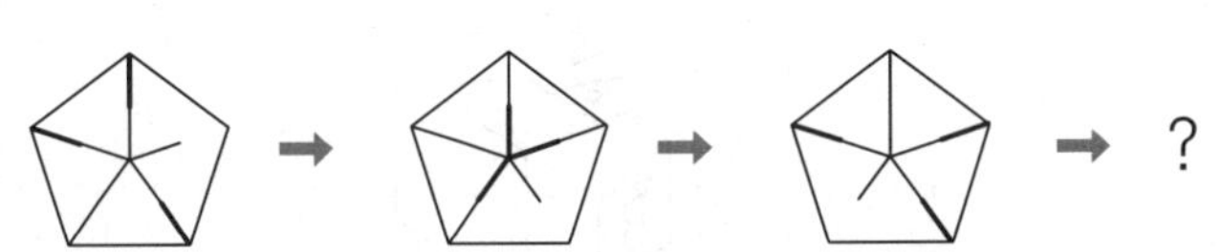

①

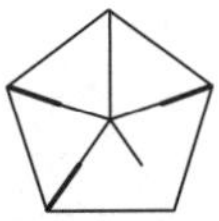

②

③

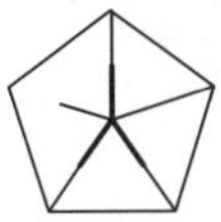

④

▶ 정답과 해설 64쪽

테마 3 기출예상문제

01. 정육면체 표면의 두 면에 다음과 같은 표시를 하였을 때, 정육면체의 전개도로 옳은 것은?

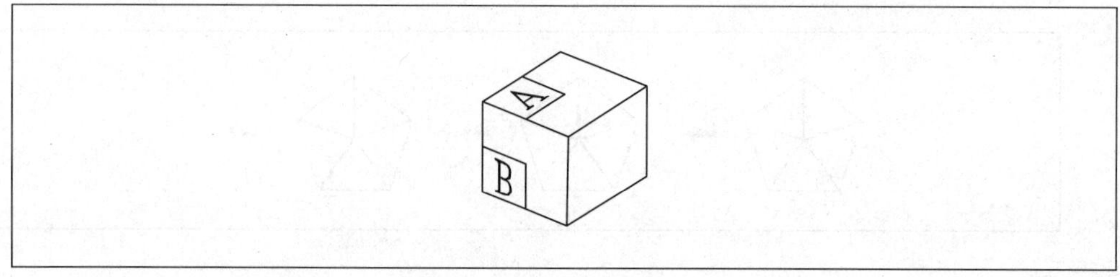

①

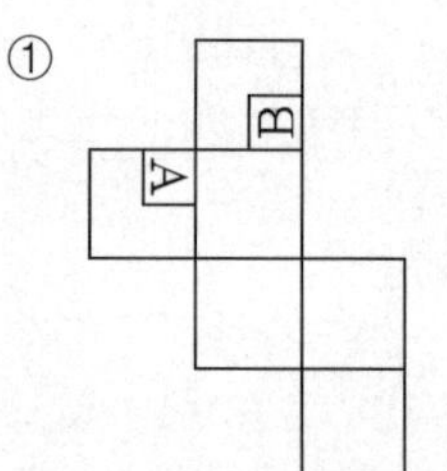

②

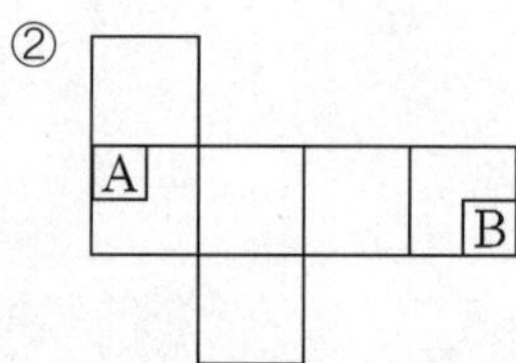

③

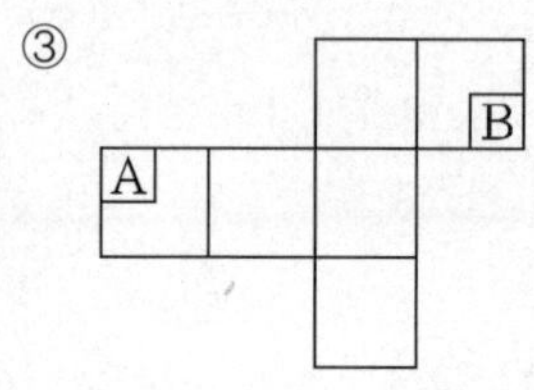

④

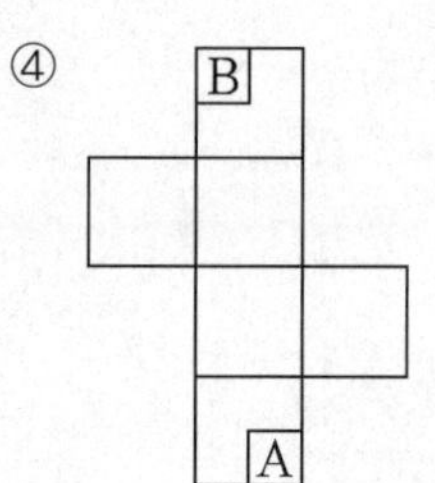

02. 다음 전개도를 접었을 때 나타나는 모양으로 옳은 것은?

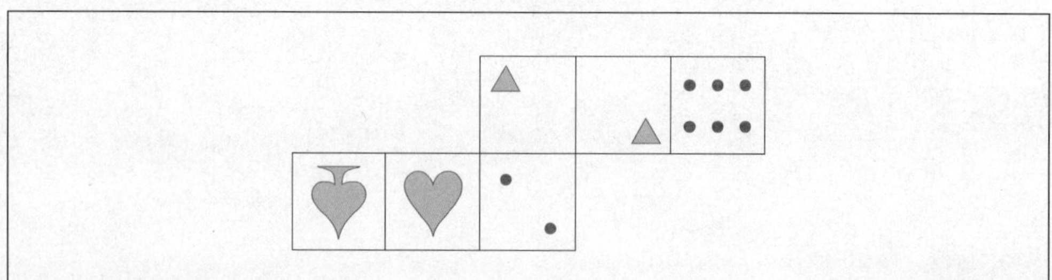

① ③

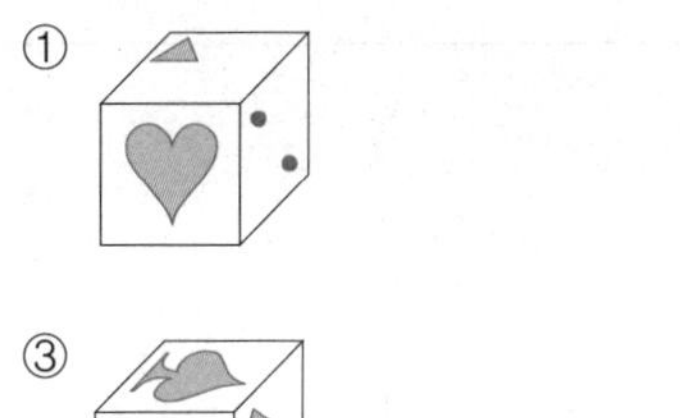

②

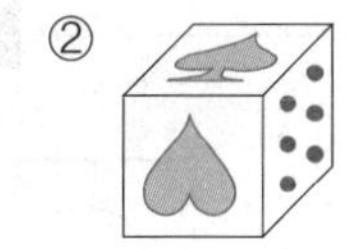

④

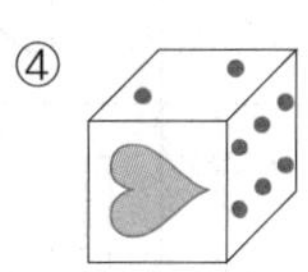

[03 ~ 04] 〈보기〉의 왼쪽 전개도를 접어 오른쪽 주사위 모형을 만들었을 때, 화살표 방향에서 바라본 모습으로 알맞은 것을 고르시오.

03.

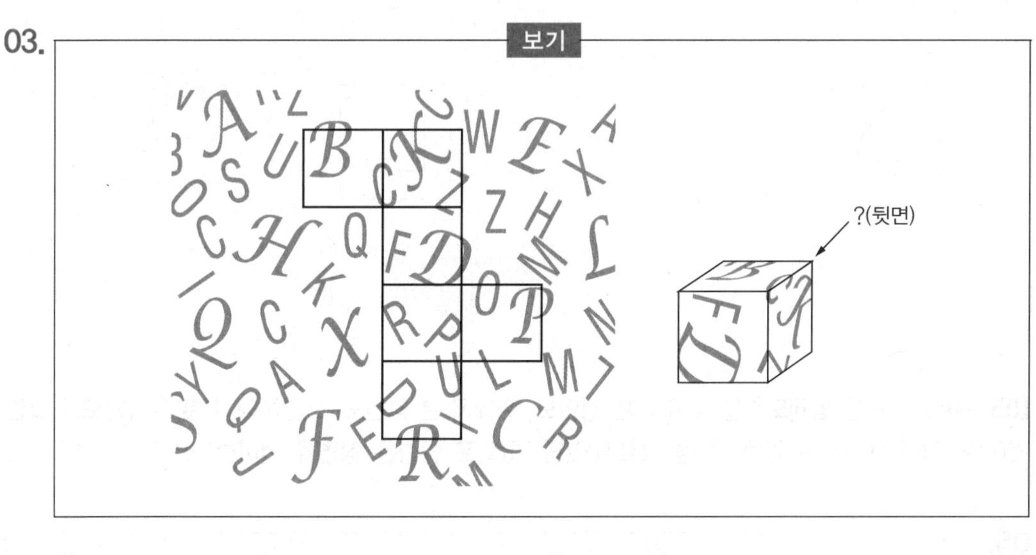

①

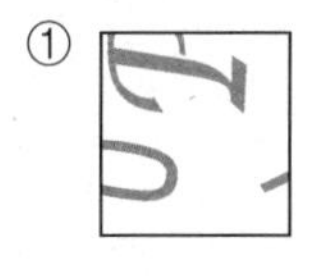

②

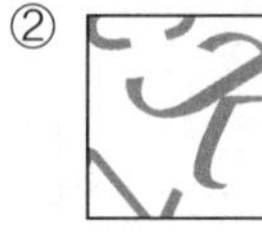

③

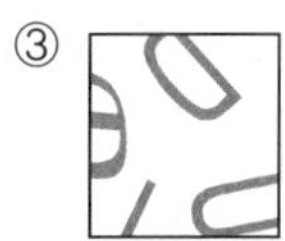

④

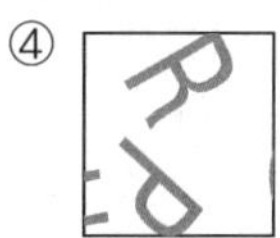

04.

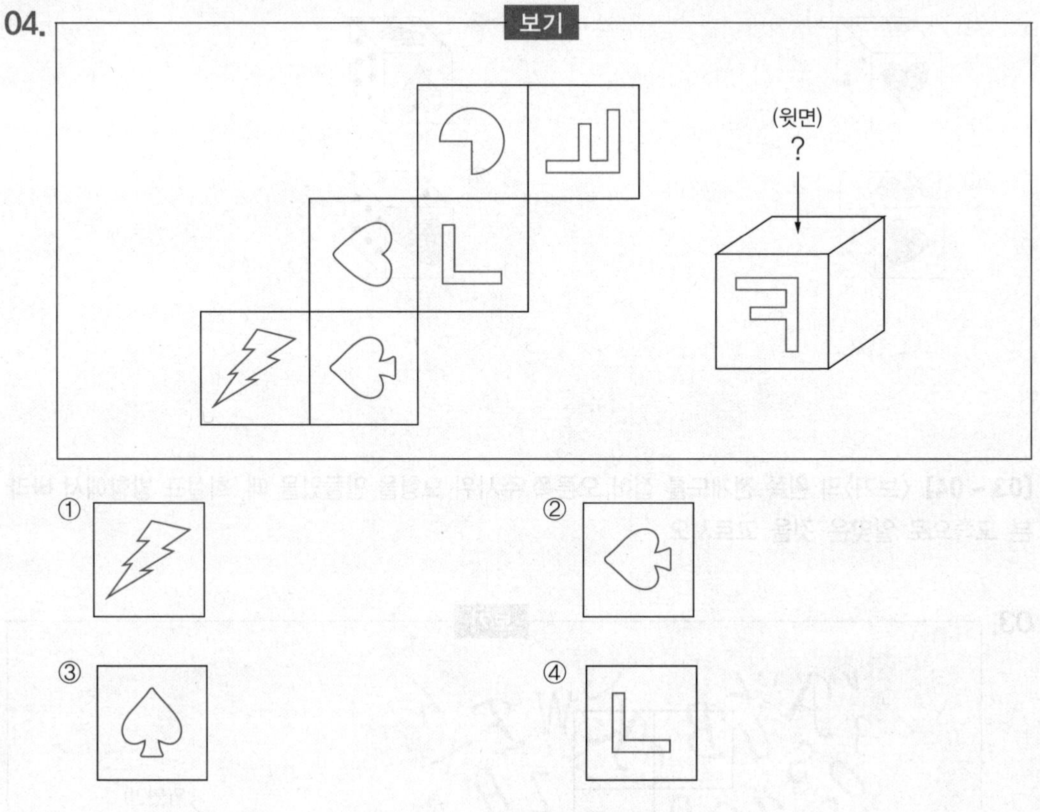

①

②

③

④

[05 ~ 06] 다음은 입체도형을 앞에서 본 정면도, 위에서 본 평면도, 오른쪽에서 본 우측면도를 그린 것이다. 이에 해당하는 입체도형을 고르시오(단, 화살표 방향은 정면을 의미한다).

05.

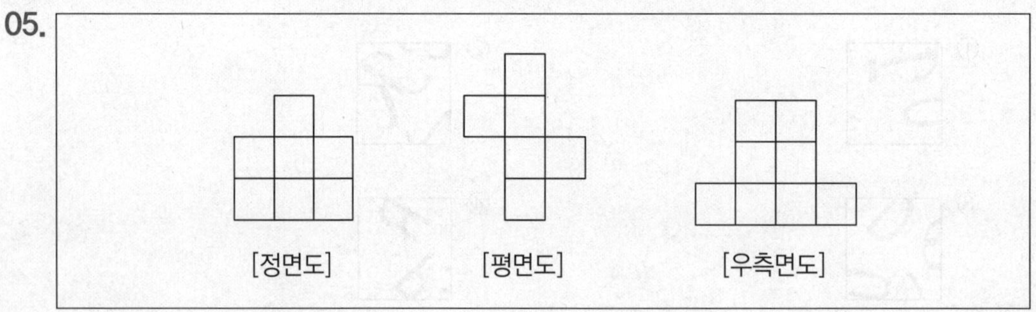

① 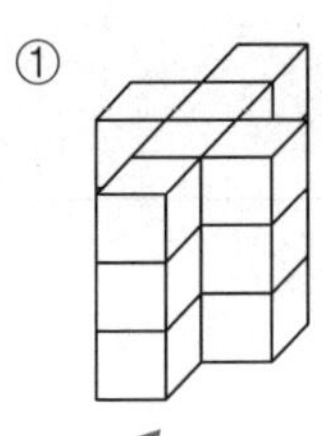

② 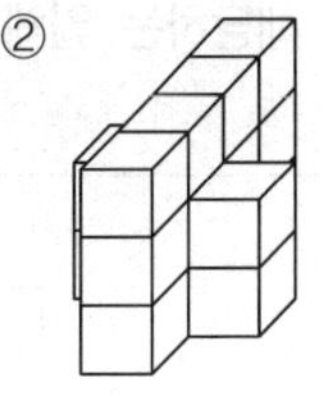

③ 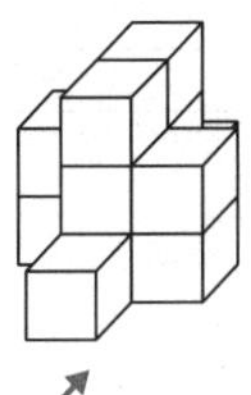

④ 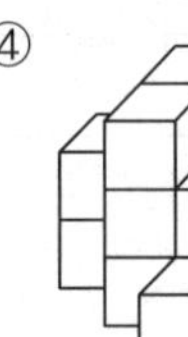

06.

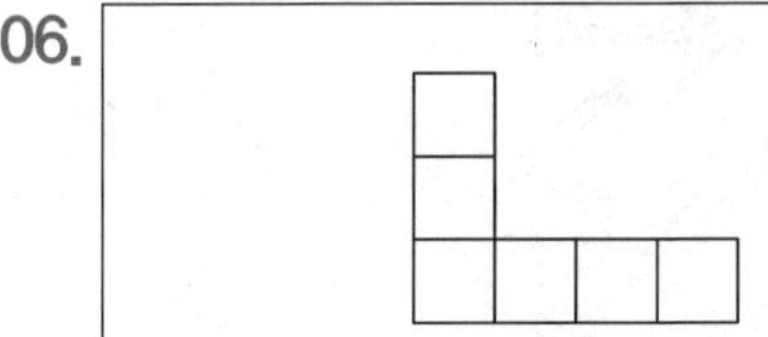
[정면도]

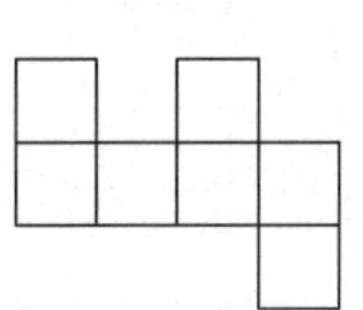
[평면도]

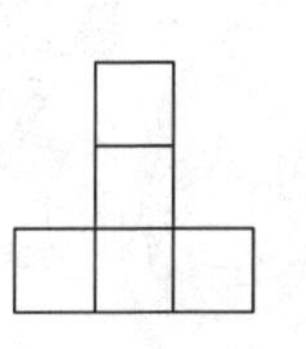
[우측면도]

① 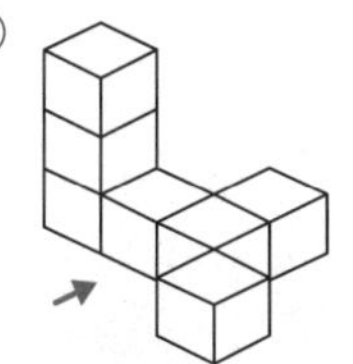

② 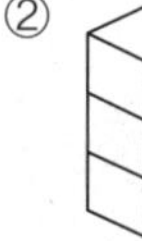

③ 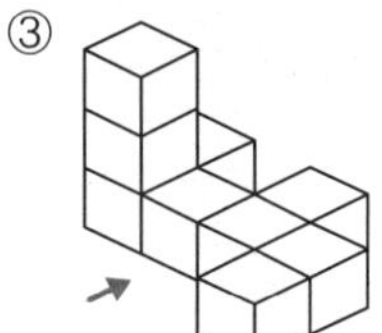

④  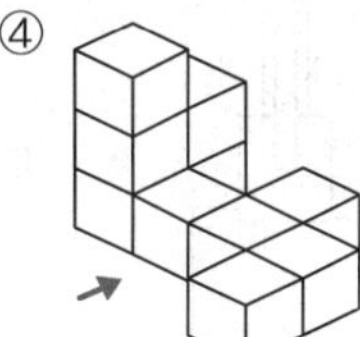

[07 ~ 08] 다음 투상도를 보고 해당하는 입체도형을 고르시오.

07.

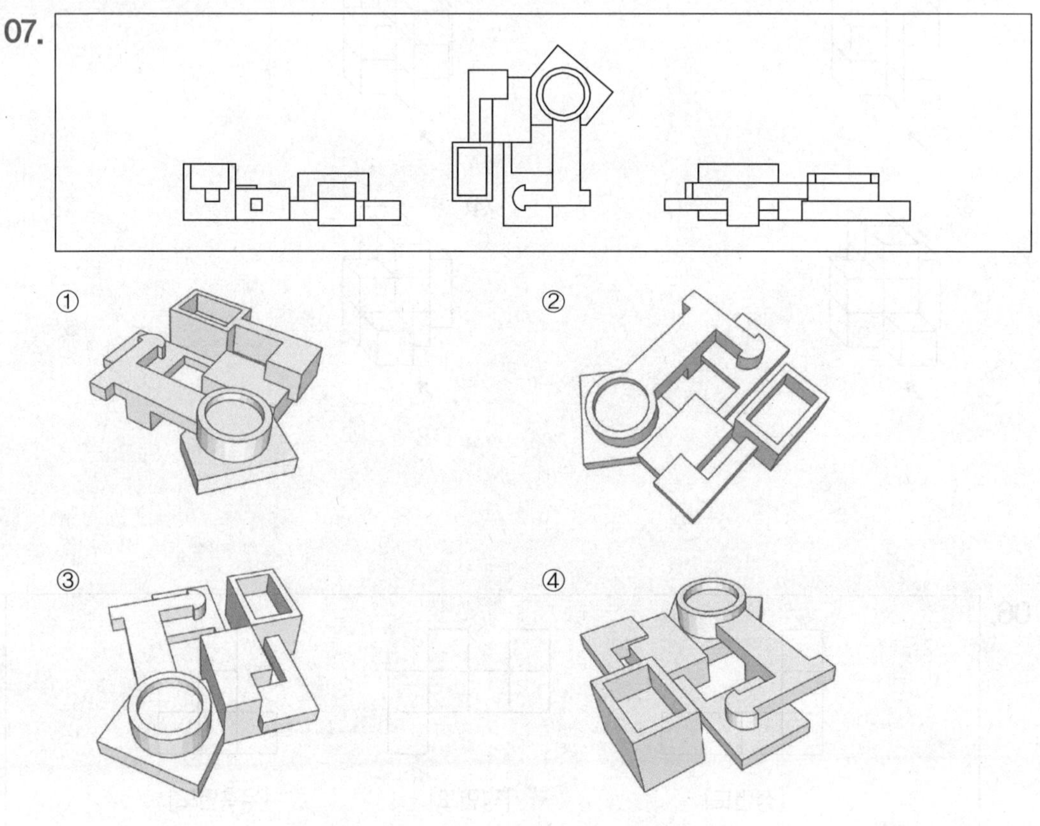

08.

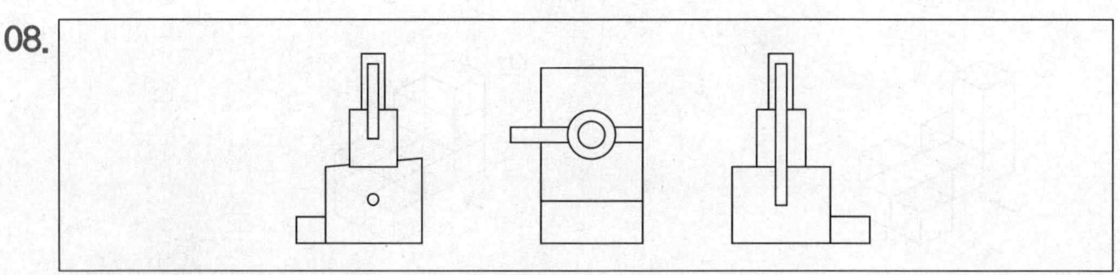

①
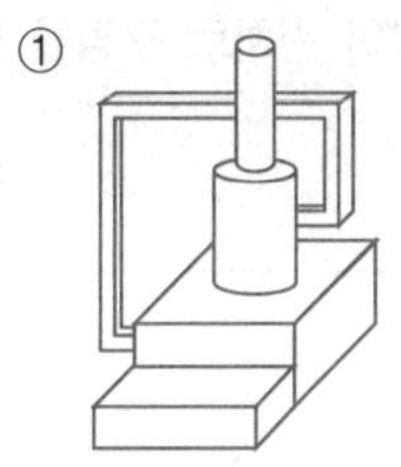

②
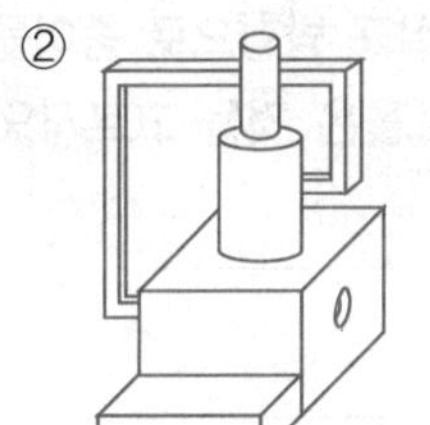

③
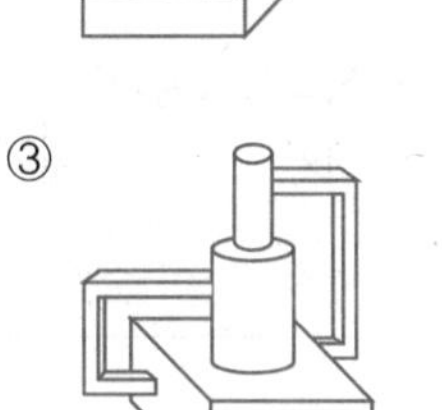

④
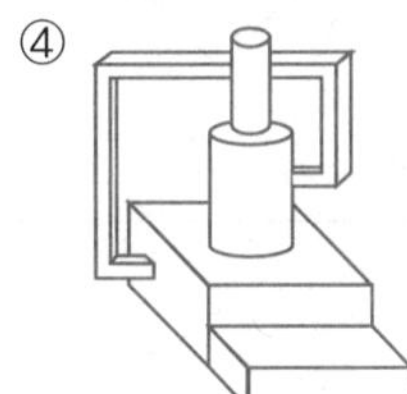

09. 직각이등변 삼각형을 다음 그림처럼 접고 색칠된 부분을 잘라냈을 때, 이를 펼친 모습으로 옳은 것은?

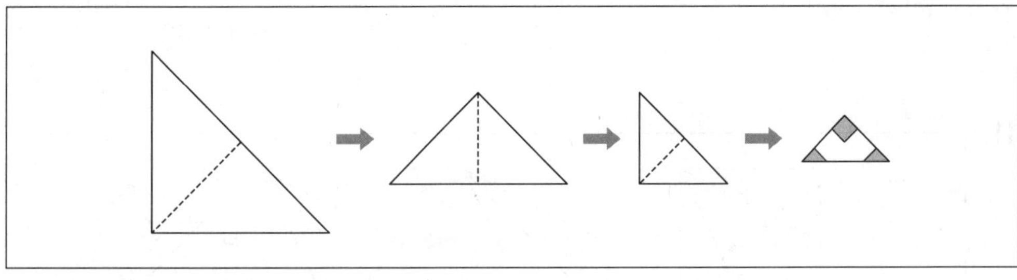

①
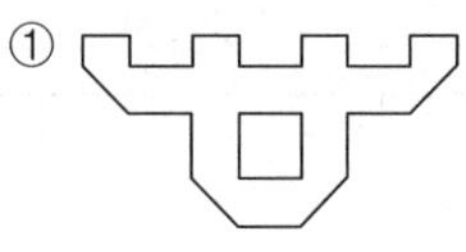

②
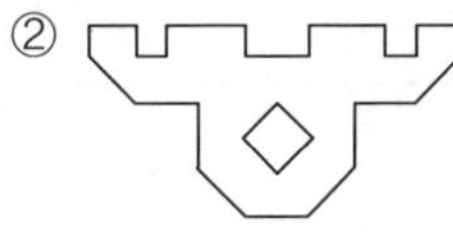

③
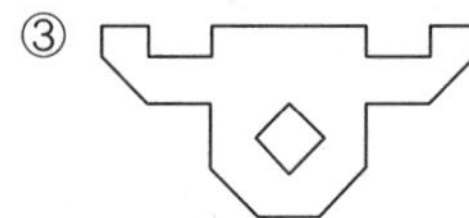

④
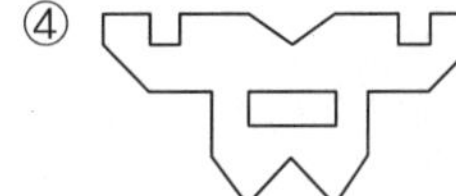

[10 ~ 11] 다음과 같이 화살표 방향으로 종이를 접은 후, 마지막 그림과 같이 펀치로 구멍을 뚫고 다시 펼쳤을 때의 모양으로 옳은 것을 고르시오.

10.

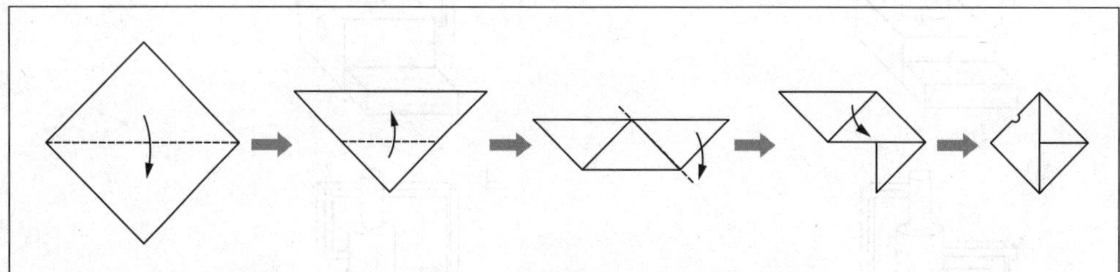

①

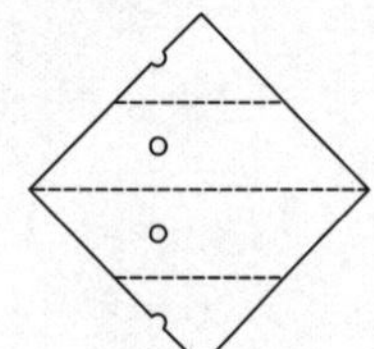

②

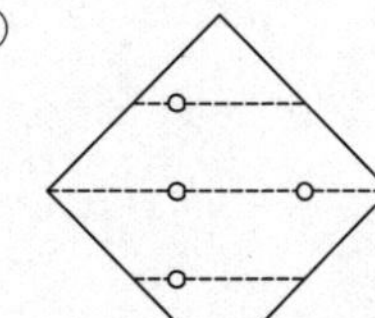

③

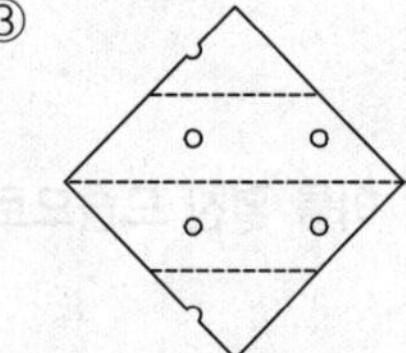

④

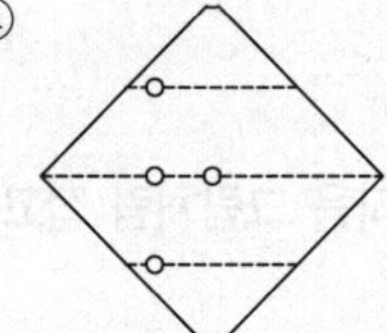

11.

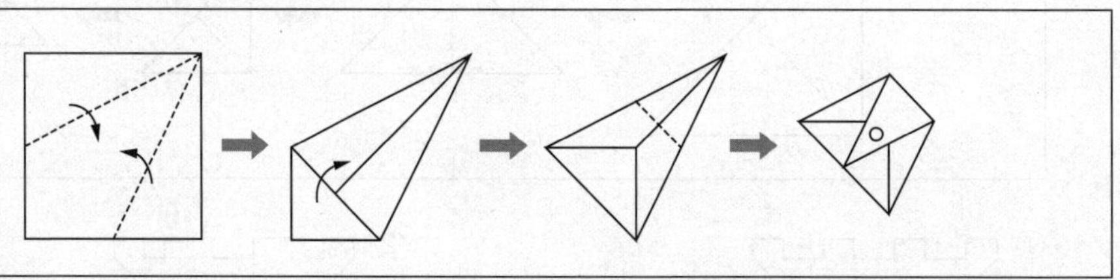

①

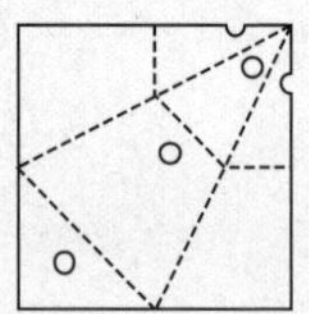

②

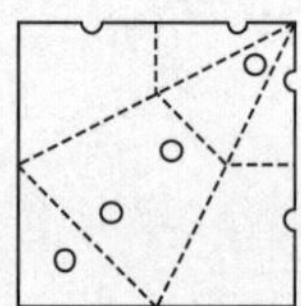

③

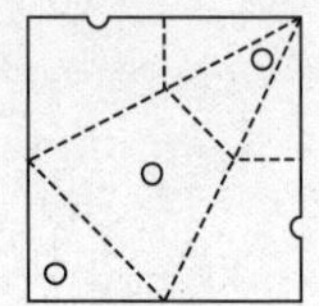

④

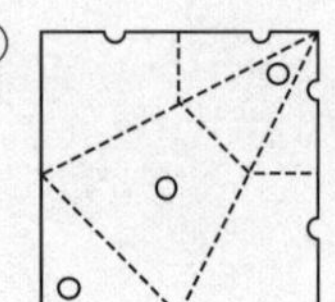

12. 다음 그림과 같이 화살표 방향으로 종이를 접은 후 색칠된 부분을 잘랐을 때, 뒷면의 모양으로 옳은 것은?

①

②

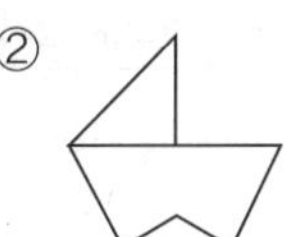

③

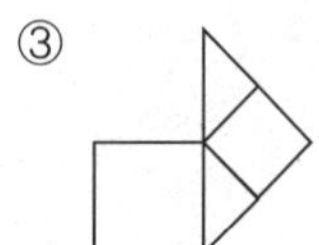

④

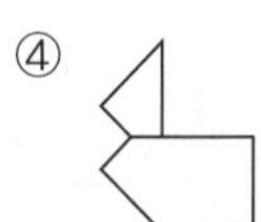

13. 다음과 같이 종이를 접은 후 앞이나 뒤에서 볼 수 있는 모양은?

----------- 안으로 접기　　—·—·—·— 밖으로 접기

①

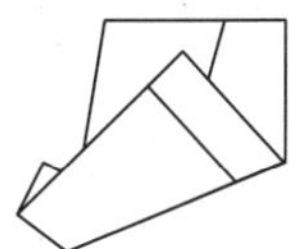

②

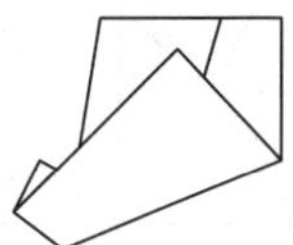

③

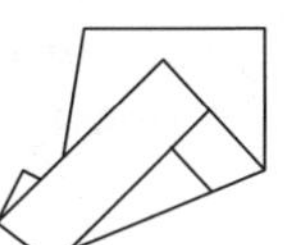

④

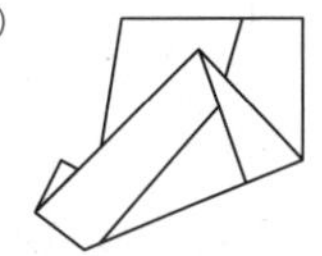

14. 다음과 같이 종이를 접은 후 앞이나 뒤에서 볼 수 있는 모양으로 옳지 않은 것은?

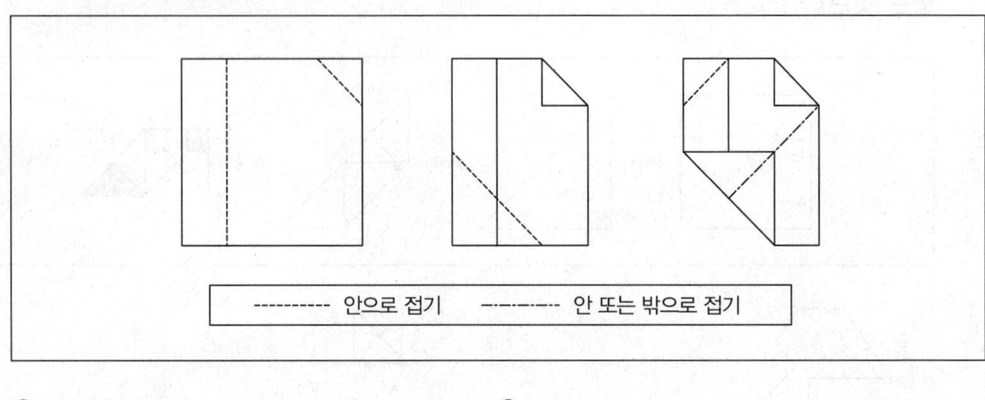

①
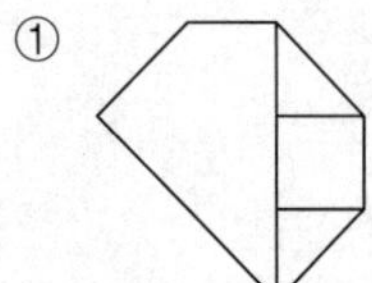

②
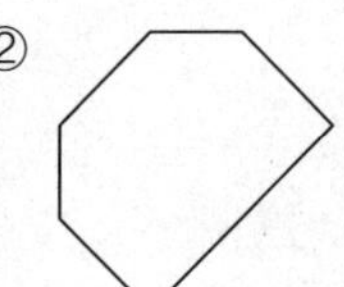

③
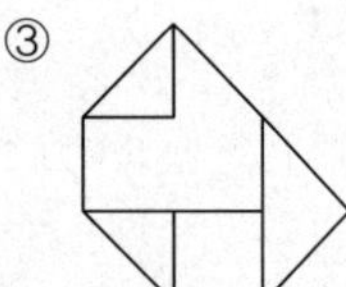

④
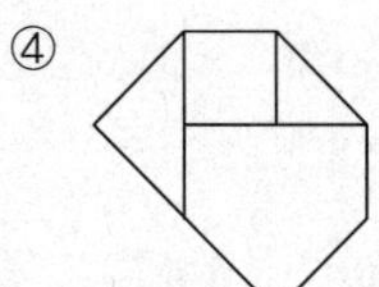

15. 다음 그림에 나타나 있지 않은 조각은?

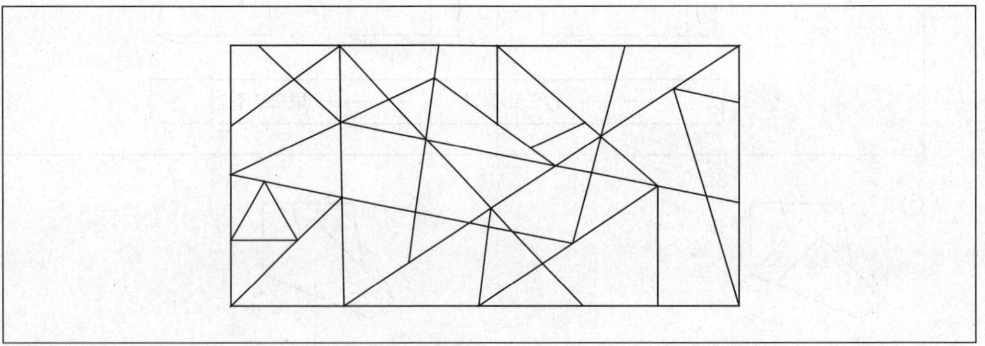

① ② ③ ④

16. 다음 그림과 같이 한 변의 길이가 3cm이고, 내부가 비어 있는 상자가 있다. 이 상자에 한 변의 길이가 1cm인 작은 정육면체들을 조합한 A ~ D 입체도형을 상자에서 빠져 나오지 않도록 한 개씩 넣는다. 다음 〈조건〉에 맞춰 넣었을 때, 바닥에 접하는 C와 D의 면의 수는? (단, 면의 수는 작은 정육면체의 면을 단위로 하여 센다)

조건

- A ~ D의 각 입체도형은 적어도 한 면은 다른 입체도형 또는 상자의 바닥에 접한다.
- A의 바닥은 다른 입체도형의 면과 두 면 접한다.
- C는 A, D와는 접하지 않는다.
- A와 D는 한 면 접한다.

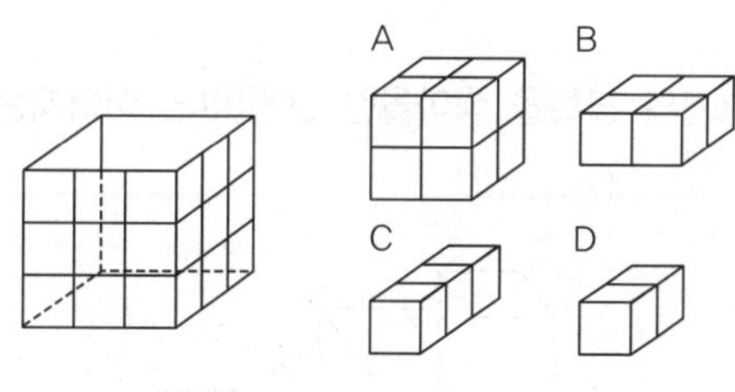

	C	D		C	D
①	1	0	②	1	1
③	3	1	④	3	2

17. 다음 두 블록을 합쳤을 때 나올 수 있는 형태는? (단, 회전은 자유롭다)

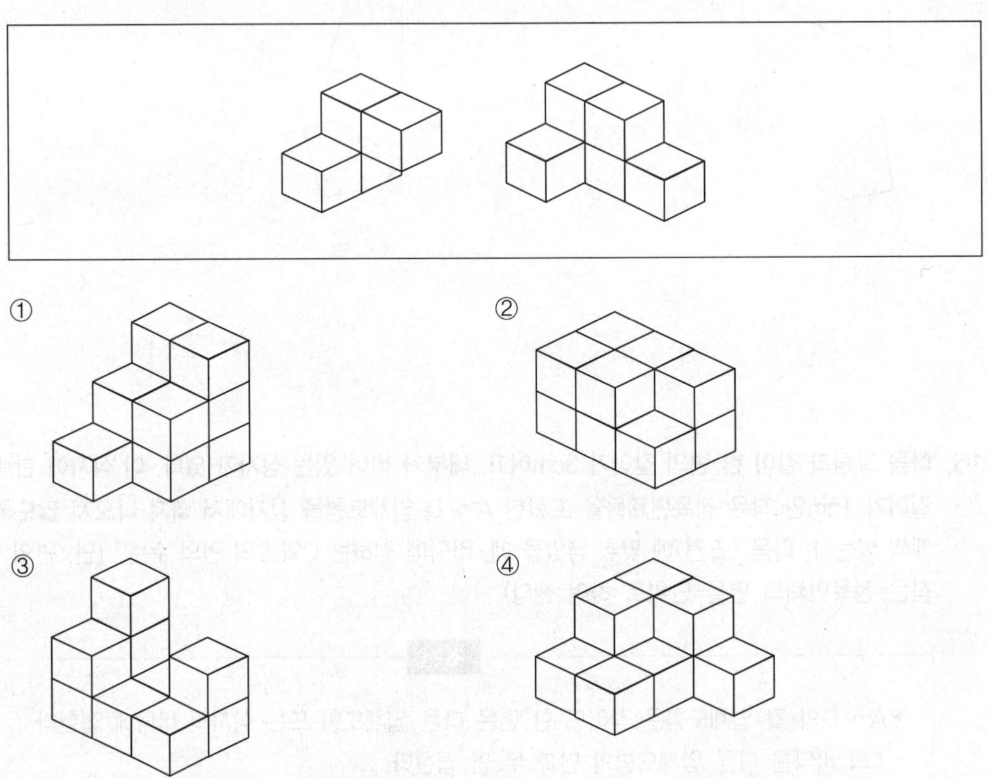

[18 ~ 19] 다음은 같은 크기의 블록을 쌓아올린 그림이다. 이어지는 질문에 답하시오.

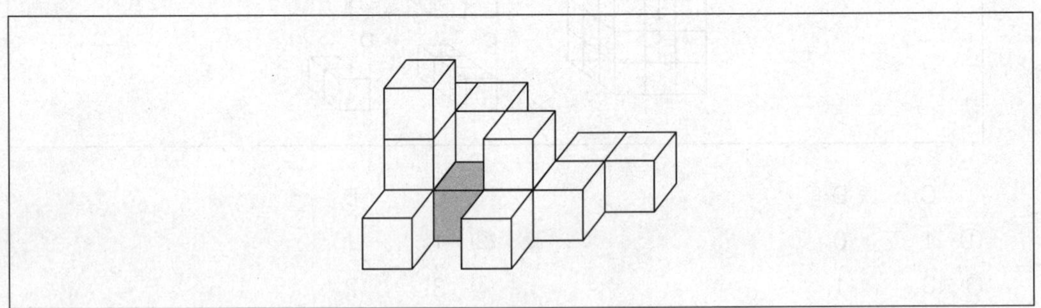

18. 블록의 개수는 모두 몇 개인가?

① 14개　　② 15개
③ 16개　　④ 17개

19. 색칠된 블록에 접촉하고 있는 블록의 수는 모두 몇 개인가?

① 3개　　② 4개
③ 5개　　④ 6개

20. 다음 정육면체 (A)에서 (B)의 블록을 제거하고 남은 형태의 블록 모양으로 옳은 것은?

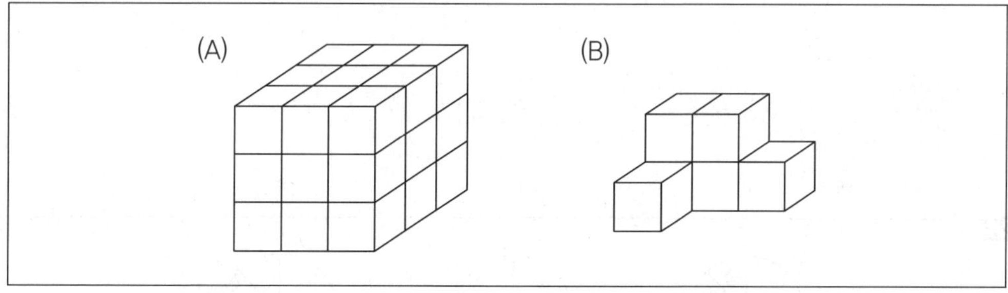

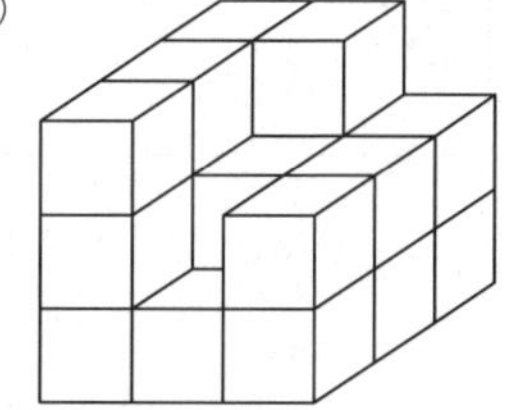
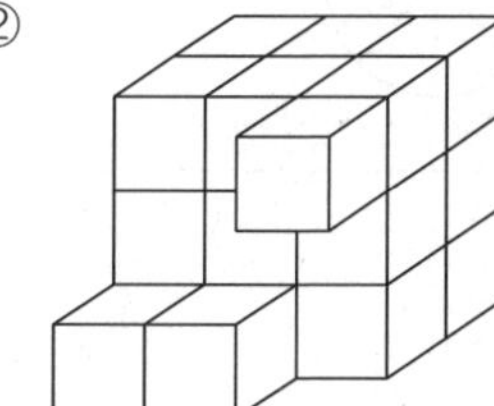

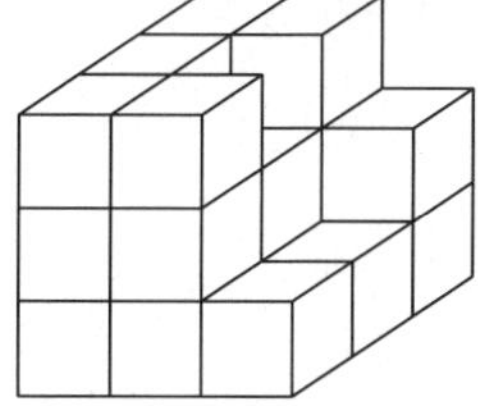

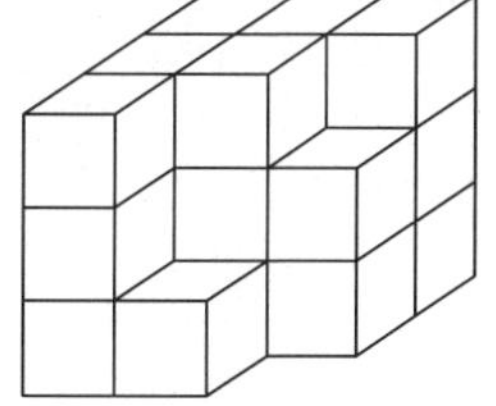

[21 ~ 23] 다음을 보고 그 규칙을 찾아 '?'에 들어갈 도형으로 알맞은 것을 고르시오.

21.

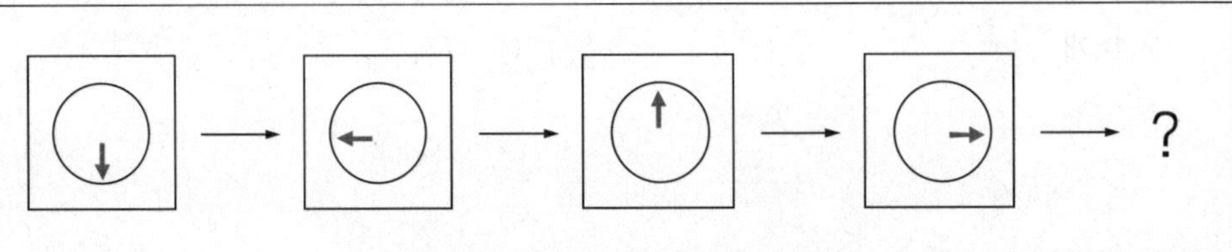

① 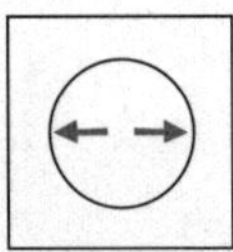

② 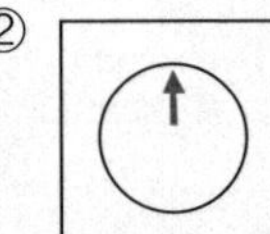

③ 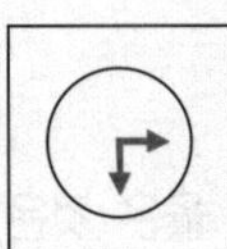

④ 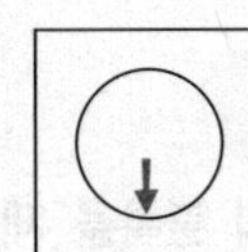

22.

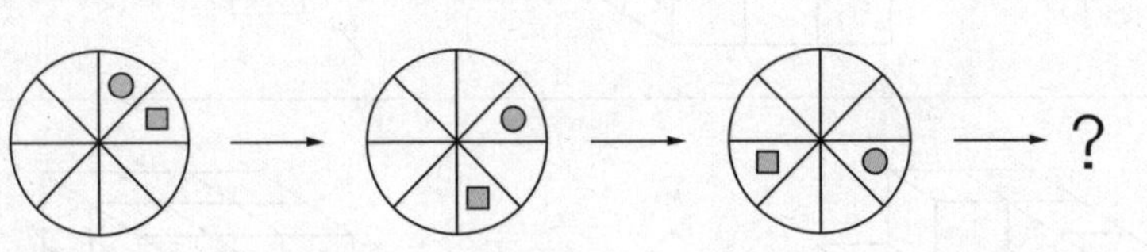

① 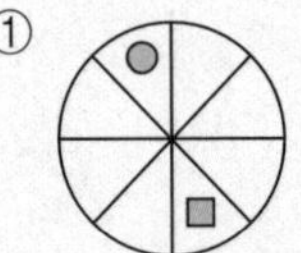

② 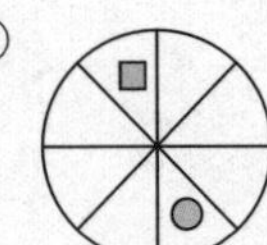

③ 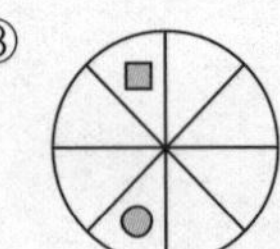

④

23.

①

②

③

④

[시 · 도 교육청 교육공무직원 소양평가]

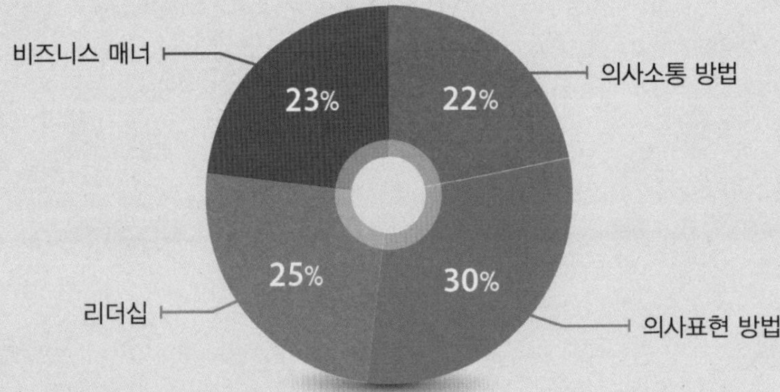

구조보기

- 대인관계상식 : 올바른 경청의 방법을 이해 및 적용하고, 효과적인 의사표현 방법을 선택하는 능력
  → 경청방법 이해, 상황별 효과적인 의사표현 방법 이해
- 사회상식 : 조직 내 리더십 유형과 특징을 이해하고, 비즈니스 상황별 매너에 맞게 행동하는 능력
  → 리더십의 개념과 유형 분류 및 특성 파악, 비즈니스 매너 적용

시 · 도교육청 교육공무직원 소양평가

파트 5

이해력

01 대인관계상식

테마 1 출제유형이론

테마 2 출제유형문제

테마 3 기출예상문제

02 사회상식

테마 1 출제유형이론

테마 2 출제유형문제

테마 3 기출예상문제

테마 1 출제유형이론

01 의사소통과 대인관계

1 경청이란

1. 의미

(1) 적극적 경청

① 적극적 경청은 자신이 상대방의 이야기에 주의를 집중하고 있음을 행동을 통해 외적으로 표현하며 듣는 것을 의미한다.

② 상대방의 말 중 이해가 안 되는 부분을 질문하거나, 자신이 이해한 내용을 확인하기도 하고, 때로는 상대의 발언 내용과 감정에 대해 공감할 수도 있다.

(2) 소극적 경청

① 소극적 경청은 상대방의 이야기에 특별한 반응을 표현하지 않고 수동적으로 듣는 것을 의미한다.

② 상대방이 하는 말을 중간에 자르거나 다른 화제로 돌리지 않고 상대의 이야기를 수동적으로 따라가는 것을 의미한다.

2. 경청의 유형

(1) 사실적 경청 : 언어적 또는 비언어적으로 지각한 것의 의미를 정보 중심으로 파악하며 듣는 유형

(2) 비판적 경청 : 화자가 전달하는 정보를 단순히 수용하고 이해하는 것을 넘어 옳고 그름을 판단하며 듣는 유형

(3) 공감적 경청 : 화자의 숨은 의도와 감정 또는 정서 상태에 주목하며 듣는 유형

3. 경청의 중요성

(1) 의사소통을 하기 위한 가장 기본적인 자세이다.

(2) 상대방을 한 개인으로 존중하게 된다.

(3) 상대방을 성실한 마음으로 대하게 된다. → 상대방과의 솔직한 의사 및 감정의 교류 가능

(4) 상대방의 입장에서 공감하며 이해하게 된다. → 자신의 생각이나 느낌을 강요하지 않고 상대방으로 하여금 자신이 이해받고 있다는 느낌을 갖도록 하는 것

4. 경청의 방법

(1) 경청의 단계

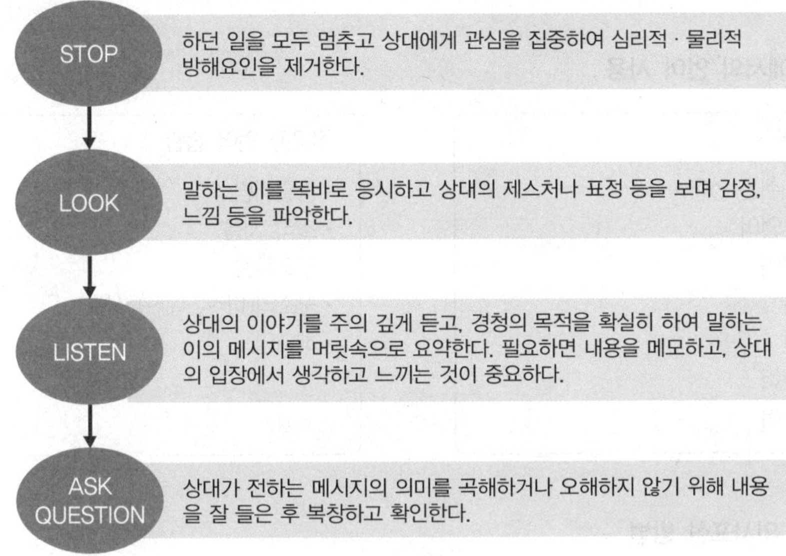

(2) 효과적인 경청방법

- 공감을 준비한다.
  대화를 시작할 때는 먼저 나의 마음속에 있는 판단과 선입견, 충고하고 싶은 생각들을 모두 다 비워 낸다.
- 상대를 인정한다.
  상대방의 말과 행동에 잘 집중하여 상대방이 얼마나 소중한 존재인지를 인정한다. 상대를 완전한 인격체로 인정해야 진정한 마음의 소리를 들을 수 있다.
- 말하기를 절제한다.
  이해를 받으려면 먼저 상대에게 귀를 기울여야 한다.
- 겸손하게 이해한다.
  상대가 나의 생각과 다른 말을 해도 들어줄 줄 아는 자세가 필요하다. 상대방이 원하는 것은 자신의 말을 진정으로 들어주고 자신을 존중하며 이해해 주는 것이다.
- 온몸으로 응답한다.
  경청은 귀로만 하는 것이 아니라 눈, 입, 손과 같은 몸짓과 눈빛 등으로도 하는 것이다.

TIP

- 미러링은 거울을 보듯이 상대방을 따라하는 것이다.
- 미러링을 통해 상대방의 무의식이 열리면서 자신도 모르게 친근감을 느끼고 편안함을 느낄 수 있다.
- 상대의 간단한 행동이나 말의 내용에 대해 미러링을 함으로써 친근감을 주고 대화의 몰입에 큰 도움을 줄 수 있다.
- 대화를 할 때 적절한 때에 간헐적으로 수행하여 자연스러운 라포를 형성한다.

예 대화 중 상대방이 커피 잔을 들고 마실 때 조금 후에 자신도 커피 잔을 들어 마신다.

02 의사표현의 실제

① 의사표현에서의 언어 사용

적절한 언어	잘못된 언어 습관
• 이해하기 쉬운 언어 • 대화체의 언어 • 간결한 언어 • 필요한 말 • 정확한 말 • 감각적 언어 • 문법적 언어	• 중얼거림 • 소리 지름 • 단조로움 • 군소리(아~, 에~) 사용 • 헤매임

② 효과적인 의사표현 방법

1. 자신이 전달하고 싶은 의도, 생각, 감정이 무엇인지 분명하게 인식해야 한다.
2. 전달하고자 하는 내용을 적절한 메시지로 바꿔야 한다.
3. 메시지를 전달하는 매체와 경로를 신중하게 선택해야 한다.
4. 듣는 이가 자신의 메시지를 어떻게 받아들였는지 피드백을 받는 것이 중요하다.
5. 효과적인 의사표현을 위해 비언어적 방식을 활용하는 것이 좋다.
6. 확실한 의사표현을 위해서는 반복적 전달이 필요하다.

③ 상황과 대상에 따른 의사 표현법

1. **상대방의 잘못을 지적할 때** : '칭찬의 말', '질책의 말', '격려의 말' 순서대로 질책을 가운데 두고 칭찬을 먼저 한 다음 끝에 격려의 말을 하는 샌드위치 화법을 사용한다. 충고는 가급적 최후의 수단으로 은유적으로 접근하는 것이 효과적일 수 있다.
2. **상대방을 칭찬할 때** : 본인이 중요하게 여기는 것을 칭찬하며 아부로 여겨지지 않게 한다.
3. **상대방에게 요구해야 할 때** : 먼저 상대의 사정을 파악하여 상대를 우선시하는 태도를 보인 후 응하기 쉽게 구체적으로 부탁한다.
4. **상대방의 요구를 거절해야 할 때** : 먼저 사과를 한 후 응할 수 없는 이유를 설명하며 모호한 태도보다는 단호하게 거절한다.
5. **명령해야 할 때** : '□□을/를 이렇게 해라'처럼 강압적인 말투보다는 'OO를(을) 이렇게 해주는 것이 어떻겠습니까?'라는 식으로 부드러운 말투로 표현하는 것이 효과적이다.

6. **설득해야 할 때** : 일방적으로 상대방에게 강요를 해서는 안 되며, 먼저 양보하는 태도를 보여 이익을 서로 공유하겠다는 의지를 보인다.

7. **충고해야 할 때** : 정말로 필요한 경우에만 하며, 예화 등의 비유법으로 깨우치게 한다.

4 효과적인 설득기법

1. **낮은 공 기법(Low-ball Technique)** : 불완전한 정보를 제시하여 동의를 얻은 다음 완전한 정보를 알려주는 기법으로서, 일종의 속임수

2. **그것이 전부가 아닙니다 기법(That's-not-all Technique)** : 주로 상품판매에 적용되는 기법으로서, 어떤 제품을 비싼 가격으로 제시하여 고객이 가격에 대해서 생각하도록 한 다음 다른 제품을 덤으로 제공하거나 가격을 낮추어 호의적인 조건을 제시하는 방법

3. **관심 끌기 기법(Pique Technique)** : 상대방의 거부감을 해소하고 주의를 사로잡는 독특한 요청을 하는 기법

4. **얼굴 부딪히기 기법(Door-in-the-face Technique)** : 처음에 상대방에게 대단히 큰 요구를 해서 일단 거절을 당한 뒤, 처음보다 작은 요구를 연달아 하여 상대방의 미안한 마음을 자극해 수락하도록 하는 설득 기법

5. **문 안에 한 발 들여놓기 기법(Foot-in-the-door Technique)** : 처음에는 아주 작은 요구를 해서 상대방이 일단 수락하게 하고 시간이 지나고 난 후 처음보다 큰 요구를 해 거부하지 못하게 만드는 설득 기법

6. **스캠퍼 기법(Scamper Technique)** : 다양한 방법과 시각으로 새롭고 독특한 아이디어, 대안을 많이 생성하기 위한 확산적 사고 기법

7. **환심 사기(Ingratiation) 기법** : 자신에게 더 호감을 가지도록 만들기 위해 수행하는 전략으로, 자신의 반응이 상투적이거나 의도적인 것이 아니라 진정성 있는 의견이라고 믿을 수 있도록 표현하는 것이 중요

5 성공적인 프레젠테이션을 위한 지침

1. 내용을 완전히 숙지하고 연습한다.
2. 공포감을 극복하며 자신감을 가진다.
3. 제한된 시간을 효과적으로 활용하는 기술을 익혀야 한다.
4. 일관된 흐름을 가지고 요점을 간결, 명확하게 전달하며 전문용어를 남발하지 않는다.
5. 다양한 시청각 기자재를 활용하여 프레젠테이션 효과를 극대화해야 한다.
6. 프레젠테이션 환경을 미리 조사해야 한다.
7. 명수, 성별, 연령, 지식수준 등 설득해야 할 대상에 대하여 철저히 연구해야 한다.
8. 청중의 관심과 참여를 유도하되 과장된 행동이나 표현 등으로 억지로 웃기려고 하지 않는다.

테마 2 출제유형문제

유형 1 의사소통과 대인관계

01. 경청은 단순히 듣는 것만이 아니라 말하는 사람에게 집중해 이해하며 듣는 것을 의미한다. 다음 중 올바른 경청 방법에 대한 설명으로 적절하지 않은 것은?

① 말하고 있는 상대방을 편하게 만드는 호의적인 표정과 단정하며 열린 자세를 유지한다.
② 위급한 경우를 제외하고는 상대방의 말을 중간에 끊지 않고 끝까지 듣고 난 뒤 나의 이야기를 한다.
③ 상대방의 말을 듣는 것과 동시에 얘기가 끝난 후 어떤 반응을 보일 것인지 속으로 미리 생각해 둔다.
④ 상대방이 편안하게 말할 수 있도록 부드럽고 편한 표현의 맞장구를 가끔씩 쳐 준다.

02. 다음 ㉠ ~ ㉤에 들어갈 경청의 단계를 바르게 연결한 것은?

단계	경청 수준	내용
㉠	0%	바라만 볼 뿐, 귀를 닫은 상태
㉡	10%	관심만 보임.
㉢	30%	듣고 싶은 말만 골라 들음.
㉣	50 ~ 60%	관심을 가지고 집중하여 들음.
㉤	90 ~ 100%	가슴과 마음으로 들음.

	㉠	㉡	㉢	㉣	㉤
①	무시하기	듣는 척하기	선택적 듣기	적극적 듣기	공감적 듣기
②	듣는 척하기	무시하기	적극적 듣기	공감적 듣기	선택적 듣기
③	듣는 척하기	무시하기	선택적 듣기	공감적 듣기	적극적 듣기
④	무시하기	듣는 척하기	선택적 듣기	공감적 듣기	적극적 듣기

03. 다음 중 '공감적 듣기'의 사례로 가장 적절한 것은?

① 오 대리는 신입사원이 점심메뉴로 김치찌개가 어떻냐는 제안을 듣고 내키지는 않지만 자신도 좋아한다며 적극적으로 의사를 밝혔다.

② 박 대리는 회식 자리에서 직장 상사의 비위를 맞추기 위해 듣기 싫은 이야기도 고개를 끄덕이고 맞장구를 치며 열심히 들었다.

③ 윤 대리는 회사 축구대회에서 자신의 실수로 실점을 해 괴로워하는 동료의 이야기를 듣고 남자가 뭐 그런 걸로 우느냐며 핀잔을 주었다.

④ 강 대리는 여자친구와 헤어져 힘들어 하는 신입사원의 이야기를 듣고 얼마나 힘든지, 아픈 곳은 없는지 묻고 걱정된다고 이야기했다.

04. 다음 글이 시사하는 점은?

> 구강관리용품을 판매하고 있는 A 매장은 최근 주변에 경쟁사들이 난립하여 매출에 큰 타격을 입을 것으로 예상했으나, 예상과 달리 꾸준히 고객들의 발길이 이어졌다. 매장의 영업사원은 고객들에게 경쟁사를 찾지 않고 자신의 매장을 방문해 주는 이유를 묻게 되었고, 고객들은 '다른 매장은 제품을 팔고자 하는 생각만 하는데, 이 매장은 고객의 소리에 더 귀를 기울여 주기 때문'이라는 의견을 들려주었다.

① 실수 자체보다는 그 후에 기업이 어떻게 대처하고 예방하느냐가 더 중요하다.

② 고객은 매우 가치 있는 존재라는 점을 확인받고 싶어 한다.

③ 고객은 제품이나 서비스 자체만큼 원활한 의사소통을 더 중요하게 여기는 경우가 많다.

④ 고객과의 접점에서 얼마나 우수한 제품을 선보이느냐가 고객이 기업을 신뢰하고 사랑하는 주요 요인이다.

유형 2 의사표현과 대인관계

05. 다음 중 타인과 대화할 때 자신의 의견을 효과적으로 전달하기 위한 방법으로 적절한 것은?

① 유사한 의미를 가진 여러 단어들 중에서 가장 전문적인 단어를 사용한다.
② 자주 사용되는 단어보다는 일상적으로 쓰이지 않는 단어를 사용한다.
③ 표준적인 단어보다는 유행하는 준말 또는 인터넷 용어를 사용한다.
④ 뜻을 알기 어려운 외국어보다는 국어나 순화어를 사용한다.

06. 다음 중 직장인이 프레젠테이션을 잘하기 위한 방법으로 적절하지 않은 것은?

> 사회초년생이든 10년차 직장인이든 직장 생활을 하다 보면 어떠한 주제에 대해 발표해야 하는 상황이 자주 발생하게 된다. 단순히 업무 현황을 보고하는 것부터 새로운 프로젝트 기획안을 비즈니스 파트너 및 전 직원에게 발표해야 하거나 신제품을 대외적으로 소개하는 상황까지 다양하게 생긴다. 스케일에 따라 다소 차이가 있겠지만 프레젠테이션의 기본 원칙은 바로 청중을 이해시키고 설득하는 것이다.

① 제스처를 적절하게 활용하여 청중의 집중을 유도한다.
② 디테일에 강할수록 유리하므로 최대한 자세하게 발표한다.
③ 오프닝과 클로징을 명확하고 강렬하게 하여 강한 인상을 준다.
④ 좋은 자료를 준비하는 것도 좋지만, 충분한 연습과 완전한 내용 숙지가 요구된다.

07. ○○기관은 '청렴과 신의로 국민에게 사랑받는 인재'를 인재상으로 삼고 있다. 이를 구현하기 위한 효과적인 의사표현의 방법으로 ㉠ ~ ㉤에 들어갈 말을 순서대로 바르게 고른 것은?

> 말하는 것을 보면 그 사람의 교양, 마음씨, 인격을 알 수 있다. 즉, 말과 교양은 종이의 앞뒷면과 같아서 훌륭한 인격과 교양을 가진 사람은 자연히 예의 바른 말을 쓰고 이로 인해 신뢰를 쌓게 되며 사랑을 받게 된다. 그렇다면 상황에 따른 의사표현법의 하나로 상사가 하급자를 질책하는 일이 있을 경우에는 어떻게 해야 할까?
>
> 질책 화법에는 '샌드위치 화법'이 있다. 샌드위치 화법이란 '칭찬의 말＋질책의 말＋격려의 말'처럼 (㉠)을/를 가운데 두고 (㉡)을/를 먼저 한 다음 (㉢)을/를 하는 것이다. 그렇게 하면 듣는 사람이 (㉣)을/를 하지 않고 받아들이게 된다. 혹시 (㉤)을/를 하고 싶은 생각이 들 경우, 비난하거나 야유하는 말은 다시 부메랑이 되어 자신에게 되돌아온다는 사실을 먼저 떠올리도록 하자.

	㉠	㉡	㉢	㉣	㉤
①	칭찬	격려	질책	비난	반발
②	질책	격려	칭찬	비난	반발
③	질책	칭찬	격려	반발	비난
④	비난	칭찬	격려	질책	반발

▶ 정답과 해설 70쪽

기출예상문제

01. 조언은 다른 사람에게 해 달라고 부탁하는 것보다 해 주는 게 더 어렵다. 너무 가볍게 조언을 해 주면 자신의 고민을 진지하게 들어주지 않는다고 생각할 수 있고, 반대로 진지하게 조언을 해 주면 상대가 부담감을 느낄 수도 있기 때문이다. 다음 중 도움이 되는 조언을 하기 위해 알아 두어야 할 사항이 아닌 것은?

① 가장 좋은 조언은 상대가 원하는 것을 스스로 찾을 수 있도록 도움을 줄 수 있는 조언이다.
② 상대에게 도움이 되고 싶다는 생각에 과거의 일까지 언급하는 것은 적절한 조언 태도가 아니다.
③ 상대에게 도움이 되는 조언을 하고 싶다면 상대의 이야기를 자신의 입장에서 잘 귀담아 들어야 한다.
④ 상대를 위해 조언해 주는 것은 좋지만 상대의 말을 제대로 다 듣지 않고 자신의 생각을 말하는 것은 상대의 기분을 상하게 할 수 있어 주의가 필요하다.

02. 경청은 대화의 과정에서 당신에 대한 신뢰를 쌓을 수 있는 최고의 방법이다. 다음 중 경청을 방해하는 요인이 아닌 것은?

① 상대방의 말을 듣기는 하지만 상대방의 메시지를 온전하게 듣지 않는 것
② 상대방에 대한 부정적인 판단 때문에 상대방의 말을 제대로 듣지 않는 것
③ 상대방에게 관심을 기울이는 것을 힘들어하고 상대방이 말을 할 때 자꾸 다른 생각을 하는 것
④ 상대방이 말하는 의미 전체를 이해하기 위해 상대의 몸짓이나 표정에 관심을 기울이는 것

03. 영업 1팀과 영업 2팀 간의 과도한 경쟁 중 트러블이 생겼다. 영업팀을 관할하는 최 이사는 해당 트러블을 조정하기 위하여 양 팀의 팀장과 함께 면담을 진행하려고 한다. 다음 중 최 이사가 해당 면담을 위해 지녀야 할 경청의 자세로 적절하지 않은 것은?

① 사건의 쟁점을 정리하여 말한 다음 집중하여 양 팀장들의 입장을 청취한다.
② 몸을 뒤로 젖히지 않고 똑바로 앉아 편안한 시선으로 양 팀장들을 응시한다.
③ 사건의 쟁점이 많다고 판단되면 쟁점별로 메모하여 정리하는 것이 좋다.
④ 양 팀장들이 발언을 하는 중에는 어느 한 편을 든다는 인상을 주지 않도록 이해나 공감을 표시하는 반응은 절대 하지 않는다.

04. **다음 중 상황에 따른 의사표현법으로 적절하지 않은 것은?**

① 상대방에게 부탁해야 할 때 : 구체적으로 부탁하고, 자신의 다급함을 우선적으로 호소한다.

② 상대방의 요구를 거절할 때 : 모호한 태도를 보이는 것보다 단호하게 거절하는 것이 좋다.

③ 상대방에게 충고를 할 때 : 직접적으로 말하기보다는 비유를 통해 상대가 이해할 수 있도록 깨우쳐 주는 것이 바람직하다.

④ 명령해야 할 때 : 강압적으로 말하기보다는 '~ 해 주는 것이 어떻겠습니까?'와 같이 부드럽게 표현하는 것이 훨씬 효과적이다.

05. **○○기관 A 대리는 외부 고객과 만나는 경우가 많기 때문에 의사표현능력이 무척 중요하다. 따라서 본인의 의사표현능력을 향상시키기 위한 의사표현 관련 지침이 필요한 상황이다. 다음 중 논리적이고 설득력 있는 의사표현과 관련된 지침의 내용으로 적절하지 않은 것은?**

① 호칭을 바꾸어 심리적인 간격을 좁히도록 한다.

② 경우에 따라서는 겉치레 양보로 기선을 제압한다.

③ 상대방에게 변명의 여지를 주고 설득하도록 한다.

④ No를 유도하여 상대방과 대화에 긴장감을 유지한다.

06. **다음에서 설명하고 있는 설득 기법으로 적절한 것은?**

- 자신이 원하는 도움의 크기가 50이라면 처음에는 100을 요청하고 거절을 유도한다.
- 이미 한 번 도움을 거절한 상대방은 미안한 마음을 가지게 된다.
- 이후 50이라는 100보다 작은 도움을 요청받으면 미안한 마음을 보상하기 위해 들어주게 된다.

① 스캠퍼 기법(Scamper Technique)

② 얼굴 부딪히기 기법(Door－in－the－face Technique)

③ 환심 사기(Ingratiation) 기법

④ 문 안에 한 발 들여놓기 기법(Foot－in－the－door Technique)

07. 다음은 업무 수행 과정에서 들은 내용을 구조적으로 정리하는 방법이다. ㉠~㉣을 순서에 맞게 배열한 것은?

> ㉠ 관련 있는 내용끼리 묶는다.
> ㉡ 묶은 내용에 적절한 이름을 붙인다.
> ㉢ 전체 내용을 이해하기 쉽게 구조화한다.
> ㉣ 중복된 내용이나 덜 중요한 내용을 삭제한다.

① ㉠-㉡-㉢-㉣
② ㉠-㉡-㉣-㉢
③ ㉡-㉠-㉢-㉣
④ ㉢-㉡-㉠-㉣

08. 의사소통에는 공식적인 경로와 과정을 거쳐 공식적으로 행하는 의사소통 방식과 공식적인 직책을 떠나 조직 구성원 간의 친분, 상호 신뢰와 현실적인 인간관계 등을 통하여 이루어지는 비공식적 의사소통 방식이 있다. 다음 〈보기〉에서 공식적 의사소통의 특징을 모두 고른 것은?

> **보기**
>
> ㉠ 개인적 욕구를 충족할 수 있으나, 자칫 잘못하면 개인 목적에 역이용될 수도 있음.
> ㉡ 의사 전달의 융통성이 부족하고, 배후 사정을 소상히 전달하기 곤란함.
> ㉢ 정보의 사전 입수로 의사 결정이 용이하고 정보나 근거의 보존이 용이함.
> ㉣ 전달자와 피전달자가 분명하고 책임 소재가 명확하며 의사 전달이 확실하고 편리함.
> ㉤ 신속한 전달이 가능하며 외적으로 나타나지 않는 배후 사정을 자세히 전달함.
> ㉥ 변동하는 사태에 신속히 적응하기가 어렵고 기밀 유지가 곤란함.
> ㉦ 책임 소재가 불분명하고 수직적 계층하에서 상관의 권위가 손상될 수 있으며 조정, 통제가 곤란함.
> ㉧ 관리자에 대한 조언의 역할이 가능하고 의견 교환의 융통성이 높아 일반적인 의견 전달을 보완할 수 있음.

① ㉠, ㉡, ㉢, ㉣
② ㉠, ㉢, ㉥, ㉧
③ ㉡, ㉢, ㉣, ㉥
④ ㉡, ㉤, ㉥, ㉦

09. 다음 중 대화를 원활하게 하고 상대방과의 소통을 강화하기 위한 경청의 올바른 자세로 적절한 것을 모두 고르면?

> ㉠ 상대를 정면으로 마주하는 자세
> ㉡ 긴장을 늦추지 않는 꼿꼿한 자세
> ㉢ 상대방을 향해 상체를 다소 기울이는 자세
> ㉣ 손이나 다리를 꼬지 않는 개방적인 자세
> ㉤ 우호적인 시선을 취하되 상대와 눈을 마주치지 않으며 상대방을 배려하는 자세

① ㉠, ㉡, ㉢　② ㉠, ㉢, ㉣
③ ㉡, ㉣, ㉤　④ ㉢, ㉣, ㉤

10. 다음 (가) ~ (마)에 들어갈 말로 적절한 것은?

Hearing은 소리를 그냥 듣는 것이고, Listening은 주의를 기울여 듣는 것을 말한다. 그런데 경청은 여기에 더해 들은 내용을 올바로 이해하는 것까지 포함한다. 경청을 제대로 이해하기 위해서는 우선 잘못된 듣기 유형에 어떠한 것이 있는지 알아볼 필요가 있다.

(가)	자기주장만 늘어놓는 대단히 고집이 센 유형으로, 남의 말을 듣는 척만 할 뿐 실제는 전혀 들으려고 하지 않는다.
(나)	듣기는 하지만 말귀를 잘 알아듣지 못하거나 일부러 무시하는 유형으로 상대방의 말을 이해하는 노력이 부족한 유형이다.
(다)	주위를 기울이지 않고 남의 말을 대충 흘려듣는 유형이다. 들으면서 속으로는 다른 생각을 하거나 한 귀로 듣고 다른 귀로 흘리는 식이다.
(라)	상대방의 이야기를 주의 깊게 듣지만, 이해하려는 입장이 아니라 경계하며 방어자세로 듣다가 허점이 보이면 곧바로 반격하는 유형이다.
(마)	말 속에 담긴 뜻을 헤아리지 않고 겉으로 드러난 자구(字句)에 얽매이는 유형이다.

	(가)	(나)	(다)	(라)	(마)
①	절벽형	쇠귀형	건성형	매복형	직역형
②	쇠귀형	절벽형	매복형	직역형	건성형
③	쇠귀형	건성형	매복형	절벽형	직역형
④	절벽형	쇠귀형	매복형	건성형	직역형

[11 ~ 12] 다음 대화를 보고 이어지는 물음에 답하시오.

A 사원 : (B 사원과 함께 다른 직원의 과실을 몰래 말하다가) 글쎄, 김 부장이 말이야…….
김 부장 : (때 마침 김 부장이 들어오고 두 직원은 어쩔 줄을 모른다) 둘이 무슨 얘기를 하고 있었어?
B 사원 : (아무런 일도 없었다는 듯) 별일 아닌데요.
김 부장 : 옛날 이덕무라는 분이 "군자는 말을 헤프게 아니하고 귀를 활짝 열고 들어라" 하였지. 남을 평하는 일은 삼가야 한다는 게지.

11. 위 대화의 상황에 대한 설명으로 가장 적절하지 않은 것은?

① 과거 선조들의 담화 습관을 살펴볼 수 있다.
② 말은 사고력을 신장시켜 준다는 것을 강조하고 있다.
③ 직장에서 발생하는 대화 상황을 통하여 언어 예절의 중요성을 느낄 수 있다.
④ 이덕무의 말을 빌려 남의 험담을 하다가 그 사람이 알게 되면 부끄러워진다고 말하고 있다.

12. 위 대화 속 선조의 이야기를 통하여 전달하고자 하는 주제와 가장 관련이 깊은 속담은?

① 말에도 뼈가 있다.
② 말 많은 집은 장맛도 쓰다.
③ 들으면 병이요, 안 들으면 약이다.
④ 낮말은 새가 듣고, 밤말은 쥐가 듣는다.

13. 다음 글의 밑줄 친 ㉠ ~ ㉣ 중 올바른 설명이 아닌 것은?

듣기는 의사소통의 한 유형으로 말하기 못지않게 중요하다. 사무직 근로자 65명의 낮 시간 소통 시간을 분석한 결과 읽기가 16%, 말하기가 30%, 쓰기가 9%, 듣기가 45%를 차지하여 의사소통에서 듣기가 큰 비중을 담당하고 있음을 확인할 수 있다. 그러나 단순히 신체적, 물리적으로 듣는 행위(hearing)와 상대방의 말을 이해하면서 주의 깊게 듣는 경청(listening)은 구분된다.

국제경청협회(ILA : The International Listening Association)는 경청을 ㉠ '언어적 또는 비언어적 메시지를 받아들이고 그로부터 의미를 구성하며, 그 메시지에 반응하는 것'이라고 정의한다. 즉, ㉡ 메시지를 받아들이는 것에서 그치지 않고 그로부터 의미를 구성하여 언어적, 비언어적으로 반응하는 것이다. 따라서 언어적인 메시지뿐만 아니라 표정, 제스처, 억양, 표정 등의 비언어적인 메시지에 반응하기 위해서는 청각 외에도 다른 감각기관을 통한 이해가 필요하다.

경청이 이루어지는 데는 구체적으로 다음과 같은 마음이 작용한다. 첫째, 타인을 이해하고자 한다. 둘째, ㉢ 그와 더불어 즐거움을 나누고자 한다. 셋째, 무언가를 배우고자 한다. 넷째, 그에게 도움을 주거나 위안이 되고자 한다. 이렇듯 우리가 다른 사람을 제대로 이해하고자 한다면 그의 말을 귀담아 듣지 않을 수 없다. 이에 따르면 경청은 ㉣ 상대방이 전달하는 정보나 지식을 그대로 받아들여 상대방을 이해하는 과정이라고 할 수 있다. 즉, 듣기를 개인의 인지적 사고 과정으로 보는 관점이 아니라 두 사람 이상에서 이루어지는 상호교섭적인 의사소통 과정으로 보는 관점이다. 이러한 상호교섭적인 관점에서의 의사소통에서는 참여자들의 주체성과 맥락, 역할이 중요하며 참여자들 간에 의미를 주고받는 과정에서 새로운 의미가 구성된다.

① ㉠　　② ㉡

③ ㉢　　④ ㉣

14. 우리는 때로 목적 달성에 필요한 상대방의 도움을 얻기 위해 절충과 협상을 한다. 다음 글에서 김 과장이 사용한 설득의 유형으로 적절한 것은?

김 과장은 프로그래머로 ○○회사에 10년 이상 재직했다. 그동안은 별문제 없이 회사를 다녔지만, 이번 연봉 협상에서는 예전보다 높은 수준의 인상을 이끌어 내려고 한다. 올해의 성과가 잘 나왔기 때문에 어느 정도 연봉 인상을 요구할 수 있기도 하고, 무엇보다 초등학생인 아들의 학업 문제로 이사를 가야 하기 때문이다. 이러한 이유로 김 과장은 이번 연봉협상에서 최종 15% 인상을 위해 첫 협상 때 20% 인상을 요구했다. 회사 측에서는 높은 인상 요구에 난색을 표하며 그만큼 인상이 가능한 성과가 있냐는 질문을 했다. 김 과장 스스로도 기준에 따르면 10% 정도 인상이 가능한 상황임을 알고 있었지만, 좀 더 높은 인상을 위해 20%를 요구한 것이었다. 이후 협상 과정에서 올해 실적과 그동안 김 과장이 회사에 기여한 것, 김 과장의 사정 등을 감안해 처음 요구한 20%의 연봉 인상은 이뤄지진 않았지만 당초 목표했던 15%의 연봉 인상을 달성하게 되었다.

① 낮은 공 기법(low-ball technique)
② 덤 끼워 주기 기법(that's-not-all technique)
③ 얼굴 부딪히기 기법(door-in-the-face technique)
④ 문간에 발 들여놓기 기법(foot-in-the-door technique)

15. 다음은 비언어적 의사소통과 관련된 내용이다. ㉠에 들어갈 말로 적절하지 않은 것은?

의미	언어(말)를 사용하지 않는 방법으로 이루어지는 의사소통
요소	1. 목소리 크기와 강약　　2. 음색 3. 얼굴 표정과 눈의 움직임　　4. 보디랭귀지 5. 습관적이고 문화적인 제스처
특성	㉠

① 비언어적 의사소통은 모호하다.
② 비언어적 의사소통은 대화 중 계속 존재할 수 있다.
③ 비언어적 의사소통은 문화와 관계없이 동일하게 해석된다.
④ 비언어적 의사소통은 언어적 메시지를 반복 · 보충하는 역할을 한다.

16. 다음을 읽고 '글로비시'를 활용하는 방법으로 알맞지 않은 것을 고르면?

> ○○사 부사장을 지낸 프랑스인 장 폴 네리에르가 제안한 글로비시(Globish)는 전 세계 사람 누구나 쓸 수 있는 간편하고 쉬운 영어를 가리키는 말이다. 그는 글로비시에 대하여 이렇게 말했다. "일을 하면서 극동지역, 라틴 아메리카, 유럽, 그리고 아프리카 여러 나라를 방문할 기회가 많았던 나는 사람들이 영어나 불어로 이야기하는 모습을 자연스럽게 관찰할 수 있었다. 물론 대부분은 영어를 사용했다. 원어민이 아닌 우리의 영어는 불완전했고, 억양도 어색했으며, 대화 내용은 뒤죽박죽이 되기 일쑤였지만 기본적인 의사소통에는 문제가 없었다. 오히려 서로의 영어 수준을 이해하면서 효율적으로 대화를 나누었기 때문에 어떤 사람들은 미국인들보다 나와 이야기하는 것을 더 선호하기도 했다. 이 과정에서 내가 깨달은 것은 상대방에게 자신의 말을 이해시키려면 뉴요커들의 도도한 말투와는 사뭇 다른 방식으로 표현해야 한다는 것이었다. 시간이 지날수록 이런저런 경험을 통해 효과적이라 판단되는 방법들이 늘어났고, 이를 다른 지역에서도 실행에 옮겨 보니 대체로 성공적이었다.

① 자기 나름대로의 속도로 말한다.
② 제스처를 적극 활용한다.
③ 비유적인 표현은 피한다.
④ 주로 부정형의 질문을 사용한다.

01 리더십

1 리더십의 특징

1. 직급에 따라 요구되는 리더십 역량은 다르며 모든 조직구성원이 각자의 위치에서 리더십을 발휘할 때 조직이 강해질 수 있다.

2. 리더가 하급자에게만 영향을 미치는 과거 수직적 구조에서 주변 동료나 상사에게도 리더십을 발휘하는 전방위적 구조로 변화하였다.

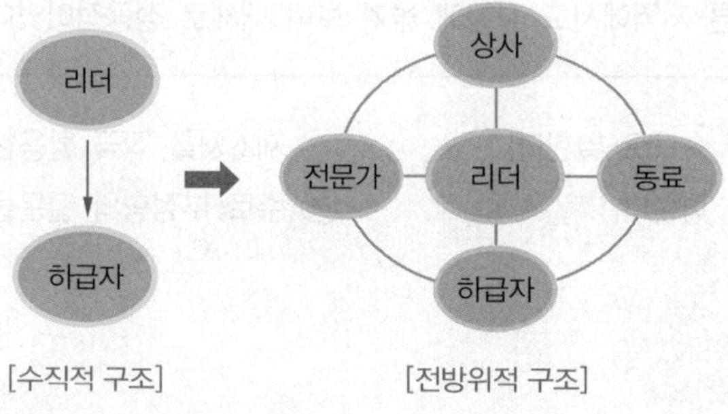

[수직적 구조] [전방위적 구조]

2 리더십 유형

1. 리더십의 4가지 유형

(1) 독재자 유형

① 독재자는 집단의 규칙하에 지배자로 군림하고 동료에게는 권위에 대한 도전이나 반항 없이 순응하도록 요구하며 개개인들에게 주어진 업무만을 묵묵히 수행할 것을 기대한다.

② 독재자는 모든 핵심 정보를 독점하고 다른 구성원들에게는 기본적 수준의 정보만 제공한다.

③ 언제 어디서든 최고의 수준을 요구하며 실수는 용납하지 않는다. 한 번의 실수는 곧 해고나 징계로 이어진다.

(2) 민주주의에 근접한 유형

① 리더는 팀원들이 한 사람도 소외됨 없이 동등하다는 것을 확신시킴으로써 비즈니스의 모든 방면에 종사하도록 한다.

② 리더는 경쟁과 토론의 가치를 인식시키고 팀이 나아갈 새로운 방향 설정에 팀원들을 참여시킨다.

③ 민주주의적이지만 최종 결정권은 리더에게만 있다.

(3) 파트너십 유형

① 리더와 구성원 사이에 구분이 희미하고 리더는 조직구성원 중 한 명으로 평등하다.

② 모든 구성원은 의사결정에 참여하고 결과에 대한 책임을 공유한다.

③ 소규모 조직이나 성숙한 조직에서 풍부한 경험과 재능이 있는 구성원에게 효과적이다.

(4) 변혁적 유형

① 카리스마 : 변혁적 리더는 조직에 명확한 비전을 제시하고 집단 구성원들에게 그 비전을 쉽게 전달한다.

② 자기 확신 : 변혁적 리더는 뛰어난 사업 수완 그리고 어떠한 의사결정이 조직에 긍정적으로 영향을 미치는지 예견할 수 있는 능력을 지닌다.

③ 존경심과 충성심 : 개개인에게 시간을 할애하여 그들 스스로가 중요한 존재임을 깨닫게 하고 존경심과 충성심을 불어넣는다.

④ 풍부한 칭찬 : 구성원이나 팀이 직무를 완벽히 수행했을 때 칭찬을 아끼지 않는다.

⑤ 감화 : 구성원들이 도저히 해낼 수 없다고 생각하는 일들을 구성원들로 하여금 할 수 있도록 자극을 주고 도움을 주는 일을 수행한다.

2. 리더십 스타일

(1) 지시명령형 스타일

① 명령을 내리고 복종을 요구하는 스타일로 수동적인 직원이 만들어지기 쉽다.

② 긴급한 상황, 조직의 긴장이 풀린 경우, 신속히 대응해야 하는 경우 효과적이다.

(2) 비전형 스타일

① 비전을 부여하고 직원의 의견에 귀를 기울이는 스타일로 공정성과 유연성을 지닌다.

② 리더보다 경험이 풍부하고 뛰어난 직원이 있거나 리더가 권위를 잃은 경우 부적절하다.

(3) 관계중시형 스타일

① 인간관계를 중시하는 스타일로 직원이 업무에 적응하는 데 효과적이다.

② 긴장감이 없고 조직성과가 낮을 가능성이 크다.

(4) 집단운영형 스타일

① 가장 민주적인 리더십 스타일로 의사결정에 구성원을 참여시킨다.

② 동기부여가 약하고 의견 일치가 어려우며 단기간에 인재를 육성하기 어렵다.

(5) 규범형 스타일

① 높은 업적을 요구하며 리더가 솔선수범하여 팀을 이끄는 스타일이다.

② 조직 규모가 작아 리더가 적절한 조직전략과 기술을 파악하고 있을 때 효과적이다.

(6) 육성형 스타일

① 교육자의 역할을 하는 스타일로 부하가 발전하려는 의지가 있을 때 효과적이다.

② 리더의 지도 기술이 부족하여 직원을 잘 파악하지 못하는 경우 부적절하다.

3. 기타 리더십 유형

(1) 셀프 리더십 : 자신이 리더가 되어 스스로를 통제하고 행동하는 리더십이다.

(2) 카리스마 리더십 : 구성원들은 카리스마 있는 사람을 자신의 욕구, 기대를 해결시켜 줄 비범한 능력자로 받아들여 그를 따르게 된다는 논리이다.

(3) 서번트 리더십 : 섬기는 리더십, 즉 다른 사람의 요구에 귀를 기울이는 하인이 결국은 리더가 된다는 논리이다.

02 사회상식

02 비즈니스 매너

1 인사예절

1. 소개

(1) 나이가 더 어린 사람을 연장자에게 소개한다.
(2) 내가 속해 있는 회사의 관계자를 타 회사의 관계자에게 소개한다.
(3) 신참자를 고참자에게 소개한다.
(4) 동료 임원을 고객, 손님에게 소개한다.
(5) 소개받는 사람의 별칭은 그 이름이 비즈니스에서 사용되는 것이 아니라면 사용하지 않는다.
(6) 반드시 성과 이름을 함께 말한다.
(7) 상대방이 항상 사용하는 경우라면 Dr. 또는 Ph.D. 등의 칭호를 함께 언급한다.
(8) 정부 고관의 직급명은 퇴직한 경우라도 항상 사용한다.

2. 악수

(1) 여성, 연장자, 상사가 먼저 악수를 건넨다.
(2) 상대의 눈을 부드럽게 바라보며 밝은 표정을 짓는다.
(3) 오른손을 사용하며 너무 꽉 잡아서는 안 된다.
(4) 주머니에 손을 넣거나 뒷짐을 진 채로 악수하지 않고 손끝만 잡지 않는다.

3. 명함교환

(1) 명함은 넉넉하게 소지해 두는 것이 좋다.
(2) 명함을 건넬 때는 일어서서 정중하게 인사한 뒤 회사명과 이름을 밝힌다.
(3) 명함은 반드시 명함 지갑에서 꺼내고 상대방에게 받은 명함도 명함 지갑에 넣는다.
(4) 상대방에게서 명함을 받으면 받은 즉시 호주머니에 넣지 않는다.

(5) 명함은 하위에 있는 사람이 먼저 꺼내며, 왼손으로 받치고 오른손으로 건네면서 자신의 이름이 상대방을 향하도록 한다.
(6) 상사와 함께라면 상사가 먼저 건넨 뒤 건넨다.
(7) 명함을 받으면 그대로 집어넣지 말고 명함에 관해서 한두 마디 대화를 건네 본다.
(8) 쌍방이 동시에 명함을 꺼낼 때는 왼손으로 서로 교환하고 오른손으로 옮겨진다.
(9) 명함은 항상 새것을 사용하여야 한다.
(10) 명함에 부가 정보를 적을 때에는 상대방과의 만남이 끝난 후에 적는다.
(11) 모르는 한자가 있는 경우 "실례지만 어떻게 읽습니까?"라고 질문해 바르게 읽는다.

2 전화 예절

1. 장점 : 직접 대면하는 것보다 신속하게 일을 처리할 수 있다.

2. 단점 : 서로의 얼굴을 대면하지 않고 이야기를 하기 때문에 상대편의 표정과 동작, 태도를 알 수가 없으므로 오해의 소지를 담고 있다.

3. 전화 걸기

(1) 전화를 걸기 전에 먼저 준비를 한다. 정보를 얻기 위해 전화를 하는 경우라면 얻고자 하는 내용을 미리 메모하여 모든 정보를 빠뜨리지 않도록 한다.
(2) 전화를 건 이유를 숙지하고 이와 관련하여 대화를 나눌 수 있도록 준비한다.
(3) 전화는 정상적인 업무가 이루어지고 있는 근무 시간에 걸도록 한다.
(4) 원하는 상대와 통화할 수 없을 경우에 대비하여 비서나 다른 사람에게 메시지를 남길 수 있도록 준비한다.
(5) 전화는 직접 걸도록 한다. 비서를 통해 고객에게 전화를 건다면 고객으로 하여금 당신의 시간이 고객의 시간보다 더 소중하다는 느낌을 갖게 만든다.
(6) 다시 전화를 해 달라는 메시지를 받았다면 48시간 안에 가능한 한 빨리 답해 주도록 한다.

4. 전화 받기

(1) 전화벨이 3 ~ 4번 울리기 전에 받고, 받는 사람이 누구인지를 즉시 말한다.
(2) 천천히, 명확하게 예의를 갖추고 목소리에 미소를 띠고 말한다.
(3) 말을 할 때 상대방의 이름을 함께 사용한다.
(4) 언제나 펜과 메모지를 곁에 두어 메시지를 바로 받아 적을 수 있도록 한다.
(5) 긍정적인 말로 전화 통화를 마치도록 하고 상대방에게 감사의 표시를 한다.

5. 휴대 전화 예절

(1) 상대방에게 통화를 강요하지 않는다.
(2) 지나친 SNS의 사용은 업무에 지장을 주므로 휴식시간을 이용한다.
(3) 운전하면서 휴대 전화를 사용하지 않는다.
(4) 온라인상에서의 예절을 지킨다.
(5) 알림은 무음으로 하여 타인에게 폐를 끼치지 않도록 한다.

3 이메일 예절

1. 장점 : 정보를 빠르게 공유할 수 있다.

2. 단점 : 축약된 언어나 이모티콘의 무분별한 사용은 연락을 받는 당사자가 이해할 수 없을 가능성이 있다.

3. 이메일 보내기

(1) 제목에는 발신인의 소속과 용건만 명확히 적는다. 소속은 대괄호를 활용해 가장 앞에 적는데, 외부로 보낼 때에는 회사의 이름을 적으며 내부로 보낼 때에는 소속된 부서의 이름을 적는다. 만약 긴급한 공지가 있을 경우, 용건을 '긴급', 'Urgent' 또는 '필독'으로 축약해 대괄호로 표시하도록 한다.
(2) 이메일 내용의 시작은 인사로 하는데, 간단한 인사말과 함께 수신인의 이름과 직위를 언급하는 것이 좋다. 인사 다음으로는 발신인의 이름, 소속, 직위를 언급한다.
(3) 본문의 내용은 역피라미드 순으로 작성되어야 한다. 즉, 중요한 내용이자 이메일을 보낸 용건을 한 문장으로 축약하여 가장 먼저 적은 후 나머지 내용을 풀어 작성해야 한다. 이메일은 어디까지나 비즈니스 문서이므로 간결하고 꾸밈없이 작성하는 것이 중요하다.
(4) 본문의 내용에는 오자나 탈자가 있어서는 안 되므로 전송을 하기 전 반드시 내용을 재검토함으로써 오자 또는 탈자를 교정하는 것이 바람직하다.
(5) 하단에는 인사와 함께 답장 여부 혹은 당부의 내용을 포함하도록 하고, 서명을 추가하여 전달하도록 한다. 이때 답장을 받을 메일, 연락처와 함께 본인의 담당부서 및 소속, 주소지 등을 기재한다.
(6) 첨부파일은 반드시 필요한 첨부파일 외에는 넣지 않는 것이 바람직하다. 이미지 파일의 경우에는 다섯 장을 넘어갈 경우 반드시 압축하여 첨부하도록 한다.
(7) 이메일은 받는 사람, 참조(Cc), 숨은 참조(Bcc) 등 세 가지의 형태로 상대방에게 전달할 수 있다.
   - 받는 사람 : 이메일의 용건과 직접적으로 연관이 있는 사람의 주소를 적는다.
   - 참조 : 이메일의 용건과 간접적으로 연관이 있는 사람의 주소를 적는다.
   - 숨은 참조 : 프로젝트의 최고 담당자에게 보고할 때 또는 불특정 다수에게 이메일을 보낼 때 이용하는 기능으로, 숨은 참조로 이메일을 보내면 발신자에게만 이메일 주소가 노출된다.

(8) 이메일 주소는 너무 길지 않은 범위 내에서 특징적으로 설정하는 것이 좋으며, 같은 회사 내에서 일정 부분이 통일되거나 업무 관련 이름 등을 활용하는 것이 좋다.

4. 이메일 답장하기

(1) 받은 E-mail의 내용과 관련된 일관성 있는 답을 하도록 한다.

(2) 다른 비즈니스 서신에서와 마찬가지로 화가 난 감정의 표현을 보내는 것은 피한다.

(3) 당신의 답장을 어디로, 누구에게로 보내는지에 주의한다. 받은 메시지에 첨부된 회신 주소는 메시지를 보낸 사람의 것이 아닐 수도 있음을 명심해야 한다.

4 직장 예절

1. 직장에서의 자동차 예절

(1) 상급자가 운전하지 않을 경우 일반적으로 보조석 뒷자리가 가장 상석이다. 이어 운전석 뒷자리, 보조석, 뒷자리의 가운데 순으로 상석으로 볼 수 있다.

(2) 상급자가 직접 운전할 경우 조수석이 상석이다.

(3) 상급자와 단둘이 탑승하는 경우 상급자가 운전한다면 조수석에 탑승해야 한다.

(4) 상급자와 단둘이 탑승하는 경우 하급자가 운전한다면 상급자는 어느 좌석에 탑승하든 상관없다.

(5) 운전기사가 있을 경우 조수석 뒷자리, 운전석 뒷자리, 조수석, 뒷자리의 가운데 순으로 상석이다.

2. 직장에서의 엘리베이터 예절

(1) 엘리베이터의 출입문으로부터 가장 먼 구석 자리가 상석이며 가장 가까운 자리가 말석이다.

(2) 엘리베이터의 버튼을 조작하는 장치 바로 앞이 가장 말석이며 그 반대편 안쪽이 가장 상석이다.

(3) 업무를 마친 상사나 손님을 배웅할 경우 엘리베이터 버튼을 눌러 주고 문이 완전히 닫힐 때까지 그 자리에서 떠나지 않아야 한다.

▶ 정답과 해설 73쪽

테마 2 출제유형문제

유형 1 사회상식

01. 다음 중 리더십에 대한 설명으로 옳지 않은 것은?

① 변화에 대처하는 것으로 급변하는 환경에 필수적이다.
② 상사가 하급자에게 발휘하는 형태만을 의미한다.
③ 조직구성원이 조직목표를 위해 자발적으로 노력하도록 영향을 주는 행위이다.
④ 자신의 주장을 소신 있게 나타내고 다른 사람들을 격려하는 힘이다.

02. 다음과 같은 상황에서 A 기업 갑 팀장에게 요구되는 리더의 유형으로 적절한 것은?

> A 기업 영업팀은 최근 코로나19 이후 경기불황과 함께 사업실적이 악화되고 있는 상황이다. 이는 을 영업팀장의 리더십 때문이라는 문제가 제기되고 있다. 지금까지 영업팀장은 회의에서 자신이 주장하는 것에 대해 비판하는 의견을 내는 직원을 기억해 두었다가 승진에서 누락함으로써 불이익을 주어 왔다. 그리고 수시로 회의를 열어 직원들을 피곤하게 만드는 방식으로 성과 달성을 종용하거나 소리를 지르는 등 험악한 분위기를 조성해 왔다. 또한 영업팀 내의 주요 결정을 특정 대리와 협의하여 다른 팀원들에게 일방적으로 전달하는 형식으로 운영해 왔다. 그러다 보니 영업팀원들도 자발적으로 업무를 추진하지 않고 지시에 의한 수동적인 업무를 처리하는 분위기가 굳어져 버렸다.
>
> A 기업은 위와 같은 영업팀장의 스타일로 단기적으로는 다른 팀보다 우수한 성과를 낼 수 있었으나 최근 경영상황이 나빠지면서 A 기업의 본부장은 새로운 사업추진과 영업팀 내 활력을 불어 넣기 위해 다른 팀에서 일하던 갑 팀장을 새로운 영업팀장으로 내정하였다.

① 변혁적 유형 ② 독재자 유형
③ 민주적 유형 ④ 자유방임 유형

03. 다음 중 직장 예절에 대한 설명으로 적절하지 않은 것은?

① 악수는 소개를 받는 사람이 먼저 손을 내밀어 신청한다.
② 명함은 하위자가 상위자에게 먼저 건네며, 본인의 이름이 바로 보이게 한다.
③ 문을 열고 닫을 때는 뒤에 오는 사람을 위해 잠시 문을 잡아 주도록 한다.
④ 승강기 안에서 반가운 사람을 만나면 안부를 묻고 잡담을 나눈다.

04. 비즈니스 이메일 작성 방법을 정리한 다음 ㄱ ~ ㅁ 중 틀린 것의 개수는?

〈비즈니스 이메일 작성법〉

ㄱ. 제목은 본문의 전반적인 내용을 포함할 수 있도록 가능한 한 상세하게 기재한다.
ㄴ. 업무적으로 중요한 메시지일 경우 제목의 앞부분에 [중요] 또는 [important] 표시를 해 주는 것이 좋다.
ㄷ. 본문은 불필요한 내용 없이 최대한 핵심 위주로 명확하게 작성하는 것이 중요하다.
ㄹ. 보내는 사람과 받는 사람, 참조 대상을 혼동 없이 정확하게 설정해야 한다.
ㅁ. 작성을 끝내고 메일을 보내기 전 첨부파일이 제대로 첨부되었는지 확인한다.

① 0개　　② 1개
③ 3개　　④ 4개

▶ 정답과 해설 74쪽

테마 3 기출예상문제

01. 다음 빈칸에 들어갈 알맞은 용어는?

> 1945년 6월 개선장군이 되어 미국에 돌아온 아이젠하워는 세계적인 영웅이 되었다. 그는 참모총장, 컬럼비아 대학교 총장, 북대서양조약기구(NATO) 최고사령관을 거쳐, 1952년 미국의 서른네 번째 대통령에 당선되기에 이르렀고, 1956년 재선에도 성공했다.
>
> 아이젠하워가 말하는 (　　　)은/는 "성실하고 고결한 성품 그 자체"이며, (　　　)은/는 "잘못된 모든 것에 대한 책임은 자신이 지고, 잘된 것에 대한 모든 공로는 부하에게 돌릴 줄 아는 것"이라고 말했다.

① 리더십　　② 코칭
③ 임파워먼트　　④ 멤버십

02. 다음 사례 속 정 사장과 같은 유형의 리더에게서 엿볼 수 있는 특징으로 적절하지 않은 것은?

> B사 정 사장은 모든 일을 독단적으로 주도하지 않고 전 직원들의 의견을 청취하곤 한다. 자신이 가진 결정권한을 팀장이나 실무 책임자에게 위임하기도 하며, 그에 따른 책임은 언제든 정 사장이 짊어지겠다는 말로 직원들의 사기를 높여 준다. 이러한 점은 권한을 위임받은 직원들에게 매우 큰 동기부여로 작용한다. 정 사장은 늘 자세를 낮추면서도 카리스마를 잃지 않고, 직원들을 존중하면서도 직원들로 하여금 더 큰 존경심을 갖게 하는 능력을 가지고 있다. 그는 직원들이 불가능하다고 생각하는 일들을 해낼 수 있게끔 자극을 주고 도움을 주는 일이 자신의 가장 중요한 업무라고 생각한다.

① 뛰어난 사업 수완과 어떠한 의사결정이 조직에 긍정적으로 영향을 미치는지 예견할 수 있는 능력을 지니고 있다.
② 개개인에게 시간을 할애하여 그들 스스로가 중요한 존재임을 깨닫게 하고 존경심과 충성심을 불어넣는다.
③ 사람들로 하여금 한 가지 일에 대한 성공이 미래의 여러 도전을 극복할 수 있는 자극제가 될 수 있다는 것을 깨닫게 한다.
④ 집단의 모든 구성원들에게 집단의 행동에 따른 결과 및 성과에 대한 각자의 책임을 명확히 인지시킨다.

03. 다음 중 ㉠의 기본 원칙에 대한 설명으로 적절하지 않은 것은?

> 대표적인 커뮤니케이션 도구인 (㉠)은/는 조직의 지속적인 성장과 성공을 이끌어내기 위해 리더가 갖추어야 할 필수 덕목 중 하나이다. 이러한 (㉠)은/는 직원들에게 질문을 던지는 한편 직원들의 의견을 적극적으로 경청하고, 필요한 지원을 아끼지 않아 생산성을 높이고 기술 수준을 발전시키며, 자기 향상을 도모하는 직원들에게 도움을 주고 업무에 대한 만족감을 높이는 과정이다.

① 서로가 자유롭게 논의할 수 있고 제안할 수 있어야 한다.
② 리더는 직원들이 어떠한 일이든 자신의 업무에 책임의식을 갖고 완전히 책임질 수 있도록 이끌어야 한다.
③ 코치인 리더가 지식이나 정보를 하달하며, 의사결정의 권한을 가지고 있다.
④ 코치인 리더는 적극적인 경청자로서 잡념을 떨쳐버리고 직원에게만 모든 관심을 집중해야 한다.

04. 리더십은 바람직한 목표를 달성하기 위해 조직 내의 개인과 집단을 유도하고 조정하며 행동하게 하는 기술 또는 영향력을 말한다. 사례 속 김 팀장은 다음 중 어떤 리더십 유형에 해당하는가?

> □□회사 개발팀 김 팀장은 자신이 다른 팀원들에 비해 경험이나 경력은 풍부하지만 그런 이유로 더 대우받아서는 안 된다고 생각한다. 김 팀장은 자신이 리더나 우두머리라는 생각보다, 자신도 팀원 중 한 명이라는 생각으로 일하고 있다. 따라서 그가 이끄는 개발팀은 리더와 집단 구성원 간의 구분이 희미하다. 개발팀 팀원들은 모두가 팀이 나아갈 방향을 설정하고, 성과에 대한 책임을 공유한다.

① 변혁적 유형　　② 독재자 유형
③ 슈퍼리더십 유형　　④ 파트너십 유형

05. 다음 중 비즈니스 매너를 잘 지키지 않은 직원은?

① 사업차 만난 거래처 직원의 명함을 받자마자 바로 소중하게 지갑에 넣은 A 직원
② 퇴직한 정부 고관에게 퇴직 전 직급명을 항상 붙여 부르는 B 직원
③ 윗사람에게 악수를 하기 전에 먼저 목례를 한 C 직원
④ 신입사원에게 인수인계를 하던 중 상사가 오자 상사에게 신입사원을 소개시킨 D 직원

06. 다음 기업 경영에 관한 글에서 설명하는 '이것'의 향상법으로 적절하지 않은 것은?

> 최근 경영환경의 불확실성이 높아지고 미래에 대한 예측이 점점 더 어려워지고 있다. 또한 기업의 입장에서도 기업 규모가 커질수록 조직 내부의 복잡성도 같이 증가하게 된다. 이러한 상황에서는 탁월한 리더라고 하더라도 혼자서는 복잡하고 다양한 문제를 효율적으로 해결하기에 부족한 모습을 보일 수 있다. 이 같은 문제를 원활하게 해결하기 위해 필요한 것이 바로 경영진들의 협력이다.
>
> 경영진들의 협력은 조직의 목표를 달성하기 위해 각 역할에 따라 책임을 다하는 모습을 보이는 것을 가리킨다. 이를 '이것'(이)라고 하는데, 최근 A 기업은 '이것'(을)를 향상시키고자 알파호 카누 트래킹을 떠났다. 카누 트래킹은 혼자서는 앞으로 나아가기 어려운 카누를 타고 모두가 힘을 합쳐 하나의 방향으로 나아가 결국 목적지에 도착할 때, 하나의 목표를 향해 협동하면 좋은 성과를 낼 수 있다는 느낌을 얻게 한다.

① 명확한 팀 목표를 제시해야 한다.

② 상호 간 신뢰를 형성할 수 있도록 해야 한다.

③ 팀장에게 권한을 집중시켜야 한다.

④ 팀에 대한 정체성을 형성하고 스스로의 정체성과 결부시킬 수 있도록 지원과 지지를 보내야 한다.

07. 다음은 직장 전화응대 매뉴얼을 만들기 위해 직원들이 나눈 대화이다. 올바르게 말한 사람을 모두 고른 것은?

> 갑 : 전화는 필요에 따라 정상적인 업무가 이루어지고 있는 근무 시간 외에도 걸 수 있어.
> 을 : 전화를 해 달라는 메시지를 받았다면 가능한 한 48시간 안에 답해야 해.
> 병 : 전화벨이 3 ~ 4번 이상 울린 다음 받아서 상대방에게도 준비할 시간을 줘야 해.
> 정 : 언제나 펜과 메모지를 곁에 두어 전화 내용을 받아 적을 준비가 되어 있어야 해.
> 무 : 주위의 소음을 최소화한 후 천천히, 명확하게 예의를 갖추고 목소리에 미소를 띠며 말해야 해.

① 갑, 병, 정　　② 갑, 정, 무

③ 을, 정, 무　　④ 병, 정, 무

08. 고객 응대 방법 중 서비스 정신에 입각하여 판단할 때 지양해야 할 행위가 아닌 것은?

① 시간이 걸리긴 하지만 고객의 질문에 답을 찾아주고자 별다른 설명 없이 장시간 고객을 기다리게 하는 행위

② 책상 위가 산만하여 고객 응대에 앞서 먼저 서류 정리를 하는 행위

③ 고객의 시야에 들어오긴 하지만 연기나 냄새의 영향이 없을 정도의 거리에서 흡연을 하는 행위

④ 집안 문제로 일손이 잡히지 않지만 내가 맡은 일이라 어쩔 수 없이 고객의 민원에 응하는 강요된 서비스 행위

09. 다음 상황에서 △△회사가 새로 영입할 전문 경영인에게 요구되는 리더십 유형의 특징은?

> △△회사는 최근 경기 불황 여파로 제품의 판매 실적이 부진하고 직원들의 사기 또한 떨어진 상태이다. 얼마 전에 열린 임원 회의에서는 이러한 문제가 사장의 리더십 때문에 발생하였다고 보는 의견이 다수였다. 지금까지 사장은 회의 도중 본인의 의견을 비판하는 직원에게 무조건 순응하도록 강요하거나 수시로 회의를 열어 직원들에게 새로운 성과를 닦달하는 방식으로 경영을 해왔다.
>
> △△회사는 사장의 이러한 경영 방식으로 20년 동안 고속 성장을 이룰 수 있었지만, 최근에는 신제품 개발 부진과 생산성 하락으로 위기를 맞고 있다. 사장의 이러한 리더십에 이미 익숙해진 직원들은 누군가가 지시를 내리거나 자극을 주지 않으면 새로운 개발을 연구하려고 노력하지 않는다. 이러한 상황에서 위기를 느낀 사장과 임원진은 회사의 상황을 긍정적으로 바꾸기 위해 조직의 문제점을 분석하고 해결 방안을 내놓을 수 있는 전문 경영인을 새로 영입하려고 한다.

① 리더와 집단 구성원 사이의 명확한 구분이 없어 리더가 조직에서 한 구성원이 되기도 한다.

② 개개인과 팀이 유지해 온 이전의 업무 수행 상태를 뛰어 넘고자 한다.

③ 질문을 금지하고 모든 정보를 독점하며 실수를 용납하지 않는다.

④ 부하 직원들에게 피드백이 미흡하고 인간관계에 얽매여 냉정하지 못하다.

[시·도 교육청 교육공무직원 소양평가]

유형별 출제비중

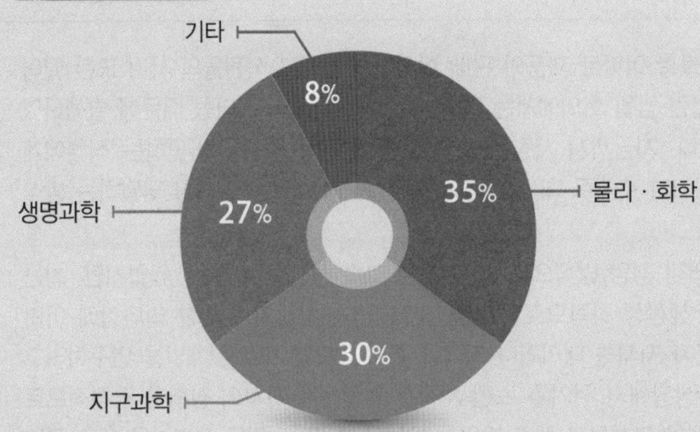

구조보기

- 과학상식 : 일상 속 과학 현상을 파악하고 기초적인 과학적 상식을 이해하는 능력
  → 영양소의 작용 구분, 물질의 상변화, 힘의 작용

시 · 도교육청 교육공무직원 소양평가

파트 6

관찰탐구력

출제유형이론

1 ABO식 혈액형

A, B, AB, O 4가지로 구분한 혈액형이다. 혈액형의 유전자로는 A, B, O 3가지가 있는데 A와 B 사이에는 우열관계가 없고, A와 B는 모두 O에 대해 우성이다. 따라서 유전자의 조합이 AA · AO인 경우에는 A형, BB · BO인 경우에는 B형, OO인 경우에는 O형, AB인 경우에는 AB형이 된다.

〈유전자 조합에 따른 혈액형〉

부모	자식	부모	자식	부모	자식
O+O	O	A+AB	A, B, AB	AB+AB	A, B, AB
A+A	A, O	B+O	B, O	AB+O	A, B
A+O	A, O	B+B	B, O		
A+B	A, O, B, AB	B+AB	A, B, AB		

2 영양소

생명체의 성장과 유지에 필요한 모든 물질로서 대사 활동의 재료가 되며 주영양소와 부영양소로 나눈다.

1. **주영양소** : 가장 많이 섭취하고 에너지원으로 가장 많이 쓰이는 영양소로 3대 영양소라고도 한다.

구분	탄수화물	단백질	지방
구성 단위	단당류	아미노산	지방산, 글리세롤
에너지량	4kcal/g	4kcal/g	9kcal/g

2. **부영양소** : 물, 무기염류, 비타민으로 몸의 생리작용을 조절한다.

무기염류	작용	무기염류	작용
칼슘(Ca)	뼈와 이의 성분, 혈액응고	마그네슘(Mg)	뼈의 성분
나트륨(Na)	삼투압 조절	아이오딘(I)	호르몬의 성분
칼륨(K)	근육 및 신경 기능 조절	구리(Cu)	헤모글로빈 생성에 관여
철(Fe)	헤모글로빈의 성분	인(P)	뼈, ATP, 핵산의 성분

비타민	A	B	C	D	E	F
결핍 증상	야맹증	각기병	괴혈병	구루병	세포파괴	혈액응고 지연

3 산과 염기

- 산 : 신맛을 띠며 리트머스의 색을 청색에서 적색으로 변화시키는 특성을 갖는다. 금속과 반응하면 수소를 생성하고 수용액의 상태에서는 전류가 잘 통한다.

- 염기 : 쓴맛을 띠며 리트머스의 색을 적색에서 청색으로 변화시킨다. 미끈미끈한 성질을 가지며 수용액 상태에서는 전류가 잘 통한다.
- pH : 수소이온지수를 나타내는 단위로, 용액의 산성도를 표시한다. 1기압 · 25℃에서 물 1L는 10−7mol의 수소이온을 가지며, 이때 pH는 7로 중성이다. 이를 기준으로 pH가 7보다 낮은 용액은 산성, 7보다 높은 용액은 알칼리성 혹은 염기성이라 한다.

4 산화와 환원

산화	• 산소와 결합하는 반응 예 연소 반응, 철의 부식반응 • 원소 또는 화합물이 수소를 잃는 반응 예 물의 전기 분해 • 산화수의 증가(전자의 수가 줄어듦)의 경우
환원	• 산소를 잃는 반응 예 철의 제련과정, 산화크롬의 환원과정 • 원소 또는 화합물이 수소와 결합하는 반응 예 암모니아 생성 반응 • 산화수의 감소(전자의 수가 늘어남)의 경우

5 물질의 상변화

물질은 한 가지 상에서 다른 상으로 바뀔 수 있으며 열이 이 변화를 주도한다. 예를 들어 물(액체)을 가열하면 수증기(기체)가 되고, 냉각시키면 얼음(고체)이 된다. 대부분의 물질은 고온에서는 기체가 되고 저온에서는 고체가 되며 그 중간 온도에서 액체 상태를 취한다. 이와 같이 물질의 상태가 바뀌는 것을 상전이 또는 상변화라 부른다.

- 플라스마(Plasma) : 전기적으로 중성인 원자가 전자를 잃고 이온이 되어 (+)전하를 띤 입자와 (−)전하를 띤 입자가 기체 상태로 뒤섞여 있는 상태를 말한다. 전기적으로나 열적으로 보통의 기체와는 다른 성질을 지니고 있어 고체 · 액체 · 기체에 이은 제4의 물질상태로 보기도 하며, 자체 내에서 빛을 낼 수도 있다.

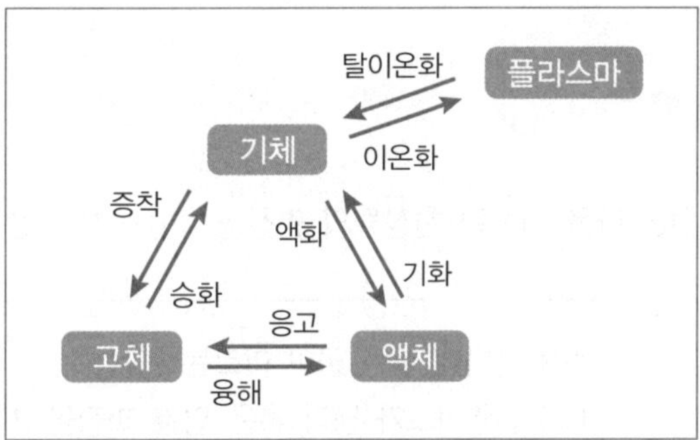

6 운동의 법칙

물체에 힘이 작용하면 물체에서는 변형이 일어나거나 운동 상태가 변하거나 변형과 운동 상태의 변화가 같이 일어난다. 물체의 운동에 영향을 주는 힘에 대해 뉴턴(Newton)은 세 가지 법칙을 발표하였다.

제1법칙 관성의 법칙	외력이 작용하지 않으면 물체는 처음의 운동 상태를 유지한다. 처음에 정지해 있던 물체는 계속 정지해 있고 운동하던 물체는 등속 직선 운동을 한다.
제2법칙 가속도의 법칙	속도의 변화는 질량이 일정할 때 작용하는 힘의 크기에 비례하고 작용하는 힘의 크기가 일정할 때 물체의 질량에 반비례한다.
제3법칙 작용 · 반작용의 법칙	A, B 두 물체 사이에서 A가 B에 힘(작용)을 가하면 B도 A에 크기는 같고 방향은 반대인 힘(반작용)을 가한다.

▶ 정답과 해설 75쪽

테마 2 출제유형문제

유형 1 과학상식

01. B 씨는 다음 〈보기〉와 같은 식단 원칙을 정하였다. B 씨가 정한 원칙은 어떤 영양소의 흡수를 좋게 하는 방법인가?

보기

- 전기밥솥 대신 무쇠솥에 밥을 짓는다.
- 녹색 채소를 자주 섭취하고, 커피나 차의 섭취량을 줄인다.
- 매주 3~4회 육류를 섭취한다.
- 아스코르브산을 섭취하여 흡수율을 높인다.

① 인　② 철
③ 비타민 D　④ 나트륨

02. 다음 제시된 현상들의 명칭을 (가)~(다) 순서대로 바르게 나열한 것은?

(가) 마당에 뿌린 물이 마르는 현상
(나) 천연가스가 냉각 혹은 압축 과정을 거쳐 새로운 상태가 되는 현상
(다) 옷장에 넣어 둔 나프탈렌이 사라지는 현상

	(가)	(나)	(다)
①	승화	액화	기화
②	기화	액화	승화
③	기화	승화	액화
④	액화	기화	승화

03. 다음의 수용액을 산성, 염기성, 중성 용액으로 바르게 분류한 것은?

㉠ 식초	㉡ 사이다
㉢ 비눗물	㉣ 설탕물
㉤ 암모니아수	㉥ 오렌지 주스

	산성	염기성	중성
①	㉠, ㉡	㉣, ㉤, ㉥	㉢
②	㉢, ㉣	㉡, ㉤, ㉥	㉠
③	㉠, ㉡, ㉥	㉢, ㉤	㉣
④	㉡, ㉢, ㉣	㉠, ㉥	㉤

04. 다음은 영희 씨 가족의 ABO식 혈액형을 조사하여 정리한 모식도이다. 영희 씨가 혈액형이 AB형인 남자와 결혼하였을 때, 가능한 아이의 혈액형을 모두 나열한 것은?

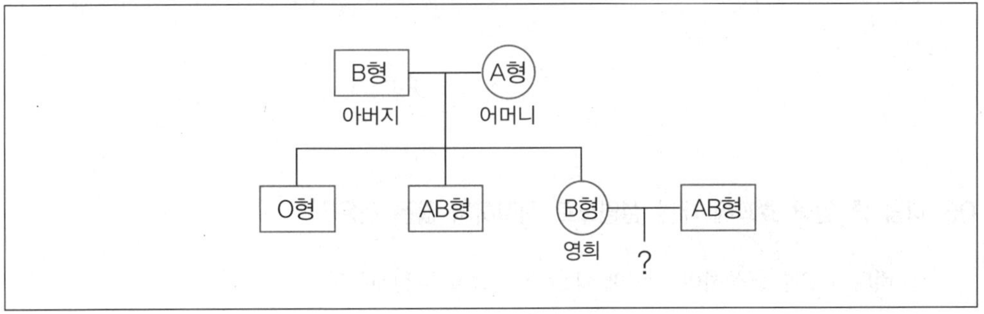

① A형, B형
② B형, AB형
③ A형, B형, AB형
④ A형, AB형, O형

05. 다음은 산화구리가 산소를 잃고 구리로 변화하는 과정에 대한 실험이다. 실험결과로 옳은 것을 〈보기〉에서 모두 고르면?

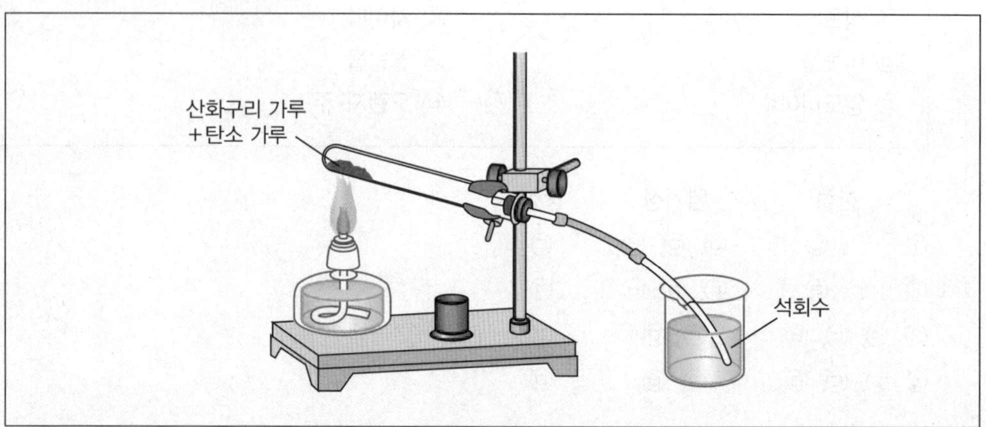

보기

(ㄱ) 탄소는 환원제이다.
(ㄴ) 석회수가 뿌옇게 흐려진다.
(ㄷ) 산화구리는 붉은색의 구리로 변한다.
(ㄹ) 산화구리 속의 산소가 탄소와 결합한다.

① (ㄱ), (ㄷ)　② (ㄱ), (ㄴ), (ㄷ)
③ (ㄴ), (ㄷ), (ㄹ)　④ (ㄱ), (ㄴ), (ㄷ), (ㄹ)

06. 다음 중 일광 효과에 대한 설명으로 적절하지 않은 것은?

① 비타민 C를 형성하여 세균에 대한 저항력을 증진시킨다.
② 신진 대사를 촉진시키고 피부를 튼튼하게 한다.
③ 장기 기능을 증진시키고 식욕 증진에 효과가 있다.
④ 피부의 말초혈관이 확장돼 혈액의 공급이 원활해진다.

07. 다음 그림과 같이 A 동전을 고정시킨 후 B 동전을 화살표 방향으로 회전시켜 제자리로 돌아왔다면, B 동전은 몇 바퀴 회전하였는가?

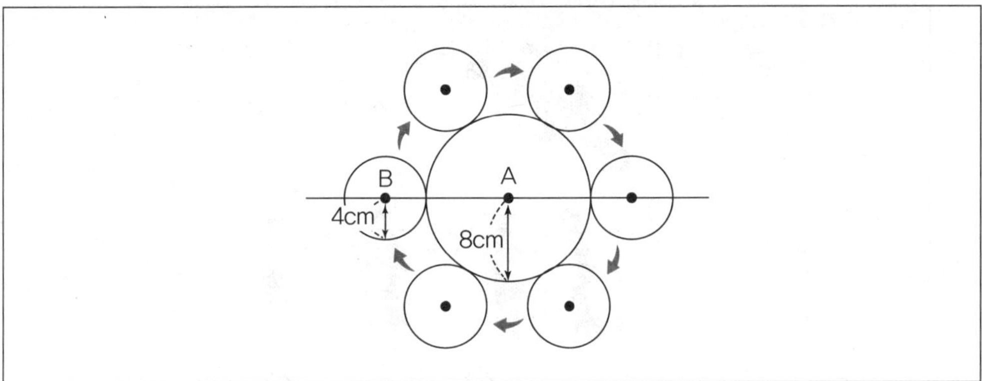

① 1바퀴 ② 1.5바퀴
③ 2바퀴 ④ 2.5바퀴

08. 다음 중 〈보기〉와 동일한 원리가 적용된 현상은?

보기

휴대폰 화면을 거울처럼 사용할 수 있다.

① 차로 중앙선에 반짝이는 물체를 박아 놓는다.
② 겨울철에 털옷을 벗을 때 머리카락이 털옷에 달라붙는다.
③ 용수철을 당겼다 놓으면 원래대로 돌아간다.
④ 물이 가득 찬 욕조에 물체를 넣으면 물이 넘친다.

09. 다음 (가) ~ (다)는 '뉴턴의 운동 제3법칙'을 표현한 그림이다. 각 그림과 〈보기〉의 예시가 바르게 짝지어진 것은?

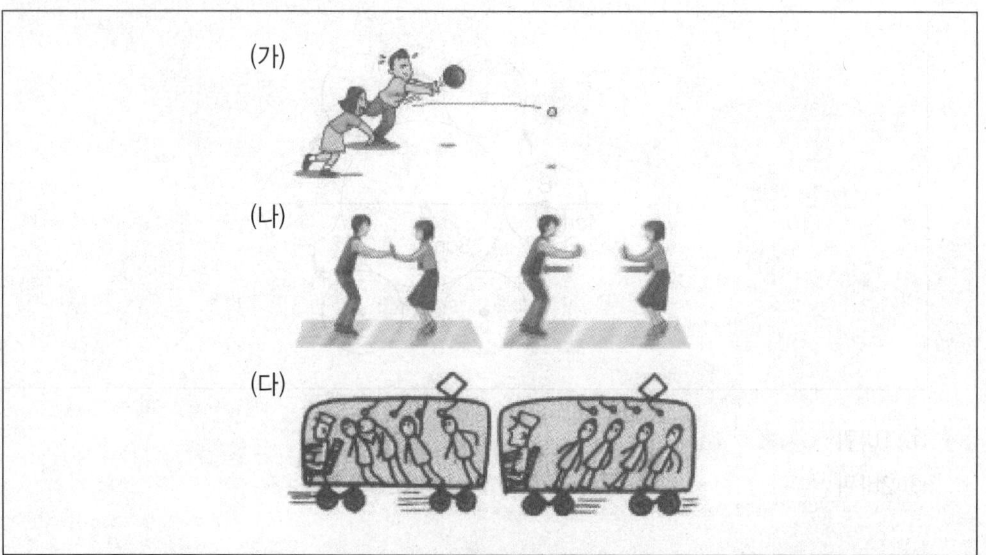

보기

㉠ 옷이나 이불의 먼지를 털 때, 손이나 먼지떨이로 두드린다.
㉡ 에스컬레이터는 올라와 있는 사람들의 무게에 따라 소모하는 전력량이 다르다.
㉢ 로켓과 제트기가 전진할 때 가스가 분출된다.

	(가)	(나)	(다)		(가)	(나)	(다)
①	㉠	㉡	㉢	②	㉡	㉠	㉢
③	㉡	㉢	㉠	④	㉢	㉡	㉠

10. 다음 〈보기〉는 태양계에 존재하는 작은 천체들에 대한 설명이다. 빈칸에 들어갈 말이 바르게 연결된 것은?

보기

(가) (㉠) : 주로 화성과 목성의 공전 궤도 사이에 분포하고, 태양 주위를 공전한다.
(나) 혜성 : 암석과 얼음으로 이루어진 혜성은 지름이 수 km로 작고, 밝은 (㉡)을/를 가지고 있다. 긴 타원 궤도 또는 포물선 궤도를 따라 회전한다.
(다) 유성체 : 행성계의 내부에 떠 있는 암석 조각으로 이것들이 지구의 인력에 끌려 지구 대기권으로 들어오면 (㉢)이/가 된다. 크기가 큰 유성체가 대기권에서 다 타지 않고 지표까지 도달하는 것을 (㉣)(이)라고 한다.

	㉠	㉡	㉢	㉣
①	소행성	운석	유성	꼬리
②	유성	소행성	꼬리	운석
③	소행성	꼬리	운석	유성
④	소행성	꼬리	유성	운석

11. 다음 중 광합성량과 이산화탄소의 관계를 나타낸 그래프로 올바른 것은?

①
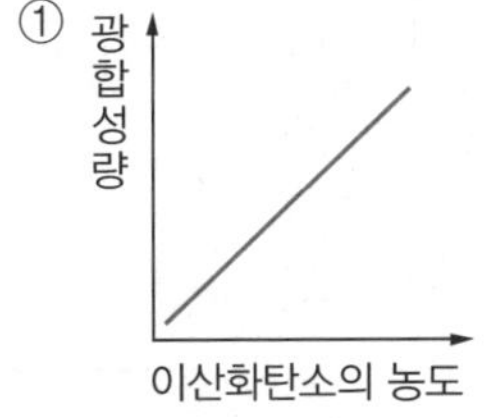

②
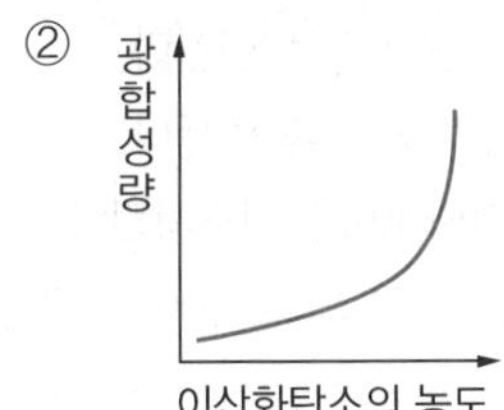

③
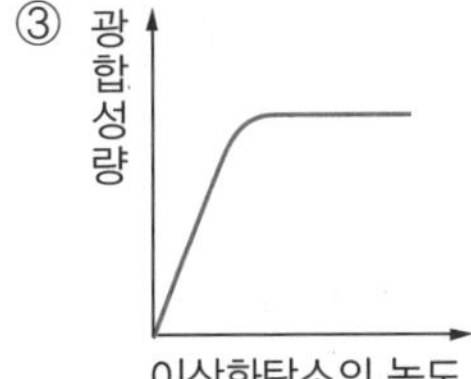

④
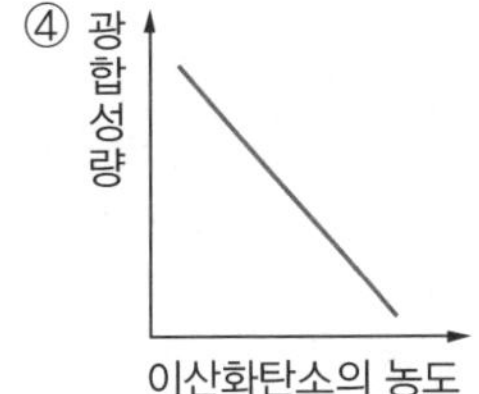

▶ 정답과 해설 77쪽

테마 3 기출예상문제

01. 다음에서 설명하고 있는 원소는?

> 주기율표의 첫 번째 화학 원소로, 우주에서 가장 흔하고 가벼우며 빛깔, 맛, 냄새가 없다. 이 원소를 얻는 대표적인 방법은 물을 전기분해하는 것이다. 그러나 불이 붙는 속도가 빨라 폭발력이 강하므로 다룰 때 주의해야 한다.

① 수소(H)
② 아르곤(Ar)
③ 헬륨(He)
④ 산소(O)

02. 다음 〈보기〉에서 화학변화에 해당하는 것을 모두 고르면?

> **보기**
>
> ㉠ 드라이아이스가 승화한다.
> ㉡ 쇠가 녹슬어 붉은색으로 변한다.
> ㉢ 우유를 발효시켜 치즈를 만든다.
> ㉣ 가스레인지의 메테인을 연소시킨다.
> ㉤ 얼음이 녹으면 물이 되고, 물이 얼면 다시 얼음이 된다.

① ㉠, ㉤
② ㉡, ㉢
③ ㉠, ㉣, ㉤
④ ㉡, ㉢, ㉣

03. 다음 중 물의 역할로 적절하지 않은 것은?

① 체온을 조절한다.
② 체내의 일과 운동을 전달한다.
③ 노폐물을 제거, 배설한다.
④ 우리 몸에서 사용되는 주요 에너지원이다.

04. 다음에서 설명하고 있는 원소는?

알칼리 토류 금속에 속하는 천연의 방사성 원소로 1898년 퀴리 부부에 의해 우라늄 광석인 피치블렌드 속에서 발견되었다. 은색의 고체 금속이지만 공기 중에 노출되면 표면이 쉽게 산화되어 검은색으로 변한다.

① 라듐(Radium)
② 리튬(Lithium)
③ 플루토늄(Plutonium)
④ 우라늄(Uranium)

05. 다음 중 비타민의 특성으로 옳은 것을 모두 고르면?

㉠ 비타민은 매우 적은 양으로 물질 대사나 생리 기능을 조절하는 필수 영양소이다.
㉡ 비타민은 수용성 비타민과 지용성 비타민으로 분류된다.
㉢ 신체 에너지를 생성하기 위해서는 비타민을 가능한 한 많이 섭취하는 것이 좋다.
㉣ 모든 비타민은 체내에서 합성이 가능하다.

① ㉡
② ㉠, ㉡
③ ㉠, ㉢
④ ㉡, ㉢, ㉣

06. 고무공을 두 손으로 잡고 눌렀더니 누른 부분이 찌그러졌다. 이러한 현상에 대한 설명으로 옳은 것을 〈보기〉에서 모두 고르면?

보기

㉠ 고무공이 찌그러진 것과 밀가루 반죽을 잡아당겨서 모양이 변하는 것은 모두 힘이 작용한 것이다.
㉡ 고무공에 작용한 것을 힘이라고 하고 힘은 물체의 모양, 운동 방향을 변하게 할 수 있다.
㉢ 고무공에 작용한 것은 힘이며 힘의 단위는 뉴턴(N)이다.
㉣ 야구공을 방망이로 치면 공의 운동 방향이 바뀌는 것과 공이 찌그러지는 것은 모두 힘 때문이다.

① ㉠, ㉡
② ㉢, ㉣
③ ㉠, ㉡, ㉢
④ ㉠, ㉡, ㉢, ㉣

07. 다음은 A 씨가 자전거를 타고 이동할 때 시간에 따른 이동 거리를 그래프로 나타낸 것이다. 이에 대한 설명으로 옳지 않은 것은?

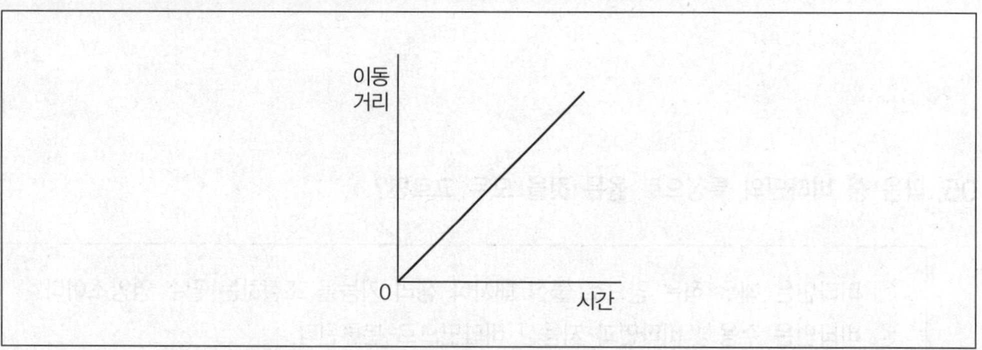

① A 씨의 이동속도는 일정하다.
② 다이빙대에서 떨어지는 다이빙 선수의 시간에 따른 이동거리도 그래프와 같다.
③ 백화점의 에스컬레이터는 손님의 안전을 위해 그래프와 같이 이동한다.
④ 위와 같은 상황에서의 가속도는 0이다.

08. 다음 나열된 현상 중에서 과학적 원리가 같은 내용끼리 골라 짝지은 것은?

> ㉠ 노를 저어 배를 움직인다.
> ㉡ 손에 들고 있던 창을 놓으면 땅으로 떨어진다.
> ㉢ 대포를 쏘면 대포알은 날아가고 대포는 뒤로 밀린다.
> ㉣ 말을 타고 달리다가 돌부리에 걸리면 앞으로 넘어진다.

① ㉠, ㉡　　② ㉡, ㉢
③ ㉢, ㉣　　④ ㉠, ㉢

09. 다음 그림과 같은 현상의 예시로 적절한 것을 〈보기〉에서 모두 고르면?

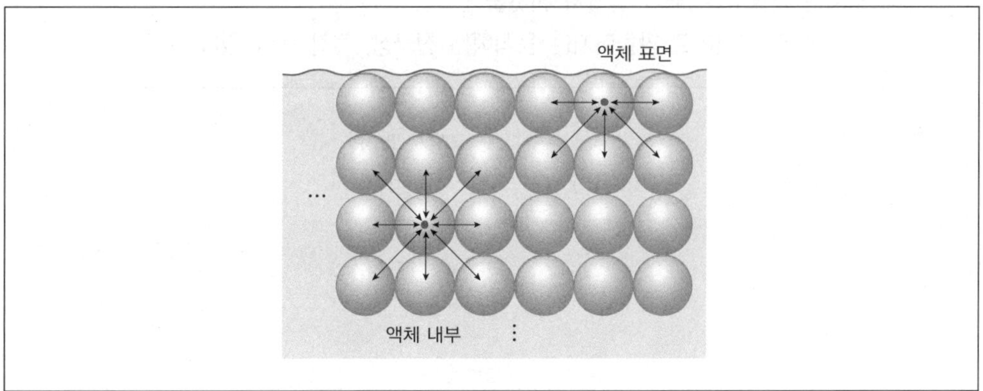

보기

> ㉠ 소금쟁이는 수면 위를 뛰어다녀도 물속으로 빠지지 않는다.
> ㉡ 드라이아이스의 크기가 작아졌다.
> ㉢ 물이 가득 찬 컵에 클립을 올리면 클립이 물 위에 떠 있는다.
> ㉣ 배영을 할 때 가만히 누워 힘을 빼면 수면 위로 떠오른다.
> ㉤ 연꽃잎 표면에 비가 내렸더니 물방울이 유리구슬처럼 굴러다녔다.

① ㉠, ㉡　　② ㉠, ㉤
③ ㉠, ㉢, ㉤　　④ ㉡, ㉢, ㉣

10. 민아는 요리 교실에서 배운 김치 담그는 방법을 다음과 같이 메모하였다. 밑줄 친 ㉠ ~ ㉣에서 일어나는 화학 변화에 대한 설명으로 옳은 것을 〈보기〉에서 모두 고르면?

〈김치를 담그는 방법〉

1. 손질을 끝낸 ㉠ 배추를 소금에 절인다.
2. 김치 속 양념을 만들어 배추에 버무린다.
3. 김치를 김칫독에 넣고 그 위를 ㉡ 무거운 돌로 누른다.
4. ㉢ 김칫독을 땅에 묻어 익힌다.
5. ㉣ 알맞게 익은 김치를 맛있게 먹는다.

보기

㉠ 삼투 현상으로 수분이 빠진 배춧잎에 양념이 잘 배게 된다.
㉡ 공기 중에 있는 세균의 차단을 위해 산소를 차단하려는 것이다.
㉢ 김치는 익을수록 pH가 높아져 신맛을 낸다.
㉣ 김치와 같은 원리로 만들어지는 음식에는 청국장, 젓갈 등이 있다.

① ㉠, ㉡　　② ㉠, ㉣
③ ㉡, ㉢　　④ ㉢, ㉣

11. 머리카락이 건조할 때 머리를 빗으면 머리카락이 빗에 달라붙는 현상이 발생한다. 다음 중 이와 같은 원리를 적용한 예가 아닌 것은?

① 진공청소기　　② 복사기
③ 포장 랩　　④ 공기 청정기

12. 다음과 같이 자동차가 커브 길을 돌 때, 탑승자의 몸이 쏠리는 방향과 이때 작용하는 힘을 바르게 짝지은 것은?

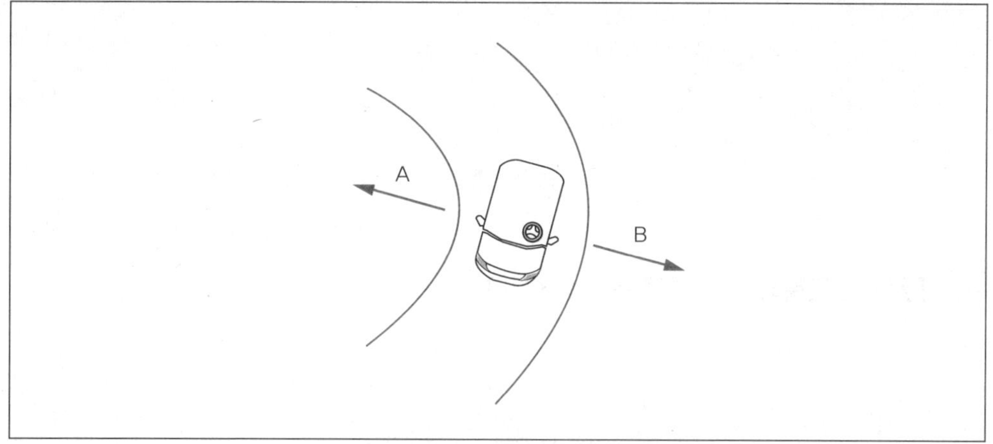

① A, 원심력
② B, 원심력
③ A, 구심력
④ B, 구심력

13. 다음 그림과 같이 이른 아침 풀잎에 이슬이 맺힌 모습은 어떤 현상에 의한 것인가?

① 기화
② 융해
③ 응고
④ 액화

[시 · 도 교육청 교육공무직원 소양평가]

영역 분석

영역	내용
언어논리력	유의어, 반의어, 문맥에 맞는 사자성어, 단어관계 등 어휘력을 묻는 유형이 많은 비중을 차지하며 문서이해의 절차, 문서 작성 방법, 단어의 다양한 쓰임, 문장 배열 등의 문제도 출제된다.
수리력	수 추리, 방정식 계산, 농도, 거리, 속도, 시간, 확률, 도형계산 등 응용수리 문제와 표와 그래프를 보고 자료를 계산하거나 해석하는 문제가 출제된다.
문제해결력	명제, 참, 거짓 등 진위를 묻는 문제와 제시된 조건을 바탕으로 결론을 도출하는 문제가 많은 비중을 차지하며 문제해결의 절차나 문제의 유형 등을 묻는 문제도 출제된다.
공간지각력	전개도, 투상도, 종이접기, 도형 회전에 따라 일치하는 모양 찾기, 블록결합 등 여러 가지 도형 문제가 출제된다.
이해력	경청, 리더십, 비즈니스 매너와 같은 사회상식을 묻는 문제가 주로 출제된다.
관찰탐구력	화학, 물리, 자연과학 등 여러 분야에 걸친 일상에서의 과학적 현상, 기초적인 과학상식을 묻는 문제가 주로 출제된다.

시 · 도 교육청 교육공무직원 소양평가

파트 7

실전모의고사

실전모의고사 1회_45문항

실전모의고사 2회_50문항

소양평가 실전모의고사 1회

문항수 | 45문항
시험시간 | 45분

▸정답과 해설 80쪽

01. 다음 중 밑줄 친 어휘의 맞춤법이 올바르지 않은 것은?

① 큰 소리로 웃고 떠드는 행위는 나이 고하를 막론하고 눈살을 찌푸리게 한다.
② 다시 한번 거울을 보며 나지막히 읊조린다.
③ 번잡한 주변을 깨끗이 정리하는 시기입니다.
④ 가방 메고 얼른 학교 가야지?

02. 다음 문장에 이어서 (가)~(마)를 문맥에 맞게 순서대로 배열한 것은?

> 천연염색이란 식물, 동물 및 광물을 이용하여 작물이나 실에 염색하는 것을 말한다.
>
> (가) 식물의 잎, 목재, 수피, 꽃, 뿌리, 열매 등을 이용한 천연염색은 합성염료에서 보기 어려운 특유의 독특한 색을 갖고 있을 뿐만 아니라 항균성, 소취성, 항알레르기성 등의 기능성을 갖고 있어 천연염색 제품을 찾는 사람들이 많아지고 있는 것이다.
> (나) 최근 들어 환경보호에 대한 관심과 자연에 대한 친밀감으로 천연염색에 대한 관심이 집중되면서부터 소비자들의 이용이 늘고 있다.
> (다) 그러므로 천연염료는 천연염색의 장점을 살린 고부가가치 개발을 도모하면서 색의 안정성, 재현성, 분말화 및 표준화 등 대량생산이 가능한 방법이 모색되어야 한다.
> (라) 하지만 천연염료는 동일한 색상을 내기가 어려우며, 대량생산이 불가능하여 가격이 비싸면서도 염색 견뢰도는 낮은 단점을 가지고 있다.
> (마) 이처럼 천연염료는 합성염료가 지닌 인체에 유해성 및 환경오염 문제를 해결할 뿐만 아니라 자연스러우면서도 부드러운 색상을 표현할 수 있다는 장점을 가지고 있다.

① (가) – (나) – (라) – (마) – (다)
② (가) – (나) – (마) – (라) – (다)
③ (나) – (가) – (다) – (라) – (마)
④ (나) – (가) – (마) – (라) – (다)

03. 다음 글에서 말하는 신하의 도리로 옳은 것은?

공자는 제(齊)나라의 경공(景公)에게 정치에 관한 질문을 받고 "군군신신부부자자(君君臣臣父父子子)", 즉 "임금은 임금다워야 하고 신하는 신하다워야 하며 아버지는 아버지다워야 하고 아들은 아들다워야 한다."라고 답하였다. 임금은 임금의 도리를 다하고 신하는 신하의 도리를 다하며 아버지는 아버지의 도리를 다하고 아들은 아들의 도리를 다하여야 한다는 내용으로, 군도(君道)와 함께 신도가 강조된 것이다. 또한 공자는 임금의 신하에 대한 도리와 신하의 임금에 대한 도리에 관한 노(魯)나라의 정공(定公)의 질문에 대해, 임금은 신하를 예(禮)로써 부리고 신하는 임금을 충(忠)으로써 섬기는 것이라고 답하여 신도의 내용으로 임금에 대한 충성심을 제시하였다. 이러한 신도는 군신유의(君臣有義), 즉 임금과 신하 사이의 윤리를 의(義)로써 설명한 맹자의 논리에 의하면 다음과 같이 이해할 수 있다. 임금과 신하는 같은 인간으로서 원래는 평등한 관계이지만, 살기 좋은 사회의 건설을 담당하는 핵심적인 인물로서 백성들이 추대한 자가 임금이고, 신하는 그를 보좌하는 자이므로 임무에 있어서 상하관계가 성립된다. 다시 말하면, 임금과 신하는 백성들의 삶을 위해 인위적으로 맺어진 이차적인 관계인데, 이때의 상호 간의 윤리가 의라는 것이다. 의의 논리에서 보면 신하는 임금이 본래의 임무를 원만히 담당하면 그를 중심으로 힘을 합해 살기 좋은 사회의 건설에 총력을 기울여야 하지만, 그렇지 못한 임금이면 혁명으로 새로운 적임자를 추대해야 하는 양면성을 가진다.

① 임금과 아버지의 도리, 신하와 아들의 도리는 서로 동일하다.
② 임금과 신하는 출생과 맡은 바 임무에서 본래 평등한 관계이다.
③ 임금은 항상 신하들에게 추대되어야만 정통성을 갖는다.
④ 신하는 왕의 됨됨이가 올바른지 아닌지를 판단할 수 있어야 한다.

04. 다음 글의 주제로 가장 적절한 것은?

> 결핵을 예방하기 위한 BCG는 B형 간염 예방백신과 함께 아이가 태어나서 가장 먼저 맞는 백신이다. 출생 후 4주 이내 1회로 어깨 부위에 접종한다. BCG를 접종한 지 2 ~ 3주 후에 주사 부위에 5 ~ 7mm 크기로 곪는 것 같은 반응이 나타나고 3개월 이내에 아물면서 작은 흉터(반흔)를 남긴다. 곪는 것은 정상적인 반응이므로 무조건 소독하려 하거나 반창고를 붙이면 안 된다. 하지만 접종 부위에 염증반응이 생겨 오랜 기간 회복되지 않고 더 심해지면 치료를 받아야 한다. 결핵 접종방법에는 전통적인 피내용과 최근 민간병원에서 많이 사용하는 경피용이 있다. 최근 경피용이 반흔이 적어 선호되는 경향이 있으나 면역력 획득에 있어 피내용에 비해서 시술자의 경험이나 술기에 따라 달라질 수 있다는 단점이 있다.

① 생후 최초로 맞아야 하는 백신 종류
② 결핵 예방 백신의 종류
③ 결핵 예방 백신 후의 신체 반응
④ 결핵 예방을 위한 백신 접종방법

05. 다음 A와 B의 대화를 읽고 어느 의견이 더 타당한지 판단하려 할 때, 제시할 수 있는 질문으로 적절한 것은?

> A : 우리 마을의 노인 인구는 급속도로 증가하고 있다. 따라서 마을 입구의 녹지 조성 계획을 취소하고 노인 회관 건립을 추진해야 한다. 노인 증가 문제는 어제오늘의 일이 아니며, 우리 지역만의 문제도 아니다. 녹지도 필요하지만 다른 개발지를 찾는 것이 어렵지는 않을 것이다.
>
> B : 노인 인구를 위해 노인 회관을 짓는다면, 차라리 다른 부지를 찾아보는 것이 낫다. 녹지 조성 계획을 취소하는 것은 국가적인 정책 방향과도 맞지 않으며, 주변 지역에 비해 우리 지역은 대기오염이 심각하여 오래 전부터 녹지 조성의 필요성이 끊이지 않았다.

① 마을의 노인 인구와 녹지 조성 현황이 어떤가?
② 노인 회관 건립비용이 얼마인가?
③ 녹지 개발 후보지가 될 수 있는 곳은 몇 개인가?
④ 대기오염 정도는 어떠한가?

06. 한 사람에게 1개씩 과자를 사 주고자 한다. 1개에 2,800원짜리 과자를 사면 6,600원이 부족하고 2,400원짜리를 사면 1,400원이 부족하다. 과자를 받아야 하는 사람의 수는 몇인가?

① 10명 ② 11명
③ 12명 ④ 13명

07. 12%의 소금물 350g에 4%의 소금물을 첨가한 후 50g의 물을 증발시켰더니 9%의 소금물이 되었다. 첨가한 소금물의 양은 얼마인가?

① 280g ② 290g
③ 300g ④ 310g

08. 전문 조리사 A와 B는 행사 준비를 위해 파스타 120인분을 만들어야 한다. 120인분의 파스타를 A 혼자 만들면 2시간, B 혼자 만들면 3시간의 시간이 걸린다. A 혼자 70인분을 만들고 난 후 나머지 50인분은 A와 B가 함께 만들 때, 파스타 120인분을 모두 만드는 데 걸리는 시간은? (단, 모든 계산은 소수점 둘째 자리에서 반올림한다)

① 1.5시간 ② 1.7시간
③ 2시간 ④ 2.2시간

09. A 상자에 검은색 공이 2개, 흰색 공이 3개 들어 있고, B 상자에 검은색 공이 3개, 흰색 공이 4개 들어 있다. A 상자에서 공 1개를 꺼내 B 상자에 넣은 후 B 상자에서 공 1개를 꺼냈을 때, 흰색 공일 확률은?

① $\frac{1}{5}$ ② $\frac{3}{40}$
③ $\frac{3}{8}$ ④ $\frac{23}{40}$

10. 다음 숫자들은 일정한 규칙에 따라 나열되어 있다. 빈칸 A에 들어갈 알맞은 숫자는?

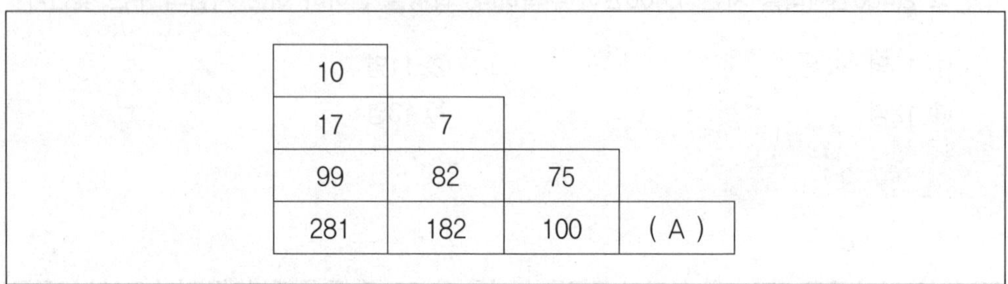

10			
17	7		
99	82	75	
281	182	100	(A)

① 20　　② 25
③ 30　　④ 35

11. A ~ G 7가구가 보유한 금의 양과 가구마다 금 100g당 원하는 판매가격이 다음과 같다. 금 구매업자에게 7가구가 모은 금 2kg을 판매할 때, 판매금액 총합의 최댓값으로 옳은 것은?

가구	A 가구	B 가구	C 가구	D 가구	E 가구	F 가구	G 가구
금 보유량	300g	800g	250g	250g	700g	300g	700g
가격/100g	20,000원	25,000원	27,000원	20,000원	30,000원	23,000원	25,000원

※ 한 가구당 금 판매에 참여할 수 있는 최대 양은 500g이다.

① 500,000원　　② 525,000원
③ 553,000원　　④ 572,000원

12. A, B 두 자동차의 연비를 시험하기 위해, 두 자동차에 각각 3L와 5L의 연료를 주입하고 동일 조건에서 운행이 멈출 때까지 주행을 실시하였다. 3L를 넣고 시험하였을 때 두 자동차의 주행거리의 합은 48km였고, B 자동차에 3L와 5L를 넣고 운행한 주행거리의 합은 56km였다. 이 경우 두 자동차의 연비를 곱한 값은 얼마인가?

① 52　　② 56
③ 60　　④ 63

13. 형은 동생이 하는 말이 참인지 거짓인지를 80%의 확률로 알아맞힐 수 있다. 지난 며칠간 동생이 형에게 했던 40개의 이야기 중 35개가 참인 이야기였다면, 동생이 한 40개의 이야기 중 형이 참이라고 판단한 이야기는 몇 퍼센트인가?

① 72.5%　② 73.5%
③ 74.0%　④ 76.5%

14. 다음 그림과 같은 도로의 A에서 B까지 이동할 때 인도인 A → D → B를 따라 걸어가면 3시간, 차도인 A → C → D → E → B를 자동차로 가면 1시간 48분이 걸린다. 차도 D → E → B의 거리는 인도 D → B거리의 5배이고, 차도 A → C → D의 거리는 인도 A → D거리의 11배라고 한다. 차의 속도는 사람이 걷는 속도의 10배일 때, A에서 D까지는 인도를 따라 걷고, D에서 E를 거쳐 B까지 자동차를 타고 간다면 A지점에서 출발하여 B지점에 도착할 때까지 걸리는 시간은 얼마인가?

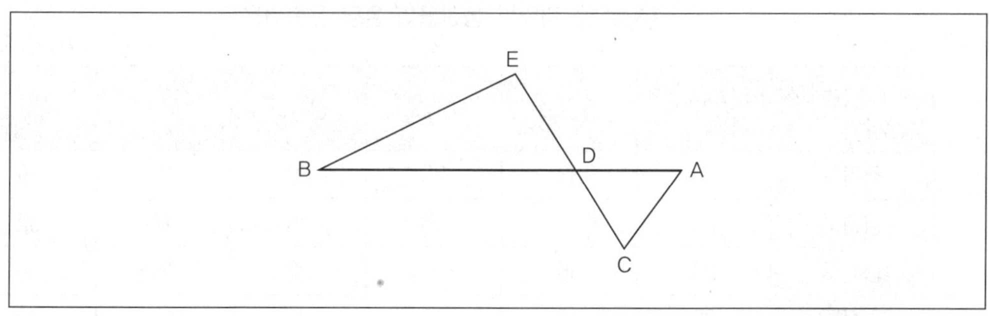

① 1시간　② 1시간 15분
③ 1시간 30분　④ 1시간 45분

15. 200개의 구슬을 각 상자에 들어가는 구슬의 개수를 모두 다르게 하여 가능한 한 많은 상자에 나누어 담으려고 한다. 필요한 상자의 개수를 a, 한 상자에 들어갈 수 있는 구슬 개수의 최댓값을 b라 할 때, a+b의 값은 얼마인가?

① 47　② 48
③ 49　④ 50

16. 다음은 국내 농산물 출하 관련 자료이다. 이에 대한 옳은 설명을 〈보기〉에서 모두 고른 것은?

〈자료 1〉 지역별 농산물의 출하량

(단위 : 톤)

생산지 \ 도착지	경기도	강원도	충청도	경상도	전라도	제주도
경기도	–	72	58	120	65	105
강원도	48	–	66	36	59	60
충청도	125	75	–	66	85	43
경상도	86	51	69	–	87	22
전라도	114	33	53	58	–	92
제주도	96	102	55	32	40	–

※ 동일 지역 내로 출하되는 경우는 고려하지 않는다.

〈자료 2〉 지역별 농산물의 톤당 운송비용

(단위 : 천 원)

생산지 \ 도착지	경기도	강원도	충청도	경상도	전라도	제주도
경기도	–	33	25	42	45	75
강원도	35	–	38	45	47	82
충청도	23	36	–	20	16	66
경상도	39	46	22	–	13	60
전라도	42	45	18	13	–	12
제주도	78	80	70	57	14	–

보기

㉠ 농산물의 지역별 총생산량보다 도착한 출하량이 더 많은 지역은 2곳이다.

㉡ 경상도에서 생산된 농산물의 지역별 평균 출하량보다 더 많은 농산물이 경상도로부터 출하된 지역은 3곳이다.

㉢ 제주도에서 경기도로 출하한 농산물은 경기도에서 제주도로 출하한 농산물보다 적은 양이지만 총운송비용은 더 많다.

㉣ 경상도에서 생산한 농산물의 출하지별 총운송비용이 가장 많은 지역은 경기도이다.

① ㉢　　② ㉠, ㉡

③ ㉢, ㉣　　④ ㉠, ㉡, ㉣

17. 다음은 A 시 초 · 중 · 고등학생의 특정 질환에 대한 환자 수와 진료비 관련 자료이다. 이에 대한 설명으로 옳은 것은?

〈연도별 환자 수 및 진료비〉

(단위 : 명, 백만 원)

구분		2020년	2021년	2022년	2023년	2024년
환자 수	전체	494	202	800	809	1,063
	남학생	234	94	377	367	497
	여학생	260	108	423	442	566
진료비	전체	41,785	21,828	74,436	89,085	109,596
	외래	12,173	5,123	21,472	22,692	28,988
	입원	29,612	16,705	52,964	66,393	80,608

① 남학생 환자 수와 여학생 환자 수의 연도별 증감 추이는 동일하다.

② 전체 환자 수와 전체 진료비는 연도별 비례 관계를 보인다.

③ 특정 질환 환자 1인당 진료비는 2021년이 가장 크다.

④ 전체 진료비에서 입원 진료비가 차지하는 비중은 2022년이 가장 작다.

18. A ~ E 5개 제품에 대한 테스트 결과와 기준치 지수가 다음과 같다. 〈보기〉의 합격 기준을 모두 만족해야 합격일 때, 합격 제품만을 모두 고른 것은?

구분	기준치 지수	테스트 결과		
		1차	2차	3차
A 제품	24	23.2	27.3	21.8
B 제품	27	26.1	25.0	28.1
C 제품	35	36.9	36.8	31.6
D 제품	40	36.4	36.3	47.6
E 제품	45	40.3	49.4	46.8

보기

- 1차 ~ 3차 테스트 결과의 평균값은 기준치 이상이어야 한다.
- 기준치 지수가 35 초과인 제품은 각 테스트 결과가 모두 기준치 지수의 90% 이상이어야 한다.
- 기준치 지수가 35 이하인 제품은 각 테스트 결과와 해당 기준치 지수와의 차이가 모두 3.5 이하여야 한다.

① A, B, C 제품　　② A, C, D 제품

③ B, C, E 제품　　④ B, D, E 제품

19. 다음 그림과 같이 화살표 방향으로 종이를 접고 색칠된 부분을 잘라냈을 때, 이를 펼친 모습으로 옳은 것은?

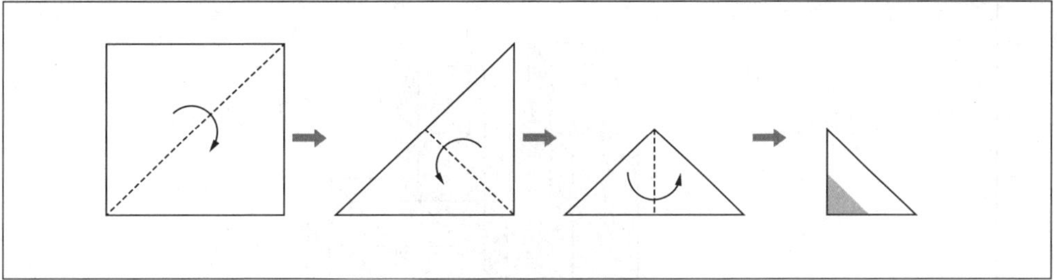

①

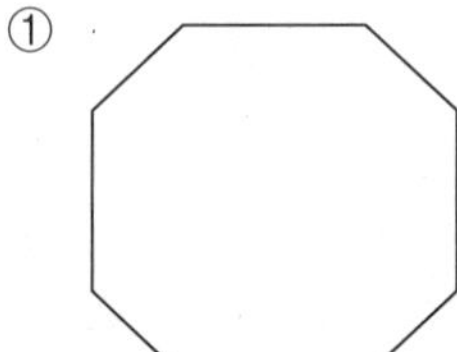

②

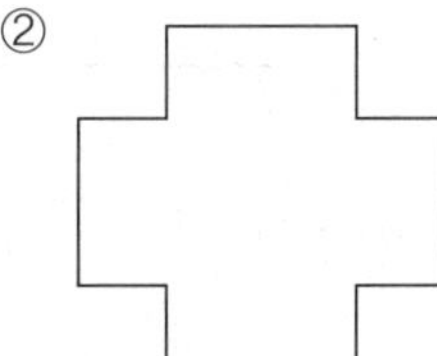

③

④

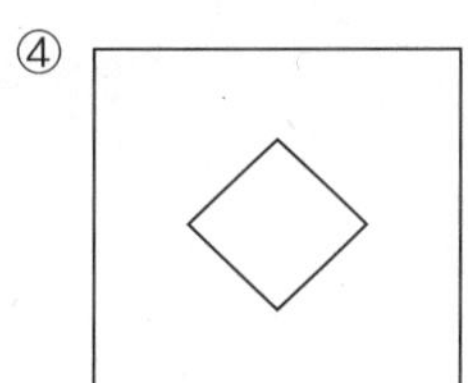

20. 다음은 가로, 세로, 높이가 모두 1cm인 정육면체 블록을 쌓은 모습이다. 블록을 더 쌓아 모든 길이가 5cm인 정육면체를 만들려고 할 때, 추가로 필요한 블록의 개수는?

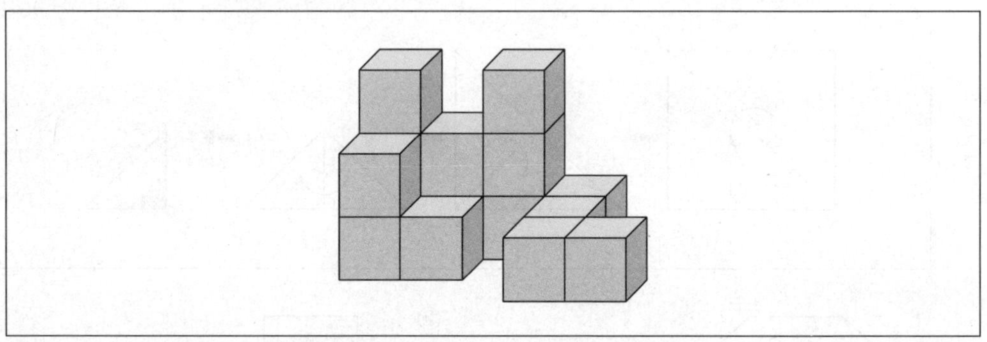

① 85개 ② 94개
③ 103개 ④ 110개

21. 다음은 모두 한붓그리기가 가능한 도형들이다. 한붓그리기의 속성이 나머지와 다른 하나는?

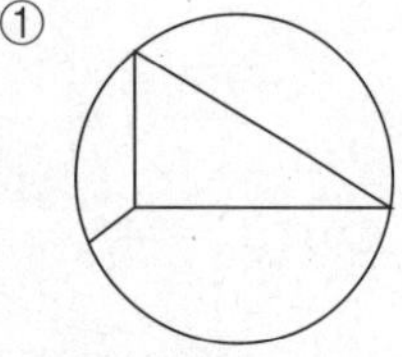

② 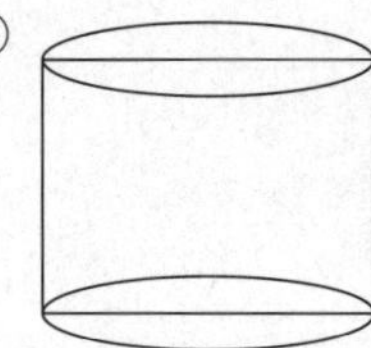

③ 

④ 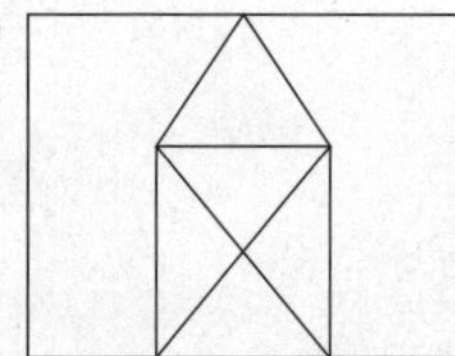

22. 다음 조각 A ~ E 중 네 개로 우측의 평행사변형을 만들 때, 사용되지 않는 조각은?

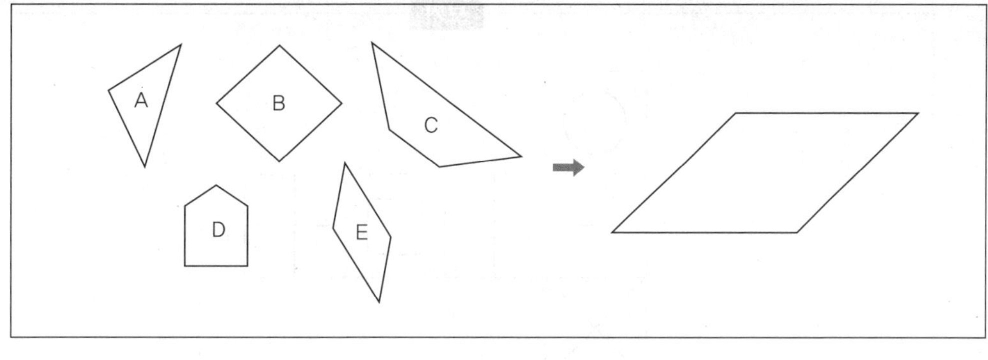

① A ② B
③ C ④ D

23. 다음 동일한 두 전개도의 굵은 선 부분이 맞닿도록 조합했을 때 만들어지는 도형으로 가장 적절한 것은?

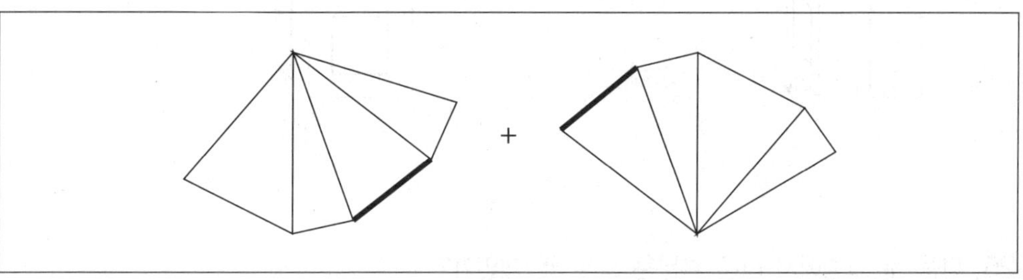

①
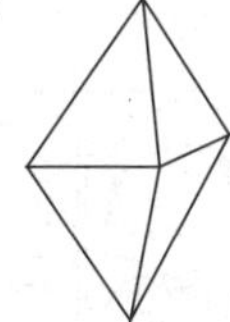

②
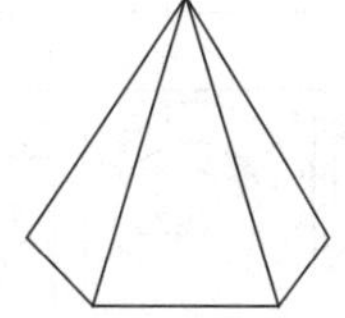

③
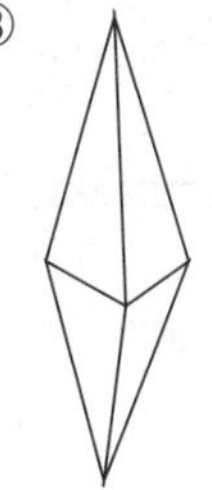

④
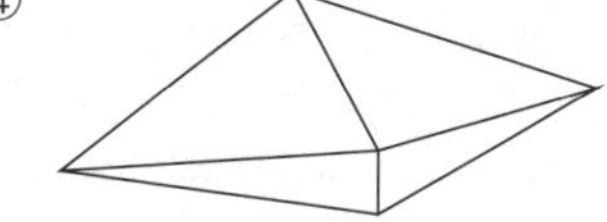

24. 다음 중 〈보기〉의 전개도를 접어 완성할 수 있는 모양으로 알맞은 것은?

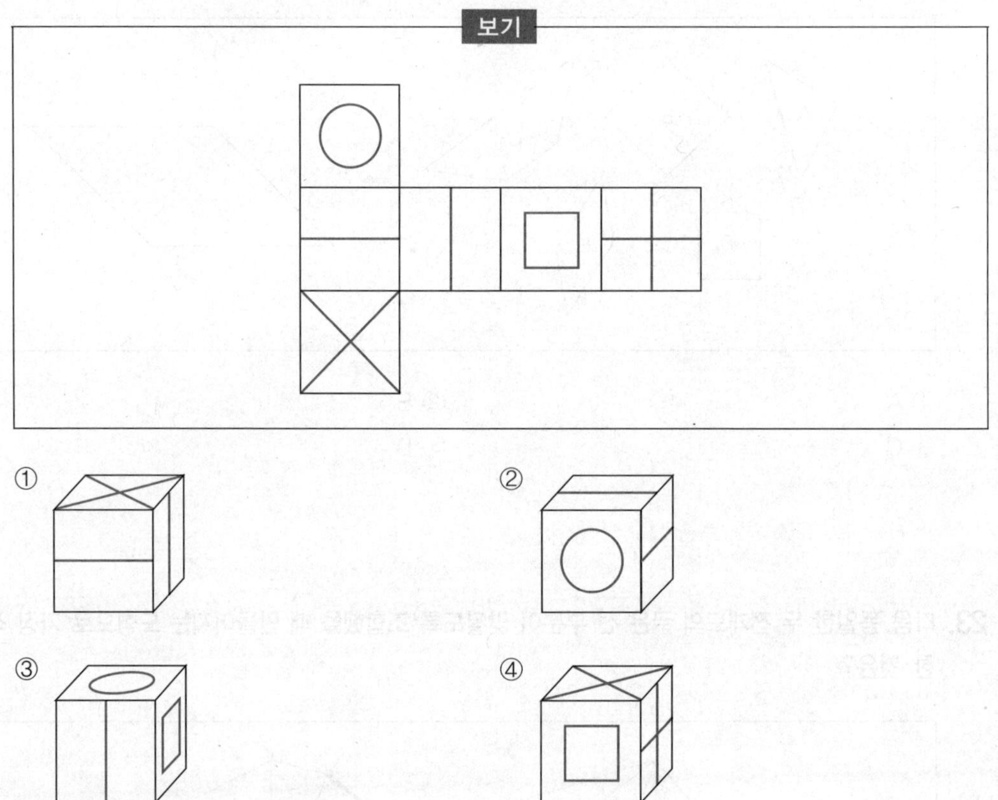

25. 다음 두 그림에서 다른 부분은 모두 몇 개인가?

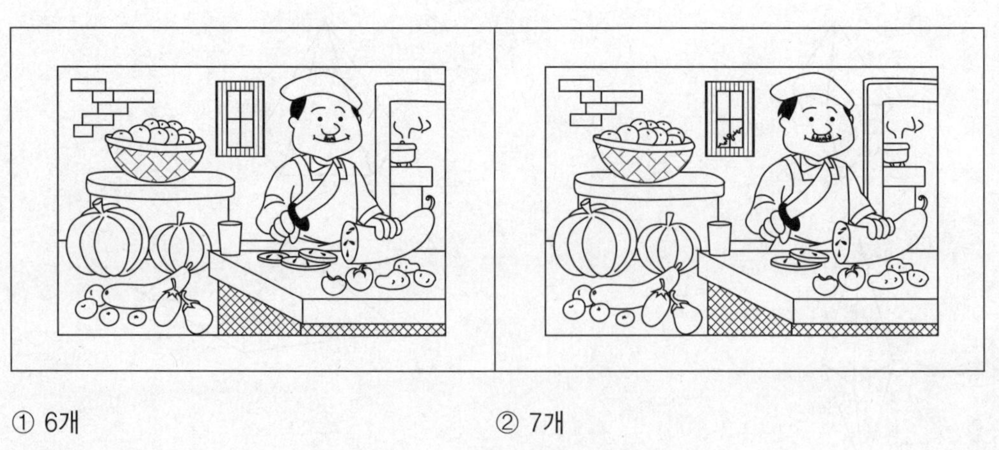

① 6개
② 7개
③ 8개
④ 9개

26. 다음과 같이 정육면체를 위에서 바닥까지 십자로 자른 후 다시 정면에서 X자로 반대편 면까지 잘랐을 때 나타나는 삼각기둥의 개수는 모두 몇 개인가?

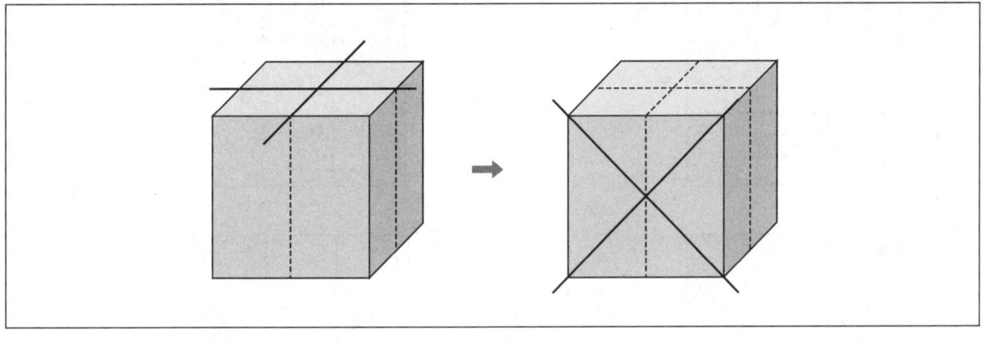

① 8개
② 10개
③ 12개
④ 16개

27. 다음과 같이 바둑판 무늬의 작은 네모 칸에 흰색 또는 검은색이 칠해져 있다. 검은색과 검은색이 만나면 흰색, 검은색과 흰색이 만나면 검은색, 흰색과 흰색이 만나면 흰색으로 변할 때, 두 바둑판을 회전시키지 않고 겹치면 나타나는 도형으로 적절한 것은?

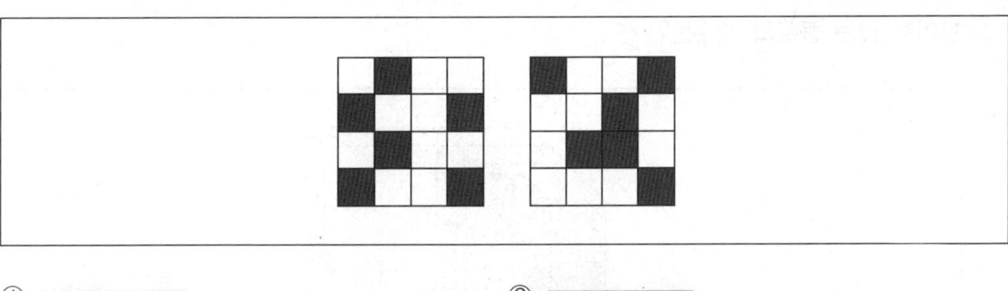

①

②

③

④

28. 다음 도형 중에서 나머지와 다른 하나는?

① 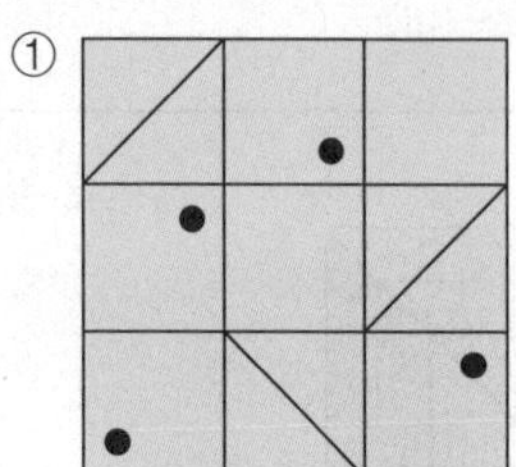

② 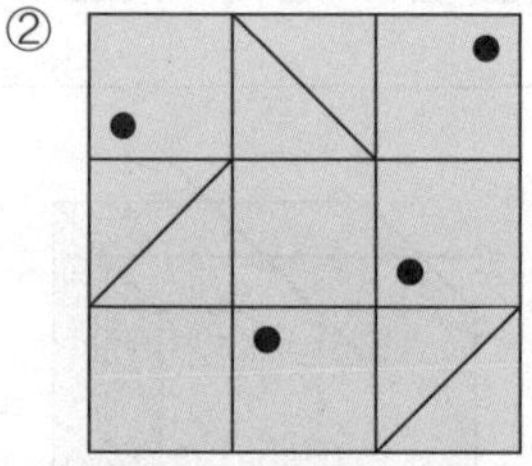

③ 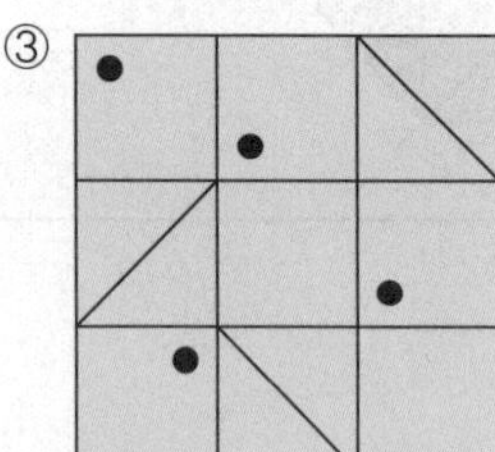

④ 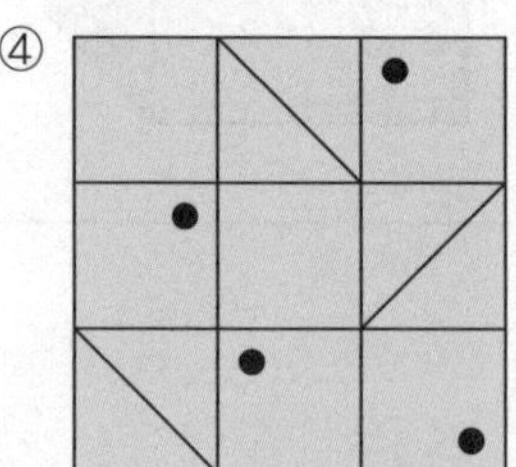

29. 다음과 같이 동일한 크기의 블록을 쌓아올리고 그림의 정면에서 바라보았을 때, 단 한 면도 눈에 보이지 않는 블록의 개수는?

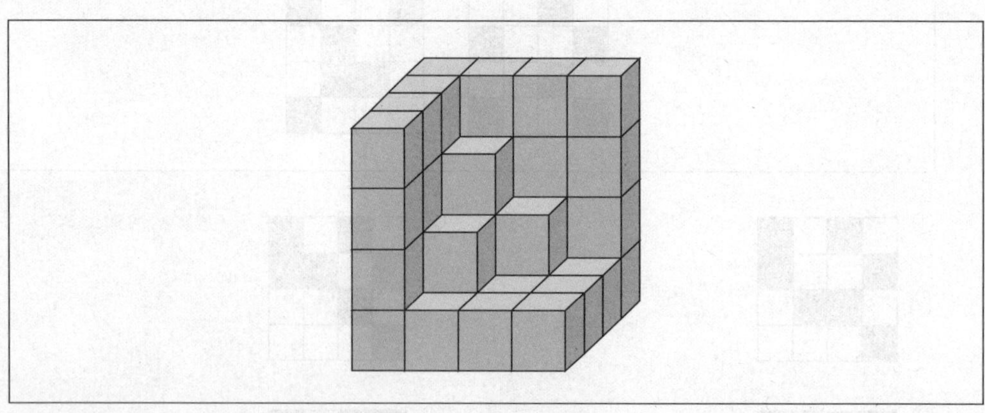

① 15개
② 16개
③ 17개
④ 18개

30. 다음 두 개의 명제가 모두 참일 때, 추론할 수 있는 결론은?

> • 모든 사원은 주임이다.
> • 어떤 사원은 연구디자인을 한다.

① 모든 사원은 연구디자인을 한다.
② 연구디자인을 하는 사원은 주임이 아니다.
③ 어떤 사원은 주임이면서 연구디자인을 한다.
④ 모든 사원은 주임이면서 연구디자인을 한다.

31. 다음 글의 밑줄 친 부분에 들어갈 문장으로 적절한 것은?

> 지아는 소설책과 시집을 많이 읽는다. 소설책을 많이 읽는 사람은 글쓰기를 잘한다.
> 그러므로 ______________________________

① 시집을 많이 읽는 사람은 글쓰기를 잘한다.
② 소설책과 시집을 많이 읽어야 한다.
③ 지아는 글쓰기를 잘한다.
④ 시집과 글쓰기는 관련이 없다.

32. 다음 4명 중 1명만 거짓된 진술을 하고 있을 때, 도출할 수 있는 내용으로 옳은 것은? (단, 4명은 1 ~ 4층 중 모두 다른 층에 살고 있다)

- A : 난 2층에 살지 않아.
- B : 난 3층에 살지 않아.
- C : 난 1층과 3층에 살지 않아.
- D : 난 2층과 4층에 살지 않아.

① A의 말이 거짓일 경우 2명이 사는 층만 알 수 있다.
② D의 말이 거짓일 경우 D가 사는 층을 알 수 없다.
③ C의 말이 거짓일 경우 4명이 모두 몇 층에 사는지 알 수 있다.
④ B의 말이 거짓일 경우 B가 사는 층만 알 수 있다.

33. 다음은 A사의 근무 계획이다. 이번 주에 가장 적은 직원이 근무하는 요일은?

- A사는 토요일을 제외한 나머지 요일에 한 사람 이상 출근해야 하며, 토요일만 휴일이다.
- 갑(남자)은 격일로 근무한다.
- 을(남자)은 갑과 근무하지 않으며, 그 외에 쉬는 날은 없다.
- 병(여자)은 평일 중 4일 근무하며, 이번 주에는 화요일에 쉬기로 했다.
- 정(여자)은 주말 1일과 평일 3일을 근무한다.
- 무(여자)는 주말 1일과 평일 2일을 근무한다. 이번 주에는 월요일에 반드시 근무하기로 했다.
- 평일 근무에 있어서 정은 여자 중 특정한 1명하고만 근무를 같이 서도록 계획되어 있다.

① 일요일　　② 월요일
③ 화요일　　④ 수요일

34. A, B, C 세 사람은 두 가지씩의 별명을 가지고 있는데, 별명은 공주병, 왕자병, 못난이, 왕눈이, 찡찡이, 방귀대장 6가지가 있다. 〈조건〉에 따를 때, 다음 중 B 또는 C의 별명이 아닌 것은?

조건

- 공주병은 왕눈이의 쌍둥이 여동생과 같은 반이다.
- B는 찡찡이의 남자친구이다.
- B와 C와 왕눈이는 어렸을 때부터 친구이다.
- 못난이는 공주병에게 선물을 주었다.
- 못난이와 찡찡이와 A는 같은 운동을 좋아한다.
- 왕눈이는 왕자병과 같은 동네에 산다.

① 왕자병 ② 찡찡이

③ 방귀대장 ④ 공주병

35. 영업 1 ~ 4팀의 인력 요청안에 따라 대리, 과장, 차장이 각각 2명씩 총 6명이 배치되었다. 각 팀에서 제출했던 인력 요청안이 다음과 같을 때 이에 대한 설명으로 올바르지 않은 것은?

부서	직급	인원
영업 1팀	차장	1 ~ 2명
영업 2팀	직급 무관	2명
영업 3팀	과장 또는 차장	2명
영업 4팀	대리 또는 과장	1 ~ 2명

① 영업 3팀에는 과장과 차장이 1명씩 배치될 수 있다.

② 차장이 배치될 수 있는 팀은 3개이다.

③ 영업 1팀에는 2명이 배치될 수 없다.

④ 영업 4팀에는 대리가 배치될 수 없다.

36. 다음과 같은 상황에서 장 사원이 취해야 할 행동으로 가장 적절한 것은?

> 서 대리 : 장 사원, 퇴근 안 해? 다들 퇴근했는데 일찍 가지 그래?
>
> 장 사원 : 이번 입찰에 응한 업체들 서류를 정리하려면 시간이 꽤 걸릴 것 같아요.
>
> 서 대리 : 그렇군. 장 사원, 내가 말이야, 우리 둘만 알고 있어야 할 중요한 얘기 하나 해 줄 테니 들어 봐. 한 30분 정도 있으면 응찰 업체 중 한 군데에서 담당자가 찾아올 거야. 내가 그렇게 오지 말라고 했는데 꼭 찾아오겠다고 해서 어쩔 수 없이 만나게 되었어. 내 생각엔 아마 식사나 하라고 용돈을 좀 주려고 하는 모양이야. 마침 업체들 서류 정리를 자네와 내가 맡게 되었으니까 자네도 나와 함께 담당자나 한번 만나보는 게 어떻겠나?
>
> 장 사원 : 저도 같이 돈을 받으라는 말씀이신가요?
>
> 서 대리 : 에이, 뭐 어때. 용돈이라고 해 봐야 많은 돈도 아니니까, 그냥 모른 척 받아두고 경쟁업체들 서류 내용이나 슬쩍 알려주면 그만이야.
>
> 장 사원 : 그래도 나중에 회사에서 알게 되면 어쩌시려고요?
>
> 서 대리 : 이 답답한 사람아, 이런 건 누가 직접 그 자리에서 보지 않으면 절대 알려질 수도 없는 일이야. 지금은 장 사원과 나 둘뿐이잖아. 아무튼 곧 담당자가 올 테니 자네도 융통성 있게 행동해, 알았지?

① 다른 직원이 모두 퇴근한 것이 맞는지를 확인한다.
② 업체 담당자로부터 받아도 될 정도의 금액을 설정해 둔다.
③ 부당한 일에 동조할 수 없음을 밝히고 담당자를 만나지 말라고 설득한다.
④ 즉시 팀장에게 전화하여 상황을 알리고 부정행위를 고발한다.

37. 다음과 같은 상황에서 박 대리가 취해야 할 행동으로 가장 적절한 것은?

> 오랜 기간 물품을 공급해 오던 A사가 갑자기 납품가격 인상을 요구해 왔다. A사는 오랜 거래 기간을 통해 신뢰가 쌓여 있으며, 회사가 원하는 물품의 스펙도 잘 알고 있어 담당자인 박 대리는 어찌해야 좋을지 고민하고 있다. 상급자도 모두 출장 중이라 마땅히 논의할 사람도 없고 A사에서는 빠른 시간 내에 답변을 해 줄 것을 요구하고 있다.

① 결정 권한을 가진 사람이 모두 부재중이니 아무런 답변을 줄 수 없다고 통보한다.

② 오랜 거래 관계를 고려하여 가격 인상을 철회해야 한다고 강력히 요청한다.

③ 업계의 상황을 확인하고 새로운 공급 업체를 찾기 위한 후보군 물색 작업을 진행한다.

④ 갑작스러운 가격 인상의 원인이 무엇인지 물어보고, 당장의 가격 인상 외의 대안이 무엇인지를 찾아본다.

38. 다음과 같은 상황에서 K가 취해야 할 행동으로 가장 적절한 것은?

> 홍보팀 직원들은 팀원 전체가 가입한 단체 채팅방을 만들어 사적인 대화를 주고받는다. 그런데 며칠 전 홍보팀 K는 선배 직원이 만든 새로운 단체 채팅방 참여 문자를 받고 가입하였다. 새로 가입한 단체 채팅방에는 K의 같은 팀 후배 직원인 S를 제외한 전원이 이미 들어와 있었으며, 평소 독특한 행동을 자주 보이던 S에 대한 험담이 주된 대화 내용이었다. K 역시 S의 행동이 다소 특이한 면이 있다고 여기긴 했으나, 그렇다고 다른 직원들이 몰래 단체 채팅방을 만들어 S의 험담을 늘어놓아도 될 정도로 몹쓸 행동은 아니라는 생각에 마음의 불편함을 느끼게 되었다.

① 소외된 S를 단체 채팅방에 초대하여 험담을 하지 못하도록 조치한다.

② 단체 채팅방 대화에 적극 참여하여 S의 장점을 설명하고 S가 상처받지 않게 비밀이 유지되도록 애쓴다.

③ 단체 채팅방을 즉시 탈퇴하고 팀장에게 이야기하여 단체 채팅방의 존재와 참여자들의 대화 내용을 알린다.

④ 왕따가 발생하지 않도록 팀장과 논의하고, S에게 대화를 요청하여 문제된 행동에 대하여 개선점을 찾도록 도와준다.

경두부록 언어논리력 수리력 문제해결력 공간지각력 이해력 관찰탐구력 실전모의고사 인성검사 면접가이드

39. 다음과 같은 상황에서 김 사원이 취해야 할 행동으로 가장 적절한 것은?

> 최 팀장 : 김 사원, 오늘 많이 바쁜가요?
> 김 사원 : 뭐 지시하실 업무라도 있나요 팀장님?
> 최 팀장 : 원래 박 대리가 처리해야 할 일인데 오늘 외근이 길어지는 모양이에요. 퇴근 전까지 김 사원이 좀 처리해 줘야 될 것 같아요. 영문 계약서 검토를 오늘까지 완료해야 하는데 영어를 전공했으니 검토할 수 있겠죠?
> 김 사원 : 하지만 제가 영문 계약서를 검토한 적이 없어서 법률 용어나 각종 규정의 의미를 제대로 파악할 수 있을지 의문입니다.
> 최 팀장 : 모르는 말은 사전도 찾아보고 사례집도 읽어보면 이해하는 데 도움이 될 겁니다. 중요한 건이라서 오늘 중에 반드시 완료해야 하니까, 실력 발휘 좀 해 보세요.
> 김 사원 : 지금 하고 있는 사업계획서 수정 작업을 완료하는 데에도 꽤 시간이 걸릴 것 같은데요. 그 후에 검토를 시작하면 시간이...
> 최 팀장 : 오후 부서 회의 때 김 사원은 참석하지 않아도 되니까, 사업계획서 수정을 얼른 끝마치고 바로 시작하면 돼요. 부탁 좀 해요!

① 팀장의 지시이므로 어떻게든 퇴근 시간 전까지 완료하기로 다짐한다.
② 옆 팀 동기인 양 사원에게 사정을 이야기하고 계약서 검토에 도움을 요청한다.
③ 본래 자신이 해야 할 업무가 아니라는 점을 팀장에게 강하게 주장하고 업무 수행을 거절한다.
④ 도저히 수행할 수 없는 업무임을 솔직히 말하고 다른 직원과의 업무 조정을 요청한다.

40. **다음과 같은 상황에서 책임자가 우선적으로 취해야 할 행동으로 가장 적절한 것은?**

> 고객 : 가능한 일자를 내 마음대로 선택하지 못하나요?
> 상담직원 : 죄송합니다만 고객님, 지정된 몇 개 일자 중에서 선택하셔야 합니다.
> 고객 : 지정된 날짜 중에는 나에게 맞는 날이 없는데 어떡하라는 거죠?
> 상담직원 : 그래도 정해진 회사 규정이 그런 것이니 어쩔 수 없습니다.
> 고객 : 아니 당신들 마음대로 정한 규정을 나한테 무조건 따르라는 거예요?
> 상담직원 : 저희도 모든 고객님의 사정을 하나하나 봐 드릴 수는 없지 않겠습니까?
> 고객 : 이거 도대체 말이 안 통하는군. 당신 말고 다른 직원 좀 나와 보라고 해요.
> (잠시 후)
> 책임자 : 무슨 일이십니까 고객님?
> 고객 : 아니 이 사람이 말하는 걸 듣자니 너무 화가 나서 내부 직원을 좀 불러서 따지고 싶어서 불렀어요. 당신들 대체 고객을 대하는 태도가 이게 뭐예요?

① 개인정보 확인부터 해야 하니, 고객의 성명과 구매 제품 내역을 알려달라고 요청한다.
② 상담직원이 무슨 잘못을 하였는지 논리적으로 설명해 줄 것을 요청한다.
③ 고객의 심기를 불편하게 하여 죄송하다는 사과의 말을 전한다.
④ 감정노동을 하는 상담직원에 대한 예의를 갖춰 달라고 부탁한다.

41. **다음과 같이 1부터 9까지의 자연수 사이 여덟 곳 중 일곱 곳에 덧셈 또는 뺄셈 부호를 넣어 등식을 완성하고자 한다. 부호가 들어가지 않는 곳은?**

> 1 □ 2 □ 3 □ 4 □ 5 □ 6 □ 7 □ 8 □ 9 = 100

① 5와 6 사이　　② 6과 7 사이
③ 7과 8 사이　　④ 8과 9 사이

42. 다음과 같이 일정한 규칙에 따라 화살표 방향으로 도형이 변한다고 할 때, '?'에 들어갈 알맞은 것은?

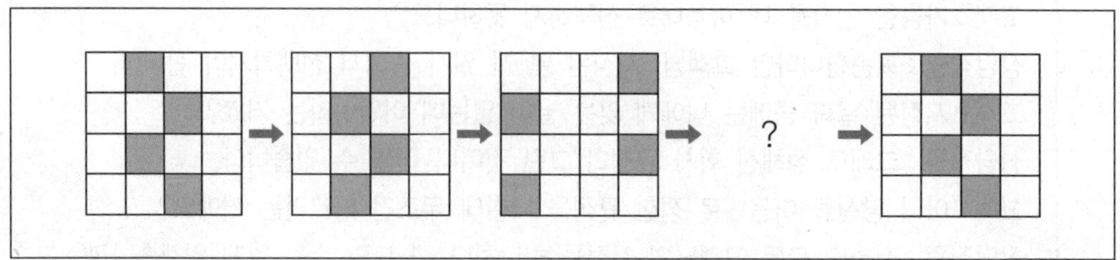

①
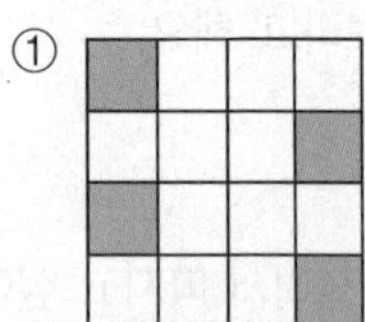

②
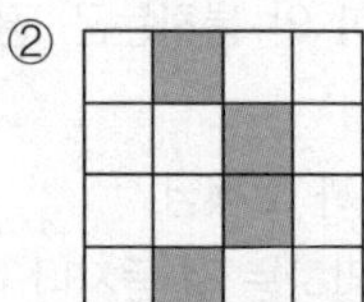

③
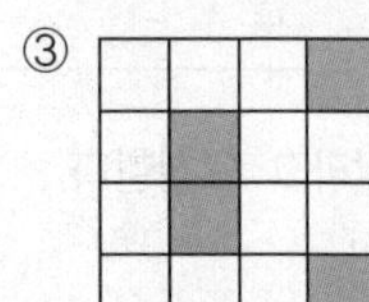

④
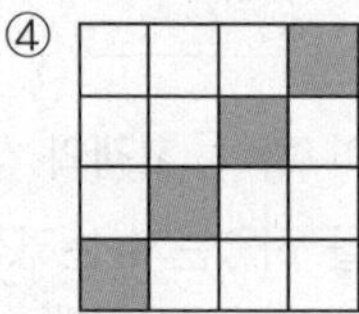

43. 다음 각 정육면체의 선분에 쓰인 숫자의 배열 규칙에 따라 '?'에 들어갈 알맞은 숫자는?

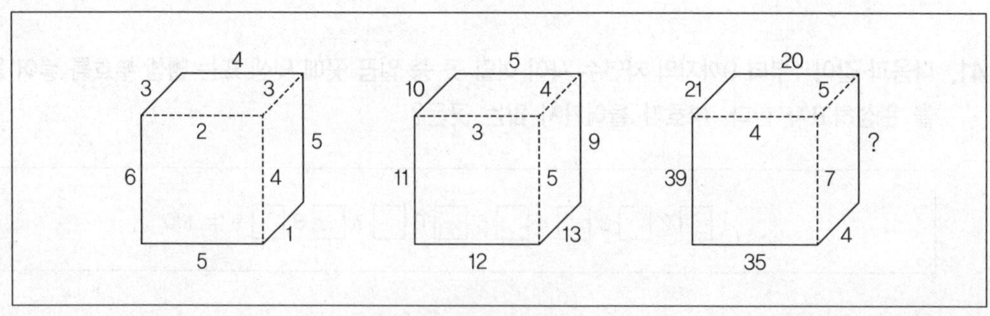

① 17 ② 18

③ 20 ④ 21

44. 다음과 같이 두 개의 동일한 직육면체로 이루어진 입체도형이 있다. '가'에서 '나'까지 모서리를 따라 가장 짧은 거리로 이동하는 방법은 몇 가지인가?

가

나

① 7가지 ② 8가지

③ 9가지 ④ 10가지

45. 다음과 같은 평행사변형 abcd가 있다. 각 변의 중심점이 e, f, g, h일 때, 중앙의 빗금 친 도형은 평행사변형 abcd의 몇 배인가?

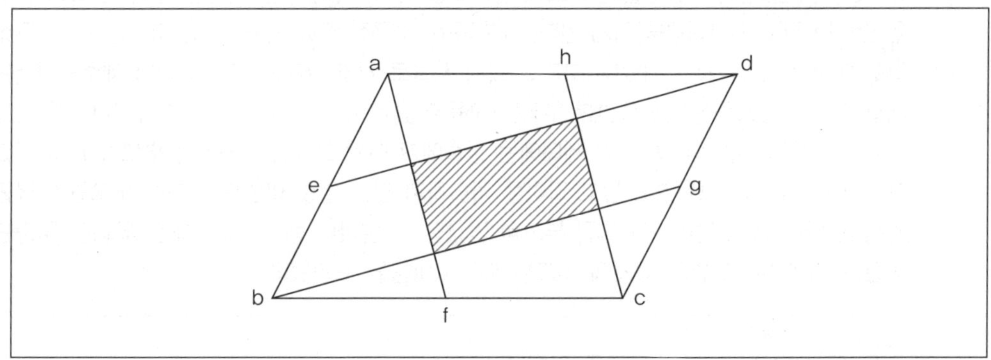

① $\frac{1}{5}$배 ② $\frac{2}{5}$배

③ $\frac{3}{5}$배 ④ $\frac{1}{3}$배

소양평가

실전모의고사 2회

문항수 | 50문항
시험시간 | 50분

▸ 정답과 해설 90쪽

01. 다음 중 외래어 표기가 올바르지 않은 것은?

① 테입　　② 프라이팬
③ 커피숍　　④ 캐비닛

02. 다음 글의 상황에 맞는 속담으로 적절한 것은?

> 객지에서는 고향 까마귀만 봐도 반갑다는데 서울 한복판에서 고향 친구와 만나니 반가움이 이루 말할 수 없었다. 우리는 생선구이 정식에 시원한 맥주 한잔씩을 반주로 곁들여 오랜만에 회포를 풀었다.
>
> 저녁을 먹고 자리를 옮겨 커피 한 잔을 앞에 두고 그동안 밀린 수다를 떨었다. 나이 50이 넘으면 자꾸만 살아온 날들을 돌아보게 된다고들 한다. 특히 어린 시절을 함께 한 고향 친구를 만나면 잠시 시간여행을 하게 된다. 그 친구는 약국집 딸로 의사가 되었고, 나는 문방구집 딸로 태어나 영어강사가 되었다. 그러고 보니 서울로 치면 사대문 안에 태어나 제주도에서는 제일 좋은 초중고등학교를 졸업한 우리는 교육열 높은 부모 덕분에 서울로 유학하는 행운을 누릴 수 있었다. 우리 나이 또래 세대에는 딸들에게 대학 교육까지 시키는 부모가 흔치 않았다. 다행히 우리는 교육열도 높고 딸아들 차별하지 않는 열린 마인드를 가진 부모를 만났던 것이다. 나이 50이 넘어서야 그런 부모를 만났던 게 얼마나 행운이었는지를 깨달은 두 중년 여인은 서로 마주보면서 각자의 부모님에게 고마움을 표현했다.

① 검은 똥 누고 나면 부모 은공을 알게 된다.
② 부모가 반팔자
③ 부모는 차례 걸음이라
④ 자식 둔 부모는 알 둔 새 같다.

03. 다음 글에 대한 반론으로 적절한 것은?

청년의 일자리 선택은 커리어 결정의 성격을 가지기 때문에 그들은 미래가 불투명한 일자리보다는 오히려 스펙 쌓기를 선택한다. 대기업 취업을 위하여 장기간 대기하는 이유도 일생을 두고 본다면 그쪽이 소득이 더 크다고 기대하기 때문이다. 결과적으로 청년들은 영세업체보다 중대형 사업장 등 공식부문의 임금근로자를 선택하는 비율이 높다.

① 대기업은 공무원보다 임금수준은 높지만 근로보장성이 낮다.
② 미래의 인재 조건으로 스펙보다 현업에서의 조기 경험이 더 중요하다.
③ 영세업체의 근무 환경은 매우 열악하다.
④ 대기업 취업을 희망하는 청년의 증가로 대기 기간이 더 길어질 전망이다.

04. 다음 글을 참고할 때, 이중섭이 '소'에서 표현하고자 했던 바로 적절한 것은?

이중섭이 소를 그리게 된 계기로 독립운동가 이승훈이 세운 '오산고등보통학교'를 다니면서 선배인 백석의 시에서 영향을 받았다는 의견과 임용련, 백남순의 영향을 받았다는 의견이 있다.

한국전쟁으로 일본인 아내 마사코와 두 아들을 일본으로 보내고 가족과 재회하겠다는 일념으로 그린 소의 그림, 가족과 1년 후 재회하고 그린 초인적인 소, 그리고 또 다시 재회를 꿈꾸는 〈길 떠나는 가족〉에서의 '소'는 이중섭 본인의 모습을 투영하고 있다. 그렇게 시대가 안긴 삶의 고통을 끌어안고 자신의 감정을 표출한 이중섭의 예술혼은 시공을 초월해 반 고흐와 연결되고 있다.

그는 목숨을 걸었던 개인전에서 작품 값을 한 푼도 못 받고 그림도 모두 사라져 빈털터리가 되어 허무와 좌절을 겪는다. 그리고 이중섭은 모든 것을 포기하게 된다. 전쟁 이후 조선 땅을 홀로 떠돌며, 가족을 그리며, 소를 그린 마흔하나의 이중섭은 우울증, 피해망상 등으로 정신질환을 앓다 어느 병원 침대 위에서 무연고자로 생을 마감했다고 한다. 시대의 혼돈이 낳은 비극이었다.

① 타국인과의 혼인으로 인한 이별의 아픔
② 우직하고 충직한 소에서 느껴지는 가족의 정
③ 가족의 그리움과 헤어짐의 아픔
④ 전쟁이 남긴 민족의 비극

05. 다음 글을 읽고 주장할 내용으로 적절하지 않은 것은?

> 우리나라의 합계출산율은 1.17명으로 세계 최저 수준인 가운데 기대수명은 높아지면서 인구구조 고령화가 빠른 속도로 진행되고 있다. 2018년에는 고령인구 비중이 14.3%인 고령사회에 진입하였으며, 2025년에는 이 비중이 20%인 초고령사회에 진입할 것으로 예상되고 있는 상황이다.
>
> 저출산과 기대수명 연장으로 특징지어지는 인구구조 고령화는 우리 경제의 경제성장률, 소비, 경상수지, 인플레이션 등 거시경제변수와 함께 가계의 대내외 금융행태를 변화시키고 금융, 주택, 노동시장과 산업구조 등 경제 전반에 큰 영향을 주게 된다. 또한 복지지출을 포함한 정부의 재정정책과 중앙은행의 통화정책 수행 여건에도 적지 않은 변화를 초래하게 될 것이다.
>
> 따라서 거시적이고 장기적인 관점에서 인구고령화의 영향을 점검하고 이에 대비하는 것이 중요하다. 우리나라 정부는 2004년에 저출산, 고령화 문제를 국가적 의제로 설정하고 2006년부터 세 차례에 걸쳐 5년 단위로 저출산, 고령사회 기본계획을 수립, 추진하여 왔으나 가시적인 성과가 미흡하다는 평가가 다수이다. 인구 정책이 그 성과를 내는 데에 최소 한 세대 이상의 물리적 시간이 소요되는 만큼 미진한 점을 진단하고 개선하는 것을 지체한다면 미래 세대에 돌이키기 힘든 결과를 초래할 것이다.

① OECD 회원국의 자료를 이용한 출산율 저하요인 분석 및 우리나라 고령화의 특징에 대한 주요국과의 비교 분석은 저출산과 고령화에 따른 우리 사회의 변화에 대응하기 위한 방향을 제시할 수 있다.

② 주택가격상승률과 출산율과의 상관관계 분석은 저출산의 원인을 파악하여 육아 비용 부담에 대한 사회적 공감을 가능케 한다.

③ 출산율 제고를 위한 의료복지 시스템 개선 및 보장제도 확대를 저출산과 고령화 문제에 대한 해결 방안으로 제시한다.

④ 남성의 근로시간 연장에 따른 출산율에 미치는 부정적인 영향 파악은 주어진 글의 주제를 뒷받침한다.

06. 다음 글을 통해 알 수 있는 내용으로 적절한 것은?

> 항암제 임상시험은 암환자를 대상으로 하는 임상시험으로, 새로운 치료법의 효과성과 안정성을 증명하는 단계이다. 즉 임상시험을 거친 항암제만이 암환자의 진료에 사용될 수 있으므로 항암제 임상시험은 신약개발의 필수적인 단계이다. 항암제 임상시험은 1상, 2상, 3상의 3단계로 진행되는데, 1상 임상시험은 환자에게 안전하게 사용할 수 있는 새로운 항암제의 최대 용량 및 독성을 탐색하는 단계이다. 2상 임상시험은 특정 암에 대한 새로운 치료법의 효과를 규명하는 단계이며, 3상 임상시험은 1상, 2상 임상시험을 거친 항암제를 기존의 표준 치료와 비교하는 단계이다.
>
> 항암제 임상시험은 대부분 무작위배정을 통해 치료군 또는 대조군에 배정받게 되며 이중 눈가림으로 인해 대상자 자신이 어떠한 군에 속하게 되는지 알 수 없다. 성공적인 임상시험을 위해서는 임상시험 피험자의 모집 속도 및 임상시험 수행의 질이 중요 인자로 고려되지만, 알려지지 않은 부작용, 무작위배정 및 눈가림에 대한 이해의 부족 등은 임상시험에 참여하는 대상자들의 불확실성을 높이고, 그로 인해 두려움, 불안, 미련 등의 심리적인 스트레스를 경험하게 한다.
>
> 그러나 항암제 임상시험에 따르는 이러한 불확실성이 높더라도 불확실성을 기회로 평가하고 대처를 잘한다면 의료진은 환자가 적응을 잘하도록 도울 수 있다. 항암제 임상시험 대상자들이 그들의 상황 속에서 적응을 잘하도록 돕기 위해서는 불확실성을 고려한 심리 상태에 대한 사정과 대처를 향상시킬 수 있는 간호 계획을 수립하는 것이 필요하다. 특히 의료진의 자세한 설명과 효율적인 의사소통을 통해 임상시험에 대한 대상자들의 이해도를 높여 정보결여에서 비롯되는 불확실성을 줄이고, 지금의 상황을 기회로 인지할 수 있도록 돕는 간호 계획 수립이 필요하다.

① 무작위배정 및 눈가림을 배제한 임상시험은 환자들에게 불안 심리를 없애줄 수 있다.

② 임상시험에 따르는 불확실성을 환자가 받아들이는 방식에 따라 적응력이 다르게 나타난다.

③ 어느 단계의 임상시험에 응하는지를 알게 되면 항암제에 대한 대처 능력이 향상될 수 있다.

④ 임상시험을 통한 항암제의 효과는 그 자체보다 환자의 심리 상태가 더 크게 작용한다.

07. 다음 글을 통해 알 수 있는 사실로 적절한 것은?

> 세계는 화석연료의 사용으로 급속한 경제성장을 이뤘으나 기후변화, 미세먼지 등 환경문제에 직면해 있다. 지난 100년(1911 ~ 2010년) 동안 지구의 평균 기온이 0.75도 상승, 국내는 1.8도 상승했으며 세계보건기구는 세계 사망자의 16%(830만 명)가 대기오염으로 사망한다고 추정하였다. 이에 2015년 파리협정이 체결되면서 전 지구적인 기후변화 대응이 이루어질 것으로 전망된다.
>
> 또한 국내에서는 밀양 송전탑 사건 이후로 송전탑에 대한 기피가 심해지면서 분산전원 이슈가 부각되고 있다. 원자력 발전 · 석탄화력 발전 등에 필요한 송전탑의 수용성이 낮아 사회적 문제가 야기되고 있기 때문이다. 반면 태양광 · 연료전지 등은 소비지에서 전력생산이 가능하고 고압 송전시설 문제가 없어 사회적 문제 해결에 효과적인 것으로 알려져 있다. 최근 한국 정부는 재생에너지 목표를 2030년까지 전체 발전량 대비 20%로 설정하였다. 하지만 국내 신재생에너지 발전을 위해서는 경제적 · 사회적 · 기술적으로 중요한 이슈가 존재하므로 이에 대한 정책적 해결이 필요하다.

① 세계보건기구가 추정하는 세계 사망자 수는 총 5천만 명 미만이다.
② 1911 ~ 2010년 기간 동안 우리나라는 지구 전체보다 줄곧 높은 평균 기온을 보여 왔다.
③ 정부의 충분한 예산 지원만 보장되면 신재생에너지는 국내에 본격 적용될 수 있다.
④ 2030년에도 재생에너지는 전체 발전량의 3분의 1에 미치지 못할 전망이다.

08. 주사위 3개를 동시에 던졌을 때 그 합이 4가 나올 확률은?

① $\frac{1}{36}$ ② $\frac{3}{52}$
③ $\frac{1}{72}$ ④ $\frac{3}{86}$

09. 정 대리는 집에서 15km 떨어진 회사까지 가는데 중간까지는 시속 20km의 버스를 타고, 나머지는 시속 4km로 걸어서 총 1시간 걸렸다. 정 대리가 버스를 타고 이동한 거리와 걸어서 이동한 거리는 순서대로 각각 얼마인가?

① 13.75km, 1.25km ② 13.5km, 1.5km
③ 13km, 2km ④ 12.75km, 2.25km

10. 행사 진행을 위해 참여자 수에 따라 준비해야 할 테이블 수를 정하려 한다. 한 테이블에 5명씩 앉으면 2명이 앉지 못하고, 6명씩 앉으면 4명이 앉지 못하지만 5명씩 앉을 때보다 테이블 2개가 줄어든다. 행사에 참여하는 사람의 수는 몇 명인가?

① 50명　② 52명
③ 54명　④ 56명

11. 피자 가게에서는 지름이 20cm인 피자 1판을 12,000원에 판매하고 있다. 지름이 30cm인 피자를 새로 만들어 판매하고자 하는데, 큰 피자의 $1cm^2$당 단가를 지름이 20cm인 피자의 단가보다 4원 저렴하게 유지하고자 한다. 지름이 30cm인 피자 1판의 가격으로 적절한 것은? (단, $\pi=3$으로 계산하고, 피자 1판의 가격은 백의 자리에서 반올림한다)

① 18,000원　② 21,000원
③ 24,000원　④ 27,000원

12. A사의 직원 수와 급여지출액이 다음과 같을 때, 셋째 해의 급여지출액 총합은 첫해의 몇 %에 해당하는가?

- 첫해의 A사 직원의 급여액은 모두 200만 원으로 동일하다.
- 둘째 해에는 3명의 직원을 더 채용한 대신 전 직원에게 첫해보다 30만 원 삭감된 급여가 지급되었다.
- 셋째 해의 직원 수는 첫해보다 5명이 적은 대신 전 직원의 인당 급여액은 첫해와 동일하다.
- 둘째 해의 급여지출액 총합은 첫해의 95.2%에 해당한다.

① 80%　② 82%
③ 84%　④ 86%

13. 다음 그림의 점 A에서 점 B까지 직선을 따라 이동하는 최단 경로의 경우의 수는?

① 32　　② 35

③ 36　　④ 40

14. 다음 〈예시〉는 길이의 단위인 mm, cm, m, km를 네모 칸에 넣어 등식과 부등식이 모두 성립하게 한 예이다. 이를 참고할 때, 주어진 아홉 개의 네모 칸에 들어갈 길이의 단위 중 가장 많이 사용되는 것은?

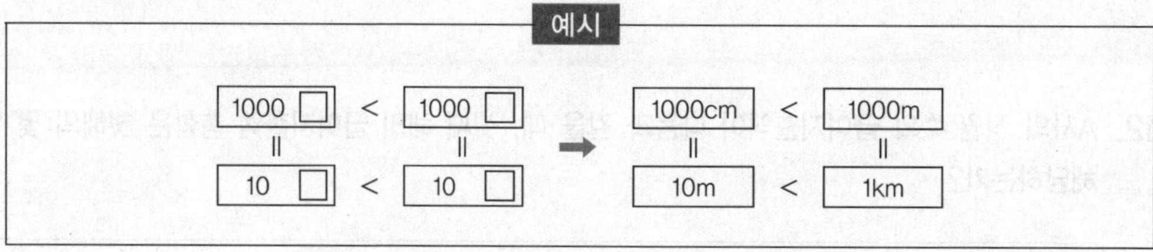

100 □	=	1 □	<	1 □
∧		=		=
10 □	>	1000 □	<	1000 □
∧		∧		∨
10 □	>	10 □	=	1000 □

① mm　　② cm

③ m　　④ km

15. 한 변의 길이가 14cm인 정삼각형의 꼭짓점에서 세 개의 정삼각형을 잘라냈더니, 남은 도형은 육각형이고 각 변의 길이는 2cm, 3cm, 4cm, 5cm, 6cm, 7cm가 되었다. 잘라낸 세 정삼각형의 둘레 길이의 합은 얼마인가?

① 36cm
② 40cm
③ 42cm
④ 45cm

16. 다음은 5개 학교의 급식 만족도를 조사한 자료이다. 이에 대한 설명으로 적절하지 않은 것은?

〈교사의 급식 만족도〉

(단위 : %)

구분	20X1년	20X2년	20X3년	20X4년
A 학교	53.4	54.1	46.9	47.1
B 학교	46.8	49.6	47.2	45.7
C 학교	46.6	51.6	40.2	41.4
D 학교	54.0	54.0	50.3	51.7
E 학교	49.4	48.6	51.1	51.6

〈학생의 급식 만족도〉

(단위 : %)

구분	20X1년	20X2년	20X3년	20X4년
A 학교	46.1	46.5	36.1	35.9
B 학교	41.5	39.9	36.3	35.9
C 학교	45.8	44.0	35.9	36.5
D 학교	43.9	44.3	37.7	38.2
E 학교	41.9	40.3	38.3	38.1

① 교사와 학생의 연도별 만족도 증감 추이가 같은 학교는 없다.
② 20X1년 대비 20X4년의 급식 만족도 변화가 가장 큰 학교는 교사와 학생에 있어 동일하다.
③ 매년 교사의 급식 만족도가 가장 높은 학교는 학생의 급식 만족도도 가장 높다.
④ 5개 학교 모두 교사의 급식 만족도는 매년 학생의 급식 만족도보다 더 높다.

17. 다음은 우리나라 가구의 분야별 소득 5분위의 월평균 소비지출 비중을 나타낸 자료이다. 이에 대한 설명으로 옳지 않은 것은?

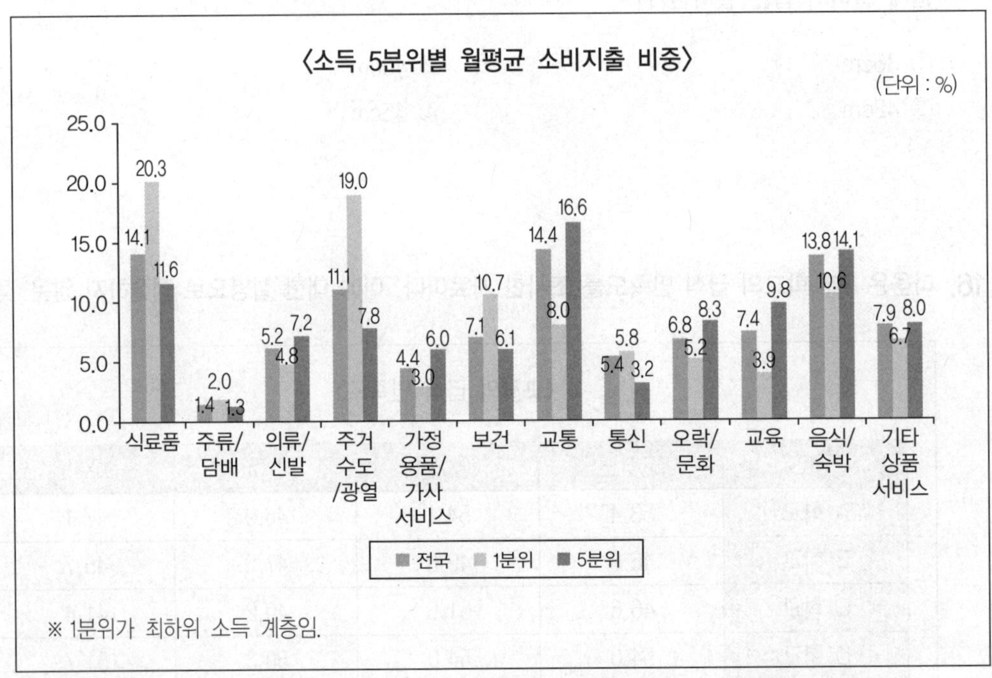

① 5분위 가구>전국 평균>1분위 가구의 순으로 지출 비중이 구성된 분야는 모두 5가지이다.

② 1분위 가구는 식료품, 5분위 가구는 교통비 지출 비중이 가장 크다.

③ 1분위 가구는 생활에 필수적인 분야의 소비가 전국 평균보다 많다.

④ 소득 상위 계층은 소득 하위 계층보다 가정용품, 교통, 교육에 2배 이상의 지출 비중을 보이고 있다.

18. 다음은 산업별 산업기술인력 현황을 나타낸 자료이다. 이에 대한 설명으로 옳지 않은 것은?

(단위 : 명)

구분			20X0년		20X1년	
			현재인력	부족인력	현재인력	부족인력
12대 주력산업	제조 부문	기계	139,088	4,030	145,847	4,204
		디스플레이	49,514	361	49,401	302
		반도체	91,113	1,508	90,492	1,332
		바이오헬스	26,226	693	26,841	1,065
		섬유	36,008	1,008	36,532	866
		자동차	117,317	2,475	115,621	2,372
		전자	181,131	4,179	187,006	4,422
		조선	69,766	830	67,064	616
		철강	70,736	1,390	69,340	1,232
		화학	116,107	4,364	119,587	4,521
	서비스 부문	소프트웨어	124,277	3,429	128,641	5,477
		IT비즈니스	20,222	287	20,938	305
기타 제조업			205,905	7,382	212,025	5,719
전문, 과학 및 기술 서비스업			256,734	3,777	271,934	3,869
영상제작, 통신 서비스업			20,354	253	20,442	216
기타 서비스업			30,585	417	32,686	416

① 20X1년 12대 주력산업의 부족인력은 6개 산업만 전년보다 감소하였다.

② 20X1년 12대 주력산업 중 현재인력이 전년보다 증가한 산업은 모두 부족인력도 증가하였다.

③ 20X1년 12대 주력산업 중 현재인력이 전년보다 증가한 산업은 감소한 산업보다 더 많다.

④ 제조부문의 부족인력 상위 3개 산업은 20X0년과 20X1년이 동일하다.

19. 다음 두 개의 전개도로 정육면체를 만들어 두 개의 정육면체를 이어 붙였을 경우 나올 수 없는 모양은? (단, 알파벳의 모양(방향)은 고려하지 않는다)

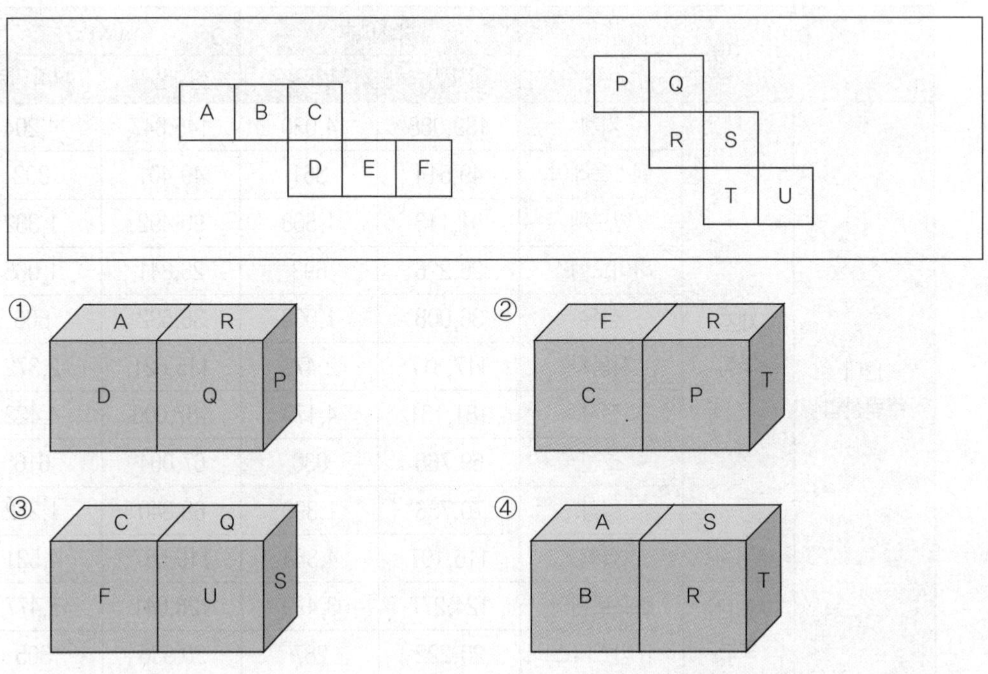

20. 다음과 같은 숫자가 적힌 종이를 잘라서 주사위의 전개도를 3개 만들고자 한다. 주사위에는 1 ~ 6까지의 숫자가 1개씩 있으며, 마주보는 두 면의 숫자는 항상 합이 7이 되어야 한다. (A) ~ (D) 중 전개도 3개에 포함되지 않는 칸은?

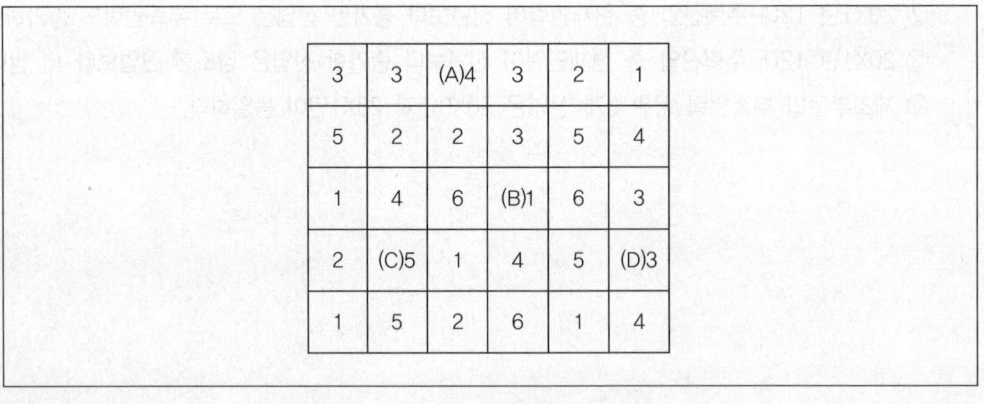

3	3	(A)4	3	2	1
5	2	2	3	5	4
1	4	6	(B)1	6	3
2	(C)5	1	4	5	(D)3
1	5	2	6	1	4

① (A) ② (B)
③ (C) ④ (D)

21. 다음과 같은 모양의 도형과 결합하여 하나의 큰 정사각형을 완성할 수 있는 것은?

①

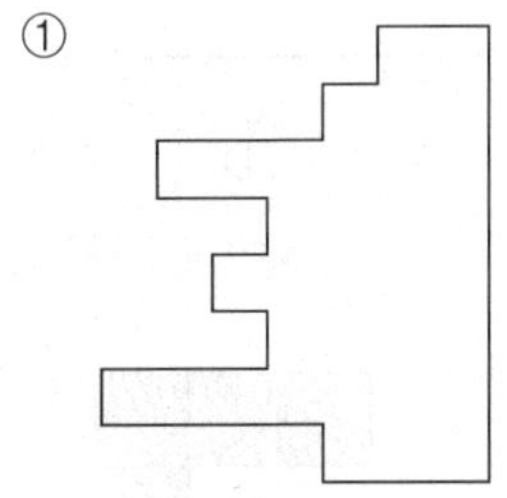

②

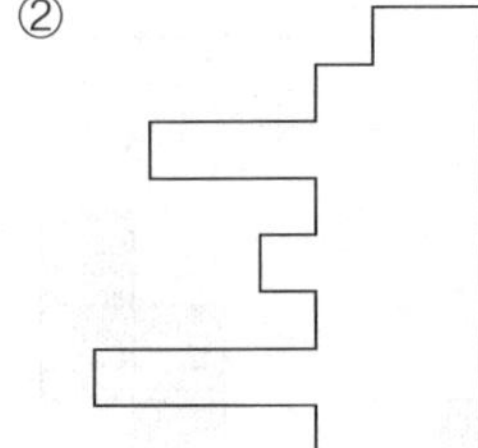

③

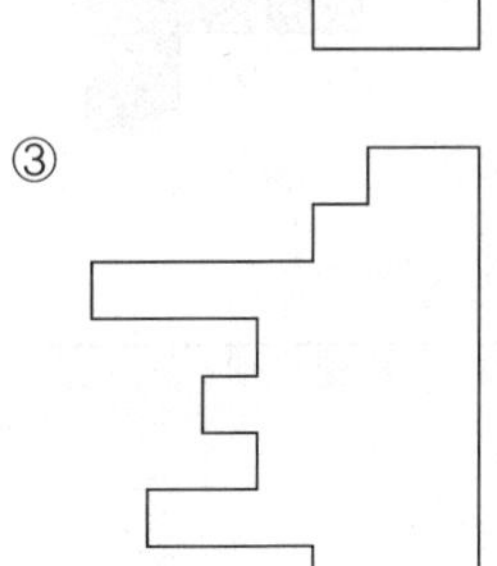

④

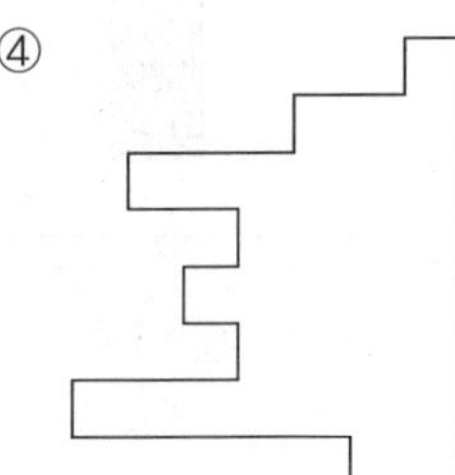

22. 다음과 같은 5×5 바둑판을 좌측의 블록 2개로 채웠다. 나머지 칸을 블록 A ~ D로 알맞게 채울 경우 '?' 위치에 놓일 블록은?

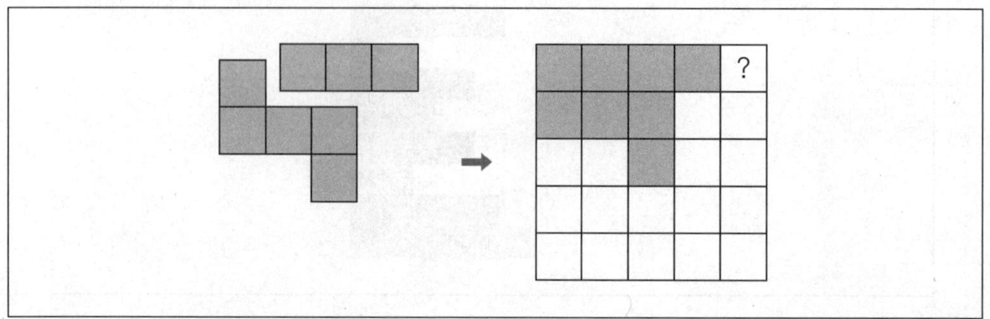

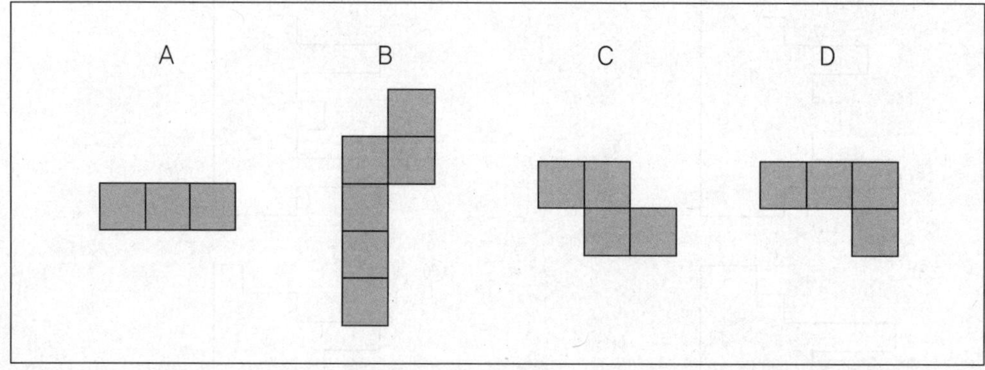

① A
② B
③ C
④ D

23. 다음과 같은 모양의 종이를 4개의 동일한 도형으로 자르고자 할 때, 그 도형의 적절한 모양은? (단, 좌우대칭과 회전을 한 도형은 동일한 것으로 한다)

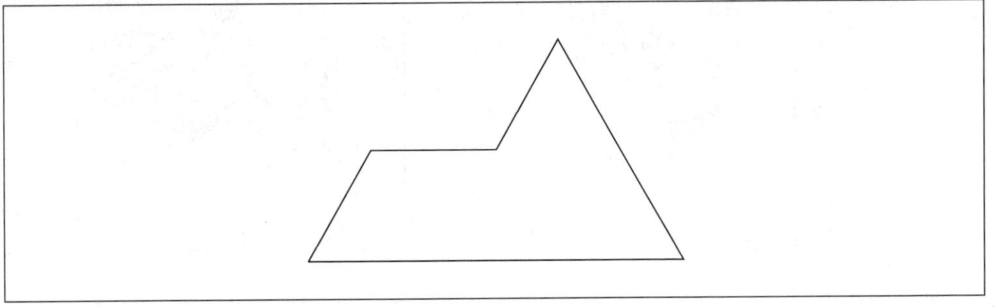

① 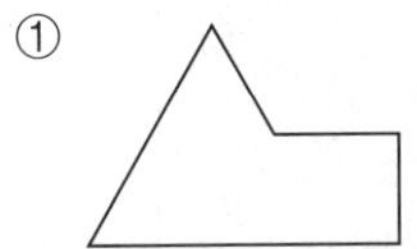

② 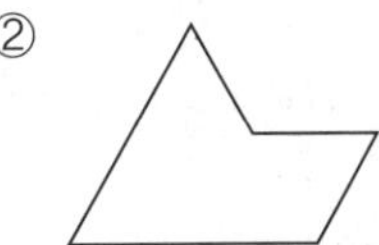

③ 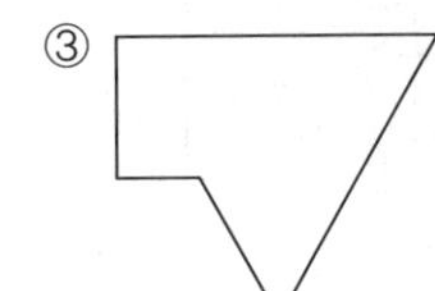

④ 

24. 다음의 두 그림에서 서로 다른 부분의 개수는?

① 2개
② 3개
③ 4개
④ 5개

25. 다음 그림들 중 나머지와 다른 하나는?

①

②

③

④

26. 다음 그림의 (B) 도형에 (A) 도형을 넣을 때 생기는 삼각형의 개수는?

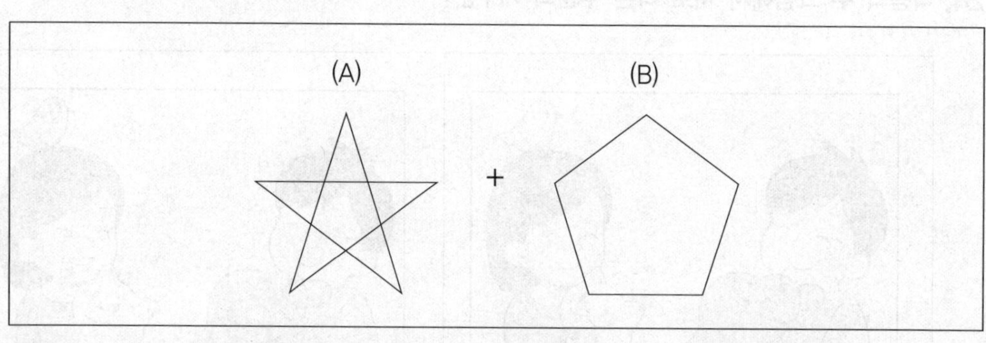

① 28개　　② 30개
③ 32개　　④ 35개

27. 다음 도형 A, B, C, D와 함께 조합해 하나의 큰 정사각형을 만들 수 있는 도형은?

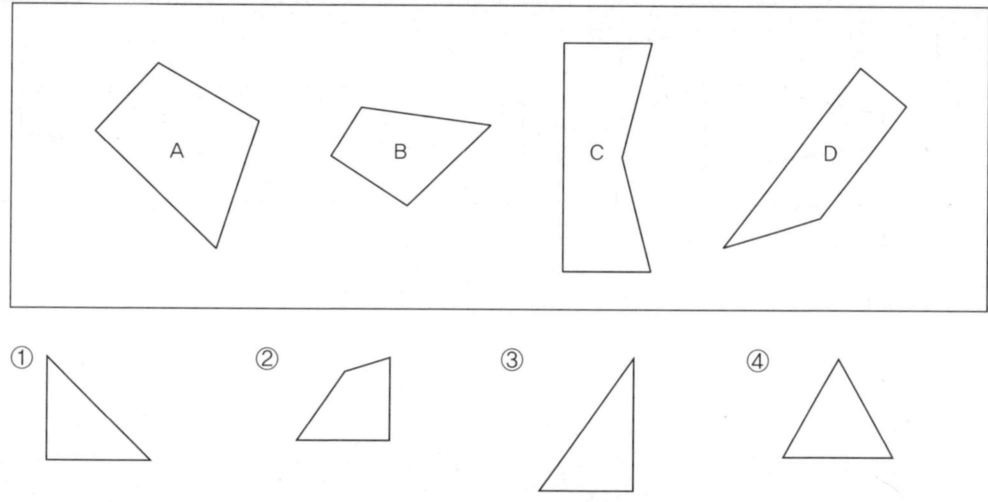

① ② ③ ④

28. A ~ D 네 개의 도형과 E ~ H 네 개의 도형을 각각 조합하여 동일한 모양의 도형을 만들 수 있다. 이때 만들 수 있는 도형의 모양은?

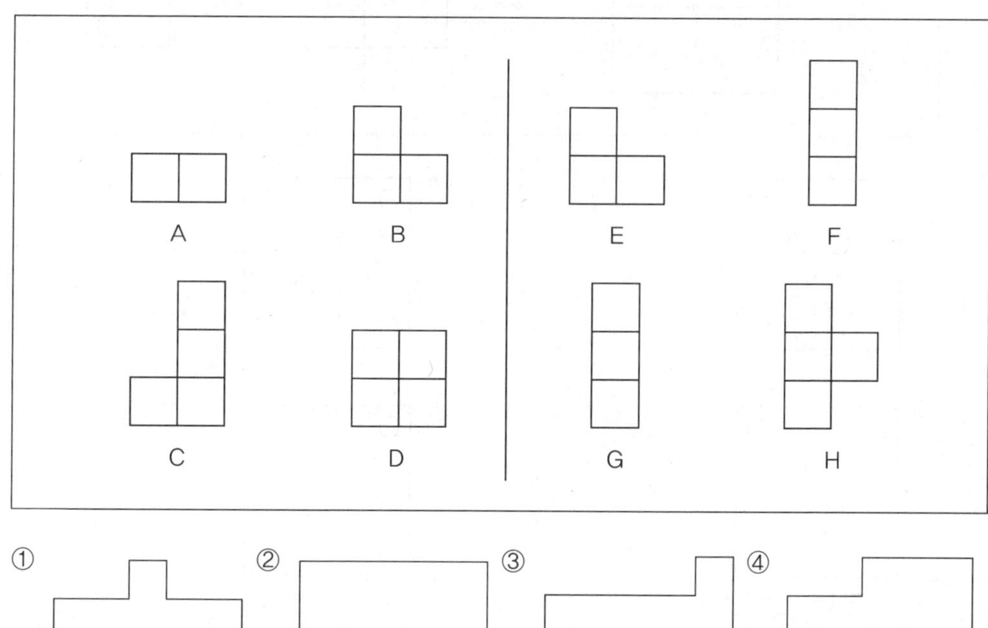

① ② ③ ④

29. 다음 5개의 도형 중 3개를 조합해 정사각형을 만들 때, 사용한 도형을 모두 고른 것은?

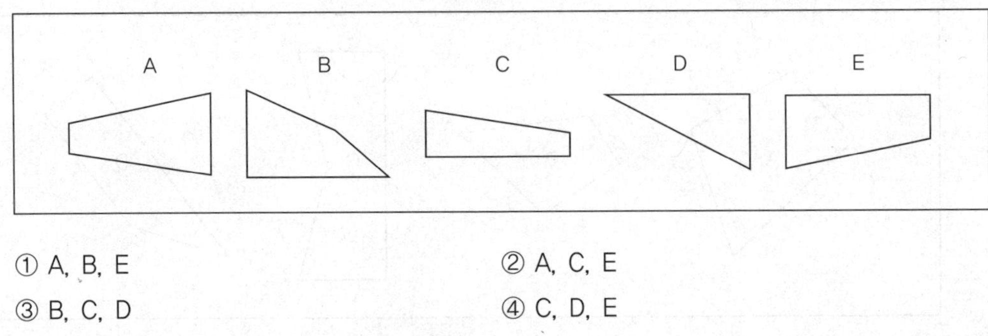

① A, B, E
② A, C, E
③ B, C, D
④ C, D, E

30. 다음과 같이 정사각형의 종이를 절반으로 두 번 접어 펀치로 두 군데에 구멍을 뚫었다. 종이를 다시 펼쳤을 때의 모양으로 올바른 것은?

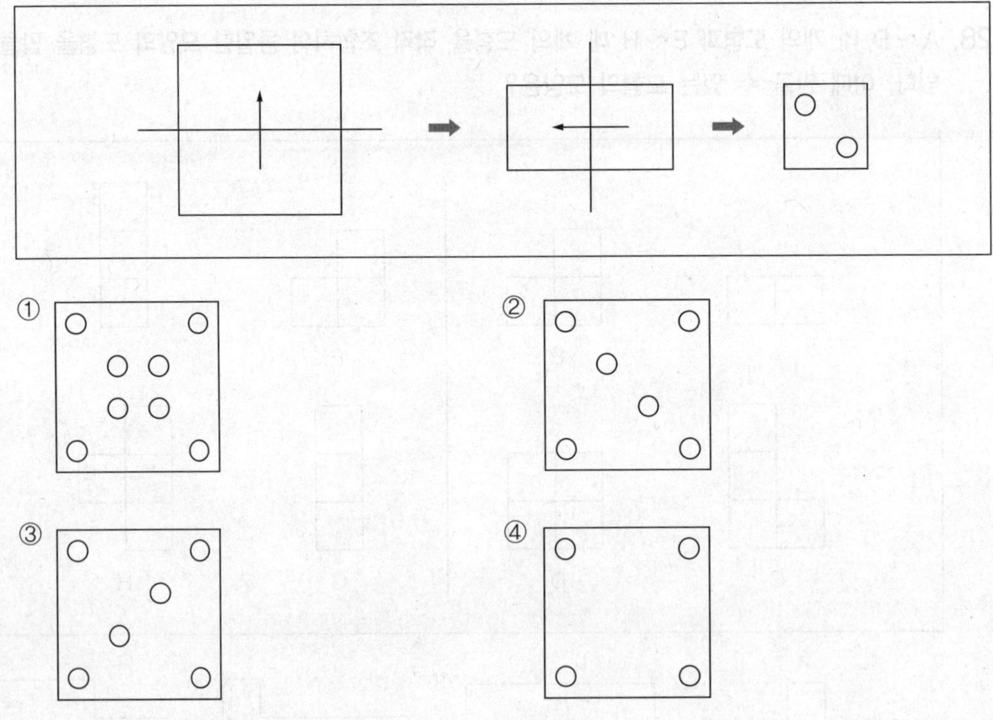

31. 다음 도형을 반시계 방향으로 225° 회전했을 때의 모습으로 올바른 것은?

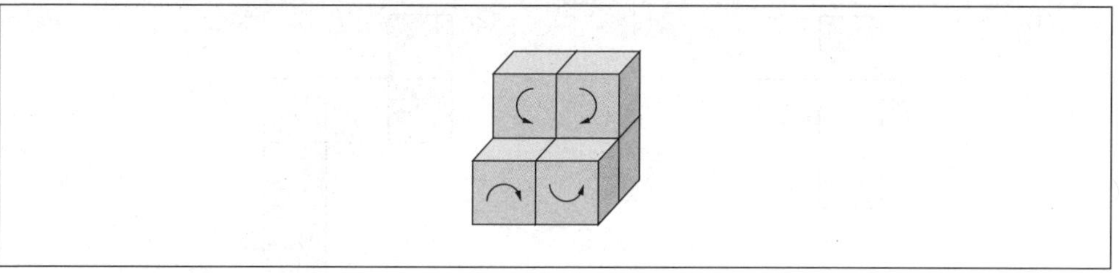

①

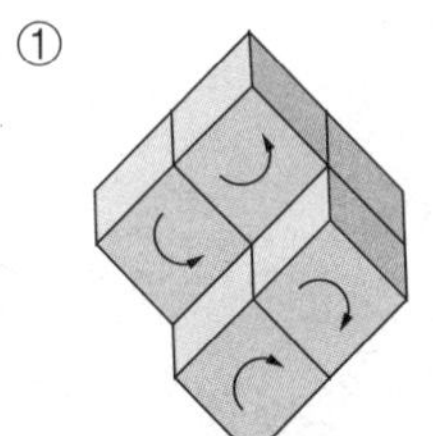

②

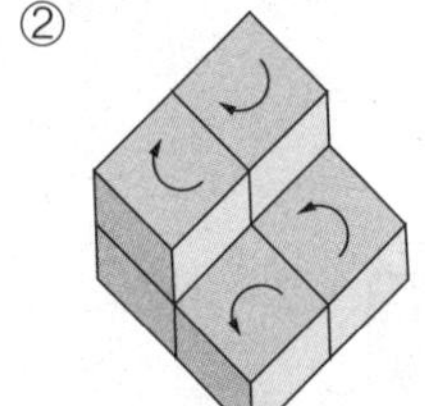

③

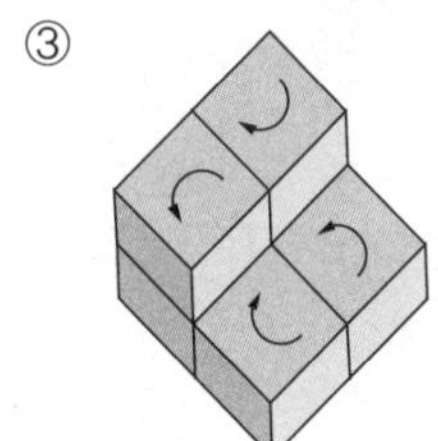

④

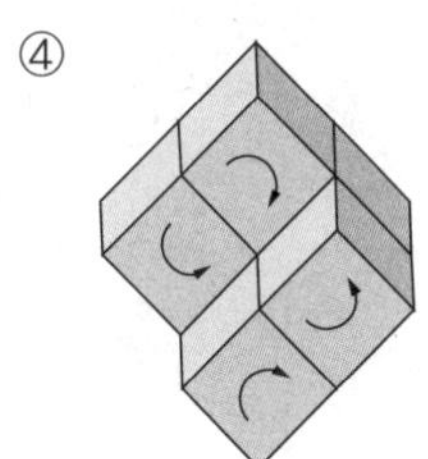

32. 다음 그림 A, B, C를 직선에 따라 분리된 조각이 많은 순서대로 올바르게 나열한 것은?

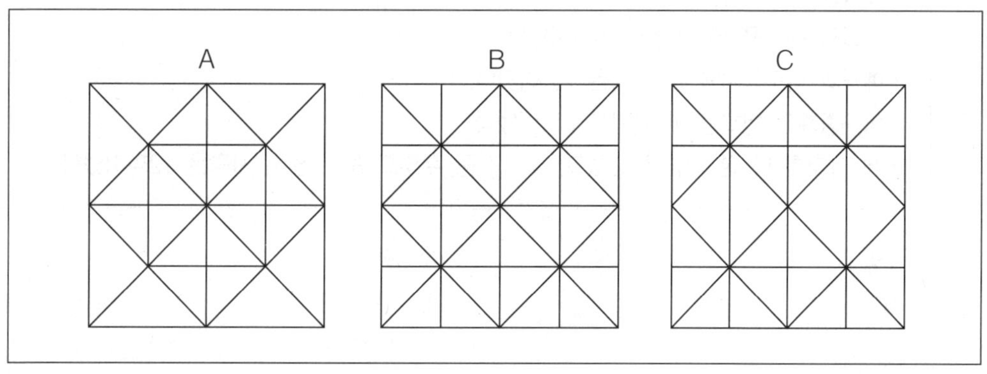

① B, A, C
② B, C, A
③ C, A, B
④ C, B, A

33. 다음 전개도 중 정육면체로 만들 수 없는 것은?

①

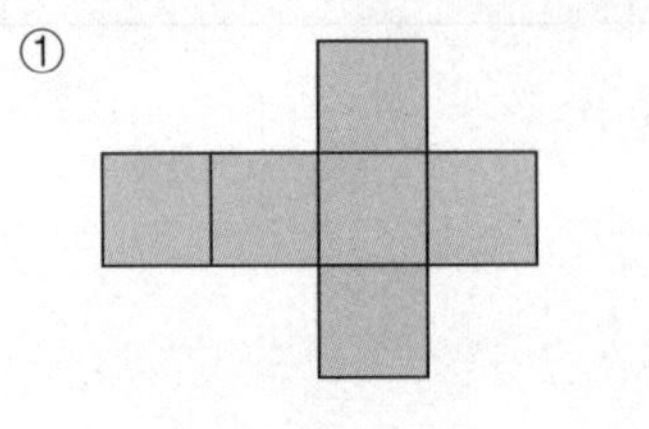

②

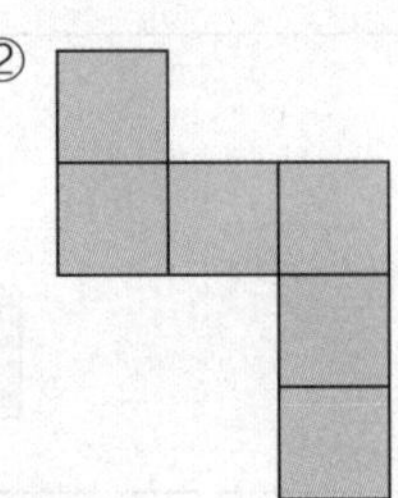

③

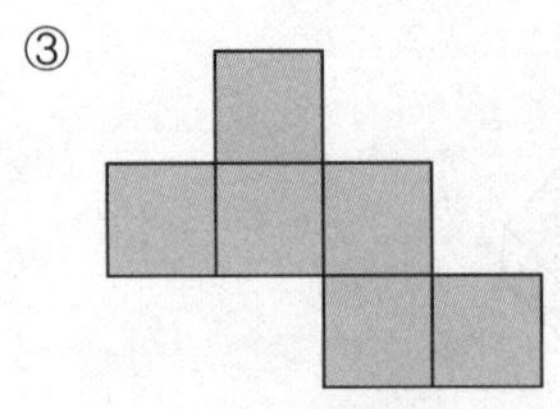

④

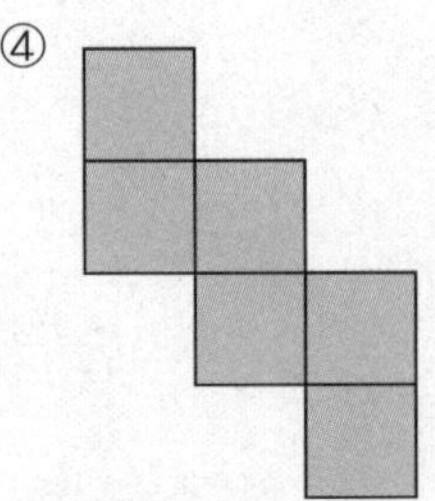

34. 어젯밤 TV를 시청한 50명에게 영화, 예능, 야구중계 중 무엇을 보았는지 질문하여 다음과 같은 결과를 얻었다. 야구중계만 시청한 사람은 몇 명인가? (단, 중복 시청이 가능하다)

- 영화를 본 사람은 20명이었다.
- 예능을 본 사람은 19명이었다.
- 영화와 예능을 본 사람은 10명이었다.
- 예능과 야구중계를 본 사람은 7명이었다.
- 야구중계와 영화를 본 사람은 6명이었다.
- 세 가지를 다 본 사람은 없었고, 3가지 중 무엇도 보지 않은 사람은 12명이었다.

① 7명　② 8명

③ 9명　④ 10명

35. 다음 명제가 항상 참이라고 할 때, 참인 것은?

> • 합리적인 사람은 여행을 좋아하지 않는다.
> • 마음이 따뜻하지 않은 사람은 여행을 좋아한다.
> • 스포츠를 좋아하는 사람은 마음이 따뜻하다.
> • 영수는 합리적인 사람이다.

① 여행을 좋아하면 마음이 따뜻하지 않다.
② 스포츠를 좋아하는 사람은 합리적인 사람이다.
③ 마음이 따뜻한 사람은 여행을 좋아하지 않는다.
④ 영수는 마음이 따뜻하다.

36. 윤아, 수영, 서현, 태연, 현아 5명의 학생이 있다. 이들의 아버지는 학교에서 국어, 영어, 수학, 과학, 사회 중 서로 다른 과목을 가르친다. 다음 설명을 참고할 때, 사회를 가르치는 아버지를 둔 딸이 가장 좋아하는 과목은?

> 1) 어느 누구도 자신의 아버지가 가르치는 과목을 가장 좋아하지는 않는다.
> 2) 국어를 가르치는 아버지를 둔 딸이 가장 좋아하는 과목은 현아의 아버지가 가르치는 과목이다.
> 3) 영어를 가르치는 아버지의 딸인 서현은 사회를 가장 좋아한다.
> 4) 현아는 영어, 윤아는 수학, 수영은 과학을 가장 좋아한다.
> 5) 태연의 아버지는 수학을 가르치고 있다.
> 6) 학생들은 가장 좋아하는 과목이 서로 다르다.

① 국어　　② 영어
③ 수학　　④ 과학

37. K 공단이 입주해 있는 건물의 3층에는 301 ~ 307호까지 각각 생산팀, 기획팀, 인사팀, 회계팀, 비서실, 법무팀, 홍보팀이 일렬로 위치해 있다. 다음 설명이 참일 때, 304호에 위치한 팀은?

- 법무팀은 303호에 위치한다.
- 생산팀은 법무팀과 연이어 위치하고 있지 않다.
- 회계팀은 맨 끝에 위치하고 있으며 홍보팀과 회계팀 사이에는 한 개의 사무실이 있다.
- 기획팀의 바로 옆 사무실에는 인사팀이 위치한다.

① 인사팀　② 비서실
③ 홍보팀　④ 생산팀

38. 다음 조건에 따라 E 환승역까지 오후 4시에 도착하고자 할 때, B 환승역에서는 늦어도 몇 시에 출발해야 하는가? (단, 환승에 따른 이동 시간은 고려하지 않는다)

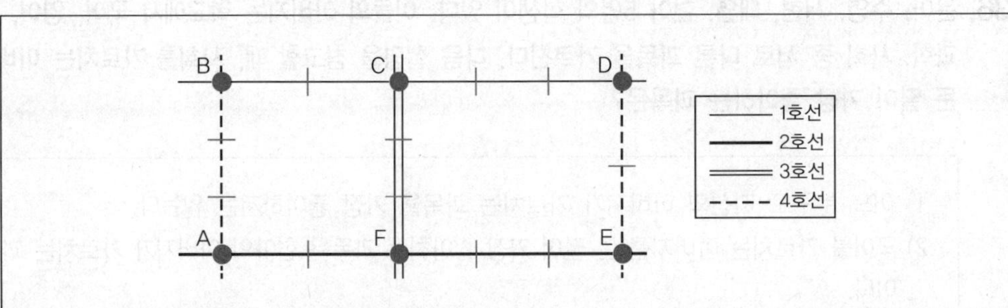

- 눈금 표시는 역을, A ~ F는 환승역을 의미한다.
- 모든 지하철의 이동 시 평균 속도는 80km/h이다.
- 1 ~ 4호선의 역간 이동 시간은 순서대로 각각 2분, 2분, 3분, 3분이며, 동일 호선의 모든 역은 동일한 이동 시간이 소요된다.
- 환승역은 2분, 환승역 외의 모든 역은 1분간 정차한다.

① 오후 3시 32분　② 오후 3시 36분
③ 오후 3시 38분　④ 오후 3시 40분

39. A, B, C, D 네 사람이 다음 그림과 같은 원형 탁자에 앉아서 게임을 한다. 탁자 위에는 빨간색, 파란색, 노란색의 카드가 각각 4장씩 있고, 각 색깔의 카드마다 3, 4, 5, 6의 번호가 적혀 있다. 이 12장의 카드를 잘 섞은 후 A, B, C, D의 순으로 한 장씩 뽑는다. 뽑은 카드가 빨간색이면 그 카드의 숫자만큼 마주 보고 앉은 사람이 득점을 한다. 파란색이면 오른쪽 옆의 사람, 노란색이면 자기 자신의 득점이 된다. 네 명이 모두 한 장씩 뽑았더니 A는 4점, B와 C는 0점, D는 9점이었다. D가 뽑은 카드의 색과 숫자로 올바른 것은?

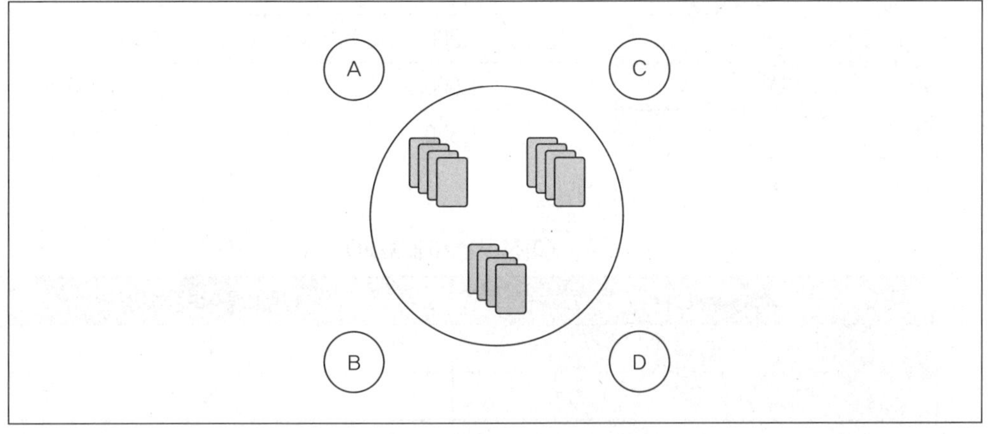

① 빨간색, 4
② 빨간색, 5
③ 파란색, 3
④ 노란색, 3

40. 다음은 회사를 새로운 곳으로 이사하려고 하는 M사가 필요한 사항을 정리한 자료이다. 이에 대한 설명으로 올바르지 않은 것은?

〈후보지별 임대료와 사용 가능 층〉

후보지	월 임대료(만 원)	사용 가능 층
A	1,000	1 ~ 3층
B	1,450	1 ~ 5층
C	1,200	4 ~ 6층
D	1,500	3 ~ 5층, 7 ~ 8층
E	1,350	7 ~ 9층

※ 이전하기 전의 월 임대료는 900만 원임.

〈이전 시 기대 효과〉

후보지	월 업무비용 절감액(만 원)
A	45
B	30
C	28
D	25
E	50

〈후보지별 직원 선호도 조사 결과〉

후보지	남직원(명)	여직원(명)
A	21	20
B	16	8
C	32	15
D	17	39
E	14	18

※ 직원 선호도는 각 후보지에 투표한 직원의 수를 의미함.

① 4층을 반드시 사용해야 할 경우 적어도 300만 원의 월 임대료가 추가되어야 한다.
② 층당 평균 월 임대료가 가장 높은 곳과 낮은 곳은 각각 E와 B이다.
③ 5개 층을 사용할 수 있는 곳으로 이전했을 경우의 월 업무비용 절감액은 30만 원 이하이다.
④ 남직원과 여직원의 선호도 순위가 동일한 후보지는 한 군데도 없다.

41. 다음과 같은 상황에서 B가 취해야 할 행동으로 가장 바람직한 것은?

> A사는 업무 분위기가 매우 자유분방하여 점심시간 한 시간 동안은 직원들이 돌아가며 자신이 좋아하는 음악을 선곡하여 틀고 사무실 직원 모두가 감상할 수 있도록 하고 있다. 오늘은 B가 자신이 좋아하는 음악을 들을 수 있는 날이라, B는 자신의 스마트폰에 저장되어 있는 강렬한 헤비메탈 곡을 모든 직원이 들을 수 있도록 틀었다. 그런데 갑자기 선배 직원이 다가와 헤비메탈은 자신이 가장 싫어하는 장르이며, 대신 잔잔하고 고요한 클래식을 틀어 보라고 권한다. 오랜만에 온 자신의 차례에 좋아하는 음악을 들으려 했던 B는 당황하며 어떻게 대처해야 좋을지 모르는 상황에 처해 있다.

① 선배 직원에게 헤비메탈의 장점을 설명하여 끝까지 들어 보라고 주장한다.
② 다른 직원의 의향을 물어 다수의 의견에 따르기로 한다.
③ 재빨리 음악을 바꿔 조용한 클래식을 재생한다.
④ 자신의 정당한 권리를 주장하며 선배 직원의 요청이 부당함을 알린다.

42. 해외의 중요한 거래처 손님을 픽업하기 위해 공항으로 가던 중 상대방 차량의 잘못으로 인해 교통사고가 발생하였다. 고속도로 한복판에서 일어난 사고인지라 대중교통을 이용할 수도 없는 상황이다. 이와 같은 상황에서 취할 수 있는 행동으로 가장 적절한 것은?

① 사고 차량을 갓길로 옮겨 놓고 빨리 히치하이킹을 하여 다른 차로 공항까지 이동하도록 한다.
② 회사에 사고 소식을 알리지 않고 비행기 도착시간까지 기다려 도착하자마자 바이어의 핸드폰으로 연락을 시도한다.
③ 공항 근처에 사는 친구에게 바이어의 인상착의를 설명하고 대신 픽업해 달라고 요청해 본다.
④ 사고 수습을 위해 보험회사에 연락한 후 즉시 회사에 알려 바이어 픽업을 위한 조치를 취하도록 한다.

43. **김 대리는 이 과장이 회의에 필요한 자료이니 모두 챙길 것을 당부하며 건네준 준비 자료 목록을 정리하던 중 일부 자료가 누락되었다는 사실을 알게 되었다. 이 자료를 추가하면 회의 결과의 방향이 크게 바뀔 것으로 예상되지만 지금 자료를 추가하려면 시간이 부족한 상황이다. 김 대리가 취할 수 있는 행동으로 가장 적절한 것은?**

① 누락된 사실을 인지하지 못한 것처럼 행동한다.
② 이미 자료를 추가하기에는 늦었으므로 건네받은 목록상의 자료만 정리한다.
③ 누락된 사실을 인지한 즉시 상사에게 누락된 자료가 있음을 밝히고 적절한 조치를 요청한다.
④ 누락된 자료의 정리를 위해 회의 시간 변경을 요청한다.

44. **D사는 프로젝트 진행을 위해 용역 입찰 공고를 냈다. 다음과 같은 상황에서 용역 입찰 진행 담당자가 취할 수 있는 행동으로 가장 적절한 것은?**

> 용역 입찰 공고를 하고 마감일이 다가오지만 입찰에 응하는 업체의 수가 예상보다 훨씬 적었다. 차라리 입찰 공고를 하지 말고 다른 방식으로 용역 업체를 찾아보는 것이 더 나았을 정도로 입찰 참여율이 저조하였고 현재까지 참가 신청서를 낸 용역 업체는 업계에서 인지도나 평가가 그다지 우수하지 못한 업체들뿐이었다. 게다가 지난번 용역 입찰에서 선정되어 별 문제없이 업무를 수행해 낸 S사도 이번엔 입찰 참가업체 명단에 보이지 않았다. 그런데 신청서를 제출한 참가업체 명단을 살펴보던 담당자는 참가업체 K사의 대표가 자신의 대학 동창인 것을 알게 되었다.

① 입찰 신청 마감일을 연장하여 더 많은 회사들이 지원할 때까지 기다린다.
② 입찰을 무효화하고 이전에 채택했던 회사에게 용역 업무 진행을 설득한다.
③ 특혜를 제공하지 말고 K사의 자료를 유심히 살펴보아 회사의 능력과 업무 수행역량을 미리 파악해 둔다.
④ 학연에 의한 불필요한 오해의 소지가 있으므로 K사는 선정되지 않도록 조치해 둔다.

45. 다음과 같은 상황에서 인사팀 H 과장이 취해야 할 행동으로 가장 적절한 것은?

M사는 얼마 전 신입사원 채용시험을 치르고 합격자를 발표하였다. 그런데 합격자 발표 며칠 후 채용 담당자인 인사팀 H 과장에게 불합격한 응시자로부터 한 통의 전화가 걸려왔다. 자신과 함께 시험을 보았던 다른 응시자들과 채점을 한 결과를 납득할 수 없다는 것이 요지였다. 자신은 객관식 문제에서는 남들보다 우수한 성적을 거두었고, 주관식 문제에서 그들과 다른 답안을 제출하였지만 그것이 당락을 결정할 정도로 큰 비중을 차지할 수 없다며, 자신의 답안에 대한 채점을 다시 하거나 주관식 문제의 점수를 별도로 알려 달라고 하였다. 연락처를 건네받고 전화를 끊은 H 과장은 회사의 채용시험 규정을 살펴보았으나, 특정 응시자에 대하여 채점을 다시 하거나 부분 점수를 특정인에게 알려 주는 것은 규정에 어긋나는 사항인 점을 확인하였다.

① 해당 응시자가 재시험을 볼 수 있도록 배려해 준다.
② 채점자에게 점수와 불합격의 이유를 문의한 후, 이를 알려 줘도 된다고 하면 회신해 준다.
③ 응시자에게 전화하여 채점 관련 규정을 충분히 설명해 주고 알려 줄 수 없음을 재차 통보한다.
④ 채점자의 개별 연락처를 알려 주어 논란도 피하고 규정도 어기지 않는다.

46. 다음 수들의 배열 규칙을 따를 때, '?'에 들어갈 알맞은 숫자는?

3	2	1	5	………	12
2	7	3	4	………	15

4	3	8	6	………	19
1	5	9	7	………	?

① 21　　② 22
③ 23　　④ 24

47. 기호 ★, ♠, ♥, ♣를 이용하여 (★, ♠, ♥, ♣, ★+♠, ♠+♥, ♥+♣, ♣+★)와 같은 암호 메시지를 전송하였고, 이를 숫자로 해독한 것이 다음과 같았다. 해독한 숫자 중 틀린 숫자가 하나 있거나 하나도 없다면, 기호 ★, ♠, ♥, ♣이 각각 의미하는 숫자가 순서대로 올바르게 짝지어진 것은?

(2, 0, 4, 7, 3, 5, 11, 9)

① 2, 0, 4, 7　　② 2, 1, 4, 7
③ 2, 0, 4, 6　　④ 2, 0, 3, 6

48. 다음 도형들의 일정한 변화 규칙에 따라 '?'에 들어갈 도형으로 적절한 것은?

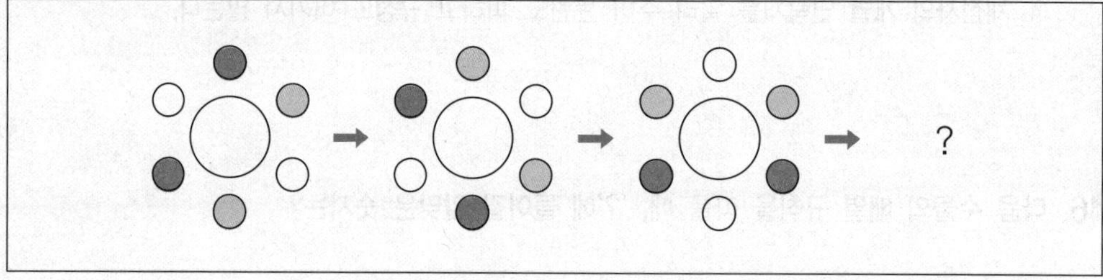

①
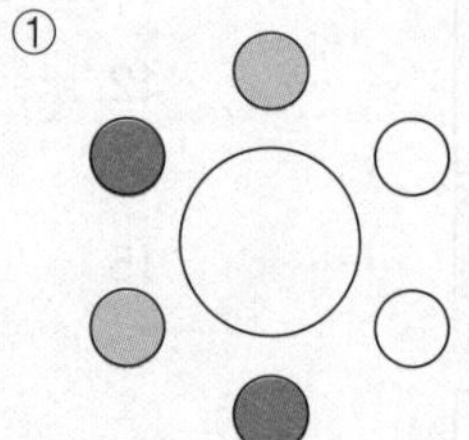

②
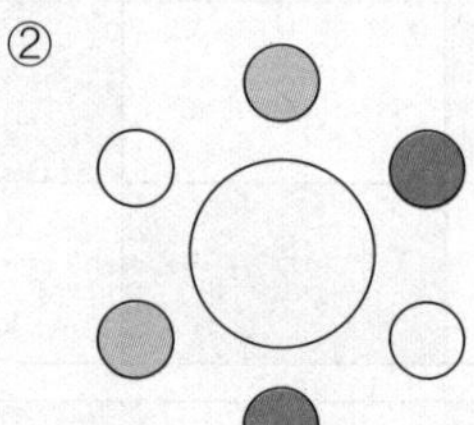

③
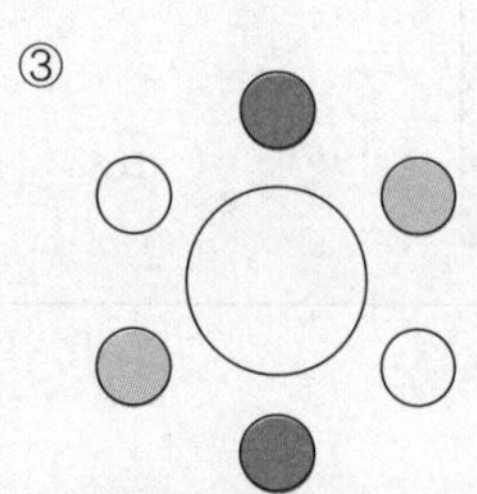

④
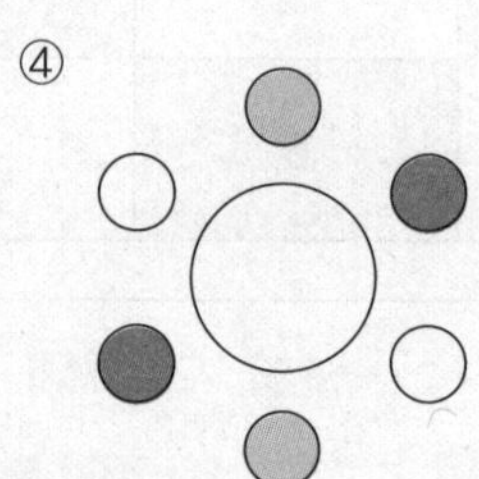

49. 다음 도형들의 이동 규칙에 따라 '?'에 들어갈 알맞은 도형은?

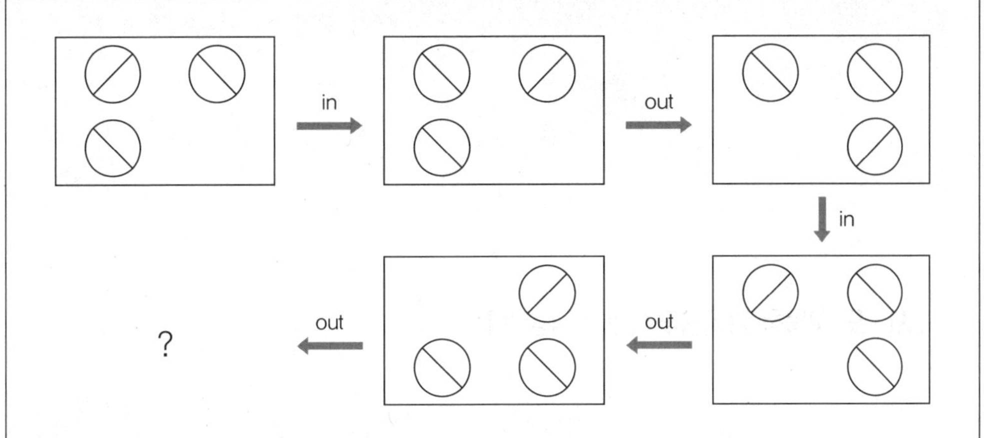

①

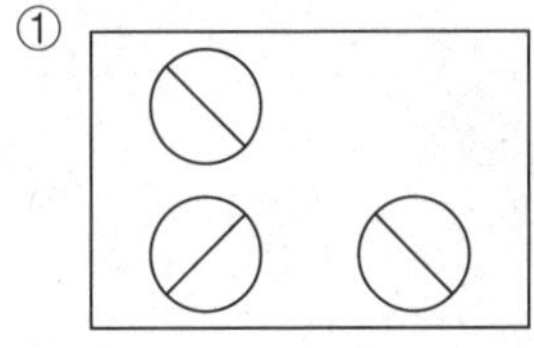

②

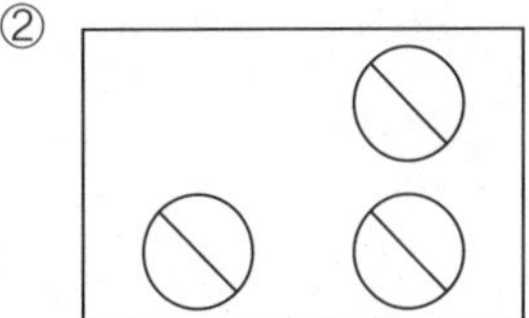

③

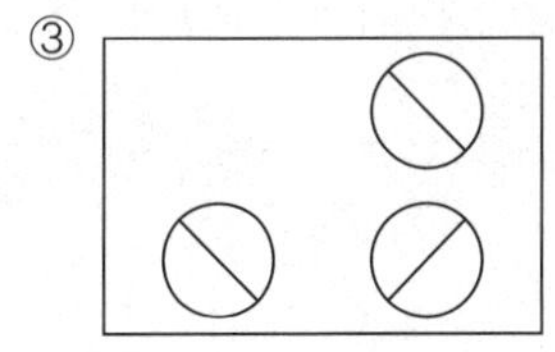

④

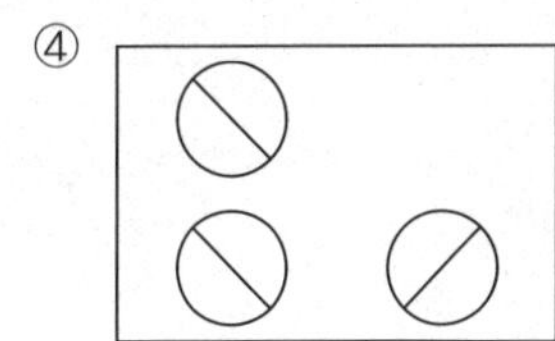

50. 다음 수들의 배열 규칙에 따라 '?'에 들어갈 숫자로 알맞은 것은?

2, 5, 11, 23	2, 7, 22, 67	1, 5, 21, 85	1, 6, 31, 156	1, 7, 43, (?)

① 245 ② 252

③ 259 ④ 264

[시 · 도 교육청 교육공무직원 소양평가]

시 · 도 교육청 교육공무직원 소양평가

파트 8

인성검사

인성검사의 이해

1 인성검사, 왜 필요한가?

채용기관은 지원자가 '직무적합성'을 지닌 사람인지를 인성검사와 필기평가를 통해 판단한다. 인성검사에서 말하는 인성(人性)이란 그 사람의 성품, 즉 각 개인이 가지고 있는 사고와 태도 및 행동 특성을 의미한다. 인성은 사람의 생김새처럼 사람마다 다르기 때문에, 몇 가지 유형으로 분류하고 이에 맞추어 판단한다는 것 자체가 억지스럽고 어불성설일지 모른다. 그럼에도 불구하고 기관들의 입장에서는 채용을 희망하는 사람이 어떤 성품을 가졌는지에 대한 정보가 필요하다. 그래야 해당 기관의 인재상에 적합하고 담당할 업무에 적격한 인재를 채용할 수 있기 때문이다.

지원자의 성격이 외향적인지 아니면 내향적인지, 어떤 직무와 어울리는지, 조직에서 다른 사람과 원만하게 생활할 수 있는지, 업무 수행 중 문제가 생겼을 때 어떻게 대처하고 해결할 수 있는지에 대한 전반적인 개성은 자기소개서나 면접을 통해서도 어느 정도 파악할 수 있다. 그러나 이것들만으로는 인성을 충분히 파악할 수 없기 때문에, 객관화되고 정형화된 인성검사로 지원자의 성격을 판단하고 있다.

채용기관은 직무적성검사를 높은 점수로 통과한 지원자라 하더라도 해당 기관과 거리가 있는 성품을 가졌다면 탈락시키게 된다. 일반적으로 직무적성검사 통과자 중 인성검사로 탈락하는 비율이 10% 내외라고 알려져 있다. 물론 인성검사에서 탈락하였다 하더라도 특별히 인성에 문제가 있는 사람이 아니라면 절망할 필요는 없다. 자신을 되돌아보고 다음 기회를 대비하면 되기 때문이다. 탈락한 기관이 원하는 인재상이 아니었다면 맞는 기관을 찾으면 되고, 적합한 경쟁자가 많았기 때문이라면 자신을 다듬어 경쟁력을 높이면 될 것이다.

2 인성검사의 특징

우리나라 대다수의 채용기업 및 기관은 인재개발 및 인적자원을 연구하는 한국행동과학연구소(KIRBS), 에스에이치알(SHR), 한국사회적성개발원(KSAD), 한국인재개발진흥원(KPDI) 등 전문기관에 인성검사를 의뢰하고 있다.

이 기관들의 인성검사 개발 목적은 비슷하지만 기관마다 검사 유형이나 평가 척도는 약간의 차이가 있다. 또 지원하는 기업 및 기관이 어느 기관에서 개발한 검사지로 인성검사를 시행하는지는 사전에 알 수 없다. 그렇지만 공통으로 적용하는 척도와 기준에 따라 구성된 여러 형태의 인성검사지로 사전 테스트를 해 보고 자신의 인성이 어떻게 평가되는가를 미리 알아보는 것은 가능하다.

인성검사는 필기시험 당일 직무능력평가와 함께 실시하는 경우와 직무능력평가 합격자에 한하여 면접과 함께 실시하는 경우가 있다. 인성검사의 문항은 100문항 내외에서부터 최대 500문항까지 다양하다. 인성검사에 주어지는 시간은 문항 수에 비례하여 30~100분 정도가 된다.

문항 자체는 단순한 질문으로 어려울 것은 없지만, 제시된 상황에서 본인의 행동을 정하는 것이 쉽지만은 않다. 문항 수가 많을 경우 이에 비례하여 시간도 길게 주어지지만, 단순하고 유사하며 반복되는 질문에 방심하여 집중하지 못하고 실수하는 경우가 있으므로 컨디션 관리와 집중력 유지에 노력하여야 한다. 특히 같거나 유사한 물음에 다른 답을 하는 경우가 가장 위험하니 주의해야 한다.

3 인성검사 합격 전략

1 포장하지 않은 솔직한 답변

'다른 사람을 험담한 적이 한 번도 없다', '물건을 훔치고 싶다고 생각해 본 적이 없다'

이 질문에 당신은 '그렇다', '아니다' 중 무엇을 선택할 것인가? 채용기관이 인성검사를 실시하는 가장 큰 이유는 '이 사람이 어떤 성향을 가진 사람인가'를 효율적으로 파악하기 위해서이다.

인성검사는 도덕적 가치가 빼어나게 높은 사람을 판별하려는 것도 아니고, 성인군자를 가려내기 위함도 아니다. 인간의 보편적 성향과 상식적 사고를 고려할 때, 도덕적 질문에 지나치게 겸손한 답변을 체크하면 오히려 솔직하지 못한 것으로 간주되거나 인성을 제대로 판단하지 못해 무효 처리가 되기도 한다. 자신의 성격을 포장하여 작위적인 답변을 하지 않도록 솔직하게 임하는 것이 예기치 않은 결과를 피하는 첫 번째 전략이 된다.

2 필터링 함정을 피하고 일관성 유지

앞서 강조한 솔직함은 일관성과 연결된다. 인성검사를 구성하는 많은 척도는 여러 형태의 문장 속에 동일한 요소를 적용해 반복되기도 한다. 예컨대 '나는 매우 활동적인 사람이다'와 '나는 운동을 매우 좋아한다'라는 질문에 '그렇다'고 체크한 사람이 '휴일에는 집에서 조용히 쉬며 독서하는 것이 좋다'에도 '그렇다'고 체크한다면 일관성이 없다고 평가될 수 있다.

그러나 일관성 있는 답변에만 매달리면 '이 사람이 같은 답변만 체크하기 위해 이 부분만 신경 썼구나'하는 필터링 함정에 빠질 수도 있다. 비슷하게 보이는 문장이 무조건 같은 내용이라고 판단하여 똑같이 답하는 것도 주의해야 한다. 일관성보다 중요한 것은 솔직함이다. 솔직함이 전제되지 않은 일관성은 허위 척도 필터링에서 드러나게 되어 있다. 유사한 질문의 응답이 터무니없이 다르거나 양극단에 치우치지 않는 정도라면 약간의 차이는 크게 문제되지 않는다. 중요한 것은 솔직함과 일관성이 하나의 연장선에 있다는 점을 명심하자.

3 지원한 직무와 연관성을 고려

다양한 분야의 많은 계열사와 큰 조직을 통솔하는 대기업은 여러 사람이 조직적으로 움직이는 만큼 각 직무에 걸맞은 능력을 갖춘 인재가 필요하다. 그래서 기업은 매년 신규채용으로 입사한 신입사원들의 젊은 패기와 참신한 능력을 성장 동력으로 활용한다.

조직은 사교성 있고 활달한 사람만을 원하지 않는다. 해당 직군과 직무에 따라 필요로 하는 사원의 능력과 개성이 다르기 때문에, 지원자가 희망하는 계열사나 부서의 직무가 무엇인지 제대로 파악하여 자신의 성향과 맞는지에 대한 고민은 반드시 필요하다. 같은 질문이라도 조직이 원하는 인재상이나 부서의 직무에 따라 판단 척도가 달라질 수 있다.

4 평상심 유지와 컨디션 관리

역시 솔직함과 연결된 내용이다. 한 질문에 대해 오래 고민하고 신경 쓰면 불필요한 생각이 개입될 소지가 크다. 이는 직관을 떠나 이성적 판단에 따라 포장할 위험이 높아진다는 뜻이기도 하다. 오래 생각하지 말고 자신의 평상시 생각과 감정대로 답하는 것이 중요하며, 가능한 한 건너뛰지 말고 모든 질문에 답하도록 한다. 300~400개 정도의 문항을 출제하는 기업 혹은 기관이 많기 때문에, 끝까지 집중하여 임하는 것이 중요하다.

특히 적성검사와 같은 날 실시하는 경우, 적성검사를 마친 후 연이어 보기 때문에 신체적 · 정신적으로 피로한 상태에서 자세가 흐트러질 수도 있다. 따라서 컨디션을 유지하면서 문항당 7~10초 이상 쓰지 않도록 하고, 문항 수가 많을 때는 답안지에 바로 바로 표기하도록 한다.

인성검사 모의 연습

검사문항	200 문항
검사시간	40 분

[01~50] 다음 문항을 읽고 본인이 상대적으로 더 해당된다고 생각되는 쪽을 선택하여 정답지에 표기해 주십시오.

번호	문항	선택	
1	① 외향적인 성격이라는 말을 듣는다. ② 내성적인 편이라는 말을 듣는다.	①	②
2	① 정해진 틀이 있는 환경에서 주어진 과제를 수행하는 일을 하고 싶다. ② 새로운 아이디어를 활용하여 변화를 추구하는 일을 하고 싶다.	①	②
3	① 의견을 자주 표현하는 편이다. ② 주로 남의 의견을 듣는 편이다.	①	②
4	① 실제적인 정보를 수집하고 이를 체계적으로 적용하는 일을 하고 싶다. ② 새로운 아이디어를 활용하여 변화를 추구하는 일을 하고 싶다.	①	②
5	① 냉철한 사고력이 요구되는 일이 편하다. ② 섬세한 감성이 요구되는 일이 편하다.	①	②
6	① 사람들은 나에 대해 합리적이고 이성적인 사람이라고 말한다. ② 사람들은 나에 대해 감정이 풍부하고 정에 약한 사람이라고 말한다.	①	②
7	① 나는 의사결정을 신속하고 분명히 하는 것을 선호하는 편이다. ② 나는 시간이 걸려도 여러 측면을 고려해 좋은 의사결정을 하는 것을 선호하는 편이다.	①	②
8	① 계획을 세울 때 세부 일정까지 구체적으로 짜는 편이다. ② 계획을 세울 때 상황에 맞게 대처할 수 있는 여지를 두고 짜는 편이다.	①	②
9	① 나는 원하는 일이라면 성공확률이 낮을지라도 도전한다. ② 나는 실패할 가능성이 있는 일이라면 가급적 하지 않는 편이다.	①	②
10	① 일반적으로 대화 주제는 특정 주제나 일 중심의 대화를 선호한다. ② 일반적으로 대화 주제는 인간관계 중심의 대화를 선호한다.	①	②
11	① 나는 완벽성과 정확성을 추구하는 성향이다. ② 나는 융통성이 있고 유연성을 추구하는 성향이다.	①	②

12	① 나는 관계의 끊고 맺음이 정확하다. ② 나는 상대의 감정에 쉽게 흔들린다.	①	②
13	① 일을 할 때 지시받은 일을 정확하게 하길 좋아한다. ② 일을 할 때 지시받는 일보다 스스로 찾아서 하는 편이다.	①	②
14	① 나는 한번 집중하면 의문이 풀릴 때까지 집중한다. ② 나는 어려운 문제에 부딪히면 포기하는 게 마음이 편하다.	①	②
15	① 의사결정 시 논리적이고 합리적인 결정을 중시한다. ② 의사결정 시 분위기나 정서를 많이 고려한다.	①	②
16	① 나는 집단이나 모임 활동에 적극적이다. ② 개인 취미 활동에 적극적이다.	①	②
17	① 인류의 과학 발전을 위해 동물 실험은 필요하다. ② 인류를 위한 동물 실험은 없어져야 한다.	①	②
18	① 나에게 있어 사회적 책임과 의무는 그리 중요하지 않다. ② 나에게 있어 사회적 책임과 의무는 심각하고 진지하게 받아들인다.	①	②
19	① 미래를 위해 돈을 모아야 한다고 생각한다. ② 현재를 즐기기 위해 나에게 투자해야 한다고 생각한다.	①	②
20	① 바쁜 일과 중에 하루 휴식 시간이 주어지면 거리를 다니면서 쇼핑을 하거나 격렬한 운동을 한다. ② 바쁜 일과 중에 하루 휴식 시간이 주어지면 책을 읽거나 음악 감상을 하고 낮잠을 자는 등 편히 쉰다.	①	②
21	① 생활의 우선순위는 다른 사람의 필요를 채우고 봉사하는 일이다. ② 생활의 우선순위는 내 삶에 충실하고 나 자신의 경쟁력을 키우는 일이다.	①	②
22	① 원인과 결과가 논리적으로 맞는지를 확인하는 편이다. ② 과정과 상황에 대한 좋고 나쁨을 우선 고려하는 편이다.	①	②
23	① 조직이나 모임에서 분위기를 주도하고 감투 쓰기를 선호한다. ② 조직이나 모임에서 나서기보다 뒤에서 도와주는 역할을 선호한다.	①	②
24	① 자신의 속마음을 쉽게 노출하지 않는 사람이다. ② 상대방을 크게 신경 쓰지 않는 시원스러운 사람이다.	①	②
25	① 혼란을 막기 위해 매사를 분명히 결정하는 조직을 선호한다. ② 차후에 더 나은 결정을 내리기 위해 최종 결정을 유보하는 조직이 좋다.	①	②
26	① 타인을 지도하고 설득하는 일을 잘한다. ② 상대를 뒤에서 도와주고 섬기는 역할을 잘한다.	①	②

27	① 어떤 일을 할 때 주변 정리는 일 도중에 중간중간 정리해 나간다. ② 어떤 일을 할 때 주변 정리는 일을 마치고 마지막에 한꺼번에 정리한다.	①	②
28	① 일을 처리하는 데 있어서 미리 시작해서 여유 있게 마무리하는 편이다. ② 일을 처리하는 데 있어서 막바지에 가서 많은 일을 달성하는 편이다.	①	②
29	① 토론을 할 때 내 의견이 대부분 관철되고 반영된다. ② 토론을 할 때 많은 사람이 동의하는 쪽을 선택한다.	①	②
30	① 나는 적극적으로 변화를 주도하고 도전하는 것을 즐긴다. ② 기존의 방식을 문제없이 유지하는 것에 안정감을 느낀다.	①	②
31	① 나는 일반적으로 혼자 하는 일을 선호한다. ② 나는 일반적으로 함께 하는 일을 잘한다.	①	②
32	① 묶이는 것보다 자유로운 분위기가 좋다. ② 정해진 질서와 틀이 짜여 있는 곳이 좋다.	①	②
33	① 일상생활에서 미리 일별, 월별 계획을 세워 꼼꼼하게 따져가며 생활한다. ② 그때그때 상황에 맞춰 필요한 대책을 세워나간다.	①	②
34	① 처음 보는 사람과 한자리에 있으면 먼저 말을 꺼내는 편이다. ② 처음 보는 사람과 한자리에 있으면 상대가 말을 할 때까지 기다린다.	①	②
35	① 합리적이고 이성적인 것을 더 강조하는 조직을 선호한다. ② 인간적이고 감성적인 것을 더 강조하는 조직을 선호한다.	①	②
36	① 상호작용이 주로 업무를 통한 정보 교환을 중심으로 이루어지는 조직을 선호한다. ② 상호작용이 주로 개인적 인간관계를 통해 이루어지는 조직을 선호한다.	①	②
37	① 처음 만나는 사람들에게 본 모습을 바로 보여 주기보다 조금 경계하는 편이다. ② 처음 만나는 사람들에게 조금 친해지고 나면 털털한 면을 보여준다.	①	②
38	① 새로운 상황에 직면하게 되면 쉽고 빠르게 적응해 나간다. ② 새로운 상황에 직면하게 되면 적응하는 데 시간이 오래 걸린다.	①	②
39	① 아는 사람끼리 다툼이 생기면 적극적으로 개입하여 중재를 하는 편이다. ② 당사자끼리 해결하도록 상관하지 않는다.	①	②
40	① 3일 동안 여행을 떠날 때 미리 행선지나 일정을 철저히 계획하고 떠난다. ② 3일 동안 여행을 떠날 때 행선지만 정해놓고 여행지에서 발길이 닿는 대로 정한다.	①	②
41	① 나는 가능한 한 색다른 방법을 모색하는 경향이다. ② 나는 기존의 방법을 수용하고 잘 활용하는 경향이다.	①	②

42	① 나는 정해진 계획에 따라 행동하는 것을 좋아한다. ② 나는 지금 당장 마음에 내키는 것을 하기 좋아한다.	①	②
43	① 분위가 침체되어 있을 때 있는 그대로의 상황을 즐긴다. ② 분위가 침체되어 있을 때 적극 나서서 분위기를 바꾸려 애쓴다.	①	②
44	① 상대에게 부정적인 말을 들으면 농담이나 유머로 상황을 넘기려 애쓴다. ② 상대에게 부정적인 말을 들으면 조목조목 따지며 시시비비를 가린다.	①	②
45	① 규정을 준수하고 신뢰감 있게 행동하는 것을 더 강조하는 조직을 선호한다. ② 창의적이고 창조적으로 행동하는 것을 더 강조하는 조직을 선호한다.	①	②
46	① 다른 조직과의 교류가 활발하고 외부 환경을 많이 고려하는 조직을 선호한다. ② 내부 응집력이 강하고 내부 환경을 많이 고려하는 조직을 선호한다.	①	②
47	① 세부 일정까지 구체적으로 짜 놓은 계획에 따라 움직이는 조직을 선호한다. ② 상황에 따라 변할 수 있도록 융통성 있게 일정을 짜고 움직이는 조직을 선호한다.	①	②
48	① 어떤 일이 맡겨지면 건강에 무리가 가더라도 일의 완수를 우선시 한다. ② 어떤 일이 맡겨지면 열심히 하지만 심신이 피곤하도록 무리해서 일하지 않는다.	①	②
49	① 정해진 틀보다 자유로운 분위기를 선호한다. ② 원칙과 조직의 규범을 중요하게 여긴다.	①	②
50	① 일의 속도는 느리지만, 꾸준히 하는 편이다. ② 일을 신속히 처리하나 오래 하는 일은 금방 지루함을 느낀다.	①	②

[51~185] 다음 문항을 읽고 '그렇다'에 생각되면 ①, '아니다'에 생각되면 ②를 선택하여 정답지에 표기해 주십시오.

번호	문 항	그렇다	아니다
51	모임이나 조직에서 중책을 많이 맡는다.	①	②
52	일을 다른 사람에게 쉽게 맡기지 못한다.	①	②
53	나와 관심 또는 관련 없는 일도 끝까지 잘 들어준다.	①	②
54	궂은일이나 애로사항이 생기면 도맡아서 처리한다.	①	②
55	억울한 상황에서도 자신의 주장을 잘 전달하지 못한다.	①	②
56	주변 사람들에게 배려심이 많다는 말을 자주 듣는다.	①	②
57	모든 상황을 긍정적으로 인식한다.	①	②
58	분위기에 쉽게 동화된다.	①	②
59	남의 의견에 좌우되어서 쉽게 의견이 바뀐다.	①	②
60	허세를 부린 적이 한 번도 없다.	①	②
61	모든 일을 계획적으로 처리한다.	①	②
62	사람들과 만나면 이야기를 주도하는 편이다.	①	②
63	화가 나면 마음에 오래 담아 두는 편이다.	①	②
64	주변 사람들의 생일이나 경조사를 잘 챙긴다.	①	②
65	법도 사회의 변화에 따라 달라져야 한다고 생각한다.	①	②
66	가끔 색다른 음식을 의도적으로 먹는다.	①	②
67	복잡한 곳보다 조용한 곳이 좋다.	①	②
68	친구가 많지 않다.	①	②
69	다른 사람을 가르치는 일을 좋아한다.	①	②
70	한 가지 일에 집중하면 그 외 일은 소홀히 하는 경향이 있다.	①	②
71	의사결정 할 때 주도적 역할을 한다.	①	②
72	한 가지 일을 오래하지 못한다.	①	②
73	다른 사람의 의견에 장단(공감)을 잘 맞춰준다.	①	②
74	특별히 가리는 음식이 없는 편이다.	①	②

75	남을 의심해 본 적이 없다.	①	②
76	메모를 잘하고 일정표를 통해 늘 스케줄을 관리한다.	①	②
77	자신감이 없는 편이다.	①	②
78	창의성을 발휘하는 업무가 적성에 맞는다.	①	②
79	어떤 일을 결심하기까지 시간이 걸리는 편이다.	①	②
80	쉬운 문제보다 어려운 문제를 더 좋아한다.	①	②
81	쉽게 좌절하거나 의기소침해지지 않는다.	①	②
82	짜인 틀에 얽매이는 것을 싫어한다.	①	②
83	일을 주도하는 것보다 따르는 것이 좋다.	①	②
84	다른 사람의 마음을 잘 읽는 편이다.	①	②
85	신중하다는 말을 자주 듣는다.	①	②
86	맡은 일은 무슨 일이 생겨도 끝까지 완수한다.	①	②
87	계산 문제를 다루는 것이 좋다.	①	②
88	우리 가족은 항상 화목하다.	①	②
89	아침에 일어났을 때가 하루 중 가장 기분이 좋다.	①	②
90	어떤 문제가 생기면 그 원인부터 따져 보는 편이다.	①	②
91	자신의 주장을 강하게 내세우지 않으며 순종을 잘한다.	①	②
92	식사 전에는 꼭 손을 씻는다.	①	②
93	타인의 문제에 개입되는 걸 원하지 않는다.	①	②
94	주변에 못마땅해 보이는 사람들이 많다.	①	②
95	우선순위가 상황에 따라 자주 바뀐다.	①	②
96	내가 행복해지려면 주변의 많은 것들이 변해야 한다.	①	②
97	남의 일에 신경 쓰다 정작 내 일을 하지 못하는 경우가 종종 있다.	①	②
98	말이 별로 없고 과묵한 편이다.	①	②
99	기분에 따라 행동하는 경우가 많다.	①	②
100	상상력이 풍부한 편이다.	①	②
101	다른 사람에게 명령이나 지시하는 것을 좋아한다.	①	②
102	끈기가 있고 성실하다.	①	②

103	새로운 학문을 배우는 것을 좋아한다.	①	②
104	긴박한 상황에서도 차분함을 잃지 않으며 상황 판단이 빠르다.	①	②
105	어떤 상황에서든 빠르게 결정하고 과감하게 행동한다.	①	②
106	성공하고 싶은 욕망이 매우 강하다.	①	②
107	가끔 사물을 때려 부수고 싶은 충동을 느낄 때가 있다.	①	②
108	무슨 일이든 도전하는 편이다.	①	②
109	사람들과 어울릴 수 있는 모임을 좋아한다.	①	②
110	다른 사람이 한 행동의 이유를 잘 파악하는 편이다.	①	②
111	조직적으로 행동하는 것을 좋아한다.	①	②
112	처음 보는 사람에게 말을 잘 걸지 못한다.	①	②
113	일을 시작하기 전에 조건을 꼼꼼히 따져본다.	①	②
114	목표 달성을 위해서라면 사소한 규칙은 무시해도 된다.	①	②
115	많은 사람보다 몇몇의 특별한 친구를 갖고 있다.	①	②
116	남이 시키는 일을 하는 것이 편하다.	①	②
117	다른 사람들이 무심코 보다 넘기는 것에도 관심을 갖는다.	①	②
118	기상시간과 취침시간이 거의 일정하다.	①	②
119	지금까지 거짓말을 한 번도 하지 않았다.	①	②
120	약속을 한 번도 어긴 적이 없다.	①	②
121	하고 싶은 말을 잘 참지 못한다.	①	②
122	다른 사람들의 행동을 주의 깊게 관찰하는 경향이 있다.	①	②
123	주변 사람들에게 독특한 사람으로 통한다.	①	②
124	남에게 지고 싶지 않은 승부사적인 기질이 있다.	①	②
125	매사에 확인하고 또 확인해야만 마음이 놓인다.	①	②
126	다른 사람들의 이야기를 귀담아듣는다.	①	②
127	눈치가 빠르며 상황을 빨리 파악하는 편이다.	①	②
128	사람을 사귈 때 어느 정도 거리를 두고 사귄다.	①	②
129	어떤 경우라도 남을 미워하지 않는다.	①	②
130	다소 무리를 해도 쉽게 지치지 않는 편이다.	①	②

131	논리가 뛰어나다는 말을 듣는 편이다.	①	②
132	나 자신에 대해 불평한 적이 없다.	①	②
133	양보와 타협보다 내 소신이 중요하다.	①	②
134	자진해서 발언하는 일이 별로 없다.	①	②
135	결정을 내릴 때 남들보다 시간이 걸리는 편이다.	①	②
136	현실적인 사람보다 이상적인 사람을 더 좋아한다.	①	②
137	비교적 금방 마음이 바뀌는 편이다.	①	②
138	쓸데없는 고생을 하는 타입이다.	①	②
139	아무리 힘들더라도 힘든 내색을 하지 않는다.	①	②
140	확실하지 않은 것(일)은 처음부터 시작하지 않는다.	①	②
141	원하지 않는 일이라도 모든 일에 잘 적응한다.	①	②
142	상대가 원하면 마음에 안 들어도 따라주는 편이다.	①	②
143	주어진 시간 내에 맡겨진 과제를 마칠 수 있다.	①	②
144	임기응변으로 대응하는 것에 능숙하다.	①	②
145	가끔 의지가 약하다는 말을 듣는다.	①	②
146	처음 보는 사람에게도 내 의견을 자신 있게 말할 수 있다.	①	②
147	남이 나를 어떻게 생각하는지 신경이 쓰인다.	①	②
148	일의 시작은 잘하나 마무리가 안될 때가 많다.	①	②
149	나와 다른 의견을 가진 사람들을 설득하는 것을 잘한다.	①	②
150	쓸데없는 잔걱정이 끊이질 않는다.	①	②
151	이롭지 않은 약속은 무시할 때가 종종 있다.	①	②
152	나도 모르게 충동구매를 하는 경우가 많다.	①	②
153	비교적 상처받기 쉬운 타입이다.	①	②
154	낯선 사람과 대화하는 데 어려움이 있다.	①	②
155	몸이 아프고 피곤하면 만사를 뒤로하고 일단 쉬고 본다.	①	②
156	하고 싶은 일을 하지 않고는 못 배긴다.	①	②
157	애교가 별로 없고 표정관리를 잘 못한다.	①	②
158	항상 나 자신이 만족스럽다.	①	②

159	여러 사람을 통솔하는 것보다 개인을 도와주는 일을 잘한다.	①	②
160	무슨 일이든 빨리 해결하려는 경향이 많다.	①	②
161	사람을 가리지 않고 두루두루 교제한다.	①	②
162	많은 사람들이 나를 이해하지 못하는 것 같다.	①	②
163	말보다는 행동으로 보여주는 성향이다.	①	②
164	갈등이나 마찰을 피하기 위해 대부분 양보하는 편이다.	①	②
165	사소한 잘못은 지혜롭게 변명하고 넘어간다.	①	②
166	일에 집중하면 다른 것은 생각나지 않는다.	①	②
167	잘못된 규정이라도 일단 확정되면 규정에 따라야 한다.	①	②
168	사람들의 부탁을 잘 거절하지 못한다.	①	②
169	융통성이 없는 편이다.	①	②
170	세상에는 바보 같은 사람이 너무 많다고 생각한다.	①	②
171	스포츠 경기를 관람하다가 금방 흥분한다.	①	②
172	약속을 어긴 적이 한 번도 없다.	①	②
173	어울려서 일하면 집중이 잘 안된다.	①	②
174	감수성이 풍부하며 감정의 기복이 심하다.	①	②
175	무슨 일이 있더라도 상대방을 이겨야 직성이 풀린다.	①	②
176	항상 스스로 실수를 인정한다.	①	②
177	일과 사람(공과 사)의 구분이 명확하다.	①	②
178	다른 사람의 말에 쉽게 흔들린다.	①	②
179	어떤 일에든 적극적으로 임하는 편이다.	①	②
180	간단한 일은 잘하나 오래 걸리는 일은 잘 못한다.	①	②
181	팀을 위해 희생하는 편이다.	①	②
182	좋을 때나 나쁠 때나 변함없이 남을 도울 수 있다.	①	②
183	일의 성사를 위해서는 다소 거짓말도 필요하다.	①	②
184	수업시간에 발표하는 것을 즐기는 편이다.	①	②
185	내 전공 분야와 상관없는 분야의 지식에도 관심이 많다.	①	②

[186~200] 다음 제시된 문제를 읽고 하나를 선택하여 정답지에 표기해 주십시오.

186. 자신의 성격을 잘 표현할 수 있는 단어로 묶인 것은?

① 온화한, 자유로운, 침착한, 긍정적인
② 꼼꼼한, 섬세한, 감수성이 풍부한, 사려 깊은
③ 성격이 급한, 상상력이 풍부한, 승부욕이 있는, 적극적인
④ 인내심이 있는, 실패를 두려워하지 않는, 집중력이 좋은, 일관성 있는

187. 자신이 조직에서 일하는 방식은?

① 팀워크가 필요한 일을 선호한다.
② 하고 싶은 일을 먼저 하려고 한다.
③ 일을 하기 전에 미리 계획을 세운다.
④ 혼자만의 힘으로도 최고의 성과를 낼 수 있다.

188. 나의 행동 패턴은?

① 몸을 움직이는 활동을 좋아한다.
② 생각보다 행동이 앞선다.
③ 하루하루 계획을 세워 생활한다.
④ 하고 싶은 일은 망설이지 않고 도전한다.

189. 약속 장소에 가는 시간은?

① 먼저 가서 기다린다.
② 시간에 맞춰서 나간다.
③ 대부분 조금 늦게 나간다.
④ 만나는 사람에 따라 나가는 시간이 다르다.

190. 스트레스를 받는 상황은?

① 규정이나 절차가 엄격하다.
② 상황에 따라 일이 자주 바뀐다.
③ 지속적으로 결점을 지적받는다.
④ 모든 일에서 남들보다 잘해야 한다.

191. 내가 선호하는 것은?

① 혼자 여행 다니는 것
② 운동이나 쇼핑을 하는 일
③ 책을 읽거나 독서 모임에 나가는 것
④ 가족과 함께 즐거운 시간을 보내는 것

192. 나의 소비 성향은?

① 간단하고 빠르게 산다.
② 계획 없이 마음에 들면 산다.
③ 마음에 든 물건이라도 바로 구매하지 않고 한 번 더 생각한다.
④ 여러 가지 상품을 비교하면서 필요한 물건인지 확인 후 산다.

193. 중요한 결정을 할 때 가장 영향을 미치는 것은?

① 나의 직관적인 생각
② 세부적인 계획과 연구
③ 다른 사람들의 조언
④ 전체적인 분위기

194. 식사시간은?

① 편한 시간에
② 정해진 시간대에
③ 시간은 정해졌으나 신축성 있게
④ 매우 불규칙적이다.

195. 업무를 수행하는 방법은?

① 항상 새로운 것에 도전한다.
② 어려워 보이는 목표부터 달성한다.
③ 동시에 여러 일을 하는 것을 좋아한다.
④ 한 가지 일에 열중한다.

196. 자신의 성격상 단점은?

① 지구력이 없고 쉽게 포기한다.
② 의존적이고 낯을 가린다.
③ 비판적이고 오지랖이 넓다.
④ 생각보다 행동이 앞서고 자제력이 약하다.
⑤ 결정을 내릴 때 시간이 걸리고 우유부단하다.

197. 다른 사람이 자신에게 자주 하는 말은?

① 호기심이 많고 트렌드에 민감하다.
② 목표의식이 뚜렷해서 끝까지 일을 해낸다.
③ 조용하지만 사교의 깊이가 있는 사람 같다.
④ 성격이 화끈하고 남을 잘 배려할 줄 안다.
⑤ 약속 시간을 잘 지키는 신의가 있는 사람이다.

198. 자신의 주된 이미지는?

① 승부욕이 많은 사람
② 분석적이고 논리적인 사람
③ 목표의식이 뚜렷한 사람
④ 타인을 잘 도와주는 친절한 사람
⑤ 즐거움을 추구하고 사교성이 있는 사람

199. 자신의 리더십 스타일은?

① 비전을 제시하고 공정성과 유연성을 지닌 비전형 리더
② 의사결정에 구성원을 참여시키는 집단운영형 리더
③ 창조적 아이디어 제시와 지속적인 혁신 분위기를 조성하는 혁신형 리더
④ 구성원들에게 명확한 비전을 제시하고 자신을 따를 수 있도록 유도하는 카리스마형 리더
⑤ 높은 업적을 요구하며 리더가 솔선수범하여 팀을 이끄는 규범형 리더

200. 창의적인 기획안을 제출했으나 상사는 기존의 방식대로 일을 처리하자고 한다면 자신은 어떻게 하겠는가?

① 상사의 지시대로 한다.
② 수정 없이 기획안을 제출한다.
③ 동료들과 상의하여 기획안을 접수시킨다.
④ 창의적인 기획안을 실행했을 때의 장단점을 제출한다.
⑤ 기존의 방식대로 하되 기획안을 조금이라도 적용하려고 한다.

[시 · 도 교육청 교육공무직원 소양평가]

시 · 도 교육청 교육공무직원 소양평가

파트 9

면접가이드

면접의 이해

※ 능력 중심 채용에서는 타당도가 높은 구조화 면접을 적용한다.

1 면접이란?

일을 하는 데 필요한 능력(직무역량, 직무지식, 인재상 등)을 지원자가 보유하고 있는지를 다양한 면접기법을 활용하여 확인하는 절차이다. 자신의 환경, 성취, 관심사, 경험 등에 대해 이야기하여 본인이 적합하다는 것을 보여 줄 기회를 제공하고, 면접관은 평가에 필요한 정보를 수집하고 평가하는 것이다.

- 지원자의 태도, 적성, 능력에 대한 정보를 심층적으로 파악하기 위한 선발 방법
- 선발의 최종 의사결정에 주로 사용되는 선발 방법
- 전 세계적으로 선발에서 가장 많이 사용되는 핵심적이고 중요한 방법

2 면접의 특징

서류전형이나 인적성검사에서 드러나지 않는 것들을 볼 수 있는 기회를 제공한다.

- 직무수행과 관련된 다양한 지원자 행동에 대한 관찰이 가능하다.
- 면접관이 알고자 하는 정보를 심층적으로 파악할 수 있다.
- 서류상으로 미비한 사항과 의심스러운 부분을 확인할 수 있다.
- 커뮤니케이션, 대인관계행동 등 행동 · 언어적 정보도 얻을 수 있다.

3 면접의 평가요소

1 인재적합도

해당 기관이나 기업별 인재상에 대한 인성 평가

2 조직적합도

조직에 대한 이해와 관련 상황에 대한 평가

3 직무적합도

직무에 대한 지식과 기술, 태도에 대한 평가

4 면접의 유형

구조화된 정도에 따른 분류

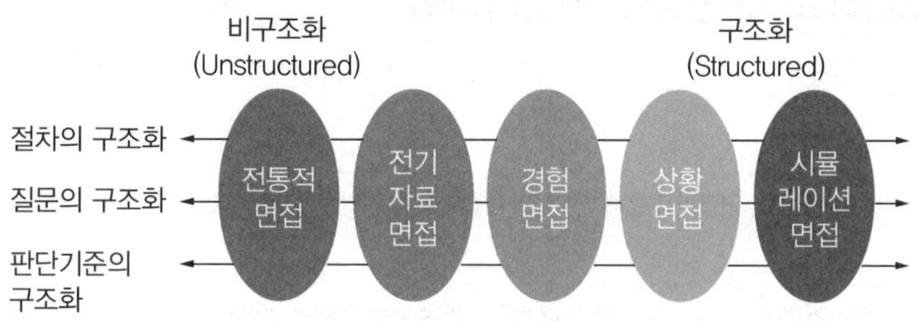

1 구조화 면접(Structured Interview)

사전에 계획을 세워 질문의 내용과 방법, 지원자의 답변 유형에 따른 추가 질문과 그에 대한 평가역량이 정해져 있는 면접 방식(표준화 면접)

- 표준화된 질문이나 평가요소가 면접 전 확정되며, 지원자는 편성된 조나 면접관에 영향을 받지 않고 동일한 질문과 시간을 부여받을 수 있음.
- 조직 또는 직무별로 주요하게 도출된 역량을 기반으로 평가요소가 구성되어, 조직 또는 직무에서 필요한 역량을 가진 지원자를 선발할 수 있음.
- 표준화된 형식을 사용하는 특성 때문에 비구조화 면접에 비해 신뢰성과 타당성, 객관성이 높음.

2 비구조화 면접(Unstructured Interview)

면접 계획을 세울 때 면접 목적만 명시하고 내용이나 방법은 면접관에게 전적으로 일임하는 방식(비표준화 면접)

- 표준화된 질문이나 평가요소 없이 면접이 진행되며, 편성된 조나 면접관에 따라 지원자에게 주어지는 질문이나 시간이 다름.
- 면접관의 주관적인 판단에 따라 평가가 이루어져 평가 오류가 빈번히 일어남.
- 상황 대처나 언변이 뛰어난 지원자에게 유리한 면접이 될 수 있음.

구조화 면접 기법

1 경험면접(Behavioral Event Interview)

면접 프로세스

- **안내**: 지원자는 입실 후, 면접관을 통해 인사말과 면접에 대한 간단한 안내를 받음.
- **질문**: 지원자는 면접관에게 평가요소(직업기초능력, 직무수행능력 등)와 관련된 주요 질문을 받게 되며, 질문에서 의도하는 평가요소를 고려하여 응답할 수 있도록 함.
- **세부질문**:
  - 지원자가 응답한 내용을 토대로 해당 평가기준들을 충족시키는지 파악하기 위한 세부질문이 이루어짐.
  - 구체적인 행동·생각 등에 대해 응답할수록 높은 점수를 얻을 수 있음.

• 방식
해당 역량의 발휘가 요구되는 일반적인 상황을 제시하고, 그러한 상황에서 어떻게 행동했었는지(과거경험)를 이야기하도록 함.

• 판단기준
해당 역량의 수준, 경험 자체의 구체성, 진실성 등

• 특징
추상적인 생각이나 의견 제시가 아닌 과거 경험 및 행동 중심의 질의가 이루어지므로 지원자는 사전에 본인의 과거 경험 및 사례를 정리하여 면접에 대비할 수 있음.

• 예시

지원분야		지원자		면접관	(인)
경영자원관리 조직이 보유한 인적자원을 효율적으로 활용하여, 조직 내 유·무형 자산 및 재무자원을 효율적으로 관리한다.					
주질문					
A. 어떤 과제를 처리할 때 기존에 팀이 사용했던 방식의 문제점을 찾아내 이를 보완하여 과제를 더욱 효율적으로 처리했던 경험에 대해 이야기해 주시기 바랍니다.					
세부질문					
[상황 및 과제] 사례와 관련해 당시 상황에 대해 이야기해 주시기 바랍니다. [역할] 당시 지원자께서 맡았던 역할은 무엇이었습니까? [행동] 사례와 관련해 구성원들의 설득을 이끌어 내기 위해 어떤 노력을 하였습니까? [결과] 결과는 어땠습니까?					

기대행동	평점
업무진행에 있어 한정된 자원을 효율적으로 활용한다.	① - ② - ③ - ④ - ⑤
구성원들의 능력과 성향을 파악해 효율적으로 업무를 배분한다.	① - ② - ③ - ④ - ⑤
효과적 인적/물적 자원관리를 통해 맡은 일을 무리 없이 잘 마무리한다.	① - ② - ③ - ④ - ⑤

척도해설

1 : 행동증거가 거의 드러나지 않음	2 : 행동증거가 미약하게 드러남	3 : 행동증거가 어느 정도 드러남	4 : 행동증거가 명확하게 드러남	5 : 뛰어난 수준의 행동증거가 드러남
관찰기록 : 총평 :				

※ 실제 적용되는 평가지는 기업/기관마다 다름.

2 상황면접(Situational Interview)

면접 프로세스

안내 — 지원자는 입실 후, 면접관을 통해 인사말과 면접에 대한 간단한 안내를 받음.

질문
- 지원자는 상황질문지를 검토하거나 면접관을 통해 상황 및 질문을 제공받음.
- 면접관의 질문이나 질문지의 의도를 파악하여 응답할 수 있도록 함.

세부질문
- 지원자가 응답한 내용을 토대로 해당 평가기준들을 충족시키는지 파악하기 위한 세부질문이 이루어짐.
- 구체적인 행동·생각 등에 대해 응답할수록 높은 점수를 얻을 수 있음.

- 방식

  직무 수행 시 접할 수 있는 상황들을 제시하고, 그러한 상황에서 어떻게 행동할 것인지(행동의도)를 이야기하도록 함.

- 판단기준

  해당 상황에 맞는 해당 역량의 구체적 행동지표

- 특징

  지원자의 가치관, 태도, 사고방식 등의 요소를 평가하는 데 용이함.

• 예시

지원분야		지원자		면접관	(인)
유관부서협업 타 부서의 업무협조요청 등에 적극적으로 협력하고 갈등 상황이 발생하지 않도록 이해관계를 조율하며 관련 부서의 협업을 효과적으로 이끌어 낸다.					
주질문					
당신은 생산관리팀의 팀원으로, 2개월 뒤에 제품 A를 출시하기 위해 생산팀의 생산 계획을 수립한 상황입니다. 그러나 원가가 곧 실적으로 이어지는 구매팀에서는 최대한 원가를 줄여 전반적 단가를 낮추려고 원가절감을 위한 제안을 하였으나, 연구개발팀에서는 구매팀이 제안한 방식으로 제품을 생산할 경우 대부분이 구매팀의 실적으로 산정될 것이므로 제대로 확인도 해 보지 않은 채 적합하지 않은 방식이라고 판단하고 있습니다. 당신은 어떻게 하겠습니까?					
세부질문					
[상황 및 과제] 이 상황의 핵심적인 이슈는 무엇이라고 생각합니까? [역할] 당신의 역할을 더 잘 수행하기 위해서는 어떤 점을 고려해야 하겠습니까? 왜 그렇게 생각합니까? [행동] 당면한 과제를 해결하기 위해서 구체적으로 어떤 조치를 취하겠습니까? 그 이유는 무엇입니까? [결과] 그 결과는 어떻게 될 것이라고 생각합니까? 그 이유는 무엇입니까?					

척도해설

1 : 행동증거가 거의 드러나지 않음	2 : 행동증거가 미약하게 드러남	3 : 행동증거가 어느 정도 드러남	4 : 행동증거가 명확하게 드러남	5 : 뛰어난 수준의 행동증거가 드러남
관찰기록 : 총평 :				

※ 실제 적용되는 평가지는 기업/기관마다 다름.

3 발표면접(Presentation)

면접 프로세스

안내
- 입실 후 지원자는 면접관으로부터 인사말과 발표면접에 대해 간략히 안내받음.
- 면접 전 지원자는 과제 검토 및 발표 준비시간을 가짐.

발표
- 지원자들이 과제 주제와 관련하여 정해진 시간 동안 발표를 실시함.
- 면접관은 발표내용 중 평가요소와 관련해 나타난 가점 및 감점요소들을 평가하게 됨.

질문응답
- 발표 종료 후 면접관은 정해진 시간 동안 지원자의 발표내용과 관련해 구체적인 내용을 확인하기 위한 질문을 함.
- 지원자는 면접관의 질문의도를 정확히 파악하여 적절히 응답할 수 있도록 함.
- 응답 시 명확하고 자신있게 전달할 수 있도록 함.

- 방식
  지원자가 특정 주제와 관련된 자료(신문기사, 그래프 등)를 검토하고, 그에 대한 자신의 생각을 면접관 앞에서 발표하며 추가 질의응답이 이루어짐.
- 판단기준
  지원자의 사고력, 논리력, 문제해결능력 등
- 특징
  과제를 부여한 후, 지원자들이 과제를 수행하는 과정과 결과를 관찰 · 평가함. 과제수행의 결과뿐 아니라 과제수행 과정에서의 행동을 모두 평가함.

4 토론면접(Group Discussion)

면접 프로세스

안내
- 입실 후, 지원자들은 면접관으로부터 토론 면접의 전반적인 과정에 대해 안내받음.
- 지원자는 정해진 자리에 착석함.

토론
- 지원자들이 과제 주제와 관련하여 정해진 시간 동안 토론을 실시함(시간은 기관별 상이).
- 지원자들은 면접 전 과제 검토 및 토론 준비시간을 가짐.
- 토론이 진행되는 동안, 지원자들은 다른 토론자들의 발언을 경청하여 적절히 본인의 의사를 전달할 수 있도록 함. 더불어 적극적인 태도로 토론면접에 임하는 것도 중요함.

마무리 (5분 이내)
- 면접 종료 전, 지원자들은 토론을 통해 도출한 결론에 대해 첨언하고 적절히 마무리 지음.
- 본인의 의견을 전달하는 것과 동시에 다른 토론자를 배려하는 모습도 중요함.

- 방식
  상호갈등적 요소를 가진 과제 또는 공통의 과제를 해결하는 내용의 토론 과제(신문기사, 그래프 등)를 제시하고, 그 과정에서 개인 간의 상호작용 행동을 관찰함.
- 판단기준
  팀워크, 갈등 조정, 의사소통능력 등
- 특징
  면접에서 최종안을 도출하는 것도 중요하나 주장의 옳고 그름이 아닌 결론을 도출하는 과정과 말하는 자세 등도 중요함.

5 역할연기면접(Role Play Interview)

• 방식

기업 내 발생 가능한 상황에서 부딪히게 되는 문제와 역할을 가상적으로 설정하여 특정 역할을 맡은 사람과 상호작용하고 문제를 해결해 나가도록 함.

• 판단기준

대처능력, 대인관계능력, 의사소통능력 등

• 특징

실제 상황과 유사한 가상 상황에서 지원자의 성격이나 대처 행동 등을 관찰할 수 있음.

6 집단면접(Group Activity)

• 방식

지원자들이 팀(집단)으로 협력하여 정해진 시간 안에 활동 또는 게임을 하며 면접관들은 지원자들의 행동을 관찰함.

• 판단기준

대인관계능력, 팀워크, 창의성 등

• 특징

기존 면접보다 오랜 시간 관찰을 하여 지원자들의 평소 습관이나 행동들을 관찰하려는 데 목적이 있음.

면접 최신 기출 주제

1 면접 빈출키워드

• 직무별 업무내용	• 업무자세 / 마음가짐	• 교육공무직원의 의무
• 특정 상황에서의 교육방법	• 교사, 동료와의 갈등 해결 방법	• 민원 대처방법
• 개인정보법	• 업무 처리 방법	• 업무분장
• 전화 응대법	• 해당 교육청의 교육목표	• 공문서

2 2024년 면접 기출

경남

공통질문	1. 지원한 동기를 말해 보시오.
	2. 내부적으로 청렴도를 높이기 위한 본인만의 실천 방안을 말해 보시오.
	3. 교육공무직 6대 덕목 중 2가지 고르고 고른 이유를 설명해 보시오.
	4. 기성세대와 MZ(신세대) 사이에 갈등이 많이 발생하는데, 조직 내 세대 간 갈등, 차이를 해결 또는 극복하기 위한 방안을 말해 보시오.
	5. 경남교육의 가치인 공존과 자립에 대해 아는 대로 말해 보시오.
	6. 경남교육청 브랜드슬로건 '아이좋아'에 대해 설명해 보시오.
	7. 직장동료와 트러블이 생겼을 때 어떻게 할 것인가?
	8. 본인 실수로 문제가 생겼을 때 어떻게 할 것인가?
돌봄전담사	1. 학부모 동행 귀가 시 유의사항에 대해 말해 보시오.
	2. 돌봄교실 평가방법에 대해 말하시오.
	3. 돌봄교실 목표와 추진과제에 대해 말하시오.
	4. 복지와 관련해서 오후돌봄교실에 대해 말해 보시오.
	5. 알레르기가 있는 학생에 대한 급·간식 지도에 대해 말해 보시오.
	6. 돌봄전담사는 아동학대 신고 의무자이다. 이와 관련되어 아는 것을 모두 말해 보시오.
특수교육 실무원	1. 학부모가 통학지원 중에 상담전화를 했을 때, 어떻게 대처할 것인가?
	2. 특수아동이 돌발행동을 했을 때 어떻게 대처할 것인가?
	3. 자폐아동의 특징을 3가지 말해 보시오.

경북

특수교육 실무사	1. 특수교사와 갈등이 생겼을 경우 어떻게 대처할 것인가?
	2. 장애에 대한 특수교육법 4조의 특수교육대상자와 학부모에 대한 차별금지 사항에 관해 말해 보시오.
	3. 바지를 벗는 행동을 하는 특수교육 대상아동 지원방법을 말해 보시오.

울산

돌봄전담사	1. 상사가 본인 업무 외의 다른 업무를 지시했을 때 또는 부당한 업무를 지시했을 때 어떻게 대처할 것인가?
	2. 돌봄전담사의 역할은 무엇이라고 생각하는가?
	3. 돌봄교실 프로그램을 구성할 때 고려해야 하는 사항은 어떤 점들이라고 생각하는가?
특수교육 실무사	1. 특수교육실무사의 상사가 부당한 업무를 지시한다면 어떻게 대처할 것인가?
	2. 특수실무 업무를 막상 해보니 적성에 맞지 않았다. 이럴 경우 어떻게 대처할 것인가?
	3. 특수교육실무사의 주된 업무 2가지를 말해 보시오.
	4. 특수아동을 지도하는 방법 2가지를 말해 보시오.
	5. 학부모 민원이 들어올 경우 어떻게 대처할 것인가?
조리사	1. 조리사에 지원한 동기를 말해 보시오.
	2. 식중독 예방법에 대해 아는 대로 말해 보시오.
	3. 조리사의 업무에 대해 아는 대로 말해 보시오.
	4. 본인 업무가 끝난 후 업무가 남은 동교가 있다면 어떻게 할 것인가?
	5. 상사가 타 업무를 추가적으로 시켰을 경우 어떻게 할 것인가?
	6. 동료와의 불화가 발생했을 때 이를 어떻게 대처할 것인가?

충남

교무행정사	1. 부장교사와 학부모 민원이 동시에 들어올 경우 어떻게 대처할 것인가?
	2. 업무가 과중하여 초과 근무를 해야 할 것 같을 때 어떻게 대처할 것인가?
	3. 교무행정사 지원동기와 역할을 말해 보시오.
초등돌봄 전담사	1. 자녀가 따돌림을 당했다는 학부모 민원 전화에 어떻게 대처할 것인가?
	2. 과중한 업무에 대한 대처 방법을 말해 보시오.
	3. 친절과 공정의 의무 사항을 학부모에게 어떻게 보여줄 것인가?

늘봄실무사	1. 늘봄 업무 민원을 가진 학부모가 연락해 왔을 때 어떻게 대처할 것인가?
	2. 교직원과 의견충돌 시 대처 방법을 말해 보시오.
	3. 늘봄학교 도입 배경과 늘봄실무사로서의 역할을 말해 보시오.
특수교육 실무원	1. 학교에 중요한 행사가 있는데, 집안일로 위급한 상황이 생긴 경우 어떻게 대처할 것인가?
	2. 실무원이 된다면 자기계발을 어떻게 하겠는가?
	3. 본인의 잘못으로 민원이 발생했다면 어떻게 대처할 것인가?

대전

특수교육 실무원	1. 교육공무직의 자세에 대해 아는 대로 말해 보시오.
	2. 장애학생 식사지도 방법 3가지를 말해 보시오.
	3. 특수교육법 장애유형을 6가지 이상 말해 보시오.
조리원	1. 영양사 선생님의 부당한 업무지시에 어떻게 대처할 것인가?
	2. 조리원 위생조리복장에 대해 말해 보시오.
	3. 조리원의 자세에 대해 말해 보시오.
	4. 안전사고가 발생했을 때 어떻게 대처해야 하는가?
돌봄전담사	1. 교육공무직원의 올바른 자세를 말해 보시오.
	2. 본인의 업무가 아닌 학교 행사 등의 지원 업무를 지시받는다면 어떻게 하겠는가?
	3. 학교폭력 예방 방안 3가지를 말해 보시오.
	4. 2학기부터 늘봄학교가 운영되는데 돌봄교실의 위상과 역할을 무엇이고, 돌봄에서 중요하다고 생각하는 점을 말해 보시오.

전북

조리실무사	1. 부당한 지시를 받았을 경우에 어떻게 대처하겠는가?
	2. 조리실무사의 역할에 대해 말해 보시오.
	3. 교차오염이 일어나는 경우 5가지를 말해 보시오.
늘봄실무사	1. 늘봄실무사와 늘봄전담사가 하는 일을 각각 이야기하고 어떻게 협력하여 일할 것인지 말해 보시오.
	2. 자신이 경험했던 봉사활동을 늘봄실무사 업무에 어떻게 적용시켜 일할 것인가?
	3. 전북교육청 늘봄학교의 중점 과제를 말해 보시오.
교육복지사	1. 교육공무직으로서 희생과 봉사의 경험이 있는가?
	2. 교육복지사의 역할은 무엇이고 어떻게 운영할 것인가?
	3. 최근 전북 지역에서 일어난 일가족 사망사건과 같은 상황에서 어떻게 위기개입을 할 것이며 지역사회와 연계한 맞춤형 지원을 어떻게 할 것인가?

부산

늘봄교무 행정실무원	1. 늘봄교무행정실무원이 필요한 이유와 어떤 마음으로 일할 것인지를 말해 보시오.
	2. 부산형 늘봄이 무엇인지, 늘봄교무행정실무원의 업무가 무엇인지 말해 보시오.
	3. 학생 관련 안전사고가 발생했을 때 어떻게 대처하겠는가?
	4. 늘봄 업무의 경계가 불분명할 때의 해결 방안과 동료와의 갈등 해결 방안을 말해 보시오.

3 2023년 면접 기출

경남

교무행정원	1. 청렴하기 위한 방법을 말해 보시오.
	2. 생태환경교육과 관련하여 생활 속에서 실천할 수 있는 방법은?
	3. 동료가 바쁜 본인을 도와주지 않는다고 화를 낼 경우 어떻게 대처하겠는가?
	4. 교무행정원의 업무 중 본인이 가장 자신 있는 것은?
조리실무사	1. 미숙한 사람과 한 조가 된다면 어떻게 하겠는가?
	2. 생소한 식재료로 조리를 해야 하는데 조리법을 모른다면 어떻게 하겠는가?
	3. 3식 하는 곳에 배정되면 어떻게 하겠는가?
	4. 세정제가 하나만 있을 때 채소, 어패류, 육류를 세척할 순서를 말해 보시오.
	5. 법정 감염병 대처 및 예방 방법 5가지를 말해 보시오.
	6. HACCP가 무엇인지 설명해 보시오.
안내원	1. 민원인을 어떻게 대할 것인가?
	2. 타부서 직원과 불화가 발생한다면 어떻게 하겠는가?
	3. 심폐소생술 순서를 말해 보시오.

경북

조리원	1. 지원동기를 말해 보시오.
	2. 식중독 예방 방법에 대해 말해 보시오.
	3. 조리원이 갖춰야 할 자세를 말해 보시오.
특수교육 실무사	1. 학부모와 갈등이 있을 시 대처방안 4가지를 말해 보시오.
	2. 특수교육법 제15조에 따른 장애유형 11가지를 말해 보시오.
	3. 문제행동의 유형별(편식, 관심끌기, 변화기피) 지도방법을 2가지씩 말해 보시오.

대전

공통질문	1. 교육공무직의 역할, 자세, 지원동기를 말해 보시오.
	2. 업무공백이 생길 경우 어떻게 할 것인가?
돌봄전담사	1. 돌봄교실 인원이 다 찼는데 추가인원 요청이 있을 경우 어떻게 할 것인가?
	2. 돌봄교실 내 안전사고 예방을 위해 어떻게 하겠는가?
특수교육 실무원	1. 어떠한 실무원이 되고 싶은가?
	2. 아이들과 라포 형성을 어떻게 하겠는가?
	3. 특수교육실무원의 자세 3가지를 말해 보시오.
전문상담사	1. 전문상담사의 인성적 자질에 대해 말해 보시오.
	2. 비밀보장 예외원칙에 따라 상담자 비밀에 대해 요청받을 수 있는 경우는?
체험해설 실무원	1. 의식 잃은 사람에게 구급처치 하는 방법과 제세동기 사용에 대해 말해 보시오.
	2. 과학전시물 주제에 따라 시연해 보시오.

부산

돌봄전담사	1. 돌봄교실이 공사 중이라서 운영이 안 될 때 어떻게 할 것인가?
	2. 급식, 안전, 생활, 귀가지도 중 가장 중요하게 생각하는 분야 하나를 고르고 그 지도 방법 5가지 이상을 말해 보시오.
	3. 새 아파트 단지가 생겨서 입주할 학생이 많은데 가입학식 이후 입급 선정이 진행되면 돌봄 전담사로서 어떻게 할 것인가?
	4. 학부모 만족도를 높일 수 있는 운영 방안 4가지를 말해 보시오.
특수교육 실무원	1. 특수교사와 아동과의 관계에서의 올바른 자세를 말해 보시오.
	2. 장애아동이 소변 실수를 했을 때 어떻게 할 것인가?
	3. 현장학습 시 대처 및 지원방법을 말해 보시오.
	4. 본인의 장점과 학교 내 여러 사람들과 협력하는 데 그 장점을 어떻게 활용할 것인지 말해 보시오.
교육실무원	1. 교육실무원 지원동기 2가지 이상을 말해 보시오.
	2. 학교에서 학부모 대상 연수를 진행한다면 교육실무원으로서 무슨 일을 할 것인가?
	3. 교육실무원이 하는 일이 무엇인가?

울산

특수교육 실무사	1. 상사가 부당한 업무를 지시하면 어떻게 하겠는가?
	2. 특수교육실무사의 주된 업무 2가지를 말해 보시오.
	3. 학부모 민원 시 처리 방법을 말해 보시오.
	4. 마지막으로 하고 싶은 말이 있는가?
조리사	1. 지원동기를 말해 보시오.
	2. 상사가 타 업무를 추가적으로 시켰을 경우 어떻게 대처하겠는가?
	3. 동료와 갈등이 생길 때 어떻게 대처하겠는가?
	4. 조리사 관련 경력이 있는가?
	5. 식중독 예방법을 아는 대로 말해 보시오.

전북

조리실무사	1. 지원한 동기를 말하고 자기소개를 해 보시오.
	2. 자신의 단점에 대해 말해 보시오.
	3. 손을 씻어야 할 때를 아는 대로 말해 보시오.
	4. HACCP에 대해 아는 대로 설명하시오.
특수교육 지도사	1. 지원동기를 말해 보시오.
	2. 자신의 단점과 보완방법을 말해 보시오.

충남

교무행정사	1. 다른 동료가 휴가로 인해 업무를 맡긴 상황에서 나 또한 업무과중으로 초과근무 상황에 놓여 있다면 어떻게 할 것인가?
	2. 교감, 부장교사가 사적인 업무를 맡겼을 때 어떻게 할 것인가?
	3. 교무행정사의 역할에 대해 말해 보시오.
돌봄전담사	1. 발령받은 학교가 원치 않는 곳이거나 가정에서 먼 곳일 때 어떻게 할 것인가?
	2. 반복적으로 민원이 들어온다면 어떻게 대처할 것인가?
	3. 돌봄전담사의 역할은 무엇이며, 돌봄전담사의 역할을 잘 수행하기 위해 자기계발을 어떻게 할 것인지 말해 보시오.

특수교육 실무원	1. 폭력적인 아이가 물건을 집어 던진다면 어떻게 대처할 것인가?
	2. 특수교육 대상자인 아동이 특수교육실무원에게 폭력을 당했다는 학부모 민원이 발생한다면 어떻게 대처할 것인가?
	3. 코로나19로 인해 조직적 문화가 중요한데, 그 안에서 필요시 되는 특수교육실무사의 인성적, 전문적 자질을 하나씩 말하고, 자신의 부족한 자질은 어떻게 보완할 것인지 말해 보시오.

4 2022년 면접 기출

충남

교무행정사	1. 자신이 처리할 수 없는 민원이 접수됐을 때 어떻게 대처할 것인가?
	2. 교무행정사의 업무를 아는 대로 말해 보시오.
	3. 상사나 동료와 갈등이 발생할 경우 어떻게 대처할 것인가?
초등돌봄 전담사	1. 교우들 사이에서 적응하지 못하는 아이가 있을 때 어떻게 할 것인가?
	2. 업무로 인한 스트레스가 쌓이면 어떻게 할 것인가?
	3. 돌봄과 돌봄전담사의 역할이 무엇이라고 생각하는지 말해 보시오.
조리원	1. 자녀와 같은 학교에 발령되는 것에 대해 어떻게 생각하는가?
	2. 동료가 일을 제대로 못할 경우 어떻게 할 것인가?
	3. 식중독 예방법에 대해 아는 대로 말해 보시오.

전북

특수교육 지도사	1. 특수교육지도사에게 필요한 자세는?
	2. 하교지도 중 학부모가 상담을 요청할 때 어떻게 대처할 것인가?
	3. 자폐아동의 특징에 대해 말해 보시오.
	4. 자신의 장점과 특기를 업무에 어떠한 방식으로 활용할 수 있는지 말해 보시오.
	5. 장애 아동 수업지원은 어떠한 방식으로 이루어지는가?
	6. 장애인차별금지법에서 장애인에게 정당한 편의 제공을 하는 경우를 말해 보시오.
조리종사원	1. 산업재해를 예방하기 위한 방안에 대해 말해 보시오.
	2. 조리실 내 위생수칙을 3가지 이상 말해 보시오.
	3. 급식 중 학생에게 국을 쏟았을 때 어떻게 대처해야 하는가?
교육복지사	1. 교육복지우선지원사업이 시작된 이유와 어떠한 영역에서 운영되고 있는지 말해 보시오.

경북

직종	질문
조리원	1. 조리원의 역할에 대해 아는 대로 말해 보시오.
	2. 배식 중 좋아하는 반찬은 많이 받으려 하고 싫어하는 음식은 받지 않으려는 학생이 있다면 어떻게 할 것인가?
	3. 손을 씻어야 하는 경우는 어떤 것이 있는가?
특수교육 실무사	1. 지원한 동기와 특수교육실무사의 역할에 대해 말해 보시오.
	2. 학교 근무자로서 가져야 할 마음가짐과 자세에 대해 말해 보시오.
	3. 특수 아동이 다쳤는데 학부모가 치료비를 요구할 경우 어떻게 해결할 것인가?
	4. 돌봄 교실에서 한 학생이 타인에게 해를 끼쳐 퇴원 조치를 해야 하는 경우 어떻게 해결할 것인가?

대전

직종	질문
교육복지사	1. 교육공무직원이 갖춰야 할 3가지 덕목은?
	2. 다른 부서에 업무 공백이 생길 경우 자신이 해야 할 역할은 무엇인가?
	3. 교육복지 우선 지원 사업이 시작된 이유와 시행 영역에 대해 말해 보시오.

서울

직종	질문
돌봄전담사	1. 시간제 돌봄 연장에 관한 개인의 제안을 말해 보시오.
	2. 돌봄교실에 필요한 것은 무엇인가?
	3. 개인 실수로 인해 민원이 발생한 경우 어떻게 대처할 것인가?
특수교육 실무사	1. 자신의 장점과 지원한 직무와의 연관성에 대해 말해 보시오.
	2. 특수실무사의 역할에 대해 아는 대로 말해 보시오.
	3. 학생의 편식지도 방법 3가지를 말해 보시오.
	4. 학부모 민원 전화가 왔을 때 어떻게 대응할 것인가?
	5. 여러 가지 장애가 있는 특수장애 아이 지원에 대해 아는 대로 말해 보시오.

부산

특수교육 실무원	1. 뇌전증 상황 발생 시 대처방법은?
	2. 특수 아동이 계속 교문을 나가려 할 때 이에 대한 사전 방안은?
	3. 특수 아동의 등교 지원 시 학생이 20분 늦게 도착하게 됐을 때 어떻게 할 것인가?
	4. 특수교육실무원의 역할과 자세는?
교육실무원	1. 학교 기록물 종류와 관리법에 대해 아는 대로 말해 보시오.
	2. 정보공개법률에 따라 정보공개가 원칙인데, 공개하지 않아도 되는 정보는 무엇인가?
	3. 교직원과 갈등이 발생할 경우 어떻게 대처할 것인가?

경남

조리실무사	1. 손 씻는 방법에 대해 구체적으로 설명하시오.
	2. 식중독 예방 3대 원칙은 무엇인가?
	3. 동료 간에 불화가 발생한 경우 어떻게 대처할 것인가?
	4. 자신의 캐비닛에 남의 금품이 있다면 어떻게 처리할 것인가?
특수행정 실무원	1. 경남교육청에서 목표로 하는 철학 4가지 중 3가지를 말해 보시오.
	2. 행사나 축제 등으로 야간 업무를 해야 하는데 개인 사정으로 불참해야 할 경우 어떻게 대처할 것인가?

울산

교육복지사	1. 교육복지사가 업무를 하는 데 있어서 필요한 자질은 무엇이라고 생각하는가?
	2. 상사의 부당한 업무지시를 할 경우의 대처방안을 말해 보시오.
	3. 교육복지사로서의 경력이 있는가?
	4. 민원 발생 시 대처방안에 대해 말해 보시오.
돌봄전담사	1. 돌봄전담사에게 필요한 자질과 돌봄전담사로서 중요하게 여겨야 하는 것은 무엇이라고 생각하는가?
	2. 가장 자신 있는 지도 분야와 지도 방법은 무엇인가?
	3. 돌봄전담사가 하는 일에 대해 말해 보시오.
	4. 돌봄 내 특수 아동이 있다면 어떻게 대처할 것인가?
	5. 학기 초 적응을 못하는 1학년이 있을 때 어떻게 대처할 것인가?
	6. 돌봄전담사가 되었는데 업무가 적성에 맞지 않으면 어떻게 하겠는가?
	7. 모르는 업무를 지시 받았을 때 어떻게 하겠는가?
	8. 학부모 민원에 대응할 방안을 말해 보시오.

5 2021년 면접 기출

서울

교육실무사	1. 교육실무사로서 가장 중요하게 생각하는 것은 무엇인가?
	2. 업무 분장 외의 업무 또는 기피 업무를 매번 본인에게 준다면 어떻게 할 것인가?
특수교육 실무사	1. 부당한 지시에 대해 어떻게 대처할 것인가?
	2. 개별화 교육 시 인적, 물적 자원에 대해 아는 대로 말해 보시오.
	3. 특수교사도 모르는 아동의 문제행동이 갑자기 나타났을 경우 어떻게 대처할 것인가?

인천

특수교육 실무사	1. 특수교육법에서 정한 장애 유형 5가지는 무엇인가?
	2. 자폐아동의 지도 방법에 대해 아는 대로 말해 보시오.
	3. 업무가 과중된다면 어떻게 할 것인가?
	4. 뇌전증의 원인과 뇌전증이 발생한 경우 어떻게 대처할 것인지 말해 보시오.

충북

조리실무사	1. 코로나로 모두 힘든 시기의 우울증 대처법에 대해 말해 보시오.
	2. 동료들과의 불화가 발생한 경우 대처 방법을 말해 보시오.

충남

교무행정사	1. 행정 업무 경험이 있는가? 있다면 어떤 업무를 수행했는가?
	2. 악성 민원에 어떻게 대처하겠는가?
	3. 주말 근무나 야근을 해야 하는 경우가 종종 있는데 어떻게 생각하는가?
	4. 교원들과 마찰이 발생한 경우 어떻게 대처할 것인가?
	5. 퇴근 후 자녀를 데리러 가야 하는데 할 일이 남았거나 새로운 일이 주어졌다면 어떻게 하겠는가?
	6. 교무행정사로서 자신만의 강점과 단점에 대해 말해 보시오. 단점을 극복하기 위해 노력한 점과 장점을 학교에서 활용할 수 있는 방안은 무엇인가?

경남

조리실무사	1. 경남교육공동체의 소통, 공감과 관련하여 아는 대로 말해 보시오.
	2. 녹색지구 살리기를 교직원으로서 학생들에게 어떻게 지도할 것인가?
	3. 소독의 종류에 대해 말해 보시오.
	4. 손을 씻어야 하는 7가지 이유를 말해 보시오

울산

돌봄전담사	1. 만약 근무시간을 변경해야 한다면 어떻게 하겠는가? 또한 자신은 근무시간 변경에 동의하는데 다른 직원들이 동의하지 않아 근무시간으로 마찰이 생긴다면 어떻게 하겠는가?
	2. 교실 CCTV 설치에 대한 생각을 말해 보시오.
	3. 잠시 자신이 화장실을 다녀오는 동안 아이가 다친 상황을 보지 못했고, 이에 대해 부모가 민원을 넣는다면 어떻게 하겠는가?
	4. 돌봄전담사의 역할에 대해 말해 보시오.
교육업무 실무사	1. 개인정보보호 방법에는 무엇이 있는가?
	2. 민원인 또는 손님이 와서 차나 과일을 준비해 달라고 요청할 시 어떻게 대응할 것인가?

부산

돌봄전담사	1. 학부모와의 갈등 발생 시 대처방법에 대해 말해 보시오.
	2. 급간식 준비 시 주의할 점 4가지를 말해 보시오.
	3. 돌봄교실에서 신경 써야 할 안전교육 3가지와 안전상 문제가 생겼을 경우 대처방안을 말해 보시오.
	4. 돌봄교실 환경구성을 어떻게 할 것인지 3가지 방안을 말해 보시오.

세종

공통질문	1. 교직원 및 학생과 긍정적인 관계를 유지하는 방법 4가지를 말해 보시오.
	2. 비협조적이던 직원이 업무 협조를 요청할 시 어떻게 대처할 것인가?
교무행정사	1. 봉사활동의 필요성 4가지를 말해 보시오.
	2. 화재 시 대처방법 4가지를 말해 보시오.
특수교육 실무사	1. 뇌전증 발작 시 대처방법 4가지를 말해 보시오.
	2. 특수교육실무사의 하는 일 4가지를 말해 보시오.

그 외 지역

특수교육 실무사	1. 지적장애아의 학습특성 3가지를 말해 보시오.
	2. 교육공무직원이 갖춰야 할 자질을 말해 보시오.
	3. 배리어 프리란 무엇인가?
조리실무사	1. 손 씻는 순서를 말해 보시오.
	2. 식중독 예방방법 3가지와 보존식에 대해 말해 보시오.
	3. 개인위생방법을 3가지 이상 말해 보시오.
돌봄전담사	1. 학교에서의 공문서 기능 3가지를 말해 보시오.
	2. 틈새돌봄교실을 어떻게 운영할 것인가?
	3. 전공과 경험에 관련하여 자기소개를 해 보시오.
	4. 나이스 작업을 할 수 있는가?

6 그 외 면접 기출

- 자신이 급하게 처리해야 할 일을 하고 있는데 상사가 부당한 일을 시키면 어떻게 하겠는가? 거절을 했는데도 계속 시키면 어떻게 하겠는가?
- 교장선생님이 퇴근시간 이후에 새로운 일을 시키면 어떻게 하겠는가?
- 교장선생님이 시키신 일을 처리하는 중에 3학년 선생님이 전화해서 일을 부탁한다면 어떻게 대처하겠는가?
- 여러 선생님들이 동시에 일을 주었을 때 처리하는 순서에 대해 말해 보시오.
- 학교 근무 시 정말 하기 싫은 일을 시키면 어떻게 할 것인가?
- 동료들과 화합하고 갈등이 일어나지 않으려면 어떤 자세가 필요한가?
- 채용 후 근무 시 전문성을 키우기 위해 자기계발을 어떻게 하겠는가?
- 결혼하게 될 사람이 직장을 그만두라고 한다면?
- 지금까지 살면서 가장 힘들었던 순간과 그 순간을 극복한 사례를 말해 보시오.
- 사무부장이 타당하지 않은 일을 시키면 어떻게 하겠는가?
- 나이 어린 상사와 업무일로 의견충돌 시 어떻게 해결하겠는가?
- 동료가 다른 학교로 전보를 가기 싫어하고 나는 거리가 멀어 갈 수 없는 상황이라면 어떻게 하겠는가?
- 행정실무사가 하는 업무는 무엇인지 말해 보시오. 자존심이 상하거나 교사에게 상대적인 박탈감을 느낄 수 있는데 잘 적응할 수 있겠는가?
- 살아오면서 좋은 성과를 낸 협업 경험이나 자원봉사활동 경험이 있다면 말해 보시오.
- 학교 발전을 위해 자신이 할 수 있는 것을 3가지 말해 보시오.
- 돌봄교실에서 아이들을 지도할 때 기존 프로그램과 다르게 자신만의 프로그램을 시도해 보고 싶은 것이 있다면 말해 보시오.
- 돌봄교실에서 급식이나 간식 준비 시 유의사항 및 고려사항에 대해 말해 보시오.
- 돌봄교실에서 신경 써야 할 안전교육을 3가지 이상 말하고, 안전사고 시 대처방안에 대해 설명하시오.
- 학부모로부터 3학년 ○○○ 학생에게 방과후 수업이 끝나면 이모 집으로 가라고 전해 달라는 전화가 온다면 어떻게 할 것인가?
- 현재 학교에 없는 방과후 프로그램을 학부모가 만들어 달라고 요청하는 경우 어떻게 하겠는가?

- 2020년 개정되는 교육과정은 놀이와 쉼 중심으로 이루어지는데 이를 어떻게 운영해야 하는가?
- 아이가 다쳤을 때 어떻게 처리해야 하는지 의식이 있을 때와 없을 때를 구분하여 말해 보시오.
- 산만한 아이가 다른 아이들의 학습을 방해한다면 어떻게 해결할 것인가? 힘들게 하는 학생이 있다면 어떻게 대처하겠는가?
- 공문서에 대해 말해 보시오. 학교업무나 공문서 처리방법이나 유의사항은 무엇이 있는가?
- 학교 공문서의 기능에 대해 3가지 말해 보시오.
- 전화 응대 방법에 대해 말해 보시오.
- 상급 근무부서에서 근무 중 전화가 오면 어떻게 받을 것인지 절차를 설명해 보시오.
- 민원인이 전화해서 자신의 업무와 상관없는 내용을 물어보면 어떻게 응대할 것인가?
- 고성이나 폭언 민원인을 상대하는 방법에 대해 말해 보시오.
- 다음 질문이 부정청탁 금품수수에 해당하는지 여부를 말해 보시오.
  - 퇴직한 교사가 선물을 받는 것
  - 교사가 5만 원 이하의 선물을 받는 것
  - 교직원 배우자의 금품수수
  - 기간제교사의 금품수수
- ○○교육청 교육공무직원 관리규정에 나오는 교육공무직의 8가지 의무 중 4가지 이상을 말해 보시오.
- ○○교육청의 교육비전, 교육지표, 교육정책을 말해 보시오.
- 발령지가 멀 경우 근무할 수 있는가?
- 돌발상황이 많이 일어나는데 지원한 직무와 관련하여 아는 대로 말해 보시오.
- 컴퓨터를 사용할 수 있는가?

교육공무직원 소양평가

감독관 확인란	

실전모의고사 1회

성명표기란

ㄱ	ㅏ	ㄱ	ㄱ	ㅏ	ㄱ	ㄱ	ㅏ	ㄱ	ㄱ	ㅏ	ㄱ
ㄴ	ㅑ	ㄴ	ㄴ	ㅑ	ㄴ	ㄴ	ㅑ	ㄴ	ㄴ	ㅑ	ㄴ
ㄷ	ㅓ	ㄷ	ㄷ	ㅓ	ㄷ	ㄷ	ㅓ	ㄷ	ㄷ	ㅓ	ㄷ
ㄹ	ㅕ	ㄹ	ㄹ	ㅕ	ㄹ	ㄹ	ㅕ	ㄹ	ㄹ	ㅕ	ㄹ
ㅁ	ㅗ	ㅁ	ㅁ	ㅗ	ㅁ	ㅁ	ㅗ	ㅁ	ㅁ	ㅗ	ㅁ
ㅂ	ㅛ	ㅂ	ㅂ	ㅛ	ㅂ	ㅂ	ㅛ	ㅂ	ㅂ	ㅛ	ㅂ
ㅅ	ㅜ	ㅅ	ㅅ	ㅜ	ㅅ	ㅅ	ㅜ	ㅅ	ㅅ	ㅜ	ㅅ
ㅇ	ㅠ	ㅇ	ㅇ	ㅠ	ㅇ	ㅇ	ㅠ	ㅇ	ㅇ	ㅠ	ㅇ
ㅈ	ㅡ	ㅈ	ㅈ	ㅡ	ㅈ	ㅈ	ㅡ	ㅈ	ㅈ	ㅡ	ㅈ
ㅊ	ㅣ	ㅊ	ㅊ	ㅣ	ㅊ	ㅊ	ㅣ	ㅊ	ㅊ	ㅣ	ㅊ
ㅋ	ㅐ	ㅋ	ㅋ	ㅐ	ㅋ	ㅋ	ㅐ	ㅋ	ㅋ	ㅐ	ㅋ
ㅌ	ㅒ	ㅌ	ㅌ	ㅒ	ㅌ	ㅌ	ㅒ	ㅌ	ㅌ	ㅒ	ㅌ
ㅍ	ㅔ	ㅍ	ㅍ	ㅔ	ㅍ	ㅍ	ㅔ	ㅍ	ㅍ	ㅔ	ㅍ
ㅎ	ㅖ	ㅎ	ㅎ	ㅖ	ㅎ	ㅎ	ㅖ	ㅎ	ㅎ	ㅖ	ㅎ
	ㅘ		ㄲ	ㅘ	ㄲ	ㄲ	ㅘ	ㄲ	ㄲ	ㅘ	ㄲ
	ㅙ		ㄸ	ㅙ	ㄸ	ㄸ	ㅙ	ㄸ	ㄸ	ㅙ	ㄸ
	ㅚ		ㅃ	ㅚ	ㅃ	ㅃ	ㅚ	ㅃ	ㅃ	ㅚ	ㅃ
	ㅝ		ㅆ	ㅝ	ㅆ	ㅆ	ㅝ	ㅆ	ㅆ	ㅝ	ㅆ
	ㅞ		ㅉ	ㅞ	ㅉ	ㅉ	ㅞ	ㅉ	ㅉ	ㅞ	ㅉ
	ㅟ			ㅟ	ㄺ		ㅟ	ㄺ		ㅟ	ㄺ
	ㅢ			ㅢ	ㄻ		ㅢ	ㄻ		ㅢ	ㄻ

수험번호

0	0	0	0	0	0
1	1	1	1	1	1
2	2	2	2	2	2
3	3	3	3	3	3
4	4	4	4	4	4
5	5	5	5	5	5
6	6	6	6	6	6
7	7	7	7	7	7
8	8	8	8	8	8
9	9	9	9	9	9

(주민등록 앞자리 생년제외) 월일

0	0	0	0
1	1	1	1
2	2	2	2
3	3	3	3
4	4	4	4
5	5	5	5
6	6	6	6
7	7	7	7
8	8	8	8
9	9	9	9

수험생 유의사항

※ 답안은 반드시 컴퓨터용 사인펜으로 보기와 같이 바르게 표기해야 합니다.
〈보기〉 ① ② ③ ❹ ⑤

※ 성명표기란 위 칸에는 성명을 한글로 쓰고 아래 칸에는 성명을 정확하게 표기하십시오. (맨 왼쪽 칸부터 성과 이름은 붙여 씁니다)

※ 수험번호/월일 위 칸에는 아라비아 숫자로 쓰고 아래 칸에는 숫자와 일치하게 표기하십시오.

※ 월일은 반드시 본인 주민등록번호의 생년을 제외한 월 두 자리, 일 두 자리를 표기하십시오. 〈예〉 1994년 1월 12일 → 0112

직무능력검사

문번	답란	문번	답란	문번	답란
1	① ② ③ ④	16	① ② ③ ④	31	① ② ③ ④
2	① ② ③ ④	17	① ② ③ ④	32	① ② ③ ④
3	① ② ③ ④	18	① ② ③ ④	33	① ② ③ ④
4	① ② ③ ④	19	① ② ③ ④	34	① ② ③ ④
5	① ② ③ ④	20	① ② ③ ④	35	① ② ③ ④
6	① ② ③ ④	21	① ② ③ ④	36	① ② ③ ④
7	① ② ③ ④	22	① ② ③ ④	37	① ② ③ ④
8	① ② ③ ④	23	① ② ③ ④	38	① ② ③ ④
9	① ② ③ ④	24	① ② ③ ④	39	① ② ③ ④
10	① ② ③ ④	25	① ② ③ ④	40	① ② ③ ④
11	① ② ③ ④	26	① ② ③ ④	41	① ② ③ ④
12	① ② ③ ④	27	① ② ③ ④	42	① ② ③ ④
13	① ② ③ ④	28	① ② ③ ④	43	① ② ③ ④
14	① ② ③ ④	29	① ② ③ ④	44	① ② ③ ④
15	① ② ③ ④	30	① ② ③ ④	45	① ② ③ ④

교육공무직원 소양평가

감독관 확인란	

실전모의고사 2회

성명표기란

수험번호

(주민등록 앞자리 생년제외) 월일

수험생 유의사항

※ 답안은 반드시 컴퓨터용 사인펜으로 보기와 같이 바르게 표기해야 합니다.
〈보기〉 ① ② ③ ❹ ⑤

※ 성명표기란 위 칸에는 성명을 한글로 쓰고 아래 칸에는 성명을 정확하게 표기하십시오. (맨 왼쪽 칸부터 성과 이름은 붙여 씁니다)

※ 수험번호/월일 위 칸에는 아라비아 숫자로 쓰고 아래 칸에는 숫자와 일치하게 표기하십시오.

※ 월일은 반드시 본인 주민등록번호의 생년을 제외한 월 두 자리, 일 두 자리를 표기하십시오. 〈예〉 1994년 1월 12일 → 0112

직무능력검사

문번	답란	문번	답란	문번	답란	문번	답란
1	① ② ③ ④	16	① ② ③ ④	31	① ② ③ ④	46	① ② ③ ④
2	① ② ③ ④	17	① ② ③ ④	32	① ② ③ ④	47	① ② ③ ④
3	① ② ③ ④	18	① ② ③ ④	33	① ② ③ ④	48	① ② ③ ④
4	① ② ③ ④	19	① ② ③ ④	34	① ② ③ ④	49	① ② ③ ④
5	① ② ③ ④	20	① ② ③ ④	35	① ② ③ ④	50	① ② ③ ④
6	① ② ③ ④	21	① ② ③ ④	36	① ② ③ ④		
7	① ② ③ ④	22	① ② ③ ④	37	① ② ③ ④		
8	① ② ③ ④	23	① ② ③ ④	38	① ② ③ ④		
9	① ② ③ ④	24	① ② ③ ④	39	① ② ③ ④		
10	① ② ③ ④	25	① ② ③ ④	40	① ② ③ ④		
11	① ② ③ ④	26	① ② ③ ④	41	① ② ③ ④		
12	① ② ③ ④	27	① ② ③ ④	42	① ② ③ ④		
13	① ② ③ ④	28	① ② ③ ④	43	① ② ③ ④		
14	① ② ③ ④	29	① ② ③ ④	44	① ② ③ ④		
15	① ② ③ ④	30	① ② ③ ④	45	① ② ③ ④		

교육공무직원 소양평가

감독관 확인란	

실전모의고사_연습용

성명표기란

- 첫 글자: 초성 ㄱ ㄴ ㄷ ㄹ ㅁ ㅂ ㅅ ㅇ ㅈ ㅊ ㅋ ㅌ ㅍ ㅎ / 중성 ㅏ ㅑ ㅓ ㅕ ㅗ ㅛ ㅜ ㅠ ㅡ ㅣ ㅐ ㅒ ㅔ ㅖ ㅘ ㅙ ㅚ ㅝ ㅞ ㅟ ㅢ / 종성 ㄱ ㄴ ㄷ ㄹ ㅁ ㅂ ㅅ ㅇ ㅈ ㅊ ㅋ ㅌ ㅍ ㅎ
- 둘째~넷째 글자: 초성 ㄱ ㄴ ㄷ ㄹ ㅁ ㅂ ㅅ ㅇ ㅈ ㅊ ㅋ ㅌ ㅍ ㅎ ㄲ ㄸ ㅃ ㅆ ㅉ / 중성 ㅏ ㅑ ㅓ ㅕ ㅗ ㅛ ㅜ ㅠ ㅡ ㅣ ㅐ ㅒ ㅔ ㅖ ㅘ ㅙ ㅚ ㅝ ㅞ ㅟ ㅢ / 종성 ㄱ ㄴ ㄷ ㄹ ㅁ ㅂ ㅅ ㅇ ㅈ ㅊ ㅋ ㅌ ㅍ ㅎ ㄲ ㄸ ㅃ ㅆ ㅉ ㄺ ㄻ

수험번호

⓪	⓪	⓪	⓪	⓪	⓪
①	①	①	①	①	①
②	②	②	②	②	②
③	③	③	③	③	③
④	④	④	④	④	④
⑤	⑤	⑤	⑤	⑤	⑤
⑥	⑥	⑥	⑥	⑥	⑥
⑦	⑦	⑦	⑦	⑦	⑦
⑧	⑧	⑧	⑧	⑧	⑧
⑨	⑨	⑨	⑨	⑨	⑨

(주민등록 앞자리 생년제외) 월일

⓪	⓪	⓪	⓪
①	①	①	①
②	②	②	②
③	③	③	③
④	④	④	④
⑤	⑤	⑤	⑤
⑥	⑥	⑥	⑥
⑦	⑦	⑦	⑦
⑧	⑧	⑧	⑧
⑨	⑨	⑨	⑨

수험생 유의사항

※ 답안은 반드시 컴퓨터용 사인펜으로 보기와 같이 바르게 표기해야 합니다.
〈보기〉 ① ② ③ ❹ ⑤

※ 성명표기란 위 칸에는 성명을 한글로 쓰고 아래 칸에는 성명을 정확하게 표기하십시오. (맨 왼쪽 칸부터 성과 이름은 붙여 씁니다)

※ 수험번호/월일 위 칸에는 아라비아 숫자로 쓰고 아래 칸에는 숫자와 일치하게 표기하십시오.

※ 월일은 반드시 본인 주민등록번호의 생년을 제외한 월 두 자리, 일 두 자리를 표기하십시오. 〈예〉 1994년 1월 12일 → 0112

직무능력검사

문번	답란	문번	답란	문번	답란
1	① ② ③ ④	16	① ② ③ ④	31	① ② ③ ④
2	① ② ③ ④	17	① ② ③ ④	32	① ② ③ ④
3	① ② ③ ④	18	① ② ③ ④	33	① ② ③ ④
4	① ② ③ ④	19	① ② ③ ④	34	① ② ③ ④
5	① ② ③ ④	20	① ② ③ ④	35	① ② ③ ④
6	① ② ③ ④	21	① ② ③ ④	36	① ② ③ ④
7	① ② ③ ④	22	① ② ③ ④	37	① ② ③ ④
8	① ② ③ ④	23	① ② ③ ④	38	① ② ③ ④
9	① ② ③ ④	24	① ② ③ ④	39	① ② ③ ④
10	① ② ③ ④	25	① ② ③ ④	40	① ② ③ ④
11	① ② ③ ④	26	① ② ③ ④	41	① ② ③ ④
12	① ② ③ ④	27	① ② ③ ④	42	① ② ③ ④
13	① ② ③ ④	28	① ② ③ ④	43	① ② ③ ④
14	① ② ③ ④	29	① ② ③ ④	44	① ② ③ ④
15	① ② ③ ④	30	① ② ③ ④	45	① ② ③ ④

교육공무직원 소양평가

감독관 확인란

실전모의고사_연습용

성명표기란

수험번호

(주민등록 앞자리 생년제외) 월일

직무능력검사

문번	답란	문번	답란	문번	답란	문번	답란
1	① ② ③ ④	16	① ② ③ ④	31	① ② ③ ④	46	① ② ③ ④
2	① ② ③ ④	17	① ② ③ ④	32	① ② ③ ④	47	① ② ③ ④
3	① ② ③ ④	18	① ② ③ ④	33	① ② ③ ④	48	① ② ③ ④
4	① ② ③ ④	19	① ② ③ ④	34	① ② ③ ④	49	① ② ③ ④
5	① ② ③ ④	20	① ② ③ ④	35	① ② ③ ④	50	① ② ③ ④
6	① ② ③ ④	21	① ② ③ ④	36	① ② ③ ④		
7	① ② ③ ④	22	① ② ③ ④	37	① ② ③ ④		
8	① ② ③ ④	23	① ② ③ ④	38	① ② ③ ④		
9	① ② ③ ④	24	① ② ③ ④	39	① ② ③ ④		
10	① ② ③ ④	25	① ② ③ ④	40	① ② ③ ④		
11	① ② ③ ④	26	① ② ③ ④	41	① ② ③ ④		
12	① ② ③ ④	27	① ② ③ ④	42	① ② ③ ④		
13	① ② ③ ④	28	① ② ③ ④	43	① ② ③ ④		
14	① ② ③ ④	29	① ② ③ ④	44	① ② ③ ④		
15	① ② ③ ④	30	① ② ③ ④	45	① ② ③ ④		

수험생 유의사항

※ 답안은 반드시 컴퓨터용 사인펜으로 보기와 같이 바르게 표기해야 합니다.
〈보기〉 ① ② ③ ❹ ⑤

※ 성명표기란 위 칸에는 성명을 한글로 쓰고 아래 칸에는 성명을 정확하게 표기하십시오. (맨 왼쪽 칸부터 성과 이름은 붙여 씁니다)

※ 수험번호/월일 위 칸에는 아라비아 숫자로 쓰고 아래 칸에는 숫자와 일치하게 표기하십시오.

※ 월일은 반드시 본인 주민등록번호의 생년을 제외한 월 두 자리, 일 두 자리를 표기하십시오. 〈예〉 1994년 1월 12일 → 0112

저마다의 일생에는,

특히 그 일생이 동터 오르는 여명기에는

모든 것을 결정짓는 한 순간이 있다.

그 순간을 다시 찾아내는 것은 어렵다.

그것은 다른 수많은 순간들의 퇴적 속에

깊이 묻혀있다.

- 장 그르니에, 섬 LES ILES

교육공무직

2025
고시넷
교육청

교육공무직원
전 직종
필기시험 대비

최신
기출문제
수록

교육공무직원 직무능력검사

교육공무직원

직무능력검사 + 인성검사 + 면접

통합 기본서

정답과 해설

gosinet
(주)고시넷

교육공무직

2025
고시넷
교육청

교육공무직원
전 직종
필기시험 대비

최신
기출문제
수록

교육공무직원 직무능력검사

교육공무직원
직무능력검사 + 인성검사 + 면접
통합 기본서

정답과 해설

gosinet
(주)고시넷

최근 시·도 교육청 소양평가 기출유형

문제 26쪽

01 언어논리력

01	②	02	④	03	①	04	③	05	③
06	③	07	④	08	②	09	④		

02 수리력

01	②	02	①	03	④	04	②	05	①
06	③	07	②						

03 문제해결력

01	④	02	①	03	④	04	②	05	②
06	④	07	③	08	②	09	④		

04 공간지각력

01	③	02	③	03	④	04	①	05	③
06	③	07	①	08	④	09	④	10	①
11	②								

05 이해력

01	④	02	④	03	③	04	④	05	④

06 관찰탐구력

01	②	02	④	03	④

01 언어논리력

01 언어논리력 세부 내용 이해하기

| 정답 | ②

| 해설 | '생물이 살아가는 모양이나 상태'를 의미하는 생태, 즉 무궁화의 향, 개화와 낙화, 성장 환경과 우리 민족성 간의 유사성을 세 번째 ~ 다섯 번째 문단에 걸쳐 설명한다.

| 오답풀이 |

① 첫 번째 문단에서 나라꽃의 선정 기준이 제시되어 있고, 글의 전반에서 무궁화와 우리 민족의 유사성을 통해 무궁화가 우리 민족의 상징인 이유를 알 수 있다. 하지만 무궁화가 우리 민족을 상징하게 된 유래의 전설을 언급하고 있지는 않다.

③ 무궁화가 어떤 모양으로 생겼는지에 대한 구조를 설명하는 내용은 없다.

④ 제시된 글을 통해서는 무궁화가 나라꽃으로 선정된 이유를 알 수 없다. 세 번째 ~ 다섯 번째 문단은 무궁화의 특성과 우리 민족성 간 유사성에 대한 설명으로, 이는 무궁화가 나라꽃으로 지정된 이유는 아니다.

02 언어논리력 단어의 구성 성분 분석하기

| 정답 | ④

| 해설 | 합성어는 두 개 이상의 실질 형태소가 결합해 하나의 단어가 된 말이다. 형태소는 뜻을 가진 가장 작은 말의 단위이다.

- 끈기 : 고유어인 '끈'과 한자어인 '氣(기운 기)'가 결합한 합성어이다.
- 전날 : 한자어인 '前(앞 전)'과 고유어인 '날'이 결합한 합성어이다.

| 오답풀이 |

- 은근 : 모두 한자어인 '慇(괴로워할 은)'과 '懃(은근할 근)'이 결합하였다.
- 향기 : 모두 한자어인 '香(향기 향)'과 '氣(기운 기)'가 결합하였다.

03 언어논리력 안내문의 세부 내용 이해하기

| 정답 | ①

| 해설 | 패밀리카드는 본인의 친척이 함께 사용할 수 있는 것이며, 가족이 아닌 친구는 이용가능 대상자가 아니다.

| 오답풀이 |

② 일부 카드를 제외하고 연회비를 면제받을 수 있다고 언급되어 있다.

③ 회원 본인이 패밀리카드 이용한도를 지정할 수 있다.

④ 패밀리카드는 한 계좌로 결제를 통합 관리한다.

04 언어논리력 내용에 맞는 사자성어 파악하기

| 정답 | ③

| 해설 | '전화위복(轉禍爲福)'은 재난이 오히려 복이 된다는 의미로, 위기가 기회로 바뀌어 돌아옴을 의미한다. (가)는

팬데믹 기간 동안 인력 감축으로 인한 여성 해고의 증가가 여성의 창업 증가로 이어진 사례이며, (나)는 러시아-우크라이나 전쟁으로 인한 천연가스 공급 위기가 재생에너지 사업 확대의 계기가 된 사례이다.

| 오답풀이 |

① 과유불급(過猶不及) : 지나침은 적음과 같다는 의미로, 너무 과하지도 않고 너무 적지도 않은 중용(中庸)이 중요함을 의미한다.

② 건곤일척(乾坤一擲) : 흥망을 걸고 단판으로 승부를 겨루는 것을 의미한다.

④ 절치부심(切齒腐心) : 분한 마음에 이를 갈며 속을 썩이다는 의미이다.

05 언어논리력 적절한 근거 추론하기

| 정답 | ③

| 해설 | 빈칸 ㉠에는 도서정가제 시행을 반대하는 근거가 들어가야 한다. 도서정가제는 도서의 판매가격을 출판사가 책정한 가격으로 고정하고, 해당 가격을 기준으로 할인판매가 가능한 가격의 범위를 제한하는 것을 내용으로 하고 있다. 작가에 대한 최소 이윤의 보장과 시장의 다양성 확대는 도서정가제의 시행 목적과 관련된 내용이다. 따라서 웹소설과 웹툰의 경우에도 최소 이윤을 보장하거나 다양한 작품을 시도할 수 있는 환경이 조성되어야 한다는 주장은 도서정가제 시행 반대가 아닌, 도서정가제를 웹소설과 웹툰 시장으로 확대하여 적용해야 한다는 주장과 관련된 내용이다.

| 오답풀이 |

① 도서정가제는 도서 판매에 한하여 적용되는 판매가 제한 규정이라는 점에서, 다른 예술작품의 판매에는 적용되지 않는 규제가 도서 판매에서만 적용된다는 내용은 시장의 공정성을 이유로 도서정가제 시행을 반대하는 근거가 될 수 있다.

② 도서정가제는 도서 판매가의 하한선을 설정하여 도서의 가격이 시장균형가격보다 높게 정해지도록 제한하는 제도로, 이로 인해 소비자는 시장균형가격보다 높은 가격을 지불해야 한다. 따라서 도서정가제가 소비자에게 높은 가격을 지불해야 하는 제도가 되어 그 시행목적인 소비자 보호가 아닌 소비자 후생을 저하시키는 결과로 이어진다는 주장은 소비자가 도서정가제 시행을 반대하는 근거가 될 수 있다.

④ '일률적인 할인 제한'은 특수성을 고려하지 않은 채 가격 변동 제한을 제도적으로 동일하게 적용하는 것을 의미한다. 이를 웹소설 · 웹툰 작가의 입장에서 오히려 가격을 전략적으로 변동하여 경쟁력을 높일 수 있는 기회를 박탈당한 것으로, 즉 작가가 업계에서 살아남는 한 방식을 제한하는 것으로 해석한다면 도서정가제가 직업의 자유를 침해한다고도 할 수 있다.

06 언어논리력 글의 논리적 구조 파악하기

| 정답 | ③

| 해설 | ㉣은 동물은 생각과 기억을 가지는 주체라는 ㉢의 내용을 반박하면서 관찰이 가능한 행동만으로 동물을 연구하는 행동주의의 관점을 제시하고 있다.

| 오답풀이 |

① ㉠은 문제 제기의 형태로 논증의 결과가 아닌, 다음으로 이어질 내용의 주제를 제시하고 있다.

② ㉡에서 설명하고 있는 데카르트의 동물기계론은 동물과 인간을 구분하는 이원론의 관점으로, ㉠의 내용을 뒷받침하고 있다.

④ ㉤은 동물은 사유, 기억, 언어능력과 심미적 감각을 가지고 있다는 주장인 ㉢을 뒷받침하면서 연구를 통해 동물이 생각을 하는 주체라는 주장이 사실임을 밝혀 글의 내용을 완성하는 역할을 한다.

07 언어논리력 작품 해석 관점 파악하기

| 정답 | ④

| 해설 | 작품 감상과 해석의 관점으로는 작품 자체를 해석하는 내재적 관점과 작품을 둘러싼 외적인 요소에 초점을 두어 해석하는 외재적 관점이 있다.

④는 작품의 구조와 표현을 바탕으로, 미적인 가치에 초점을 두어 감상하고 있으므로 내재적 관점에서 작품을 감상하는 것이다. 나머지는 모두 외재적 관점에서 작품을 감상하고 있다.

| 오답풀이 |

① 외재적 관점에서도 작품이 현실 세계를 어떻게 반영하고 있는지를 중점으로 하는 반영론적 관점의 감상이다.

② 외재적 관점에서도 독자가 작품을 어떻게 받아들이는지를 중점으로 하는 효용론적 관점의 감상이다. 작품을 통해 독자가 느낀 감동과 감상, 독자에게 끼친 영향에 관한 관점이다.

③ 외재적 관점에서도 작가의 의도가 어떻게 표현되는가를 중점으로 하는 표현론적 관점의 감상이다.

08 언어논리력 글의 수정방안 판단하기

| 정답 | ②

| 해설 | ㉡은 격조사 '-으로'가 연속으로 사용되어 문장 표현이 매끄럽지 않으므로, '인간의 노력으로 어떤 불행한 일이라도 행복한 일로'와 같이 수정하는 것이 보다 적절하다.

| 오답풀이 |

① '사물이나 일이 생겨나다'라는 뜻의 '유래하다'가 옳은 표기이다.

③ '본래'와 '당초'는 모두 '일이 생기기 시작한 처음부터 또는 근본부터'라는 의미를 가진다.

④ 앞 내용에서 SVB 사태가 예상 외로 찻잔 속의 태풍, 즉 실제로는 예상과 달리 영향이 미미한 사건으로 마무리 될 수도 있다고 하였으며, 미 재무부가 진화에 나섬으로써 안정적으로 사태가 수습될 수 있다. 따라서 실리콘밸리은행 사태는 '긴장' 국면이 아닌 '해소' 또는 '진정' 국면으로 가고 있다는 내용이 문맥상 적절하다.

09 언어논리력 글의 흐름에 맞게 문장 배열하기

| 정답 | ④

| 해설 | 우선 인구 정책을 위한 예산 투입이 실제로는 효과를 보지 못했다는 내용 다음으로, 재정의 투입보다 근본적인 문제가 무엇인가에 대한 고찰이 우선되어야 한다는 주장인 ㉣이 와야 한다. 그리고 ㉣에서 말하는 근본적인 문제를 해결하기 위해서는 지역의 자생력을 키워줄 수 있는 환경 조성이 시급하다는 내용의 ㉡으로 이어진다. ㉢의 내용은 ㉡에서 설명한 '지역의 자생력을 키워줄 수 있는 환경 조성'의 한 방법이므로 ㉡의 다음으로 이어진다. '따라서'로 시작하는 ㉠은 '수도권 쏠림 현상을 완화'하는 방법으로, 근본적인 저출산 대책의 구체적 방법을 제시하므로 ㉢의 뒤에 위치한다. 따라서 ㉣-㉡-㉢-㉠ 순이 적절하다.

02 수리력

01 수리력 최소공배수 활용하기

| 정답 | ②

| 해설 | 버스 3대는 12, 15, 18의 최소공배수인 180분이 지날 때마다 동시에 출발한다. 따라서 3시간마다 동시에 출발하므로, 오전 7시부터 오후 5시까지의 10시간 동안 3대의 버스는 총 3회 동시 출발한다.

02 수리력 이익 계산하기

| 정답 | ①

| 해설 | 800원에 20%인 160원을 더하여 960원에 아이스크림을 180개 팔았으므로 $960\times180=172,800$(원)의 매출이 발생하였으며, 이때의 이익은 $160\times180=28,800$(원)이다.
이후 정가인 960원에서 10% 할인된 864원에 아이스크림을 720개 팔면 그 이익은 $64\times720=46,080$(원)이 된다.
그러므로 처음의 이익인 28,800원보다 $46,080-28,800=17,280$(원)의 이익을 더 얻을 수 있게 된다.

03 수리력 경우의 수 구하기

| 정답 | ④

| 해설 | A와 B가 같은 조에 배정되어야 하므로 A, B를 하나로 묶어 5명을 줄 세우는 경우의 수를 구하면 $5!\times2=240$(가지)이다. 일렬로 줄을 세운다고 가정하여 첫 번째 ~ 세 번째 자리를 1조, 4번째 ~ 6번째 자리를 2조라고 했을 때 A(또는 B)가 세 번째 자리, B(또는 A)가 네 번째 자리에 배정된다면 A와 B가 다른 조가 된다. 따라서 이 경우의 수인 $4!\times2=48$(가지)를 전체 경우의 수인 240에서 제외해야 한다.
따라서 가능한 경우의 수는 $240-48=192$(가지)이다.

04 수리력 평균 활용하기

| 정답 | ②

| 해설 | A 씨의 근속연수를 x라고 하면 다음과 같은 식이 성립한다.

$$\frac{3+5+7+10+15+18+6+7+12+8+10+16+x}{13}$$

$=10$

$117+x=130$

$\therefore x=13$

따라서 A 씨는 최소 13년을 근무해야 한다.

05 수리력 자료의 수치 분석하기

| 정답 | ①

| 해설 | ㄱ. 20X1년 C 지역의 지방직 공무원 합격 인원을 기준으로 20X2년은 1.6% 증가, 20X5년은 $1.016\times1.002\times0.992\times1.01≒1.02$로 약 2% 증가하였으므로 20X5년의 지방직 공무원 합격 인원이 20X2년보다 더 많다.

ㄷ. A～C 지역의 20X1년 지방직 공무원 합격 인원이 모두 같다면, 지역별 20X1년 대비 20X5년의 합격 인원의 증감률은 다음과 같다.

- A 지역 : $1.032\times1.025\times1.012\times0.992≒1.062$로 약 6.2%
- B 지역 : $1.027\times1.014\times0.988\times1.005≒1.034$로 약 3.4%
- C 지역 : $1.016\times1.002\times0.992\times1.01≒1.02$로 약 2%

따라서 20X5년 합격 인원이 가장 많은 곳은 A 지역이다.

| 오답풀이 |

ㄴ. 제시된 자료로는 A～C 지역의 지방직 공무원 합격 인원을 구체적으로 알 수 없다.

ㄹ. 20X2년 전년 대비 합격 인원이 1.6% 증가한 이후 다음 해인 20X3년에 20X2년 대비 합격 인원이 0.2% 증가했으므로 20X2년보다 20X3년의 합격 인원이 더 많다.

06 수리력 자료를 바탕으로 수치 계산하기

| 정답 | ③

| 해설 | 〈자료 2〉의 그래프를 통해 20X2년 전체 사교육비 총액은 26조 원인 것을 알 수 있다. 이를 〈자료 1〉의 단위인 천억 원으로 변환하면 되는데, 천억과 조는 0의 개수가 하나 차이 나므로 ⓐ에는 260이 들어가는 것이 적절하다.

07 수리력 자료를 바탕으로 수치 계산하기

| 정답 | ②

| 해설 | 〈자료 2〉의 그래프를 통해 20X2년 초등학교 학생의 사교육비 총액이 11.9조 원인 것을 알 수 있다. 이는 119천억 원이며, 20X1년에 비해 12% 증가한 수치이므로 20X1년 초등학교 학생의 사교육비 총액은 $119\times\frac{100}{112}≒106$(천억 원)이다.

03 문제해결력

01 문제해결력 명제 판단하기

| 정답 | ④

| 해설 | A : 첫 번째 전제와 두 번째 전제의 삼단논법에 의해 커피를 마시면 칼슘 흡수가 잘 안된다는 명제는 참이므로 A는 옳다.

B : 두 번째 전제와 세 번째 전제의 대우(칼슘 흡수가 잘 안되면 골다공증에 좋지 않다)에 의해 심혈관 건강에 좋으면 골다공증에 좋지 않다는 명제는 참이므로 B는 옳다.

따라서 A와 B는 모두 옳다.

02 문제해결력 논리적 오류 파악하기

| 정답 | ①

| 해설 | 성급한 일반화의 오류는 한 개 또는 몇 개의 우연한 사례를 근거로 전체가 그 사례의 특성을 가지고 있다고 추론하는 오류로서, 제시된 사례에서 확인할 수 있다.

| 오답풀이 |

② 흑백논리의 오류 : 모든 문제 또는 논의의 대상을 흑 아니면 백, 악 아니면 선이라는 양극의 두 가지로만 구분함으로써 빚어지는 오류이다.

③ 피장파장의 오류 : 인신공격의 오류의 일종으로 주장을 제시하는 사람의 비일관성이나 도덕성의 문제 등을 이유로 제시한 주장이 잘못되었다고 판단하는 오류이다.

④ 무지에 호소하는 오류 : 지금까지 거짓으로 증명되어 있지 않은 것을 근거로 참임을 주장하는 오류이다.

03 문제해결력 조건 추리하기

| 정답 | ④

| 해설 | 제시된 조건을 표로 정리하면 다음과 같다.

A	B	C	D	E
	~~차장, 사원~~ 과장, 대리	~~대리, 과장~~ 차장, 사원	~~대리, 과장~~ 차장, 사원	~~차장, 사원~~ 과장, 대리

따라서 차장과 사원은 C와 D, 과장과 대리는 B와 E인 것을 알 수 있다. 네 번째와 다섯 번째 설명에 의해서 직급이 동일한 사람은 A와 E임을 알 수 있다.

그러므로 ④와 같이 B가 과장이라면 E는 대리가 되므로, A도 대리가 되어 대리가 2명인 것을 알 수 있다.

| 오답풀이 |

① C와 D는 차장과 사원 중 각각 한 명씩이므로 직급이 동일할 수 없다.

② D가 차장이라면 C는 사원이므로 과장 또는 대리인 E와 직급이 동일하지 않다.

③ E가 대리라면 A는 E와 직급이 동일한 대리가 된다.

04 문제해결력 자리 배치하기

| 정답 | ②

| 해설 | 멀미가 심하지만 운전은 하지 못하는 아린은 조수석에 앉는다. 미현은 창가 바로 옆자리에 앉지 않으므로 좌석 6에 앉게 되어 운전석에 앉는 사람은 승희 또는 지호인데, 승희는 지호 바로 뒷자리에 앉는다고 했으므로 지호가 운전을 하고 좌석 1에 승희가 앉는다.

유빈이 앉은 자리와 붙어 있는 자리는 모두 비어 있어야 하는데 좌석 5, 7을 제외하고 좌석 1에 승희가 있으므로 좌석 3도 제외해 유빈이는 좌석 4에 앉는다. 따라서 효정이는 좌석 3에 앉는다.

정면		
지호		아린
승희		
효정		유빈
	미현	

05 문제해결력 자료를 바탕으로 선택하기

| 정답 | ②

| 해설 | 도 주임의 요구사항에 따라 나머지 네 팀원의 요구사항이 모두 반영된 음식점을 찾아야 하므로, 음식점 A ~ D 중 네 팀원의 요구사항을 충족하지 못하는 음식점을 제외하면 회식 장소를 도출할 수 있다. 음식점 A ~ D 중 각 팀원의 요구사항을 충족하지 못하는 음식점을 찾으면 다음과 같다.

- 고 팀장 : 거리가 5.5km인 C 음식점
- 배 차장 : 해물요리를 주로 하는 A 음식점
- 정 과장 : 팀원 5명을 수용할 수 없는 룸을 이용해야 하는 C 음식점, 룸 이용을 할 수 없는 D 음식점
- 나 대리 : 음식점 평점이 3점인 C 음식점

따라서 팀원의 요구사항을 모두 충족하는 음식점은 B 음식점이다.

06 문제해결력 조건을 바탕으로 결론 추론하기

| 정답 | ④

| 해설 | 업무 성과 점수가 70점 미만인 직원은 선정될 수 없다 했으므로 B는 제외한다. 나머지 세 명의 평가비중을 고려한 점수를 모두 합한 결과는 다음과 같다.

- A : $(75\times0.4)+(85\times0.3)+(90\times0.3)=30+25.5+27=82.5$(점)
- C : $(80\times0.4)+(90\times0.3)+(75\times0.3)=32+27+22.5=81.5$(점)
- D : $(75\times0.4)+(80\times0.3)+(100\times0.3)=30+24+30=84$(점)

따라서 총점이 가장 높은 D가 우수 직원으로 선정된다.

07 문제해결력 조건을 바탕으로 결론 추론하기

| 정답 | ③

| 해설 | 제시된 설명에 따라 운동을 할 수 없는 날을 지워보면 다음과 같다.

일	월	화	수	목	금	토
		1	2	3	4	5
6	7	8	9	10	11	12
13	14	15	16	17	18	19
20	21	22	23	24	25	26
27	28	29	30			

H는 이미 4회 운동을 하였으나 첫 회 무료 체험으로 3장의 쿠폰을 소진하고 7장이 남아 있다. 그런데 연속 이틀 운동을 할 수 없으므로 최대한 많이 할 수 있는 경우는 2일, 4일, 7일, 9일, 11일, 14일에 하는 방법이 된다. 따라서 총 6일을 운동할 수 있다.

08 문제해결력 문제해결절차 이해하기

| 정답 | ②

| 해설 | 많은 인원이 퇴사한다는 것을 인식하여 내부에 문제가 있다는 것을 도출하였다. 또한 채용인원을 낮추고 조직 개편안을 시행하는 등 해결안을 개발하여 실행 및 평가하고 있다는 것을 볼 수 있다. 하지만 정확한 핵심 문제 분석을 통해 근본 원인을 도출하여 해결하고 있지 않다. 따라서 제시된 글에서 나타나지 않는 문제해결절차는 '원인 분석' 단계이다.

09 문제해결력 5Why 기법 이해하기

| 정답 | ④

| 해설 | 5Why 기법은 6시그마의 논리 기법 중 하나로, 문제가 발생하였을 때 연속적으로 도출된 문제의 원인을 묻고 답하는 과정을 반복하면서 근본적인 요인과 해결책에 접근해 가는 문제해결방식이다.

어떤 문제가 발생되었을 때 겉으로 드러난 문제만 해결할 경우 결국 근본적인 원인이 해결되지 않아 똑같은 문제가 되풀이될 가능성이 높다. 그래서 문제에 깊이 내재되어 있는 원인을 찾고 그 원인을 제거하고자 할 때 유용하게 활용할 수 있는 문제해결방법이 5Why 기법이다.

| 오답풀이 |

① 육색사고모자 기법 : 각각의 여섯 가지 사고(중립적, 감정적, 부정적, 낙관적, 창의적, 이성적)를 상징하는 여섯 가지 색깔의 모자를 차례로 바꾸어 쓰며 색깔에 따른 사고 유형대로 생각하는 기법이다.

② NM기법 : 인간의 창조적인 사고를 통해 자연적으로 거쳐 가는 숨겨진 사고의 프로세스를 시스템화하여 그 순서에 따라 이미지 발상을 하는 발상법이다.

③ 시네틱스 : 서로 관련이 없어 보이는 것들을 조합하여 새로운 것을 도출해내는 집단 아이디어 발상 기법이다.

04 공간지각력

01 공간지각력 도형 모양 비교하기

| 정답 | ③

| 해설 | ②는 ①을 180° 회전한 형태이며, ④는 ①을 시계 방향으로 90° 회전한 형태이다. 한편 ①을 반시계 방향으로 90° 회전한 형태는 다음과 같다.

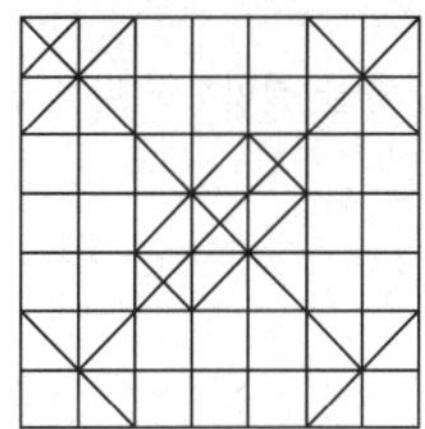

따라서 ③은 나머지 도형과 일치하지 않는다.

02 공간지각력 도형 회전하기

| 정답 | ③

| 해설 | 제시된 그림이 반시계 방향으로 90° 회전한 다음 거울에 의해 좌우 반전한 모습은 다음과 같다.

03 공간지각력 나타나 있지 않은 조각 찾기

| 정답 | ④

| 해설 | ④와 같은 모양은 나타날 수 없다.

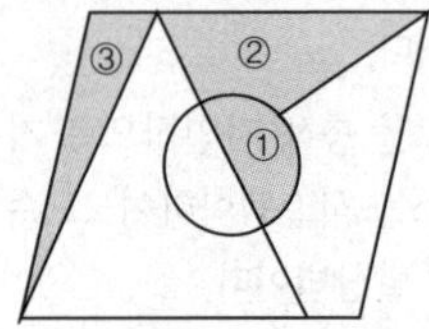

04 공간지각력 일치하는 입체도형 찾기

| 정답 | ①

| 해설 | 제시된 정면도, 평면도, 우측면도와 모두 일치한다.

| 오답풀이 |

② 평면도와 우측면도가 일치하지 않는다.

③ 정면도, 평면도, 우측면도 모두 일치하지 않는다.

④ 정면도와 우측면도가 일치하지 않는다.

05 공간지각력 블록 결합하기

| 정답 | ③

| 해설 | 두 번째, 세 번째 입체도형과 ③을 결합하면 다음과 같다.

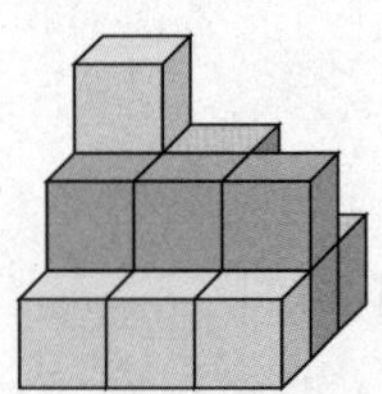

첫 번째 입체도형에 들어간 블록은 15개, 두 번째 입체도형에 들어간 블록은 5개, 세 번째 입체도형에 들어간 블록은 3개이므로 추가로 필요한 입체도형은 15−(5+3)=7(개)의 블록으로 이루어진 입체도형이어야 한다.

06 공간지각력 블록의 개수 파악하기

| 정답 | ③

| 해설 | 정면에서 블록을 볼 때는 가장 많이 쌓인 개수만큼 보이므로 4+5+7+6=22(개)가 보인다.

07 공간지각력 조각의 개수 파악하기

| 정답 | ①

| 해설 | 삼각형을 만들 수 있는 조각의 개수를 기준으로 구분하면 다음과 같다.

• 조각 1개 : 삼각형 2개

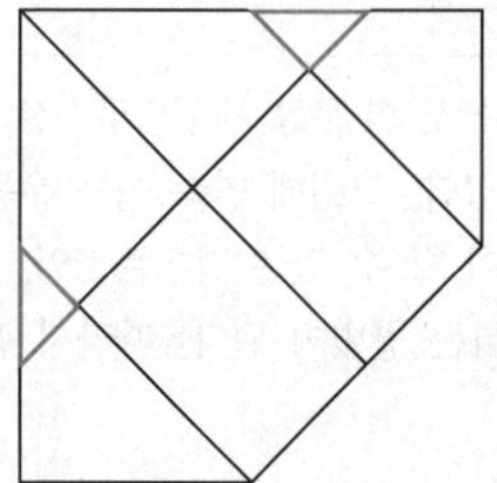

• 조각 2개 : 삼각형 4개

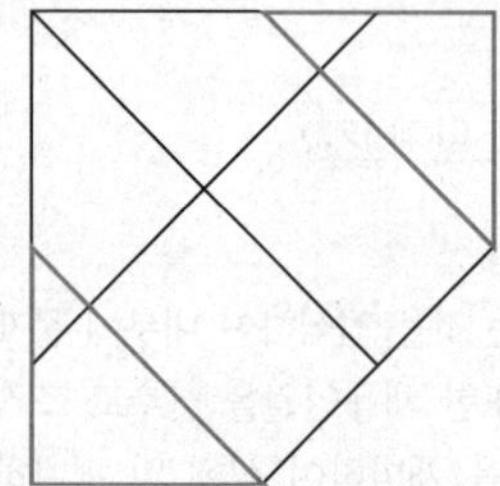

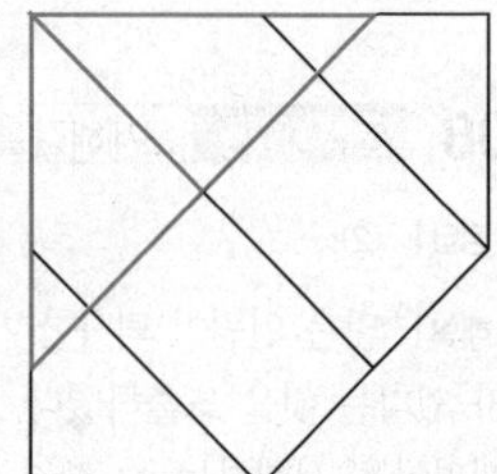

• 조각 4개 : 삼각형 1개

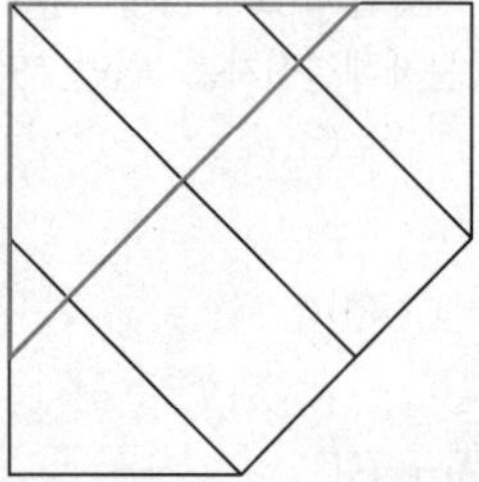

따라서 크고 작은 삼각형의 개수는 총 7개이다.

08 공간지각력 모양이 다른 전개도 찾기

| 정답 | ④

| 해설 | 전개도를 정육면체로 접을 때, 앞면을 ●, 오른쪽 옆면을 ☎으로 하면 ①, ②, ③은 다음과 같다.

이와 달리 ④는 다음과 같다.

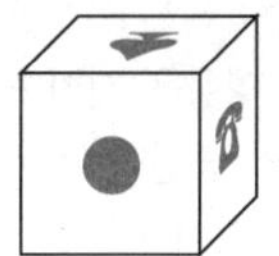

09 공간지각력 전개도 완성하기

| 정답 | ④

| 해설 | 전개도를 바탕으로 할 때, 옳은 주사위로만 이루어진 것은 ④이다.

| 오답풀이 |

① 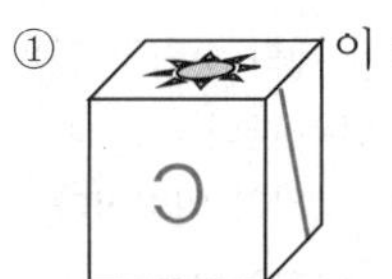 이 옳은 모양이다.

② 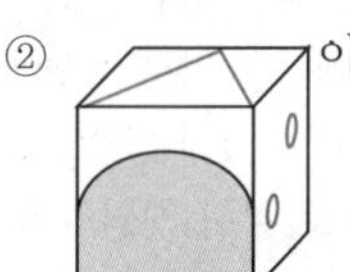 이 옳은 모양이다.

③ 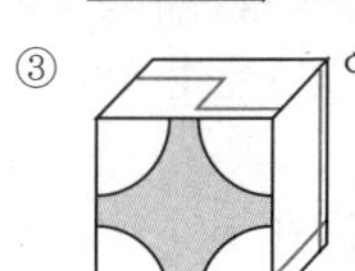 이 옳은 모양이다.

10 공간지각력 펼친 그림 찾기

| 정답 | ①

| 해설 | 역순으로 펼치면 다음과 같다.

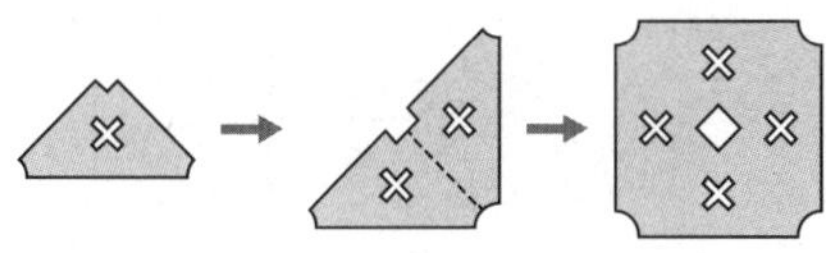

11 공간지각력 도형의 변환 규칙 파악하기

| 정답 | ②

| 해설 | 도형의 세로 첫 번째 줄부터 네 번째 줄까지 다음의 규칙에 따라 변화한다.

• 세로 첫 번째 줄

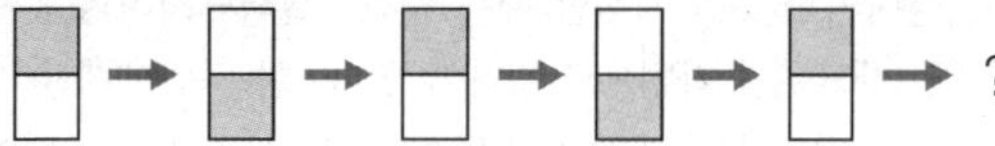

• 세로 두 번째 줄

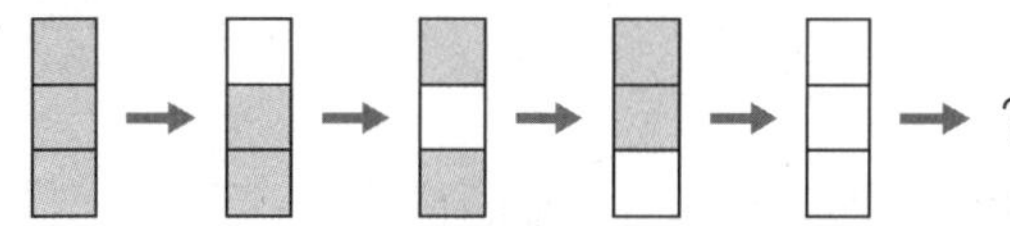

• 세로 세 번째 줄

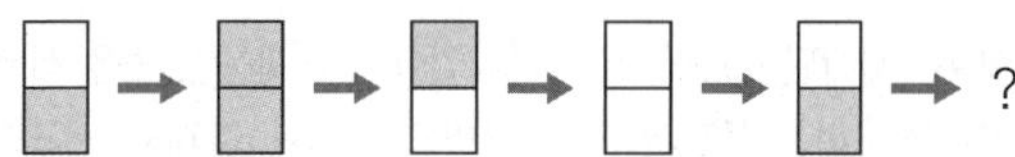

• 세로 네 번째 줄

따라서 위 규칙에 따라 '?'에 들어가는 그림은 다음 네 도형을 합한 형태가 된다.

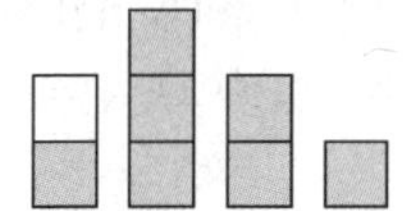

05 이해력

01 이해력 상황에 따른 의사표현법 이해하기

| 정답 | ④

| 해설 | ㄴ. 상대의 요구를 거절할 때는 먼저 사과를 하고 거절하는 이유를 설명해야 한다. 이때, 모호한 태도가 아닌 단호한 태도를 취한다. 따라서 적절한 예시이다.

ㄷ. 상대에게 부탁할 때는 먼저 상대의 사정을 파악하여 상대를 우선시하는 태도를 보이고 구체적으로 부탁해야 한다. 따라서 적절한 예시이다.

ㄹ. 설득을 할 때는 일방적으로 강요하면 안 되며, 먼저 양보하는 태도를 보여 서로 이익을 공유하겠다는 의지를 보여야 한다. 따라서 적절한 예시이다.

ㅁ. 상대에게 부탁할 때와 마찬가지로 의사표현을 해야 하며, 구체적으로 부탁하는 내용을 해 줄 수 있는지 상대의 의사를 묻고 있으므로 적절한 예시이다.

| 오답풀이 |

ㄱ. 상대의 잘못을 지적할 때는 칭찬－질책－격려의 순서인 샌드위치 화법으로 말해야 한다. 한 사람에게만 책임을 전가하고 질책의 말만 하는 것은 그 효과를 떨어트릴 수 있다.

02 이해력 고객 불만 해결하기

| 정답 | ④

| 해설 | 제시된 사례에서는 식당 앞에서 오랫동안 줄을 서서 기다려야 하는 불편과 음식 서빙으로 인한 불쾌감을 고객 불만이 발생했다. 따라서 고객 불만을 해소할 수 있는 방법으로 테이블 회전율을 높여 대기 시간 줄이기, 서빙 직원의 태도 교육하기, 서빙 과정에서의 사고 발생 예방하기, 서빙의 효율성 높이기 등을 제시할 수 있다.

| 오답풀이 |

ㄱ. 고객의 불평불만을 묵묵히 들어줌으로 불만을 가진 고객의 화를 일시적으로 풀어줄 수는 있겠으나, 근본적인 해결책이 될 수는 없다.

03 이해력 샌드위치 화법 이해하기

| 정답 | ③

| 해설 | 샌드위치 화법이란 상대방의 잘못을 질책할 때 칭찬과 격려 사이에 질책하는 말을 넣어 상대방을 배려하는 의사표현법이다. ③의 경우 회사 생활을 열심히 하는 모습이 인상적이라는 칭찬으로 시작해 중간에 질책의 말을 하고, 혼자서도 해결할 수 있다며 격려로 마무리하고 있다.

04 이해력 리더십 이해하기

| 정답 | ④

| 해설 | 조직의 상황 예측과 우선순위 설정, 직원 간 역할 분담과 위임 등 조직 자체와 조직 내 직원들을 관리하는 내용으로, '조직기획 및 관리능력'에 해당한다.

| 오답풀이 |

① 문제해결능력은 통찰력과 분석 능력을 발휘하여 문제를 분석하고, 문제해결을 위해 정보와 분석 결과를 바탕으로 적절한 결과를 도출하는 것이다. 진취적 태도는 조직의 목표 달성을 위하여 주도적으로 방향을 설정하고 업무를 끈기 있게 추진하는 능력이다.

② 조직의 목표 달성을 위해 임직원들에게 영향을 끼치며 직원들을 적절히 이끌어 가고, 그들과의 긍정적 관계 형성을 통해 존경과 지지를 유발하는 능력이다.

③ 조직의 임직원이나 고객 등의 관계와 관련한 것으로, 여러 그룹 및 사람들과의 효과적인 소통과 경청, 적절한 설득을 할 수 있는가에 대한 능력이다.

05 이해력 리더의 역할 파악하기

| 정답 | ④

| 해설 | 제시된 사례는 A 팀장이 마케팅 계획 수립의 일을 B 사원에게 맡기자 이전의 수치 정리 업무 때와 다르게 더 책임감을 갖고 열심히 일을 수행한 B 사원의 일화이다.

이는 직원에게 프로젝트 내의 권한과 업무의 일부를 위임한 사례로, 부하 직원인 B 사원의 입장에서는 업무 수행에서 본인의 재량과 자율성을 더욱 발휘할 수 있게 됨으로써 더 큰 책임감을 갖게 된다. 이를 바탕으로 부하 직원의 주체적인 업무 참여와 도전의식, 창의력 등의 능력을 향상시킬 수 있고, 더 나아가 조직의 성과도 높아질 수 있다.

| 오답풀이 |

① B 사원은 지난해 판매 수치 정리 업무에 열의 없는 태도를 보이기는 했지만 정확하게 업무를 처리하였다. 따라서 B 사원의 부족한 직무능력을 향상시킨 사례로 보기는 어렵다.

② 창의적인 문제해결과 관련된 사례가 아니다.

③ 직원에게 직무에 대한 이해나 수행과 관련하여 교육했다는 내용은 제시된 사례의 초점이 아니다.

06 관찰탐구력

01 관찰탐구력 샤를의 법칙 이해하기

| 정답 | ②

| 해설 | 샤를의 법칙은 부피의 법칙으로도 알려져 있으며, 기체의 압력이 일정하게 유지되면 기체의 부피와 온도는 정비례 관계에 있다는 법칙이다. 온도가 1℃씩 올라갈 때마다 기체의 부피는 0℃일 때에 비해 $\frac{1}{273}$씩 증가한다. 찌그러진 공을 따뜻한 물에 넣으면 온도가 올라가 공 안의 분자 운동이 활발해지고 부피가 팽창하여 찌그러진 부분이 펴진다. 열기구 내부의 공기를 가열하면 열기구가 떠오르는 것과 여름철 타이어의 내부 공기가 팽창하는 것 또한 샤를의 법칙과 관련된 현상이다.

| 오답풀이 |

① 보일의 법칙 : 기체의 압력과 부피 사이의 관계를 설명하는 것으로, 온도가 일정할 때 기체의 압력과 부피는 반비례 관계에 있다는 법칙이다. 즉, 기체의 압력이 증가하면 부피가 감소하고, 압력이 감소하면 부피가 증가함을 의미한다.

③ 아보가드로의 법칙 : 동일한 압력과 온도하에서 모든 동일한 부피의 기체는 동일한 수의 분자를 포함한다는 법칙이다.

④ 헨리의 법칙 : 일정한 온도하에서 기체가 액체에 용해될 때 그 용해도가 용매와 평형을 이루고 있는 기체의 부분 압력에 비례한다는 법칙이다.

02 관찰탐구력 알짜힘 이해하기

| 정답 | ④

| 해설 | 그림 속 공의 속력은 증가하고 있다. 따라서 공에 작용하는 알짜힘은 0이 아니다. 알짜힘은 물체에 작용하는 모든 힘을 벡터합한 것으로 합력이라고도 하며, 물체의 운동 상태를 바꾸는 힘이다. 알짜힘이 0이면 물체는 정지 상태이거나 등속 직선 운동을 해야 한다.

한편, 공의 속력이 증가하고 있으므로 운동에너지는 증가하며, 공의 높이는 낮아지고 있으므로 위치에너지는 감소하고 있다.

03 관찰탐구력 전기 분해 이해하기

| 정답 | ④

| 해설 | 전해질은 수용액 속에서 이온으로 해리되어 전류가 흐르는 물질을 말한다. 물은 자체 이온화를 통해 이온을 만들긴 하나, 그 양이 매우 미약해 사실상 이온이 없는 것과 마찬가지이기 때문에 수산화나트륨(NaOH)과 같은 전해질을 용해시켜서 전기 분해한다. 이때 사용되는 양이온은 H^+ 이온보다 환원성이 커서는 안 되며, 음이온은 OH^-이온보다 산화성이 커서는 안 된다. 그렇지 않으면 전해질이 먼저 반응하기 때문이다. 물(H_2O)은 수소(H_2)와 산소(O)로 구성되어 있으며 전류를 흘려주면 수소와 산소로 분리된다. 따라서 +극에서는 산소, −극에서는 수소가 발생한다.

| 오답풀이 |

②, ③ 물은 화학식이 H_2O이며 화학식이 NaOH인 수산화나트륨을 물속에서 전기 분해하는 것이므로 CO_2가 발생하지 않는다.

파트1 언어논리력

01 어휘/문법

테마 2 출제유형문제									문제 88쪽
01	③	02	③	03	②	04	④	05	④
06	④	07	①	08	④	09	④	10	④
11	①	12	③	13	②	14	②	15	④
16	③	17	②	18	②	19	①	20	②
21	①	22	③	23	④	24	④		

01 어법 어법에 맞지 않는 문장 찾기

| 정답 | ③

| 해설 | '그럼 다음 주 수요일에 뵈어요' 혹은 '그럼 다음 주 수요일에 봬요'로 고쳐야 한다. '봬'는 '뵈+어'로, '뵈어요'의 준말은 '봬요'로 쓴다.

| 오답풀이 |

① '적'은 '동작이 진행되거나 그 상태가 나타나 있는 때, 또는 지나간 어떤 때'를 나타낼 때 쓰이는 의존 명사이다. 따라서 앞말과 띄어써야 한다.

② 두 개의 형태소 또는 단어가 합쳐져 합성 명사를 이룰 때 앞말의 음운과 상관없이 뒷말이 모음 'ㅣ'나 반모음 'ㅣ[j]'로 시작할 때, 'ㄴㄴ' 소리가 덧나는 것은 사잇소리를 적는다(나무 + 잎 → 나뭇잎).

④ '-ㄹ지'는 추측에 대한 막연한 의문이 있는 채로 그것을 뒤 절의 사실이나 판단과 관련시키는 데 쓰이는 연결 어미이다. 따라서 앞말과 붙여서 써야 한다.

02 어법 올바른 맞춤법 쓰기

| 정답 | ③

| 해설 | '거'는 '것'을 구어적으로 표현하는 의존 명사로 '좋을 거 같다'와 같이 띄어 써야 한다.

| 오답풀이 |

① '해보니까'는 본용언과 보조 용언의 구성으로 띄어 쓰는 것이 원칙이나 붙여 쓰는 것도 허용된다.

② 접사 '-들'은 명사의 뒤에 붙어 '복수'의 뜻을 나타내는 것으로 앞말과 붙여 쓰며, 의존 명사 '들'은 열거한 사물 모두를 가리키는 것으로 앞말과 띄어 쓴다.

④ '보란 듯이'의 '듯'은 의존 명사이므로 앞말과 띄어 써야 한다.

03 어법 외래어 표기법 적용하기

| 정답 | ②

| 해설 | siren–사이렌

| 오답풀이 |

① union–유니언

③ mechanism–메커니즘

④ clinic–클리닉

04 어법 문장 구조 파악하기

| 정답 | ④

| 해설 | 일기 예보를 듣고 아침에 널었던 빨래를 얼른 걷었다.
(선행 종속절: 일기 예보를 듣고 / 관형절: 아침에 널었던 → 빨래를)

제시된 문장은 종속적으로 이어진 문장이며 '아침에 널었던'은 '빨래'를 꾸며주는 관형절에 해당하므로 안은 문장과 이어진 문장이 모두 쓰였다.

| 오답풀이 |

①, ② 주절과 종속설은 모두 주어 '나'가 생략되었다.

③ 제시된 문장에서 용언은 '듣다'와 '널다', '걷다'인데 모두 목적어만을 가질 뿐 수식하는 절은 없다.

05 어법 시제 이해하기

| 정답 | ④

| 해설 | 절대시제는 발화시를 기준으로 결정되며 문장의 종결형에서 결정되는 시제이다. 〈보기〉에서 책을 읽는 사건은 발화시보다 먼저 일어난 일이므로 과거시제이다.
상대시제는 사건시를 기준으로 결정되며 관형형에서 결정되는 시제로서, 〈보기〉에서 책을 읽는 사건이 발생한 것은 현재시제이다.

06 단어의미 맥락에 맞는 단어 선택하기

|정답| ④

|해설| 매뉴얼(Manual)은 기계나 컴퓨터 따위의 사용 방법이나 기능 등을 알기 쉽게 설명한 책을 뜻하므로, 이를 내어놓는 일에는 '발간(發刊, 책이나 신문, 잡지 따위를 박거나 찍어서 펴냄)'이라는 단어를 사용하는 것이 적절하다.

|오답풀이|

① 수리(修理) : 건물이나 물건 따위의 고장나거나 허름한 데를 손보아 고침.

② 출시(出市) : 상품 따위를 시장에 내놓음.

③ 보도(報道) : 신문이나 방송으로 나라 안팎의 새로운 소식을 일반에게 널리 알림.

07 단어의미 글의 흐름에 맞는 어휘 고르기

|정답| ①

|해설| 문장의 빈칸에 들어가는 단어는 다음과 같다.

- 그 스님은 궁극적인 진리를 개안(깨달아 앎)하신 분이다.
- 생활한복은 현대인이 편리하게 생활할 수 있도록 고안(연구하여 새로운 안을 생각해 냄)하여 만들어졌다.
- 집안이 간고(가난하고 고생스러움)하여 아르바이트로 학비를 충당하고 있다.
- 나는 간고(처지나 상태가 어렵고 힘듦)를 이겨내고 이 분야 최고의 인물이 될 것이다.

'개간(開墾)'은 '거친 땅이나 버려둔 땅을 일구어 논밭이나 쓸모 있는 땅으로 만듦'을 의미한다.

08 단어의미 단어의 사전적 의미 파악하기

|정답| ④

|해설| '찐덥다'는 '남을 대하기가 마음에 흐뭇하고 만족스럽다', '마음에 거리낌 없고 떳떳하다'를 의미한다.

09 사자성어 한자성어의 뜻 이해하기

|정답| ④

|해설| '새옹지마'는 세상만사는 변화가 많아 어느 것이 화가 되고 어느 것이 복이 될지 예측하기 어려워 재앙도 슬퍼할 게 못 되고 복도 기뻐할 것이 아님을 이르는 말이다.

|오답풀이|

① 남가일몽 : 남쪽 나뭇가지의 꿈이라는 뜻으로, 인생이나 부귀영화의 덧없음을 이르는 말이다.

② 가담항설 : 거리나 항간에 떠도는 소문을 이르는 말이다.

③ 곡학아세 : '학문을 굽혀 세상에 아첨한다'라는 뜻으로 자신의 뜻을 굽혀 가면서까지 세상에 아부하여 출세하려는 태도나 행동을 이르는 말이다.

10 사자성어 내용에 맞는 사자성어 파악하기

|정답| ④

|해설| '용두사미'는 용의 머리와 뱀의 꼬리라는 뜻으로 처음은 좋지만 끝이 좋지 않음을 이르는 말이다. 따라서 빈칸에 들어가기에 가장 적합하다.

|오답풀이|

① 계란유골 : 달걀에도 뼈가 있다는 뜻으로, 운수가 나쁜 사람은 모처럼 좋은 기회를 만나도 역시 일이 잘 안됨을 이르는 말이다.

② 오비이락 : 까마귀 날자 배 떨어진다는 뜻으로, 아무 관계도 없이 한 일이 공교롭게도 때가 같아 억울하게 의심을 받거나 난처한 위치에 서게 됨을 이르는 말이다.

③ 유유상종 : 같은 무리끼리 서로 사귐의 의미이다.

11 사자성어 내용에 맞는 사자성어 파악하기

|정답| ①

|해설| '호가호위'는 여우가 호랑이의 위세를 빌려 호기를 부린다는 뜻으로, 남의 세력을 빌려 위세를 부린다는 의미이다.

|오답풀이|

② 호시탐탐 : 범이 먹이를 노린다는 뜻으로, 기회를 노리며 형세를 살피는 상태를 비유한다.

③ 호각지세 : 서로 조금도 낫고 못함이 없는 자세라는 뜻이다.

④ 호사유피 : 호랑이는 죽어서 가죽을 남긴다는 뜻으로, 사람은 죽어서 명예를 남겨야 한다는 말이다.

12 단어관계 | 단어관계 유추하기

| 정답 | ③

| 해설 | 콜라와 사이다는 (탄산)음료의 하위어, 육군과 해군은 군대의 구성요소, 돼지와 양은 포유류의 하위어이므로 ①, ②, ④는 각각 동위 관계이다. 그러나 용해는 어떤 물질이 액체 속에서 녹아 용액이 만들어지는 화학 과정을 말하므로 동위 관계가 아니다.

13 단어관계 | 단어관계 유추하기

| 정답 | ②

| 해설 | 기우와 노파심, 탐닉과 몰입, 보조개와 볼우물은 모두 유의 관계가 성립하지만 교환과 환불은 서로 유의 관계가 아니므로 나머지와 상관관계가 다르다.

14 단어관계 | 단어관계 유추하기

| 정답 | ②

| 해설 | 한자성어와 그 뜻에 관련된 것을 연결하는 문제로, '천붕지통(天崩之痛)'은 임금이나 아버지를 잃은 슬픔을, '백아파금(伯牙破琴)'은 절친한 벗의 죽음을 슬퍼함을 뜻한다.

| 오답풀이 |

① 서하지통(西河之痛) : 부모가 자식을 잃은 슬픔

③ 할반지통(割半之痛) : 형제나 자매를 잃은 슬픔

④ 고분지통(叩盆之痛) : 아내를 잃은 슬픔

15 단어관계 | 단어관계 구분하기

| 정답 | ④

| 해설 | '고의'는 '일부러 하는 생각이나 태도'를, '과실'은 '부주의나 태만 따위에서 비롯된 잘못이나 허물'을 뜻하며 두 단어는 반의 관계이다.

'좌천(左遷)'은 '낮은 관직이나 지위로 떨어지거나 외직으로 전근됨'을 뜻하는 것으로 이와 반의 관계인 단어는 '전보다 더 좋은 자리나 직위로 옮김'을 뜻하는 '영전(遷謫)'이다.

16 단어관계 | 단어관계 유추하기

| 정답 | ③

| 해설 | '성김'은 공간적으로 사이가 뜬 것을 의미하고, '빽빽함'은 사이가 비좁고 촘촘한 것을 가리킨다. 따라서 이 두 단어의 관계는 반의 관계이다. 그러나 '넉넉하다'와 '푼푼하다'는 모두 '여유가 있고 넉넉하다'의 뜻으로 유의 관계이다.

17 단어관계 | 단어관계 유추하기

| 정답 | ②

| 해설 | ㉠의 연주자는 오케스트라에서 최고의 실력과 기량을 갖춘 전문가이고, ㉡의 청중은 그러한 연주자들이 연주하는 최고의 연주를 듣는 일반 대중 · 관객을 뜻하므로, 교수와 학생 관계가 가장 비슷하다고 볼 수 있다.

| 오답풀이 |

① 반의 관계

③ 동종 관계

④ 재료－결과물관계(럼주는 사탕수수를 발효하여 증류한 술)

18 단어관계 | 단어관계 유추하기

| 정답 | ②

| 해설 | 하위 항목들은 연극의 장르들이다. 연극은 장르에 따라 희극, 비극, 소극, 멜로드라마 등으로 분류한다.

| 오답풀이 |

① 뮤지컬 : 춤과 노래가 주가 되는 연극

③ 팬터마임 : 대사가 없는 연극

④ 현대극 : 시대 구분에 따라 연극을 분류한 것

19 유의어 | 유의어 파악하기

| 정답 | ①

| 해설 | '선양'이란 단어는 국가 원수가 외교적 성과를 거둔 경우 '국위를 선양하였다'는 식으로 사용되곤 한다. 그렇듯 선양은 어떤 가치나 명예 등을 드높여 널리 알린다는 의미로 쓰인다.

• 선양(宣揚) : 명성이나 권위 등을 널리 떨치게 함.
• 고취(鼓吹) : 의견이나 사상 등을 열렬히 주장하여 불어 넣음.

| 오답풀이 |

② 선전(宣傳) : 주의나 주장, 사물의 존재, 효능 등을 많은 사람이 알고 이해하도록 잘 설명하여 널리 알림.

③ 고무(鼓舞) : 힘을 내도록 격려하여 용기를 북돋움.

④ 독려(督勵) : 감독하며 격려함.

20 다의어 다의어 파악하기

| 정답 | ②

| 해설 | 제시된 문장에서의 '나누다'는 '말이나 이야기, 인사 따위를 주고받다'의 의미로 사용되었다. 이와 같은 의미로 사용된 것은 ②의 '소외된 이웃과 따뜻한 정을 나눕시다'의 '나누다'이다.

| 오답풀이 |

① 음식 따위를 함께 먹거나 갈라먹다.

③ 즐거움이나 고통, 고생 따위를 함께하다.

④ 같은 핏줄을 타고나다.

21 다의어 다의어 파악하기

| 정답 | ①

| 해설 | 밑줄 친 '놓다'와 ① '놓다'의 의미는 '무늬나 수를 새기다'이다.

| 오답풀이 |

② 병에서 벗어나 몸이 회복되다.

③ 걱정이나 근심, 긴장 따위를 잊거나 풀어 없애다.

④ 계속해 오던 일을 그만두고 하지 아니하다.

22 반의어 반의어 파악하기

| 정답 | ③

| 해설 | '곡필(曲筆)'은 '사실을 바른대로 쓰지 아니하고 왜곡하여 씀. 또는 그런 글'을 의미하므로 반의어는 '무엇에도 영향을 받지 아니하고 사실을 그대로 적음. 또는 그렇게 적은 글'을 의미하는 '직필(直筆)'이다.

| 오답풀이 |

① 자필(自筆) : 자기가 직접 글씨를 씀. 또는 그 글씨

② 대서(代書) : 남을 대신하여 글씨나 글을 씀. 또는 그 글씨나 글

④ 육필(肉筆) : 손으로 직접 쓴 글씨

23 다의어 다의어 파악하기

| 정답 | ④

| 해설 | 동사 '밀다'는 다음과 같은 뜻으로도 활용된다.

① 어떤 지위를 맡도록 내세우거나 지지하다.

② 허물거나 깎아서 없애다.

③ 눌러서 얇게 펴다.

24 다의어 다의어 파악하기

| 정답 | ④

| 해설 | 동사 '얻다'는 다음과 같은 뜻으로도 활용된다.

① 긍정적인 태도·반응·상태 따위를 가지거나 누리다.

② 병을 앓게 되다.

③ 집이나 방 따위를 빌리다.

테마 3 기출예상문제									문제 96쪽
01	①	02	③	03	①	04	②	05	③
06	②	07	④	08	③	09	③	10	②
11	④	12	①	13	③	14	②	15	④
16	④	17	①	18	③	19	④	20	②
21	②	22	③	23	③	24	②		

01 어법 띄어쓰기 적용하기

| 정답 | ①

| 해설 | 착하디 착한 → 착하디착한 : '-디'를 취하는 말은 첩어로 보고, 붙여 쓴다.

예 흔하디흔한, 예쁘디예쁜, 곱디고운, 맑디맑은

02 어법 어법에 맞게 문장 쓰기

| 정답 | ③

| 해설 | ㉠ '나오셨습니다'의 주체는 '음료'이므로 주체높임 선어말 어미 '-시-'를 사용하면 안 된다.

㉢ 주체가 '요금'이므로 '-이세요'는 잘못된 높임표현이다.

따라서 어법에 어긋난 문장의 개수는 총 2개이다.

| 오답풀이 |

㉡, ㉣ 높여야 할 대상과 관련된 신체부분, 소유물, 생각 등과 관련된 말에 '-시-'를 결합하여 간접적으로 높이는 표현으로 어법에 맞는 표현이다.

03 어법 어법에 맞지 않는 부분 찾기

| 정답 | ①

| 해설 | 집산지로써 → 집산지로서 : '~로서'는 지위나 신분, 자격을 나타낼 때, '~로써'는 재료나 원료, 수단이나 도구, 방법을 나타낼 때 사용한다. 제시된 글에서는 '부산은 수산물의 집산지이다'와 같이 문맥상 '부산'의 자격을 뜻하고 있으므로 격조사 '~로서'를 붙이는 것이 옳다.

| 오답풀이 |

② 어문규정 제31항을 보면 두 말이 어울릴 적에 'ㅂ' 소리나 'ㅎ' 소리가 덧나는 것은 소리대로 적는다고 하였다. '살'과 '고기'가 결합할 때 [살고기]가 아니라 [살코기]가 되는데 이때도 소리 나는 대로 '살코기'로 적는다.

③ '조리다'와 '졸이다'는 구별하여 사용해야 한다. '조리다'는 '고기, 생선 등을 양념하여 바특하게 바짝 끓이다'의 뜻이고, '졸이다'는 '물이 증발하여 분량이 적어지다' 또는 '속을 태우다시피 마음을 초조하게 먹다'의 뜻이다.

04 어법 맞춤법 규정 적용하기

| 정답 | ②

| 해설 | ㉠ '히읗'의 '읗' 받침이 'ㅎ'이므로, 음절의 끝소리 규칙에 따라 'ㅎ'이 'ㄷ'으로 바뀌어 [히읃]으로 발음된다.

㉣ '웃옷'은 '웃'의 받침 'ㅅ' 뒤에 실질적인 뜻을 지닌 '옷'이 나온 형태이므로, 음절의 끝소리 규칙을 적용한 후 다음 음절의 첫소리로 발음하여 [우돋]이 된다.

| 오답풀이 |

㉡ '빗으로'는 '빗' 뒤에 조사 '~으로'가 붙은 형태이므로, 받침이 온전히 발음되어 [비스로]가 된다.

㉢ '부엌'의 '엌' 받침이 'ㅋ'이므로 음절의 끝소리 규칙에 따라 'ㅋ'이 'ㄱ'으로 바뀌어 [부억]으로 발음된다.

05 어법 외래어 표기법 적용하기

| 정답 | ③

| 해설 | Baton은 '바톤'이 아닌 '배턴'으로 표기하며, 복수 외래어 표기로써 '바통'도 인정된다.

06 단어의미 어휘와 뜻 연결하기

| 정답 | ②

| 해설 | 고기배 : 고기의 배 / 고깃배 : 고기잡이 배

07 단어의미 단어의 사전적 의미 파악하기

| 정답 | ④

| 해설 | '경질(更迭)'은 어떤 직위에 있는 사람을 다른 사람으로 바꾸는 것을 의미하며, '비서실장의 경질 사유를 밝힌다'와 같이 쓰인다.

| 오답풀이 |

① '강등(降等)'은 '지난번 사고 이후 책임자는 한 계급 강등되었다'와 같이 쓰인다.

② '좌천(左遷)'은 '서기들한테는 책임을 물어 지방으로 좌천시켰다'와 같이 쓰인다.

③ '이전(移轉)'은 '소유권 이전을 받다'와 같이 쓰인다.

08 유의어 유의어 파악하기

| 정답 | ③

| 해설 | '접촉(接觸)'은 '서로 맞닿음'을 의미한다.

| 오답풀이 |

① 접선(接線) : 어떤 목적을 위하여 비밀리에 만남.

② 접착(接着) : 두 물체의 표면이 접촉하여 떨어지지 아니하게 됨.

④ 접합(接合) : 한데 대어 붙임.

09 단어의미 문맥에 맞는 어휘 고르기

| 정답 | ③

| 해설 | 누진제에 대한 논란을 가져올 만한 수요의 변화를 표현하는 단어로 '갑작스럽게 늘어남'이라는 의미의 '급증'을 사용하는 것이 가장 적절하다.

| 오답풀이 |

① 격감(激減) : 수량이 갑자기 줆.

② 감축(減縮) : 덜어서 줄임.

④ 향상(向上) : 실력, 수준, 기술 따위가 나아짐. 또는 나아지게 함.

10 단어관계 단어관계 유추하기

| 정답 | ②

| 해설 | '치밀'과 '세밀'은 모두 '자세하고 꼼꼼하다'의 의미를 지니는 유의어이다. '어떤 대상을 이루는 낱낱을 모두 합친 것'의 의미를 지니는 '전부'와 유의 관계를 가지는 단어는 '개개 또는 부분의 집합으로 구성된 것을 몰아서 하나의 대상으로 삼는 경우에 바로 그 대상'의 의미를 지니는 '전체'이다.

11 단어관계 단어관계 유추하기

| 정답 | ④

| 해설 | '계산기'와 '계산'은 '도구'와 '목적'의 관계를 지닌다. '피아노'를 도구로 이룰 수 있는 목적은 '연주'이다.

12 단어관계 단어관계 유추하기

| 정답 | ①

| 해설 | 다른 선택지들은 모두 기생관계에 있지만 청설모와 도토리는 공생관계에 있으므로 나머지와 상관관계가 다르게 연결되었다. 도토리는 청설모의 식량이고, 청설모가 먹다 남긴 도토리의 일부에서 참나무가 자란다.

13 단어관계 단어관계 유추하기

| 정답 | ③

| 해설 | 제품 · 서비스 등을 제작 · 제공하는 전문가와 제품 · 서비스 등을 이용하는 사람의 관계를 파악해야 한다. 즉, 대장장이가 만든 가위를 엿장수가 이용하고(①), 기술자가 만든 경운기를 농부가 이용하며(②), 프로그래머가 만든 게임을 프로게이머가 이용하는(④) 관계이다. 그러나 고객이 이용하는 스테이크를 제작 · 제공하는 전문가는 레스토랑이 아닌 요리사이다.

14 사자성어 내용에 맞는 사자성어 파악하기

| 정답 | ②

| 해설 | '표리부동'은 '겉으로 드러나는 언행과 속으로 가지는 생각이 다름'을 의미한다.

| 오답풀이 |

① 호형호제 : 서로 형이니 아우니 하고 부른다는 뜻으로, 매우 가까운 친구로 지냄을 뜻한다.

③ 간담상조 : 간과 쓸개를 서로 비춰 보인다는 뜻으로, 서로 속마음을 털어놓고 친하게 사귐을 뜻한다.

④ 막역지간 : 막역한 벗의 사이를 뜻한다.

15 유의어 유의어 파악하기

| 정답 | ④

| 해설 | '결지(決志)'와 '결의(決意)'는 '뜻을 정하여 굳게 마음을 먹음'을 의미한다.

| 오답풀이 |

① 결기(-氣) : 못마땅한 것을 참지 못하고 성을 내거나 왈칵 행동하는 성미

② 결사(決死) : 죽기를 각오하고 있는 힘을 다할 것을 결심함.

③ 결손(缺損) : 어느 부분이 없거나 잘못되어서 불완전함.

16 유의어 유의어 파악하기

| 정답 | ④

| 해설 | '청렴(淸廉)'은 '성품과 행실이 높고 맑으며 탐욕이 없음'을 의미하고, '강직(剛直)'은 '마음이 꼿꼿하고 곧음'을 의미한다.

| 오답풀이 |

① 고상(高尙) : 품위나 몸가짐의 수준이 높고 훌륭함.

② 숭고(崇高) : 뜻이 높고 고상함.

③ 소박(素朴) : 꾸밈이나 거짓이 없고 수수함.

17 단어관계 단어관계 유추하기

| 정답 | ①

| 해설 | '대책(對策)'은 '어떤 일에 대처할 계획이나 수단'을 의미하고, '방책(方策)'은 '방법과 꾀를 아울러 이르는 말'을 의미하므로 두 단어는 유의어이다. 이와 비슷한 관계를 보이는 것은 ①이다.

• 방해(妨害) : 남의 일을 간섭하고 막아 해를 끼침.

• 훼방(毁謗) : 남의 일을 방해함.

| 오답풀이 |

② 소년(少年) : 성숙하지 않은 사내아이 / 소녀(少女) : 성숙하지 않은 여자아이

③ 소등(消燈) : 등불을 끔. / 점등(點燈) : 등에 불을 켬.

④ 절기(節氣) : 한 해를 스물넷으로 나눈 계절의 표준이 되는 것 / 춘분(春分) : 이십사절기의 하나. 낮의 길이가 약간 더 긴 때

18 반의어 반의어 파악하기

| 정답 | ③

| 해설 | '꺼림하다'는 '마음에 걸려 언짢은 느낌이 있음'을 의미하며 '기분이나 몸이 상쾌하고 가뜬하다'라는 뜻의 '개운하다'와 반의어 관계이다.

| 오답풀이 |

① 저해되다 : 방해가 되거나 못 하게 해를 받다.

② 미심쩍다 : 분명하지 못하여 마음이 놓이지 않다.

④ 동정하다 : 남의 어려운 처지를 자기 일처럼 딱하고 가엾게 여기다.

19 반의어 반의어 파악하기

| 정답 | ④

| 해설 | '이울다'는 '꽃이나 잎 등이 시듦'을 의미하며 '번성하다'는 '한창 성하게 일어나 퍼지다'를 의미하므로 서로 반의어 관계이다.

| 오답풀이 |

① 기울다 : 비스듬하게 한쪽이 낮아지거나 비뚤어지다.

② 되살다 : 죽거나 없어졌던 것이 다시 살다.

③ 울적하다 : 마음이 답답하고 쓸쓸하다.

20 유의어 유의어 파악하기

| 정답 | ②

| 해설 | 제시된 문장에서 '거두다'는 '고아, 식구 따위를 보살피다'라는 의미로 쓰였다. 이와 유사한 의미로 '아이를 보살펴 자라게 하다'라는 의미인 '양육(養育)하다'가 적절하다.

| 오답풀이 |

① 수습(收拾)하다 : 어수선한 사태를 거두어 바로잡다.

③ 훈육(訓育)하다 : 품성이나 도덕 따위를 가르쳐 기르다.

④ 교육(敎育)하다 : 지식과 기술 따위를 가르치며 인격을 길러 주다.

21 다의어 다의어 파악하기

| 정답 | ②

| 해설 | 제시된 문장의 '나왔다'는 '안에서 밖으로 오다'의 의미로 쓰였다. 이와 유사한 의미로 쓰인 것은 ②이다.

| 오답풀이 |

① 처리나 결과로 이루어지거나 생기다.

③ 어떠한 물건이 발견되다.

④ 감정 표현이나 생리 작용 따위가 나타나다.

22 다의어 다의어 파악하기

| 정답 | ③

| 해설 | ①, ②, ④의 '싸다'는 「1」의 '물건을 안에 넣고 보이지 않게 씌워 가리거나 둘러 말다'라는 의미로 사용되었다. 반면 ③은 「2」의 '어떤 물체의 주위를 가리거나 막다'라는 의미로 사용되었다.

23 한자표기 단어의 한자표기 알기

| 정답 | ③

| 해설 | 밑줄 친 '부정'은 '옳지 아니하다고 반대함'의 의미로 쓰였으며, '否定'으로 표기한다.

| 오답풀이 |

① 不正 : 올바르지 아니하거나 옳지 못함.

② 不定 : 일정하지 않거나 정해지지 않음.

④ 不淨 : 깨끗하지 않음.

24 단어의미 단어의 사전적 의미 파악하기

| 정답 | ②

| 해설 | '소관(所管)'은 '맡아 관리하거나 관할하는 바 또는 그 범위'를 의미한다.

02 독해

테마 2 출제유형문제								문제 112쪽	
01	③	02	④	03	③	04	③	05	①
06	④	07	①	08	①	09	②	10	③
11	③	12	②	13	①	14	①	15	④
16	②	17	④	18	③				

01 개요 · 보고서 글에 어울리는 제목 찾기

| 정답 | ③

| 해설 | 빈칸에 들어갈 내용은 개요의 제목이므로 개요 전체의 내용을 총괄할 수 있어야 한다. 본론에서 우리나라 체육교육의 문제점과 해결방안이 제시되었기 때문에 이 내용이 모두 포함된 ③이 적절하다.

| 오답풀이 |

① Ⅱ-1 에는 포함되어 있지만 개요 전체를 포괄할 수 있는 제목은 아니다.

④ 체육교육 방안은 전체를 포괄하지 못할뿐더러, 신체적 성장을 위한다는 내용은 제시되어 있지 않다.

02 개요 · 보고서 올바른 개요 작성하기

| 정답 | ④

| 해설 | 개요를 수정하기 전인 원래 개요에서 'Ⅱ-가'와 'Ⅲ-가'는 논리적 흐름상 적절하게 연결되지만, ④처럼 고치면 오히려 논지의 흐름이 훼손되므로 적절하지 않다.

03 개요 · 보고서 업무메일 작성하기

| 정답 | ③

| 해설 | 처음에는 감기 이야기만 계속하다가 정작 중요한 업무 관련 내용은 거의 마지막 부분에 가서 짧게 언급하고 있다. 업무 메일에서는 메일을 작성하는 목적을 먼저 밝히고 그 뒤에 기타 내용을 쓰는 것이 효과적이며, 메일 본문에는 가급적 목적에 해당하는 내용만 적는 것이 좋다.

| 오답풀이 |

① 업무 메일에서는 제목만 보아도 메일의 전체 내용과 목적을 파악할 수 있어야 한다. 제시된 메일의 경우 내용과 목적이 제목에 잘 드러나 있으므로 바르게 작성되었다 할 수 있다. 또한 제목 앞에 카테고리를 표시하는 것도 좋은 방법이다. 제시된 메일처럼 괄호 '[ ]'를 이용하면 깔끔하게 제목을 작성할 수 있다.

② 마지막으로 메일을 보내기 전에 오타는 없는지, 줄 간격은 맞는지 반드시 확인하여야 한다. 제시된 메일에는 맞춤법 오류를 찾을 수 없다.

④ 메일 본문에 보낸 사람이 누구인지에 대한 소속과 이름이 작성되어 있지 않으므로 관련 내용을 추가해야 한다.

04 직무해결 직장 문서 이해하기

| 정답 | ③

| 해설 | 회의목적을 제목 밑에 박스로 처리하여 구체적으로 제시했다.

| 오답풀이 |

④ 소회의실의 구체적인 동명과 층 · 호수 등이 명시되지 않았다.

05 추론 글의 전제 파악하기

| 정답 | ①

| 해설 | 제시된 글은 불꽃의 색을 분리시키는 분광 분석법에 대해 설명하고 있다. 첫 번째 문장을 보면 물질의 불꽃색은 구별이 가능한 것으로 나타나 있다. 또한 불꽃의 색을 분리하는 분광 분석법을 통해 새로운 금속 원소를 발견하였다고 하였으므로, 물질은 고유한 불꽃색을 가지고 있고 그 불꽃색을 통해 물질을 구별할 수 있다는 것을 전제로 하고 있음을 알 수 있다.

06 추론 글을 바탕으로 추론하기

| 정답 | ④

| 해설 | 제시된 글은 디카페인 커피에 대한 소개와 커피 원두에서 카페인을 추출하는 방법을 설명하고 있다. 커피 원두를 물에 담가 두는 시간에 따라 커피의 맛과 향이 결정된다는 내용은 제시되어 있지 않다. 또한 세 번째 문단을 보면 커피 원두를 물에 닿게 하는 것은 카페인을 제거하기 위함이므로 ④는 적절하지 않은 추론이다.

| 오답풀이 |

② 세 번째 문단을 보면 물을 이용하는 방법이 다른 방법에 비해 상대적으로 안전하고 열에 의한 원두의 손상이 적다고 나와 있다.

③ 세 번째 문단을 보면 커피 원두에서 여러 성분을 분리해 내는 것은 물이고, 활성탄소는 물에서 추출된 용액으로부터 카페인만을 분리하는 데 사용된다.

07 추론 글을 바탕으로 추론하기

| 정답 | ①

| 해설 | CCTV 비관론자는 범죄전이효과가 나타난다고 보기 때문에 설치 지역에서 감소한 범죄만큼 타 지역 범죄가 늘었다고 생각할 것이다.

| 오답풀이 |

② 이익확산이론은 잠재적 범죄자들이 다른 지역도 똑같이 CCTV가 설치되어 있을 것으로 오인하여 범행을 단념한다고 본다.

③ 경찰은 CCTV 설치 장소로 범죄 다발 지역을 선호하는 경향이 있다.

④ 방송사 카메라가 방송용 몰래카메라 콘텐츠를 찍지 않아도 CCTV로서 지위를 가진다.

08 주제 및 중심내용 글의 주제 찾기

| 정답 | ①

| 해설 | 제시된 글은 상대방에게 말할 때 '까'를 활용한 열린 질문으로 말하면 저항이 적어져 마음이 열리게 되고, 질문에 대해 스스로 생각하여 내린 결론을 거부감 없이 받아들인다고 설명하고 있다. 따라서 주제로 적절한 것은 ①이다.

09 주제 및 중심내용 문단의 중심내용 이해하기

| 정답 | ②

| 해설 | 지구온난화로 인한 가뭄 때문에 생활용수 부족 현상이 발생하고 있다. 해수면 상승으로 인해 투발루인들이 아

침 주식으로 먹는 식물이 죽고 있어 그들의 식생활마저 바뀌었다. 따라서 식생활을 바꾸는 것은 가뭄이 아닌 해수면 상승이다.

10 주제 및 중심내용 중심내용과 속담 연결하기

| 정답 | ③

| 해설 | (가)는 과대광고와 허위선전을 예로 들어 과욕 경영을 경계할 것을 주장한 글이고, (나)는 조선 시대 도공 우명옥이 만든 계영배를 통해 가득 채움을 경계하고, 과욕을 다스려야 성공할 수 있음을 설명한 글이다. 따라서 (가)와 (나)의 공통된 중심내용은 과욕을 멀리하자는 것이므로 자신과 환경이나 조건이 다른 사람의 사정을 이해하기 어렵다는 의미인 '자기 배부르면 남의 배고픈 줄 모른다'는 속담과는 내용상 관련이 없다.

| 오답풀이 |

① 말 타면 경마 잡히고 싶다 : 사람의 욕심이란 한이 없다는 말

② 욕심은 부엉이 같다 : 욕심이 매우 많음을 비유적으로 이르는 말

④ 토끼 둘을 잡으려다가 하나도 못 잡는다 : 욕심을 부려 한꺼번에 여러 가지 일을 하려 하면 그 가운데 하나도 이루지 못한다는 말

11 세부내용 파악 세부내용 파악하기

| 정답 | ③

| 해설 | 제시된 글의 설문조사 결과는 직장인 전체를 대상으로 한 것이며, 감정노동자만을 대상으로 한 것이 아니다.

| 오답풀이 |

① 마지막 문단을 통해서 서비스 직종의 종사자들에 대한 사회적 인식과 제도가 부족하며, 기업 측에서는 만족도 조사 등을 통해 서비스직 근로자들에게 더욱더 친절을 요구한다는 사실을 알 수 있다.

② 두 번째 문단을 통해 서비스직 종사자가 겪는 직무 스트레스로 인해 정신적 · 육체적으로 여러 질환이 유발됨을 알 수 있다.

④ 두 번째 문단에서 자신의 감정을 숨기고 항상 웃음을 보여야 하기 때문에 속마음과 겉으로 드러나는 표정이 달라 자기가 낯설게 느껴지는 탈인격화 증상을 겪는다는 사실을 알 수 있다.

12 세부내용 파악 사실과 의견 구분하기

| 정답 | ②

| 해설 | ㉠ ~ ㉤ 중 사실을 전달하는 진술은 ㉠, ㉢, ㉣이고, 의견을 전달하는 진술은 ㉡, ㉤이다.

13 세부내용 파악 세부내용 파악하기

| 정답 | ①

| 해설 | 세 번째 문단에서 인간이 생산적인 사회에서 살 수 있을 경우에만 사회로부터 지식 교환의 가치를 얻을 수 있다고 하였다. 따라서 인간이 지식 교환의 가치를 얻을 수 없는 사회는 생산적인 사회가 아님을 알 수 있다.

| 오답풀이 |

② 첫 번째 문장에서 인간은 누구나 생산적인 사회에서 평화롭게 살기를 원한다고 하였다.

③ 두 번째 문단에서 물리적인 힘의 사용이 허용되는 경우 개인의 권리가 침해당한다고 하였다.

④ 두 번째 문단에서 이성적인 수단의 예시인 토론과 설득을 언급했을 뿐, 토론과 설득 이외에 이성적인 수단이 있는지에 대해서는 알 수 없다.

14 수정 글의 내용 수정하기

| 정답 | ①

| 해설 | '넘어'는 '넘다'라는 동사에 어미 '-아/어'가 연결된 것으로 동사이고, '너머'는 명사로 공간적인 위치를 나타낸다. 이 문장에서 '넘어'는 '개인의 정서적 고통이나 심리적인 장애'의 서술어에 해당하므로 동사가 와야 한다.

| 오답풀이 |

② 앞뒤 문장을 살펴볼 때 ㉡을 ㉣의 위치로 이동시키면 문장이 보다 매끄럽게 연결된다.

③ 문맥상 여러 측면을 의미하는 '다층적으로'보다는 내면의 깊은 곳을 의미하는 '심층적으로'가 보다 바람직하다.

④ ㉤에서 독서치료를 ㉥의 놀이치료와 대비시켜 설명하고 있으므로 ㉥이 ㉤보다 앞에 오는 것이 바람직하다.

15 반론 논지 반박하기

| 정답 | ④

| 해설 | 제시된 글의 논지는 기후 변화의 이유는 인간이 발생시키는 온실가스 때문이 아니라 태양의 활동 때문이라는 것이다. 즉 온실가스 배출을 낮추기 위한 인간의 노력은 사실상 도움이 되지 않는 낭비라는 주장이다. 이러한 논지를 반박하기 위한 근거로는 대기오염을 줄이기 위한 인간의 노력이 지구 온난화를 막는 데 효과가 있었다는 내용이 적절하다.

16 글의 구조 파악 글의 문단별 구조 파악하기

| 정답 | ②

| 해설 | (가)는 주지 문단으로 '우리가 계승해야 할 민족 문화의 전통'을 주제로 함을 밝히고, (나), (다), (라) 문단은 제시 문단으로써 주제를 뒷받침하는 근거를 예를 들고 있다. 따라서 (가)와 (나), (다), (라)는 종속 관계이며, (나), (다), (라)는 서로 대등한 관계를 맺고 있다. 마지막 (마)에서는 이 글의 결론을 정리하고 있다.

17 문장 · 문단 배열 글의 흐름에 맞게 문장 배열하기

| 정답 | ④

| 해설 | 모든 선택지가 (라)로 시작하고 있으므로 (라)의 내용을 먼저 살펴보면 19세기 일부 인류학자들의 주장에 대한 설명임을 알 수 있다. (마)에서는 '그들'이라는 단어로 19세기 일부 인류학자들을 포괄하며 (라)의 주장에 대해 구체적으로 설명하고 있다. 따라서 (라)－(마)로 이어짐을 알 수 있다. (다)에서는 역접의 접속어 '그러나'를 사용하여 (라), (마)에서 언급한 일부 인류학자의 주장이 비판을 받게 되었다고 내용을 전환하고 있으며, (가)에서는 비판을 받은 이유를, (나)에서는 비판을 받은 이후 20세기 인류학자들의 변화에 대해 설명하고 있으므로 (다)－(가)－(나)로 이어지게 된다. 따라서 (라)－(마)－(다)－(가)－(나) 순이 적절하다.

18 문장 · 문단 배열 글의 흐름에 맞게 문단 배열하기

| 정답 | ③

| 해설 | 먼저 1980년대 배경에 대해 설명하는 (나)가 오고 (나)에 제시된 주택난을 해결하는 제도인 선분양제도가 언급되는 (가)가 이어진다. 다음으로 '그러나 이 제도는'으로 시작하며 제도의 문제점을 설명하는 (라)가 이어지고 문제점을 해결하기 위한 (다)로 마무리되는 것이 적절하다. 따라서 글의 순서는 (나)－(가)－(라)－(다)이다.

테마 3 기출예상문제									문제 128쪽
01	②	02	③	03	④	04	②	05	④
06	④	07	②	08	④	09	①	10	③
11	①	12	③	13	④	14	④	15	④
16	④	17	③	18	②	19	④	20	④
21	③	22	③	23	②	24	③	25	③

01 세부내용 파악 글쓴이의 의도 이해하기

| 정답 | ②

| 해설 | 네 번째 문단에서 글쓴이가 말하고자 하는 바는 상대방이 병원에 입원했을 때 병원비를 내줄 수 있을 만큼 친근하다면 반말을 쓰고 그 정도가 아니라면 존댓말을 쓰자는 말이지, 상대방에게 반말을 하면 무조건 병원비도 내줘야 한다는 것은 아니다.

02 세부내용 파악 문맥상 의미 파악하기

| 정답 | ③

| 해설 | '새 시대'는 존댓말과 반말로 상대의 지위를 확인하는 한국어의 문제가 해결된 시대를 말한다. 글쓴이는 이런 언어의 문제가 해결되면 (가) 어떤 내용을 제대로 실어 나를 수 있게 되고, (나) 세상을 바꿀 수도 있을 도전적인 아이디어들이 창출될 것이며, (다) 상호 존중 문화를 만들 수 있게 된다고 보고 있다.

03 세부내용 파악 세부 내용 이해하기

| 정답 | ④

| 해설 | 세 번째 문단에 폴리스의 중심이 되는 도시는 대체로 해안으로부터 멀지 않은 평지에 위치했다고 제시되어 있다.

| 오답풀이 |

①, ② 첫 번째 문단에 제시되어 있다.

③ 두 번째 문단에 제시되어 있다.

04 글의 구조 파악 전개 방식 파악하기

| 정답 | ②

| 해설 | 제시된 글은 이분법적 사고와 부분만을 보고 전체를 판단하는 것의 위험성을 예시로 들어 설명하고 있다. 세 번째 문단에서는 '으스댔다', '우겼다', '푸념했다', '넋두리했다', '뇌까렸다', '잡아뗐다', '말해서 빈축을 사고 있다' 등의 서술어를 열거해 주관적 서술로 감정적 심리 반응을 유발하는 것이 극단적인 이분법적 사고로 이어질 수 있음을 강조하고 있다.

05 세부내용 파악 세부 내용 파악하기

| 정답 | ④

| 해설 | Elizathethkingia meningosepticum의 효소를 이용하면 A형 항원이 제거되므로 A형인 사람이 O형으로 될 수 있다. 따라서 ④는 적절하지 않다.

| 오답풀이 |

① 마지막 문단에서 '2007년 ~ 세균에서 A형과 B형 항원 제거 기능을 지닌 효소를 찾아냈다'고 하였다.

② 첫 번째 문단에서 혈액형이 유전된다는 사실이 언급되어 있으며 친자 확인을 위한 응용 등 여러 분야에 널리 이용되기 시작했다고 하였다.

③ 두 번째 문단에서 '이외에도 혈액에서 일어나는 응집반응을 기준으로 혈액형을 구분하는 방법은 ~ MN식 또는 MNSs식 혈액형, P식 혈액형, 루테란식, 켈식, 더피식, 키드식, 디에고식 등 다양한 혈액형 구분방법이 알려져 있다'고 하였다.

06 세부내용 파악 이어질 내용 파악하기

| 정답 | ④

| 해설 | 수년 전만 해도 혈액형은 절대로 바뀌지 않는다고 알려져 있었으나, 최근 혈액형을 바꾸는 기술이 개발되었다. 즉 '진리'란 그 시대의 진리일 뿐이며 언제든 변화할 수 있다는 의미를 담은 ④가 가장 적절하다.

| 오답풀이 |

① 과학적으로 검증할 수 없는 진리에 대한 언급은 없다.

② 진리는 언제든 변화할 수 있다는 논지를 가지고 있으므로 부적절하다.

③ 혈액형은 절대로 바뀌지 않는다는 것 또한 과학적 검증을 거친 결과였으나, 만약 이것을 맹신했다면 혈액형을 바꾸는 기술을 개발할 수 없었을 것이다.

07 주제 및 중심내용 글의 주제 찾기

|정답| ②

|해설| 첫 번째 문단에서 제3자 효과 이론의 등장 배경을 설명하고, 두 번째 문단에서 제3자 효과 이론의 개념을 정의하고 있다. 따라서 이 글의 주제는 ②가 가장 적절하다.

|오답풀이|

①, ④ 제시된 글을 통해 알 수 없는 내용이다.

③ 제3자 효과 이론은 대중 매체에 관련된 이론이며 유해한 대중 매체에 국한된 이론이 아니다.

08 문서이해능력 세부 내용 이해하기

|정답| ④

|해설| 두 번째 문단을 보면 결론은 앞이나 뒤에 올 수도 있지만, 보고를 받는 사람이 결론을 정확히 인지할 수 있도록 작성해야 한다고 되어 있다.

|오답풀이|

① 마지막 문단을 보면 보고서는 짧을수록 좋지만 의미와 정보의 전달이 약해지지 않도록 적절히 조율해야 한다고 되어 있다.

② 네 번째 문단을 보면 보고서의 양은 저마다 다를 수 있지만 부서별로 그 길이가 다르다는 내용은 찾을 수 없다.

③ 세 번째 문단을 보면 조사 자료와 의견은 분리해서 보고해야 한다고 되어 있다.

09 추론 글에 관련된 사례 찾기

|정답| ①

|해설| 제시된 글은 게임이 아닌 분야에 게임적 요소를 접목하는 게임화 전략에 대해 설명하고 있다. 실제 게임을 직업으로 하는 프로게이머는 이와 관련이 없다.

|오답풀이|

② A 카페는 음료를 구매할 때마다 별 스탬프 한 개를 보상으로 부여하고, 일정 개수가 모일 때마다 무료 음료를 증정하는 리워드 제도를 통해 사람들의 구매를 유도하는 게임화 마케팅을 시행하고 있다.

③ 의료 시뮬레이션은 환자 모형과 가상 프로그램을 통해 실제 환자를 진료하는 것과 유사한 상황을 구현하여 학생의 성취도를 평가하는 것으로, '가상현실'이라는 게임적 요소를 이용한 게임화 전략이라고 볼 수 있다.

④ 얼굴을 가린 참가자의 목소리만 듣고 누군지 맞히기 위해 추리하면서 직접 투표로 대결의 승자를 결정하는 게임화 전략을 활용하였다. 이를 통해 관객(시청자)들은 프로그램에 더욱 적극적으로 참여하고 깊이 몰입하게 된다.

10 주제 및 중심내용 연설의 목적 파악하기

|정답| ③

|해설| 무상교육 재원을 마련하기 위하여 ○○시의 지방채 발행 정책을 수립하여 이를 알리고 필요한 이유와 앞으로의 촉구 사항을 밝히고 있다. 따라서 제시된 글은 새로운 정책을 알리고 이에 대한 이유와 방향성을 밝힘으로써 시민들의 동의를 구하고 설득하기 위해 쓰여진 글이다.

11 직무해결 연설 준비 시 고려사항 파악하기

|정답| ①

|해설| 정책의 필요성을 설득하는 목적의 연설이므로 설득을 위한 근거의 구체성과 정확성이 매우 중요하다. 구체성은 청자가 주장하는 바를 쉽게 이해하고 공감할 수 있도록 하는 장치이며, 정확성은 전체 연설의 신뢰도를 좌우한다.

12 추론 글을 바탕으로 대응방안 추론하기

|정답| ③

|해설| 제시된 글에서는 우리나라의 소재·부품 부문 대일 의존도가 역대 최저를 기록하고 일본과의 교역 비중 역시 상당히 줄었는데도, 소재·부품 핵심 분야를 아직도 일본에 의존하고 있기 때문에 엔저현상에 따라 대일 무역수지 적자가 심화되고 있음을 설명하고 있다. 따라서 자동차 생산을 중심으로 하는 M 그룹으로서는 다양한 방식의 연구와

투자를 통해 장기적으로 소재 · 부품의 국산화를 이룩하는 방향으로 가는 것이 바람직하다. ③에서 언급한 '빠른 시일 내에 성과를 낼 수 있는 부품의 개발에 집중 투자하여 장기적인 대일 무역수지 흑자를 달성한다'에 해당하는 소재는 부품 및 완성차를 생산하기 위한 재료에 해당한다. 무역수지 흑자를 위해서 부품 개발에만 집중한다면 장기적으로 독자적인 자동차 생산 산업 발전에 도움이 되지 않는다.

13 추론 글의 전제 파악하기

| 정답 | ④

| 해설 | 음악 작품은 악보와 공연만으로는 설명될 수 없으므로 시작도 끝도 없이 영원불변한 추상적 존재이나, 음악 작품은 작곡에 의해 창조된다는 점을 고려하면 음악 작품이 추상적 대상이라는 주장을 받아들일 수 없게 된다고 하였다. 따라서 '어려움'을 초래하는 전제는 ㉠, ㉢, ㉣로 볼 수 있다.

| 오답풀이 |

㉡ 추상적 존재자들은 시작도 끝도 없는 영원불변한 존재이므로 창조되기는 어렵다.

14 추론 성격이 같은 소재 파악하기

| 정답 | ④

| 해설 | ㉡, ㉢은 B 기업이 필름을 만들던 기술과 노하우를 활용하여 새롭게 개발한 제품을 말하는 것이며, ㉤은 D 기업이 광산업에서 쌓은 기술을 바탕으로 스카치테이프를 만들고 그 후 접착제에 대한 연구를 바탕으로 개발한 것이다. 따라서 ㉡, ㉢, ㉤은 모두 기존의 기술을 바탕으로 새롭게 개발된 제품이라는 점에서 성격이 같다.

15 문장 · 문단 배열 글의 흐름에 맞게 문장 배열하기

| 정답 | ④

| 해설 | (다)는 나전칠기의 정의를 기술하고 있으므로, 처음에 온다. 반면 (나), (라), (마)는 제작과정을 설명하고 있기 때문에 (다)의 바로 다음으로 오기에는 어색하다. 따라서 나전칠기의 정의와 제작과정 사이를 자연스럽게 연결해 줄 수 있는 (가)가 (다) 다음에 와야 한다. (나)의 첫 문장에서 '종이 본은 떼어 내고 옻칠을 추가한다'고 하였지만, (가)에는 종이 본에 대한 언급이 없다. 또한, (라)에서도 '이제 자개를 놓는 일만 남았다'는 것을 보아 제작과정의 마지막 단계를 설명하고 있음을 추측해 볼 수 있다. 따라서 (가) 뒤에는 (나), (라)가 아닌 (마)가 와야 한다. (마)에서 나전칠기의 검은 부분에 대한 설명을 마쳤으므로, 자개를 놓는 일에 대한 설명이 이어질 것이다. 따라서 (라)가 뒤따르고, 적절한 끝맺음 문장으로 구성된 (나)가 마지막에 와야 한다.

따라서 (다)－(가)－(마)－(라)－(나) 순이 적절하다.

16 주제 및 중심내용 글의 주제 찾기

| 정답 | ④

| 해설 | 제시된 글에서 경제와 환경은 상호 영향을 주고받는 불가분의 관계에 있으며 양자 간에 순환하는 구조를 갖고 있음을 설명하고 있다. 그러므로 경제활동에 공급되는 자연자원은 가급적 효율적으로 사용되어야 하며, 배출되는 잔여물의 재활용 기능을 강화한 자원순환형 경제 구조를 요구해야 한다고 하였다. 따라서 글의 제목으로 적절한 것은 '자원순환형 경제의 필요성'이다.

17 세부내용 파악 세부내용 파악하기

| 정답 | ③

| 해설 | 한국의 가족주의는 단순한 이익추구가 문제되는 것이 아니라 배타적 권리를 주장하고 사적 이익만을 추구하는 것이 사회적 공동체의 원리와 대립하게 되는 것의 문제이다.

| 오답풀이 |

① 두 번째 문단의 '한국 특유의 배타적 가족주의와 결합되면서 온갖 사회 모순을 확대시켜 왔다'에서 알 수 있다.

② 세 번째 문단의 '가족은 더 이상 전체 사회에 유익한 일차 집단이 될 수 없다'에서 알 수 있다.

④ 제시된 글에서 '불균등한 분배 → 계층 간 격차 확대 → 다음 세대로 전승'으로 불평등 구조가 재생산되고 있다고 말하고 있으며 이 재생산 구조가 배타적 가족주의와 만나 다른 가족의 경제적 빈곤을 악화시키는 현상을 확대한다고 설명한다.

18 세부내용 파악 세부내용 파악하기

| 정답 | ②

| 해설 | 제시된 글에서 상속받은 부나 재산은 자신의 노력이 아닌 공동체의 사회적 협력과 협동으로 얻어진 것이며, 이에 대한 권리는 극히 제한적이거나 아예 없다고 하였다. 또한 자연적 자산을 바탕으로 노력하여 창출한 자산도 공동체의 것으로 간주해야 한다고 보고 있다. 그렇지만 노력을 통해 얻어진 재산이 물려받은 유산보다 더 가치 있거나, 권리가 인정된다고 하지는 않았다.

19 평가 필자의 견해 파악하기

| 정답 | ④

| 해설 | 제시된 글의 저자는 모든 문화는 그 나름대로의 고유한 특성과 가치를 지니고 있으므로 어떤 하나의 척도로 문화의 우열을 가릴 수 없다는 입장이다. 이에 대한 구체적인 사례로 식인 풍습을 들며, 이 역시도 문화적 관습에 기초하여 생성된 것이기 때문에 다른 사회에서 살아온 우리가 식인 풍습을 비난할 수 없다고 하였다. 이와 같은 저자의 주장은 마지막 문장에 잘 요약되어 있으며, 따라서 저자의 의견과 일치하지 않는 선택지는 ④이다.

20 주제 및 중심내용 글의 중심내용 찾기

| 정답 | ④

| 해설 | 제시된 글은 화이트가 주목한 역사의 이야기식 서술에 관한 내용이며, 세 번째 문단이 전체 내용을 정리하여 포괄하고 있다. 요약하자면 이야기식 서술은 역사에 문학적 형식을 부여하여 역사의 흐름을 인위적으로 구분할 뿐만 아니라 의미도 함께 부여한다는 것이다.

21 반론 논지 반박하기

| 정답 | ③

| 해설 | ③은 제시된 글의 입장을 나타내는 것으로, 반박하는 진술이 아니다. 첫 번째 문단과 세 번째 문단을 통해 알 수 있다.

| 오답풀이 |

① 네 번째 문단을 보면 구체적인 정책적 해결 방안을 말하기 보다는 전체적으로 둘러서 말하고 있다.

② 세 번째 문단에서 글쓴이는 부동산 문제 해결이 가장 시급한 사안이라고 하면서 부동산 문제가 모든 경제 사회적 불안과 부정의의 가장 중요한 원인으로 작용하고 있다고 하였다. 이에 대해 그 원인이 부동산 문제만은 아니라고 반박할 수 있다.

22 세부내용 파악 글의 세부내용 파악하기

| 정답 | ③

| 해설 | 규모 면에 있어서 고층 건축물을 구분하여 관리하고 있으나, 규모에 따라 성능방식과 사양방식을 달리 적용한다는 내용은 언급되어 있지 않다.

| 오답풀이 |

② 우리나라는 일반적으로 사양방식을 채택하고 있다.

④ 해외에서는 사양방식을 기본으로 하되 필요에 따라 일부 층이나 특정 공간에서 성능방식을 채택할 수 있도록 규정하고 있다.

23 글의 구조 파악 글의 논리적 구조 설명하기

| 정답 | ②

| 해설 | • 주지 : 이야기를 이해하고 기억하는 데에는 글의 구조가 큰 영향을 미친다.

• 부연 : 그러한 글의 구조에는 상위 구조와 하위 구조가 있는데, 상위 구조에 속한 요소들이 더 잘 기억된다.

• 예시 : 왜 상위 구조가 더 잘 기억되는지를 심청전을 예로 들어 설명하고 있다.

24 문장·문단 배열 글의 흐름에 맞게 문장 배열하기

| 정답 | ③

| 해설 | 선택지가 (가) 또는 (라)로 시작하고 있어 이를 먼저 살펴보면, (가)는 (라)의 본질에 대한 질문의 답변에 해당되므로 (라) 뒤에 이어지는 것이 적절하다. 그리고 (나)는 책상을 예로 들어 본질적 기능에 대해 설명하는데, 이는 본질

주의자가 사물의 핵심적인 측면을 중시한다는 (가)의 예시에 해당하므로 (라)-(가)-(나)의 순서로 전개됨을 알 수 있다. 또한 (다)는 (나)와 같이 책상을 예로 들고 있는데, 본질은 인간의 경험을 통해 결정된 것이라는 설명을 하고 있어 사물의 본질이란 사후적으로 구성된 것이라는 (마)의 뒤에 오는 것이 적절하다.

따라서 (라)-(가)-(나)-(마)-(다) 순이 적절하다.

25 문장 · 문단 배열 글의 흐름에 맞게 문장 배열하기

| 정답 | ③

| 해설 | 먼저 (라)에서 '습관'의 사전적 의미에 대해 설명하며 제시된 글의 중심 소재를 소개하고 있다. 이어 개인의 습관이 하는 역할에 대해 부연 설명하는 (가)가 이어진다. 다음으로는 (마)가 이어져 사례를 들어 습관의 형식이 다양함을 설명하고 있다. 이어서 (나)는 (마)에서 설명한 형식들 중 최상위 형식인 사고방식을 설명하고, 마지막으로 (다)는 이러한 습관을 좋게 기르는 것의 중요성에 대해 언급하며 글을 마무리하고 있다.

따라서 (라)-(가)-(마)-(나)-(다) 순이 적절하다.

파트 2 수리력

01 기초계산 · 응용수리

테마 2 출제유형문제									문제 176쪽
01	④	02	②	03	③	04	④	05	①
06	③	07	③	08	④	09	③	10	④
11	③	12	②	13	②	14	③	15	①
16	③	17	③	18	②	19	④	20	④
21	③	22	②	23	③	24	④	25	④
26	②	27	④	28	①	29	③	30	②
31	③	32	②	33	①	34	②	35	③
36	①	37	④	38	③	39	②	40	②
41	①	42	④	43	②	44	②	45	③
46	③	47	①	48	①	49	①		

01 사칙연산 빈칸에 들어갈 수 구하기

| 정답 | ④

| 해설 | 구하고자 하는 □만 좌변에 남기고 나머지 수들은 우변으로 이항하여 정리한다.

$-\square\times4.4=1.6-17$

$\square\times4.4=17-1.6=15.4$

$\therefore\ \square=\frac{15.4}{4.4}=3.5$

02 사칙연산 가장 큰 수 구하기

| 정답 | ②

| 해설 | $235+289-36=524-36=488$

| 오답풀이 |

① $183+277-25=460-25=435$

③ $839-421+53=418+53=471$

④ $752-509+194=243+194=437$

03 사칙연산 단위에 맞게 변환하기

| 정답 | ③

| 해설 | 1.7t=1,700kg이고 6,500g=6.5kg이다. 따라서 두 무게를 더하면 1,700+6.5=1,706.5(kg)이다.

04 사칙연산 대소 비교하기

| 정답 | ④

| 해설 | A, B, C의 값을 구하면 다음과 같다.

- $A=\left(\frac{189}{21}+2.8\right)\times 10$
  $=(9+2.8)\times 10=11.8\times 10=118$
- $B=(11^2+18)-4^2$
  $=(121+18)-16=139-16=123$
- $C=(15-32+1)^2\div 2$
  $=(-16)^2\div 2=256\div 2=128$

따라서 C>B>A이다.

05 사칙연산 수의 규칙 찾기

| 정답 | ①

| 해설 | 두 수의 십의 자리 수끼리 더한 값을 앞 두 자리에, 일의 자리 수끼리 더한 값을 뒤 두 자리에 배치하는 것이 규칙이다. 따라서 4+3=7이 앞자리에 배치되고 8+9=17이 뒤에 배치된 717이 답이다.

06 사칙연산 연산기호의 새로운 법칙 찾기

| 정답 | ③

| 해설 | ÷, −는 연산의 등호가 성립하지 않으므로 다른 연산기호의 의미를 갖는다. ÷는 −, +, ×가, −는 ÷, ×, +가 될 수 있는데, ÷와 −가 서로 같은 연산기호를 나타내지 않을 것이므로 (÷, −)는 다음과 같은 7가지의 조합에서 찾으면 된다.

연산기호가 헷갈리지 않도록 제시된 ÷를 □로, −를 ○로 바꾸어 생각하면 다음과 같다.

(□, ○) : (−, ÷), (−, ×), (−, +), (+, ÷), (+, ×), (×, ÷), (×, +)

㉠ 34□(7○3)=13
㉡ 28○(15□10)=140

1. ㉠, ㉡ 중 비교적 수가 간단한 ㉠에서 등호가 성립하는 연산기호를 찾는다.

   ○가 ÷일 경우, $7\div 3=\frac{7}{3}\fallingdotseq 2.33$이므로 □에 어떤 연산기호가 들어가도 등식이 성립하지 않는다. 따라서 ○은 ÷가 될 수 없다.

   또한, 좌변의 34가 우변의 13보다 크므로 □는 ×, +가 될 수 없다. 이에 따라 □는 −가 되고, ○는 ×, + 중 하나가 된다.

   (−, ×) : 34−(7×3)=34−21=13
   (−, +) : 34−(7+3)=34−10=24≠13

2. (−, ×)가 ㉡의 연산에서도 성립하는지 확인한다.
   ㉡ 28×(15−10)=28×5=140

따라서 ㉢을 구하면 다음과 같다.

(25−4)÷75 ⇒ (25×4)−75=100−75=25

07 거리·속력·시간 순위 결정하기

| 정답 | ③

| 해설 | 5명이 달리는 거리가 같으므로 속력이 8m/s로 가장 빠른 C가 1등으로 도착하며, 속력이 4m/s로 가장 느린 D가 마지막에 도착한다.

08 거리·속력·시간 도착시간 구하기

| 정답 | ④

| 해설 | 출장지까지의 거리를 $x$km라 하면 A 팀이 탑승한 버스는 $\frac{x}{70}$시간, B 팀이 탑승한 버스는 $\frac{x}{80}$시간이 걸린다. B 팀이 탑승한 버스가 A 팀보다 30분($\frac{1}{2}$시간) 뒤에 출발하므로 두 버스가 동시에 출장지에 도착한다면 $\frac{x}{70}=\frac{x}{80}+\frac{1}{2}$이 성립한다. 따라서 $x=280$(km)가 되어 도착시간은 A 팀이 출발한 지 4시간 후인 오후 1시 30분이 된다.

09 거리 · 속력 · 시간 두 사람이 만나는 시간 구하기

| 정답 | ③

| 해설 |

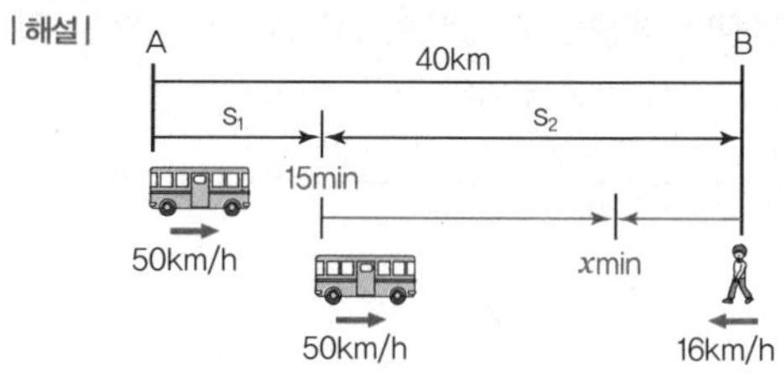

B가 출발하기 전 A가 50km/h로 15분 동안 간 거리(S1)는 $50(\text{km/h})\times\frac{15}{60}(\text{h})=12.5(\text{km})$이다. 따라서 15분 뒤부터 A와 B가 이동한 총 거리(S2)는 $40-12.5=27.5(\text{km})$이다. 27.5km를 각자의 속력으로 이동하여 서로 만나는 데까지 걸리는 시간을 x분이라고 하면 다음과 같은 식이 성립한다.

$$50(\text{km/h})\times\frac{x}{60}(\text{h})+16(\text{km/h})\times\frac{x}{60}(\text{h})=27.5(\text{km})$$

$$(50+16)x=27.5\times60$$

$$\therefore\ x=\frac{27.5\times60}{66}=\frac{275}{11}=25(\text{min})$$

따라서 25분이 걸린다.

10 거리 · 속력 · 시간 기차의 속력 구하기

| 정답 | ④

| 해설 | '속력$=\frac{\text{거리}}{\text{시간}}$'이므로, 우선 기차가 36초 동안 이동한 거리를 구한다. 기차의 앞부분이 터널 입구로 들어가서 마지막 칸까지 모두 통과하는 지점까지의 길이이므로 기차가 이동한 거리는 (터널의 길이)+(기차의 길이)=800+100=900(m)가 된다.

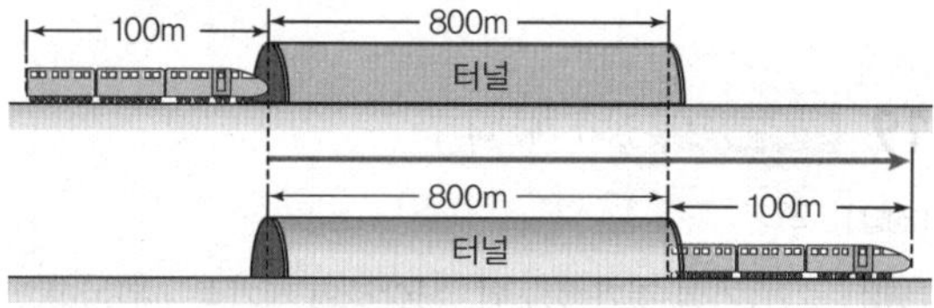

기차가 36초 동안 900m를 이동했으므로 선택지의 단위에 따라 이를 시속으로 변환한다.

$$\therefore\ \text{기차의 속력}=\frac{900\text{m}}{36\text{s}}\times\frac{1\text{km}}{10^3\text{m}}\times\left(\frac{60\text{s}}{1\text{min}}\times\frac{60\text{min}}{1\text{h}}\right)$$

$$=\frac{900\text{m}}{36\text{s}}\times\frac{1\text{km}}{1{,}000\text{m}}\times\frac{3{,}600\text{s}}{1\text{h}}$$

$$=90(\text{km/h})$$

따라서 기차의 속력은 90km/h이다.

11 농도 소금물의 양 구하기

| 정답 | ③

| 해설 | 첨가된 12% 소금물의 양을 xg이라 하면, 소금의 양은 물 200g을 넣기 전과 후에 변함이 없으므로 다음과 같은 식이 성립한다.

$$\frac{8}{100}\times(400-x)+\frac{12}{100}x=\frac{7}{100}\times600$$

$$3{,}200-8x+12x=4{,}200$$

$$4x=1{,}000$$

$$\therefore\ x=250(\text{g})$$

따라서 첨가된 소금물의 양은 250g이다.

12 농도 추가로 넣은 소금의 양 구하기

| 정답 | ②

| 해설 |
- 10%의 소금물 250g에 녹아 있는 소금의 양
  : $250\times\frac{10}{100}=25(\text{g})$
- 8%의 소금물 200g에 녹아 있는 소금의 양
  : $200\times\frac{8}{100}=16(\text{g})$

추가로 넣은 소금의 양을 xg이라 하면 다음과 같은 식이 성립한다.

$$\frac{25+16+x}{250+200+x}\times100=12$$

$$\frac{41+x}{450+x}\times100=12$$

$$4{,}100+100x=5{,}400+12x$$

$$88x=1{,}300$$

$$\therefore\ x\fallingdotseq15(\text{g})$$

따라서 추가로 넣은 소금의 양은 약 15g이다.

13 일의 양 일을 하지 않는 날짜 구하기

|정답| ②

|해설| 유정이가 하루에 일하는 양은 $\frac{1}{A}$이다. 유정이는 15일간 일을 하였으므로 유정이가 일한 양은 $\frac{1}{A}\times 15=\frac{15}{A}$이며, 세영이가 일한 양은 $1-\frac{15}{A}=\frac{A-15}{A}$가 된다.

세영이가 일한 날짜 수를 세영이가 한 전체 일의 대비 하루에 하는 일의 양으로 나누어 구하면,

$\frac{A-15}{A}\div\frac{1}{B}=\frac{B(A-15)}{A}$(일)이므로,

일을 하지 않은 날짜 수는 $15-\frac{B(A-15)}{A}$일이다.

14 평균 평균 활용하여 점수 구하기

|정답| ③

|해설| E의 점수를 x점이라 하면 다음과 같은 식이 성립한다.

$\frac{(65\times 2)+(75\times 2)+x}{5}=72$

$130+150+x=360$

$\therefore\ x=80$(점)

따라서 E의 점수는 80점이다.

15 평균 평균 점수 구하기

|정답| ①

|해설| A 그룹의 점수 총합이 600점이므로 평균 점수는 $\frac{600}{30}=20$(점)이고 B 그룹 평균 점수는 45점, C 그룹 평균 점수는 60점이 된다.

따라서 A, B, C 세 그룹의 전체 평균 점수는

$\frac{(20\times 30)+(45\times 50)+(60\times 20)}{100}$

$=\frac{600+2,250+1,200}{100}=\frac{4,050}{100}=40.5$(점)이다.

16 평균 평균 점수 구하기

|정답| ③

|해설| 민원팀 직원이 총 20명이므로 Ⓐ+Ⓑ=3임을 알 수 있다. 따라서 친절 영역의 평균 점수는

$\frac{100\times 6+90\times 7+80\times 5+70\times 2}{20}=88.5$(점)이다.

17 원가·정가 이익 계산하기

|정답| ③

|해설| 상품의 원가를 x원이라 하면 식은 다음과 같다.

$1.4x\times 0.85-x=2,660$

$0.19x=2,660$

$\therefore\ x=14,000$(원)

따라서 상품의 정가인 $1.4x$는 19,600원이므로 정가로 팔 때의 이익은 19,600−14,000=5,600(원)이다.

18 원가·정가 원가 계산하기

|정답| ②

|해설| 원가를 x원이라 하면 현재 판매가는 $1.2x$원, 다음 분기의 판매가는 $1.2x\times 0.9=1.08x$(원)이다.

할인된 가격이 129,600원이므로 원가는 다음과 같다.

$1.08x=129,600$

$\therefore\ x=120,000$(원)

19 원가·정가 정가 계산하기

|정답| ④

|해설| 가습기의 정가를 x원, 서랍장의 정가를 y원이라고 하면 식은 다음과 같다.

$0.85x+0.75y=183,520$ ……………… ㉠

$0.8(x+y)=183,520$ ……………… ㉡

㉠, ㉡을 연립하여 풀면,

$0.05x = 0.05y$

$x = y$

이를 ㉠에 대입하면,

$0.85x + 0.75x = 183,520$

$1.6x = 183,520$

$\therefore\ x = 114,700$(원)

따라서 가습기의 정가는 114,700원이다.

20 경우의 수 경우의 수 구하기

| 정답 | ④

| 해설 | 카드에 적힌 숫자가 가장 큰 사람이 A가 되는 경우는 다음과 같다.

A	B	C
5	1	3
5	1	4
9	1	3
9	1	4
9	1	6
9	7	3
9	7	4
9	7	6
9	8	3
9	8	4
9	8	6

따라서 총 11가지이다.

21 경우의 수 최단경로 구하기

| 정답 | ③

| 해설 | 길 찾기 문제의 해법은 크게 두 가지가 있다.

1. 「조합」을 사용하여 계산한다.
   이 길을 최단거리로 가려면 오른쪽으로 3회, 위로 3회로 총 6회의 이동을 하면 된다. 위쪽 방향으로 이동하는 3회분을 몇 번째로 할지를 결정하는 조합은
   $_6C_3 = \dfrac{6\times5\times4}{3\times2\times1} = 20$(가지)이다.

2. 「덧셈방식」으로 계산한다.
   출발지점인 A에서 도착지점인 B까지 가는 길을 차례로 계산한 뒤 더해서 구하는 방법이다.
   (1) 〈그림 1〉과 같이 A에서 위와 오른쪽 방향의 각 교차점에 숫자 1을 기입한다. 이것은 A에서 그 장소까지 갈 수 있는 방법이 한 가지라는 것을 의미한다.
   (2) 다음으로 〈그림 2〉와 같이 대각선상의 두 숫자의 합을 오른쪽 위에 적는 작업을 하면 〈그림 3〉이 완성되며, A에서 B까지 가는 데 총 20가지의 길이 있다는 것을 알 수 있다.

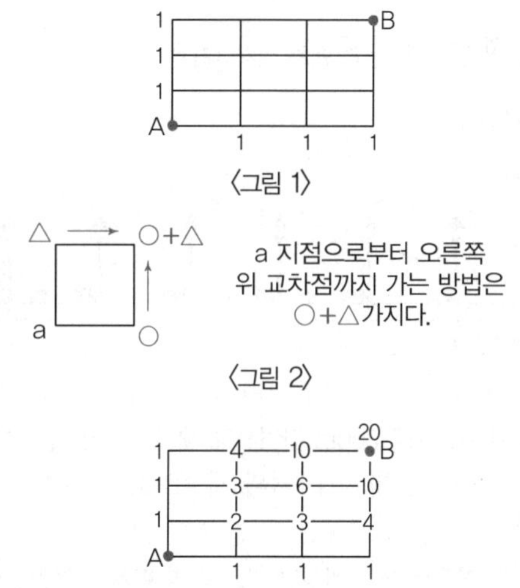

〈그림 1〉

〈그림 2〉

〈그림 3〉

22 확률 확률 계산하기

| 정답 | ②

| 해설 | 두 팀이 승부차기를 하려면 경기가 끝났을 때 점수가 같아야 한다. 즉, 두 팀의 점수가 0 : 0이나 1 : 1이 될 확률이 승부차기까지 갈 확률이 된다. 0 : 0이 될 확률은 두 팀 모두 골을 넣지 못한 확률이므로 (A 팀이 골을 넣지 못할 확률)×(B 팀이 골을 넣지 못할 확률)=0.3×0.6=0.18이며, 1 : 1이 될 확률은 (A 팀이 골을 넣을 확률)×(B 팀이 골을 넣을 확률)=0.7×0.4=0.28이 된다.

따라서 두 팀이 승부차기까지 갈 확률은 0.18+0.28=0.46이다.

23 간격 원형 공원에 나무 심기

| 정답 | ③

| 해설 | 원형 공원의 둘레는 $2\pi r=2\times3.14\times200=1,256$(m)이고, 나무를 심을 수 있는 거리는 원형 공원의 둘레에서 입구의 길이를 뺀 1,253m이다. 공원 입구의 양옆에서부터 나무를 심어야 하므로 '나무의 수=간격 수+1'이다.

따라서 $1,253\div7+1=180$(그루)이다.

24 간격 가로등과 벤치 설치하기

| 정답 | ④

| 해설 |

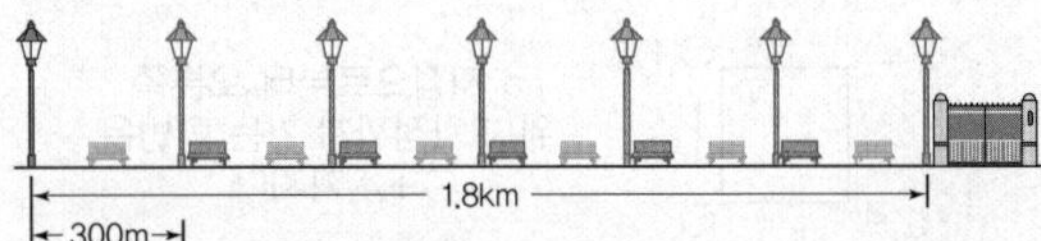

원래 있던 가로등과 정문 사이의 거리가 1.8km이므로 이 사이에 가로등을 300m 간격으로 새로 세우면(정문에도 가로등 설치), 설치할 가로등의 개수는 $1,800\div300=6$(개)이다.

벤치의 경우는 새로 설치할 가로등 옆 벤치 6개에서 정문에는 벤치를 설치하지 않으므로 -1개, 추가적으로 전체 가로등 사이에 설치할 벤치가 6개이므로 설치할 벤치의 개수는 $(6-1)+6=5+6=11$(개)이다.

따라서 필요한 가로등과 벤치의 총 개수는 $6+11=17$(개)이다.

25 나이 나이 계산하기

| 정답 | ④

| 해설 | x년 후에 아버지 나이가 아들 나이의 3배가 된다면 다음과 같은 식이 성립한다.

$36+x=(8+x)\times3$

$36+x=24+3x$

$\therefore\ x=6$

따라서 6년 후에 아버지 나이가 아들 나이의 3배가 된다.

26 나이 나이 계산하기

| 정답 | ②

| 해설 | x년 후의 일이라 하면, x년 후의 남편의 나이는 $(47+x)$세, 진희의 나이는 $(44+x)$세, 자녀의 나이는 각각 $(12+x)$세, $(9+x)$세이다.

x년 후 진희의 나이와 남편의 나이를 더한 값이 아이들 나이 합의 3배가 되므로 다음 식이 성립한다.

$(47+x)+(44+x)=3\{(12+x)+(9+x)\}$

$2x+91=6x+63$

$\therefore\ x=7$(년)

27 약·배수 최대공약수 활용하기

| 정답 | ④

| 해설 | 직사각형 벽에 남는 부분 없이 타일을 붙이면서 그 개수를 가장 적게 사용하기 위해서는 가능한 한 가장 큰 정사각형 모양의 타일을 사용해야 하므로 벽의 세로, 가로 길이인 120cm, 90cm의 최대공약수가 사용할 타일 한 변의 길이가 된다.

```
5) 120  90
×
3)  24  18
×
2)   8   6
=
30   4   3
```

따라서 타일 한 변의 길이는 $2\times3\times5=30$(cm)이다.

28 약·배수 최소공배수 활용하기

| 정답 | ①

| 해설 | 동시에 출발해서 다시 출발 시간이 같아지기까지의 간격을 구하는 문제이므로 최소공배수를 이용하면 된다. 두 버스가 각각 15분, 20분 간격으로 운행되므로 7시 이후에는 둘의 최소공배수인 60분, 즉 1시간마다 다시 동시에 출발하게 된다. 따라서 다음으로 동시에 출발하게 되는 시간은 1시간 후인 8시이다.

```
5) 15  20
 ×  3 × 4 =60
```

29 부등식 최댓값 구하기

| 정답 | ③

| 해설 | 연속하는 세 짝수 중 가운데 수를 x라 하면, 나머지 두 개의 수는 각각 $x-2$, $x+2$가 된다. 이 세 짝수의 합이 87 미만이므로 다음과 같은 식이 성립한다.

$(x-2)+x+(x+2)<87$

$3x<87$

$x<29$

세 짝수 합의 최댓값을 구해야 하므로 x는 29 미만의 수 중 가장 큰 짝수인 28이 된다.

$\therefore\ (x-2)+x+(x+2)=26+28+30=84$

따라서 세 수의 합의 최댓값은 84이다.

30 부등식 날짜 구하기

| 정답 | ②

| 해설 | x일 후 윤아의 색종이가 미영이의 색종이보다 많아진다고 할 때 다음과 같은 식이 성립한다.

$120+32x>200+24x$

$\therefore\ x>10$

따라서 10일을 초과해야 하므로 11일 후에 윤아의 색종이가 미영이의 색종이보다 많아진다.

31 부등식 관계식으로 표현하기

| 정답 | ③

| 해설 | 시간당 최대 25페이지의 책을 읽을 수 있으므로 X시간 동안 최대 25X페이지를 읽을 수 있다. 또한 읽은 페이지 수는 (250−Y)페이지이므로 다음과 같은 식이 성립한다.

$Y \geq 250-25X$

$250-Y \leq 25X$

32 방정식 직사각형의 길이 구하기

| 정답 | ②

| 해설 | 늘린 길이를 $x$cm라 하면 새로운 직사각형의 넓이가 기존보다 80% 넓으므로 다음과 같은 식이 성립한다.

$(10+x)(14+x)=10\times14\times1.8$

$140+24x+x^2=252$

$x^2+24x-112=0$

$(x-4)(x+28)=0$

$\therefore\ x=4(\because\ x>0)$

따라서 새로운 직사각형의 가로 길이는 10+4=14(cm)이다.

33 방정식 전체 분양 가구 수 구하기

| 정답 | ①

| 해설 | 준비되었던 아파트의 전체 분양 가구 수를 x라 하면 다음과 같은 식이 성립한다.

$x-\left(\frac{1}{5}x+\frac{1}{12}x+\frac{1}{4}x\right)=560$

$60x-(12x+5x+15x)=33,600$

$28x=33,600$

$\therefore\ x=1,200$(가구)

따라서 1,200가구가 준비되어 있었다.

34 방정식 식량 계산하기

| 정답 | ②

| 해설 | 장교가 처음 가지고 있던 식량을 x일 치라고 두고 식을 세운다면, 8일 동안 셋이서 먹었기 때문에 $x-(3\times8)=\frac{x}{3}$가 된다. 따라서 장교가 처음 가지고 있던 식량은 36일 치임을 알 수 있다.

35 도형계산 둘레의 길이 구하기

| 정답 | ③

| 해설 | 산책로 둘레의 길이=바깥 산책로 둘레의 길이+호수 둘레의 길이$=(2\times\pi\times2r)+(2\times\pi\times r)=4\pi r+2\pi r=6\pi r$(km)

36 도형계산 둘레의 길이 구하기

| 정답 | ①

| 해설 | 세 개의 정원이 정사각형 모양이므로 정원의 한 변의 길이는 각각 3m, 4m, 5m이다. 다음 그림과 같이 합쳐진 정원의 둘레는 가로의 길이가 12m, 세로의 길이가 5m인 직사각형의 둘레의 길이로 구할 수 있다.

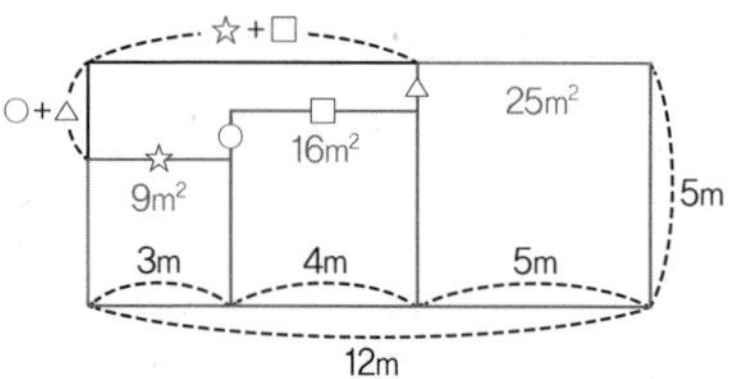

따라서 합쳐진 정원의 둘레는 (12+5)×2=34(m)이다.

37 도형계산 도형의 면적 구하기

| 정답 | ④

| 해설 | 각각 가로와 세로에 A가 8개씩 들어갈 수 있기 때문에 A의 면적을 1로 잡는다면 전체 면적은 8×8=64이다. 색칠되어 있는 모든 사각형은 A를 합쳐서 만들 수 있다고 했으므로 색칠되어 있는 부분 안에 들어갈 수 있는 A의 개수는 20개이다. 따라서 $\frac{20}{64}=\frac{5}{16}$가 된다.

38 도형계산 막대의 길이 구하기

| 정답 | ③

| 해설 | 다음 그림과 같이 막대를 넣었을 때의 막대 길이가 최대가 된다.

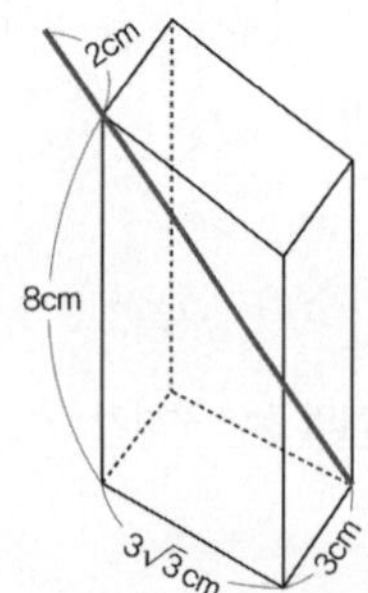

밑면의 가로, 세로 길이가 각각 $3\sqrt{3}$ cm, 3cm이므로 밑면의 대각선 길이는 $\sqrt{(3\sqrt{3})^2+3^2}=6$(cm)이다.

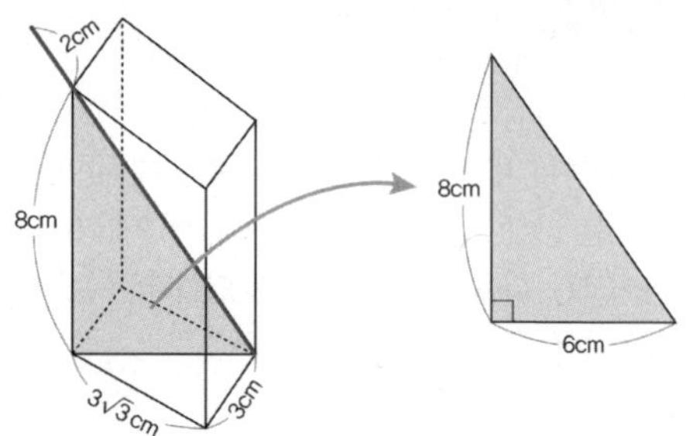

따라서 구매할 막대는 적어도 $\sqrt{6^2+8^2}+2=12$(cm) 이상이어야 한다.

39 진로와 방향 방향 구하기

| 정답 | ②

| 해설 | 출발지점인 슬기의 집을 중심으로 생각하며 그림을 그리면 다음과 같다.

[슬기 집] → 동쪽으로 300보 → [우체통] 오른쪽으로 꺾어서 남쪽으로 200보 → [편의점] 오른쪽으로 꺾어서 서쪽으로 600보 → [경찰서] 왼쪽으로 꺾어서 남쪽으로 100보 → [할머니 집]

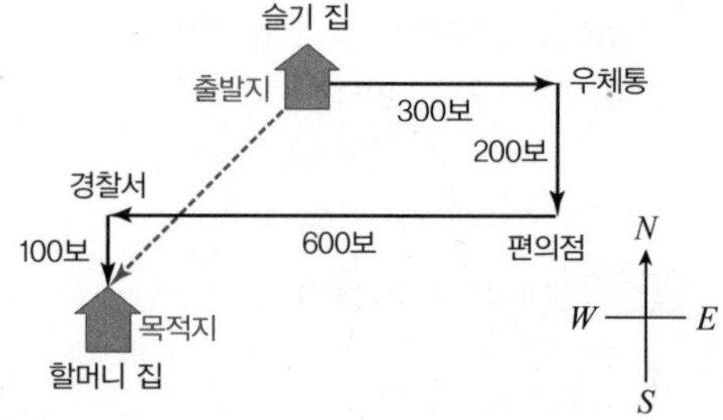

따라서 할머니의 집은 슬기 집의 남서쪽에 위치한다.

40 기타 나머지 구하기

| 정답 | ②

| 해설 | 16으로 나누었을 때 10이 남는 가장 작은 자연수인 26을 대입하면 26÷8=3…2이다. 16으로 나누었을 때 나머지가 10이 되는 또 하나의 자연수 42를 대입하면 42÷8=5…2이다. 따라서 16으로 나누었을 때 나머지가 10이 되는 자연수는 8로 나누면 나머지가 2가 됨을 알 수 있다.

41 기타 벤다이어그램 활용하기

| 정답 | ①

| 해설 | 문제에 따라 벤 다이어그램을 작성하고 각 영역을 a ~ h로 나누어 정리하면 다음과 같다.

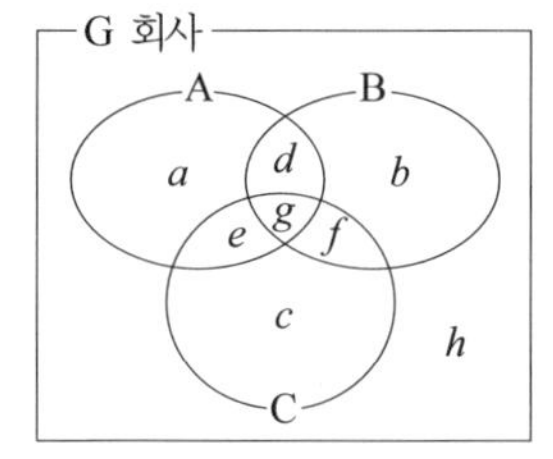

- $A=a+d+e+g=55$
- $B=b+d+f+g=54$
- $C=c+e+f+g=58$
- $A\cap B=d+g=27$
- $A\cap C=e+g=30$
- $B\cap C=g+f=31$
- $A\cap B\cap C=g=16$

g의 값이 16이므로 이에 따라 a ~ f의 값을 구할 수 있다. 이를 정리하면, $a=14$, $b=12$, $c=13$, $d=11$, $e=14$, $f=15$, $g=16$이 된다.

$h=100-(A\cup B\cup C)$이므로

$100-(a+b+c+d+e+f+g)$

$=100-(14+12+13+11+14+15+16)$

$=100-95$

$=5$(명)

따라서 A, B, C 모두 좋아하지 않는 사람은 5명이다.

42 기타 시침과 분침의 각도 구하기

| 정답 | ④

| 해설 | 영화가 시작한 시각은 1시 45분이고, 끝나는 시각은 3시 40분이다. 시계 각도를 구하는 공식에 따라 시침과 분침 사이의 각도 중 크기가 작은 각을 구해 보면 다음과 같다.

$|(30^\circ\times3+0.5^\circ\times40)-6^\circ\times40|=|(90^\circ+20^\circ)-240^\circ|=|110^\circ-240^\circ|=|-130^\circ|=130^\circ$

따라서 크기가 작은 각은 130°이다.

43 물체의 흐름과 비율 규칙에 따라 식 세우기

| 정답 | ②

| 해설 | 종착지 D에 대한 사람의 흐름을 나타내는 식을 묻고 있다. 먼저 C와 z를 사용하여 D를 나타내고, C 지점의 유동인구를 x와 y를 사용하여 나타낸다.

흐름의 마지막에서부터 반대로 살펴보면 다음과 같다.

$D=zC$ ································ ㉠

$C=xA+yB$ ······················ ㉡

따라서 ㉡을 ㉠에 대입하면, $D=z(xA+yB)=xzA+yzB$가 된다.

44 수열 숫자의 배열 규칙 추리하기

| 정답 | ②

| 해설 | 앞의 항에 소수를 더한 값이 다음 항을 이룬다.

$-2 \xrightarrow{+2} 0 \xrightarrow{+3} 3 \xrightarrow{+5} 8 \xrightarrow{+7} 15 \xrightarrow{+11} 26 \xrightarrow{+13} ?$

따라서 '?'에 들어갈 숫자는 26+13=39이다.

45 수열 숫자의 배열 규칙 추리하기

| 정답 | ③

| 해설 | 앞의 두 항을 더한 값이 다음 항을 이룬다.

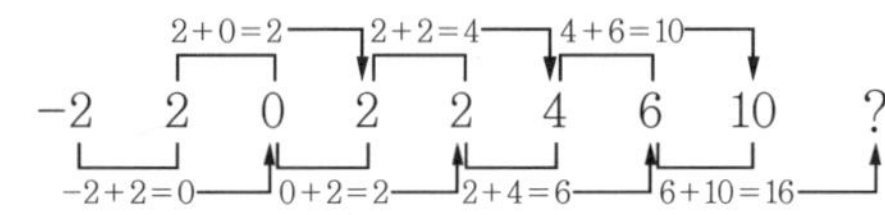

따라서 '?'에 들어갈 숫자는 16이다.

46 수열 문자의 배열 규칙 추리하기

| 정답 | ③

| 해설 | 알파벳 순서를 이용하여 푼다.

G → K → O → S → W → A → ?

$7 \xrightarrow{+4} 11 \xrightarrow{+4} 15 \xrightarrow{+4} 19 \xrightarrow{+4} 23 \xrightarrow{+4} 1(=27,\ 53,\ \cdots) \xrightarrow{+4} 5$

따라서 '?'에 들어갈 문자는 5(=31, 57, …)에 해당하는 E이다.

47 수열 문자 간 규칙 추리하기

| 정답 | ①

| 해설 |

C —D→ E　　D —E→ F

F —G, H→ I　　W —X, Y→ Z

T —U, V, W→ X　　B —C, D, E→ F

48 수열 숫자와 문자간 규칙 추리하기

| 정답 | ①

| 해설 |

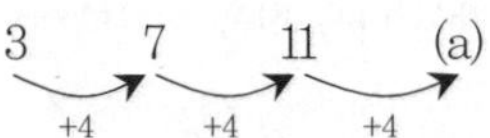

따라서 (a)에는 11+4=15가 들어간다.

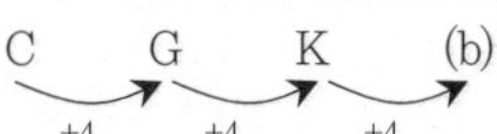

따라서 (b)에는 O가 들어간다.

49 수열 숫자의 배열 규칙 추리하기

| 정답 | ①

| 해설 | 복잡한 형태의 수열을 단순하게 변형(회전)하여 일렬로 정리하면 다음과 같다.

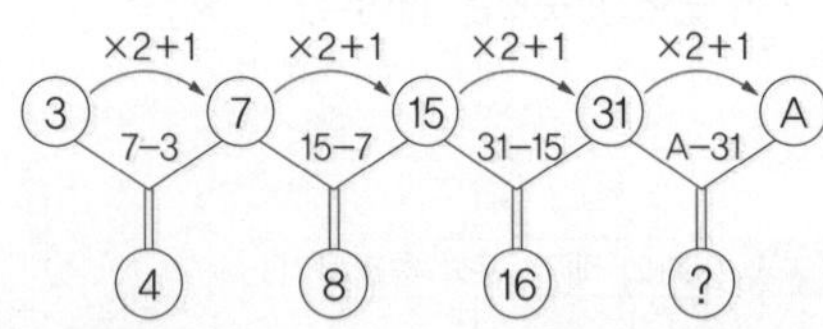

단일선으로 연결된 수 3, 7, 15, 31, A를 살펴보면 이들 사이에는 ×2+1의 규칙이 성립함을 알 수 있다. 이에 따라 A=31×2+1=62+1=63이 된다. 또한 이중선으로 연결된 수와의 관계를 살펴보면 단일선으로 연결된 '두 수의 차'임을 알 수 있다. 따라서 ?=A−31=63−31=32이다.

테마 3 기출예상문제									문제 194쪽
01	②	02	③	03	②	04	②	05	①
06	④	07	②	08	③	09	④	10	③
11	④	12	③	13	④	14	①	15	②
16	③	17	②	18	③	19	③	20	③
21	④	22	③	23	③	24	④	25	①
26	②	27	①	28	①				

01 사칙연산 빈칸에 들어갈 연산기호 구하기

| 정답 | ②

| 해설 | 5.3□4.7+1.6=2.2

5.3□4.7=2.2−1.6

5.3□4.7=0.6

∴ □=−

02 사칙연산 연산 적용하기

| 정답 | ③

| 해설 | (5*6)◎(3*2)={(5×6)−5+6}◎{(3×2)−3+2}

=31◎5=(31×5)+31+5=191

03 사칙연산 연산 적용하기

| 정답 | ②

| 해설 | (4◎1)*5◎2={(4×1)+4+1}*5◎2

=9*5◎2={(9×5)−9+5}◎2

=41◎2=(41×2)+41+2=125

04 사칙연산 가장 큰 수 구하기

| 정답 | ②

| 해설 | 268+47−26=315−26=289

| 오답풀이 |

① 225+31−56=256−56=200

③ 294+15−39=309−39=270

④ 277+29−61=306−61=245

05 사칙연산 가장 작은 수 구하기

| 정답 | ①

| 해설 |

$$\begin{array}{r} 236.47 \\ +\ 389.25 \\ \hline 625.72 \end{array}$$

| 오답풀이 |

②
$$\begin{array}{r} 493.18 \\ +\ 132.55 \\ \hline 625.73 \end{array}$$

③
$$\begin{array}{r} 919.19 \\ -\ 293.35 \\ \hline 625.84 \end{array}$$

④
$$\begin{array}{r} 841.62 \\ -\ 215.79 \\ \hline 625.83 \end{array}$$

06 사칙연산 미지수의 값 비교하기

| 정답 | ④

| 해설 | $100x=10{,}000-1{,}200\times4=5{,}200$, $x=52$

| 오답풀이 |

① $10x=7\times10\times8$, $x=56$

② $x=60-4=56$

③ $x=24\times2+8=56$

07 간격 일정한 간격으로 나무 심기

| 정답 | ②

| 해설 | 보도의 양끝에도 나무를 심으므로 보도 한쪽에 심을 수 있는 나무의 수는 $(280\div7)+1=41$(그루)이다.

따라서 필요한 은행나무의 수는 $41\times2=82$(그루)이다.

08 평균 평균 점수 구하기

| 정답 | ③

| 해설 | 한 학급당 학생 수가 50명이므로 3반의 평균 점수를 x점이라 하면 다음 식이 성립한다.

$$\frac{116\times50+(108-3)\times50+50x}{150}=108$$

$$5{,}800+5{,}250+50x=16{,}200$$

$$50x=5{,}150$$

$$\therefore\ x=103(\text{점})$$

따라서 3반의 평균 점수는 103점이다.

09 원가·정가 할인율 구하기

| 정답 | ④

| 해설 | 원가가 4,000원인 화장품에 25%의 이익을 붙인 정가는 $4{,}000\times1.25=5{,}000$(원)이다. 이때 400원의 이익을 남기려면 할인 금액이 $1{,}000-400=600$(원)이어야 하므로 할인율을 x%라 하면 다음과 같은 식이 성립한다.

$$5{,}000\times\frac{x}{100}=600$$

$$50x=600$$

$$\therefore\ x=12(\%)$$

따라서 정가의 12%를 할인하였다.

10 원가·정가 부가세 반영하여 가격 구하기

| 정답 | ③

| 해설 | 부가세 15%를 포함하지 않은 원래의 피자 가격을 x원이라고 하면 다음과 같은 식이 성립한다.

$$x+\left(x\times\frac{15}{100}\right)=18{,}400$$

$$x=16{,}000(\text{원})$$

따라서 부가세 10%를 포함한 피자의 가격은

$$16{,}000+\left(16{,}000\times\frac{10}{100}\right)=17{,}600(\text{원})\text{이다.}$$

11 경우의 수 원탁에 앉는 경우의 수 구하기

| 정답 | ④

| 해설 | 여섯 명의 사원 중 나란히 앉는 두 명의 사원을 하나로 묶어서 생각하면 다섯 명을 원탁에 앉히는 모든 경우의 수를 구하는 것과 같으므로 $4!=4\times3\times2\times1=24$(가지)이다. 이때 나란히 앉는 두 명이 서로 자리를 바꿀 수 있으므로 모든 경우의 수는 $24\times2=48$(가지)가 된다.

12 집합 교집합 구하기

| 정답 | ③

| 해설 | 야구를 좋아하는 직원의 집합을 A, 축구를 좋아하는 직원의 집합을 B라 하면 $n(\mathrm{A})=33$, $n(\mathrm{B})=21$이다. 야구와 축구를 모두 좋아하지 않는 직원이 11명이므로

$n(\mathrm{A}^c\cap\mathrm{B}^c)=n((\mathrm{A}\cup\mathrm{B})^c)=55-n(\mathrm{A}\cup\mathrm{B})=11$

$n(\mathrm{A}\cup\mathrm{B})=44$

따라서 야구와 축구를 모두 좋아하는 직원은

$n(\mathrm{A}\cap\mathrm{B})=n(\mathrm{A})+n(\mathrm{B})-n(\mathrm{A}\cup\mathrm{B})$

$=33+21-44=10$(명)이다.

13 나이 나이 계산하기

| 정답 | ④

| 해설 | 현재 이모의 나이를 x세, 이모부의 나이를 y세라 할 때 3년 전의 조건에 따르면 다음 식이 성립한다.

$$\frac{x-3}{(x-3)+(y-3)}=\frac{3}{7}$$

$$\frac{x-3}{x+y-6}=\frac{3}{7}$$

$7(x-3)=3(x+y-6)$

$4x-3y=3$ ·· ㉠

5년 후의 조건에 따르면 수현이의 나이는 $(y+5)\times\frac{1}{2}$이므로 다음과 같은 식이 성립한다.

$$(x+5)+(y+5)+(y+5)\times\frac{1}{2}=128$$

$$x+\frac{3}{2}y+\frac{25}{2}=128$$

$2x+3y=231$ ·· ㉡

㉠, ㉡을 연립하여 풀면 $x=39$(세), $y=51$(세)가 되어 이모부의 현재 나이는 51세이다.

14 부등식 조건에 맞는 최소 개수 구하기

| 정답 | ①

| 해설 | 포스터를 x장 인쇄한다고 하면 다음과 같은 식이 성립한다.

$$\frac{120(x-100)+20{,}000}{x}\leq 150$$

$120x+8{,}000\leq 150x$

$30x\geq 8{,}000$

$\therefore\ x\geq 266.66\cdots$

따라서 최소한 267장 인쇄를 맡겨야 한다.

15 방정식 직원 수 구하기

| 정답 | ②

| 해설 | 남자 직원을 x명이라 하면 안경을 쓴 남자 직원은 $\frac{2}{5}x$명이다. 안경을 쓴 여자 직원은 안경을 쓴 남자 직원보다 5명 적기 때문에 $\left(\frac{2}{5}x-5\right)$명이 된다. 안경을 쓴 직원은 총 150×0.5=75(명)이므로 이에 대해 식을 세워 보면 다음과 같다.

$$75=\frac{2}{5}x+\left(\frac{2}{5}x-5\right)$$

$\therefore\ x=100$(명)

따라서 S 공장의 남자 직원은 100명이다.

16 사칙연산 경쟁률 계산하기

| 정답 | ③

| 해설 | 전체 응시자 수에서 행정직렬에 지원한 사람의 수와 기술직렬과 행정직렬을 제외한 나머지 직렬에 지원한 사람의 수를 빼면 490명이다. 따라서 기술직렬에 지원한 사람의 수는 490명임을 알 수 있다.

490명 중 35명을 선발한다고 하였으므로 경쟁률은 490 : 35 즉, 14 : 1이다.

17 확률 확률 계산하기

| 정답 | ②

| 해설 | A에서 C로 가는 전체 경로의 수는

${}_8C_4=\frac{8\times7\times6\times5}{4\times3\times2\times1}=70$(가지)이다. A에서 B를 거쳐 C

로 가는 경우인 A ~ B, B ~ C에 대한 경로의 수를 구하면 다음과 같다.

• A ~ B : ${}_5C_2=\frac{5\times4}{2\times1}=10$(가지)

• B ~ C : ${}_3C_2=\frac{3\times2}{2\times1}=3$(가지)

A ~ B ~ C의 경로의 수는 ${}_5C_2\times{}_3C_2=10\times3=30$(가지)이다. 따라서 A에서 B를 거쳐 C로 갈 확률은 $\frac{30}{70}=\frac{3}{7}$이다.

18 일의 양 소요 시간 구하기

| 정답 | ③

| 해설 | 전체 일의 양을 1이라 하면 안 대리, 장 과장, 김 팀장이 1시간 동안 할 수 있는 일의 양은 각각 $\frac{1}{6}$, $\frac{1}{4}$, $\frac{1}{3}$이다. 따라서 세 명이 함께 일을 하면 1시간 동안 $\frac{1}{6}+\frac{1}{4}+\frac{1}{3}=\frac{3}{4}$만큼의 일을 할 수 있다. 따라서 프로젝트를 마무리하는 데 소요되는 시간은 $\frac{4}{3}\times60=80$(분)이다.

19 도형계산 도형의 면적 구하기

| 정답 | ③

| 해설 |

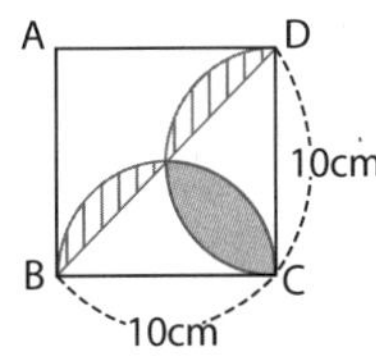

빗금 친 부분의 넓이와 색칠된 부분의 넓이가 같으므로 다음과 같은 직각삼각형의 면적을 구하면 된다.

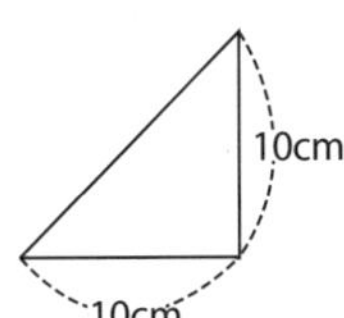

따라서 면적은 $10\times10\times\frac{1}{2}=50(\text{cm}^2)$이다.

20 도형계산 도형의 넓이 구하기

| 정답 | ③

| 해설 | 사다리꼴의 넓이를 구하면 된다. 따라서 $(6+3)\times\frac{h}{3}\div2=9\times\frac{h}{3}\times\frac{1}{2}=1.5h$이다.

21 평균 분산 계산하기

| 정답 | ④

| 해설 | 도수분포표에서 분산은 '$\frac{\{(\text{편차})^2\times(\text{도수})\}\text{의 총합}}{\text{도수의 총합}}$'으로 구할 수 있다.

따라서

$$a=\frac{(12-16)^2+(14-16)^2+(16-16)^2\times5+(18-16)^2\times3}{10}$$

$=3.2$로 $10a=32$가 된다.

22 수열 숫자의 배열 규칙 추리하기

| 정답 | ③

| 해설 |

2^0		2^1		2^2		2^3	
↓		↓		↓		↓	
1	4	2	9	4	16	8	?
	↑		↑		↑		↑
	2^2		3^2		4^2		5^2

따라서 '?'에 들어갈 숫자는 $5^2=25$이다.

23 수열 숫자의 배열 규칙 추리하기

| 정답 | ③

| 해설 |

$5\xrightarrow{\times2}10\xrightarrow{-2}8\xrightarrow{\times2}16\xrightarrow{-2}14\xrightarrow{\times2}?$

따라서 '?'에 들어갈 숫자는 $14\times2=28$이다.

24 수열 문자의 배열 규칙 추리하기

| 정답 | ④

| 해설 | 일반 자음 순서를 이용하여 푼다.

ㄱ → ㄴ → ㅁ → ㅊ → ㄷ → ?

1 → 2 → 5 → 10 → 3(=17, 31, …) → 12

(+1, +3, +5, +7, +9)

따라서 '?'에 들어갈 문자는 12(=26, 40, …)에 해당하는 ㅌ이다.

25 수열 문자의 배열 규칙 추리하기

| 정답 | ①

| 해설 | 일반 알파벳 순서를 이용하여 푼다.

F → L → N → B → ?

6 → 12 → 14 → 2(=28, 54, …) → 4

(×2, +2, ×2, +2)

따라서 '?'에 들어갈 문자는 4(=30, 56, …)에 해당하는 D이다.

26 수열 문자의 배열 규칙 추리하기

| 정답 | ②

| 해설 | 주어진 문자를 보면 앞의 문자는 D부터 시작하여 순서대로 나열되어 있고, 뒤의 문자는 A부터 순서대로 나열되어 있다. 따라서 '?'에 들어갈 문자는 G 다음 문자 H와 D 다음 문자 E로 구성된 HE이다.

27 수열 숫자의 배열 규칙 추리하기

| 정답 | ①

| 해설 |

4 → 6 → 10 → 18 → 34 → ?

($+2^1$, $+2^2$, $+2^3$, $+2^4$, $+2^5$)

따라서 '?'에 들어갈 숫자는 $34+2^5=66$이다.

28 수열 숫자의 배열 규칙 추리하기

| 정답 | ①

| 해설 | $8\times13\div4=26$

$5\times16\div4=20$

$9\times12\div4=27$

$4\times11\div4=?$

따라서 '?'에 들어갈 숫자는 11이다.

02 자료해석

테마 2 출제유형문제									문제 210쪽
01	③	02	④	03	④	04	②	05	④
06	④	07	①	08	④				

01 자료이해 자료의 수치 분석하기

| 정답 | ③

| 해설 | 연령대별 20X9년 2/4분기 대비 3/4분기 증가율을 계산해 보면 다음과 같다.

구분	증감률
20대 이하	$\frac{37,549-38,597}{38,597}\times100 \fallingdotseq -2.7(\%)$
30대	$\frac{49,613-51,589}{51,589}\times100 \fallingdotseq -3.8(\%)$
40대	$\frac{47,005-47,181}{47,181}\times100 \fallingdotseq -0.4(\%)$
50대	$\frac{49,770-48,787}{48,787}\times100 \fallingdotseq 2.0(\%)$
60대 이상	$\frac{35,423-32,513}{32,513}\times100 \fallingdotseq 9.0(\%)$

따라서 60대 이상 고령자의 구직급여 신청 증가 비율이 다른 연령대에 비해 가장 높다는 설명은 적절하다.

| 오답풀이 |

① 60대 이상뿐만 아니라 50대도 신청자 수가 전 분기 대비 증가하였다.

② 20X9년 2/4분기 신청자 중 30대의 수가 가장 많은 것은 맞으나, 그 이유가 이직 때문인지는 제시된 자료로 파악할 수 없다.

④ 30대의 신청자 수는 감소하였다. 또한, 20대의 경우 제시된 자료에서 20대 이하의 신청자 수는 감소하였는데, 20대 이하에 10대 또한 포함될 수 있으므로 20대 신청자 수의 증감을 정확히 알 수는 없다.

02 자료이해 자료의 수치 분석하기

| 정답 | ④

| 해설 | ㉠ 20X9년 입국자 수가 20X8년에 비해 늘어난 곳은 중국과 미국, 캐나다이다. 중국은 20X8년에 비해 14.2% 증가하였고 미국은 13.5%, 캐나다는 7.4% 증가하였기 때문에 가장 많이 늘어난 국가는 중국이다.

㉢ 20X9년 중국인 입국자 수는 20X8년에 비해 증가했지만 이후의 추이를 예측할 수는 없다.

㉣ 매년 입국자 수가 꾸준히 늘어난 국가는 중국, 미국, 캐나다로 총 3곳이다.

| 오답풀이 |

㉡ 각 연도별로 일본과 중국의 입국자 수를 합하면

- 20X7년 : 201,489+517,031=718,520(명)
- 20X8년 : 188,420+618,083=806,503(명)
- 20X9년 : 178,735+705,844=884,579(명)

따라서 매년 아시아주의 50% 이상을 차지한다.

03 자료이해 자료의 수치 분석하기

| 정답 | ④

| 해설 | 전년 대비 20X9년 보이스피싱 피해신고 건수의 증가율은 $\frac{8,244-5,455}{5,455}\times100 \fallingdotseq 51.1(\%)$로 50% 이상이다.

| 오답풀이 |

① 20X5년과 20X9년 보이스피싱 피해신고 금액은 각각 434억 원, 1,109억 원으로 약 2.6배 증가하였다.

② 보이스피싱 피해신고 건수 및 금액이 가장 적었던 해는 20X5년으로 동일하나, 피해신고 건수가 가장 많았던 해는 20X6년, 금액이 가장 많았던 해는 20X9년이다.

③ 20X5 ~ 20X9년 보이스피싱 피해신고 금액의 평균은 $\frac{434+877+621+554+1,109}{5}=719$(억 원)이다.

04 자료계산 자료를 바탕으로 수치 계산하기

| 정답 | ②

| 해설 | 20X9년 노년부양인구비가 18.6%, 65세 이상 인구가 100만 명이므로 구하고자 하는 생산 가능 인구를 x명이라 하면

$\frac{1,000,000}{x}\times100=18.6$ $\quad$ $100,000,000=18.6x$

$\therefore\ x \fallingdotseq 538$(만 명)이다.

05 자료계산 자료를 바탕으로 수치 계산하기

| 정답 | ④

| 해설 | • 2022년 3월 전체 승용차 판매량 : 10,757+10,991+2,532=24,280(대)

• 2023년 3월 전체 승용차 판매량 : 7,738+10,636+2,264=20,638(대)

따라서 전년 동월 대비 2023년 3월의 전체 승용차 판매량의 증감률은 $\frac{20,638-24,280}{24,280}\times 100=-15(\%)$이다.

06 자료계산 자료를 바탕으로 수치 계산하기

| 정답 | ④

| 해설 | • 2022년 생명보험 자산 : 371.4−66.0=305.4(조 원)

• 2020년 생명보험 자산 : 288.8−49.4=239.4(조 원)

따라서 $\frac{305.4}{239.4}$≒1.28(배)이다.

07 자료변환 자료를 그래프로 변환하기

| 정답 | ①

| 해설 | '범죄 발생 건수 증감률

$=\frac{\text{해당 연도의 범죄 발생 건수}-\text{전년도의 범죄 발생 건수}}{\text{전년도의 범죄 발생 건수}}$

×100'이므로 각 해의 증감률을 차례대로 구하면 다음과 같다.

• 20X2년$=\frac{208-200}{200}\times100=4(\%)$,

• 20X3년$=\frac{211-208}{208}\times100≒1.4(\%)$,

• 20X4년$=\frac{211-211}{211}\times100=0(\%)$이다.

이를 그래프로 나타내면 ①의 모양이 된다.

별해 20X3년과 20X4년의 수치는 동일하므로 증감률은 0인데, ①과 ④만 이에 해당한다. 두 그래프의 20X2년 수치는 4로 동일하므로 20X3년의 증감률만 계산하면 되는데, 20X3년의 전년도 증감률은 1.4%로 2미만이므로 ①이 가장 적절하다.

08 자료변환 자료를 그래프로 변환하기

| 정답 | ④

| 해설 | 단위 표시, 범례나 축 값, 그래프 종류 선정 등에서 모두 적절하다.

| 오답풀이 |

① 우측 65세 이상 인구의 단위는 천 명이 되어야 한다.

② 범례의 설명 중 좌측과 우측이 바뀌었다.

③ 원 그래프는 구성비율을 나타내기에 적절한 그래프이다.

테마 3 기출예상문제									문제 218쪽
01	②	02	②	03	②	04	④	05	①
06	④	07	④	08	④	09	②	10	④
11	④	12	②	13	①	14	①	15	②
16	③	17	③	18	①	19	④	20	④
21	④	22	③	23	①	24	④		

01 자료계산 자료를 바탕으로 수치 계산하기

| 정답 | ②

| 해설 | 20X6년부터 20X9년까지 각 해의 범죄율을 계산해 보면 다음과 같다.

- 20X6년 : $\frac{36,847}{1,135,494} \times 100 ≒ 3.25(\%)$
- 20X7년 : $\frac{37,066}{1,147,256} \times 100 ≒ 3.23(\%)$
- 20X8년 : $\frac{40,847}{1,156,480} \times 100 ≒ 3.53(\%)$
- 20X9년 : $\frac{40,908}{1,166,377} \times 100 ≒ 3.51(\%)$

범죄율이 증가한 해는 20X8년이다. 따라서 20X8년에 증가한 항목을 확인하면 ㉡ 음주 인구수, ㉢ 혼인 건수로 2개이다.

02 자료이해 자료의 수치 분석하기

| 정답 | ②

| 해설 | 수도권이 지방보다 더 많은 재건축 인가 호수를 보인 해는 20X5년과 20X8년이며, 수도권이 지방보다 더 많은 재건축 준공 호수를 보인 해는 20X8년뿐이다.

| 오답풀이 |

① 수도권의 5년 평균 재건축 인가 호수는 $\frac{9.7+2.0+2.9+8.7+10.9}{5} = 6.84$(천 호)로, $\frac{1.1+3.4+0.7+10.2+5.9}{5} = 4.26$(천 호)인 준공 호수보다 많다.

③ 20X9년 지방의 재건축 준공 호수는 전년 대비 $\frac{10.3-6.5}{6.5} \times 100 ≒ 58.5(\%)$ 증가하였다.

④ 지방의 재건축 준공 호수의 증감 추이는 증가, 감소, 증가, 증가로 이와 동일한 항목은 없다.

03 자료계산 자료를 바탕으로 수치 계산하기

| 정답 | ②

| 해설 | 거제의 소나무 수는 1,590천 그루이고, 거제의 소나무재선충병 감염률은 50%이다. 감염된 소나무 수를 x라 하고 감염률 식에 대입해 보면 $\frac{x}{1,590} \times 100 = 50$, $x =$ 795(천 그루)가 된다. 거제의 소나무재선충병 고사율은 50%이므로 고사한 소나무 수를 y라고 하고 이를 고사율 식에 대입하면 $\frac{y}{795} \times 100 = 50$, $y = 397.5$(천 그루)이다.

위와 같은 방법으로 제주의 고사한 소나무 수를 구해 보면 제주의 감염된 소나무 수는 $\frac{x}{1,201} \times 100 = 80$, $x = 960.8$(천 그루)가 되고, 고사한 소나무 수는 $\frac{y}{960.8} \times 100 = 40$, $y = 384.32$(천 그루)가 된다.

따라서 제주의 고사한 소나무 수는 거제의 고사한 소나무 수의 $\frac{384.32}{397.5} ≒ 1.0$(배)이다.

04 자료이해 자료의 수치 분석하기

| 정답 | ④

| 해설 | 중학교 졸업자 수는 1,830×0.28=512.4(만 명), 중학교 입학자 수는 1,730×0.25=432.5(만 명)이다. 따라서 중학교 졸업자 수가 입학자 수보다 많다.

| 오답풀이 |

① 초등학교 학생 수는 6,600×0.4=2,640(만 명)이고, 학급 수는 250×0.4=100(만 개)이다. 따라서 학급당 학생 수는 $\frac{2,640}{100} = 26.4$(명)으로 약 26명이다.

② 교원 1명당 학생 수는 중학교가 가장 많다.

- 유치원 : $\frac{6,600 \times 0.1}{460 \times 0.1} ≒ 14.3$(명)
- 초등학교 : $\frac{6,600 \times 0.4}{460 \times 0.4} ≒ 14.3$(명)

• 중학교 : $\frac{6,600\times0.24}{460\times0.2}\fallingdotseq17.2$(명)

• 고등학교 : $\frac{6,600\times0.26}{460\times0.3}\fallingdotseq12.4$(명)

③ 〈자료 1〉을 보면 입학자 수와 졸업자 수의 경우 고등학교의 비율이 가장 높다.

05 자료계산 자료를 바탕으로 수치 계산하기

| 정답 | ①

| 해설 | 제시된 ①～④의 값을 구하면 다음과 같다.

① 기업부설연구소의 20X1년 대비 20X2년 증감률 :
$\frac{8-2}{2}\times100=300$(%)

② 기업부설연구소의 20X2년 대비 20X3년 증감률 :
$\frac{30-8}{8}\times100=275$(%)

③ 연구기관의 20X3년 대비 20X4년 증감률 :
$\frac{38-15}{15}\times100\fallingdotseq153.3$(%)

④ 대학의 20X1년 대비 20X2년 증감률 :
$\frac{153-97}{97}\times100\fallingdotseq57.7$(%)

따라서 증감률이 가장 큰 것은 ①이다.

06 자료이해 자료의 수치 분석하기

| 정답 | ④

| 해설 | 표에 제시된 광역시 중 순이동이 두 번째로 적은 도시는 광주광역시이다.

| 오답풀이 |

① 부산, 대구, 인천, 광주의 총전입자 수를 더한 값은 36,788+27,178+36,022+18,435=118,423(명)으로 서울의 총전입자 수가 더 크다.

② 서울특별시의 시도 간 전입자 수는 39,940명, 부산광역시의 시도 간 전입자 수는 8,802명으로 $\frac{39,940}{8,802}\fallingdotseq$ 4.5(배) 차이가 난다.

③ 표에 제시된 모든 행정구역의 순이동자 수를 더하면 12,306명이다.

07 자료이해 자료의 수치 분석하기

| 정답 | ④

| 해설 | 대구의 밤 평균 소음측정치는
$\frac{62+63+64+64+63+62+63}{7}=63$(dB),
대전의 낮 평균 소음측정치는
$\frac{62+62+63+62+62+61+61}{7}\fallingdotseq61.86$(dB)이므로 대구의 밤 평균 소음측정치는 대전의 낮 평균 소음측정치보다 높다.

| 오답풀이 |

① 조사 기간 동안 밤 시간대 소음측정치가 가장 높은 도시는 서울이다.

② 대전은 낮 소음환경기준인 65dB를 조사 기간 동안 지키고 있다.

③ 광주에서 낮과 밤 소음측정치의 차이가 가장 큰 해는 66−60=6(dB)를 기록한 20X4년이다.

08 자료이해 자료의 수치 분석하기

| 정답 | ④

| 해설 | 논벼, 과수, 채소, 축산농가의 소득을 모두 합한 값이 두 번째로 큰 해는 2015년으로 20,628+34,991+28,625+42,179=126,423(천 원)이다. 2010년의 논벼, 과수, 채소, 축산농가 소득의 합은 125,833천 원으로 세 번째로 큰 해이다.

09 자료변환 자료를 그래프로 변환하기

| 정답 | ②

| 해설 | 20X6년 표본감리의 결과 위반 비율은
$\frac{43}{222}\times100\fallingdotseq19.37$(%)이다.

| 오답풀이 |

① 20X5년 회계감리 결과 위반 비율은 약 $\frac{54}{245}\times100\fallingdotseq$ 22(%)이므로 나머지 결과인 종결 비율은 약 100−22=78(%)가 된다.

③ 20X7년 회계감리 종류별 비율은 다음과 같다.

- 표본감리 : $\frac{99}{137} \times 100 \fallingdotseq 72(\%)$
- 협의감리 : $\frac{20}{137} \times 100 \fallingdotseq 15(\%)$
- 위탁감리 : $\frac{18}{137} \times 100 \fallingdotseq 13(\%)$

④ 20X9년 회계감리 위반 종류별 비율은 다음과 같다.

- 표본감리 : $\frac{10}{52} \times 100 \fallingdotseq 19(\%)$
- 협의감리 : $\frac{14}{52} \times 100 \fallingdotseq 27(\%)$
- 위탁감리 : $\frac{28}{52} \times 100 \fallingdotseq 54(\%)$

10 자료이해 자료의 수치 분석하기

| 정답 | ④

| 해설 | 106개 국가의 수주금액 중 러시아가 차지하는 비중은 $\frac{3,141,264}{32,115,664} \times 100 \fallingdotseq 9.8(\%)$이고, 베트남 수주금액 대비 이라크의 비중은 $\frac{445,547}{4,403,520} \times 100 \fallingdotseq 10.1(\%)$이다. 따라서 106개 국가의 수주금액 중 러시아가 차지하는 비중이 더 작음을 알 수 있다.

| 오답풀이 |

① 제시된 자료를 통해서는 우리나라가 과거에 UAE의 원전수주에 많은 노력을 쏟았다는 사실을 추론할 수 없다.

② 제시된 자료에는 미국이 따로 나와 있지 않으므로, 미국의 수주금액은 86개 국가 중 최대 금액인 233,191천 $로 가정할 수 있다. 이 경우 미국과 홍콩에서의 수주금액 합은 1,064,795+233,191=1,297,986(천 $)로, 이는 중국의 수주금액인 1,312,590천 $보다 적다.

③ 9위부터 13위까지 수주금액의 합은 943,426+895,317+877,417+818,389+811,995=4,346,544(천 $)로, 베트남의 수주금액인 4,403,520천 $보다 작다.

11 자료이해 자료의 수치 분석하기

| 정답 | ④

| 해설 | ㉡ '매우 만족'과 '보통 만족'이라고 답한 것을 합치면 90%에 가깝기 때문에 매우 불만족스럽다는 반응을 나타냈다고 볼 수 없다.

㉣ '보통 만족'의 답변도 많기 때문에 매우 만족이라고 판단하기는 어렵다.

12 자료계산 자료를 바탕으로 수치 계산하기

| 정답 | ②

| 해설 | $\frac{223,908-214,696}{214,696} \times 100 \fallingdotseq 4.2(\%)$이므로 전년 대비 약 4% 증가했음을 알 수 있다.

13 자료계산 자료를 바탕으로 수치 계산하기

| 정답 | ①

| 해설 | '유학 및 연수 수지=국내수입액−해외지출액'이므로 연도별로 계산하면 다음과 같다.

- 20X3년 : 37.4−4,488.0=−4,450.6(백만 달러)
- 20X4년 : 128.3−4,389.5=−4,261.2(백만 달러)
- 20X5년 : 71.8−4,150.4=−4,078.6(백만 달러)
- 20X6년 : 104.0−4,306.9=−4,202.9(백만 달러)
- 20X7년 : 123.9−3,722.1=−3,598.2(백만 달러)
- 20X8년 : 122.6−3,741.9=−3,619.3(백만 달러)
- 20X9년 : 122.7−3,518.5=−3,395.8(백만 달러)

따라서 가장 심한 적자를 기록한 해는 20X3년이다.

14 자료계산 자료를 바탕으로 수치 계산하기

| 정답 | ①

| 해설 | 그래프에서 전체 교통사고 발생건수 비율이 가장 낮은 달은 2월이다.

- 2월의 전체 교통사고 발생건수 :
  256,000×0.066=16,896(건)
- 2월의 음주 교통사고 발생건수 :
  25,000×0.062=1,550(건)

따라서 16,896−1,550=15,346(건)이다.

15 자료계산 자료를 바탕으로 수치 계산하기

| 정답 | ②

| 해설 | 비율의 증가와 감소는 그래프의 기울기를 보면 알 수 있다. 전월 대비 음주 교통사고 발생건수 비율이 가장 많이 증가한 달은 6월 대비 2%p가 증가한 7월이다. 따라서 7월의 전체 교통사고 발생건수는 256,000×0.087=22,272(건)이다.

16 자료계산 자료를 바탕으로 수치 계산하기

| 정답 | ③

| 해설 | • 11월의 전체 교통사고 발생건수 :
256,000×0.093=23,808(건)

• 5월의 음주 교통사고 발생건수 :
25,000×0.083=2,075(건)

따라서 23,808−2,075=21,733(건)이 차이난다.

17 자료계산 자료를 바탕으로 수치 계산하기

| 정답 | ③

| 해설 | 다른 종목들을 살펴보면, '전일잔량+금일거래−금일상환=금일잔량'임을 알 수 있다.

이를 04−6 종목에 적용해 보면,

27,730+419−㉠=27,507(억 원)이므로

㉠=27,730+419−27,507=642(억 원)이다.

㉡은 모든 종목의 금일상환의 합계이므로,

0+642+0+0+0+0+750+500+1,600+1,000+1,300+800+1,200+300+3,530=11,622(억 원)이다.

18 자료계산 자료를 바탕으로 수치 계산하기

| 정답 | ①

| 해설 | 전일잔량에 비해 금일잔량이 감소하거나 변함없는 종목(04−3, 04−6, 06−5, 08−5, 10−3, 11−7, 12−3, 12−4, 기타)은 제외하고 계산한다.

• 05−4 : 36,414−35,592=822(억 원)
• 12−2 : 20,860−18,160=2,700(억 원)
• 12−6 : 32,010−30,610=1,400(억 원)
• 13−1 : 28,070−26,370=1,700(억 원)
• 13−2 : 34,920−33,870=1,050(억 원)
• 13−3 : 11,680−11,080=600(억 원)

따라서 전일잔량에 비해 금일잔량이 가장 크게 증가한 종목은 12−2이다.

19 자료이해 자료의 수치 분석하기

| 정답 | ④

| 해설 | 비금융공기업에서는 27.9÷4.8=5.81(배), 금융공기업에서는 2.4÷0.2=12(배)이므로 모두 5배 이상이다.

| 오답풀이 |

① 신규채용 일자리 개수는 공기업이 5.0만 개로 중앙정부 8.5만 개보다 적다.

② 사회보장기금과 금융공기업의 전체 일자리 개수의 차이는 1천 개이다.

③ 일반정부에서 지속 일자리와 신규채용 일자리의 차이가 가장 많이 나는 곳은 85.5만 개인 지방정부이다.

20 자료계산 자료를 바탕으로 수치 계산하기

| 정답 | ④

| 해설 | 신규채용 일자리 개수 전체는 32.6만 개이며, 일반정부의 일자리 개수는 27.6만 개, 공기업의 일자리 개수는 5.0만 개이다.

따라서 일반정부의 일자리 비중은 $\frac{27.6}{32.6}\times 100 \fallingdotseq 84.7(\%)$, 공기업의 일자리 개수는 $\frac{5.0}{32.6}\times 100 \fallingdotseq 15.3(\%)$이다.

21 자료이해 자료의 수치 분석하기

| 정답 | ④

| 해설 | 2017년과 2023년 저축 중인 인원수의 증감폭을 구하면 다음과 같다.

• 30대 이하 : 99−63=36
• 40대 : 210−271=−61

• 50대 : 383－440＝－57

• 60대 : 542－469＝73

• 70대 이상 : 754－582＝172

따라서 70대 이상의 증감폭이 가장 크므로 옳은 설명이다.

| 오답풀이 |

① 2017년과 2019년 사이에는 27.7%에서 37.0%로 증가했기 때문에 옳지 않다.

② 30대 이하는 감소 → 증가 → 감소했고, 40대는 증가 → 증가 → 감소했으므로 두 연령층의 증감추이는 동일하지 않다.

③ 30대 이하와 50대의 연령별 저축률은 감소 → 증가 → 감소의 동일한 변화를 보인다.

22 자료이해 자료의 수치 분석하기

| 정답 | ③

| 해설 | 60대와 70대 이상의 저축률 모두 증가 → 감소 → 감소의 동일한 변화를 보인다.

| 오답풀이 |

① 40대 : 증가 → 증가 → 감소 / 50대 : 감소 → 증가 → 감소

② 40대 : 증가 → 증가 → 감소 / 60대 : 증가 → 감소 → 감소

④ 30대 이하 : 감소 → 증가 → 감소 / 70대 이상 : 증가 → 감소 → 감소

23 자료이해 자료의 수치 분석하기

| 정답 | ①

| 해설 | 제시된 그래프에서 △△시의 19세 이하 도서관 이용자 수가 가장 많은 해는 2018년이다. 그래프에 구체적인 수치가 제시되어 있지 않으므로 각 연령대별 대략적인 수치를 합산하면 118+70+45+30+5+6=274(만 명)이므로, 2018년의 19세 이하 도서관 이용자 수는 약 274만 명임을 알 수 있다. 모든 연령대별 이용자 수를 합산하지 않더라도, 2018년에 이용자 수가 많은 14～15세, 16～17세, 18～19세 세 연령대의 대략적인 이용자 수의 합계만으로도 118+70+45=233, 즉 약 233만 명이므로 전체의 수는 반드시 220만 명 이상이다.

| 오답풀이 |

② 2023년이 대략 3+4+31+38+61+70=207(만 명), 2020년이 대략 4+6+29+35+57+60=191(만 명)으로 다른 연도에 비해 전반적으로 적은 이용자 수를 보이고 있다. 모든 연령대별 이용자 수를 합산하지 않더라도 두 연도의 14～15세 이용자 수에서 2023년이 2020년보다 약 10만 명 많으므로 이용자 수가 가장 적은 해는 2020년이다.

③ 제시된 그래프에서 조사 기간 동안 매년 이용자 수가 가장 많은 연령대는 14～15세이지만, 14세인지 15세인지는 이 그래프만으로 판단할 수 없다.

④ 조사 기간 동안에 나타나는 규칙적인 추이가 없으므로 이 그래프만으로 2024년의 이용자 수 동향을 판단할 수 없다.

24 자료변환 자료를 그래프로 변환하기

| 정답 | ④

| 해설 | 주택환경 만족 부분을 나타내는 그래프에서 청결도의 수치와 대기 오염도의 수치가 주어진 자료의 내용과 다르게 표시되어 있다.

파트3 문제해결력

01 사고력

테마 2 출제유형문제									문제 248쪽
01	④	02	③	03	④	04	③	05	②
06	②	07	③	08	④	09	①	10	④
11	①	12	④						

01 명제추리 참인 명제 고르기

| 정답 | ④

| 해설 | 제시된 명제를 기호화하면 다음과 같다.

- p : 안경을 쓴 사람
- q : 가방을 든 사람
- r : 키가 큰 사람
- s : 스카프를 맨 사람

따라서 ㉠ p → ~q, ㉡ ~p → ~r, ㉢ s → q이다.

명제가 참이면 그 대우 역시 반드시 참이므로 제시된 명제의 대우를 정리하면,

㉠의 대우 : q → ~p, ㉡의 대우 : r → p, ㉢의 대우 : ~q → ~s이다.

따라서 ㉡의 대우, ㉠ 명제, ㉢의 대우를 통해 '키가 큰 사람은 스카프를 매지 않았다'가 성립한다는 것을 알 수 있다.

| 오답풀이 |

① ㉠의 역으로, 반드시 참이라고 할 수 없다.

② ㉠ 명제와 ㉢ 대우를 통해 참이 되는 명제(p → ~s)의 이로, 반드시 참이라고 할 수 없다.

③ ㉡의 이로, 반드시 참이라고 할 수 없다.

02 명제추리 삼단논법으로 명제 추리하기

| 정답 | ③

| 해설 | 의류를 판매한다는 결론이 도출되어야 하므로, 밑줄 친 부분과 결론을 명제의 꼴로 정리할 수 있다. 각 명제와 그 대우를 정리하면 다음과 같다.

명제		대우
의류 X → 핸드백 ○ 핸드백 ○ → 구두 X ? → 의류 ○	대우 ⇔	핸드백 X → 의류 ○ 구두 ○ → 핸드백 X 의류 X → ?

'의류를 판매하지 않는다'로 시작하여 각 명제를 연결하면 '의류 X → 핸드백 ○ → 구두 X'가 되므로 '의류 X → 구두 X'에 따라 그 대우 '구두 ○ → 의류 ○'가 성립함을 알 수 있다. 따라서 밑줄 친 부분에는 '구두를 판매하기로 했다'가 들어가야 한다.

03 명제추리 결론 도출하기

| 정답 | ④

| 해설 | 제시된 명제와 그 대우를 정리하면 다음과 같다.

1. 명제의 주요 정보와 관련된 음절을 활용해 간단하게 나타낸다.
   - 달리기를 좋아하는 사람 → 달
   - 날씬하다 → 날 / 날씬하지 않다 → ~날
   - 야채를 좋아한다 → 야 / 야채를 싫어한다 → ~야
   - 건강관리를 잘하는 사람 → 건
2. 명제와 대우를 기호화하여 각 항목으로 표시한다.

   이때 '그리고'는 교집합으로, '~하거나, 또는'은 합집합으로 표시한다.
   - A : 달 → 날∪야 … ⓐ ⇔ ~날∩~야 → ~달 … ⓑ
   - B : ~건 → ~야∩~날 … ⓒ ⇔ 야∪날 → 건 … ⓓ

   여기서 ⓐ와 ⓓ에 따라, '달 → 날∪야 → 건'이 성립함을 알 수 있다.

   즉, '달리기를 좋아하는 사람 → 날씬하거나 야채를 좋아함 → 건강관리를 잘함'이 된다.
3. 이를 벤 다이어그램으로 나타낸다.

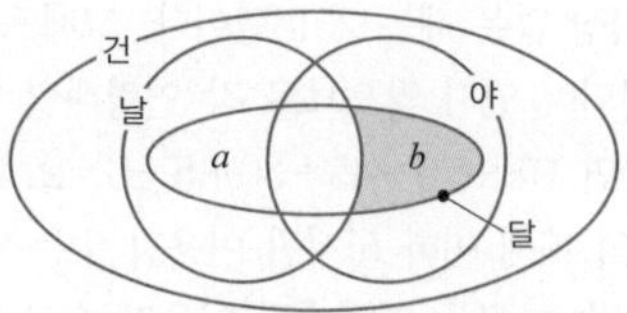

4. 2.와 3.을 토대로 선택지를 검토한다.

   ④를 보면, ⓐ와 ⓓ에 따라 '달 → 말∪야 → 건'이 성립하고 이는 '달 → 건' 즉, '달리기를 좋아하는 사람은 건강관리를 잘한다'가 되므로 이는 틀린 설명이다.

따라서 A와 B에서 도출되는 결론으로 옳지 않은 것은 ④이다.

| 오답풀이 |

① '건강관리를 못하는 사람은 달리기를 좋아하지 않는다'는 '~건 → ~달'로 나타낼 수 있다. 이는 2.의 ⓒ와 ⓑ를 통해 '~건 → ~날∩~야 → ~달', '~건 → ~달'임을 알 수 있다.

② '날씬한 사람은 건강관리를 잘한다'는 '날 → 건'으로 나타낼 수 있으며 이는 ⓓ를 통해 알 수 있다.

③ '날씬하지 않은 사람이 모두 달리기를 싫어한다는 것은 아니다'는 달리기를 좋아하는 사람 중에도 날씬하지 않은 사람이 있을 수 있으며, 이는 벤 다이어그램 그림의 색칠된 부분에 해당하므로 맞는 내용이다.

04 명제추리 결론 도출하기

| 정답 | ③

| 해설 | 각 명제와 그 대우를 정리하면 다음과 같다.

명제		대우
• 소설책 ○ → 국어↑	대우 ⇔	• 국어↓ → 소설책 X
• 이과 ○→ 국어↓		• 국어↑ → 이과 X(→문과)
• 문과 ○ → 수다 ○		• 수다 X → 문과 X(→이과)
• 수다 X → 소설책 X		• 소설책 ○ → 수다 ○

(가) 네 번째 명제의 대우는 '수다 떠는 것을 좋아하지 않는 학생은 문과에 가지 않는다'인데, 모든 학생들은 문과 또는 이과에 간다고 하였으므로 문과에 가지 않은 학생은 이과에 간 학생들이 된다. 따라서 수다 떠는 것을 좋아하지 않는 학생은 이과에 간다.

(다) 세 번째 명제의 대우에 의해 국어 성적이 높은 학생은 이과에 가지 않으므로 모두 문과에 간 학생들이다. 여기에 네 번째 명제를 연결하면, 국어 시험 성적이 높은 학생은 수다 떠는 것을 좋아함을 알 수 있다.

따라서 (가), (다) 모두 항상 옳다.

| 오답풀이 |

(나) 결론이 참이면 결론의 대우도 참일 것이다. 두 번째 명제와 세 번째 명제의 대우에 의해 '소설책 읽는 것을 좋아하는 학생은 이과에 가지 않는다'가 되는데 이과에 가지 않으면 문과에 간 것이므로, '소설책 읽는 것을 좋아하는 학생은 문과에 간다'라는 결론이 성립한다. 그러나 결론 (나)는 그 결론의 역에 해당되는 것으로 문과에 간 학생들이 모두 소설책을 좋아한다고 할 수 없어 참·거짓의 여부를 알 수 없다.

05 논리게임 참·거짓 판단하기

| 정답 | ②

| 해설 | ㉣ 진실만 말하는 사원 B의 발언을 보면 신입사원 중 한 명 이상이 여자 사원이며, 여자 사원만 진실을 말한다고 하였으므로 ㉣의 신입사원 C는 모두 거짓을 말하고 있어 남자 사원이 된다. 따라서 남은 신입사원 D는 여자사원이 된다.

| 오답풀이 |

㉠, ㉡ 신입사원에 여자 사원이 한 명 이상 있으나 둘 다 인지, 둘 중 누구인지는 확인할 수 없어 참이라고 할 수 없다.

㉢ 사원 A는 모두 거짓을 말하는데 신입사원 D를 남자라고 하였으므로, 실제 신입사원 D는 여자 사원이며 D가 하는 말은 모두 진실임을 알 수 있다.

06 논리게임 자리 배치하기

| 정답 | ②

| 해설 | 제시된 조건에 따라 자리를 배치하면 ( )가 남학생 A ~ E가 들어갈 자리이다.

편의상 각각의 자리를 ㉠ ~ ㉤이라 하면, (㉠)−1−(㉡)−2−(㉢)−3−(㉣)−4−(㉤)−5가 된다(남학생이 가장 왼쪽에 있다고 하였으므로 ㉠이 가장 앞에 온다).

조건에 의해 A는 짝수 번호 옆에 앉아야 하므로 ㉡, ㉢, ㉣, ㉤에 앉을 수 있고, B는 짝수 번호 옆에 앉을 수 없으므로 ㉠에 앉아야 한다.

C는 4의 옆자리에 앉을 수 없으므로 ㉠, ㉡, ㉢에 앉을 수 있지만 ㉠이 B의 자리가 확실하므로 C는 ㉡, ㉢ 자리에 앉을 수 있다.

E는 반드시 1의 옆에 앉아야 하므로 ㉡에 앉는다. 또한, C는 ㉡, ㉢ 자리에 앉을 수 있는데 ㉡은 E가 앉으므로 ㉢ 자리에 앉아야 한다.

따라서 B−1−E−2−C−3−(㉣)−4−(㉤)−5로 정리되며, A, D 모두 ㉣, ㉤에 앉을 수 있으므로 3의 옆자리는 C, A 또는 C, D가 된다.

B	1	E	2	C	3	A	4	D	5

or

B	1	E	2	C	3	D	4	A	5

07 논리게임 참 · 거짓 판단하기

| 정답 | ③

| 해설 | 각 사람이 진실을 말하고 있는지의 여부에 따라 경우를 정리하면 다음과 같다.

구분	A가 진실을 말한 경우	B가 진실을 말한 경우	C가 진실을 말한 경우	D가 진실을 말한 경우	E가 진실을 말한 경우
A의 진술	A 선물	A 선물 아님.	A 선물 아님.	A 선물 아님.	A 선물 아님.
B의 진술	C 선물 아님.	C 선물	C 선물 아님.	C 선물 아님.	C 선물 아님.
C의 진술	E 선물	E 선물	E 선물 아님.	E 선물	E 선물
D의 진술	D 선물, ≠ A 선물 아님. (A 거짓)	D 선물, = A 선물 아님. (A 거짓)	D 선물, = A 선물 아님. (A 거짓)	D 선물 아님, ≠ A 선물 (A 진실)	D 선물, = A 선물 아님. (A 거짓)
E의 진술	B · C 선물 아님.	B · C 선물 아님.	B · C 선물 아님.	B · C 선물 아님.	B or C 선물

따라서 C가 진실을 말했으며 선물을 놓고 간 사람은 D 사원이다.

08 논리게임 옳은 내용 고르기

| 정답 | ④

| 해설 | 조건에 의하면 장미의 수는 '붉은색<하늘색<하얀색<노란색' 순이다. 이 조건과 장미의 합이 12송이라는 사실을 이용하여 문제를 푼다.

㉠ 노란 장미가 4송이 이하면 전체 장미는 4+3+2+1=10(송이) 이하이다. 따라서 노란 장미를 받은 사람은 5명 이상이다.

㉢ 노란 장미가 6송이이면 나머지 장미들의 합은 6송이이다. 따라서 붉은 장미는 1송이, 하늘색 장미는 2송이, 하얀 장미는 3송이이다.

따라서 옳은 내용은 ㉠과 ㉢이다.

| 오답풀이 |

㉡ 붉은 장미가 1송이이면 하늘색 장미는 2송이 이상이고, 하얀 장미는 3송이 이상이다. 따라서 하얀 장미는 4송이가 아닐 수도 있다.

09 논리게임 자리 배치하기

| 정답 | ①

| 해설 | A의 자리를 고정시키고 그 주위 자리에 기호를 붙이면 E가 앉은 자리는 ㉡ 혹은 ㉣이 되므로 두 경우를 나눠 생각한다.

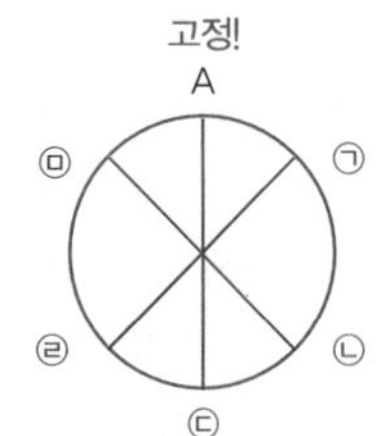

1. E가 ㉡에 앉은 경우

   B와 D는 (나)에 따라 마주 보고 앉아야 하므로 ㉠과 ㉣이 되고, C의 양 옆은 모두 커피를 주문했으므로 C는 콜라를 주문한 E 옆에는 올 수 없다. 따라서 C의 자리는 ㉤이 되고 그 양 옆은 커피를 주문하게 된다.

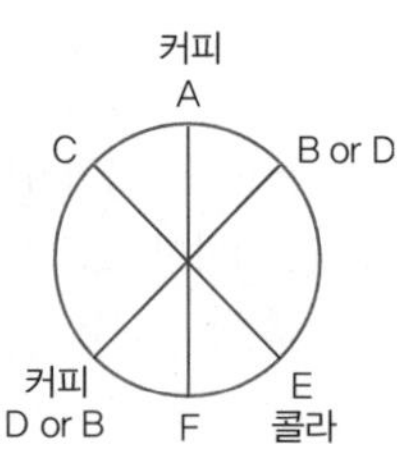

2. E가 ㉣에 앉은 경우

   B와 D는 ㉡과 ㉤으로 마주 보고 C는 ㉠에 앉게 되고, 그 양 옆이 커피를 주문하게 된다.

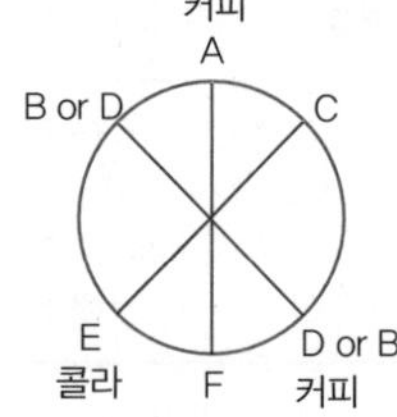

두 경우 모두 C의 옆에 앉는 사람은 A이고, C의 양 옆은 커피를 주문했으므로 A는 커피를 주문한 것이 된다. 따라서 'A는 커피를 주문했다'는 항상 옳다.

| 오답풀이 |

② B는 A의 옆에 앉을 수도 있고, 앉지 않을 수도 있다.

③ E의 양 옆에 D와 F가 올 수 있지만, D 대신 B와 F가 올 수도 있다.

④ F의 자리는 A의 맞은편으로 자리는 알 수 있지만 주문한 음료는 알 수 없다.

10 논리게임 항상 옳은 것 고르기

| 정답 | ④

| 해설 | 〈보기〉의 내용을 표로 나타내면 다음과 같다.

구분	A	B	결과
가	7번 이기고 3번 짐. (7×3)−(3×1)=18	3번 이기고 7번 짐. (3×3)−(7×1)=2	A가 B보다 16계단 위에 있다. (18−2=16)
나	4번 이기고 6번 짐. (4×3)−(6×1)=6	6번 이기고 4번 짐. (6×3)−(4×1)=14	B가 A보다 8계단 위에 있다. (14−6=8)
다	10번 모두 짐. (0×3)−(10×1)=−10	10번 모두 이김. (10×3)−(0×1)=30	10번째 계단에서 게임을 시작했으므로 B는 40번째 계단에 올라가 있을 것이다.

따라서 항상 옳은 것은 가, 나이다.

11 논리오류 논리적 오류 파악하기

| 정답 | ①

| 해설 | ② 증명할 수 없음을 증거로 들어 자신의 주장이 옳다고 정당화하는 '무지에 호소하는 오류'에 해당한다.

③ 염화나트륨의 구성 원자인 염소와 나트륨이 강한 독성을 가지고 있으므로 그 결합물인 염화나트륨도 독성이 강하다고 결론짓고 있다. 즉, 부분이 참인 것을 전체에 대해서도 참이라고 결론짓는 '합성의 오류'에 해당한다.

④ 우연히 물을 마셨는데 그것이 원인이 되어 피부가 촉촉해졌다고 판단한 것으로, 한 사건이 다른 사건보다 먼저 발생했다고 해서 전자가 후자의 원인이라고 잘못된 추론을 하는 '원인 오판의 오류(잘못된 인과관계의 오류)'에 해당한다.

12 논리오류 논리적 오류 파악하기

| 정답 | ④

| 해설 | ① '동물'이 어느 쪽에서도 주연이 되고 있지 않았는데 결론이 나면서 발생하는 허위의 오류인 '매개념 부주연의 오류'를 범하고 있다.

② 후건을 긍정하여 전건을 긍정하는 '후건 긍정의 오류'에 해당한다.

③ 전제에서 부주연이던 소개념이 결론에서 부당하게 주연이 되는 '소개념 부당 주연의 오류'에 해당한다.

테마 3 기출예상문제 문제 254쪽

01	②	02	②	03	④	04	④	05	④
06	④	07	④	08	④	09	④	10	④
11	④	12	③	13	②	14	②	15	②
16	④	17	③	18	②				

01 명제추리 삼단논법 적용하기

| 정답 | ②

| 해설 | 명제가 참이면 대우도 참이라는 것과 삼단논법 관계를 이용한다.

- 두 번째 명제의 대우 : 과학 수업을 듣는 학생은 B 선생님의 수업을 좋아하지 않는다.
- 네 번째 명제 : B 선생님의 수업을 좋아하지 않는 학생은 A 선생님의 수업도 좋아하지 않는다.
- 첫 번째 명제의 대우 : A 선생님의 수업을 좋아하지 않는 학생은 국어 수업을 듣지 않는다.

따라서 '과학 수업을 듣는 학생은 국어 수업을 듣지 않는다'가 성립한다.

| 오답풀이 |

① '국어 수업을 듣는 학생은 영어 수업을 듣는다'는 세 번째 명제의 역으로 항상 성립한다고 할 수 없다.

③ '과학 수업을 듣지 않는 학생'으로 시작하는 문장에 대한 참 · 거짓은 제시된 명제만으로 알 수 없다.

④ 첫 번째 명제를 통해 'A 선생님의 수업을 좋아하지 않는 학생은 국어 수업을 듣지 않는다'는 대우가 성립하고, 세 번째 명제를 통해 '국어 수업을 듣지 않으면 영어 수업을 듣지 않는다'는 대우가 성립하므로 'A 선생님의 수업을 좋아하지 않는 학생은 영어 수업을 듣는다'는 옳지 않다.

02 명제추리 결론 도출하기

| 정답 | ②

| 해설 | 첫 번째 명제의 대우는 '존경받지 못하는 사람은 성공하지 못한 어떤 사업가이다'이다. 따라서 합리적인 어떤 사업가는 존경받지 못하고, 존경받지 못하는 사람은 성공하지 못한 어떤 사업가이므로, '합리적인 어떤 사업가는 성공하지 못한다'라고 추론할 수 있다.

보충 플러스+

'모든'과 '어떤'이 나올 땐 벤다이어그램을 활용한다.

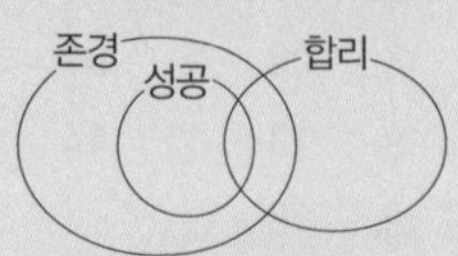

03 명제추리 참인 명제 고르기

| 정답 | ④

| 해설 | 어떠한 명제(p → q)가 참일 때 그 대우(~q → ~p)도 반드시 참이다. 그러나 명제가 참이더라도 역(q → p)과 이(~p → ~q)가 반드시 참이 되는 것은 아니다. 즉 ①, ②, ③은 제시된 명제 중 각각 첫 번째, 두 번째, 세 번째 명제의 역에 해당하므로 반드시 참이라고 볼 수 없다. 따라서 첫 번째 명제의 대우인 ④만 반드시 참이 된다.

04 명제추리 빈칸에 들어갈 명제 추리하기

| 정답 | ④

| 해설 | '어떤 작가는 모방을 잘한다'는 모방을 잘하는 작가가 적어도 한 명은 있다는 것이고, 마찬가지로 '어떤 기자는 모방을 잘한다'는 모방을 잘하는 기자가 적어도 한 명은 있다는 것을 뜻한다. 또한 '모든 기자는 실천을 잘한다'라고 하였으므로 실천을 잘하는 모든 기자 중 적어도 한 명은 모방을 잘한다는 것이 성립된다. 따라서 '어떤 기자는 모방과 실천을 모두 잘한다'가 성립한다.

05 명제추리 빈칸에 들어갈 명제 추리하기

| 정답 | ④

| 해설 | 삼단논법을 이용해 (나)를 찾을 수 있다.

(가) 카페라테 → 커피∩우유

(다) ~커피∪~우유 → 녹차∩홍차

여기서 (다)의 대우를 보면 ~녹차∪~홍차 → 커피∩우유가 된다.

(가), (나)의 조건으로 (다)가 성립된다고 하였으므로 (나)는 ~녹차∪~홍차 → 카페라테가 된다.

06 명제추리 결론 도출하기

| 정답 | ④

| 해설 | (가) 나무를 좋아함 → 새를 좋아함

(나) 하늘을 좋아함 → 꽃을 좋아함∪숲을 좋아함

(다) 숲을 좋아함 → 나무를 좋아함

(가)와 (다)에 '나무를 좋아함', (나)와 (다)에 '숲을 좋아함'을 가지고 명제를 정리하면,

> 하늘을 좋아함 → 숲을 좋아함 → 나무를 좋아함 → 새를 좋아함

따라서 '하늘을 좋아함 → 새를 좋아함'이 성립한다.

07 명제추리 방문 순서 파악하기

| 정답 | ④

| 해설 | 세 번째 ~ 일곱 번째 조건들에 따라 빈칸을 채우면 다음과 같다.

구분	1	2	3	4	5
A	부산	대구			원주
B	원주	부산	대구		
C					
D		대전			대구
E	대전		광주	대구	

두 번째 조건과 마지막 조건을 유념하여 빈칸을 채우면 다음과 같다.

구분	1	2	3	4	5
A	부산	대구	대전	광주	원주
B	원주	부산	대구	대전	광주
C	대구	광주	원주	부산	대전
D	광주	대전	부산	원주	대구
E	대전	원주	광주	대구	부산

따라서 D가 세 번째로 방문한 곳을 부산점이다.

08 논리게임 참 · 거짓 판단하기

| 정답 | ④

| 해설 | 1. D가 기혼자이고, 거짓말을 하고 있는 사람으로 가정한다. D의 발언을 통해 C는 독신자가 된다. C의 발언은 사실이므로 A는 독신자이다. A의 발언은 사실이므로 D도 독신자가 되고, 이것은 가정에 모순된다.

	기혼자(거짓말쟁이)	독신자
A		○
B		
C		○
D	○	○

따라서 D는 독신자이고, 사실을 말하고 있는 것이 된다.

2. D가 독신자이고 사실을 말하고 있다고 가정한다. 이때, D의 발언을 통해 C는 기혼자이다. C의 발언은 거짓이므로 A도 기혼자가 된다. A의 발언은 A 자신이 기혼자이므로 거짓이 되고, 모순되지 않는다. 남은 B는 독신자이고, 사실을 말하고 있다. B의 발언에 모순은 없다.

	기혼자(거짓말쟁이)	독신자
A	○	
B		○
C	○	
D		○

따라서 독신자는 B와 D가 된다(C를 거짓말쟁이로 가정하고 C의 발언에서도 똑같이 정답에 도달할 수 있다).

09 논리게임 참 · 거짓 판단하기

| 정답 | ④

| 해설 | 6명의 진술로 다음과 같은 표를 만들 수 있다.

진술자	A	B	C	D	E	F
도둑 후보	D, E	C, F	D, F	A, E	B, C	–

도둑 후보로 지명된 사람 중 횟수를 살펴보면 A, B는 각각 한 번씩 지목을 받았고 나머지 사람들은 두 번씩 지목을 받았다.

1. A와 B가 범인이라면 D와 E는 한 명씩 도둑을 지목하였고 나머지 사람들은 모두 거짓말한 것이 되어 버린다. 따라서 A와 B는 동시에 도둑이 되면 조건에 맞지 않는다.
2. A와 C가 범인이라면 B, D, E는 한 명씩 도둑을 지목하였고 A, C는 완전히 거짓말을 한 것이므로 조건에 맞지 않는다. 마찬가지로 A와 D, A와 E, A와 F도 동시에 도둑이 될 수 없다. 따라서 A는 도둑이 아니다.
3. 마찬가지 이유로 B도 도둑이 될 수 없다. 이에 C, D, E, F 중 2명이 범인이다. 그런데 C와 F, D와 E, D와 F는 동시에 범인일 수 없다. 따라서 가능한 경우는 C와 D, C와 E, E와 F밖에 없다.
4. C와 D가 범인이라면 A, B, C, E는 한 명씩 도둑을 지목하였고 D는 완전히 거짓말을 한 것이므로 조건에 맞는다.
5. C와 E가 범인이라면 A, B, D, E는 한 명씩 도둑을 지목하였고 C는 완전히 거짓말을 한 것이므로 조건에 맞는다.
6. E와 F가 범인이라면 A, B, C, D는 한 명씩 도둑을 지목하였고 E는 완전히 거짓말을 한 것이므로 조건에 맞는다.

세 가지 경우가 가능하므로 C, D, E, F 중 두 명의 범인이 있다는 것을 알 수 있으나 정확히 찾아낼 수가 없다. 따라서 정답은 ④이다.

10 논리게임 자리 배치하기

| 정답 | ④

| 해설 |

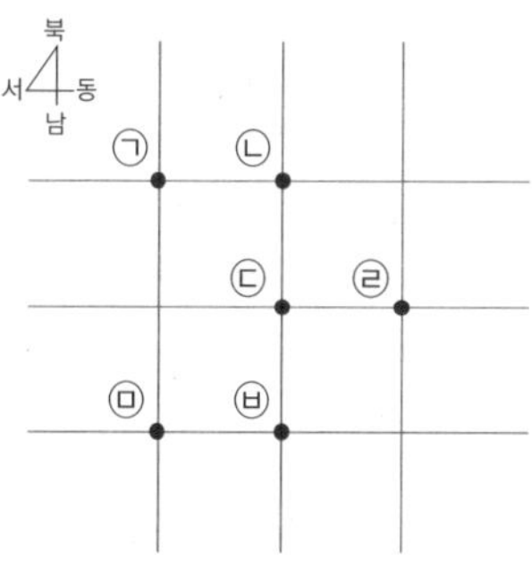

A의 발언으로 C의 북쪽에 A가 있는 것을 알 수 있다. 그러면 C의 위치는 북쪽에 사람이 있는 장소로 한정되기 때문에 그림 ㉢, ㉤, ㉥ 중 하나가 된다. 또한 B의 발언에서 C의 동쪽에 B가 있음을 알 수 있다. 즉, C의 위치는 동쪽에 사람이 있는 장소로 한정되므로 ㉢, ㉤ 중 하나인데 C의 발언으로 C의 북동쪽에 F가 있다는 것이 확정되었으므로 C의 위치는 북동쪽에 사람이 있는 ㉤임을 알 수 있다. A는

C의 북쪽이므로 ㉠, B는 그 동쪽이므로 ㉥, F는 그 북동쪽이므로 ㉢인 것을 알 수 있다. 다음으로 D의 발언으로 D는 B의 북쪽인 ㉡, 남은 ㉣에는 E가 위치하고, 이는 E는 D의 남동쪽에 있다는 E의 발언과도 일치한다.

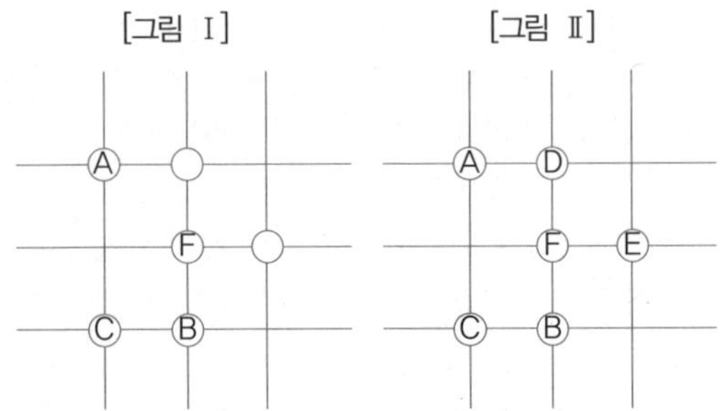

따라서 [그림 Ⅱ]에 따라 정답은 ④이다.

11 논리게임 자리 배치하기

| 정답 | ④

| 해설 | 정중앙에 위치하는 동민이와 앞뒤 배치가 확정된 재열·해수를 기준으로 조건에 따라 배열하며 경우의 수를 찾아보도록 한다. 재열이나 해수가 맨 앞이나 맨 뒤에 서있다면 그 반대편인 맨 뒤나 맨 앞에는 수광이가 서는데, 이렇게 되면 동민이의 앞뒤로 소녀와 영진이가 위치하면서, 강우가 수광이의 바로 앞 혹은 뒤에 서게 되므로 조건에 어긋난다. 따라서 재열·해수는 맨 앞과 맨 뒤를 제외한 앞에서 두, 세 번째 또는 네, 다섯 번째에 서고, 그 바로 앞 또는 뒤에는 수광이가 맨 앞 또는 맨 뒷자리에 서며, 반대편으로는 소녀, 강우, 영진이 차례로 서 있게 된다. 이를 정리하면 다음과 같다.

• 재열·해수가 두, 세 번째에 서는 경우(2가지)

(앞) 수광 재열 해수 동민 소녀 강우 영진 (뒤)
or or
해수 재열

• 재열·해수가 네, 다섯 번째에 서는 경우(2가지)

(앞) 소녀 강우 영진 동민 재열 해수 수광 (뒤)
or or
해수 재열

따라서 수광이가 맨 앞에 서면 영진이는 맨 뒤에 선다.

| 오답풀이 |

① 재열과 해수가 두, 세 번째에 서는 경우, 수광이 맨 앞에 서기 때문에 항상 참은 아니다.

② 해수가 동민이의 바로 뒤에 서지도 않고 재열이가 동민이의 바로 앞에 서지도 않는 경우가 있기 때문에 항상 참은 아니다.

③ 강우의 위치는 항상 소녀의 뒤이다.

12 논리게임 자리 배치하기

| 정답 | ③

| 해설 |

이 부장–박 과장
or
김 대리 박 과장–이 부장
기둥 A 기둥
B – C
or
C – B

첫 번째 조건에 의해 정면에서 바라볼 때 주차되어 있는 차의 순서는 「B–C–A」 또는 「C–B–A」가 된다. 네 번째 조건에 의해 가장 왼쪽에 주차된 차는 박 과장 또는 김 대리의 것이 되는데 두 번째 조건에 따라 김 대리의 차가 박 과장의 차보다 왼쪽에 있어야 하므로 가장 왼쪽 자리의 차는 김 대리의 것이 된다. 김 대리의 차가 B이므로 차의 주차 순서는 「B–C–A」가 되고, 차주의 순서는 「김 대리–이 부장–박 과장」 또는 「김 대리–박 과장–이 부장」이 되므로 어떤 경우이든 김 대리의 차는 항상 왼쪽 기둥 옆에 있다.

13 논리게임 조건 추리하기

| 정답 | ②

| 해설 | 2월 10일 주번은 A, 보조는 B, C이므로 2월 11일 주번은 D 또는 E이다. 경우의 수를 하나씩 살펴보면 다음과 같다.

구분	2월 11일		2월 12일		2월 13일		2월 14일		2월 15일	
	주번	보조	주번	보조	주번	보조	주번	보조	주번	보조
1	D	A, E	B	C, D	E	A, B	C	D, E	A	B, C
2			C	B, D	E	A, C	B	D, E		
3	E	A, D	B	C, E	D	A, B	C	D, E	A	B, C
4			C	B, E	D	A, C	B	D, E		

이때 1, 2, 3의 경우 B와 E가 연속으로 주번을 할 수 없다는 조건에 어긋난다. 따라서 A－E－C－D－B의 순서대로 주번이 돌아간다는 것을 알 수 있다.

2월은 28일까지 있다고 하였으므로 19일, 3월은 31일, 4월은 30일, 5월은 10일로 총 90일이다. 이를 5로 나누면 딱 떨어지므로 5월 10일 당번인 사람은 마지막 사람인 B가 된다.

14 논리오류 논리적 오류 파악하기

| 정답 | ②

| 해설 | ②와 〈상황〉의 오류는 잘못된 유추의 오류로 한 대상의 특성을 이와 비슷한 특징을 가진 다른 대상에 부적절하게 적용하는 경우 발생하는 오류이다.

| 오답풀이 |

① 결론을 전제로 사용하는 순환논증의 오류이다.

③ 애매어의 오류(다른 의미로 사용될 수 있는 단어를 혼용하는 오류)이다.

④ 무지에 호소하는 오류이다.

15 논리오류 논증 방식 파악하기

| 정답 | ②

| 해설 | '유비 추리 논증'은 기본 속성이나 관계, 구조, 기능 등에서 유사하거나 동형임을 들어 다른 요소들에 있어서도 유사하거나 동형일 것이라고 추리하는 방식이다. 제시된 논증은 정교한 기계와 인간의 몸이 '정교함'이라는 유사한 속성이 있으므로 이와 관련없는 다른 요소에서도 공통점이 있을 것이라고 판단하는 논증 방식을 보여주고 있으므로 '유비 추리 논증'이라고 할 수 있다.

16 논리오류 논리적 오류 이해하기

| 정답 | ④

| 해설 | 논증의 결론 자체를 그 논증에 대한 전제로 사용하는 '순환논증의 오류'에 해당한다.

| 오답풀이 |

① 배타성이 없는 두 개념 외에는 다른 가능성이 없다고 단정지어버리는 '선언지 긍정의 오류'를 범하고 있다.

② 논지와 직접적인 관련이 없는 권위자의 견해를 근거로 신뢰하게 하는, 즉 '부적합한 권위에 호소하는 오류'를 범하고 있다.

③ 반례가 존재하고 적절하지 않은 비유를 드는 '잘못된 비유의 오류'를 범하고 있다.

17 논리게임 조건을 바탕으로 결론 추론하기

| 정답 | ③

| 해설 | 각 지원자의 총점을 계산해 보면 다음과 같다.

(단위 : 점)

구분	어학 능력	필기 시험	학점	전공 적합성	계
지원자 A	2	3	2	2	2+3+2+2=9
지원자 B	3	2	3	3	3+2+3+3=11
지원자 C	1	1	3	3	1+1+3+3=8
지원자 D(누락)	?	?	?	?	1+2+3+?

지원자 D는 상, 중, 하를 모두 받았으므로 적어도 6점은 받았다는 것을 알 수 있다. 만일 지원자 D의 나머지 하나의 항목 점수가 '상'일 경우 총점은 9점이 되어 지원자 A가 반드시 선발된다고 말할 수 없다. 또한 나머지 하나의 항목 점수가 상이나 중인 경우 동점자가 생길 수 있다. 그러나 지원자 D의 나머지 하나의 항목 점수가 무엇이든 11점을 넘지 않으므로 지원자 B의 선발 여부에는 영향을 주지 않는다.

따라서 올바른 추론은 ㉢뿐이다.

18 논리게임 조건을 바탕으로 결론 추론하기

| 정답 | ②

| 해설 | 사거리에서 다음 교차로까지의 거리를 1로 한다. A의 발언에 따라 T자 길을 좌회전하려면 그림상 A의 입구 기준 왼쪽으로 방향으로 나아가야 하는데, 나아간 장소에서 좌회전을 해도 같은 속도의 B는 전방의 사거리에 없다. 그러므로 A는 처음에 2 나아가서 '나'를 향하여 좌회전한

것이 된다. 이때 B는 [그림 Ⅰ]과 같은 길로 나아간다. 또한 [그림 Ⅱ]처럼, C는 '라→나'의 순으로 나아가서 '나'에서 A와 스친다. 3명이 나아간 거리를 살펴보면, A는 7, B는 6, C는 9이므로 출구에 도착한 순서는 B, A, C 순이다. 따라서 3명 모두 '나'를 지나간 것이 된다.

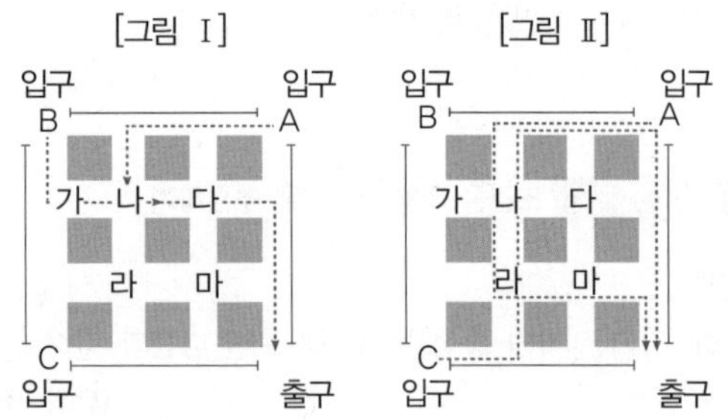

02 문제해결

테마 2 출제유형문제									문제 270쪽
01	①	02	①	03	①	04	④	05	④
06	④	07	②						

01 문제유형 문제의 유형 이해하기

| 정답 | ①

| 해설 | 설정형 문제는 미래의 문제 즉, 미래 상황에 적용되는 장래의 경영전략이다. 이는 앞으로 어떻게 미래 상황에 대응할지와 관련된 미래의 경영전략 문제이며, 지금까지 해 오던 것과 상관없이 새로운 과제 또는 목표를 설정함에 따라 발생하는 목표지향적 문제이다.

| 오답풀이 |

② 탐색형 문제에 대한 설명이다.

③, ④ 발생형 문제에 대한 설명이다.

02 문제유형 문제의 유형 이해하기

| 정답 | ①

| 해설 | 분석적 문제는 현재의 문제점이나 미래의 문제로 예견될 것에 대한 문제 탐구로 문제 자체가 명확하지만, 창의적 문제는 현재 문제가 없더라도 보다 나은 방법을 얻기 위한 문제 탐구로 문제 자체가 명확하지 않다.

03 문제해결절차 문제해결절차 이해하기

| 정답 | ①

| 해설 | 문제해결의 절차는 '문제 인식 → 문제 도출 → 원인 분석 → 해결안 개발 → 실행 및 평가' 순서로 진행된다. 따라서 빈칸에 들어갈 단계는 '원인 분석'이다. 이 단계에서는 핵심 문제를 분석하여 그 근본 원인을 도출한다.

| 오답풀이 |

② '해결안 개발' 단계에 해당한다.

③ '문제 도출' 단계에 해당한다.

④ '문제 인식' 단계에 해당한다.

04 문제해결절차 문제해결절차 이해하기

| 정답 | ④

| 해설 | 제시된 사례에서 '문제 인식'은 지각을 하였다는 것이며, 과음을 하였거나 알람소리가 작았다는 것 등은 '문제 도출'에 해당한다. 또한 자신의 잘못된 습관이나 나약한 의지 등이 '원인'으로 지적될 수 있으며, 출근 전날 과음을 하지 않겠다는 것은 이에 대한 '해결안'이라고 볼 수 있다.

05 문제해결 기법 SWOT 분석 활용하기

| 정답 | ④

| 해설 | M 식품이 관리하는 생산 · 가공 · 유통 시스템(S)의 전 과정을 투명하게 공개하여 자사 식품 안전도에 대한 소비자의 신뢰도를 상승(T)시키는 것은 ST 전략에 해당한다.

| 오답풀이 |

① 식재료에 대한 높은 해외 의존도는 M 식품의 약점 요인이고, 해외 식재료 가격 상승은 위협 요인이므로 해외 식재료를 확보하는 것은 적절한 전략이 아니다.

② K-food에 대한 세계적 관심이 증가(O)하고 있으므로 M 식품의 높은 브랜드 인지도를 이용(S)해 해외 이전 계획을 수립하는 것은 SO 전략에 해당한다.

③ 가격이 높은 만큼(W) 건강에 좋은 성분의 식재료가 제품에 많이 포함되어 있다(O)는 점을 강조하는 홍보 전략을 수립하는 것은 WO 전략에 해당한다.

06 문제해결 기법 창의적 사고기법 이해하기

| 정답 | ④

| 해설 | 시네틱스(Synetics) 기법에 대한 설명으로, 서로 관련이 없어 보이는 것들을 조합하여 새로운 것을 도출해 내는 집단 아이디어 발상법이다.

| 오답풀이 |

① PMI 기법 : 여러 가지 아이디어를 평가하여 하나를 골라내는 방법으로, 각각의 아이디어에서 좋은 점, 나쁜 점, 흥미로운 점을 찾아 가장 알맞은 아이디어를 선택한다.

② 연꽃 기법 : 브레인스토밍, 마인드매핑과 같이 인간의 두뇌 활용을 극대화하는 사고 및 학습 기법의 일종으로, 활짝 핀 연꽃 모양으로 아이디어를 다양하게 발상해 나가는 데 도움을 주는 사고 기법이다.

③ 육색사고모자 기법 : 중립적, 감정적, 부정적, 낙관적, 창의적, 이성적 사고를 뜻하는 여섯 가지 색깔의 모자를 차례대로 바꾸어 쓰면서 모자 색깔이 뜻하는 유형대로 생각해 보는 방법이다.

07 문제해결 기법 강제결합법 이해하기

| 정답 | ②

| 해설 | 강제결합법은 연관성이 없는 둘 이상의 단어를 통해 새로운 아이디어를 도출하는 방법이다. 나머지 선택지에서 언급된 것은 모두 서로 다른 사물의 연결을 통해 제3의 제품을 개발한 사례이나, 플라스틱 컵의 재질을 끊임없이 대체해 보는 과정을 거쳤다는 것은 스캠퍼(SCAMPER) 기법의 '대체하기' 방법을 활용한 것으로 강제결합법의 사례로 적절치 않다.

테마 3 기출예상문제									문제 274쪽
01	①	02	②	03	③	04	①	05	③
06	②	07	④						

01 문제유형 문제의 유형 이해하기

|정답| ①

|해설| (가)와 (나)는 탐색형 문제로 현재 상황을 개선하거나 보다 효율을 높이기 위한 것으로 방치하면 더 큰 손실이 따른다.

|오답풀이|

(다) 발생형 문제로 원상복귀가 필요하다.

(라) 설정형 문제로 창조적인 노력이 요구된다.

02 문제해결절차 문제해결절차 이해하기

|정답| ②

|해설| 문제해결절차의 5단계는 다음과 같다.

- 문제 인식 : 해결해야 할 전체 문제를 파악하여 우선순위를 정하고, 선정문제에 대한 목표를 명확히 한다(환경 분석, 주요 과제 도출, 과제 선정).
- 문제 도출 : 선정된 문제를 분석하여 해결해야 할 것이 무엇인지를 명확히 하는 단계로, 문제를 분해하여 인과관계 및 구조를 파악한다.
- 원인 분석 : 파악된 핵심문제에 대한 분석을 통해 근본 원인을 도출한다.
- 해결안 개발 : 문제로부터 도출된 근본 원인을 효과적으로 해결할 수 있는 최적의 해결 방안을 수립한다.
- 실행 및 평가 : 해결안 개발을 통해 만들어진 실행계획을 실제 상황에 적용·평가한다.

따라서 ②의 '해결과제 도출'은 문제인식 단계에서 수행되어야 하므로 옳지 않은 설명이다.

03 문제해결 기법 브레인스토밍 이해하기

|정답| ③

|해설| 브레인스토밍은 창의적 사고를 위한 발산 방법 중 가장 흔히 사용되고 있는 방법이다. 참가자 누구나 자유롭게 발언할 수 있으며 발언한 아이디어에 대한 비판은 금한다. 제시된 아이디어를 모두 기록하여 가장 적절한 방안을 찾는 데 활용된다.

|오답풀이|

① 체크리스트 : 오스본(Alex Osborn)의 체크리스트는 대상에 대한 생각을 9가지 항목(전용, 응용, 변경, 확대, 축소, 대용, 재배열, 역전, 결합)에 따라 정리하는 기법이다.

② 소프트 어프로치 : 직접적인 표현이 바람직하지 않다고 여기며 무언가를 시사 또는 암시하여 의사를 전달하고 기분을 서로 통하게 함으로써 문제해결을 도모하는 방법이다. 반면, 하드 어프로치는 상이한 문화적 모양을 가지고 있는 구성원을 가정하여, 서로의 생각을 직설적으로 주장하고 논쟁이나 협상을 통해 서로의 의견을 조정하는 방법이다.

④ 아이스브레이크 : 처음 만난 사람들끼리 서먹서먹함을 없애거나 딱딱한 분위기를 풀어 친밀도를 높이기 위해 하는 일

04 문제해결절차 문제해결절차 이해하기

|정답| ①

|해설| 문제해결의 5단계는 문제 인식, 문제 도출, 원인 분석, 해결안 개발, 실행 및 평가이다. ㉠은 대출이 누락된 문제에 대한 원인을 분석하여 고객들에게 안내해 주고 있는 것으로 '원인 분석' 단계에 해당된다고 볼 수 있으며, ㉡은 분석된 원인을 근거로 문제점을 보완하여 해결방안을 제시하고 있으므로 '해결안 개발' 단계에 해당된다고 볼 수 있다.

05 문제해결절차 문제해결절차 이해하기

|정답| ③

|해설| ㉡ 고객들의 서비스 만족도가 상승한 것은 현상에 해당한다.

㉠ 고객들이 방문하면 고객만족실 직원들이 눈을 마주치고 웃는 얼굴로 인사하는 것은 ㉡의 원인에 해당한다.

㉢ 고객만족실 직원들이 매주 금요일 2시간씩 서비스 교육을 받는 것은 ㉠의 근본원인에 해당한다.

따라서 현상－원인－근본원인으로 나열하면 ㉡－㉠－㉢ 이다.

06 문제해결 기법 퍼실리테이션 이해하기

|정답| ②

|해설| 퍼실리테이션(Facilitation)은 어떤 그룹이나 집단이 의사결정을 잘하도록 도와주는 일을 의미하며 최근 많은 조직에서 활용되고 있다.

|오답풀이|

① 코칭 : 조직의 지속적인 성장과 성공을 만들어내는 리더의 능력으로, 관리와 다르게 직원에게 질문하고 경청하고 지원하여 생산성을 높이고 기술 수준을 발전시키며 자기 향상을 돕고 업무에 대한 만족감을 높이는 과정이다.

07 문제해결 기법 SWOT 분석 활용하기

|정답| ④

|해설| 해외 기업의 시장잠식(T)에 대비한 국내 지하수 관리 산업보호육성(W)은 약점을 보완해 위협을 회피하는 전략이다.

|오답풀이|

① 국내 지중환경에 부합하는(O) 지하수 관리 및 토사계측 전문인력(W) 양성은 약점을 보완하여 기회를 잡는 전략이다.

② 우수한 장비와 IT기술(S)을 바탕으로 센서 및 네트워크 기술(O)의 해외진출 추진은 강점을 활용해 기회를 잡는 전략이다.

③ 정부의 적극적인 R&D(S)를 통한 조사/탐사 장비 기술 격차(T) 축소는 강점을 활용해 위협을 줄이는 전략이다.

파트 4 공간지각력

01 시각적 사고

테마 2 출제유형문제 문제 302쪽

01	④	02	③	03	③	04	③	05	④
06	③	07	②	08	①	09	③	10	③
11	④	12	①	13	④	14	④	15	①
16	④	17	①	18	③				

01 전개도 전개도 완성하기

|정답| ④

|해설| 전개도를 접을 때 서로 만나게 되는 모서리를 표시하면 다음과 같다.

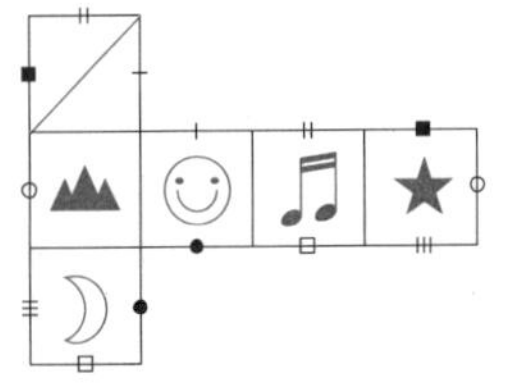

각 선택지의 3개의 면에 들어가는 도형 중 구분하기 쉬운 도형을 골라 그것을 중심으로 인접면의 도형 모양과 방향을 파악한다. ④의 경우 오른쪽 면인 ★을 중심으로 살펴보면 바로 왼쪽 면의 방향이 잘못되었음을 알 수 있다. 즉, → 로 되어야 한다. 왼쪽 면이 일 경우에는 이 되어야 한다.

02 전개도 모양이 다른 전개도 찾기

|정답| ③

|해설| 전개도 한 면의 방향이 다음과 같이 바뀌어야 한다.

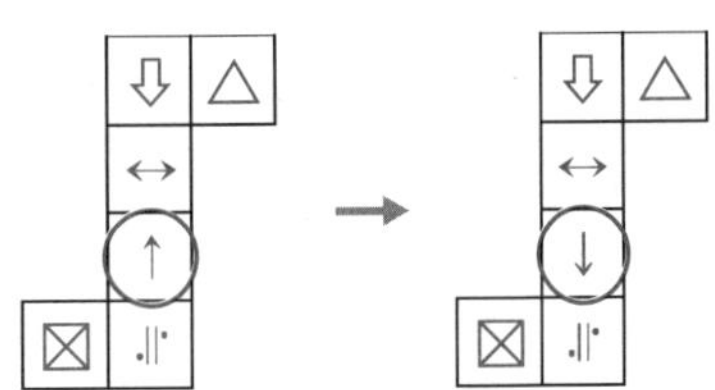

03 전개도 도형의 회전한 면 찾기

| 정답 | ③

| 해설 | 먼저 주어진 전개도에서 서로 맞닿는 변을 표시한다.

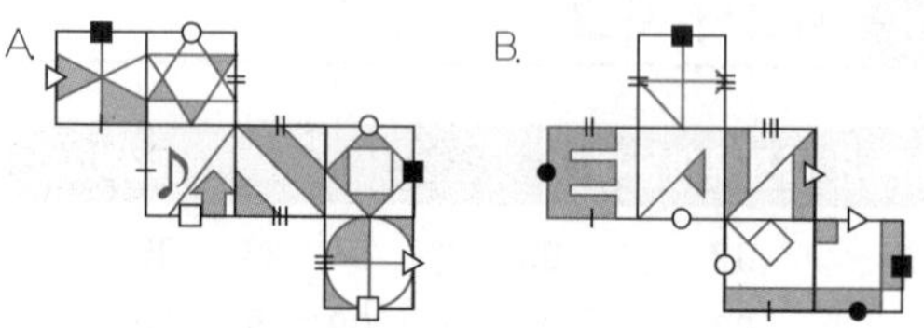

그런 다음 A와 B를 접어 제시된 정면 모양대로 놓으면 다음과 같다(진한 색선 : 앞면의 밑변 표시).

A.

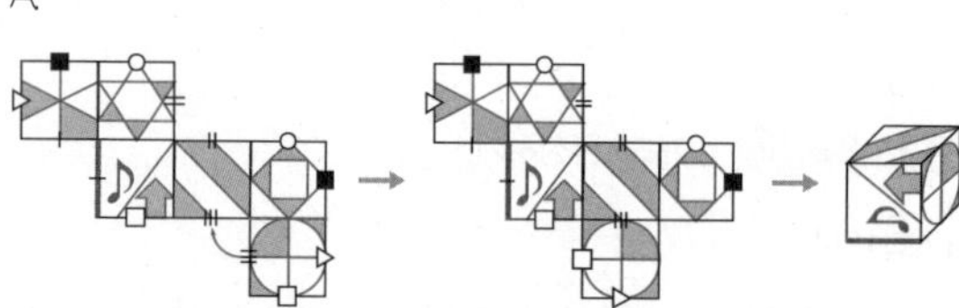

B.

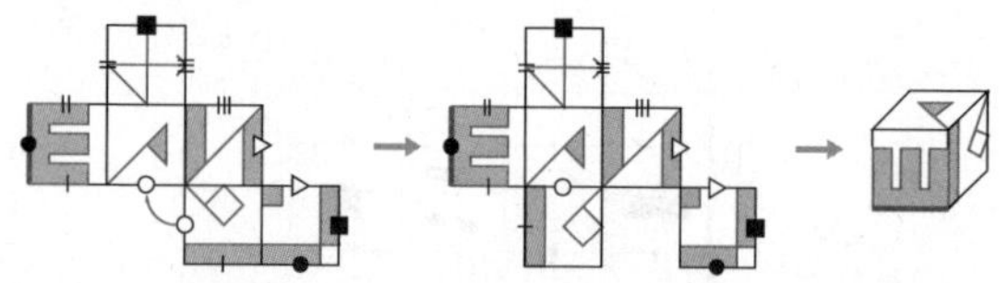

이 상태에서 각각 x축을 중심으로 앞쪽으로 90°, y축을 중심으로 180° 회전한 모양을 찾는데, 앞면을 중심으로 하여 회전(이동) 후의 앞면과 윗·옆면의 모양을 전개도의 인접면을 보며 찾도록 한다.

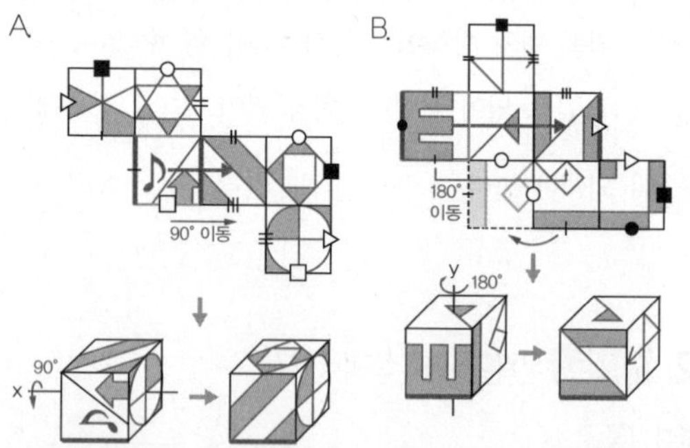

따라서 위에서 내려다 본 모양을 찾으면 다음과 같다.

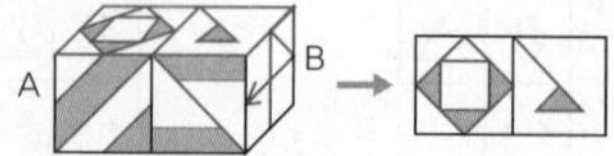

04 투상도 일치하는 입체도형 찾기

| 정답 | ③

| 해설 | 투상도의 형태를 볼 때 일치하는 것은 ③이며, 나머지는 O표시된 부분이 잘못되었다.

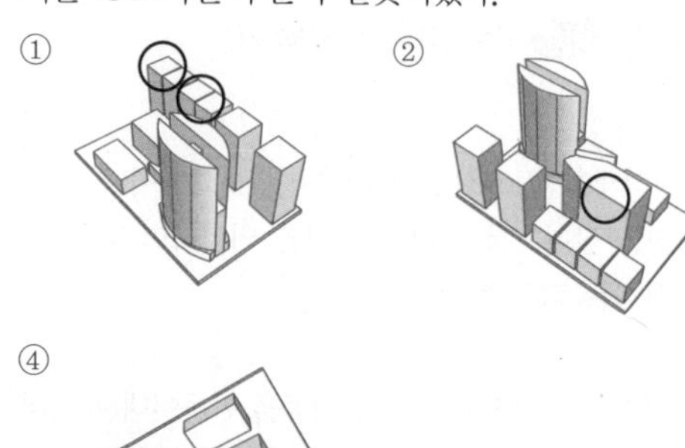

05 투상도 일치하는 입체도형 찾기

| 정답 | ④

| 해설 | 투상도의 형태를 볼 때 일치하는 것은 ④이며, 나머지는 O표시된 부분이 잘못되었다.

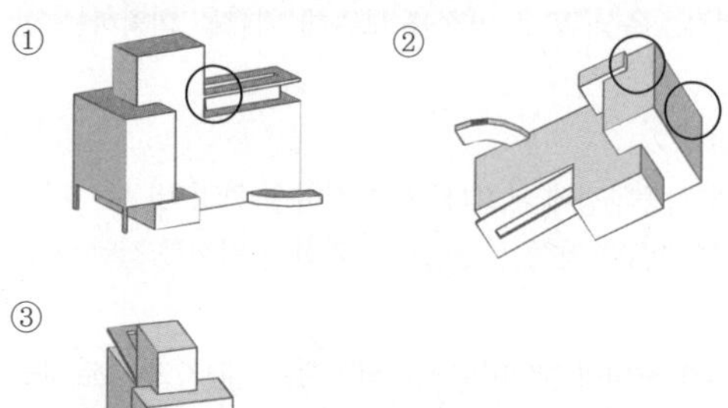

06 투상도 일치하는 입체도형 찾기

| 정답 | ③

| 해설 | 우선 정면도를 통해 가로·세로의 블록 개수를 확인한다. 가로 5개, 세로 4개이므로 ②, ④는 답이 될 수 없다. 다음으로 평면도를 기준으로 평면도 맨 윗줄부터 블록의 개수가 맞는지 비교하면 되는데, ①은 맨 윗줄 블록 개수가 4개로 1개 더 많으므로 ③이 적절하다.

| 오답풀이 |

① 평면도가 일치하지 않는다.

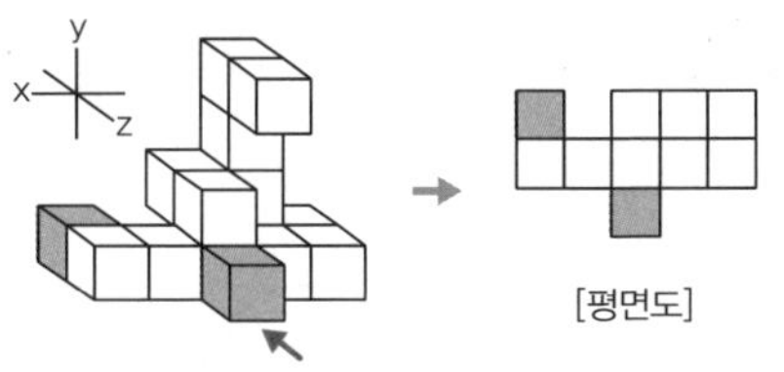

② 정면도, 평면도, 우측면도 모두 일치하지 않는다.

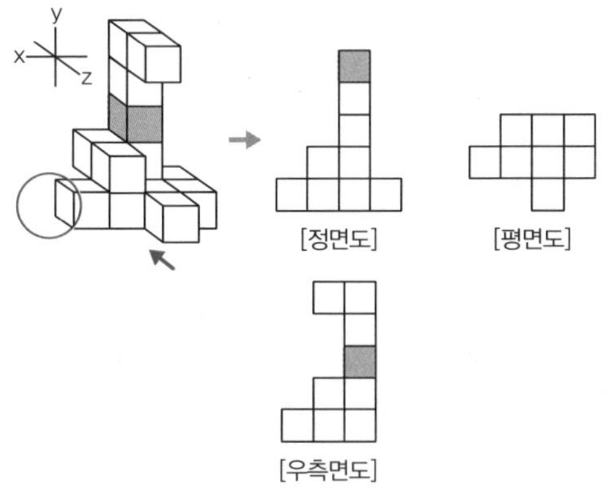

※ 정면도의 색칠된 블록은 개수가 1개 더 많음을 보이기 위해 임의로 표시한 것이다. 왼쪽 블록의 색칠된 층과 다르다고 헷갈리지 않도록 한다.

④ 정면도, 우측면도가 일치하지 않는다.

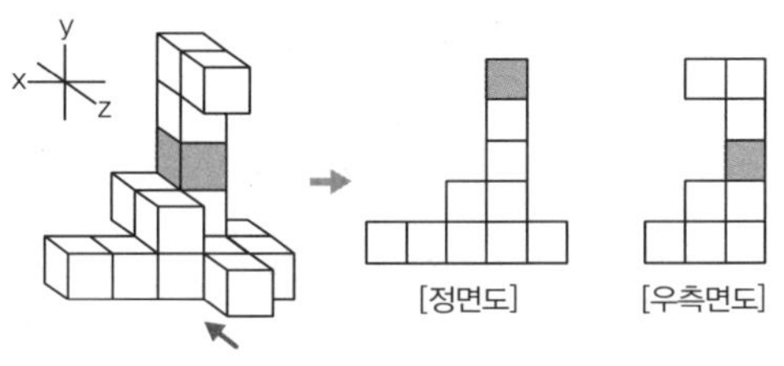

07 종이접기 펼친 그림 찾기

| 정답 | ②

| 해설 |

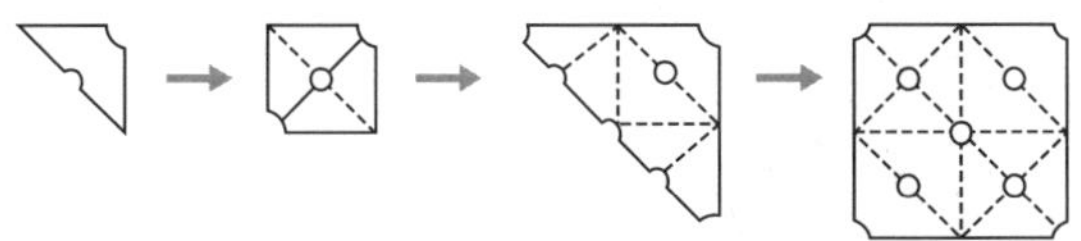

08 종이접기 펼친 그림 찾기

| 정답 | ①

| 해설 |

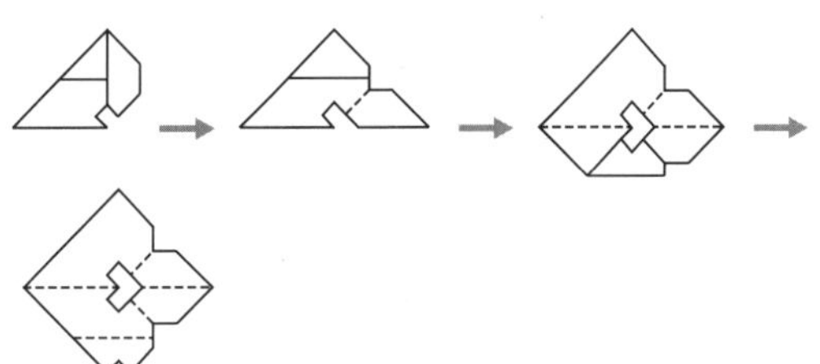

09 종이접기 접은 면 유추하기

| 정답 | ③

| 해설 | 접는 순서별로 뒷면의 모양을 생각하면 답을 찾을 수 있다. 뒷면에서의 순서를 그림으로 나타내면 다음과 같다.

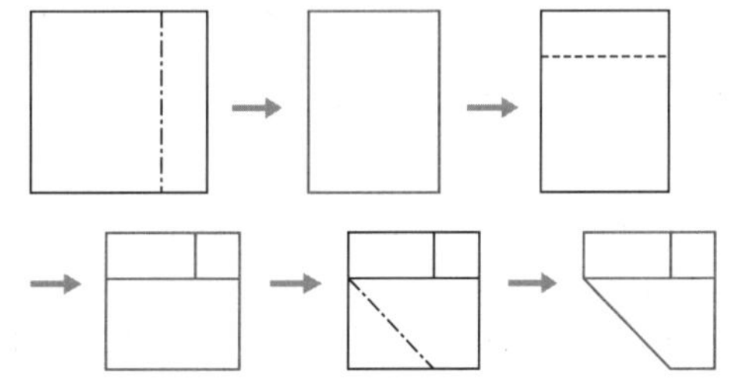

10 종이접기 접은 면 유추하기

| 정답 | ③

| 해설 | ③을 오른쪽 방향으로 회전시킨 후 뒤집으면 아래와 같고,

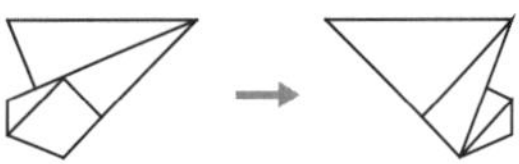

이를 접힌 순서대로 펼치면 다음과 같다.

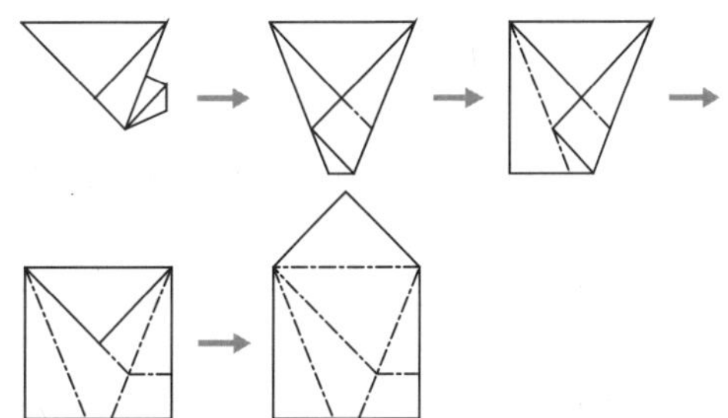

| 오답풀이 |

① 순서대로 접었을 때 정면에서 볼 수 있는 모양이다. 해당 문제는 뒤에서 본 모양을 찾으므로 옳지 않다.

11 도형과 조각의 일치 일치하는 입체도형 찾기

| 정답 | ④

| 해설 | 제시된 입체도형을 y축 시계방향으로 90° 회전시키면 ④의 모양과 일치한다.

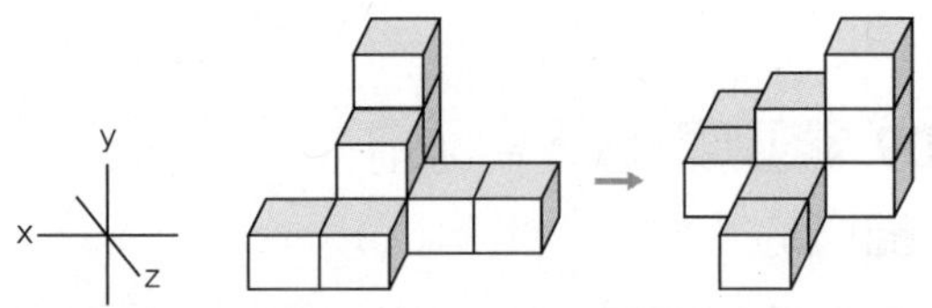

| 오답풀이 |

다른 입체도형은 점선으로 표시된 블록이 추가되거나 동그라미 친 블록이 제거되어야 한다.

①
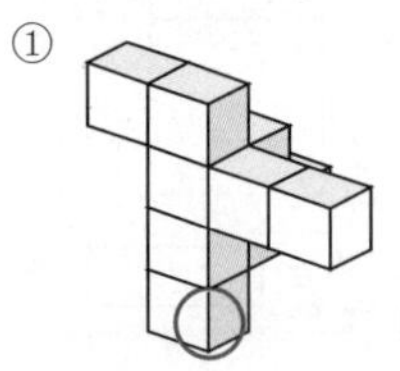
②
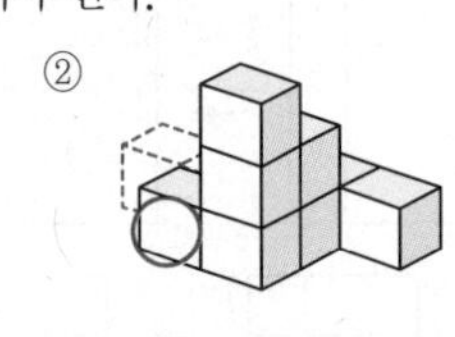
③
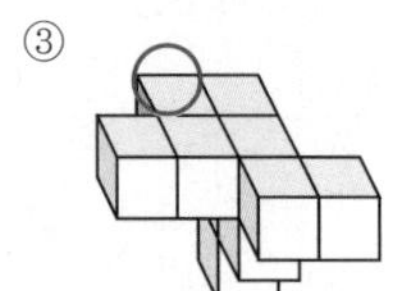

12 도형과 조각의 일치 조합 시 일치하는 도형 찾기

| 정답 | ①

| 해설 | 선택지의 그림에서 확실하게 아닌 조각을 찾아 제외시키면 된다. 이때 도형 조각의 굵기 차이를 파악해야 한다.

②
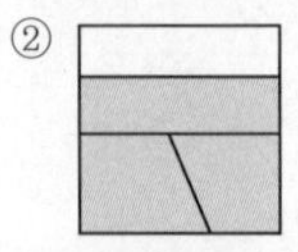
③
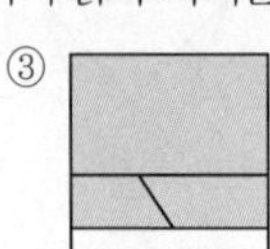
④
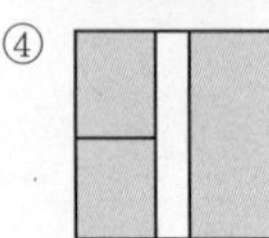

13 도형과 조각의 일치 조합 시 일치하는 도형 찾기

| 정답 | ④

| 해설 | 선택지의 그림에서 확실하게 아닌 조각을 찾아 제외시키면 된다. 이때 두 도형 조각의 변 길이가 다르다는 것을 파악해야 한다.

①
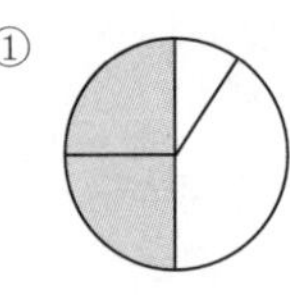
②
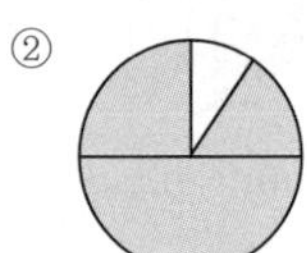
③
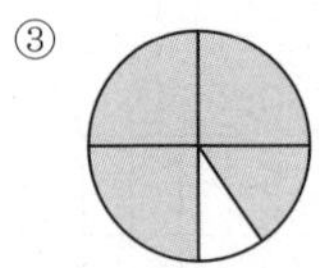

14 블록 블록 결합하기

| 정답 | ④

| 해설 | 두 블록의 개수를 합하여 선택지의 블록 개수와 다른 것을 찾으면 좀 더 빨리 풀 수 있다. 이 방법으로 찾지 못할 경우 각 선택지에서 모양이 특이한 것을 먼저 대입해 보면 쉽게 찾을 수 있다.

④는 동그라미 친 부분이 제거되어야 한다.

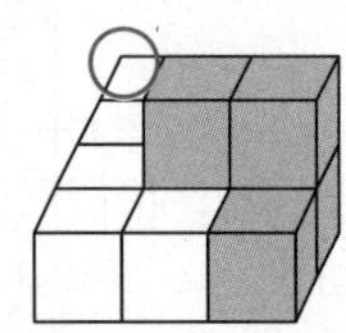

| 오답풀이 |

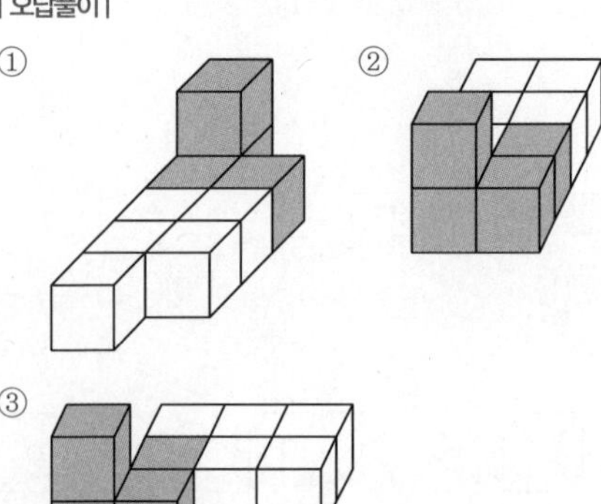

15 블록 정육면체 만들기

| 정답 | ①

| 해설 | 주어진 그림에서 가장 작은 정육면체를 만들려면 5×5×5=125(개)의 블록이 필요하다. 현재 그림에서 블록의 개수는 24개이므로 101개의 블록이 추가로 더 있어야 한다.

16 블록 블록의 개수 구하기

| 정답 | ④

| 해설 | 검은색 블록 대각선 방향에 세워져 있는 블록을 제외하면 모두 색칠된 블록과 직접 접촉하고 있다.

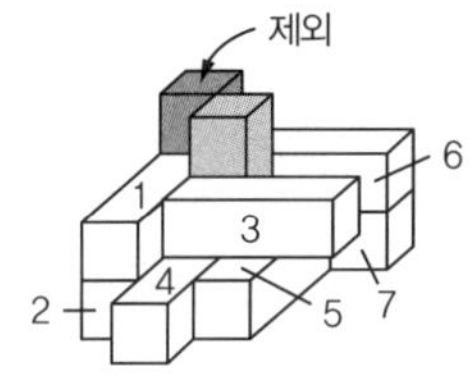

17 블록 남은 입체도형의 개수 구하기

| 정답 | ①

| 해설 | 처음의 3×3×3 정육면체를 3단으로 잘라 어느 정육면체를 빼냈는지 표시한다. 또한 구하는 것은 남은 입체도형의 최소 개수이므로, 빼낼 수 있는 것은 전부 제거하도록 한다.

1. [그림 1]에서 정면 오른쪽 위 두 단, 중앙의 최상단은 빼내는 것이 가능하므로 × 표시를 한다.

상단

	×	×
	×	×
	×	×

중단

		×
		×
		×

하단

2. 다음으로 [그림 2]에서 최상단의 앞(a쪽) 2열에도 × 표시를 한다.

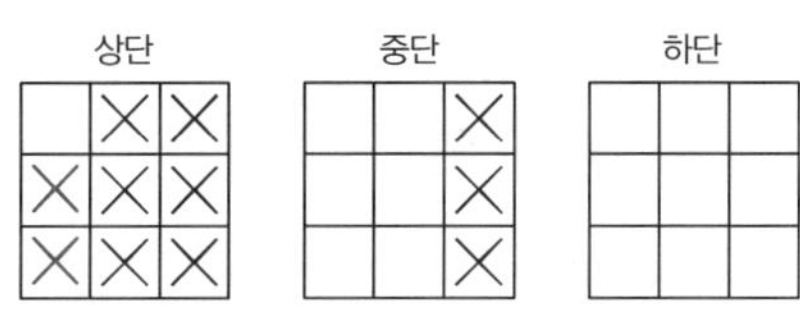

3. 구하는 것은 '남은 입체도형의 최소 개수'이므로, 더 빼낼 수 있는 것은 전부 제거해야 한다. 이에 따라 다음과 같이 × 표시를 할 수 있다.

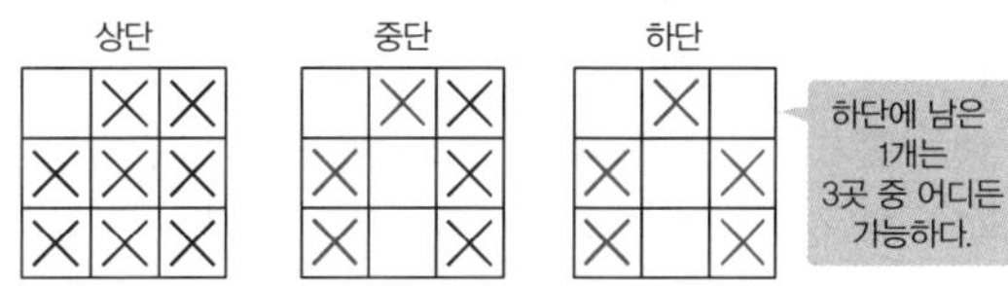

따라서 '남은 입체도형의 개수'는 × 표시가 없는 8개가 된다.

18 도형추리 규칙 적용하기

| 정답 | ③

| 해설 | 오각형에 각 꼭짓점과 중점을 이은 4줄의 선이 있고, 짧은 선은 시계방향으로 한 줄씩 돌아가며 나타난다. 또한 세 개의 굵은 선은 시계방향으로 한 줄씩 이동하고 있으며, 꼭짓점으로부터 뻗은 선→중점으로부터 뻗은 선→꼭짓점으로부터 뻗은 선 순으로 번갈아 바뀐다. 따라서 '?'에는 바로 전 도형에서 굵은 선 3줄, 짧은 선 1줄의 위치가 각각 시계방향으로 한 줄씩 이동하고, 굵은 선이 중점으로부터 뻗어 나가는 도형이 와야 한다.

테마 3 기출예상문제									문제 316쪽
01	①	02	④	03	③	04	②	05	③
06	③	07	④	08	②	09	①	10	①
11	④	12	④	13	①	14	④	15	②
16	②	17	③	18	②	19	①	20	④
21	④	22	②	23	①				

01 전개도 전개도 찾기

| 정답 | ①

| 해설 | 정육면체의 한 면을 다음과 같이 4개로 나눠 ⓐ~ⓓ로 구분하고 A, B 표시가 있는 면의 글씨가 올바르게 읽힐 수 있는 방향으로 봤을 때, 표시 위치가 ⓐ~ⓓ 중 어느 위치에 있는가를 확인한다. 문제의 그림 표시는 A는 ⓑ, B는 ⓒ이다.

ⓑ	ⓐ
ⓒ	ⓓ

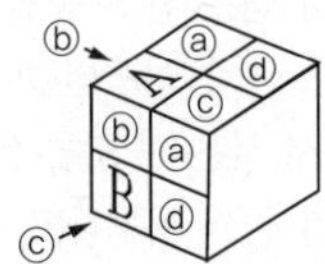

선택지의 전개도에서도 같은 것을 확인해 본 결과 다음과 같이 정리할 수 있다.

구분	A	B
①	ⓑ	ⓒ
②	ⓑ	ⓓ
③	ⓑ	ⓓ
④	ⓓ	ⓑ

따라서 기호의 위치가 같은 것은 ①이다.

02 전개도 전개도 완성하기

| 정답 | ④

| 해설 | 먼저 전개도에 접었을 때 서로 만나는 변을 표시하면 다음과 같다.

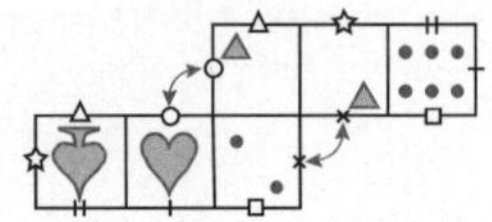

④ 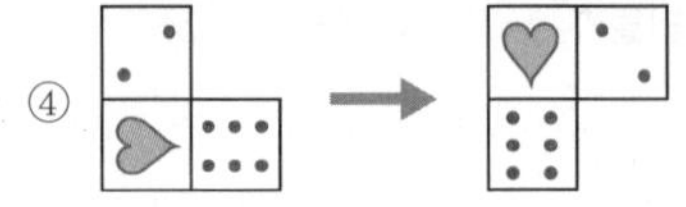

| 오답풀이 |

① ○끼리 만나야 하므로 윗면의 모양이 잘못되었다. [그림]로 되어야 한다.

② [그림]의 윗면에는 [그림]이, 옆면에는 [그림]이 와야 한다.

③ 하트와 스페이드의 방향은 서로 반대이어야 하므로 윗면의 방향이 반대로([그림]) 되어야 한다.

03 전개도 주사위 뒷면 찾기

| 정답 | ③

| 해설 | 주사위의 앞면에 해당하는 곳을 전개도에서 찾은 후 앞면을 중심으로 뒷면을 찾으면 쉽게 해결할 수 있다.

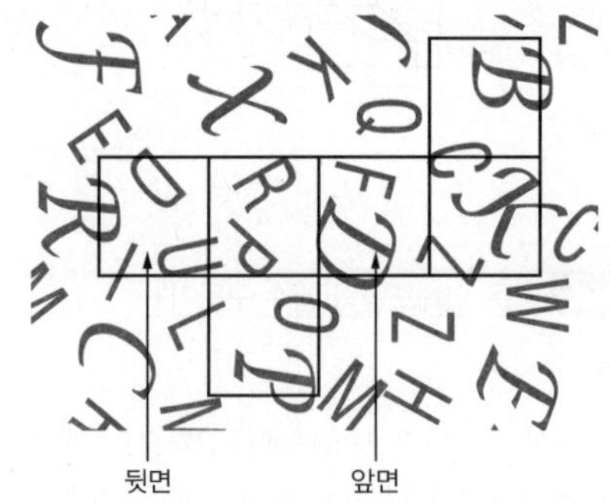

04 전개도 주사위 윗면 찾기

| 정답 | ②

| 해설 | 전개도를 접었을 때 서로 만나게 되는 변을 표시하면 다음과 같다.

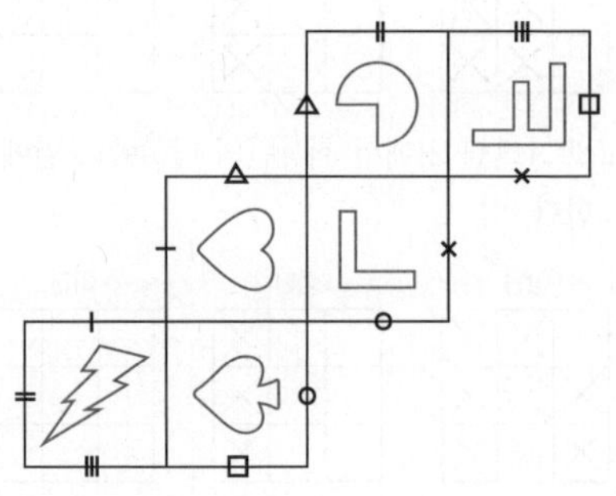

따라서 주사위 윗면의 모습은 이다.

05 전개도 입체도형 찾기

| 정답 | ③

| 해설 | ① 정면도와 우측면도가 일치하지 않는다.

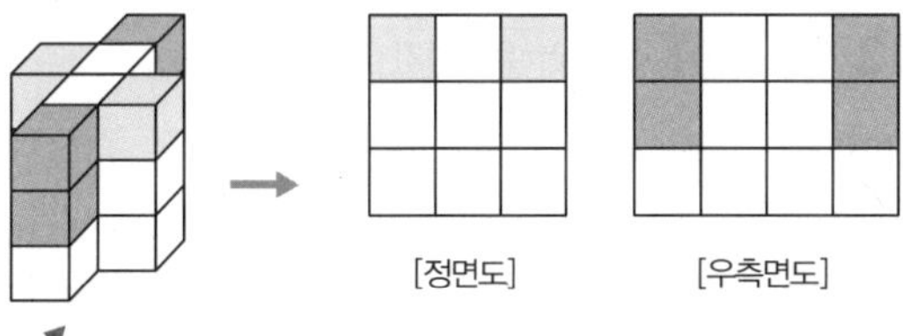

② 우측면도가 일치하지 않는다.

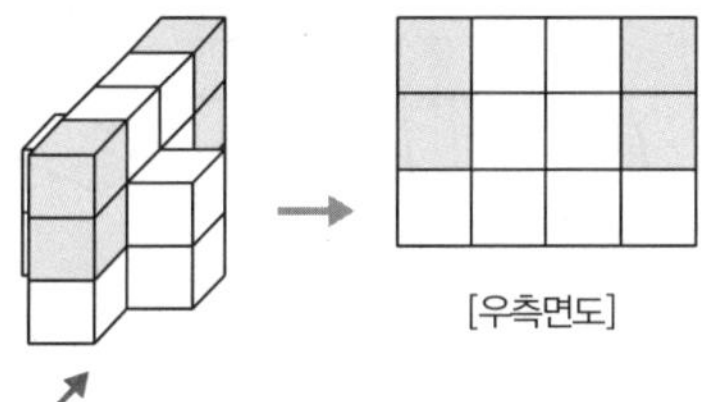

④ 평면도가 일치하지 않는다.

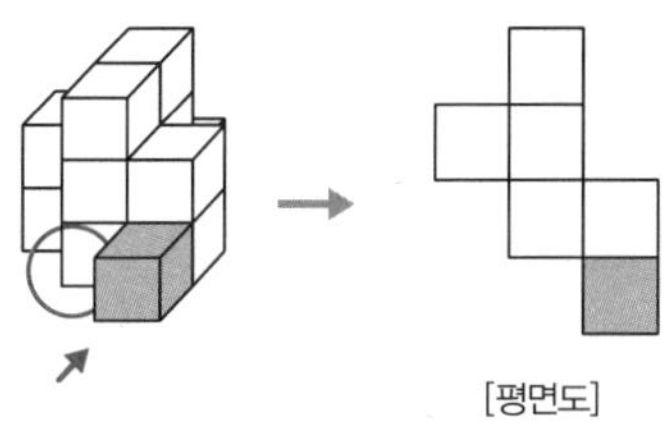

06 투상도 입체도형 찾기

| 정답 | ③

| 해설 | ① 평면도가 일치하지 않는다.

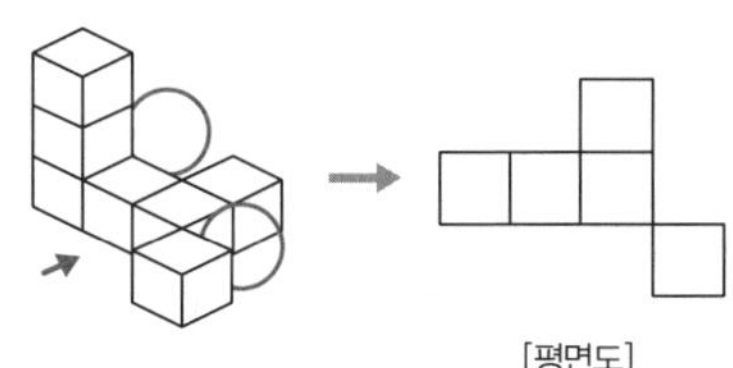

② 평면도가 일치하지 않는다.

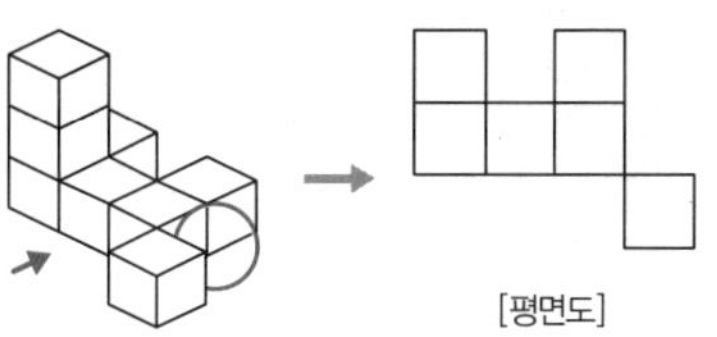

④ 우측면도가 일치하지 않는다.

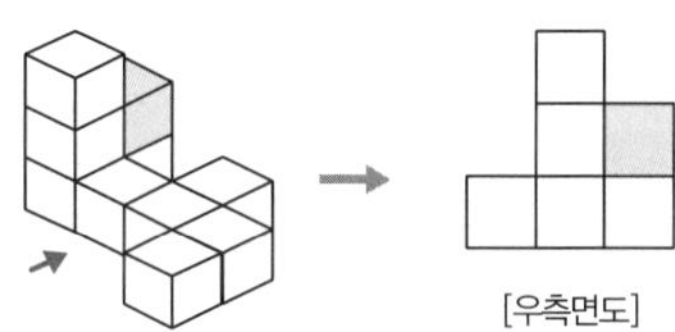

07 투상도 입체도형 찾기

| 정답 | ④

| 해설 | 일치하는 것은 ④이며, 나머지는 O표시된 부분이 잘못되었다.

①

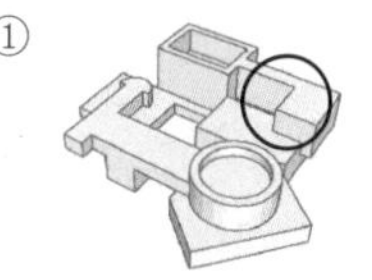

②

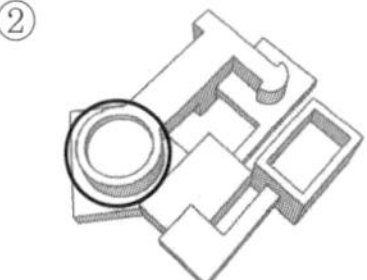

③

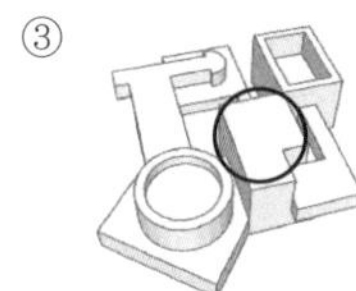

08 투상도 입체도형 찾기

| 정답 | ②

| 해설 | 일치하는 것은 ②이며, 나머지는 O표시된 부분이 잘못되었다.

①

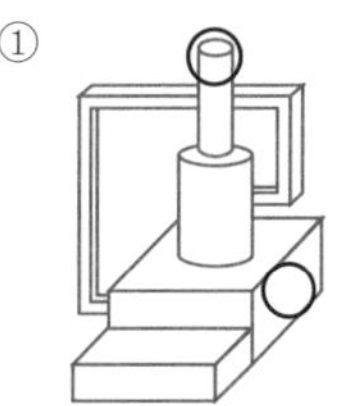

③

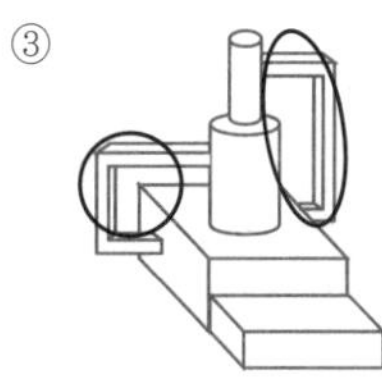

④

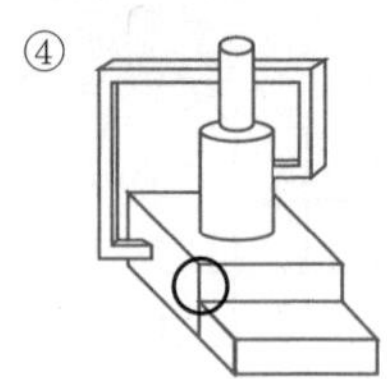

09 종이접기 펼친 그림 찾기

| 정답 | ①

| 해설 | 역순으로 펼치면 다음과 같다.

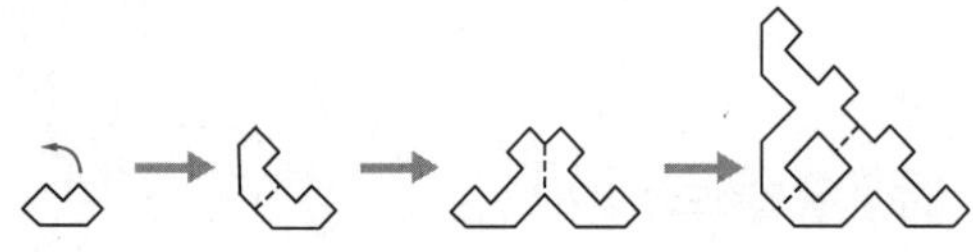

10 종이접기 펼친 그림 찾기

| 정답 | ①

| 해설 | 역순으로 펼치면 다음과 같다.

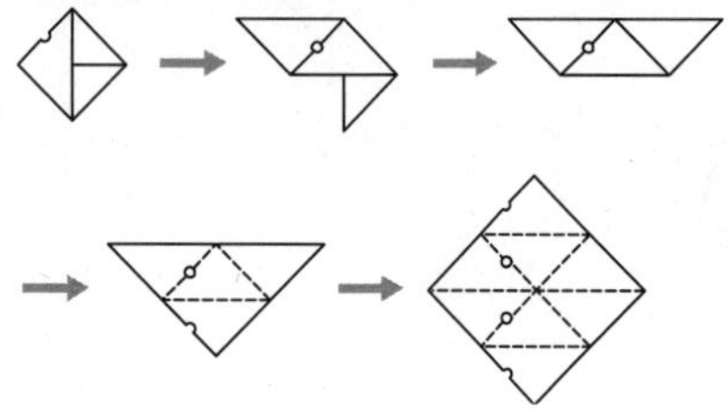

11 종이접기 펼친 그림 찾기

| 정답 | ④

| 해설 | 역순으로 펼치면 다음과 같다.

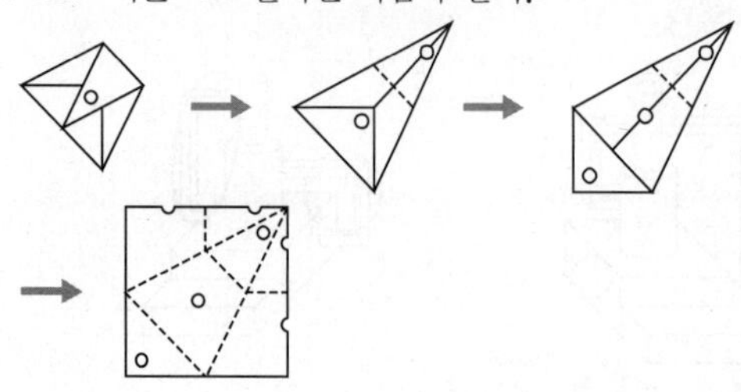

12 종이접기 접은 면 유추하기

| 정답 | ④

| 해설 | 가로축을 중심으로 뒤집으면 다음과 같다.

13 종이접기 접은 면 유추하기

| 정답 | ①

| 해설 | ①은 문제의 마지막 그림을 밖으로 접은 후 뒤집은 뒷면의 모양임을 알 수 있다. 뒷면의 모양을 접은 순서별로 살펴보면 다음과 같다.

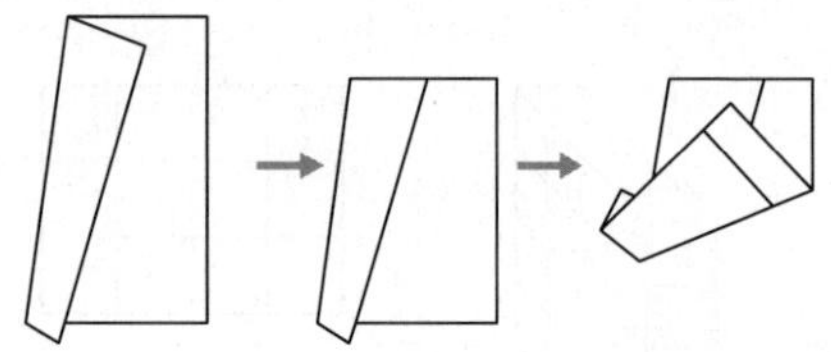

14 종이접기 접은 면 유추하기

| 정답 | ④

| 해설 | 1. 앞에서 본 모양

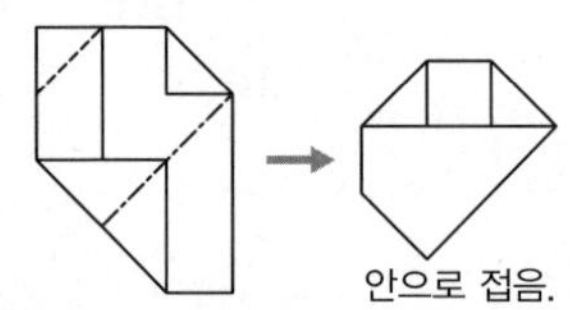

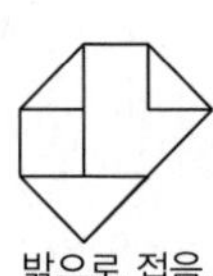

2. 뒤에서 본 모양

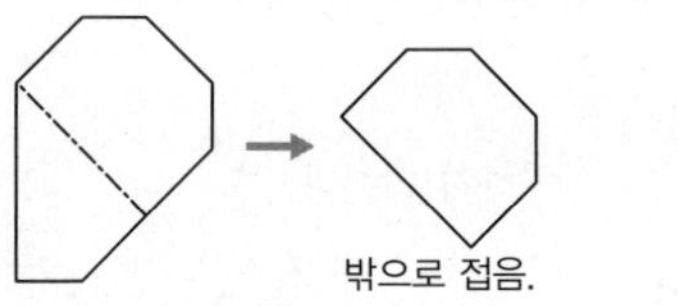

15 도형과 조각의 일치 나타나 있지 않은 조각 찾기

| 정답 | ②

| 해설 | ②와 같은 모양의 조각은 나타나 있지 않다.

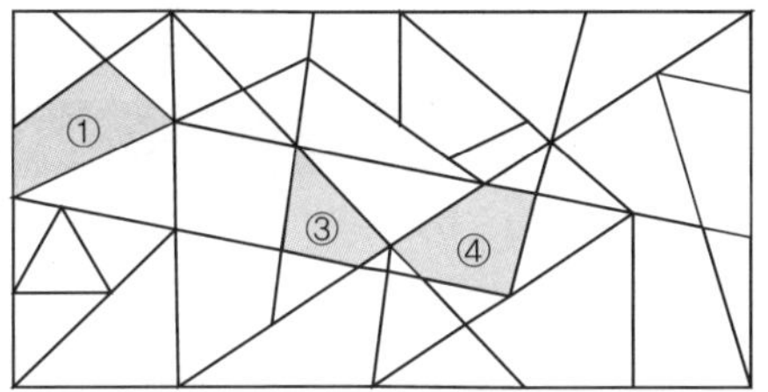

16 블록 블록 결합하기

| 정답 | ②

| 해설 | 부피가 가장 크고, 넣는 방법이 한정되어 있는 A부터 생각한다.

1. 'A의 바닥은 다른 입체도형의 면과 두 면 접한다'라는 두 번째 조건에 따르면, A는 바닥에 접해 있지 않으므로 상단과 가운데 단에 있음을 알 수 있다.

상단			가운데 단			하단		
A	A		A	A				
A	A		A	A				

여기에는 A가 없다!

상단, 가운데 단의 A는 작은 정육면체 1개가 4개의 구석에 접하므로 이들 자리 중 어디든 괜찮지만, 여기에서 일단 왼쪽 아래의 구석으로 배치한다.

2. C는 3개의 작은 정육면체로 구성되어 있고, 세 번째 조건에서 A와 접하는 면이 없다고 했으므로 오른쪽 위의 칸에 서 있거나, 하단의 A 바로 아래가 되지 않는 부분에 누워있을 것이다. 이 중 하나만 성립하는데 두 가지에서 하단 오른쪽 위의 칸이 중복되어 겹치므로 C가 이 자리로 들어가는 것은 확실하다.

상단			가운데 단			하단		
		C			C			C
A	A		A	A				
A	A		A	A				

3. 그렇다면 A의 바닥과 두 면 접해 있는 것은 B임을 알 수 있다(네 번째 조건에서 A와 D는 한 면 접해 있고, C 때문에 D와 B에서 두 면(각각 한 면씩) 접하는 것은 불가능하므로). 여기에서 C가 오른쪽 위 칸에 서 있는 것이 확정되므로 그 모양을 그리면 다음과 같이 된다.

상단			가운데 단			하단		
		C			C	B	B	C
A	A		A	A		B	B	
A	A		A	A	D			D

또는

상단			가운데 단			하단		
		C	D		C	D		C
A	A		A	A			B	B
A	A		A	A			B	B

칠해진 부분의 B는 A와 2개의 면이 접해 있다.

따라서 상자의 바닥에 접한 작은 정육면체의 개수는 C 1개, D 1개이다.

17 블록 블록 결합하기

| 정답 | ③

| 해설 |

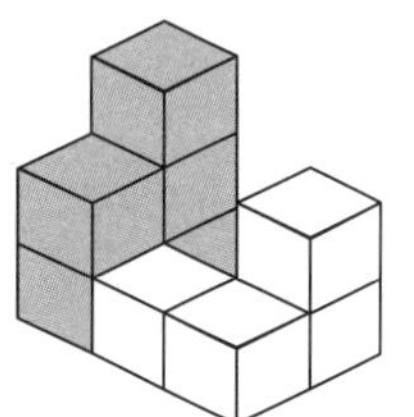

18 블록 블록의 개수 구하기

| 정답 | ②

| 해설 | 1단부터 차례로 세어 보면 10+4+1=15(개)이다.

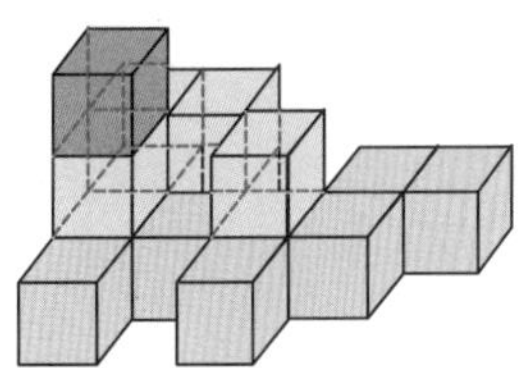

19 블록 블록의 개수 구하기

| 정답 | ①

| 해설 | 바닥과 앞면, 윗면을 제외한 모든 면이 각각 다른 블록과 접촉하고 있다.

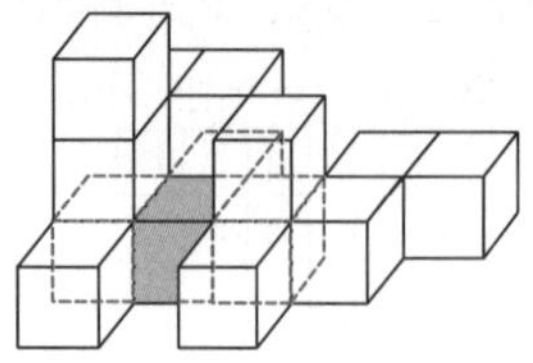

20 블록 블록 제거하고 남은 모양 찾기

| 정답 | ④

| 해설 |

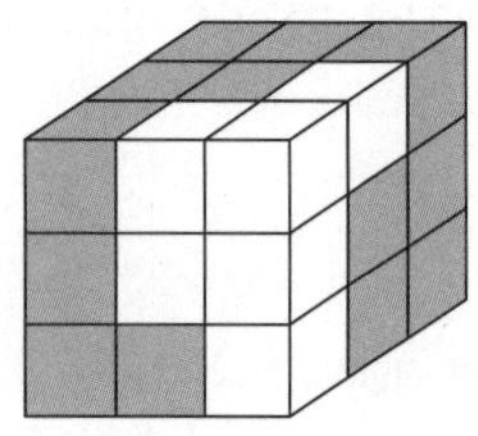

21 도형추리 규칙 적용하기

| 정답 | ④

| 해설 | 화살표가 시계방향으로 90°씩 회전하고 있다.

22 도형추리 규칙 적용하기

| 정답 | ②

| 해설 | 도형 안의 동그라미와 사각형은 모두 시계방향으로 움직이며, 동그라미는 한 칸씩, 사각형은 두 칸씩 움직이고 있다.

23 도형추리 규칙 적용하기

| 정답 | ①

| 해설 | 네모 안의 그림들이 각각 한 자리씩 아래로 이동하고, 맨 아래 그림은 맨 위로 올라간다. 이때 전화기 그림은 자리를 이동할 때마다 색깔 변화를 반복한다.

파트 5 이해력

01 대인관계상식

테마 2 출제유형문제									문제 336쪽
01	③	02	①	03	④	04	③	05	④
06	②	07	③						

01 의사소통과 대인관계 올바른 경청 이해하기

| 정답 | ③

| 해설 | 상대방의 말을 들으면서 동시에 자신이 할 말을 생각하다 보면 상대방의 말에 집중하지 않게 되므로 경청을 방해하는 나쁜 습관에 해당된다.

보충 플러스+

좋은 경청을 위한 올바른 자세
- 상대방을 정면으로 마주한 채로 앉고 손이나 다리를 꼬지 않는 개방적 자세를 취한다.
- 상대방을 향하여 상체를 기울여 다가앉아 열심히 듣고 있다는 사실을 강조한다.
- 우호적인 눈의 접촉, 편한 표현의 맞장구 등의 비언어적 표현을 사용해 이야기에 집중하고 있다는 표현을 한다.
- 상대방의 말 도중에 끼어들어 조언을 하지 않고 혼자서 대화를 독점하지 않는다.
- 상대방의 이야기를 가로막지 않으며 의견이 다르더라도 일단 수용한다.

02 의사소통과 대인관계 경청 단계 이해하기

| 정답 | ①

| 해설 | 스티븐 코비의 경청의 5단계는 다음과 같다.

1. 무시하기 : 상대가 하는 이야기를 무시하는 단계로 실제 듣는다고 말할 수 없다. 이 단계에서 듣는 사람과 말하는 사람의 대화는 지속되지 않는다. – ㉠
2. 듣는 척하기 : 상대의 이야기를 단지 겉으로만 듣는 척하는 단계이다. – ㉡
3. 선택적 듣기 : 듣는 이가 말하는 이의 이야기를 듣기는 하나, 메시지 전체에 집중하기보다는 자신이 듣고 싶은

내용을 선택적으로 듣는 단계이다. 이 경우 말한 내용과 들은 내용에 차이가 발생하게 된다. – ㉢

4. 귀 기울여 듣기(적극적 듣기) : 듣는 이가 말하는 이의 이야기를 충분히 귀 기울여 듣는 단계이다. – ㉣
5. 공감적 듣기 : 말의 내용에 집중하면서 말하는 이가 어떤 느낌을 가지고 이야기를 하는지, 왜 이런 이야기를 하는지 등을 추측하고, 듣는 입장에서 이해한 내용을 말하는 이에게 확인하며 듣는 단계이다. – ㉤

03 의사소통과 대인관계 공감적 듣기의 사례 찾기

| 정답 | ④

| 해설 | '공감적 듣기'는 귀와 눈 그리고 마음으로 듣는 자세다. 강 대리는 신입사원의 얘기를 들으며 마음으로 함께 공감해 주고 있으므로 '공감적 듣기'의 사례로 가장 적절하다.

| 오답풀이 |

①, ② 오 대리와 박 대리는 실제 자신의 감정이나 생각과 다르게 겉으로만 상대의 말에 동의하는 척하고 있으므로 공감적 듣기의 적절한 사례로 볼 수 없다.

③ 괴로워하는 동료의 마음에 공감하지 않고 핀잔을 주고 있으므로 공감적 듣기의 사례가 아니다.

04 의사소통과 대인관계 경청의 효과 이해하기

| 정답 | ③

| 해설 | 경청이란 다른 사람의 말을 주의 깊게 들으며 공감하는 능력이다. 경청은 대화의 과정에서 신뢰를 쌓을 수 있는 최고의 방법이다. 우리가 경청하면 상대는 안도감을 느끼고 무의식적인 믿음을 갖게 된다. 주어진 글에서 고객은 경청의 효과가 제품이나 서비스의 불만족까지도 극복하는 경우가 있음을 암시하고 있다.

05 의사표현과 대인관계 대화 시 효과적으로 의견 전달하기

| 정답 | ④

| 해설 | 다른 사람과 대화할 때 자신의 의견을 효과적으로 전달하기 위해서는 뜻을 알기 어려운 외국어보다는 편하게 이해할 수 있는 국어 또는 순화어를 사용하는 것이 좋다.

| 오답풀이 |

① 유사한 의미를 가진 단어가 여러 개 있다면 가장 이해하기 쉬우며 일상적인 단어를 사용하는 것이 좋다.

② 일상적으로 쓰이지 않는 단어보다 자주 사용되며 통용되는 단어를 사용하는 것이 좋다.

③ 유행하는 준말 또는 인터넷 용어보다 표준어를 사용하는 것이 좋다.

06 의사표현과 대인관계 프레젠테이션 방법 이해하기

| 정답 | ②

| 해설 | 내용이 지나치게 자세하면 지루하기 쉽다. 프레젠테이션 내용에 대해 궁금증을 유발하면 더 오래 기억에 남게 할 수 있다.

07 의사표현과 대인관계 효과적인 의사표현의 방법 이해하기

| 정답 | ③

| 해설 | 제시된 글의 앞뒤 내용을 참고했을 때 ㉠은 질책, ㉡은 칭찬, ㉢은 격려, ㉣은 반발, ㉤은 비난이 들어가야 한다.

테마 3 기출예상문제									문제 340쪽
01	③	02	④	03	④	04	①	05	④
06	②	07	①	08	③	09	②	10	①
11	②	12	④	13	④	14	③	15	③
16	④								

01 의사소통과 대인관계 | 올바르게 조언하기

| 정답 | ③

| 해설 | 상대의 입장을 충분히 이해하지 못한 조언은 상대의 공감을 얻지 못하고 불필요한 이야기처럼 들릴 수 있다. 따라서 자신의 입장이 아닌 상대의 입장에서 상대의 이야기를 충분히 귀담아 듣고 조언해 주어야 한다.

02 의사소통과 대인관계 | 경청을 방해하는 요인 알기

| 정답 | ④

| 해설 | 상대방의 언어 외에 몸짓이나 표정에 관심을 기울이는 것은 적극적인 경청을 하고 있다는 것이다.

| 오답풀이 |

① 경청의 방해 요인 중 '걸러내기'에 해당한다.

② 경청의 방해 요인 중 '판단하기'에 해당한다.

③ 경청의 방해 요인 중 '다른 생각하기'에 해당한다.

03 의사소통과 대인관계 | 올바른 경청자세 이해하기

| 정답 | ④

| 해설 | 양측의 의견을 조율하는 역할을 맡은 사람이 면담 진행 과정에서 아무런 반응을 보이지 않는 것은 적절하지 않다. 양측의 입장을 이해하고 정리하는 태도가 필요하다.

04 의사표현과 대인관계 | 상황에 따른 의사표현법 이해하기

| 정답 | ①

| 해설 | 상대방에게 부탁해야 할 때는 먼저 상대의 사정을 파악하여 상대를 우선시하는 태도를 보여주어야 한다. 그 후 상대가 응하기 쉽게 구체적으로 부탁하면 상대방이 한결 받아들이기 쉽다.

05 의사표현과 대인관계 | 설득력 있는 의사표현 지침 알기

| 정답 | ④

| 해설 | No보다는 Yes를 유도하여 미리 설득 분위기를 조성하는 것이 좋다.

06 의사표현과 대인관계 | 효과적인 설득 기법 파악하기

| 정답 | ②

| 해설 | 얼굴 부딪히기 기법은 처음에 상대방에게 대단히 큰 요구를 해서 일단 거절을 당한 뒤, 처음보다 작은 요구를 연달아 하여 상대방의 미안한 마음을 자극해 수락하도록 하는 설득 기법이다. 두 번째 요구는 거절당한 첫 번째 요구 직후 바로 제시되어야 효과적이다.

| 오답풀이 |

① 스캠퍼 기법 : 다양한 방법과 시각으로 새롭고 독특한 아이디어, 대안을 많이 생성하기 위한 '확산적 사고 기법'이다.

③ 환심 사기 기법 : 자신에게 더 호감을 가지도록 만들기 위해 수행하는 전략으로, 자신의 반응이 상투적이거나 의도적인 것이 아니라 진정성 있는 의견이라고 믿을 수 있도록 표현하는 것이 중요하다.

④ 문 안에 한 발 들여놓기 기법 : 처음에는 아주 작은 요구를 해서 상대방이 일단 수락하게 하고 시간이 지나고 난 후 처음보다 큰 요구를 해 거부하지 못하게 만드는 설득 기법이다.

07 의사소통과 대인관계 | 들은 내용을 구조적으로 정리하기

| 정답 | ①

| 해설 | 내용을 구조화하는 방법은 다음과 같다.

1. 관련 있는 내용끼리 묶는다.
2. 묶은 내용에 소제목을 붙인다.
3. 전체 내용을 어떤 구조로 정리할 것인지 생각한다.
4. 중요한 내용과 덜 중요한 내용으로 구분한다.
5. 중복된 내용이나 덜 중요한 내용은 삭제한다.

따라서 ㉠-㉡-㉢-㉣ 순이 적절하다.

08 의사표현과 대인관계 공식적 의사소통의 특징 이해하기

| 정답 | ③

| 해설 | 공식적 의사소통과 비공식적 의사소통의 장단점은 다음과 같다.

구분	공식적 의사소통	비공식적 의사소통
장점	• 상관의 권위가 유지됨. • 전달자와 피전달자가 분명하고 책임소재가 명확하며, 의사 전달이 확실하고 편리함. • 정보의 사전 입수로 의사결정이 용이하고, 정보나 근거의 보존이 용이함. • 의사결정에의 활용 가능성이 큼.	• 신속한 전달이 가능하며, 외적으로 나타나지 않는 배후 사정을 자세히 전달할 수 있음. • 긴장과 소외감을 극복하고 개인적 욕구를 충족할 수 있음. • 행동의 통일성을 확보할 수 있음. • 관리자에 대한 조언의 역할이 가능하고, 의견 교환의 융통성이 높아 공식적 의견 전달을 보완할 수 있음.
단점	• 의사 전달의 융통성이 부족하고, 형식화되기 쉬움. • 배후 사정을 소상히 전달하기 곤란함. • 변동하는 사태에 신속히 적응하기가 어렵고 기밀 유지가 곤란함.	• 책임 소재가 불분명하고, 수직적 계층하에서 상관의 권위가 손상될 수 있으며 조정, 통제가 곤란함. • 개인 목적에 역이용될 수 있음. • 공식적 의사소통 기능을 마비시킬 수 있음.

따라서 공식적 의사소통의 특징은 ㉡, ㉢, ㉣, ㉥이다.

09 의사소통과 대인관계 경청의 올바른 자세 이해하기

| 정답 | ②

| 해설 | ㉠ 상대를 정면으로 마주하는 자세는 그와 함께 의논할 준비가 되었음을 알리는 자세이다.

㉢ 상대방을 향하여 상체를 기울여 다가앉은 자세는 자신이 열심히 듣고 있다는 것을 강조하는 것이다.

㉣ 손이나 다리를 꼬지 않는 소위 개방적 자세를 취하는 것은 상대에게 마음을 열어 놓고 있다는 표시이다.

| 오답풀이 |

㉡ 꼿꼿한 자세보다는 비교적 편안한 자세를 취하는 것이 전문가다운 자신만만함과 편안한 마음을 상대방에게 전하는 행동이다.

㉤ 우호적인 시선의 마주침을 통해 자신이 관심을 가지고 있다는 사실을 알리게 된다.

10 의사소통과 대인관계 잘못된 경청 유형 이해하기

| 정답 | ①

| 해설 | (가)에는 자기주장만 늘어놓고 남의 말을 듣지 않는 유형인 '절벽형'이 들어간다. (나)에는 상대방의 말을 이해하는 노력이 부족한 유형인 '쇠귀형'이 들어간다. (다)에는 주위를 기울이지 않고 남의 말을 대충 흘려듣는 유형인 '건성형'이 들어간다. (라)에는 상대방의 이야기를 주의 깊게 듣기는 하지만 이해가 목적이 아니라 자기 방어나 허점을 찾아 반격을 목적으로 듣는 유형인 '매복형'이 들어간다. (마)에는 말 속에 담긴 의미를 헤아리지 않고 자구에 얽매이는 유형인 '직역형'이 들어간다.

11 의사표현과 대인관계 의사소통 상황 이해하기

| 정답 | ②

| 해설 | 김 부장의 '군자는 말을 헤프게 아니하고 귀를 활짝 열고 들어라'라는 말의 뜻은 말을 조심하고 가려서 해야 한다는 뜻이므로, 말이 사고력을 신장시켜 준다는 것과 관계가 없다.

12 의사표현과 대인관계 효과적인 의사소통 방법 이해하기

| 정답 | ④

| 해설 | '낮말은 새가 듣고 밤 말은 쥐가 듣는다'라는 속담은 말은 언제나 새어 나가게 마련이니 늘 말조심을 하라는 뜻이므로, 제시된 대화 상황에 가장 적절한 속담이다.

| 오답풀이 |

① 말에 가시가 있다는 뜻으로 말하는 사람이 무언가 뜻을 품고 있다는 뜻이다.

② 집안에 잔말이 많으면 살림이 잘 안된다는 뜻이다.

③ 걱정되는 일은 안 듣는 것이 낫다는 뜻이다.

13 의사소통과 대인관계 | 경청의 의미 이해하기

| 정답 | ④

| 해설 | 경청은 단지 상대방의 의사를 듣거나 이해하는 것을 넘어 그에 대한 나의 반응까지를 포함하는 개념이라고 설명하고 있다. 따라서 ㉣에서 언급하는 바는 나의 반응을 배제한 일방적인 수용에 해당하므로 경청에 대한 적절한 설명이라고 보기 어렵다. ㉣은 '경청은 단지 정보나 지식을 받아들이는 기능을 넘어서 상대방을 이해하고 의미를 나누는 과정'이라고 수정되어야 한다.

14 의사표현과 대인관계 | 효과적인 설득기법 이해하기

| 정답 | ③

| 해설 | 김 과장은 원하는 연봉 인상의 정도는 15%이나 처음에 20%의 인상을 요청하여 거절을 유도한 뒤 결국 자신이 목표했던 15%의 인상을 달성하였다. 이는 '얼굴 부딪히기 기법'을 활용한 것으로 처음에 상대방에게 대단히 큰 요구를 해서 거절을 당한 뒤 처음보다 작은 요구를 연달아 하여 상대방의 미안한 마음을 자극해 수락하도록 하는 설득기법이다.

| 오답풀이 |

① 낮은 공 기법 : 불완전한 정보를 제시하여 동의를 얻은 후 완전한 정보를 알려주는 기법으로 일종의 속임수이다.

② 덤 끼워 주기 기법 : 첫 제안을 한 후 상대가 반응하기 전에 사은품이나 할인 등의 호의적인 조건을 제시하는 방법으로, 주로 상품 판매 시에 활용된다.

④ 문간에 발 들여놓기 기법 : 처음에는 아주 작은 요구를 하여 상대방이 일단 수락하게 한 후 처음보다 큰 요구를 하여 거부하지 못하게 만드는 방법이다.

15 의사표현과 대인관계 | 비언어적 의사소통 이해하기

| 정답 | ③

| 해설 | 제스처의 경우 문화권에 따라 의미가 다르게 해석될 수 있다. 예를 들어 엄지를 드는 동작이 한 문화권에서는 '좋아'라는 의미이지만 다른 문화권에서는 모욕적인 표현이 된다.

16 의사표현과 대인관계 | 글로비시 이해하기

| 정답 | ④

| 해설 | 글로비시(Globish)는 전 세계 사람 누구나 쓸 수 있는 간편하고 쉬운 영어를 가리키는 말로, 제시된 글에서 원어민이 아닌 사람이 억양이 어색하고 불완전하게 영어를 사용해도 기본적인 의사소통에는 문제가 없으며 오히려 효율적인 대화가 가능하다고 하였다. 글로비시는 영어가 모국어가 아닌 전세계 사람들이 사용하는 말이므로 만약 부정형으로 질문하면 본래 사용하던 언어권에 따라 그 논리가 다르게 해석될 수 있다. 따라서 이러한 혼란을 피하기 위해 부정형의 질문은 피하는 것이 좋다.

02 사회상식

테마 2 출제유형문제							문제 354쪽
01	②	02	①	03	④	04	②

01 사회상식 리더십의 의미 이해하기

| 정답 | ②

| 해설 | 리더십의 발휘 구도는 산업사회에서 정보사회로 바뀌면서 수직적 구조에서 전방위적 구조의 형태로 바뀌었다. 과거에는 상사가 하급자에게 리더십을 발휘하는 형태만을 리더십으로 보았으나, 오늘날은 리더십이 전방위적으로 발휘된다. 따라서 리더십은 상사가 하급자에게 발휘하는 형태뿐만 아니라 동료나 상사에게 발휘하는 형태도 의미한다.

02 사회상식 리더십 유형 이해하기

| 정답 | ①

| 해설 | A 기업 갑 팀장에게는 전임인 을 영업팀장의 통제적 리더십에 의해 수동적이 된 조직에 긍정적인 동기부여를 제공하여 수동적인 조직을 바꾸는 것이 요구된다. 변혁적 유형의 리더십은 카리스마를 가진 조직의 리더가 조직의 구성원들에게 풍부한 칭찬과 감화를 통해 긍정적인 동기부여를 제공하여 조직의 변화를 이끌어낸다.

03 사회상식 승강기 예절 이해하기

| 정답 | ④

| 해설 | 승강기 안은 다수가 타는 좁고 밀폐된 공간이므로 악수나 잡담을 하지 않는 것이 좋다.

04 사회상식 비즈니스 이메일 작성하기

| 정답 | ②

| 해설 | ㄱ. 이메일의 제목은 핵심을 드러내며 간결하게 작성하는 것이 좋다.

따라서 옳지 않은 설명은 ㄱ으로 모두 1개이다.

보충 플러스+

비즈니스 이메일 작성 방법

- 메일의 제목은 핵심을 담아 간결하게 작성한다. 강조해야 하는 메일일 경우, 제목 머리에 [중요], [요청], [긴급] 등을 붙여 빠르게 확인할 수 있게끔 한다.
- 본문을 작성할 때는 상대방이 중요한 내용을 파악할 수 있게끔 핵심 위주로 작성한다.
- 메일을 발송하기 전에는 발신인, 수신인, 참조, 첨부파일이 제대로 설정되어 있는지 마지막으로 반드시 확인한다.
- 업무로 상호 간 이메일이 오고갔다 하더라도 시작과 끝 부분에 감사 인사를 넣는 것이 바람직하다.

테마 3 기출예상문제									문제 356쪽
01	①	02	④	03	③	04	④	05	①
06	③	07	③	08	④	09	②		

01 사회상식 리더의 역할 파악하기

| 정답 | ①

| 해설 | 아이젠하워 대통령은 '리더십은 성실하고 고결한 성품 그 자체이며, 리더십은 잘못된 모든 것에 대한 책임은 자신이 지고, 잘된 것에 대한 모든 공로는 부하에게 돌릴 줄 아는 것'이라고 말했다.

02 사회상식 리더십의 유형 파악하기

| 정답 | ④

| 해설 | 정 사장은 전형적인 변혁적 리더의 모습을 보여주고 있다. 변혁적 리더는 개개인에게 시간을 할애하여 그들 스스로가 중요한 존재임을 깨닫게 하고 존경심과 충성심을 불어넣는다. 또한, 구성원이나 팀이 직무를 완벽히 수행했을 때 칭찬을 아끼지 않는다. 사람들로 하여금 한 가지 일에 대한 성공이 미래의 여러 도전을 극복할 수 있는 자극제가 될 수 있다는 것을 깨닫게 한다. 뿐만 아니라 구성원들이 도저히 해낼 수 없다고 생각하는 일들을 구성원들로 하여금 할 수 있도록 자극을 주고 도움을 주는 일을 수행한다. 한편 각자의 책임을 명확히 인지시키는 것은 변혁적 리더의 특징이 아니다.

03 사회상식 코칭의 기본 원칙 이해하기

| 정답 | ③

| 해설 | ㉠에 들어갈 말은 코칭이다. 코칭은 적극적인 경청을 통해서 직원을 이해하고 장점을 파악할 수 있어야 한다. 또한 리더가 정보하달이나 지시를 하는 것이 아니라 직원이 스스로 문제를 해결할 수 있도록 해야 한다.

04 사회상식 사례의 리더십 유형 파악하기

| 정답 | ④

| 해설 | 개발팀은 리더와 구성원 간 구분이 희미하고 팀원들은 모두가 팀이 나아갈 방향을 설정하며 성과에 대한 책임을 공유한다. 따라서 개발팀 김 팀장은 파트너십 유형에 해당한다.

05 사회상식 비즈니스 매너 이해하기

| 정답 | ①

| 해설 | 받은 명함은 반드시 명함지갑에 넣되, 받은 즉시 넣지 않고 명함에 관해 한두 마디 정도의 대화를 나눈 뒤 넣는 것이 바람직하다

| 오답풀이 |

② 정부 고관의 직급명은 퇴직한 경우라도 항상 사용한다.

③ 윗사람과 악수할 때는 목례를 먼저 하고 악수를 한다.

④ 소개를 할 때는 나이가 어린 사람을 연장자에게, 신참자를 고참자에게 소개시킨다.

06 사회상식 임파워먼트 이해하기

| 정답 | ③

| 해설 | '이것'은 임파워먼트이다. 임파워먼트는 직원들에게 일정 권한을 위임하는 것으로 각자가 자신감과 책임감을 가지고 더 많은 동기부여를 통해 최선의 역량을 발휘할 수 있도록 유도하는 행위를 일컫는다. 따라서 임파워먼트를 향상시키는 방법으로 팀장에게 권한을 집중시킨다는 것은 적절하지 않다.

07 사회상식 직장 내 전화예절 알기

| 정답 | ③

| 해설 | 전화를 걸 때는 정상적인 업무가 이루어지고 있는 근무 시간에 걸어야 하고, 받을 때는 전화벨이 3 ~ 4번 울리기 전에 받아야 한다. 또한 받는 사람이 누구인지를 즉시 말해야 한다.

08 사회상식 서비스 정신 이해하기

| 정답 | ④

| 해설 | 강요된 서비스보다는 투철한 직업정신과 사명감으로 보아야 한다. 개인적인 사정으로 일손이 잡히지 않는 상황은 얼마든지 발생할 수 있으며, 어쩔 수 없이 수행하는 서비스일지라도 고객이 알아차리지 못할 정도의 노력을 기울인다면 지탄의 대상이 아니다.

09 사회상식 리더십의 유형 파악하기

| 정답 | ②

| 해설 | △△회사에는 전체 조직의 변화를 가져올 수 있는 리더가 필요하다. 따라서 전문 경영인에게 요구되는 리더십은 변혁적 유형이며, 이 유형은 카리스마 · 자기 확신 · 존경심과 충성심 · 풍부한 칭찬 · 감화 등을 특징으로 한다.

| 오답풀이 |

① 파트너십 유형으로, 해당 리더는 조직 구성원들 중 한 명일 뿐이고 집단의 모든 구성원들이 의사 결정과 팀의 방향 설정에 참여한다.

③ 독재자 유형으로, 해당 리더는 집단의 규칙 아래 지배자로 군림하고 동료에게는 그의 권위에 대한 도전이나 반항 없이 항상 순응하도록 요구한다. 또한 핵심 정보를 혼자 독점하려고 하며, 실수를 용납하지 않는다.

④ 자유방임 유형으로, 해당 리더는 부하직원들에게 피드백이 미흡하고 인간관계에 얽매여 냉정하지 못하다는 특징이 있다. 또한 일의 완성도를 높이기 위한 노력이 부족하고 스스로 노력하지도 않는다.

파트6 관찰탐구력

01 과학상식

테마 2 출제유형문제									문제364쪽
01	②	02	②	03	③	04	③	05	④
06	①	07	③	08	①	09	③	10	④
11	③								

01 과학상식 영양소 이해하기

| 정답 | ②

| 해설 | 녹색 채소와 육류는 철 성분이 높은 음식이며, 비타민 C(아스코르브산)는 철분 흡수율을 높인다. 또한 무쇠 조리도구로 요리를 해 먹으면 몸에 필요한 철분이 흡수되는 효과가 있다. 반면, 카페인이 함유된 커피나 차는 철의 흡수를 방해한다.

02 과학상식 물질의 상변화 이해하기

| 정답 | ②

| 해설 | (가)는 기화, (나)는 액화, (다)는 승화의 예이다.

보충 플러스+

기화
- 액체 상태의 물질이 기체 상태로 바뀌는 현상
- 기화에는 증발과 끓음 두 가지 현상이 있다.
  - 증발 : 빨래가 마르는 것과 같이 액체가 표면에서 기체로 변하는 현상
  - 끓음 : 액체의 표면뿐만 아니라 내부에서도 기체로 변하는 현상

액화
- 기체 상태의 물질이 액체 상태로 바뀌는 현상
- 액화의 예 : 액화천연가스, 차가운 물이 담긴 유리컵 표면에 물방울이 맺히는 현상 등

승화
- 고체 상태의 물질이 액체 상태를 거치지 않고 곧바로 기체 상태로 바뀌는 현상
- 승화의 예 : 서리, 드라이아이스, 나프탈렌 등

03 과학상식 산과 염기 분류하기

| 정답 | ③

| 해설 | 물의 산성이나 알칼리성의 정도를 나타내는 수치로 수소 이온 농도의 지수인 pH가 있다. pH 7을 기준으로 식초, 사이다, 오렌지 주스 등 pH가 7보다 낮은 용액은 산성이라 하며 비눗물, 암모니아수 등 pH가 7보다 높은 용액은 알칼리성 또는 염기성이라고 한다. 한편, 설탕물의 설탕은 산과 염기에 대해 특별한 영향을 주지 않으므로 설탕물은 중성으로 본다.

04 과학상식 ABO식 혈액형 이해하기

| 정답 | ③

| 해설 | 영희 씨는 A형과 B형인 부모 사이에서 태어난 B형이므로 BB형이 아닌 BO형이라고 할 수 있다. BO형과 AB형 사이에서 가능한 혈액형은 AB, A, B형이며 O형은 태어날 수 없다.

05 과학상식 산화와 환원 이해하기

| 정답 | ④

| 해설 | 산화구리와 탄소의 산화, 환원 반응이다.

환원

$$2CuO + C \longrightarrow 2Cu + CO_2$$

산화구리(II) 탄소 구리 이산화탄소

(ㄱ) 탄소는 반응 후 산화되었으므로 '환원제'이다.

(ㄴ) 산화, 환원 반응으로 생성된 이산화탄소가 석회수로 이동하여 탄산칼슘을 만들면 석회수가 뿌옇게 흐려진다.

(ㄷ) 검은색 산화구리가 붉은색 구리로 변한다.

(ㄹ) 산화구리의 산소가 탄소와 결합하여 이산화탄소가 된다.

따라서 모두 옳은 내용이다.

06 과학상식 일광 효과 이해하기

| 정답 | ①

| 해설 | 일광 효과를 통해 생성되는 비타민 군은 비타민 D이다.

보충 플러스+

비타민 D

체내의 스테롤이 피부에서 자외선 빛 반응 때문에 생성된 스테로이드이다. 햇빛에 노출함으로써 사람은 자체의 비타민 D를 자가 생산하지만 많은 사람, 동물들이 햇빛에 충분히 노출되지 않는 환경에 살기 때문에 음식으로부터 섭취해야 한다.

07 과학상식 반지름과 둘레 파악하기

| 정답 | ③

| 해설 | A 동전 반지름이 B 동전 반지름의 2배이므로 둘레 또한 2배이다. 따라서 A 동전의 둘레를 따라 B 동전이 한 바퀴 돌면 B 동전은 총 2바퀴를 회전한다.

08 과학상식 현상의 원리 파악하기

| 정답 | ①

| 해설 | 휴대폰 화면을 거울처럼 사용하는 것은 빛의 반사에 대한 현상이다.

차로 중앙선에 반짝이는 물체를 박아 놓는 것은 어두워서 중앙선이 잘 식별되지 않는 상황에서 반사되는 자동차의 불빛으로 운전자가 중앙선을 인식하게 하기 위함이다. 따라서 휴대폰 화면과 같이 빛을 반사하는 현상을 나타내고 있다.

09 과학상식 뉴턴의 운동법칙 알기

| 정답 | ③

| 해설 | 뉴턴의 운동법칙에는 관성의 법칙, 가속도의 법칙, 작용·반작용의 법칙이 있다. '가속도의 법칙'은 물체의 가속도는 물체에 작용한 힘에 비례하고, 물체의 질량에 반비례한다는 것이다. '관성의 법칙'은 외부에서 힘이 가해지지 않는 한 모든 물체는 자신의 상태를 그대로 유지하려고 하는 것이다. 마지막으로 '작용·반작용의 법칙'은 A 물체가 B 물체에게 힘을 가하면(작용), B 물체 역시 A 물체에 똑같은 크기의 힘을 가한다는 것이다(반작용).

따라서 (가)는 '가속도의 법칙', (나)는 '작용·반작용의 법칙', (다)는 '관성의 법칙'에 해당한다.

㉠ 만약 이불을 오른쪽에서 왼쪽으로 털었다고 가정하면 이불은 왼쪽으로 이동하지만 먼지는 '관성의 법칙'에 따라 정지해 있으려 하므로 허공에 떠있게 된다. 이에 따라 먼지가 털어지게 되는 것이다.

㉡ 에스컬레이터는 올라가 있는 사람들의 무게를 자동으로 측정하여 계속 다른 양의 전력을 소모하는데, 이는 에스컬레이터의 속도를 일정하게 유지시키기 위함이다. 따라서 '가속도의 법칙'에 해당하는 사례이다.

㉢ 로켓은 앞으로 나아가기 위해 몸체 안의 연료를 엄청난 속도로 방출한다. 이때 로켓은 '작용 · 반작용의 법칙'에 따라 그 반대 방향으로 반작용을 얻는다. 즉, 로켓의 추진력은 연료를 얼마나 많이, 얼마나 빠르게 분사하는가에 의해 결정된다.

따라서 (가)는 ㉡, (나)는 ㉢, (다)는 ㉠에 해당한다.

10 과학상식 천체 이해하기

| 정답 | ④

| 해설 | (가) ㉠ 소행성 : 6,000여 개가 넘는 소행성은 주로 화성과 목성의 공전 궤도 사이에 분포하고, 태양 주위를 공전한다.

(나) 혜성 : 암석과 얼음으로 이루어진 혜성은 지름이 수 km로 작고, 밝은 ㉡ 꼬리를 가지고 있다. 긴 타원 궤도 또는 포물선 궤도를 따라 회전한다.

(다) 유성체 : 행성계의 내부에 떠 있는 암석 조각으로 이것들이 지구의 인력에 끌려 지구 대기권으로 들어오면 ㉢ 유성이 된다. 유성체 중에 크기가 큰 것이 대기권에서 다 타지 않고 지표까지 도달하는 것을 ㉣ 운석이라고 한다.

11 과학상식 광합성량과 이산화탄소의 관계 이해하기

| 정답 | ③

| 해설 | 이산화탄소의 농도가 증가할수록 광합성량은 증가하지만 일정한 농도를 지나면 더 이상 증가하지 않는다.

테마 3 기출예상문제									문제 370쪽
01	①	02	④	03	④	04	①	05	②
06	④	07	②	08	④	09	③	10	②
11	①	12	②	13	④				

01 과학상식 화학원소 이해하기

| 정답 | ①

| 해설 | 제시된 글에서 설명하는 원소는 수소이며, 수소는 주기율표 1족 1주기에 해당하는 비금속 원소이다. 물(H2O)을 전기분해하여 얻을 수 있는 기체는 수소와 산소인데 수소는 (−)극에서, 산소는 (+)극에서 만들어진다.

| 오답풀이 |

② 아르곤(Ar) : 주기율표 3주기 18족에 해당하는 기체이다. 단원자 분자 기체로 반응성이 거의 없는 가장 대표적인 비활성기체이다.

③ 헬륨(He) : 주기율표 1주기 18족에 해당하는 비활성기체로, 우주에서 수소 다음으로 많은 원소이며 비활성기체 중 원자 번호가 가장 작은 원소이다.

④ 산소(O) : 주기율표 2주기 16족에 해당하는 원소로, 우주에서 수소와 헬륨 다음으로 많은 원소이며 질량으로 지각에서 가장 풍부한 화학원소이다.

02 과학상식 물질의 변화 이해하기

| 정답 | ④

| 해설 | 물리변화는 물질이 가진 고유한 성질은 변하지 않으면서 모양, 촉감, 상태 등이 변하는 현상이다. 반면 화학변화는 물질이 원래의 성질과는 다른 새로운 물질로 변하는 현상을 뜻한다.

- 물리변화 : ㉠, ㉤
- 화학변화 : ㉡, ㉢, ㉣

03 과학상식 물의 역할 이해하기

| 정답 | ④

| 해설 | 물은 비열이 높아 체온을 유지하게 해 주며, 체내의 일과 운동 및 영양소를 전달하는 매질로서 작용한다. 또한

노폐물을 제거하고 배설해 주는 역할을 한다. 그러나 물은 체내에 필수적인 부분이지만 에너지원으로는 사용되지 않는다.

04 과학상식 화학원소 이해하기

| 정답 | ①

| 해설 | 라듐은 원자번호 88번으로, 원소기호는 Ra이다. 라듐은 우라늄과 토륨의 자연 방사성 붕괴로 생성되고, 강한 방사능을 지녔기 때문에 의료용이나 방사선의 표준선원, 야광도료의 제조 등에 사용되어 왔다.

| 오답풀이 |

② 리튬(Lithium) : 은백색의 연질금속으로 나트륨보다 단단하고 고체인 홑원소물질 중에서 가장 가벼우며 불꽃반응에서 빨간색을 나타낸다.

③ 플루토늄(Plutonium) : 은백색 금속으로 공기에 노출이 되면 쉽게 산화가 되어 표면이 흐려진다. 또한 습한 공기에 노출이 되면 산화물과 수소화물이 생성되고 부피가 70%까지나 늘어난다. 지구 생성 시에 생성된 원시 원소 중에서 일부가 아직도 붕괴되지 않고 남아 있는 것으로 현존하는 가장 무거운 원시 원소이다.

④ 우라늄(Uranium) : 원자번호 92번의 원소로, 원소기호는 U이다. 주기율표에서는 악티늄족에 속하며, 천연으로 얻어지는 원소 중 원자번호가 가장 큰 원소이다.

05 과학상식 영양소 이해하기

| 정답 | ②

| 해설 | ㉠ 비타민은 소량으로 신체기능을 조절한다는 점에서 호르몬과 비슷하지만 신체의 내분비기관에서 합성되는 호르몬과 달리 외부로부터 섭취되어야 한다. 탄수화물, 지방, 단백질과는 달리 에너지를 생성하지 못하지만 몸의 여러 기능을 조절하고 대부분은 효소나 효소의 역할을 보조하는 성분이 되어 대사에 관여한다.

㉡ 일반적으로 비타민은 지용성과 수용성으로 분류된다. 지용성 비타민은 지방이나 지방을 녹이는 유기용매에 녹는 비타민으로서 A, D, E, F, K, U가 이에 속하고, 수용성 비타민은 물에 녹는 비타민으로서 비타민 B 복합체, 비타민 C, 비오틴, 폴산, 콜린, 이노시톨, 비타민 L, 비타민 P 등이 알려져 있다.

| 오답풀이 |

㉢ 수용성 비타민은 과다 섭취하여도 오줌으로 배출되기 때문에 우리에게 나쁜 영향을 끼치지 않는다. 그러나 지용성 비타민은 체내의 지방에 녹아 저장되므로 이동하지 않는다. 따라서 너무 많은 지용성 비타민을 섭취하는 것은 몸에 부담을 주므로 삼가야 한다.

㉣ 비타민은 체내에서 전혀 합성되지 않거나 합성되더라도 충분하지 못하다.

06 과학상식 힘의 작용 이해하기

| 정답 | ④

| 해설 | 고무공을 두 손으로 잡고 눌렀을 때 누른 부분이 찌그러지는 것은 힘을 받았기 때문이다. 밀가루 반죽을 잡아당겼을 때 모양이 변하는 것 역시 힘의 작용 때문이다. 고무공의 모양을 변하게 하거나 공의 운동 방향을 변하게 하는 것은 힘이고, 단위는 뉴턴(N)이다.

07 과학상식 힘의 작용 이해하기

| 정답 | ②

| 해설 | 제시된 그래프는 등속운동을 나타낸 그래프로 일정한 이동속도를 보여 준다. 일정한 속도로 가고 있기 때문에 가속도는 0이다. 그러나 다이빙대에서 떨어지는 다이빙 선수는 가속운동을 한다.

08 과학상식 과학적 원리 분석하기

| 정답 | ④

| 해설 | ㉠, ㉢ 두 물체가 서로 상호작용하며 힘을 미치는 작용·반작용의 법칙에 대한 예시이다.

| 오답풀이 |

㉡ 지구가 모든 물체를 지구 방향으로 끌어당기는 힘인 중력과 관련된 현상이다.

㉣ 원래 가지고 있던 운동상태를 유지하려고 하는 관성과 관련된 현상이다.

09 과학상식 과학적 원리 분석하기

| 정답 | ③

| 해설 | 그림의 현상은 표면 장력에 해당한다. 표면 장력은 액체의 표면을 작게 하려고 작용하는 장력을 의미한다. 내부 물 분자들은 인력과 척력이 평형상태에 있기 때문에 작용하는 알짜 분자력이 0이다. 하지만 액체의 표면에 위치한 물 분자들은 액체 내부의 물 분자들처럼 모든 면에서 인력과 척력이 균형을 이루지 않는다. 계면(다른 물질이 접하는 경계)에는 끌어당길 물 분자가 존재하지 않기 때문이다. 하지만 계면에서는 여전히 상대를 끌어당기고자 하므로 ㉠의 소금쟁이나 ㉢의 클립이 물 위에 있을 때 둥둥 떠다니게 되는 것이다.

또한, 표면의 물분자는 불안정한 상태에서 벗어나기 위해 계면을 감소시켜 표면적을 줄이고자 하는데, 그 결과 물방울은 표면적이 가장 적은 형태인 구 모양을 띠게 된다. 따라서 ㉤도 적절한 예가 된다.

| 오답풀이 |

㉡ 승화에 해당한다. 승화는 고체가 직접 기체로 변하거나 기체가 직접 고체로 변하는 현상을 말한다.

㉣ 부력에 해당한다. 부력은 물이나 공기 같은 유체에 잠긴 물체가 유체로부터 중력과 반대 방향인 위 방향으로 힘을 받게 되는 것을 말한다.

10 과학상식 과학적 원리 분석하기

| 정답 | ②

| 해설 | ㉠ 삼투 현상이란 농도가 다른 두 액체가 있을 때 용질의 농도가 낮은 쪽에서 높은 쪽으로 용매가 이동하는 현상으로, 배추를 소금에 절이면 높은 농도의 소금 때문에 농도가 낮은 배춧잎에서 수분이 빠져나와 배춧잎은 숨이 죽어 흐물흐물해지는 현상에서 알 수 있다.

㉣ 청국장, 젓갈은 모두 균에 의한 발효식품이다.

| 오답풀이 |

㉡ 김칫독을 비닐로 씌워 밀봉하거나 돌을 얹어 공기의 유입을 막는 것은 김치에 있는 혐기성 세균 때문이다. 혐기성 세균은 산소가 있으면 번식하지 못하기 때문에 김치가 원활하게 발효될 수 있도록 산소를 차단하는 것이다.

㉢ 수소 이온 농도의 지수인 pH는 산성이나 알칼리성의 정도를 나타내는 수치로 쓰인다. 수소 이온인 H^+ 농도와 수산화 이온인 OH^- 농도가 동일하면 중성, H^+가 많으면 산성, OH^-가 많으면 알칼리성으로 구분한다. pH 7은 중성, pH 7 미만은 산성, pH 7 초과는 알칼리성이다. 김치는 발효를 거치면서 pH가 낮아져 산도가 올라가며 신맛이 난다.

11 과학상식 과학적 원리 파악하기

| 정답 | ①

| 해설 | 머리카락이 건조할 때 머리를 빗으면 머리카락이 빗에 달라붙는 현상은 정전기의 원리이다. 진공청소기는 정전기가 아닌 공기의 압력차를 이용한 것으로 청소기 내부의 팬을 강하게 회전시켜 진공상태로 만들면 기계 안에 있던 공기가 밖으로 빠져나가고, 이로 인한 압력차로 먼지, 찌꺼기 등이 공기와 함께 기압이 낮은 청소기 내부로 빨려 들어가게 되는 것이다.

| 오답풀이 |

② 복사기 : 검은 흑연입자인 토너가 정전기에 의해 원통형 드럼에 달라붙었다가 또다시 정전기에 의해 종이 쪽으로 달라붙게 하는 원리로 만들어졌다.

③ 포장 랩 : 밀착되어 감겨 있는 랩을 풀어서 뜯으면 마찰력이 생겨 정전기가 발생하여 식기 등에 잘 달라붙는다.

④ 공기 청정기 : 마주 보는 양 전극에 전압을 걸어 방전시키면 전기에 의해 정전기가 발생하고 먼지들이 집진판에 달라붙게 되는 원리를 이용한 것이다.

12 과학상식 작용하는 힘 파악하기

| 정답 | ②

| 해설 | 자동차가 커브 길을 돌 때 탑승자의 몸은 커브 바깥쪽으로 쏠리는 힘을 받아 몸이 기우는데, 이는 원심력 때문이다. 원심력은 원운동을 하고 있는 물체에 나타나는 관성력의 일종으로, 원의 중심을 향해 작용하는 구심력과 크기가 같고 방향은 반대이며, 원에서 멀어지는 방향으로 작용한다.

13 과학상식 물질의 상변화 이해하기

| 정답 | ④

| 해설 | 풀잎에 이슬이 맺히는 것은 공기 중의 수증기가 물방울로 액화되었기 때문이다. 냉장고에서 꺼낸 음료수 캔 표면에 물방울이 생기는 것, 얼음이 들어 있는 컵의 바깥 표면에 물방울이 생기는 것 등이 그 예이다.

파트 7 실전모의고사

1회 실전모의고사

문제 378쪽

01	②	02	④	03	④	04	④	05	①
06	④	07	③	08	②	09	④	10	②
11	②	12	④	13	①	14	④	15	②
16	④	17	②	18	②	20	③	20	④
21	①	22	④	23	④	24	③	25	③
26	③	27	④	28	③	29	③	30	③
31	③	32	②	33	③	34	③	35	④
36	③	37	④	38	④	39	④	40	③
41	③	42	①	43	④	44	④	45	①

01

| 정답 | ②

| 해설 | '나지막이'는 '좀 늦은 듯하게'의 뜻을 가진 말이며, '나지막히'는 비표준어이다.

| 오답풀이 |

① '눈살을 찌푸리다'가 올바른 표현이며, '눈쌀'은 비표준어이다.

③ '깨끗이'가 올바른 표현이다. '~이'와 '~히'는 뒤에 '하다'를 붙여 쓰임을 구분할 수 있다. 뒤에 '하다'를 붙여 말이 되면 '~히', 말이 되지 않으면 '~이'가 맞는 표현으로, 일일이, 꼼꼼히, 곰곰이 등이 그 예이다. 그러나 '깨끗이'는 이러한 규칙의 예외에 해당된다.

④ '메다'는 '어깨에 무엇인가를 걸치거나 올려놓다'의 의미이며, '매다'는 '풀리지 않도록 양쪽 끝을 서로 감아 매듭을 만들다, 잡풀을 골라서 뽑아 없애다'의 의미이다.

02

| 정답 | ④

| 해설 | 첫 문장에서 천연염색이란 무엇인가를 간략하게 설명하고 있다. 이 다음에 이어질 문장으로 (가)와 (나)가 가

능하다. (가)는 천연염색이 갖는 특성을 구체적으로 설명하고 있으며, "~많아지고 있는 것이다."로 문장이 끝맺어진다. (나)는 최근 소비자들의 천연염색 이용이 늘고 있다는 현황을 설명하고 있으므로 이유를 설명하는 (가)가 (나) 뒤에 오게 된다. (마)는 '이처럼'으로 앞 문장과 연결해 천연염색의 장점을 소개한다는 점에서 (가) 다음에 오는 것이 가장 자연스럽다. (라)는 천연염색의 단점을 소개하는 내용이므로 (마) 다음에 위치해야 하며, (다)는 이에 대한 방안을 강구하는 내용이므로 마지막에 위치해야 한다.

따라서 (나)-(가)-(마)-(라)-(다) 순이 적절하다.

03

| 정답 | ④

| 해설 | 제시된 글의 마지막 문장에서 본래의 임무를 원만히 담당하지 못하는 임금에 대한 혁명을 언급하고 있다. 이는 현재의 임금이 수양을 하면 성인이 될 수 있을 것으로 판단될 경우 신하들은 임금을 수양하게 해 성인으로 만들어야 하지만, 현재의 왕이 수양을 하더라도 성인이 될 수 없다고 판단될 경우 신하들은 혁명을 통해 성인이 될 가능성이 더 높은 다른 사람을 추대해야 한다는 것을 의미한다. 따라서 신하는 왕의 됨됨이를 판단할 수 있는 능력이 있어야 한다는 것은 신하의 도리에 부합하는 설명이라고 할 수 있다.

| 오답풀이 |

① '군군신신부부자자'는 임금과 아버지의 도리가 각각 다른 것이며, 신하와 아들의 도리 역시 서로 같지 않음을 의미한다.

② 출생은 평등한 인간이나, 맡은 바 임무에 있어서는 상하 관계가 성립된다고 하였다.

③ 임금은 신하가 추대하는 것이 아니며, 혁명을 통해 새로운 적임자를 왕으로 내세워야 할 경우 추대되는 것이라고 언급되어 있다.

04

| 정답 | ④

| 해설 | 제시된 글은 결핵 예방 백신의 접종 시기, 신체 반응, 접종방법에 따른 장단점 등을 소개하고 있으므로 이를 모두 포함하는 '결핵 예방을 위한 백신 접종방법'이 주제로 가장 적절하다.

| 오답풀이 |

① 어느 백신을 생후 최초로 접종해야 하는 것은 글에서 강조하는 내용이 아니다.

② BCG 한 가지에 대해서만 언급하고 있으므로 종류를 설명한 글로 볼 수는 없다.

③ 곪는 반응이 주사 부위에 나타나는 것은 결핵 예방 백신 접종 후의 현상이며, 백신 접종방법을 설명하기 위한 내용이므로 글의 주제가 될 수는 없다.

05

| 정답 | ①

| 해설 | 제시된 글에서의 핵심 논점 두 가지는 '노인 인구의 증가에 따른 노인 회관 건립'과 '녹지 조성'이다. 따라서 ①과 같이 마을의 노인 인구 현황과 녹지의 조성 현황을 함께 파악한다면 어느 의견이 더 타당한 것인지를 판단할 수 있을 것이다.

| 오답풀이 |

② 노인 회관 건립 비용이 얼마인지를 알아보는 것으로 양측 주장의 타당성을 확인할 수 없다.

③ 다른 곳의 녹지 개발 후보지가 있는지 여부가 중요할 것이며, 몇 개나 있는지는 사안의 쟁점과 거리가 멀다.

④ 대기오염이 심각하다는 것은 이미 오래 전부터 인지되어 온 것으로 언급되었으므로 구체적인 정도를 확인하는 것은 별다른 의미가 없다.

06

| 정답 | ④

| 해설 | 사람 수를 x명이라 할 경우, 다음의 식이 성립한다.

$2,800 \times x - 6,600 = 2,400 \times x - 1,400$

$400x = 5,200$

$\therefore\ x = 13$(명)

따라서 과자를 받아야 하는 사람의 수는 13명이다.

07

| 정답 | ③

| 해설 | '$\frac{\text{소금의 양}}{\text{소금물의 양}} \times 100 = $농도'이다.

12%의 소금물 350g에 녹아 있는 소금의 양은 $0.12 \times 350 = 42$(g)이다. 두 가지 농도의 소금물을 섞은 후 물을 증발시켰으므로, 증발 전과 후의 소금물의 농도는 변화하지만 그 용액 속에 녹아 있는 소금의 양은 달라지지 않는다.

첨가한 4%의 소금물의 양을 xg이라 하면 다음과 같은 식을 세울 수 있다.

$42 + (0.04 \times x) = 0.09 \times (350 + x - 50)$

$42 + 0.04x = 0.09(300 + x)$

$\therefore\ x = 300$(g)

따라서 첨가한 소금물의 양은 300g이다.

08

| 정답 | ②

| 해설 | A가 1시간 동안 만들 수 있는 파스타는 $120 \div 2 = 60$(인분)이며, B가 1시간 동안 만들 수 있는 파스타는 $120 \div 3 = 40$(인분)이다.

A가 70인분을 만드는 데 필요한 시간은 $70 \div 60 \fallingdotseq 1.2$(시간)이다. 두 사람이 함께 파스타를 만든다면 1시간에 60인분과 40인분, 즉 100인분을 만들 수 있으므로 추가로 만들어야 하는 50인분은 $50 \div 100 = 0.5$(시간)만에 만들 수 있다.

따라서 $1.2 + 0.5 = 1.7$(시간)이 걸린다.

09

| 정답 | ④

| 해설 | A 상자에서 흰색 공을 꺼냈을 경우와 검은색 공을 꺼냈을 경우를 나누어 생각할 수 있다.

- A 상자에서 흰색 공을 꺼내는 경우

  A 상자에서 흰색 공을 꺼낼 확률은 $\frac{3}{5}$이며, 이를 B 상자에 넣은 후 B 상자에서 흰색 공을 꺼낼 확률은 $\frac{5}{8}$이므로 두 사건이 연속해서 일어날 수 있는 확률은 $\frac{3}{5} \times \frac{5}{8} = \frac{3}{8}$이다.

- A 상자에서 검은색 공을 꺼내는 경우

  A 상자에서 검은색 공을 꺼낼 확률은 $\frac{2}{5}$이며, 이를 B 상자에 넣은 후 B 상자에서 흰색 공을 꺼낼 확률은 $\frac{4}{8} = \frac{1}{2}$이므로 두 사건이 연속해서 일어날 수 있는 확률은 $\frac{2}{5} \times \frac{1}{2} = \frac{1}{5}$이다.

따라서 B 상자에서 꺼낸 공이 흰색 공일 확률은 $\frac{3}{8} + \frac{1}{5} = \frac{23}{40}$이다.

10

| 정답 | ②

| 해설 | 'ㄴ'자를 이루는 세 개의 네모 칸을 기준으로 할 때, 모두 왼쪽 위의 숫자와 오른쪽 아래의 숫자를 더하면 왼쪽 아래 네모 안의 숫자가 된다. $10 + 7 = 17$, $17 + 82 = 99$, $99 + 182 = 281$, $7 + 75 = 82$, $82 + 100 = 182$

따라서 $75 + A = 100$이므로 A는 $100 - 75 = 25$이다.

11

| 정답 | ②

| 해설 | 총 2kg(2,000g)의 금을 판매해야 하므로 100g당 가격이 큰 가구부터 2,000g을 채워나가면 된다.

E 가구의 금 700g 중 500g까지만 판매가 가능하므로 $30,000 \times 5 = 150,000$(원)이 된다. 다음으로 가격이 높은 C 가구는 250g을 모두 판매할 수 있으므로 $27,000 \times 2.5 = 67,500$(원)이 된다. 그다음으로 단가가 비싼 B 가구와 G 가구의 금을 각각 500g씩 판매할 수 있으므로 이 경우의 금액은 $25,000 \times 5 \times 2 = 250,000$(원)이 된다. 남은 250g은 그다음으로 단가가 높은 F 가구의 300g 중 250g을 판매하면 되고 그 금액은 $23,000 \times 2.5 = 57,500$(원)이 된다.

따라서 2kg 판매했을 때 최댓값은 $150,000 + 67,500 + 250,000 + 57,500 = 525,000$(원)이다.

12

| 정답 | ④

| 해설 | 제시된 설명을 미지수를 사용해 정리하면 다음과 같다.

- 3L 주입 시 A 자동차의 주행거리 : a
- 5L 주입 시 A 자동차의 주행거리 : b
- 3L 주입 시 B 자동차의 주행거리 : c
- 5L 주입 시 B 자동차의 주행거리 : d

A 자동차의 연비는 $\frac{a}{3}=\frac{b}{5}$가 되고, B 자동차의 연비는 $\frac{c}{3}=\frac{d}{5}$가 된다. 또한 A 자동차와 B 자동차에 각각 3L를 넣고 운행했을 때 주행거리의 합이 48km이므로 a+c=48이고, B 자동차에 3L와 5L를 넣고 운행했을 때 주행거리의 합이 56km이므로 c+d=56이다. 이들을 연립하면 $d=\frac{5}{3}c$이므로 c=21이 된다.

이에 따라 a=27이 되고, A 자동차의 연비는 $\frac{27}{3}=9$가 되며, B 자동차의 연비는 $\frac{21}{3}=7$이 된다. 따라서 A 자동차 연비와 B 자동차 연비의 곱은 9×7=63이 된다.

13

| 정답 | ①

| 해설 | 80%의 확률로 알아맞힌다는 것은 진위를 올바르게 가려낼 수 있는 확률이 80%라는 것을 의미한다. 따라서 동생이 한 이야기를 참인 경우와 거짓인 경우로 나누어 확률을 계산해야 한다.

- 참인 경우
  35개의 이야기가 참이므로 형은 35개의 이야기에 대하여 80%인 35×0.8=28(개)의 이야기가 참이라고 판단한 것이 된다.
- 거짓인 경우
  거짓인 나머지 5개 이야기에 대하여 20%를 참이라고 판단했을 것이므로, 5×0.2=1(개)의 이야기가 참이라고 판단한 것이 된다.

따라서 형이 40개의 이야기 중 참이라고 판단한 이야기는 모두 28+1=29(개)가 된다. 이것은 전체 40개 이야기의 $\frac{29}{40}\times 100=72.5(\%)$에 해당한다.

14

| 정답 | ④

| 해설 | AD의 길이를 x라고 하면 ACD의 길이는 $11x$가 되며, BD의 길이를 y라 하면 BED의 길이는 $5y$가 된다. 또한 사람의 속력을 a라고 하면 차의 속력은 10a가 된다. 이를 통해 다음과 같은 식을 세울 수 있다.

$\frac{x+y}{a}=3 \rightarrow x+y=3a$ ·································· ㉠

$\frac{11x+5y}{10a}=\frac{108}{60} \rightarrow 11x+5y=18a$ ················ ㉡

㉠과 ㉡을 연립하여 풀면 다음과 같다.

$11x+5y=6(x+y)$

$y=5x,\ a=2x$

A에서 D까지는 걸어서 이동하고 D에서 E지점을 거쳐 B까지는 자동차로 이동하는 데 걸리는 시간은 $\frac{x}{a}+\frac{5y}{10a}$이므로, $\frac{x}{2x}+\frac{5\times 5x}{10\times 2x}=\frac{(10+25)x}{20x}=\frac{7}{4}$이다. 따라서 총 1시간 45분이 걸린다.

15

| 정답 | ②

| 해설 | 각각의 상자에 1개, 2개, 3개, …, n개를 넣는 것이 가장 많은 상자에 나누어 담을 수 있는 방법이므로, 1+2+3+…+n≦200이다.

n=19일 경우 $1+2+3+\cdots+19=\frac{19\times 20}{2}=190$(개)이며, n=20일 경우 $1+2+3+\cdots+20=\frac{20\times 21}{2}$ 210(개)가 된다.

따라서 18개의 상자에 1개, 2개, 3개, …, 18개를 넣고 마지막 19번째 상자에는 구슬을 29개를 넣으면 된다.

따라서 a+b=19+29=48이다.

16

| 정답 | ④

| 해설 | ㉠ 지역별 총생산량은 〈자료 1〉의 가로 수치의 합산, 도착한 출하량은 세로 수치의 합산이다. 다음 표와 같이 합계 수치를 정리해 보면 경기도가 469톤과 420톤, 강원도가 333톤과 269톤으로 총생산량보다 도착한 출하량이 더 많은 2개 지역인 것을 알 수 있다.

(단위 : 톤)

도착지 / 생산지	경기도	강원도	충청도	경상도	전라도	제주도	합계
경기도	–	72	58	120	65	105	420
강원도	48	–	66	36	59	60	269
충청도	125	75	–	66	85	43	394
경상도	86	51	69	–	87	22	315
전라도	114	33	53	58	–	92	350
제주도	96	102	55	32	40	–	325
합계	469	333	301	312	336	322	2,073

㉡ 경상도에서 생산된 농산물의 지역별 평균 출하량은 $\frac{86+51+69+87+22}{5}=63$(톤)이다. 따라서 이보다 많은 농산물이 출하된 지역은 경기도, 충청도, 전라도 3개 지역이다.

㉣ 출하량과 톤당 운송비용을 곱하여 구하며, 경상도에서 생산한 농산물의 출하지별 총운송비용은 순서대로 각각 3,354천 원, 2,346천 원, 1,518천 원, 1,131천 원, 1,320천 원이다. 따라서 총운송비용이 가장 많은 지역은 경기도이다.

| 오답풀이 |

㉢ 제주도에서 경기도로 출하한 농산물은 96톤으로 경기도에서 제주도로 출하한 농산물 105톤보다 적은 양이며, 총운송비용 역시 96×78=7,488(천 원)으로 반대의 경우인 105×75=7,875(천 원)보다 더 적다.

17

| 정답 | ②

| 해설 | 전체 환자 수가 증가한 해에는 전체 진료비도 증가하였고, 반대로 전체 환자 수가 감소한 해에는 전체 진료비도 감소하였으므로 두 항목은 비례 관계를 보인다.

| 오답풀이 |

① 2023년에 남학생 환자 수는 감소하였으나, 여학생 환자 수는 증가하였다.

③ 환자 1인당 진료비는 진료비를 환자 수로 나눈 값을 의미하며 $\frac{89,085}{809}\fallingdotseq 110.1$(백만 원)을 나타낸 2023년이 가장 크다.

④ $\frac{29,612}{41,785}\times 100\fallingdotseq 70.9$(%)를 나타낸 2020년이 가장 작은 비중을 보인 해이다.

18

| 정답 | ②

| 해설 | 〈보기〉의 합격 기준에서 요구하는 평균값을 구해 정리하면 다음과 같다.

구분	기준치 지수	테스트 결과			평균값
		1차	2차	3차	
A 제품	24	23.2	27.3	21.8	24.1
B 제품	27	26.1	25.0	28.1	26.4
C 제품	35	36.9	36.8	31.6	35.1
D 제품	40	36.4	36.3	47.6	40.1
E 제품	45	40.3	49.4	46.8	45.5

이에 따라 각 제품의 합격 여부를 살펴보면 다음과 같다.

- A 제품 : 기준치가 35 이하인 제품이므로 모든 테스트 결과가 20.5 이상 27.5 이하이어야 하며 평균값도 기준치 지수보다 커야 한다. 따라서 모든 기준을 만족한 A 제품은 합격이다.
- B 제품 : 평균값이 기준치에 미치지 못하므로 불합격이다.
- C 제품 : 기준치가 35 이하인 제품이므로 모든 테스트 결과가 31.5 이상 38.5 이하이어야 하며 평균값도 기준치 지수보다 커야 한다. 따라서 모든 기준을 만족한 C 제품은 합격이다.
- D 제품 : 기준치가 35 초과인 제품이므로 모든 테스트 결과가 36.0 이상이어야 하며 평균값도 기준치 지수보다 커야 한다. 따라서 모든 기준을 만족한 D 제품은 합격이다.
- E 제품 : 기준치가 35 초과인 제품이므로 모든 테스트 결과가 40.5 이상이어야 하며 평균값도 기준치 지수보다 커야 한다. 따라서 E 제품은 1차 테스트 결과에 의해 불

합격이다.

따라서 합격 판정을 받게 되는 제품은 A, C, D 제품이다.

19

| 정답 | ③

| 해설 | 종이를 역순으로 펼치면 다음과 같다.

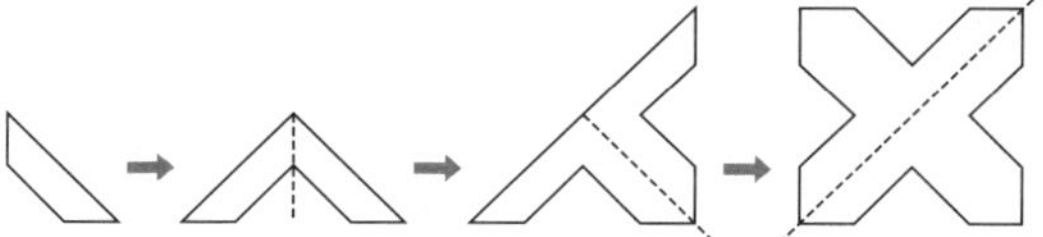

20

| 정답 | ④

| 해설 | 전체 필요한 블록의 개수에서 이미 있는 블록의 수를 빼서 추가로 필요한 블록의 개수를 구한다. 각 정육면체의 길이는 모두 1cm이므로, 모든 길이가 5cm인 정육면체를 만들기 위해서는 $5 \times 5 \times 5 = 125$개의 블록이 필요하다. 이미 블록 15개가 있으므로 추가로 필요한 블록의 개수는 $125 - 15 = 110$(개)이다.

21

| 정답 | ①

| 해설 | 한붓그리기는 출발점과 도착점이 같은가의 여부에 따라 그 속성을 분류할 수 있다. 한붓그리기가 가능한 도형에는 짝수 개 또는 홀수 개의 선들이 만나는 곳(점)이 있는데, 이 중 홀수 개의 선들이 만나는 점이 몇 개인지에 따라 다음과 같이 두 가지 경우로 나누고 그 속성을 파악할 수 있다.

- 홀수 개의 선이 만나는 점이 0개인 도형 : 출발점과 도착점이 같다.
- 홀수 개의 선이 만나는 점이 2개인 도형 : 출발점과 도착점이 다르다.

따라서 ①은 아래 그림에서 알 수 있듯이 홀수 개의 선이 만나는 점이 두 개로 다른 도형들과 달리 출발점과 도착점이 다르다.

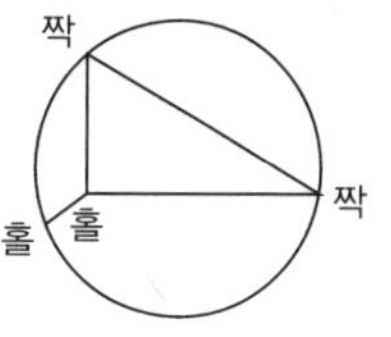

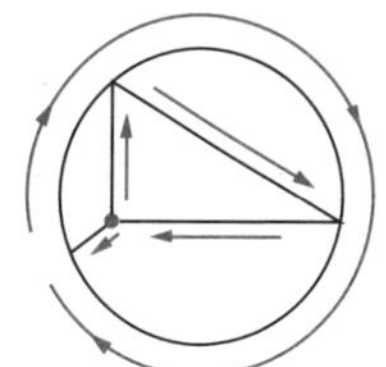

22

| 정답 | ④

| 해설 | 다음 그림과 같이 A, B, C, E를 연결하면 평행사변형을 만들 수 있다.

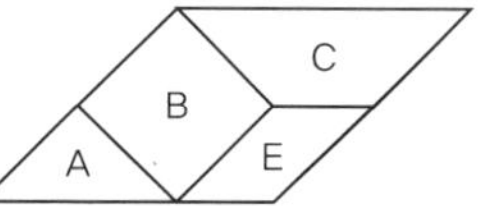

23

| 정답 | ④

| 해설 | 제시된 두 전개도를 합하여 완성된 도형은 다음 그림과 같다.

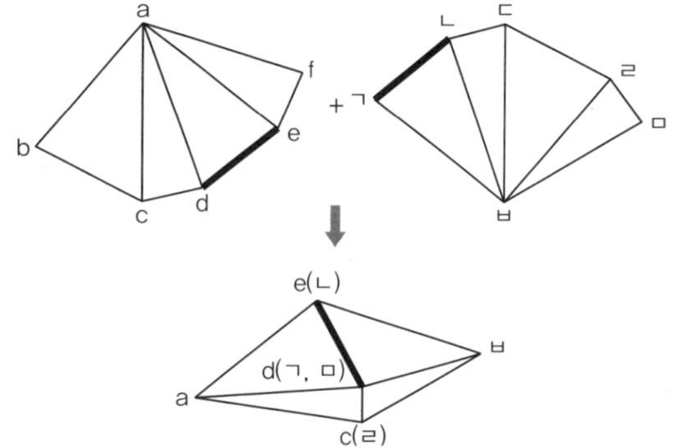

24

| 정답 | ③

| 해설 | 전개도를 접으면 ③과 같은 도형을 만들 수 있다.

| 오답풀이 |

① 정면과 우측면의 위치를 서로 바꾸어야 한다.

② 우측면에 '+'자가 그려진 면이 와야 한다.

④ 우측면에 'ㅣ'자가 그려진 면이 와야 한다.

25

| 정답 | ③

| 해설 | 다음과 같은 곳이 서로 다르다.

26

| 정답 | ③

| 해설 | 정육면체 블록을 왼쪽 그림과 같이 십자로 바닥까지 자르면 네 개의 직육면체가 생긴다. 이를 다시 오른쪽 그림과 같이 X자로 반대편 면까지 자르면 하나의 직육면체에 3개의 삼각기둥이 생긴다. 따라서 총 3×4=12(개)의 삼각기둥이 생기게 된다.

27

| 정답 | ④

| 해설 | 검은색과 검은색이 만나면 흰색, 검은색과 흰색이 만나면 검은색, 흰색과 흰색이 만나면 흰색으로 바뀐다고 하였다. 이는 같은 색이 겹쳐지면 흰색으로, 서로 다른 색이 겹쳐지면 검은색으로 바뀌는 것이다. 따라서 ④와 같은 검은색 네모 칸과 흰색 네모 칸의 배열로 바뀌게 된다.

28

| 정답 | ③

| 해설 | ②, ④는 ①을 각각 180°, 반시계 방향으로 90° 돌렸을 때의 모양이다. 따라서 ①, ②, ④는 같은 모양이며, ③은 아래 그림에 동그라미 친 검은 점 두 개의 위치가 나머지와 다르다.

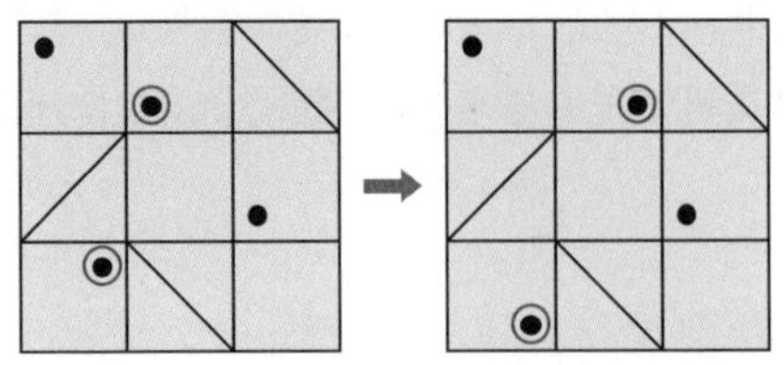

29

| 정답 | ③

| 해설 | 한 면이라도 보이는 블록을 제거하면 다음과 같은 모양이 된다.

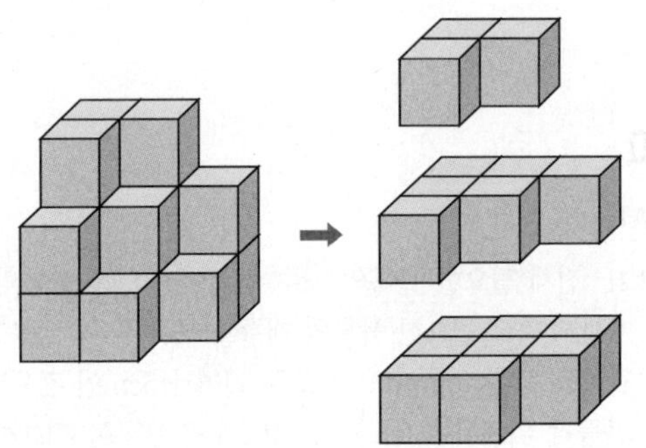

따라서 단 한 면도 눈에 보이지 않는 블록의 개수는 3+6+8=17(개)이다.

30

| 정답 | ③

| 해설 | 주어진 명제를 벤다이어그램으로 표시하면 다음과 같다.

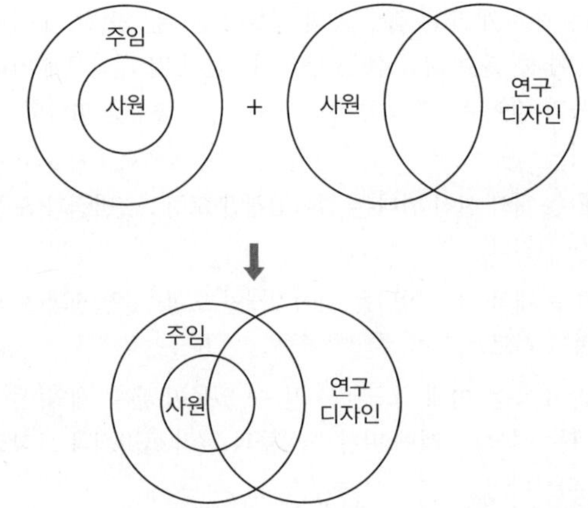

따라서 '어떤 사원은 주임이면서 연구디자인을 한다'가 옳은 결론이 된다.

31

| 정답 | ③

| 해설 | 지아는 소설책과 시집을 많이 읽고, 소설책을 많이 읽는 사람은 글쓰기를 잘하므로 삼단논법에 따라 '지아는 글쓰기를 잘한다'가 성립한다.

32

| 정답 | ②

| 해설 | 4명의 진술이 각각 거짓이라고 가정하고 각각의 경우를 검토해 본다.

- A가 거짓인 경우 : B는 1층 또는 4층, C는 2층 또는 4층에 살 수 있으므로 3층에 살 수 있는 사람은 D이다. 또한 A가 2층이므로 C는 4층, 나머지 B가 1층이 되어 모든 층의 사는 사람을 알 수 있다.
- B가 거짓인 경우 : B가 3층에 살게 되므로 D는 1층이 된다. 또한 1층과 3층을 제외한 나머지 4층에 A가 살 수밖에 없으며 C는 2층이 되어 이 경우에도 모든 층의 사는 사람을 알 수 있다.
- C가 거짓인 경우 : 1층과 3층은 C와 D가 살게 되므로 나머지 2층과 4층에 A와 B가 살게 되는데 A는 1, 3, 4층 중 한 층에 살아야 하므로 A가 4층, B가 2층이 되어 결국 A와 B가 사는 층만 알 수 있다.
- D가 거짓인 경우 : 2층과 4층은 C와 D가 살게 되므로 나머지 1층과 3층에 A와 B가 살게 되는데 B는 1, 2, 4층 중 한 층에 살아야 하므로 B가 1층, A가 3층이 되어 A와 B가 사는 층만 알 수 있다.

따라서 ②만이 옳은 판단임을 알 수 있다.

33

| 정답 | ③

| 해설 | 두 번째, 세 번째 조건에 따라 일요일부터 금요일까지 갑과 을은 한 명씩 번갈아가며 근무함을 알 수 있다. 여자 직원들의 근무일은 네 번째, 다섯 번째, 여섯 번째 조건에 따라 우선 다음과 같이 정리할 수 있다.

일	월	화	수	목	금
정, 무	병, 무		병	병	병

마지막 조건에서 정은 평일에 여자 중 특정한 1명하고만 근무를 한다고 하였는데, 정은 평일에 3일을 근무하므로 병과 근무일이 겹칠 수밖에 없고 2일을 근무하는 무와는 겹치지 않을 수 있다. 따라서 정은 병과 함께 일하고 무와는 함께 일하지 않으므로, 여자 직원들의 근무일은 다시 다음과 같이 정리할 수 있다.

일	월	화	수	목	금
정, 무	병, 무	무	병, 정	병, 정	병, 정

따라서 남자 직원들까지 고려했을 때 화요일에는 2명이 근무하고 나머지 요일에는 3명이 근무한다.

34

| 정답 | ③

| 해설 | 〈조건〉에서 별명이 함께 언급되는 경우 두 별명은 서로 다른 사람의 것이며, 별명과 사람이 함께 언급되는 경우 그 별명은 그 사람의 별명이 아니다. 이에 따라 내용을 정리하면 다음과 같다.

구분	공주병	왕자병	못난이	왕눈이	찡찡이	방귀대장
A	×	×	×	O	×	O
B	×	O	O	×	×	×
C	O	×	×	×	O	×

따라서 방귀대장은 A의 별명이므로 B 또는 C의 별명이 아닌 것을 알 수 있다.

35

| 정답 | ④

| 해설 | 영업 2팀과 3팀에는 반드시 2명씩 배치되어야 하므로, 1팀과 4팀에는 1명씩 배치될 수밖에 없다. 따라서 영업 1팀에는 차장 1명이 배치되는 것을 알 수 있다. 또한 2명의 대리는 영업 3팀으로 배치될 수 없으므로 영업 2팀과 4팀에 1명씩 나누어 배치되거나 영업 2팀에 모두 배치되는 2

가지 경우가 생길 수 있다. 따라서 대리 2명이 배치되는 2가지 경우에 따라 인력을 배치해 보면 다음과 같다.

부서	경우 1	경우 2
영업 1팀	차장 1	차장 1
영업 2팀	대리 1, (차장 or 과장)	대리 2
영업 3팀	과장 1, (과장 or 차장)	차장 1, 과장 1
영업 4팀	대리 1	과장 1

따라서 영업 4팀에 대리가 배치될 수 없다는 것은 올바르지 않은 설명이 된다.

| 오답풀이 |

① 경우 1, 2 모두 영업 3팀에 과장과 차장이 1명씩 배치될 수 있다.

② 차장이 배치될 수 있는 팀은 영업 1～3팀 3개이다.

③ 영업 1팀에는 차장 1명만 배치된다.

36

| 정답 | ③

| 해설 | 직장 생활 중 부정한 상황을 겪을 처지에 놓이게 되면, 자신은 물론이며 동료의 행위 또한 사전에 방지할 수 있도록 조치를 하는 것이 바람직하다. 따라서 자신의 의견을 분명하게 밝히는 자세가 필요하며, 나만 아니면 된다는 생각보다 부정한 행위 자체가 발생하지 않도록 서 대리를 설득하는 것이 적절한 행동요령이라고 할 수 있다.

| 오답풀이 |

①, ② 두 가지 설명 모두 부정행위에 가담한다는 것이므로 적절한 행동이 아니다. 소액을 받는 것은 괜찮다는 생각 역시 그릇된 의식이다.

④ 직장 동료가 부정행위를 저지를 것임을 알게 된 경우에는 고발 자체에 중점을 두기보다 어떻게든 사전 차단을 위한 최대한의 노력을 기울여야 할 것이다. 자신의 고발에 의해 처벌을 받게 될 서 대리 또한 함께할 직장 동료이므로, 고발에 앞서 부정행위를 미연에 방지할 수 있는 노력을 먼저 해 보는 것이 더욱 바람직하다.

37

| 정답 | ④

| 해설 | 오랜 거래 관계를 유지하던 공급 업체가 가격 인상을 요구한 것에는 나름의 이유가 있을 것이라는 적절한 판단을 바탕으로 한 행동이다. 이런 경우 일방적인 요구보다 상대방의 근본적인 문제점이 무엇인지를 확인하여 서로 원원할 수 있는 대안을 제시하는 것이 효과적인 경우가 많다.

38

| 정답 | ④

| 해설 | S의 독특한 행동이 무엇인지를 파악하기에 앞서 근본적인 문제는 다른 사람이 없는 곳에서 험담을 하고 있다는 점이다. 따라서 우선 험담이 지속되지 못하도록 해야 할 것이며, S에게 필요한 개선점이 있는지를 찾아 개선의 여지가 있다면 동료로서 적극 도움을 주는 것이 가장 바람직한 태도라고 볼 수 있다.

| 오답풀이 |

① 근본적인 해결책이라고 볼 수 없고 다른 단체 채팅방 직원에게 불필요한 반감을 살 수 있는 행동으로 비춰질 수 있다.

② S에 대한 험담뿐 아니라 타인에 대한 뒷공론 자체가 지속된다는 점에서 바람직한 방법이라고 보기 어렵다.

③ 고자질로 보일 수 있는 행동이며, 다소 극단적인 방법으로 원만한 해결을 위한 대안으로 보기 어렵다.

39

| 정답 | ④

| 해설 | 직장 생활에서 필요한 중요한 업무 태도 중 하나는 자신의 능력 범위를 솔직하게 인정하는 것이다. 상사의 지시라고 해도 능력 범위를 벗어나는 일에 무조건 '네'라고 응답한다면, 인간적인 호감을 얻을 수 있을지 몰라도 업무를 그르치는 결과를 낳을 수 있다. 따라서 ④와 같이 솔직히 수행이 어렵다는 점을 이야기하며, 아울러 다른 직원과의 업무 조정(사업계획서를 다른 직원이 수정하고 장 사원은 곧바로 계약서를 검토하는 등)을 대안으로 제시하는 것은 업무를 그르치지 않을 수 있는 매우 현명한 행동요령이라고 할 수 있다.

| 오답풀이 |

① 자신이 수행할 수 있는 업무에 대해서는 상사의 지시를 따르는 것이 바람직하나, 그렇지 않은 경우 무조건 떠안은 업무는 최악의 결과를 초래할 수 있다.

② 다른 팀 직원에게 도움을 요청하는 것은 책임감 있는 업무를 기대하기 어려울 수 있으며, 조직 내 업무 보안 측면에서도 바람직하지 않다.

③ 개인적으로 업무 부담에서 벗어날 수는 있으나, 조직 융화력과 협동심이 부족함을 드러내는 태도이다.

40

| 정답 | ③

| 해설 | 직원에게 화를 내는 고객을 대하는 첫 번째 태도는 죄송하다는 말로 사과의 마음을 전하는 것이다. 사안의 자초지종을 따지는 것은 격양된 고객의 마음을 누그러뜨린 후에 해도 늦지 않다. 대부분 화가 난 고객은 자신의 이야기를 들어주지 않는 것에 대한 불만을 표출하는 것이므로, 먼저 고객의 입장에서 이해하고자 하는 마음이 필요하다.

| 오답풀이 |

① 개인정보를 확인하는 것은 고객의 화난 마음을 전혀 헤아리지 못하는 것이며, 최우선적으로 해야 할 행동요령으로 볼 수도 없다.

② 논리적이고 합리적인 문제해결 방법은 화난 고객에게 유용한 방법이 되지 못한다.

④ 감정노동을 하는 상담직원이 고객의 마음을 언짢게 만든 이유부터 말하게 만드는 부적절한 방법이다.

41

| 정답 | ③

| 해설 | 다음과 같이 덧셈과 뺄셈 부호를 넣어 등식을 완성할 수 있다.

1 [+] 2 [+] 3 [−] 4 [+] 5 [+] 6 [+] 7 8 [+] 9 = 100

42

| 정답 | ①

| 해설 | 1행과 3행의 색칠된 네모 칸은 우측으로 한 칸씩 이동하며, 2행과 4행의 색칠된 네모 칸은 좌측으로 한 칸씩 이동하는 규칙이 적용되고 있다. 맨 끝에 있는 색칠된 칸은 다음 이동 시 다시 반대편 끝 칸으로 이동하며 반복된다. 따라서 빈칸에는 ①과 같은 그림이 들어가야 한다.

43

| 정답 | ④

| 해설 | 각 정육면체는 점선에 쓰인 숫자들의 곱과 실선에 쓰인 숫자들의 합이 같다는 동일한 규칙이 적용된다.

- 첫 번째 정육면체 : $2\times3\times4=3+4+5+1+5+6=24$
- 두 번째 정육면체 : $3\times4\times5=10+5+9+13+12+11=60$

따라서 $4\times5\times7=21+20+?+4+35+39=140$이 되어야 하므로 '?'에 들어가야 할 숫자는 21이다.

44

| 정답 | ④

| 해설 | '가'에서 출발하는 방법은 다음 그림과 같이 a, b, c 방향으로 가는 3가지가 있다.

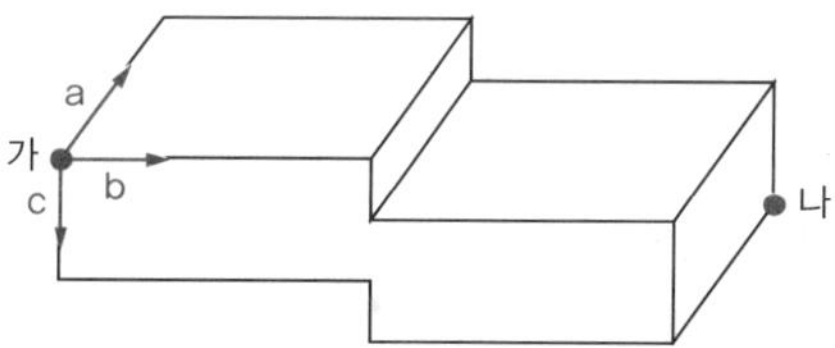

- a 방향으로 출발하는 경우 : 처음으로 만나는 꼭짓점에서 우측으로 가는 방법과 아래로 내려갔다가 우측으로 가는 2가지 방법이 있다.
- b 방향으로 출발하는 경우 : 처음 만나는 꼭짓점에서 뒤쪽 방향으로 가는 경우(1가지)와 아래로 내려가는 경우 두 가지 방법으로 나뉜다. 아래로 내려가는 경우 내려간 직후에 또 다시 두 가지 경우로 나뉘고(뒤쪽 방향으로 1가지), 그중 우측으로 가는 경우 직후에 만나는 꼭짓점에서 다시 두 가지 경우(뒤쪽 방향으로 1가지, 아래쪽으로 1가지)로 나뉘어 최종적으로 4가지 방법이 있게 된다.
- c 방향으로 출발하는 경우 : 처음으로 만나는 꼭짓점에서 뒤쪽 방향으로 가는 경우(1가지)와 우측으로 가는 경우로 나뉜다. 우측으로 간 후에는 두 직육면체가 맞닿는 부분에서 두 가지 경우로 나뉘게 된다(뒤쪽 방향으로 1가지). 그중 아래로 내려가는 경우 처음 만나는 꼭짓점에서 다시 두 가지로 나뉘게 되어(뒤쪽 방향으로 1가지, 우측으로 1가지) 총 4가지 방법이 있게 된다.

따라서 총 10가지의 방법이 있다.

45

| 정답 | ①

| 해설 | 다음 그림과 같이 평행사변형 abcd의 네 모서리 부분의 작은 삼각형을 오려서 반시계 방향에 있는 사각형에 뒤집어 붙이면 하나의 큰 십자가 모양의 도형이 된다.

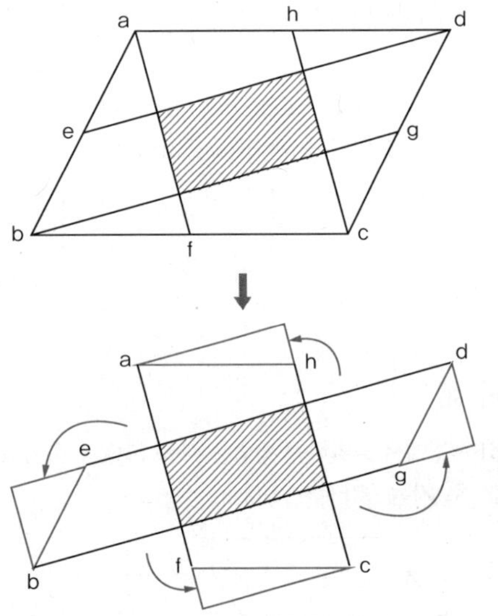

따라서 빗금 친 부분의 넓이는 평행사변형 abcd의 $\frac{1}{5}$ 배임을 알 수 있다.

2회 실전모의고사

문제 402쪽

01	①	02	②	03	②	04	③	05	③
06	②	07	④	08	③	09	①	10	②
11	③	12	①	13	②	14	③	15	④
16	③	17	①	18	②	19	③	20	①
21	①	22	②	23	④	24	②	25	②
26	④	27	③	28	④	29	②	30	①
31	③	32	②	33	②	34	③	35	④
36	③	37	②	38	③	39	④	40	④
41	②	42	④	43	③	44	③	45	③
46	④	47	②	48	②	49	④	50	③

01

| 정답 | ①

| 해설 | '테입'은 '테이프'의 비표준어이다.

| 오답풀이 |

② '프라이팬'은 올바른 표현이며, '후라이팬', '후라이판' 등이 비표준어이다.

③ '커피숍'은 올바른 표현이며, 특히 'shop'의 올바른 표현은 '숍'인 점에 유의해야 한다.

④ '캐비닛'이 올바른 표현이며, '캐비넷'은 비표준어이다.

02

| 정답 | ②

| 해설 | '부모가 반팔자'라는 속담은 어떤 부모를 만났는가 하는 것이 자기 운명의 절반을 결정한다는 뜻으로, 사람의 운명이 부모에 의해서 크게 영향 받게 되는 것을 비유적으로 이르는 말이다. 제시된 글에서 두 주인공은 부모의 영향으로 지금의 자신들이 있다는 것을 깨닫고 부모에게 고마움을 표현하고 있으므로 '부모가 반팔자'라는 속담이 상황에 적절하다.

| 오답풀이 |

① 아이를 낳고 나면 부모가 귀한 줄 알게 된다는 의미이다.

③ 부모를 잃은 사람에게 부모의 나이가 많아 돌아가실 차례가 되어서 어쩔 수 없다고 하며 진정시키는 말이다.

④ 부모는 항상 자식의 신변에 대해 걱정한다는 의미이다.

03

| 정답 | ②

| 해설 | 제시된 글에서는 청년들이 대기업에서 스펙 쌓기를 하여 우수한 커리어를 만들고자 한다는 점을 이야기하고 있다. 따라서 우리 사회에서 원하는 인재의 조건으로 스펙보다 경험이 더 중요하다는 것이 가장 효과적인 반론이다.

| 오답풀이 |

① 대기업과 공무원의 임금수준이나 근로보장성을 비교하는 것은 제시된 글의 핵심과 거리가 멀다.

③ 영세업체의 근무 환경이 매우 열악하다는 주장은 청년들의 선택에 대한 근거가 된다.

④ 대기업 취업을 희망하는 청년의 증가로 대기 기간이 더 길어질 것이라는 예상은 청년들로 하여금 별도의 추가 방법을 사용할 계기가 될 것이며, 스펙 쌓기를 포기하고 현업에서의 경험을 쌓도록 유인하는 것으로 볼 수는 없다.

04

| 정답 | ③

| 해설 | 제시된 글의 "가족과 재회하겠다는 일념으로 그린 소의 그림"을 통해 이중섭은 가족들과 헤어진 것에 대한 그리움을 소 그림으로 승화시키고자 했던 것을 짐작할 수 있다.

| 오답풀이 |

① 이중섭이 그린 '소' 그림은 아내가 일본인이었다는 특성과 무관한 것이며, 가족과의 헤어짐에 대한 아픔을 표현한 것이다.

② 소의 우직함에서 가족의 정을 느낀 것이라는 근거는 제시되어 있지 않다.

④ '소' 그림은 민족의 비극보다 가족의 이별을 표현한 것이다.

05

| 정답 | ③

| 해설 | 제시된 글은 우리나라의 고령화와 저출산 문제를 다루고 있다. 의료복지 시스템 개선 및 보장제도 확대를 해결 방안으로 제시하는 것은 저출산의 원인을 왜곡해 분석한 것이며, 단순히 출산율을 높이는 데에만 초점을 둔 과거의 출산장려정책으로 회귀하는 것이라 볼 수 있다. 따라서 기존의 출산장려정책의 성과가 미흡하다고 평가하고 있는 제시된 글을 읽고 주장할 내용으로 적절하지 않다.

| 오답풀이 |

① 자료 비교를 통해 변화에 대응하는 방안을 마련할 수 있다는 내용은 제시된 글을 읽고 주장할 내용으로 적절하다.

②, ④ 저출산의 직접적인 원인으로 주택가격상승으로 인한 육아 비용 부담, 남성의 근로시간 연장으로 가사 분담이 어려움 등을 말하는 것은 제시된 글을 읽고 주장할 내용으로 적절하다.

06

| 정답 | ②

| 해설 | 제시된 글에서는 적절한 의료진의 간호로 환자가 불확실성을 불안과 두려움이 아닌 기회로 평가하게 되면 환자의 적응력은 더 나아질 수 있다고 주장한다. 따라서 불확실성 자체보다 불확실성을 받아들이는 환자의 수용 방식에 따라 적응력이 달라진다는 판단은 적절하다.

| 오답풀이 |

① 무작위배정 및 눈가림이 환자에게 불확실성을 유발시켜 불안 심리를 자극한다고 설명되어 있으나, 이를 배제하는 것이 반드시 불안 심리를 없애준다고 할 수는 없다.

③ 항암제에 대한 대처 능력의 관건은 어느 단계의 임상시험에 응하는지를 아는 것이 아니라, 불확실성을 기회로 평가하고 받아들일 수 있는지 여부이다.

④ 항암제의 효과는 그 자체로 의미가 있을 것이며, 환자의 심리 상태를 항암제 약효 자체의 판단 기준으로 보는 것은 적절하지 않다.

07

| 정답 | ④

| 해설 | 2030년까지 재생에너지는 전체 발전량 대비 20%가 될 것으로 목표를 설정하였으므로, 전체 발전량의 3분의 1에 미치지 못할 것으로 전망할 수 있다. 이마저도 세 가지 이슈가 해결되어야 목표를 달성할 수 있으므로 ④가 적절하다.

| 오답풀이 |

① 세계보건기구는 대기오염으로 인한 사망자가 전체의 16%인 830만 명이라고 하였으므로 전체 사망자는 830÷0.16≒5,188(만 명)으로 5천만 명이 넘는다.

② 1911～2010년 기간 동안 지구의 평균 기온이 0.75도, 국내는 1.8도 상승한 것일 뿐, 그 기간의 우리나라가 지구 전체보다 줄곧 높은 평균 기온을 보여 왔는지를 알 수는 없다.

③ 정부의 충분한 예산 지원을 경제적 이슈로 본다 해도, 사회적 · 기술적인 이슈 역시 해결되어야 신재생에너지가 국내에 본격 적용될 수 있다고 글에서 언급하고 있다.

08

| 정답 | ③

| 해설 | 주사위 3개를 동시에 던졌을 경우에 나올 수 있는 숫자들의 경우의 수는 6×6×6=216(가지)이다. 3개 주사위의 합이 4가 되려면 2가 한 개, 1이 두 개여야만 하므로 가능한 경우는 (1, 1, 2), (1, 2, 1), (2, 1, 1)로 3가지가 된다.

따라서 구하고자 하는 확률은 $\frac{3}{216}=\frac{1}{72}$이다.

09

| 정답 | ①

| 해설 | 버스로 이동한 거리를 $x$km, 걸어간 거리를 $y$km라 할 때, 다음과 같은 식이 성립한다.

$x+y=15$ ·································· ㉠

$\frac{x}{20}+\frac{y}{4}=1$ ·································· ㉡

㉡을 풀면 $x=20-5y$가 되고 이를 ㉠에 대입하면 $20-5y+y=15$이다. 따라서 $y=1.25$(km), $x=13.75$(km)임을 알 수 있다.

즉, 버스로 13.75km, 걸어서 1.25km를 이동하였다.

10

| 정답 | ②

| 해설 | 테이블의 개수를 x라 하면 다음과 같은 식을 만들 수 있다.

$5x+2=6(x-2)+4$

$x=10$

테이블의 개수가 10개이므로 행사 참여자의 수는 5×10+2=52(명)이다.

11

| 정답 | ③

| 해설 | 작은 피자의 면적은 10×10×3=300(cm^2)이므로, 1cm^2당 단가는 12,000÷300=40(원)이다.

큰 피자의 1cm^2당 단가는 36원이고, 큰 피자의 면적은 15×15×3=675(cm^2)이다.

따라서 큰 피자 1판의 가격은 675×36=24,300(원)이지만 백의 자리에서 반올림하여 24,000원이 되어야 한다.

12

| 정답 | ①

| 해설 | 첫해의 직원 수를 x라 하면, 첫해의 급여지출액 총합은 $2,000,000\times x$가 되며, 둘째 해의 급여지출액 총합은 $1,700,000\times(x+3)$이 된다.

둘째 해의 급여지출액 총합이 첫해의 95.2%이므로 $1,700,000\times(x+3)=2,000,000\times x\times 0.952$이 성립한다. 이를 풀면 $x=25$(명)이 되며, 첫해의 급여지출액 총합은 2,000,000×25=50,000,000(원)이 된다.

셋째 해에는 첫해와 인당 급여액이 같고 직원 수가 5명 줄었으므로 총 2,000,000×20=40,000,000(원)의 급여지출액이 발생한다.

따라서 이것은 첫해의 80%에 해당됨을 알 수 있다.

13

| 정답 | ②

| 해설 | 이동 경로의 경우의 수는 $\frac{(가로\ 칸\ 수+세로\ 칸\ 수)!}{가로\ 칸\ 수!\times 세로\ 칸\ 수!}$ 이다.

가로와 세로 칸 수가 각각 3칸과 4칸이므로 $\frac{(3+4)!}{3!\times 4!}$ 로 계산할 수 있다.

이를 정리하면 $\frac{7\times 6\times 5\times 4\times 3\times 2\times 1}{(3\times 2\times 1)\times(4\times 3\times 2\times 1)}=7\times 5=$ 35가 되어 최단 경로 경우의 수는 35가지이다.

14

| 정답 | ③

| 해설 | 100□=1□가 성립하는 것은 100cm=1m뿐이며, 10□=1000□가 성립하는 것은 10m=1000cm뿐이다. 이를 참고하여 m와 cm이 들어가는 네모 칸은 먼저 채울 수 있다. 나머지 칸을 등식과 부등식에 따라 순차적으로 채우면 다음과 같은 그림이 완성된다.

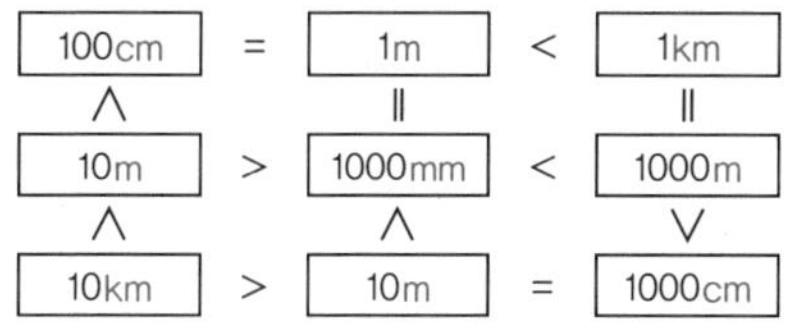

따라서 m가 네 번으로 가장 많이 사용된 것을 알 수 있다.

15

| 정답 | ④

| 해설 | 잘라낸 세 개의 정삼각형의 한 변의 길이를 각각 a, b, c라 하고 육각형의 나머지 변의 길이를 ㉠, ㉡, ㉢이라고 할 때, a, b, c, ㉠, ㉡, ㉢은 각각 2cm, 3cm, 4cm, 5cm, 6cm, 7cm와 하나씩 짝지어진다. 따라서 a+b+c+㉠+㉡+㉢=2+3+4+5+6+7=27이 된다.

한편, 원래 정삼각형 둘레는 14×3=42=(a+㉠+b)+(b+㉢+c)+(c+㉡+a)이므로 27+a+b+c=42가 되어 a+b+c=15임을 알 수 있다.

a, b, c는 2, 3, 4, 5, 6, 7 중 하나이므로 합이 15가 되는 경우는 2+6+7, 3+5+7, 4+5+6이다. 이 세 경우를 살펴보면 다음과 같다.

- a, b, c가 2, 6, 7일 경우, 한 변이 14cm가 되도록 만들면 나머지 세 변이 3, 4, 5가 아니므로 조건에 맞지 않는다.
- a, b, c가 3, 5, 7일 경우, 한 변이 14cm가 되도록 만들면 ㉠=6cm, ㉡=4cm, ㉢=2cm로 조건에 맞는다.
- a, b, c가 4, 5, 6일 경우, 한 변이 14cm가 되도록 만들면 나머지 세 변이 2, 3, 7이 아니므로 조건에 맞지 않는다.

그러므로 정삼각형의 각각의 길이는 3cm, 5cm, 7cm고, 세 삼각형의 둘레의 길이의 합은 3×3+5×3+7×3=9+15+21=45(cm)가 되는 것을 알 수 있다.

별해 2, 3, 4, 5, 6, 7 중 세 개를 더해 14를 만드는 경우는 다음 세 가지 뿐이다.

(2, 5, 7), (3, 4, 7), (3, 5, 6)

따라서 원래의 삼각형의 각 변은 위의 순서쌍의 길이로 나누어지며 두 번씩 사용된 3cm, 5cm, 7cm가 잘라낸 정삼각형 세 개의 각각의 길이이다.

따라서 세 삼각형의 둘레의 길이의 합은 3×(3+5+7)=3×15=45(cm)이다.

16

| 정답 | ③

| 해설 | 20X2년 ~ 20X4년에는 교사의 급식 만족도가 가장 높은 학교는 학생의 급식 만족도도 가장 높다. 그러나 20X1년의 경우 교사의 급식 만족도가 가장 높은 학교는 D 학교이나, 학생의 급식 만족도도 가장 높은 학교는 A 학교이다.

| 오답풀이 |

① 교사와 학생의 급식 만족도 증감 추이가 같은 학교는 없다. D 학교의 경우 학생의 급식 만족도가 20X2년에는 전년보다 증가하였으나, 교사는 동일한 수치를 보이고 있으므로 증감 추이가 동일하지 않다.

② 교사와 학생의 급식 만족도 변화는 모두 A 학교가 6.3%p, 10.2%p로 5개 학교 중 가장 크다.

④ 자료에서 알 수 있듯이, 5개 학교 모두 모든 해에 교사의 급식 만족도가 학생의 급식 만족도보다 더 높다.

17

| 정답 | ①

| 해설 | 의류/신발, 가정용품/가사서비스, 교통, 오락/문화, 교육, 음식/숙박, 기타 상품 서비스의 7가지 분야가 해당한다.

| 오답풀이 |

② 1분위 가구는 식료품이 20.3%, 5분위 가구는 교통비 지출이 16.6%로 가장 큰 비중을 차지하는 항목이다.

③ 1분위 가구는 소득 하위 계층으로 식료품, 주거수도/광열, 보건 등의 분야에서 전국 평균보다 더 많은 지출을 하고 있음을 알 수 있다.

④ 제시된 세 가지 분야의 지출은 소득 상위(5분위)와 하위(1분위) 계층에서 2배 이상의 지출 비중 차이를 보이고 있다.

18

| 정답 | ②

| 해설 | 섬유는 현재인력이 증가하였으나 부족인력은 감소하였다.

| 오답풀이 |

① 디스플레이, 반도체, 섬유, 자동차, 조선, 철강 6개 산업은 부족인력이 전년보다 감소하였다.

③ 20X1년의 현재인력이 전년보다 감소한 산업은 디스플레이, 반도체, 자동차, 조선, 철강 5개이며, 나머지는 모두 증가하였다.

④ 두 해 모두 4,000명이 넘는 부족인력을 나타낸 기계, 전자, 화학 산업이 상위 3개 산업이다.

19

| 정답 | ③

| 해설 | 두 개의 정육면체는 다음과 같이 만들어진다.

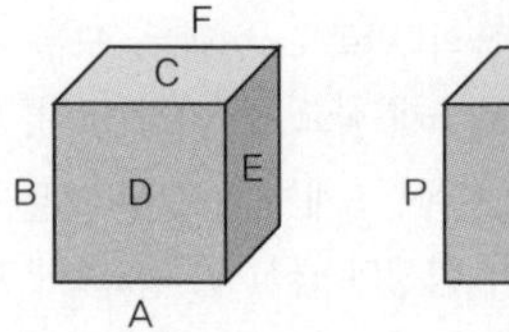

각 선택지에 주어진 두 개의 정육면체 중 좌측의 정육면체는 모두 배치가 가능한 모양이므로 우측의 정육면체에 쓰인 알파벳이 배치 가능한 것인지를 확인하면 된다.

③에서 S가 쓰인 면에 P가 쓰여야 올바른 모양이다.

20

| 정답 | ①

| 해설 | 제시된 그림에서 6이 3개라는 점과 주사위는 마주 보는 두 면의 숫자는 항상 합이 7이어야 한다는 점을 고려해야 한다.

전개도 3개가 만들어지는 구분은 다음 그림과 같다.

3	3	4	3	2	1
5	2	2	3	5	4
1	4	6	1	6	3
2	5	1	4	5	3
1	5	2	6	1	4

따라서 (A) 칸은 전개도 3개에 포함되지 않는다.

21

| 정답 | ①

| 해설 | 다음과 같이 정사각형이 완성될 수 있으므로 좌측 부분을 떼어 낸 도형이 선택지 ①과 같음을 알 수 있다. 선택지의 도형을 180° 돌려 보면 확인할 수 있다.

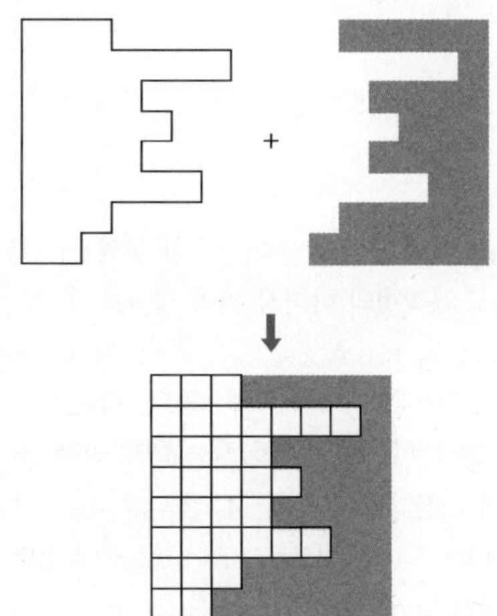

22

| 정답 | ②

| 해설 | 다음과 같이 A ~ D 블록을 배열하면 모든 바둑판이 정확히 채워진다. 따라서 '?' 위치에 놓인 블록은 B이다.

23

| 정답 | ④

| 해설 | 다음과 같이 네 개의 동일한 모양으로 나눌 수 있다.

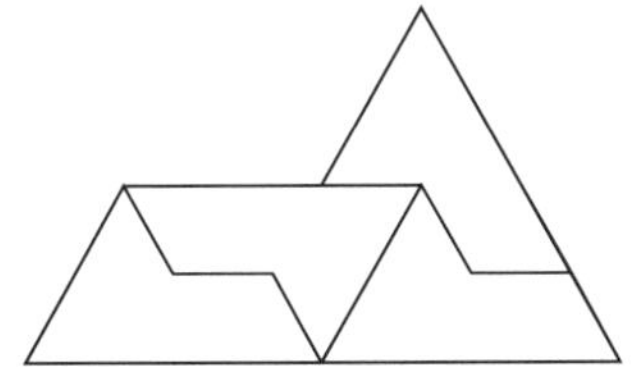

24

| 정답 | ②

| 해설 | 표시된 부분이 서로 다르다.

25

| 정답 | ②

| 해설 | 표시된 부분이 나머지와 다르다.

26

| 정답 | ④

| 해설 | 두 도형을 합치면 다음 그림과 같다.

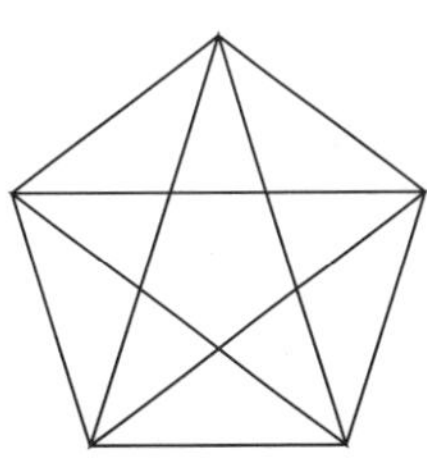

5개	5개
5개	5개
5개	10개

따라서 삼각형은 총 35개가 생긴다.

27

| 정답 | ③

| 해설 | A ~ D 도형과 ③을 조합해 다음과 같은 정사각형을 만들 수 있다.

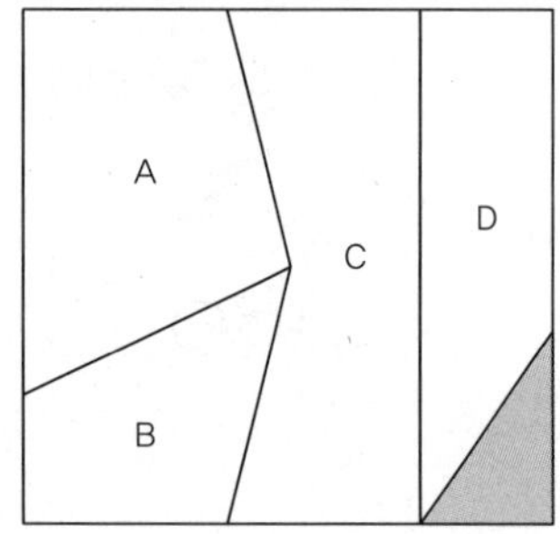

28

| 정답 | ④

| 해설 | A ~ D와 E ~ H를 각각 다음과 같이 조합하면 동일한 도형을 만들 수 있다.

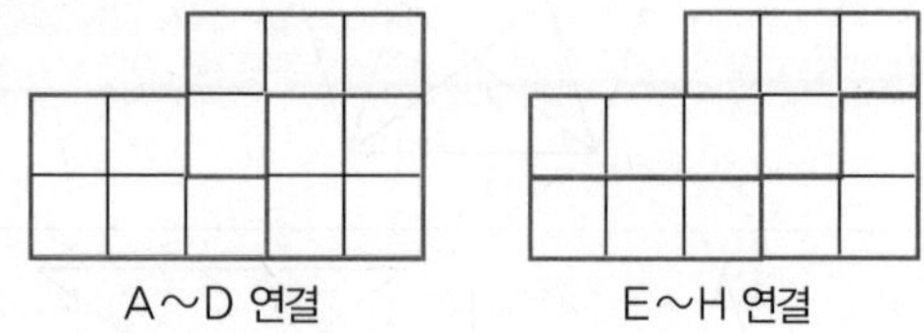

29

| 정답 | ②

| 해설 | 도형 A, C, E를 다음과 같이 조합하면 정사각형을 만들 수 있다.

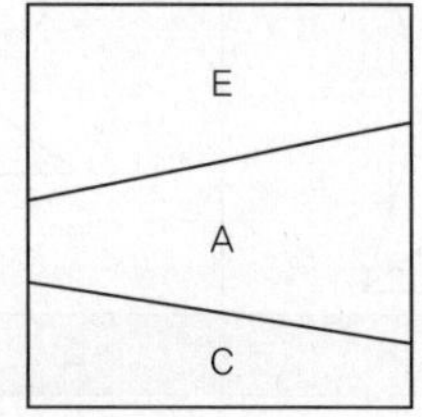

30

| 정답 | ①

| 해설 | 역순으로 펼치면 다음과 같다.

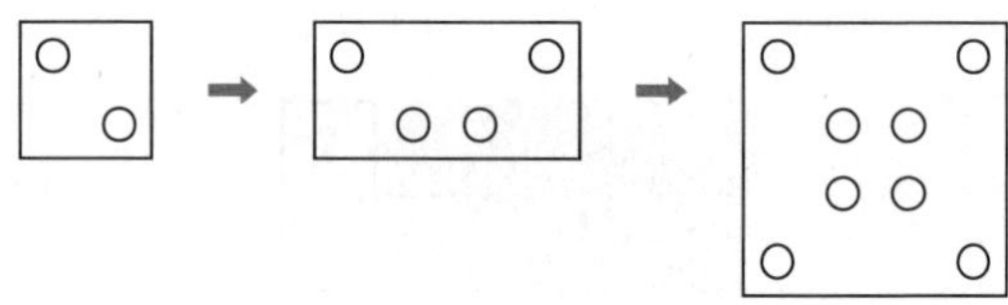

31

| 정답 | ③

| 해설 | 반시계 방향으로 225°, 즉 시계 방향으로 135° 회전하면 ③과 같은 모습이 나타난다.

32

| 정답 | ②

| 해설 | A는 24개, B는 32개, C는 28개의 조각으로 분리되어 있다.

33

| 정답 | ②

| 해설 | ②의 전개도는 다음과 같이 수정되어야 육면체를 만들 수 있다.

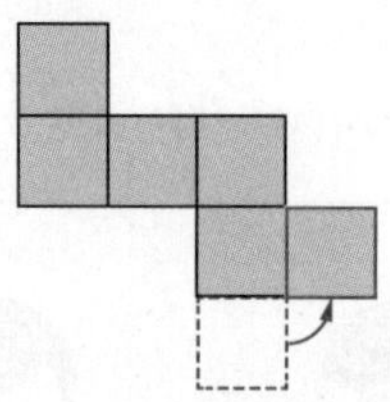

34

| 정답 | ③

| 해설 | 제시된 조건으로 벤다이어그램을 그려 보면 다음과 같다.

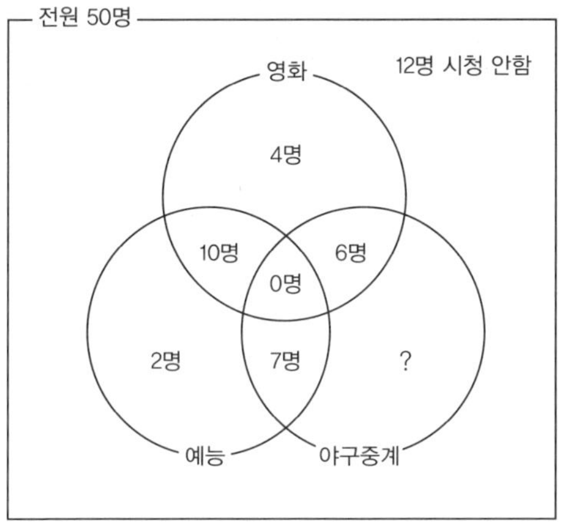

따라서 야구중계만 시청한 사람은 50－12－2－10－4－6－7＝9(명)이다.

35

| 정답 | ④

| 해설 | 제시된 명제를 'p : 합리적이다', 'q : 여행을 좋아한다', 'r : 마음이 따뜻하다', 's : 스포츠를 좋아한다'로 정리해 기호로 나타내면 다음과 같다.

- p → ～q(q → ～p)
- ～r → q(～q → r)
- s → r(～r → ～s)
- 영수 → p

따라서 마지막 명제와 첫 번째 명제 그리고 두 번째 명제의 대우의 삼단논법에 따라 '영수는 마음이 따뜻하다'는 항상 참이 된다.

| 오답풀이 |

①, ②, ③ 제시된 조건으로 참인지 알 수 없다.

36

| 정답 | ③

| 해설 | 3), 4), 5)에 따라 다음과 같은 표를 만들 수 있다.

구분	윤아	수영	서현	태연	현아
좋아하는 과목	수학	과학	사회		영어
아버지가 가르치는 과목			영어	수학	

6)에 따라 학생들은 서로 다른 과목을 좋아하므로 태연은 국어를 좋아한다.

구분	윤아	수영	서현	태연	현아
좋아하는 과목	수학	과학	사회	국어	영어
아버지가 가르치는 과목			영어	수학	

2)에 따라 국어를 가르치는 아버지를 둔 딸은 윤아 또는 수영이다. 이 경우를 나누어 생각하면 다음과 같다.

- 윤아의 아버지가 국어를 가르칠 경우 : 현아의 아버지는 수학을 가르치는데, 이때 현아의 아버지와 태연의 아버지가 같은 과목을 가르치게 되므로 조건에 상충한다.
- 수영의 아버지가 국어를 가르칠 경우 : 현아의 아버지는 과학을, 윤아의 아버지는 사회를 가르친다. 따라서 사회를 가르치는 아버지의 딸은 윤아이고 윤아가 가장 좋아하는 과목은 수학이 된다.

37

| 정답 | ②

| 해설 | 첫 번째 조건에 따라 법무팀은 303호에 위치함을 알 수 있다. 세 번째 조건에 따라 회계팀은 301호 또는 307호에 위치해야 하는데, 301호에 위치할 경우 홍보팀이 303호에 위치해야 하므로 조건과 상충한다. 따라서 회계팀은 307호, 홍보팀은 305호에 위치함을 알 수 있다. 네 번째 조건에 따라 기획팀과 인사팀은 나란히 배치되어야 하므로 301호 또는 302호에 각각 위치함을 알 수 있다. 마지막으로 두 번째 조건에 따라 생산팀은 304호에 위치할 수 없으므로 306호에 위치하게 된다. 이를 표로 정리하면 다음과 같다.

301호	302호	303호	304호	305호	306호	307호
기획팀 or 인사팀	인사팀 or 기획팀	법무팀	비서실	홍보팀	생산팀	회계팀

따라서 304호에는 비서실이 위치한다.

38

| 정답 | ③

| 해설 | B ~ E 환승역 이동 방법은 직선거리 기준 3가지를 생각할 수 있다. 1호선 · 2호선과 3호선 · 4호선의 역간 이동 시간이 다르지만 환승역 수가 동일하기에 정차하는 역 수가 가장 적은 B → C → D → E가 가장 빠른 경로가 된다. B → C → D → E 경로의 이동 시간은 다음과 같다.

- 2분 이동 구간 5개 : 10분
- 3분 이동 구간 2개 : 6분
- 일반역 4개 : 4분
- 환승역 1개(C) : 2분

D에는 정차가 아닌 환승을 위해 호선 간 이동을 하는데, 그 시간은 고려하지 않으므로 0분이 소요된다.

이에 따라 이동 시간은 10+6+4+2=22(분)이다.

따라서 오후 4시에 E 환승역에 도착하기 위해서는 B 환승역에서 늦어도 22분 전인 오후 3시 38분에 출발해야 한다.

39

| 정답 | ④

| 해설 | B와 C는 0점이므로 빨간색이나 노란색 카드를 뽑을 수 없다. 따라서 두 사람 다 파란색 카드를 뽑았음을 알 수 있다. C가 파란색 카드를 뽑을 경우 A의 득점이 되는데, A는 4점이므로 C가 파란색 4 카드를 뽑았음을 알 수 있다. 이에 따라 A는 4점을 얻게 되므로 파란색이나 노란색 카드를 뽑을 수 없다. A가 빨간색 카드를 뽑을 경우 D의 득점이 되고, B가 파란색 카드를 뽑을 경우 역시 D의 득점이 된다. D는 빨간색, 파란색 카드를 뽑을 수 없으므로 노란색 카드를 뽑아야만 하는데, 이 역시 D의 득점이 되므로 세 사람 모두 3 카드를 뽑았음을 알 수 있다. 따라서 D가 뽑은 카드는 노란색, 3이다.

40

| 정답 | ④

| 해설 | 남직원의 선호도는 높은 순서대로 'C-A-D-B-E'이고, 여직원의 선호도는 높은 순서대로 'D-A-E-C-B'이다. 따라서 A는 두 분류 모두에서 2위로 순위가 동일하다.

| 오답풀이 |

① 4층을 사용할 수 있는 후보지는 B, C, D이다. 이 중 월 임대료가 가장 저렴한 C 후보지를 선택할 경우 1,200−900=300(만 원)이 추가된다.

② 층당 평균 월 임대료는 다음과 같다.

후보지	층당 평균 월 임대료
A	$\frac{1,000}{3}$ ≒ 333(만 원)
B	$\frac{1,450}{5}$ = 290(만 원)
C	$\frac{1,200}{3}$ = 400(만원)
D	$\frac{1,500}{5}$ = 300(만 원)
E	$\frac{1,350}{3}$ = 450(만 원)

따라서 가장 높은 곳은 E, 가장 낮은 곳은 B이다.

③ 5개 층을 사용할 수 있는 후보지는 B, D이다. 두 후보지 모두 월 업무비용 절감액은 30만 원 이하이다.

41

| 정답 | ②

| 해설 | 선배 직원의 의견을 통해 자신의 음악이 다른 사람에게까지 영향을 미치고 있는지를 파악한 행동이며, 조직생활에 있어 남을 배려하고자 하는 의도를 엿볼 수 있어 가장 바람직한 행동으로 볼 수 있다.

| 오답풀이 |

① 강렬한 헤비메탈이 점심시간에 어울리지 않는다고 생각하는 직원이 있을 수도 있으며, 선배 직원과 불필요한 마찰을 야기할 수도 있으므로 헤비메탈의 장점을 장황하게 설명하는 것은 B가 할 수 있는 최선의 행동으로 보기 어렵다.

③ 헤비메탈을 좋아하는 또 다른 직원이 있을 수도 있으며, 선배 직원의 한 마디에 자신에게 부여된 권리를 포기한다면, 다른 직원의 권리 행사에도 영향이 있을 수 있으므로 최선의 행동으로 보기 어렵다.

④ 자신에게 주어진 정당한 권리를 주장할 수는 있으나, 선배 직원과 대립할 수 있는 소지가 있어 최선의 행동으로 보기 어렵다.

42

| 정답 | ④

| 해설 | 사고 수습과 바이어 픽업을 모두 챙겨야 하는 상황이므로 어느 하나를 등한시할 수 없다. 고속도로에 갇힌 자신보다 회사 차원에서 찾을 수 있는 효과적인 해결 방법이 더 많다는 판단을 하는 것이 조직 생활에서 필요하다.

| 오답풀이 |

① 사고 차량을 갓길로 옮겨 놓는 것은 사고 수습에 있어 최상의 방법이라고 할 수 없으며, 공항에 도착하는 것 자체를 목적으로 한 히치하이킹은 바람직하지 않다.

② 회사에 사고 소식을 알리지 않는 것은 큰 잘못이며, 더 나은 방법을 찾을 수 있는 기회를 놓치는 행위이다.

③ 부적절한 인물에게 바이어 픽업을 맡기는 것이며, 회사에서 취할 수 있는 차선책을 모색하는 것이 더 바람직하다.

43

| 정답 | ③

| 해설 | 직장 내 업무 수행 중 발생할 수 있는 상황이다. 이러한 경우 자신의 본분과 공적인 업무의 효율적인 진행을 동시에 고려해야 하며, 자신의 판단이 올바르다는 선입견을 배제해야 한다. 따라서 인지된 상황을 가감 없이 상사에게 보고하여 보다 경험 많은 상사가 최적의 대안을 찾을 수 있는 기회를 적기에 제공해야 한다.

44

| 정답 | ③

| 해설 | 제시된 상황에서 가장 중요한 것은 공정하고 공평한 기회를 제공하는 투명한 일처리가 되어야 한다는 점이다. 따라서 특혜를 제공하지 않고, 친분이 있는 동창의 회사가 선정되기를 바라는 마음 선에서 그 회사에 대하여 유심히 살펴보는 것이 가장 적절한 행위이다.

| 오답풀이 |

①, ② 더 많은 업체의 참여를 유도하기 위해 이미 공고된 공고문의 내용을 부당하게 수정하거나 무효화하는 것은 기업의 신뢰도를 실추시키는 일이므로 부적절한 행동이다.

④ 친분이 있는 사람이 속한 업체가 신청을 했다 하더라도 공정하고 투명한 방법으로 최종 업체를 선정한다면 기업 윤리에 위배되지 않는다. 또한 제시된 내용은 오히려 K사에 대한 역차별이므로 부적절한 행동이다.

45

| 정답 | ③

| 해설 | 공적인 업무에서 가장 중요한 것은 정해진 원칙을 준수하는 일이다. 안타까운 응시자의 사정을 이해하지만 정해진 원칙과 규정을 위반할 수는 없음을 정중히 언급하는 것이 가장 바람직한 응대법이라고 할 수 있다.

| 오답풀이 |

① 특정인에게 특혜를 주는 행위이므로 적절하지 않다.

② 채점자에게 문의하는 것 자체도 부적절하며, 채점자의 의견에 따라 규정을 어기고 점수를 알려 주는 것 역시 부적절하다.

④ 채점자 역시 정해진 규정을 준수해야 할 사람이며, 개별 연락처를 알려 주는 것은 적절하지 않은 행동이다.

46

| 정답 | ④

| 해설 | 8개의 네모 칸 안에 쓰인 숫자 중 무색 네모 칸의 숫자 네 개를 더하면 우측 위의 숫자가, 색깔 네모 칸의 숫자 네 개를 더하면 우측 아래의 숫자가 나온다.

따라서 '?'에 들어갈 숫자는 4+5+8+7=24이다.

47

| 정답 | ②

| 해설 | ★=2, ♠=0, ♥=4, ♣=7이 모두 맞다면 (2, 0, 4, 7, 2, 4, 11, 9)가 되어야 하므로, ★, ♠, ♥, ♣ 중 하나의 숫자가 틀렸음을 알 수 있다.

♠가 들어간 두 수식의 값이 다르므로, 틀린 숫자는 ♠임을 알 수 있다. ♠가 1이 될 경우 (2, 1, 4, 7, 3, 5, 11, 9)이 성립하므로, 기호들이 의미하는 숫자는 순서대로 2, 1, 4, 7이다.

48

| 정답 | ②

| 해설 | 제시된 도형은 주변 6개의 작은 원들이 가운데 원을 중심으로 반시계 방향으로 한 칸씩 이동하는 규칙을 가진다. 따라서 '?'에 들어갈 도형은 ②이다.

49

| 정답 | ④

| 해설 | 제시된 도형의 규칙은 다음과 같다.

- in : 원의 위치는 그대로 두고 원 안에 있는 대각선의 위치만 시계 방향으로 한 칸씩 이동한다.
- out : 원의 위치만 시계 방향으로 한 칸씩 이동한다.

따라서 '?'에 들어갈 도형은 ④이다.

50

| 정답 | ③

| 해설 | 제시된 수들의 배열 규칙은 다음과 같다.

- $2\times2+1=5$, $5\times2+1=11$, $11\times2+1=23$
- $2\times3+1=7$, $7\times3+1=22$, $22\times3+1=67$
- $1\times4+1=5$, $5\times4+1=21$, $21\times4+1=85$
- $1\times5+1=6$, $6\times5+1=31$, $31\times5+1=156$
- $1\times6+1=7$, $7\times6+1=43$, $43\times6+1=?$

따라서 '?'에 들어갈 숫자는 259이다.